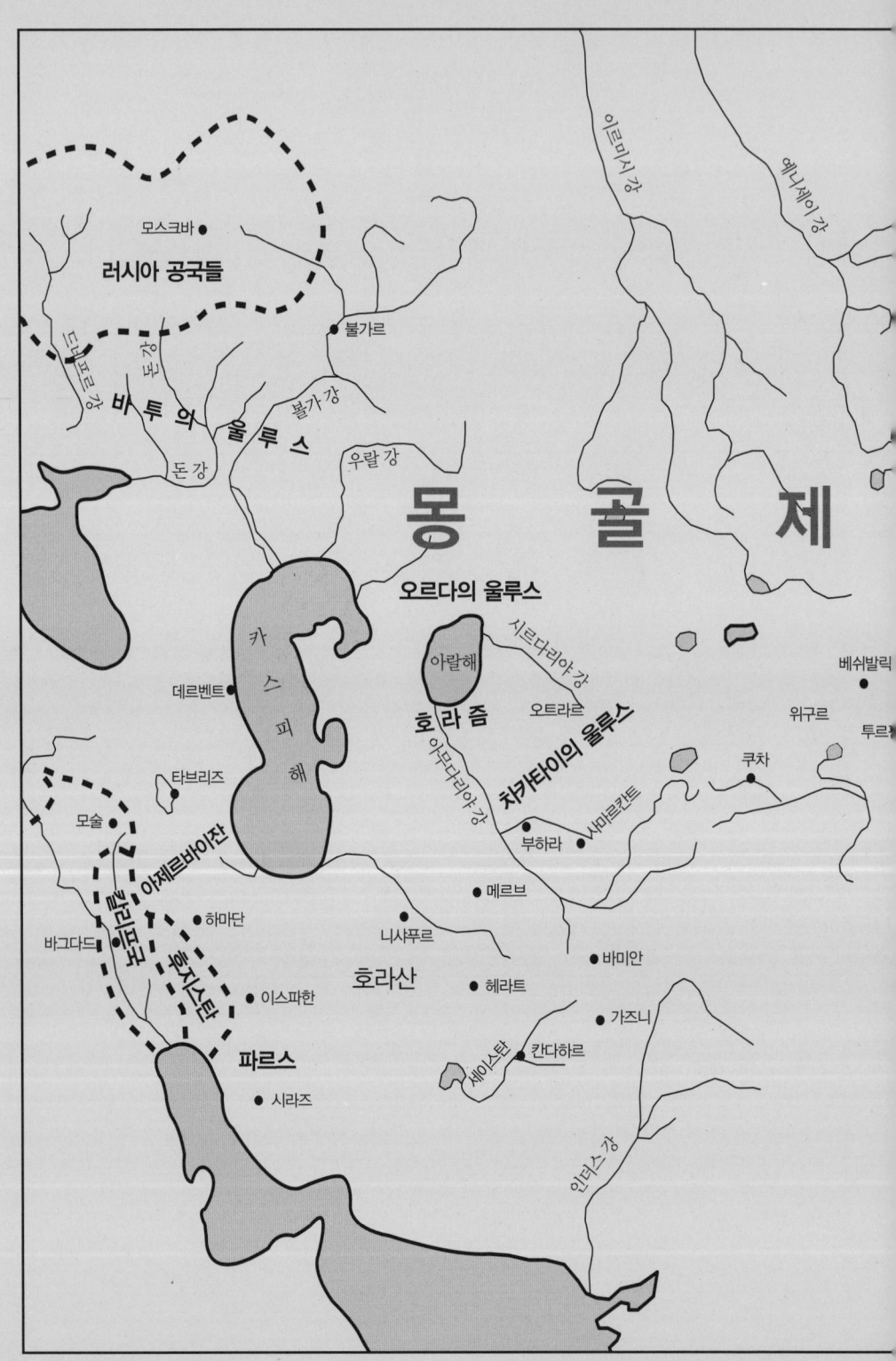

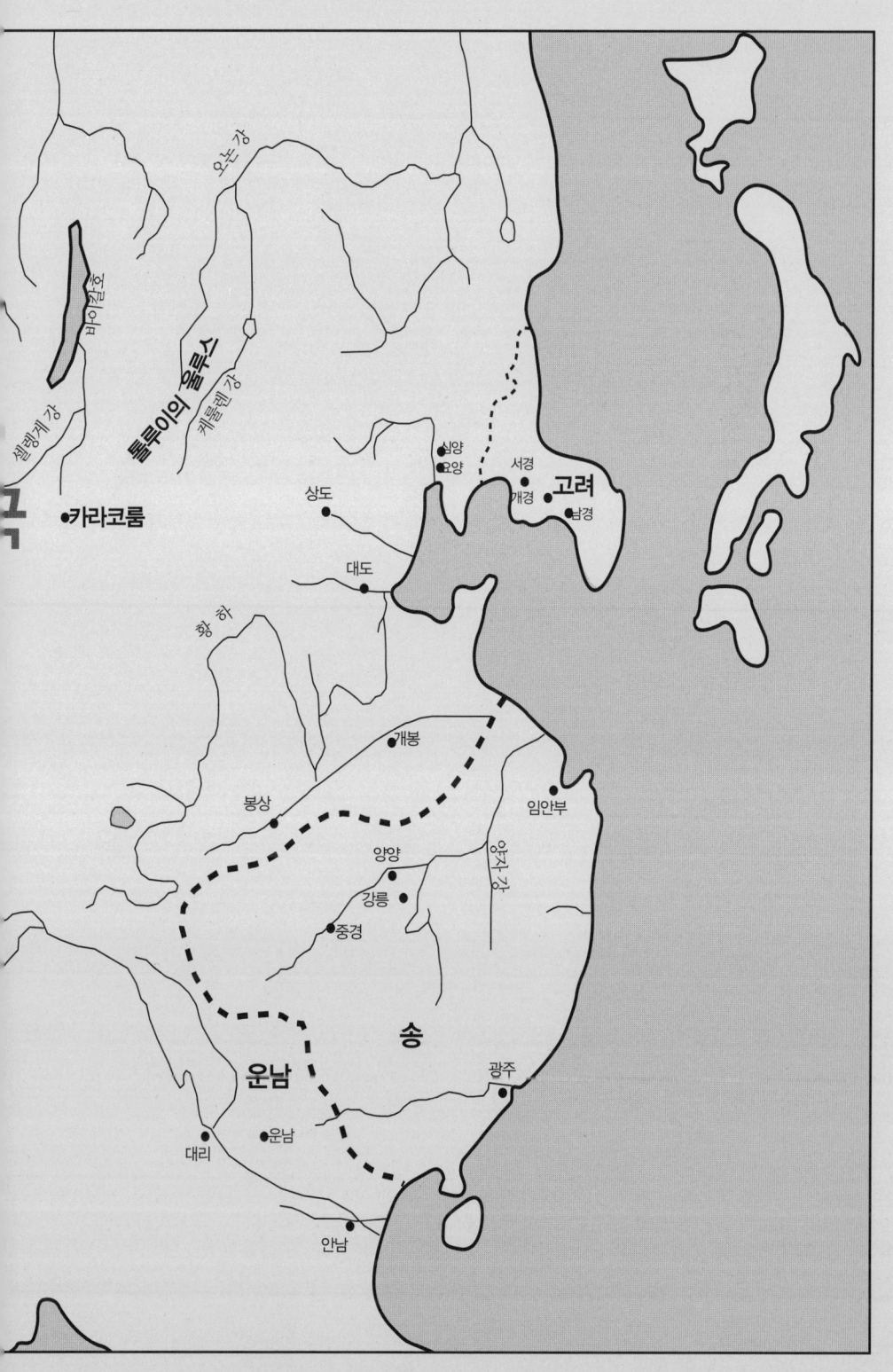

고려왕조사

이 도서의 국립중앙도서관 출판시도서목록(CIP)은 e-CIP 홈페이지(http://www.nl.go.kr/cip.php)에서 이용하실 수 있습니다.(CIP제어번호: CIP2004001795)

역동적 고려사

몽골 세계제국에도 당당히 맞선
고려의 오백년 역사 ── 이윤섭 지음

필맥

차례

|머리말|

1장__ 변혁기의 동아시아 · 11
　　　중국 최초의 정복왕조 — 요 · 14
　　　혼란의 시대 —오대십국 · 17
　　　고려의 건국 · 30

2장__ 고려 국가체제의 정비 · 49
　　　중앙집권적 관료체제의 성립 · 51
　　　고려의 천하관 · 63
　　　고려 여성의 지위 · 66

3장__ 거란이 주도한 10세기 동아시아 · 71
　　　거란이 중원 진출의 교두보를 확보 · 73
　　　중원을 통일하고 군주권을 강화한 송 · 77
　　　발해를 멸한 나라와는 통교하지 않는다 · 82

4장__ 고려, 송, 거란의 삼국 관계 · 89
　　　서희의 담판으로 거란을 막다 — 1차 여요전쟁 · 91
　　　강조의 정변을 구실로 다시 침략한 거란 — 2차 여요 전쟁 · 101
　　　강감찬의 활약으로 거란을 물리치다 —3차 여요 전쟁 · 121
　　　고려와 송 사이의 활발한 관민교류 · 128

5장__ 고려 귀족사회의 동요와 금 제국의 성립 · 133

고려의 동북면 확장 · 136

금의 시조 함보는 신라 출신 · 143

여진을 정벌하고 9성을 쌓다 · 148

강성해지는 금, 쇠퇴하는 거란 · 163

이자겸의 난 · 178

금에 대한 충성서약 · 186

서경반란 · 194

6장__ 무신정권의 성립 · 199

문신 귀족의 횡포와 무신반란 · 201

무신 집권 초기의 정치적 혼란 · 213

무신 집권하의 농민항쟁 · 224

최충헌의 집권 · 230

7장__ 몽골의 세계제국 건설과 고려의 대응 · 243

몽골 부족을 통일한 칭기즈칸 · 247

칭기즈 칸의 대외원정 · 254

고려와 몽골이 협력하여 거란을 물리치다 · 270

고려와 몽골의 전쟁 · 281

태자의 입조로 전쟁을 끝내다 · 322
개경 환도에 항거하는 삼별초 · 338
남송의 멸망 · 353

8장_ 개경 환도 후 원의 부마국이 된 고려 · 367
원의 정치 소용돌이 속에 선 충선왕 · 369
원 황실의 내분 · 378
원과 고려에서 기씨 세력의 성장 · 392

9장_ 개혁과 국난 극복 · 413
원말의 혼란 · 415
공민왕의 부원세력 처단 · 422
고려를 침략한 홍건적 · 426
쇠퇴의 조짐들 ─ 홍왕사의 변, 공민왕 폐위 음모 · 443
신돈의 등용과 개혁 · 459

10장_ 고려와 명의 대립 · 465
원의 쇠퇴와 고려의 삼각외교 · 467

고려의 요동 원정 · 476
부원이냐 친명이냐 · 489
고려와 명의 줄다리기 · 513
화약병기의 개발과 왜구 소탕 · 523
이성계 세력의 성장 · 531
요동 지역의 위기와 위화도 회군 · 544

11장_ 고려의 멸망 · 569
제비뽑기로 공양왕을 세우다 · 571
윤이 · 이초 사건으로 반대파를 숙청하다 · 578
정몽주의 반격 · 586
이성계의 찬탈 · 592

| 주석 | · 602
| 참고 문헌 | · 604
| 찾아보기 | · 611

─
머
리
말
─

  고려는 북으로는 유목국가와 육지로 접하고, 서로는 바다를 통해 중원의 왕조와 연결되어 동아시아 세계에서 차지하는 역할이 매우 중요했다. 뛰어난 군사력으로 호시탐탐 중원 장악을 노리던 유목국가나 강력한 경제력과 앞선 정치적, 문화적인 힘을 바탕으로 유목 국가의 정복욕에 찬물을 끼얹는 한족 국가는 양쪽 다 고려를 우호세력으로 삼고자 했고 우방이 되지 못한다면 최소한 중립세력으로 남게 하려고 노력했다. 이러한 세력관계 속에서 진취적이고 적극적인 대응을 통해 고려는 멸망에 이를 때까지 약 470여 년 동안 독립국가로서 정체성을 지켜냈다.

  만리장성 이북의 초원지대에는 기원전부터 여러 유목부족들이 살았다. 이들이 국가를 건설하면 경제적 이유로 중국을 침략함으로써 중국 중원의 왕조들에게 늘 우환이 됐다. 고구려, 돌궐, 발해, 중국의 틈에 끼어 약소 유목부족으로 설움을 겪던 거란은 9세기 당과 발해, 위구르의 세력이 약화된 사이에 꾸준히 성장해 10세기 초에는 마침내 국가 건설에 성공했다. 거란은 중국의 내전에 적극 개입함으로써 만리장성 이남의 연운 16주 지역을 획득했다. 유목국가가 장성 이남의 농경지대를 영토화한 것은 획기적인 일이었고 이로써 정복왕조의 시초가 됐다. 북방 유목국가들은 그 이전에는 정주농경 국가인 중국에서 물자를 얻어가는 정도로 만족했으나 이때부터는 직접적인 중국 지배를 목표로 삼게 됐다.

고려는 고구려를 계승한 나라로 자처했고 따라서 압록강 이북의 만주 지역에 끊임없이 관심을 기울였다. 이런 관점에서 볼 때 고려는 정복왕조보다는 중원왕조에 더 우호적인 입장이었으나, 실제로는 어느 한쪽에 치우치지 않고 균형감각을 유지함으로써 격변의 시기에도 국체를 지켰다.

고려는 고구려 못지않게 외부 문화에 개방적이고 포용적이었다. 고려가 우수한 외국 문화를 수입하기 위해 재능 있는 사람이라면 거란족, 여진족, 발해인, 송나라 사람을 가리지 않고 누구에게나 귀화의 문호를 열어 놓고 받아들이려고 노력한 것도 개방성과 포용성이 있었기 때문에 가능한 일이었다.

고려는 세계제국인 몽골과 30년간에 걸쳐 항쟁하다가 장인과 사위의 관계를 맺었다. 이것은 한국문화가 세계문화에 전면적으로 개방되는 계기가 되었다. 고려가 몽골과 전쟁을 벌이는 과정에서 많은 고려 유민과 포로들이 중국의 요동 지역에 거주하게 됐고, 이들은 그 이전부터 거주하던 발해인들과 더불어 요동 지역의 주요한 구성원이 됐다. 이로 인해 고려의 영토 개념은 요동 지역을 아우르기에 이르렀고, 이런 영토 개념은 고려가 말기에 수차례에 걸쳐 요동 원정을 단행하도록 하는 원천이 됐다.

14세기 후반 한족의 반란으로 인해 초원지대로 밀려난 원은 중원을 회복하기 위해 고려 왕조와 부단히 동맹을 맺으려고 애썼다. 그러나 기황후가 원의 조정을 좌우하게 되고 고려의 내정에도 개입하게 됨에 따라 고려와 원의 동맹은 불가능해졌다.

원은 또한 고려 멸망의 씨앗을 뿌려놓았다. 이성계 가문은 원의 직할령인 쌍성총관부를 배경으로 오대에 걸쳐 세력을 쌓았다. 공민왕의 쌍성총관부 수복에 따라 고려에 와서 투항한 이성계 가문은 그 대지주적 속성대로 가세의 보존과 확장에 진력했다. 이런 이성계 가문의 노력은 토지개혁을 국정과제로 생각한 고려 왕실 아래서는 그 한계가 명백한 것이었다. 결국 이성계는 명을 치기 위한 고려의 원정군을 이끌고 가다가 회군해서 무력으로 왕위를 찬탈했다.

이씨 왕조인 조선의 탄생으로 한국사는 처음으로 쇄국으로 들어섰고, 그 뒤로 동아시아의 국제관계에서 고립을 자초했다. 국제정세에 어두웠던 조선은 훗날 격변의 시기를 맞아 적절한 방법을 모르고 허둥대면서 강대국이나 침략국에 일방적으로 휘둘리는 모습을 보이다가 끝내 무기력하게 멸망했다. 조선의 쇄국적인 정치문화는 21세기의 한국에도 부정적인 영향을 끼치고 있다.

정복왕조의 활동이 왕성한 시기의 동아시아 국제정세 속에서 독자적인 문화를 갖추고 국체를 유지했던 고려의 역사를 살피는 것은 강대국의 힘의 논리 앞에서 무기력하게 대응하고 있는 오늘날의 한국에 많은 시사점을 던져준다. 더구나 중국이 동북공정으로 만주 지역 자체는 물론이고 만주 지역을 주무대로 삼았던 우리의 문화와 역사까지도 넘보고 있는 현재, 고구려의 맥을 잇는 고려의 역사를 되돌아보는 작업은 대단히 의미 있는 작업일 것이다.

1장

변혁기의 동아시아

10세기경 동아시아 국제질서에는 획기적인 변화가 일었다. 율령제에 기반한 거대한 관료조직과 막대한 재력, 그리고 강력한 군사력에 밑받침되었던 수당제국의 위력이 쇠퇴하면서 당을 중심으로 책봉과 기미에 의해 유지되던 국제질서도 와해되기에 이르렀다. 황소의 난과 번진 세력의 발호로 당나라는 멸망하게 되고 당말의 혼란 상태가 5대의 50여 년간 이어졌다. 중앙에 5조, 지방에 10여 개 국가가 흥망을 거듭한 오대십국 시기는 한족 지배층에는 괴멸적 타격을 입힌 시기였지만 병란에 의한 지역적 단절이 도리어 지역적으로 정치, 사회, 경제, 문화면의 고른 발전과 개발을 야기해 중국 재통일의 기반을 마련하는 계기가 되었다.

 한편 중원의 혼란을 틈타 요서지방의 거란족이 민족적 통합을 이루고 농경민과 유목민 지배를 위한 이원적 정치제제를 갖추어갔다. 거란이 세운 요는 장성 이남의 연운 16주 개척을 시작으로 정복왕조의 첫발을 내딛었다. 발해는 10세기에 들어 강성해진 요에 멸망당하고, 후삼국이 각축하던 한반도에서는 고구려 계승을 기치로 내세운 고려가 통일을 이루었다.

중국 최초의 정복왕조 - 요

중국의 북쪽 지역을 동서로 잇는 만리장성은 전국 시대 이래 중국이 북방 민족과의 경계를 긋기 위해 구축한 장벽이다. 만리장성을 사이에 두고 남과 북의 자연경관은 물론 사회, 경제, 문화의 양상도 확연히 구별된다.

장성의 남쪽은 농경사회였으나, 북쪽은 광활한 초원지대로 고대이래 가축을 몰고 물과 풀을 따라 옮겨 다니며 사는 유목민의 세계였다. 가축 사육에 필요한 목초지는 가구당 200~300마리의 양에게 한 해 동안의 목초를 공급할 정도는 돼야 했다. 따라서 유목민에게 필요한 땅의 면적은 농경민의 경우와는 비교가 안 될 정도로 크다.

장성 이북의 유목민들은 기원전부터 유목국가를 건설해 중국을 압박했다. 북방 유목민과의 관계를 어떻게 해야 하느냐는 역대 중국 왕조들에게 큰 걱정거리였다. 초원의 유목 국가들은 실제로 중국을 자주 침공했다. 하지만 그들은 중국을 정복해서 자기 영토로 삼으려 하지는 않았다. 그런데 10세기 초에 건국된 거란 제국은 중국 영토 중 일부를 점령하고 지속적으로 지배했다. 이 점에서 거란 제국은 이전의 유목 국가들과는 크게 다르다. 거란은 중국사에서 정복왕조의 시초로 그 후의 정복왕조들인 금, 원, 청의 선구가 된다.

유목민인 거란족은 10세기 초에 몽골 초원에서 만리장성 이남의 16주에 걸치는 넓은 땅을 영토로 하는 제국을 건설했다. 유목과 농경을 같이 한 이 다민족 복합국가는 2세기 동안 존속했다. 이것은 북방 유목민에게는 획기적인 일이었다.

원래 거란족은 고구려, 돌궐, 당, 발해 등 주변 강대국들에 둘러싸인 채 국가를 형성하지 못하고 약소 부족의 설움을 겪던 민족이었다. 거란족은 전투력은 뛰어났지만, 그 잠재력을 두려워 한 돌궐과 당이 끈질기게 견제했기 때문에 부족의 통일을 이루지 못하고 있었다. 그러나 8세기 중반에 돌궐 제국이 무너졌고, 당도 안록산의 난으로 인해 주변 민족에 대한 영향력이 급격히 약해졌다. 위구르가 돌궐 제국을 계승했으나, 그 세력이 돌궐보다 취약했다.

이러한 국제정세의 변동으로 거란족은 방해를 받지 않고 착실하게 성장할 수 있었다. 840년에 위구르 제국이 붕괴함에 따라 몽골 고원에 유목 제국이 존재하지 않게 됨으로써 거란이 제국을 이루는 데 결정적으로 유리한 환경이 조성됐다.

730년대부터 10세기 초까지 거란 8부를 대표하는 거란 군장의 지위는 대하씨(大賀氏)에서 요련씨(遙輦氏)에게 넘어갔고, 그 지위도 점차 강화됐다. 거란 제국의 창시자인 야율아보기(耶律阿保機)는 거란 부족들 가운데 하나인 질랄부(迭剌部) 출신으로 872년에 태어났다. 그의 역대 조상들은 모두 거란 군장을 보좌했다고 전해진다.

야율아보기는 901년 질랄부의 부족 군장인 이리근(夷離菫)이 되어 해, 실위, 우궐 등 주변 유목부족들과 말갈 및 중국에 대한 원정을 감행해 많은 수의 포로를 얻었다. 이 공로로 그는 거란의 제2인자가 되어 국정과 군사를 총괄하게 됐다. 당시에 중국이 황소의 난으로 인해 혼란에 빠지자 중국 변경에 거주하던 많은 한인들이 거란 영내로 피신했다. 야율아보기는 이들 한인에게 요서 지역의 난하(灤河) 부근에 한성(漢城)을 건설하게 했다.

야율아보기는 한성 건설을 통해 독자적인 무력을 갖추었을 뿐 아니라 많은 재원과 인재도 확보했다. 한성은 중국과의 교역 요충지였고, 그 부근에 거란의 여러 부족들을 먹이는 소금 연못이 있었다. 야율아보기는 이 소금을 독점해 권력과 경제력을 강화했다. 그는 이런 실력을 바탕으로 907년 요련씨의 마지막 카간인 흔덕근(痕德堇)을 축출하고 거란 군장이 됐다. 이때 그의 칭호는 '텡그리 카간[天皇帝]'이었다.

야율아보기는 즉위한 뒤에 거란의 세력을 더욱 팽창시켰다. 그러나 그가 씨족제를 타파하고 중국식 전제군주권을 확립하려고 하자 거란 지배층이 거세게 반발했다. 그는 911년, 912년, 913년 등 세 차례에 걸쳐 무력 반발에 부딪쳤다. 질랄부 부족민은 물론 형제들까지 모반세력에 가담했다. 피를 보지 않으려 노력했던 야율아보기도 모반이 거듭되자 914년에 모반자 300여 명을 처형했고, 915년에는 자신의 군주권 강화에 방해가 되는 여덟 부족의 대인들을 연회에 초청해 모두 살해했다. 야율아보기는 이어 916년 연호를 신책(神册)으로, 국호를 거란[契丹]으로 정했다.

거란 태조 야율아보기는 이민족에 대해 매우 융화적인 태도를 취했다. 해(奚), 실위, 우궐 등 유목계 이민족들은 법률상 거란족과 동등하게 다루었고, 그들을 거란의 부족제에 편입시켜 군사를 스스로 담당하게 했다. 이런 조처는 거란족의 인구가 적었던 때문이기도 했지만, 다른 한편으로는 거란 부족들의 영향에서 왕실 세력을 독립시키고 강화하려는 의도에서 취해진 것이기도 했다.

921년 야율아보기는 부족을 재편성했다. 이로써 각 부족은 종래의 씨족집단 형태를 유지하면서도 부족을 통치하는 하나의 기관이 됐다. 야율아보기는 자신의 출신 부족인 질랄부에서 친인척 관계에 있던 야율씨, 요련씨, 술률씨(述律氏)를 일반 부족과 구분하고, 그들에게 황족 또는 준황족의 지위를 부여했다. 이들 부족이 신흥국가 거란의 지배층을 형성했다. 야율아보기는 이 밖에 거란의 여덟 부족과 해족을 18부족으로 재편성하고, 그들로 하여금 각각 일정한 부족 공유의 유목지에서 거주하게 함으로써 그들을 군사력의 중심으로 삼고자 했다.

또한 그는 중국 출신 관료들의 건의에 따라 사민정책을 실시해 주현을 늘려 설치하고 중국인들을 규합하는 노력을 기울였다. 이러한 정책에 힘입어 농경에 종사하는 중국인 수가 늘어났고, 그들을 다스리기 위해 한아사(漢兒司)라는 기관을 설치하고 중국인 관리를 두었다. 920년에는 거란 문자를 제정했고, 이듬해에는 율령을 공포했으며, 922년에는 중국 중원 왕조의 책봉을 받지 않고 스스로 황제라고 칭하기에 이르렀다.

혼란의 시대 - 오대십국

당나라가 907년에 막을 내린 뒤 중국사는 이른바 오대십국을 거쳐 송나라로 이어진다. 당의 멸망에서 송의 건국(960)까지는 햇수로 54년이다. 겨우 반세기에 불과한 이 시기 동안 수많은 전쟁이 벌어졌고,

중원에서는 주전충의 제위 찬탈 이후 왕조가 다섯이나 잇달아 나타났다가 소멸했다.

고대 이래 중국 정치의 중심이었던 중원을 차지했던 다섯 왕조는 양·당·진·한·주였다. 이 다섯 번의 왕조 교체는 모두 절도사에 의한 것이었다. 후대의 역사가들은 전에 있던 같은 이름의 왕조와 구별 짓기 위해 이 다섯 왕조의 이름 앞에 '후(後)' 자를 붙여 후량·후당·후진·후한·후주라고 불렀다. 이 다섯 왕조의 지배력은 황하 근방에 한정됐다.

지방에서도 유력한 절도사들이 앞 다투어 스스로 황제나 왕을 칭하며 독립하여 전촉, 후촉, 북한, 형남, 오, 남당 등 10여 개 국가들이 명멸했다. 이 시대를 가리켜 역사가들은 오대십국이라 부른다.

오대십국의 서막을 연 주전충의 후량은 3대 16년 만인 923년에 숙적인 이극용의 아들 이존욱(李存勗)에 의해 멸망당했다. 이극용이 후당의 태조로 추존됐으나, 실질적으로 후당을 건국한 사람은 이존욱이다. 이존욱은 돌궐의 일파인 사타 부족의 부족장 가문 출신이었고, 사타 부족의 무력을 이용해 후당을 건국했다. 따라서 후당은 당을 계승한다고 자처했지만 이민족이 세운 왕조임에 틀림없었다.

후당을 세운 후 장종(莊宗, 이존욱의 묘호)은 그 여세를 몰아 섬서성 부근의 기(岐, 봉상절도사 이무정이 세운 나라)와 감숙성 일대의 전촉을 멸망시켰다. 한동안 혼란스러웠던 중국에 통일의 조짐이 보이는 듯했다. 그러나 장종은 무장으로서는 뛰어났으나 난세를 안정시킬 원대한 책략이 없었고, 정치가로서의 자질도 부족했다. 그는 전촉을 정복한 뒤에는 국정을 돌보지 않았고, 환관의 전횡도 방치했다. 그 자신은 궁중에서 사치한 생활을 하면서도 병사들의 급여 지급은 미루어 장병들 사이에 불만이 쌓여갔다. 그러던 중 추밀사 곽숭도(郭崇韜)가 환관의 모함으로 인해 죽게 되자, 각지에서 반란이 일어나기 시작했다.

이때 이극용의 가자[1]인 이사원(李嗣源)이 지방의 반란 진압을 위해 파견됐다. 그러나 이사원은 도리어 진압군 부하들과 반란군의 옹립을 받아 그들과 함께 수도인 낙양으로 진격했다. 장종은 이사원을 토벌하려 했다. 그러나 수도방위군은 거꾸로 장종을 죽이고 이사원에게 항복했다.

낙양에 입성한 이사원은 제위에 올랐다. 그가 명종(明宗)이다. 유목민의 아들로 태어난 명종은 매우 성실했고, 그의 치세는 평안했다. 그가 933년 말에 죽은 뒤 그의 셋째 아들 이종후(李從厚)가 제위에 올랐으나, 이듬해에 명종의 가자이자 봉상절도사인 이종가(李從珂)에게 제위를 찬탈당했다.

황제가 된 이종가에게는 경계해야 할 정적이 있었다. 그는 바로 하동절도사이며 명종의 사위이기도 한 석경당(石敬瑭)이었다. 936년에 이종가는 석경당을 그의 근거지인 진양(晉陽)에서 떼어놓기 위해 그를 천평(天平)절도사로 임명하고 산동으로 이주할 것을 명했다. 그러자 석경당은 부장 유지원(劉知遠)의 권유를 받아들여 반기를 들었다. 그는 거란의 원조를 얻기 위해 거란에 스스로 신하가 될 것을 청원했다. 또 부친을 섬기는 예에 따라 거란 태종을 섬기겠으며 일이 성취되면 노룡 일대로부터 안문관(雁門關) 이북에 이르는 여러 주를 거란에 할양하겠다는 조건도 내걸었다.

이 조건을 받아들여 거란 태종은 5만의 기병을 이끌고 남하해 진양의 포위를 풀었다. 기세를 몰아 석경당은 수도인 낙양으로 진격해

11월에 낙양을 점령했다. 석경당은 곧 황제로 즉위하고, 국호를 진으로 정하면서 변량(汴梁, 개봉)으로 천도했다.

　만리장성은 전통적으로 중국의 북쪽 경계로 인식돼 왔다. 그런데 거란이 후진의 건국을 도운 대가로 장성의 남쪽 땅인 연운 16주를 직접 통치하게 됐다. 이런 연유로 거란은 후세에 중국 정통왕조의 하나로 인정받게 되었다.

　석경당은 942년에 사망하면서, 후계자로 여섯 째 아들인 석중예(石重睿)를 지명했다. 그러나 석중예가 너무 어리다는 이유로 신하들은 조카인 석중귀(石重貴)를 황제로 옹립했다. 석중귀는 후세에 소제(小帝) 또는 출제(出帝)로 불렸다. 출제는 거란에 대해 신하의 예를 취하지 않았다. 그러자 거란의 태종이 30만 대군을 이끌고 친정하여, 947년에 후진을 멸망시켰다. 거란 태종은 북중국을 직접 지배하려 했

연운 십육주(燕雲 十六州)
연(燕, 북경)과 운(雲, 대동)을 중심으로 하고, 만리장성 남쪽에 있는 탁주(涿州), 계주(薊州), 단주(檀州), 순주(順州), 영주(瀛州), 막주(莫州), 울주(蔚州), 삭주(朔州), 응주(應州), 신주(新州), 규주(嬀州), 유주(儒州), 무주(武州), 환주(寰州)를 포함하는 16주 지역을 말한다. 나중에 후주의 세종(世宗)이 이 가운데 영주와 막주를 탈환했고, 북송 대에는 추가로 역주(易州)를 거란에 빼앗겼으며, 연운 16주 이외에 평주(平州), 낙주(灤州), 영주(營州)의 3주도 거란의 영역에 들어갔다. 따라서 거란이 장성 이남에서 지배한 지역은 모두 18주에 이르렀다. 연운이라는 명칭은 북송의 휘종(徽宗) 이후에 사용되기 시작했고, 그 이전에는 이 지역이 연대(燕代), 연계(燕薊), 유계(幽薊) 등으로 불렸다. 이 지역은 북송이 거란으로부터 수복하기를 갈망했던 곳으로, 북송의 외교정책은 대부분 이 지역의 수복을 목표로 했다.

다. 그러나 부족장들은 북중국의 영구 점령에 대해 극력 반대했고, 태종도 어쩔 수 없어 3월에 개봉에서 철수해 귀환했다. 그러자 후진의 유력한 장수였던 하동(河東)절도사 유지원이 개봉을 수도로 삼아 후한을 세웠다. 유지원 역시 사타 부족 출신이다. 하지만 유지원은 바로 이듬해에 세상을 떠났다.

후한은 불과 4년 만인 951년에 천웅(天雄)절도사 곽위(郭威)에 의해 멸망당했다. 곽위는 한족이다. 곽위에 의해 후당, 후진, 후한의 세 왕조에 걸친 사타족의 지배가 한족에게로 돌아왔다. 사타족은 송대에 가서 완전히 중국에 동화되었다.

오대십국 시대의 왕조들

	왕조(존속기간)	창시자	수도
오대	량(梁) : 907~923	주전충(朱全忠)	개봉(開封)
	당(唐) : 923~936	이존욱(李存勖)	낙양(洛陽)
	진(晉) : 936~946	석경당(石敬塘)	개봉(開封)
	한(漢) : 947~950	유지원(劉知遠)	개봉(開封)
	주(周) : 951~960	곽위(郭威)	개봉(開封)
십국	전촉(前蜀) : 891~925	왕건(王建)	성도(成都)
	후촉(後蜀) : 934~965	맹지상(孟知祥)	성도(成都)
	오(吳) : 902~937	양행밀(楊行密)	양주(揚州)
	남당(南唐) : 937~975	이변(李昪)	금릉(金陵)
	형남(荊南) : 907~963	고계흥(高季興)	강릉(江陵)
	오월(吳越) : 907~978	전류(錢鏐)	항주(杭州)
	민(閩) : 909~945	왕심지(王審知)	복주(福州)
	초(楚) : 907~951	마은(馬殷)	담주(潭州)
	남한(南漢) : 905~971	유은(劉隱)	광주(廣州)
	북한(北漢) : 951~979	유숭(劉崇)	진양(晉陽)

후진 시기 오대십국 형세도

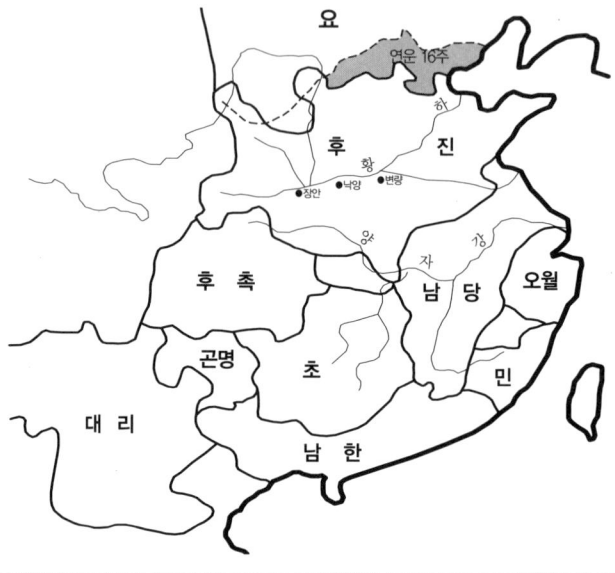

　곽위는 거란군의 침입을 막기 위해 대군을 이끌고 북으로 가다가 회군해서 후한의 제위를 찬탈한 다음 후주를 세웠다. 다시 10년 뒤에 똑같은 방식으로 후주에서 송으로 왕조가 교체되었다.

　오대에는 중국 정치경제의 중심지가 변량으로 바뀌었다. 오랫동안 중국 역대 왕조의 수도였던 장안과 낙양은 전란의 피해로 인해 심각히 파괴되고 낙후되어 더 이상 중국 정치경제의 중심지 역할을 할 수 없었다. 당 중기 이후에는 양자강 이남 지역인 강남이 경제력에서 강북을 앞질렀는데, 오대십국 시대에는 이런 남북 간 격차가 더욱 벌어졌다. 항상 전쟁에 휘말린 북방에 비해 남방의 여러 나라는 안정 속에서 문화·경제적 발달을 구가할 수 있었기 때문이다.

　남방의 여러 나라들 중에서도 오와 남당이 비옥한 양자강 삼각주

지대에 할거하여 대표적인 세력으로 자리잡고 있었다. 두 나라는 적대적인 관계에 서서 주변의 약소 국가들을 경쟁적으로 합병하려고 애썼다. 오대 말기에 남당이 후주에게 패하고 국토를 상실하면서 남북 간의 세력 균형 상태가 무너지면서 통일의 형세가 점차 형성되어 갔다.

풍도를 통해본 오대십국

잡다하고 혼란했던 오대십국 시대에는 주역이라고 할 만한 인물이 없었다. 모두가 역사의 무대에 나타났다가는 곧 사라졌다. 또한 그런 시기일수록 권력의 단맛만 보려는 자들이 발호하고 정치도의는 땅에 떨어지기 마련이다.

유교문화권에서는 '두 임금을 섬기지 않는다'는 것을 신하의 덕목으로 강조해왔지만, 오대십국과 같은 혼란기에는 이 덕목이 의미를 갖기 어렵다. 중국사에서 섬기는 임금 바꿔치기를 잘하기로 따를 자가 없는 이가 오대십국 시절에 나타났으니 바로 풍도(馮道)이다. 그의 정치역정은 오대십국 시대의 난맥상을 잘 보여준다.

역사가의 계산에 따라 다소 차이는 있지만 풍도는 다섯 왕조, 여덟 성씨, 열한 명의 임금을 섬기는 전무후무한 기록을 남겼다. 그는 후당에서 시작해서 후진, 후한, 후주의 왕조에 복무했고 거란의 태종인 야율덕광이 남하해 후진을 멸망시켰을 때 거란에 영입돼 재상을 지냈다. 다섯 조정에서 재상을 지낸 셈이다. 그가 벼슬아치로 산 기간은 대략 30년에 이르는데 그 가운데 20년 이상을 재상의 자리에 있었다. 그 유례는 찾기 힘들다.

예로부터 풍도는 문제의 인물로 여겨졌고, 그에 대해서만큼 칭찬과 비난이 엇갈리는 사례가 없다. 그가 살던 시기에는 관료들이 대수롭지 않은 일로도 쉽사리 사형을 당하곤 했다. 그런데도 그는 무사했다. 변화무쌍한 시대에 정치의 중심에 있었던 인물이 왕조가 여러 번 바뀌어도 살해되지 않고 연거푸 재상으로 기용된 것은 기적에 가까운 일이었다.

풍도의 아버지는 하동·태원(太原) 일대에 적지 않은 기반을 가진 중소지주였다. 덕분에 풍도는 후당을 세운 이존욱의 환관 장승업을 만날 기회를 얻었고, 재능을 인정받아 장승업의 추천으로 벼슬길에 나섰다. 이존욱은 후량을 멸망시키고 후당을 세웠으나, 양아들인 명종 이사원에게 제위를 빼앗겼다.

명종은 무장 출신이었으나 문인을 우대했다. 원래 중요한 자리에 사람을 뽑아 앉힐 때는 주변에서 각자의 이해득실에 따라 의견이 분분한 법이다. 그러나 명종이 풍도를 재상에 임명할 때는 아무도 이의를 제기하지 않았다. 풍도는 장종 이존욱을 따라 전쟁터를 다닐 때 병사들과 함께 초막 속 마른풀 위에서 먹고 자면서 항상 병사들의 노고를 위로하는 등 후덕함을 보였다. 그는 또한 다른 관리들에게 자신의 높은 직위를 내세우지 않았다.

명종이 사망한 뒤 태자 이종후가 즉위했다. 그가 민제(閔帝)다. 풍도는 민제의 조정에서도 재상 직에 머물렀다. 민제가 즉위한 지 4개월이 지난 934년 3월 봉상절도사 이종가가 황제 주위의 간신배들을 제거한다는 명분을 내걸고 대군을 인솔해 장안으로 진격해 왔다. 풍도가 아침 일찍 입궐해 보니 환관들은 우왕좌왕하고 궁녀들도 저마다 작은 보따리를 품에 안고서 황급히 대궐 밖으로 빠져나가고 있었다. 민제는 겨우 50기의 기병을 데리고 매부인 석경당의 부대가 있는 곳으로 도망쳤다.

이때 풍도는 천궁사(天宮寺)로 가서 백관을 소집했다. 재상이 직접 사태수습에 나서자 대신들은 다소 안심하면서 천궁사로 모였다. 대신들이 모두 모이자 풍도는 차분한 어조로 말했다.

"이 사태를 어떻게 해결하면 좋겠소?"

"먼저 천자를 찾아야 합니다."

누군가가 이렇게 외치자 풍도가 조용히 말했다.

"천자야 우리 눈앞에 있지 않소."

사람들이 풍도의 말을 이해하지 못했지만, 그는 자신의 뜻을 굳히고 있었다. 민제 이종후는 나약하고 결단력이 없는 반면 반란을 일으킨 절도사 이종가는 전투에 능하고 이미 병권을 장악했으니 반란의 결과는 정해진 것이나 다름없었다. 풍도는 이러한 현실을 그대로 받아들이기로 하고 백관을 소집해 이종가를 황제로 추대하고자 했던 것이다. 그 후 민제는 결국 생포돼 죽임을 당했다. 풍도는 민제를 위한 간언을 한 마디도 하지 않았다. 이 때문에 후세 사람들은 풍도를 가리켜 염치가 없는 자라고 혹평했다.

풍도는 말년에 스스로 장락로(長樂老)라 칭하고 〈장락로 자서(自敍)〉라는 문장을 썼다. 오대십국 시대를 다룬 역사서 《구오대사(舊五代史)》의 〈풍도전〉에 그 전문이 인용돼 있다. 이 글에서 풍도는 자신의 가문, 종족에서부터 시작해 각 왕조에서 받은 직명, 관작, 칭호 등을 일일이 기술했다. 그 가운데는 거란에서 받은 것도 있다. "융(戎)의 태부(太傅)를 받았다"는 기술이 그것이다. 풍도는 분명히 이를 자랑스럽게 기술했다.

당송팔대가의 한 사람으로 《신오대사(新五代史)》를 편찬한 송의 구양수(歐陽修)는 풍도에 대해 "이 자는 염치없는 자"라고 혹독하게 비난했다. 바로 〈장락로 자서〉를 읽은 감상이었다. 여러 왕조를 섬겼다면 그것을 수치로 생각해 가능한 한 후세에 그 기록이 남지 않도록 하려는 게 인지상정일 터인데, 오히려 그것을 자랑 삼아 기술한 것을 보고 분노를 느낀 것이다.

풍두에 대한 후세의 평가는 이처럼 지조 없는 사람이라는 게 일반적이었으나, 그를 옹호하는 의견도 적지 않았다. 특히 《구오대사》의 풍도 평은 비난 일색만은 아니다. 후대에 풍도를 가장 적극적으로 변호한 이는 명나라 말기의 이단적 사상가였던 이탁오(李卓吾)다. 그는 자신의 대표적인 저서인 《장서(藏書)》의 마지막 장을 풍도론으로 채웠다.

"맹자가 말하기를, 사직(社稷)을 중히 여기고 군주를 가벼이 여기라고 했다. 실로 당연한 말이다. 풍도는 이것을 알았다. 사(社)는 백성을 편안히 하기 위한 것이다. 직(稷)은 백성을 부양하기 위한 것이다. 백성이 편안해지고 양식이 족해야 비로소 군신의 책임을 다했다 할 수 있다."

이처럼 이탁오는 백성을 안락하게 하는 것이 군신의 책무 가운데 으뜸이라고 지적했다. 이것이 첫째이며, 그 밖의 것들은 부차적인 일이라는 것이다. 오대와 같이 군주가 백성을 편안하게 하지 못할 때는 신하가 그것을 해야 한다. 이럴 때 신하의 첫째 의무는 백성을 편안케 하는 일이며 주군에게 충성을 다하는 일은 그 다음이 된다.

이탁오는 풍도의 덕택으로 왕조가 바뀔 때 흔히 빚어지는 쓸데없는 혼란과 전쟁을 피할 수 있었다고 평가한 것이다. 왕조가 교체될 때 구왕조의 신하가 모두 다 신왕조에 저항하면 백성이 전쟁의 참화를 입는다. 구왕조의 재상이 예의를 다하여 새 황제를 맞이하면 불필요한 유혈을 피할 수 있다고도 볼 수 있다는 것이다. 그러나 이탁오도 이러한 일은 시대의 윤리가 땅에 떨어진 오대와 같은 시기에나 비로소 긍정할 수 있는 일이라면서 "그렇지 않은 경우에는(윤리가 땅에 떨어진 시대가 아니면) 이런 것으로 구실을 삼지 말아야 한다"고 경계했다.

사실 이 시대에는 황소의 난 이후 계속된 전란으로 일반 백성이 큰 고통을 겪었다. 전쟁이 도처에서 끊임이 없었으므로 국토는 황폐해지고 인구는 줄어들었다. 그러는 가운데 군비는 점점 불어나 물자와 인력의 가혹한 징발로 일반 대중의 생활고는 이루 말할 수 없었다. 당 말의 시인 두순학(杜荀鶴)은 이 당시 농촌의 참상을 이렇게 노래했다.

팔십 세의 노쇠한 늙은이 부서진 마을에 살고 있는데

마을 안 무슨 일인들 넋을 상하게 하지 않겠는가.
뽕나무는 성 쌓는다고 죄다 베어 모두 없어졌고
고을의 젊은이는 병정으로 끌려가 자손 끊기었네.
그래도 평화롭던 때처럼 세금을 거두어들이지만
주현에서는 전혀 돌보아 주는 일이라곤 없구나.
지금은 닭과 개도 모두 흩어져 없어지고
해가 앞산에 지면 홀로 문에 기대어 서 있네.

당시에는 어디가나 눈에 보이는 광경이었다. 당시의 왕조 교체는 아무런 대의명분도 없는 단순한 권력 찬탈에 지나지 않았다. 충성을 바칠 만큼 도덕적 정통성을 지닌 왕조가 없었다. 이탁오의 평가처럼 군주가 백성을 편안하게 하지 못했던 시대다. 이때 풍도는 자기 나름의 가치판단을 했던 것이다.

확실히 풍도의 공이라 할 만한 일도 있었다. 946년 거란 태종 야율덕광이 후진을 멸하고 개봉을 점령할 때 거란의 부족장들이 학살과 약탈을 감행했다. 그러자 풍도는 태종 앞에 나아가 이렇게 진언했다.

"지금 백성은 부처가 나와도 구할 수 없으며, 오직 황제만이 구할 수 있습니다. 부디 불쌍한 백성들의 목숨을 살려주십시오."

이는 유목 군주에게 당신은 부처 이상의 힘이 있다고 말한 것이나 다를 바 없었다. 이 발언 때문에 풍도는 후세에 비난을 받았다. 그러나 그의 이 말이 아첨이었다고만 볼 수는 없다. 실제로 학살을 막을 수 있는 이는 야율덕광뿐이었다. 풍도는 이 한마디로 거란의 양민 학살을 중지시켜 많은 인명을 구했다고 볼 수도 있다.

거란 태종 야율덕광과 풍도는 이미 안면이 있었다. 이전에 후진을 세운 석경당이 풍도를 거란에 사신으로 보낸 적이 있었다. 그때 풍도는 약 2개월간 거란에 억류돼 있었고, 그를 충실하고 믿을 만한 사람이라고 본 거란 태종 야율덕광은 풍도를 돌려보냈다.

야율덕광에 의해 태부로 임명된 풍도는 자신의 지위를 이용해 암암리에 후진의 관원들을 보호했다. 거란군이 중국 지배를 포기하고 만리장성 이북으로 돌아갈 때 많은 아녀자들을 포로로 끌고 갔다. 이때 풍도는 자신의 사재를 털어 몸값을 지불하고 그들을 구해내어 절에 숨겨두었다가 거란군이 완전히 퇴각하자 각자 집으로 돌아가도록 했다. 거란이 물러간 뒤에 이런 공로를 인정받은 풍도는 다시 후한의 태사에 임명됐고, 후주가 후한을 멸망시킨 뒤에는 후주의 태사와 중서령이 됐다.

풍도가 신념을 가진 인물이었다는 점은 여러 모로 확인된다. 우선, 후한의 절도사 곽위가 제위를 찬탈하면서 후한을 멸하고 후주를 세우자, 후한의 태조인 유지원의 아우 유숭은 진양 지방을 차지하고 스스로 황제가 됐다. 그가 세운 나라를 북한이라 한다. 유숭은 후주에 대항하기 위해 거란을 섬겼다. 그는 거란의 군주를 '아저씨 황제[叔皇帝]'라고 불렀고, 자신은 스스로 '조카 황제[侄皇帝]'라 칭했다.

후주의 태조 곽위가 죽고 세종이 즉위하자, 유숭은 거란의 원군 1만 명과 자신의 병력 3만 명을 이끌고 후주를 치기 위해 남하했다. 이 소식이 전해지자 세종은 대신들을 모아놓고 대책을 논의했다. 세종은 친히 군대를 이끌고 나가 전투를 하겠다고 했다. 이에 대신들이 반대했다.

"폐하께서는 이제 금방 즉위하셨기 때문에 민심이 동요하기 쉬우니, 친히 싸움터에 나가는 것은 좋을 것 같지 않습니다. 대신 장군을 하나 파견하는 것이 좋겠습니다."

그러자 세종은 이렇게 말했다.

"유숭은 나를 어리다고 업신여기면서, 내가 방금 즉위한 이 기회를 이용해 중원을 차지하려 하고 있소. 이번에 그 자가 직접 나왔으니, 나도 친히 나가 그 자를 물리쳐야 하겠소."

세종이 완강한 태도를 취하자 대신들은 더 말리지 않았다. 그러나 풍도는 반대의 뜻을 굽히지 않았다. 풍도가 보기에 전쟁이란 지건 이기건 백성들을 괴롭히는 일이었다. 세종이 풍도를 설득하려고 했다.

"과거에 당 태종은 천하를 평정할 때 늘 몸소 군대를 인솔했소. 나라고 어찌 내 몸 하나만 생각하겠는가."

이에 풍도는 냉소적으로 응대했다.

"폐하께선 스스로를 당 태종과 비교할 수 있다고 생각하십니까?"

자존심이 상한 세종은 이렇게 말했다.

"우리는 강대한 병력을 갖고 있소. 유숭같은 자를 멸망시키는 것쯤이야 큰 산으로 달걀을 뭉개는 것처럼 쉬운 일이오."

풍도가 말을 받았다.

"폐하께선 자신을 큰 산에 비유할 수 있다고 생각하십니까?"

이 말에 세종은 격분하여 몸을 일으켜 내전으로 들어갔다.

세종은 결국 친정에 나서 고평(高平, 산서성 소재)에서 북한의 군대를 대파했다.

어느 시대에나 권력자의 비위를 거스르는 것은 위험한 일이다. 권력자의 비위를 거슬렀다가 실제로 화를 당한 이들이 많았고, 이 때문에 역린(逆鱗)[2]이라는 말까지 생겼다. 그런데도 풍도는 후주 세종의 비위를 거스르기를 서슴지 않았다.

풍도는 임금을 자주 바꾸어가며 섬긴 자이니 매사에 지당하다고만 하는 '지당대신'이었을 것으로 생각하는 사람이 많았지만, 사실 풍도는 단순히 벼슬을 누리기 위해 여러 왕조를 섬긴 것은 아니었다.

풍도가 여러 왕조에 걸쳐 목숨을 부지하며 재상 직을 맡을 수 있었던 이유는,

그가 청렴하고 정직해서 사방에서 보내오는 뇌물을 받지 않았고 정세 판단도 잘했기 때문이다. 또한 그는 부유한 귀족 출신이지만 행동이 경박한 자들을 배척한 반면, 재능은 있으나 가난하고 의지할 데 없는 사람들을 후원했다. 그는 혼란 속에서도 많은 사람들의 인망을 얻었고, 이 때문에 새 왕조마다 그를 고위직에 임명했던 것이다.

그러나 풍도 스스로도 자신의 일생에 유감이 없었던 것은 아니다. 〈장락로 자서〉의 말미에 이런 구절이 있다. "여러 가지 벼슬을 하고도 대군을 위해 통일을 기하고 팔방을 평정하지 못한 것은 실로 부끄러운 일이다. 무엇으로 하늘에 보답하랴."

고려의 건국

태조의 후삼국 통일

신라 말기에는 계속되는 반란과 왕족 간의 다툼으로 왕권이 약화됐다. 중앙권력에서 소외된 육두품 출신들의 골품제도에 대한 불만으로 지배층 내부의 결속력이 약해진 가운데 사무역과 농장의 확대로 지역 호족이 성장하는 등 내부분열도 심각한 수준에 이르렀다. 더구나 9세기 이후 계속된 흉작과 전염병으로 인해 빈궁해진 농민들이 유랑하는 일이 빈번해졌다. 또한 호족이나 귀족들의 토지겸병으로 토지를 잃고 소작농이 된 농민들이 지주와 국가에 의한 이중적 수탈에 시달림으로써 농민의 빈궁화를 더욱 가속화했다. 육두품과 호족 등 새로운 정치세력을 포용하고 일반 민중의 과도한 조세부담을 경감시키는 일이 당시 무엇보다 시급한 과제였다.

신라의 집권세력은 이런 과제를 해결하지 못했고, 신흥세력이 그것을 풀어내야 했다. 궁예나 견훤은 시대의 여망을 읽지 못했다. 그들은 진골 중심의 폐쇄적인 골품제를 뒤흔들기는 했지만 새로운 시대적 요청에 부응하지는 못했다.

이에 비해 궁예의 후계세력으로 등장한 고려 태조는 시대적 요청에 부응하면서 후삼국의 혼란을 수습하고자 노력했다. 신라 경명왕(景明王) 2년인 918년 6월에 정변으로 궁예를 축출한 고려 태조 왕건은 즉위하면서 다음과 같은 조서를 반포했다.

짐은 덕이 적은 사람이면서 왕업을 창건한 것을 매우 부끄럽게 여긴다. 비록 하늘의 도움에 힘입었으나 백성의 추대하는 힘 또한 큰 의지가 되었으니, 백성으로 하여금 편안히 살게 하고 집집마다 모두 착한 사람이 되게 하고자 한다. 그러나 쇠락한 곳의 조세를 면제해 주고 농업을 권장하지 않고서야 어찌 집마다 넉넉하고 사람마다 풍족하게 할 수 있겠는가. 백성에게 조세와 부역을 면제해 주고, 사방으로 떠돌아다니는 자는 향리로 돌아가게 하며, 곧 대사면을 내려 함께 휴식할 수 있도록 하라.

이를 통해 알 수 있듯이 고려 태조는 즉위하자마자 민중의 부담을 덜어주는 정책을 실시했다. 조선왕조가 편찬한 《고려사》도 태조의 정책을 이렇게 칭송했다.

삼국의 말기에 땅의 경계가 바르지 않고 거두어들임이 끝이 없었다. 고려의 태조는 즉위한 뒤 가장 먼저 토지제도를 바로잡고 백성으로부터 거두어들임에 법도가 있게 했으며 농사와 양잠을 장려하기에 힘썼다. 근본이

어디에 있는지를 알고 있었다고 말할 수 있다. (《고려사》 식화지 1 서)

고려 태조는 일반 농민들의 어려움을 잘 알고 있었고, 그들의 조세 부담을 크게 줄여주었다. 궁예 치하에 1경에 6석이었던 조세는 1부에 3승, 즉 1경에 2석씩으로 줄어들었다. 조세부담이 3분의 1로 줄어든 것이다. 더구나 후백제와의 전쟁이 계속되고 있던 시점에 이런 조세 경감 조처가 취해졌다.

태조는 즉위한 지 2개월 만인 918년 8월 토목공사와 기근 등을 계기로 몸을 팔아 노비가 된 자들 가운데 1200명을 면천시켰다. 그는 그 뒤에도 더 많은 노비들을 면천시켜주려 했으나 공신들의 반대로 실행에 옮기지는 못했다.

고려 태조는 궁예와 달리 북진정책도 적극적으로 추진했다. 그는 즉위한 지 3개월 만인 9월 황폐한 평양을 대도호부(大都護府)로 삼고, 황해도 지역 주민들을 그곳으로 이주시켰으며, 사촌 동생인 왕식렴(王式廉)을 시켜 그곳을 지키게 했다. 평양에 성을 쌓고, 그곳을 서경(西京)으로 격상시켰다. 태조는 스스로도 서경에 자주 순행했다.

태조 원년 8월에는 골암성(鶻巖城) 성주 윤선(尹瑄)이 고려에 귀부했다. 윤선은 원래 염주(鹽州, 황해도 연백)에 있었으나 궁예의 박해를 피해 안변(安邊) 부근의 골암성 지역으로 옮겨가 흑수말갈 등 여진족과 교류하면서 독자적인 세력을 키웠다. 이런 윤선이 귀부함에 따라 서북방이 보다 안정됐다. 동북방으로는 태조 3년인 920년에 장군 유금필(庾黔弼)과 병력 3천을 보내어 지키게 했다.

거란이 발해를 멸망시키다

발해는 9세기 후반에 들어서면서 그 통치력이 크게 약해지기 시작했다. 이에 따라 발해의 말갈족은 자립적인 형세를 보였다. 《삼국사기》와 《고려사》에 당시 말갈족의 동태를 전하는 사료들이 많이 나온다. 특히 921년에는 2월에 흑수말갈의 추장 고자라(高子羅)가 170명을 데리고 내투한 일을 비롯하여 같은 달 말갈의 별부인 달고(達姑)의 무리가 북변을 어지럽혀 고려 태조의 장수 견권(堅權)이 삭주(朔州)에서 이들을 물리쳤다고 하며 4월에는 흑수말갈 사람 아어한(阿於閒)이 200명을 데리고 내투했다고 한다. 그런데 흑수말갈 추장 고자라의 성씨에서 보듯 당시 흑수말갈에도 고구려계 주민이 있었던 것을 알 수 있다.

발해가 쇠퇴할 무렵에 거란은 이미 부족의 단계를 넘어 국가 건설에 나서고 있었다. 발해는 건국할 때부터 거란과 밀접한 관계를 맺었다. 거란족 이진충의 봉기가 발해 건국의 도화선이 됐고, 732년 발해와 당의 전쟁에서는 발해가 거란의 가돌한과 연합해 당을 공격한 적이 있다. 이처럼 당과 대결하는 데 있어서는 두 나라가 늘 협력했다. 이 때문에 발해와 거란은 '순치(脣齒)의 관계'로 불렸다. 그러나 발해는 거란과 협동, 교류하면서도 경계를 늦추지 않고 늘 정예 병력을 거란과의 국경 지대에 배치해놓고 거란의 침입에 대비했다.

거란의 태조 야율아보기는 평생을 정복활동으로 보낸 인물이다. 그는 국가체제를 정비하면서도 주변 세력들에 대해 대규모 정복활동을 벌였는데, 그 궁극적인 목적은 중원으로 진출하는 것이었다.

북방 유목민족이 부족사회 상태에서 갑자기 성장해 큰 국가를 건설하게 되면 국가 유지에 막대한 경비가 필요해지고, 경비 조달을 위해 중국을 공략해 약탈하는 것이 상례였다. 거란 왕조가 성립하기 전에 북방의 역대 유목 군주들은 중국을 약탈하고 중국과 불평등 교역을 해서 국가 유지에 필요한 재원을 확보해 왔다. 그러나 이는 불안정한 방법이었다. 야율아보기는 단순한 물자 획득에 그치지 않고 아예 중국을 점령해 거란의 영토로 만들 것을 생각했다. 그러나 그는 생전에 이 목표를 달성하지 못했고, 다만 중원 진출의 기반을 닦는 데 그쳤다.

발해는 시시각각으로 압박해 오는 거란에 대해 군사적, 정치적 경계를 늦추지 않았다. 911년 무렵에는 신라와 연대관계를 맺기도 했고, 918년에는 거란에 사신을 파견해 화친을 도모하기도 했다. 그러나 거란에 사신을 파견한 것은 단 한 차례로 끝났고, 오랫동안 전쟁을 치렀다. 《요사(遼史)》에 거란 태조가 20여 년을 힘들게 싸워 발해의 요동 지역을 얻었다는 대목이 나오듯 발해와 거란의 상쟁은 장기간에 걸쳐 전개됐다.

야율아보기는 정복활동을 활발히 전개했다. 그는 903년과 904년에 원정에 나서 여진 세력의 일부를 물리치고 그곳을 요동 진출의 발판으로 삼았고, 908년에는 요동 남쪽으로 진출해 발해의 교통로를 차단했다. 이어 916년 황제로 즉위한 야율아보기는 그 해 7월에 친히 군사를 거느리고 서쪽의 돌궐, 탕구트, 사타(沙陀, 돌궐의 일파) 부락을 평정했고, 8월부터 11월 사이에는 황하 이북을 원정해 큰 전과를 거두었다.

야율아보기는 중국 원정에 나설 때는 항상 배후에 있는 발해의 동태를 걱정했다. 따라서 원정에 나설 때마다 발해 등 배후 지역의 세력들과 일시적으로 연대를 맺거나 일부 병력을 배후 지역에 보내 양

동작전을 펴기도 했다. 그는 특히 중원 공략을 위해서는 배후세력을 제거해야 할 필요성을 절감하고 있었다. 그 가운데서 발해가 가장 큰 세력이었다.

《고려사》를 보면, 고려 태조 5년인 922년 2월에 거란이 고려에 사신을 보내 낙타, 말, 양탄자 등을 전했다는 기록이 나온다. 이는 거란이 발해와 일전을 해야 함을 의식하고, 원교근공 정책의 일환으로 고려를 회유하기 위한 사전공작이었다. 그런데 발해를 공략하려니 이번엔 서방이 걱정이었다. 야율아보기는 924년에 발해를 공격하려 했으나 먼저 서쪽 지역을 토벌해야 한다는 간언을 받아들여 6월 서방정벌에 나섰다. 약 1년 3개월간 계속된 이 원정에서 그는 토욕혼, 탕구트, 타타르 등 여러 부족들을 공략했다. 이번 정벌을 통해 거란의 세력권은 서쪽으로는 감주(甘州, 감숙성 장액시)까지, 서북쪽으로는 몽골의 오르혼 강까지 미치게 됐다.

야율아보기가 이렇게 장기간 서방을 원정한 이유는 두 가지였다. 하나는 발해 공격에 대비해 후방을 안정시키기 위해서였고, 다른 하나는 중앙아시아 교역로를 확보하기 위해서였다. 야율아보기 스스로 서방 원정을 결행하면서 "내 생애에 완수할 일은 두 가지"라고 말했다. 그것은 바로 서방 정벌과 발해 정벌이었다. 거란 태조 자신이 중원 공략은 후대의 일이요, 자신의 임무는 그 기반을 닦는 일이라고 생각했던 것이다.

야율아보기가 서방 원정에 나선 동안에도 발해와 거란의 전쟁은 계속됐다. 발해는 여러차례 거란과의 접경 지대를 공격했다. 그러나 이 무렵 발해는 스스로 해체되는 모습을 보였다. 특히 925년에는 세 차례에 걸쳐 발해의 고위 관료가 주민들을 이끌고 고려로 망명했다.

925년 가을 서방 원정에서 돌아온 야율아보기는 곧장 발해를 원정할 준비를 갖추고 윤12월에 원정을 단행했다. 21일에 철갈산(撤葛山)에서 발해 공격을 시작했다. 그 달 마지막 날인 29일 상령(商嶺)에 이르렀고 그날 밤 발해의 부여성을 포위했다. 그로부터 사흘 만인 이듬해 정월 3일 거란은 부여성을 함락시켰다. 부여성은 발해 15부의 하나인 부여부의 치소로, 거란으로 가는 경유지인 동시에 발해가 항상 군대를 주둔시켜 방비하던 곳이었다.

부여성을 함락시킨 거란군은 진격을 계속해 9일 발해의 3만 군대를 격파했다. 거란군은 그날 밤 발해의 수도 홀한성을 포위했고, 12일 발해 왕이 항복을 청했다. 투항에 반대하는 세력이 발해군을 무장해제하려고 성으로 들어간 거란병을 죽이는 일이 벌어졌다. 이로 인해 14일이 되어서야 항복절차가 끝났다.

발해를 멸망시킨 거란 태조 야율아보기는 발해 지역 통치를 위해 동란국(東丹國)을 세웠다. 그는 황태자인 야율돌욕(耶律突欲)을 동란국의 왕으로 임명하고, 그를 인황왕(人皇王)이라 불렀다. 동란국은 좌우 4명의 재상을 두었다. 그중 두 명을 발해인으로 임명해 발해 유민이 새로운 국가인 동란국에서도 국정에 참여할 수 있도록 조처했다. 인황왕 야율돌욕은 발해의 왕족인 대(大)씨와 귀족인 고(高)씨를 왕비로 맞아들였다. 그의 다섯 아들 중 넷째 아들은 대씨가 낳았고 다섯째 아들은 고씨가 낳았다.

동란국은 동거란국의 약칭이니 '동쪽의 거란국' 이란 뜻이다. 거란의 주민은 족속이 다양했으나 대부분 유목민이었다. 유목민이 아닌 정주민인 발해 유민을 다스리기 위해 별도의 국가 조직이 필요했던 것이다. 거란이 발해의 수도를 점령했지만 지방의 경우는 거란의 영향력이 미치지 않는 곳이 많았던 점도 거란이 동란국을 설립한 이유였다.

해동성국이라 불리던 발해는 이처럼 무기력하게 멸망했다. 동란국의 우차상으로서 발해인을 직접 통치하는 임무를 맡고 있던 야율우지는 "발해의 민심이 갈라진 틈을 타 군사를 움직이니 싸우지 않고도 이겼다"고 했다.

발해 멸망 이후 그 유민은 처신과 행방에 따라 다섯 부류로 나눌 수 있다. 첫째는 거란의 침략을 피해 거란의 지배력이 미약한 지역으로 이주하거나 인접국에 투항한 사람들이다. 이들은 발해 태자 대광현(大光顯)과 같이 대부분 고려로 이동했다. 이들은 발해가 멸망한 이후 어느 시점부터는 발해가 아닌 거란이나 여진 사람으로《고려사》등에 나온다.

둘째는 발해가 멸망한 후 거란에 협조한 지배층 유민들이다. 이들은 거란의 협조자가 되어 거란 지배층의 일부가 됐다. 거란 태종 때 빛나는 무공을 세운 고모한(高模翰)이 그 대표적 인물이다. 이들은 고려와 거란의 외교에서 중요한 역할을 하기도 했고, 고려와 거란의 전쟁에서는 거란군의 장군으로 나서서 발해 유민들로 구성된 부대를 통솔하기도 했다.

셋째는 거란의 피지배층이 된 유민들이다. 이들은 발해의 피지배층으로서 기록에는 거란이나 숙여진(熟女眞)으로 등장한다.

넷째는 거란과의 관계에서 반독립적 상태를 유지하면서 생활한 유민들이다. 고려와 관계가 깊었던 생여진(生女眞) 부락민들이 여기에 속한다. 여진은 흑수말갈과 발해 유민의 통칭으로 사용되기도 했기 때문이다.

다섯째는 발해의 옛 강토 안에서 발해 부흥을 위해 거란에 대항해 투쟁한 유민들이다. 이들은 정안국(定安國)과 후발해를 건설했고, 발해 멸망 후 오랜 세월이 지난 뒤에 흥요국과 대발해국을 세우기도 했다.

옛 발해의 지배층이나 피지배층 모두를 발해 유민이라고 지칭하지만, 거란 지배 하에서 발해 유민의 부류는 이처럼 다양했다. 발해의 후예라는 의식이 강한 부류도 있었고, 거란에 동화된 부류도 있었다. 그러나 발해 유민은 대체로 거란이 멸망할 때까지도 나름대로의 정체성은 유지하는 특징을 보였다.

수도인 홀한성이 함락되어 발해는 멸망했으나 발해의 영역이 모두 거란에 들어온 것은 아니었다. 거란이 실제로 차지한 지역은 발해의 서부 지역이었으며 동부 지역은 거란의 간섭이 미치지 못해 다수의 발해 유민이 할거하게 되었다.

이들 발해 유민은 점령당한 후에도 저항을 계속했다. 동란국의 우차상인 야율우지는 근본적인 대책으로 발해인을 요양(遼陽)으로 이주시키자고 주장하는 상소를 927년에 올렸다.

> 양수(梁水)의 땅은 그들의 고향으로 토지가 비옥하고 나무, 철, 소금, 물고기 등이 풍부합니다. 그들의 힘이 미약한 기회를 이용하여 그들을 이곳으로 옮기는 것은 길이 남을 계책이 될 것입니다. 그들은 고향으로 돌아가는 것이 되고 또 산림, 철, 소금, 물고기의 풍요를 획득할 수 있으니 반드시 이곳에서 거주해 생업을 즐길 것입니다. 그런 연후에 그들 중 무리를 뽑아서 우리의 좌익으로 삼고, 돌궐·탕구트·실위의 무리로 우익을 삼으면 가히 앉아서 남쪽 나라(중국)를 제압하여 천하를 아우를 수 있을 것입니다.

이 건의에 따라 거란은 928년 발해인을 대거 이주시켰고 동란국의 본거지도 발해의 상경(上京)인 홀한성에서 요동 지방의 요양으로 옮겼다. 동란국의 서천은 발해 점령 지역에서의 후퇴를 뜻하는 것으로 이는 송화강 유역에서 두만강 유역에 이르는 만주 동북 지역에 대한 실질적 통치를 포기하는 정책이었다.

거란 태조의 사망과 술률 황후의 섭정

거란 태조 야율아보기는 926년 발해에서 귀환하다가 7월 부여성에서 갑자기 죽었다. 이때 그의 나이는 56세였다. 야율아보기의 갑작스런 사망은 신생제국 거란에 크나큰 타격이었다. 당의 지배를 오랫동안 받아온 미약한 유목부족인 거란족이 단시간에 제국으로 성장한 것은 그의 개인 역량 덕분이었기 때문이다. 그가 사망했다는 소식이 전해지자 많은 피점령 지역들이 동요했다.

거란은 그의 사후 제위계승 과정에서 심한 분란을 겪었다. 유목국가에서는 대체로 군주의 절대권이 성립하지 않았고 이 때문에 왕위 계승 과정에 분란이 심했다. 당시 거란은 후계자 선정이 잘못될 경우 제국 자체가 와해될 수도 있는 상황이었다. 이 난관을 타개한 사람은 야율아보기의 황후였다.

거란에서 황후의 권력은 매우 강했다. 야율아보기의 황후는 술률 씨족 출신으로 대단한 여걸이었다. 《요사》는 술률 황후에 대해 이렇게 묘사했다. "성품은 신중하고 과단성이 있었으며 지략이 웅대했다. 태조가 군사를 거느리고 백성들을 다스리게 되자 술률후는 멀리 앞을 내다보고 모책을 했다." 이 묘사는 사실 그대로다. 황후는 야율아보기의 원정에 늘 따라 다녔고 인재 등용에 있어서 참모 역할을 했다.

야율아보기가 탕구트족을 정벌할 때도 술률 황후는 그를 따라가 군영에서 지냈다. 한번은 야율아보기가 본영을 비우고 적을 치러 나가려 하자 술률 황후는 본영을 지켜야 한다면서 만류했다. 야율아보기는 듣지 않고 군을 몰고 나갔다. 이때 탕구트와 동맹한 실위족이 본영을 습격해 어려운 지경에 처했는데 황후는 스스로 군사를 거느리고 나아가 적을 맞았다. 그녀는 목소리와 얼굴빛이 조금도 변함이 없이 실위군이 가까이 오기를 기다렸다가 적을 맞아 힘껏 싸웠다. 실위군은 가득 쌓인 시체를 뒤로하고 패주했다. 이로써 술률 황후의 이름이 크게 떨쳤다.

황후는 야율아보기와 더불어 거란제국의 공동 창업자라 할만했다. 915년 8부의 족장들을 초대해 살해한 사건도 황후의 제안이었다고 한다. 술률 황후는 야율아보기 사망 후에는 황제를 대신해 정무를 처리했다.

8월에 거란 태조 야율아보기의 장례를 치루면서 술률 황후는 충성심이 의심스러운 장수들을 순장의 형식으로 처형했다. 《굉간록(宏簡錄)》에는 다음과 같이 전한다.

태조가 붕어하자 태후가 노하여 태조를 따르던 장수들의 처에게 이르기를 "내가 이제 과부가 되었는데 너희들은 어찌 남편이 있어야 되겠는가?" 하면서 대장 100명을 죽이며 말하기를 "지하에 있는 돌아가신 황제를 따를 수 있겠는가"라고 했다. 그리고 좌우의 힘과 미모가 뛰어난 많은 남녀를 살해하여 묘의 수도에 묻었다.

믿기 어려운 얘기이지만 군주가 죽으면 후하게 순장을 하는 유목민의 풍습으로는 이해가 간다. 거란족과 언어적, 혈통적으로 매우 가까운 몽골의 태조 칭기즈 칸이 사망했을 때도 대규모 순장이 있었다.

관례에 따르면 황후도 순장의 대상이었다. 후세의 일이지만 청 태조 누르하치가 사망했을 때도 황후가 순장되었다. 술률 황후는 순장에 대신해서 자신의 한쪽 팔을 잘라 남편의 관속에 넣었다. 《요사》 지리지에 따르면 황후는 의절사(義節寺)에서 팔을 자르는 의식을 거행했는데 절 내에 단완루(斷腕樓)를 짓고 비석을 세워 이 일을 기록했다고 한다.

거란 태조 야율아보기가 사망한 지 얼마 지나지 않아 후당에서 귀부해 왔던 노룡절도사 노문진이 10만 부중을 거느리고 다시 후당에 투항했다. 후당 명종(明宗)이 설득했던 이유도 있었지만 거란 태조의 사망이 근본 원인이었다. 노문진은 본래 후당의 창업주 이존욱의 장수였다. 노문진의 후당 투항은 거란 제국에 큰 동요를 가져왔다.

황태자인 인황왕은 한문화에 익숙한 교양인이었다. 어려서부터 총명하여 학문을 좋아했으며 공자를 대성(大聖)이라 하며 존경했다. 거란이 공자의 사당을 세우고 봄·가을에 석전제(釋奠祭)를 올린 것도 그의 건의에 따른 것이었다. 그는 유목 제국의 태자이면서도 사냥을 즐기지 않았다. 치세라면 이상적인 군주가 될 수 있었고 수성(守成)에 적합한 인물이었다.

그러나 당시 거란은 위기의 시기였다. 국정을 맡고 있던 술률 황후가 보기에 장남인 황태자는 난세에는 적합치 않은 인물이었다. 유능한 장군인 둘째 아들 야율요골(耶律堯骨)이 제위에 올라야 한다고 생각했다. 야율요골의 중국식 이름은 야율덕광(耶律德光)이다. 그는 922년에 21세의 나이로 대원수가 되어 원정하는 곳마다 무공을 세웠다. 발해 원정 때도 대원수로서 야율아보기를 수행했다. 그러나 오래 전에 장남이 황태자로 책봉되었으므로 이유 없이 바꾸기는 곤란했다.

술률 황후는 여러 장군들을 모아놓고 말했다.

나는 두 아들을 모두 사랑한다. 그러니 내가 어느 아들을 황제로 세워야 하겠는가? 이제 자네들의 의견을 듣고자 한다. 내가 두 아들에게 말을 태워 장막 앞에 세울 터이니 자네들이 황제의 대통을 이을 만하다고 생각하는 사람을 선택하여 그 앞으로 나가서 말고삐를 잡도록 하라.

장군들은 황후의 뜻을 알았다. 야율아보기가 살아있을 때도 위세 당당했는데 이제 황제나 다름없는 그녀의 뜻을 누가 감히 어길 수 있겠는가. 장군들은 앞 다투어 야율덕광의 말고삐를 잡고 크게 소리쳤다. "우리들은 대원수를 섬기고자 합니다."

술률 황후는 "이미 모두의 뜻이 덕광을 세우고자 하니 나는 여러 사람들의 뜻을 어길 수 없다." 하며 야율덕광을 천황왕(天皇王)으로 책립했다.

이듬해인 927년 11월, 형세를 역전시킬 수 없다고 본 인황왕은 여러 신하들을 이끌고 술률 황후에게 야율덕광을 황제로 추대할 것을 청원했다. 이렇게 하여 대원수 야율덕광이 제위에 오르니 그가 거란 태종이다. 이때 26세였다. 황제가 되기는 했으나 엄밀히 말해 모친인 술률 황후와 공동 통치했다.

황제가 되었어야 할 태자 야율돌욕은 아우가 즉위하자 난처한 입장이 되었다. 그래도 여전히 동란국 인황왕 직은 그대로 유지했다. 태종은 늘 형의 동태를 감시하는 등 형제 간에 정치적 긴장 상태가 계속되었다.

고려가 삼국을 통일하다

동란국이 서천하여 국초부터 북진을 추구하던 고려의 입장에서 보면 힘의 공백 지역으로 남아있는 만주 동북 일대를 확보할 수 있는 좋은 기회가 왔다. 그러나 고려는 백제와의 전쟁에 모든 군사력을 집중시켜야 했다.

고려와 후백제와의 전쟁은 태조 7년(924)부터 본격화되었다. 초기에는 고려가 상당히 열세를 보였다. 고려는 농민들에 대한 조세를 가볍게 해서 군비가 후백제보다 적었던 것이다.

태조 10년(927) 9월에는 공산(公山, 대구 팔공산)에서 양군이 맞붙어 싸웠으나 고려군이 대패했다. 고려군은 정예 기병 5천으로 견훤군과 상대했으나 대장 신숭겸(申崇謙)·김락(金樂) 등이 힘껏 싸우다 모두 전사하고 태조는 겨우 죽음을 모면했다.

이 해에 거란의 사자 사고마돌 등 35인이 백제에 내빙(來聘)했다. 견훤이 장군 최견(崔堅)을 시키어 거란 사신단을 돌려보냈는데 배로 돌아가다가 풍랑을 만나 표류하다 산동반도의 등주에 닿았다. 이곳에서 이들은 모두 후당 사람들에게 살육당했다. 당시 고려와 후당은 우호관계에 있었고 후당은 거란을 매우 경계하고 있었다. 후당이 거란 사신을 몰살한 것은 거란과 백제의 연결을 차단하려 한 것으로 볼 수 있다.

다음해 견훤이 정예 병사 5천으로 의성(義城)를 공격했고 성주인 장군 홍술(洪術)이 전사했다. 태조는 통곡하면서 '나는 양쪽 손을 잃었다'고 말했다. 전세가 불리함에도 불구하고 태조는 민에 대한 수취를 늘리지는 않았다. 그래도 고려의 국세는 차츰 강화되었고 호족들도 고려 편에 서게 되었다.

태조는 후백제와의 전쟁에 사력을 다하는 중에도 청천강 연안의 요새인 안주(安州)에 성을 쌓았으며 군사 700명을 주둔시키는 등 만주 동북 지방에 대한 방비를 잊지 않았다. 9월에는 안수진(安水鎭, 개천)을 설치하여 고려의 서북방 경계는 청천강까지 닿게 되었다.

태조 13년(930) 고려 태조와 견훤이 친히 출전한 고창(古昌, 안동) 전투에서 마침내 태조가 백제와 싸워 크게 이겨 전세가 역전되기 시작했다. 이 전투에서 백제는 패하여 8천 명의 전사자를 내었다. 고창 전투 직후 송생(松生, 청송군 청송면) 등 신라 동북부의 30여 군현이 잇달아 고려에 귀부했으며 2월에는 명주로부터 홍례부(興禮府, 울산)에 이르는 동해 연안의 110여 성이 일거에 고려에 투항했다. 이로써 신라는 경주를 중심으로 국가라는 명목만 간신히 유지하는 형편이 되었다.

이후 견훤은 몇 차례 반격에서 성공을 거두었다. 태조 15년(932) 9월에는 해군으로 예성강을 습격하여 선박 100척을 태우고 저산도(猪山島)의 말 300필을 빼앗아갔다. 10월에는 대우도(大牛島)를 습격하여 고려에 상당한 타격을 주었다. 그러나 대세를 바꾸지는 못했다.

태조 17년(934) 7월에는 발해 태자 대광현이 수만 명의 무리를 이끌고 와서 투항했다. 태조는 그에게 왕계(王繼)라는 성명을 주어 왕실 족보에 등록시키고 백주(白州, 황해도 백천)에 정착시켰다. 대광현의 관료들에게도 작위를 주고 군사들에게도 토지와 주택을 주었다. 이후에도 발해인이 고려에 와서 투항하는 일이 계속되었다.

9월 운주(運州, 충남 홍성군)에서 고려가 백제군 3천을 전사시키는 대승을 거두자 웅진(충남 공주시) 이북의 30여 성이 고려에 투항했다. 이제 대세는 백제에 결정적으로 불리해졌고 견훤 또한 이를 인정하여 자식들에게 다음과 같이 말했다.

> 이 늙은 아비가 신라 쇠퇴기에 나라를 세워 백제라 이름한 지 여러 해가 지났다. 병력은 북군(北軍)에 비해 갑절이나 되는데도 오히려 불리하니, 아마 하늘이 고려를 위해 손을 빌려준 것 같다. 어찌 북왕(北王)에게 귀순하여 생명을 보존하지 않을 수 있겠느냐. (《삼국유사》 후백제 견훤)

견훤이 여러 아들에게 한 술회에서도 드러나듯 초기에는 군비가 우세한 후백제군은 병력이 고려군보다 우월했으나 장기적으로는 민의 피폐로 열세에 놓이게 된 것이다.

태조 18년(935) 3월에 백제에 왕위 계승 문제로 내분이 나 견훤의 장자인 신검(神劍)이 즉위하고 견훤은 금산사(金山寺)에 유폐되었다. 이곳은 진표가 출가하여 수행하던 곳이다. 견훤은 6월에 탈출하여 고려군이 주둔하고 있던 나주에 가서 고려에 귀부했다. 고려 태조는 군함 40척을 보내 그를 맞이하여 오게 했다. 견훤이 송도에 오자 그를 상보(尙父)라 부르고 양주(楊州)를 식읍으로 주었다.

견훤이 고려에 귀부하자 신라의 경순왕도 고려에 귀부할 뜻을 품고 군신회의를 열어 그 가부를 물었다. 태자가 천년 사직을 들어 항복을 반대했으나 신라는 더 이상 국가 체제를 유지할 수 없는 형편이었다. 10월 신라의 경순왕은 사신을 보내어 입조를 청했고 고려가 받아들이자 11월 백관을 거느리고 개경에 들어갔다.

신라는 끝내 골품제라는 좁은 신분제의 틀을 벗어나지 못하고 진골귀족들이 정권쟁탈이라는 집단자살극을 벌인 끝에 자멸한 형국이 되었다. 견훤은 신라에 대항하여 불필요한 군사작전을 남발한 데 비해 고려는 우호적인 자세를 견지하여 신라의 민심을 획득하여 피를 흘리지 않고도 신라 합병에 성공했다.

태조 19년(936) 9월 일선군(一善郡, 선산)의 일리천(一利川)에서 삼국 통일을 결정짓는 마지막 전투가 벌어졌다. 이 전투에서 고려는 8만 7500이나 되는 대병력을 동원했다. 이중 기병이 5만이 넘었다. 특히 흑수말갈(黑水靺鞨)·달고(達姑)·철륵(鐵勒) 등 북방 유목민족의 기병 9500명이 출전한 것이 이채롭다.

삼국사기는 이 전투를 다음과 같이 묘사했다.

> 여름 6월에 견훤이 태조에게 말했다. "제가 전하께 투항한 것은 전하의 위엄을 빌어 역적인 자식을 벌하려는 것이었습니다. 엎드려 바라옵건대 대왕께서 신병을 빌려 주시어 난신적자를 섬멸케 한다면 신은 죽어도 유감이 없겠습니다."

태조가 그 말에 따라, 먼저 태자 무(武)와 장군 박술희에게 보병과 기병 1만을 주어 천안부로 가게 했다. 그리고 가을 9월에 태조가 직접 3군을 거느리고 천안에 도착하여 군사를 합치고 일선에 진주했다. 신검은 군사를 거느리고 마주 대치하여, 갑오일에 일리천을 사이에 두고 마주 보며 진을 쳤다.

태조가 상보 견훤과 함께 열병하고, 대상 견권·술희·금산과 장군 용길·기언 등에게 보병과 기병 3만을 주어 좌익을 삼고, 대상 김철·홍유·수향과 장군 왕순·준량 등에게 보병과 기병 3만을 주어 우익을 삼고, 대광 순식과 대상 긍준·왕겸·왕예·검필과 장군 정순·종희 등에게 정예 기병 2만과 보병 3천, 그리고 흑수·철리(鐵利) 등 여러 도의 정예 기병

9500명을 주어 중군을 삼고, 대장군 공훤과 장군 왕함윤에게 군사 1만 5천 명을 주어 선봉을 삼아서 북을 울리며 진군했다.

백제 장군 효봉·덕술·명길 등이 고려 군사의 기세가 웅장하며 잘 정비된 것을 보고, 무기를 버린 채 진 앞에 와서 항복했다. 태조가 그들을 위로하고 백제의 장수가 있는 곳을 물었다. 효봉 등이 "원수 신검이 중군에 있다"고 말했다. 태조가 장군 공훤으로 하여금 곧바로 중군을 공격케 하고, 전군이 함께 나가 협공하자 백제 군사가 무너져 패배했다. 신검은 두 아우와 장군 부달, 소달, 능환 등 40여 명과 함께 항복했다.(《삼국사기》 권 50 열전 견훤전)

일리천을 사이에 두고 대전하여 신검의 백제군은 5700이 전사하고 3200명이 포로가 되는 손실을 입고 패주했다. 고려군이 추적하여 황산군(黃山郡, 충남 논산군)에 이르니 신검은 두 동생과 문무관료를 이끌고 나와 항복했다. 신검의 항복을 받은 고려 태조는 그 길로 후백제의 수도인 전주에 입성해서 "적의 괴수들은 이미 항복해 왔으니 나의 적자(赤子)를 범하지 말라"고 하여 이 지역 백성을 안심시키고 개경으로 개선했다.

| 2장 |

고려 국가체제의 정비

중앙집권적 관료체제의 성립

고려 태조가 남긴 과제

신라가 후삼국으로 분열된 지 불과 30여 년 만에 큰 후유증 없이 다시 하나의 왕조로 통합될 수 있었던 것은 고려 태조가 정치 지도자로서 탁월한 능력이 있었기 때문이며 이 외에는 달리 설명하기 어렵다. 태조는 복잡하게 얽혀있는 현실 문제를 무리 없이 타개했으며 미래에 대한 통찰력이 있는 군주였다.

태조는 민심을 잘 이해했다. 전쟁에 시달린 백성들이 불교와 풍수지리에 심취한 것을 헤아리고 이를 장려했다. 고려 고종 때에 최자(崔滋, 1188~1260)가 엮은 시화집인 《보한집(補閑集)》에 태조의 이러한 생각이 전해진다.

태조께서 전쟁을 하던 초창기에 음양(陰陽, 풍수지리설)과 불교에 뜻을 두고 있었다. 참모 최응(崔凝)이 간언했다.

"경전에 말하기를, '어지러운 때를 달하면 문(文)을 닦아서 인심을 얻어야 한다' 고 했습니다. 군주는 비록 전시를 당하더라도 반드시 문덕(文德)을 닦아야 하옵니다. 음양이나 불교에 의지하여 천하를 얻었다는 말은 들어보지 못했습니다."

태조가 대답했다. "그 말을 짐이 어찌 모르겠는가. 그러나 우리나라의 산수는 어디 가나 신령스럽고 기이하여, 민심이 부처와 신을 좋아하고 거기에서 복리를 취하려 한다. 아직 전쟁이 끝나지 않았고 나라의 안위가 결정되지 않아 백성들이 아침저녁으로 번뇌하고 두려워하며 어찌 할 바를 모른다. 다만 부처와 신명의 도움과 산수의 영험이 임시변통의 효과가 있으리라고 생각할 따름이지 어찌 부처와 신명으로써 나라를 다스리고 백성의 인심을 얻기 위한 대경(大經)으로 삼을 수 있겠는가. 전란이 평정되기를 기다렸다가 바로 풍속을 순화시키고 교화에 힘쓸 수 있을 것이다."《보한집》 상권)

고려 태조가 재위 중에 해결하지 못한 문제는 호족 문제였다. 호족 세력을 약화시키고 왕권을 강화하는 것은 민생의 안정과 직결된 문제였다. 당시에는 지방관이 파견되지 못한 상황이어서 조세 징수를 지방 호족들이 하고 있었다. 호족들은 조세징수권을 이용해 백성들을 수탈하고 있었다. 호족 문제는 한두 세대에 걸쳐 해결될 수 있는 문제는 아니었다. 왕실의 혼인, 서경 경영, 사심관제(중앙의 관료를 자기 지방으로 파견하는 것)와 기인제(其人制, 지방 호족의 자제를 일종의 인질 형식으로 중앙에 데려오는 것) 등은 모두 호족에 대한 시책과 관계가 있었다. 그러나 이 지난한 과제는 태조 자신이 풀지 못하고 그의 후계자들이 해결해야 했다.

태조 말년 고려 조정은 크게 두 세력으로 분열되어 있었다. 하나는 왕위를 계승할 태자인 왕무(王武)의 세력이었고 다른 하나는 그의 이복동생인 왕요(王堯)와 왕소(王昭)의 세력이었다. 태자 왕무는 태조의 장자로 모친은 장화왕후(莊和王后) 오씨(吳氏)이다. 오씨 집안은 대대로 목포에 살았다. 오씨의 아버지 다련군(多憐君)은 이 지역의 토착 호족이나 그리 큰 세력은 아니었다.

궁예 집권기에 태조는 자신의 수군으로 나주에 몇 차례 출정했다. 즉 태조는 효공왕 7년(903) 수군을 거느리고 금성군(錦城郡, 나주) 등 10여 군현을 쳐서 점령했으며 효공왕 14년(909)에는 견훤이 거느린 정예부대를 덕진포(德眞浦)에서 크게 격파하고 수십 군현을 점령하여 이 지역의 지배권을 확립했다. 태조는 목포에 정박했을 때 오씨를 만나 첫 아들인 무를 낳았다(912). 왕무는 태조 4년(921)에 태자로 책봉되었다. 이후 왕위에 오르기까지 22년 동안 정치·군사적 경력을 쌓았다. 태조 19년(936) 후백제를 토멸할 때에 당시 25세인 태자는 용맹을 떨쳐 가장 큰 공을 세웠다. 이로 인해 사후에 높은 평가를 받았다.

태자 측은 외가인 나주 호족의 지지를 받고 있었으며 태조의 각별한 당부를 받은 박술희와 진천 임씨, 청주 김씨 등의 호족 세력과 연결되어 있었다.

왕요와 왕소는 동복 형제로 외가가 충주 지역의 호족인 충주 유씨였다. 충주 유씨는 패강진 세력 특히 평산 박씨 세력과 긴밀한 관계였다. 패강진 세력은 서경 세력과 관계가 깊었다. 이 외에 일부 후백제 지역 출신이나 경주 김씨 세력도 왕요와 왕소를 지지했다.

세력으로 볼 때 태자가 크게 불리했다. 지역적으로 보면 태자의 지지 세력은 백제 지역에 있었고 왕요 세력은 고구려 지역이었다. 태조의 지역 기반이 임진강에서 서경에 이르는 옛 고구려 지역인데도 왕무를 왕위계승자인 태자로 삼고 후원한 것은 국가 통합을 위한 조치였다고 볼 수 있다.

943년 고려 태조는 건강이 악화되어 세상을 떠났다. 태자가 제 2대 왕으로 즉위하니 그가 혜종(惠宗, 재위 943~945)이다. 그러나 혜종은 세력 기반이 약해 자신의 목숨을 노리는 적대 세력에 둘러싸여 불안한 나날을 보냈다.

왕요와 왕소는 혜종을 줄기차게 압박했다. 태자 시절에는 도량이 크고 지혜와 용맹이 뛰어나다는 평가를 받았던 혜종이 별다른 조치를 취하지 못했고 재위 2년 만에 34세의 나이로 사망했다. 많은 의혹을 남기며 혜종이 죽은 뒤에 왕요가 서경의 왕식렴(王式廉) 군대를 끌어들여 정적들을 제거하고 왕위에 올랐다. 그가 곧 정종(定宗, 재위 945~949)이다.

정종의 집권에 왕식렴을 비롯한 서경 세력의 도움이 절대적이었음은 즉위 직후에 왕식렴을 포상하는 조서에 잘 드러난다.

왕식렴은 조정의 기강이 떨어지려고 했으나 부흥시켰고 종묘사직이 장차 기우는 듯 했으나 다시 정비했으니 그대의 죽음을 다한 노력이 아니었으면 내가 어찌 지금의 자리에 이르렀겠는가.

서경의 군사력으로 즉위한 정종도 기반이 약했다. 주위의 반대와 원성을 무릅쓰고 왕식렴의 세력 기반인 서경으로 천도를 추진한 것도 이러한 사정을 잘 보여준다. 또한 거란의 침략에 대비한다 하여 북방의 여러 지역에 성을 쌓고 광군(光軍) 30만을 조직했다. 그러나 서경 천도는 실현되지 못하고 정종은 재위 4년 만에 27세의 나이로 병사했다.

무자비한 숙청으로 왕권을 굳힌 광종

불안한 왕권은 4대 광종(光宗, 재위 949~975)대에 이르러 크게 강화되었다. 광종은 정종의 동복동생인 왕소로 와병 중인 정종이 후계자로 지목하여 왕위에 올랐다. 광종은 26년간 집권하면서 많은 업적을 남겼다. 광종의 치적 중에 가장 두드러진 것이 호족 세력을 약화시키고 왕권을 강화한 것이다.

광종은 즉위하자 우선 지방 주·현의 세공액을 정하게 했다. 이것은 호족들의 자의적인 수탈을 막기 위한 것으로 결국 호족을 통제하는 정책이었다. 광종은 초기에는 급진적인 정책을 실시하지 않고 개혁을 실시할 수 있는 기반을 닦는데 치중했다. 후주의 사신으로 온 쌍기(雙冀)를 귀화시켜 한림학사로 삼은 것도 개혁에 필요한 인재를 확보하기 위한 것이었다.

광종 7년(956)에 실시된 노비안검법(奴婢按檢法)은 호족 세력에 직접적인 타격이 되었다. 노비안검법은 본래는 노비가 아니었으나 전쟁포로가 되어 노비가 되었거나 채무를 갚지 못하여 노비가 된 자들을 판별하여 이전의 상태로 돌려주는 것을 말한다.

이들 호족 소유의 노비는 호족들의 경제·군사적 기반이었다. 그들은 호족의 토지를 경작했으며 유사시에는 사병이 될 수 있었다. 그러므로 노비안검법의 실시는 태조 이래의 많은 공신, 특히 호족 출신

공신들에게는 큰 타격이었다. 호족과 공신들의 반발은 매우 커서 광종의 황후인 황보씨(皇甫氏) 마저도 노비안검법 시행의 중지를 요청했을 정도이다.

광종 9년(958) 5월 실시한 과거제도 왕권 강화와 밀접한 관련이 있었다. 후주 출신의 한림학사 쌍기를 지공거(知貢擧, 과거시험관)에 임명하여 시·부·송 및 시무책을 짓게 하여 합격자를 뽑았다. 과거제 시행은 정치적 식견과 능력을 갖춘 새로운 관료층을 형성하기 위한 조치였다. 고려의 건국과 후삼국 통일에 기여한 공신들은 거의 대부분 무인들이었다. 이들은 독자적 무력을 가져 왕권에 위협이 되는데다가 정책을 수행해 갈 능력은 부족했다. 과거제 실시로 왕을 충실히 보필할 수 있는 새로운 관료군 육성이 가능하게 되었다.

광종은 곧 이어 개경을 황도(皇都)라 하고 서경을 서도(西都)라 부르게 했다. 황도는 황제가 거주하는 서울이란 뜻이니 개경을 황도라 부르게 한 것은 광종 자신을 중국의 황제와 같은 존재로 부각시키려 한 것이다. 또한 북으로 영토를 확장해 가주(嘉州, 평북 박천군)와 송성(松城) 2성을 쌓았다.

또 이때부터 호족 세력에 대한 무자비한 숙청이 있었다. 주로 밀고에 의해 숙청을 단행했다. 광종이 숙청을 하면서 신변의 안위를 몹시 걱정했던 것을 보면 그 강도를 알 수 있다. 성종 때에 최승로의 상소문에는 "광종 말년에는 세상이 어지러워 참소가 많이 일어나서 형벌에 걸린 이들 중에는 죄 없는 사람이 많았으며 역대의 공신과 장수들도 모두 죽음을 면치 못했다. 경종이 왕위에 오를 때에는 옛 신하 중 살아남은 사람이 겨우 40여 명뿐이었다"고 하니 광종의 공신 숙청 규모를 짐작할 수 있다.

이와 같은 일련의 개혁은 쌍기가 후주에 있을 때 후주 황제들이 실시한 정책과 유사한 것이다. 당시 고려와 후주의 공통된 상황은 독립적 무력을 가진 군벌이 존재하여 군주권이 약했고 국가 수입을 증대시킬 수 있는 잠재적 조세와 부역 부담자들이 중앙정부의 통제 밖에 다수 존재하고 있었다는 점이다.

광종의 개혁정치는 주로 쌍기를 비롯한 중국 출신의 귀화인에 의존했다. 유능한 외국인을 귀화시켜 우대하는 것은 고려 왕조의 개방적 성격을 반영하는 것이었다. 광종의 귀화인 우대는 지나쳐 신하들의 집을 빼앗아 주기도 하고 여자를 골라 주기도 했다.

광종은 자신의 자손이 왕위를 독점하게 하기 위하여 잠재적인 왕위 계승권자인 혜종과 정종의 하나뿐인 아들도 죽였다. 이 외에도 숙청당한 왕족이 적지 않았다. 광종의 왕권강화 정책에 대한 호족들의 반발도 커서 광종 23년에는 사면령을 내려 이들을 달래기도 했다.

광종은 불교 교단과 사상 문제에도 깊이 개입했다. 교종에 대하여서는 균여(均如)로 하여금 귀법사(歸法寺)를 창건하여 교종의 중심적 교단인 화엄종의 분열을 통합하게 했다. 선종에 대하여는 중국에서 법안종(法眼宗)을 받아들여 여러 선문(禪門)들을 정리하게 했다. 그리고 법안종과 천태종(天台宗)을 일으켜 교종과 선종의 대립을 해소하고자 했다. 이 두 종파들은 각각 선종과 교종을 중심으로 다른 쪽의 교리를 절충적으로 수용하여 통합을 지향했다. 이 무렵 고려의 천태학은 상당한 수준에 달하여 오대 십국의 하나인 오월 군주의 요청으로 광종 15년 파견된 제관(諦觀)은 현지의 천태종 부흥에 크게 기여했고 의통(義通)은 중국 천태종의 제13조가 되기도 했다.

광종은 승과 제도와 승려들의 위계인 법계(法階) 제도도 제정했다. 승려들은 국가에 의해 관리되어 승적에 등록되었다. 법계와는 별도로 최고의 승직인 국사(國師)·왕사(王師)가 있어 왕의 종교 고문 역할을 담당했다.

광종은 재위 26년 만에 51세의 나이로 세상을 떠나고 그 뒤를 이어 태자가 왕위에 오르니 그가 경종(景宗, 재위 975~981)이다. 그는 광종의 장남으로 성품이 온화하고 인후했다. 경종 대에는 광종 대에 숙청되었던 호족세력이 다시 등장했고 신라 계열과 문신관료들도 세력이 커졌다.

경종은 즉위 5개월 만에 경순왕 김부(金傅)의 딸을 황후로 맞아들였다. 이어 제2·3·4·5비인 4명의 후비를 더 얻었다. 그런데 이들

천태종(天台宗)

불교의 한 종파로 인도의 용수(龍樹)에서 비롯되었다. 중국 북제의 혜문(慧文)·남악혜사(南岳慧思)를 거쳐 수나라의 지의(智顗)에 이르러 확립되었다. 선정과 지혜의 조화를 종지로 삼는다.

화엄교학과 함께 불교의 2대 사상으로 전개된 천태교학의 특징은 실상론이라고도 하는데 제법실상(諸法實相) 사상에 바탕을 두고 있다. 즉 모든 현실의 존재에는 그 근저에 진실성이 있고, 바로 현실 속에 이상이 있다고 하여 현실에 대한 절대적 긍정의 입장을 취하고 그 실상의 진리를 나타내는 공(空)·가(假)·중(中)의 삼제원융(三諦圓融)을 역설한다.

한국에는 삼국 시대에 천태교의가 전래되었다. 백제의 현광(玄光)은 중국으로 가서 남악혜사의 지도를 받아 법화삼매를 증득하고 돌아와 《법화경》의 진리를 널리 전했다. 고구려의 파약(波若), 신라의 연광(緣光)도 수나라에 건너가 지의로부터 직접 천태교학을 배우고 돌아왔다. 고려의 제관이 지은 《천태사교의(天台四敎儀)》는 천태학 입문서로 널리 사용되었다.

은 모두 태조의 후예들이다. 이러한 고려 왕실의 족내혼은 광종의 혼인으로 시작되었으나(광종의 황후는 황보씨이나 이는 모계 성씨를 따른 것이고 태조의 딸이다) 경종의 혼인은 특별한 정치적 의미가 있었다. 즉 이들 후비들의 친족인 충주 유씨, 황주 황보씨, 정주 유씨들이 정치적으로 재등장하게 되었다.

이들 세 왕후족은 광종 대의 전제정치와 호족 세력의 숙청 과정에서 위축되었다. 황주 황보씨 가문인 광종의 제1 황후가 노비안검법 실시의 중단을 요구했으나 광종이 이를 듣지 않았다는 기록이 당시의 상황을 알려준다. 경종의 외척이 됨으로써 이들은 정계에 다시 나설 수 있었다.

경종은 즉위 원년(976)에 전시과(田柴科)를 제정하여 현관(顯官, 현직 관리)과 산관(散官, 일정한 보직이 없는 무임소 관리)의 구분과 품계에 따라 토지와 땔감 채취용 땅을 지급했다.

경종 2년에는 과거를 재개했다. 친히 진사 시험을 주관하여 급제한 6명에게 즉시 관직을 주었다. 경종의 과거에 대한 특별한 관심은 과거 관료들을 통해 왕권을 강화하려한 데서 나온 것이다.

관료제를 완성한 성종

경종은 27세의 젊은 나이로 사망하고 태조의 손자이며 경종의 처남이 되는 개녕군(開寧君) 왕치(王治)가 즉위했다. 그가 성종(成宗, 재위 981~997)이다. 경종에게는 아들(뒷날의 목종)이 있었으나 불과 2세이므로 당시 현명하기로 이름 높은 개녕군을 불러 뒤를 잇게 한 것이다.

성종 대에 이르러 고려는 유교적인 중앙집권 체제를 갖추었다. 우선 원년에 중앙 관제를 정비했다. 그때까지 내려오던 광평성·내봉성·내의성·내사성을 내사문하성(內史門下省, 중서문하성)과 상서도성(尙書都省)으로 고쳐 3성 6부 체제를 갖추었다.

3성은 당에서 발달된 제도로 조칙을 작성하는 중서성(中書省)과 이를 심의하는 문하성(門下省) 및 집행하는 상서성(尙書省)을 말한다. 고려에서는 3성이 병립한 당과 달리 중서성과 문하성이 합쳐져 중서문하성이 되었다. 중서문하성은 국가의 중대사를 논의하여 처리하거나 간쟁의 업무를 맡는 최고의 정무 기관이었다. 문하시중이 중서문하성의 장관으로 고려의 최고 관직이었다. 동급인 상서령은 명예직이었다.

이 중서문하성은 상하 이중으로 되어 있었다. 종 2품 이상을 재신(宰臣) 또는 재상(宰相)이라 하여 이들이 재부(宰府)를 구성했으며 정 3품 이하 종 6품까지는 성랑(省郎)이라 하여 낭사(郎舍)를 이루고 있었다. 낭사에 드는 관원은 14명으로 모두 간관이었다. 종 7품인 문하록사와 중서주서는 사무직으로 낭사에 들지 못했다.

상서도성과 그 휘하의 6부는 행정 실무를 담당하여 집행했다. 상서성도 2품 이상 고위 관리로 구성되는 상서도성과 3품 이하 관리로 조직된 상서 6부의 이중 구조로 되어 있었다.

이들 6부의 장관들은 상서로 정 3품, 차관인 시랑은 정 4품으로 재상의 모임인 재추회의(宰樞會議)에는 참석할 수가 없었다. 상서 위에 판사(判事)를 두어 중서문하성의 재신들이 겸직했다. 즉 중서문하성의 재신들은 상서 6부의 서열에 따라 문하시중이 판이부사(判吏部事), 서열 2위인 재신이 판병부사(判兵部事) 식으로 차례로 6부의 판사를 겸임했다.

중서문하성(中書門下省)의 인원 구성

종 1품	문하시중(門下侍中) 1인, 중서령(中書令) 1인
정 2품	문하시랑평장사(門下侍郎平章事) 1인, 중서시랑평장사(中書侍郎平章事) 1인
	문하평장사(門下平章事) 1인, 중서평장사(中書平章事) 1인
종 2품	참지정사(參知政事) 1인, 정당문학(政堂文學) 1인, 지문하성사(知門下省事) 1인
정 3품	좌상시(左常侍) 1인, 우상시(右常侍) 1인
종 3품	직문하(直門下) 1인
정 4품	좌간의대부(左諫議大夫) 1인, 우간의대부(右諫議大夫) 1인
종 4품	급사중(給事中) 1인, 중서사인(中書舍人) 1인
종 5품	기거주(起居注) 1인, 기거랑(起居郎) 1인, 기거사인(起居舍人) 1인
정 6품	좌보궐(左補闕) 1인, 우보궐(右補闕) 1인
종 6품	좌습유(左拾遺) 1인, 우습유(右拾遺) 1인
종 7품	문하록사(門下錄事) 1인, 중서주서(中書注書) 1인
掾 屬	주사(主事) 6인, 영사(令史) 6인, 서령사(書令史) 6인, 주보(主寶) 3인
	대조(待詔) 2인, 서예(書藝) 2인, 시서예(試書藝) 2인, 기관(記官) 20인
	서수(書手) 26인, 직성(直省) 8인, 전리(電吏) 180인, 문복(門僕) 10인

이렇듯 상서성이 중서문하성에 예속하여 고려는 중서문하성이 최고의 정무기관으로 일원화된 행정체계를 갖추었다.

성종 10년(991) 10월에는 중추원(中樞院)을 두었다. 중추원은 왕명 출납, 숙위, 연등회·팔관회의 관장 등의 일을 하는 주요 기관이었다. 성종 대에는 구성이 단순했으나 점차 여러 관직을 늘려 두어 11대 문종 때 완비되었다. 중추원의 관원 중 정 3품 이상은 추신(樞臣)이라 하여 재추회의에 참석했다. 종 2품 이상의 관원을 재상이라 한 고려의 제도로 보아 중추원 추신의 지위는 특이한 것이다.

어사대(御史臺, 사헌부)의 관원들은 대관(臺官)이라 불리며 간관인 중서문하성의 낭사와 더불어 언관이었다. 대관과 간관을 함께 대간(臺諫)이라 한다. 이들은 관료를 규찰하고 탄핵하며 서경(署經)을 맡았다. 서경은 관리의 임명에 있어 대간의 동의 서명을 뜻하는 것으로 비록 왕이 재가하더라도 고신(告身, 임명장)에 서경이 없으면 효력이 없었다.

대간의 정치적 지위는 매우 높았다. 이들은 불체포 특권이 있어서 비록 죄가 있어도 어명으로도 체포할 수 없었다. 말하자면 대간은 언론에 관한 일로는 처벌받지 않는다는 뜻이었다.

대간은 늘 왕과 같이 있는 시신(侍臣)이었다. 시신은 왕의 행차에 수행하면서 직접 왕과 면접하는 특권이 부여된 사람들이다. 그러므로 대간은 왕을 측근에서 보좌하는 직능이 있었다. 이 때문에 대간은 왕을 견제하기도 했으나 왕권 강화에 더 큰 역할을 했다.

성종 대에는 관리들의 서열 체계도 당의 문산계(文散階)와 무산계(武散階)를 도입하여 새로이 정비했다. 이 문·무산계는 당의 제도와 약간 다른 점이 있었다. 고려에서는 문신뿐 아니라 무신도 문산계를 받았다. 무산계도 무신 이외에 향리, 탐라의 왕족, 여진의 추장, 노병, 공장, 악인 등도 받았다. 이처럼 성종이 중앙의 관제를 재정비 할 수 있었던 것은 그만큼 왕권이 강화되고 이를 지지하는 정치 세력이 성장했음을 뜻한다.

성종 대에는 지방 제도도 정비되었다. 성종 2년 전국을 12개 주(州)로 나누고 주의 장관으로 목(牧)을 두었다. 이것이 최초의 외관(外官, 지방관) 파견이었다. 12개 주는 양주·광주·충주·청주·공주·해주·진주·상주·전주·나주·승주·황주다. 이 조치는 그 전해에 올린 최승로의 건의에 따른 것이었다. 성종 14년에 다시 지방 관제를 개편하여 전국을 10도(道)로 나누고 그 밑에 주·부·군·현을 두었다. 이로서 성종은 지방의 호족 세력을 좀더 억제하여 중앙의 명령을 지방에 침투시킬 수 있었다.

고려의 천하관

고려시대에는 외부 국가들을 포괄하는 영토개념인 '천하(天下)'를 사용했다. 고려에서 세계와의 관계를 규정짓는 천하관은 그 시대의 주요 외교·국방문제 처리 방식의 토대가 되었다. 고려시대의 천하관은 군주의 호칭에서도 잘 드러난다. 고려가 '천하의 중심국의 군주'라는 뜻의 천자라는 호칭을 사용한 것은 주변국과의 국제관계에서 고려의 자신감을 나타낸다. 고려가 군주의 호칭으로 황제와 천자를 사용한 것은 건국 때부터이다. 신라의 경순왕이 귀부를 요청하면서 올린 글에 고려 태조를 천자라고 했다.

> 본국에 화란이 장차 일어날 것 같고, 이미 나라의 운세가 다했는데 다행히 천자의 광채를 뵙게 되었으니 바라옵건대 신하의 예를 갖추고자 합니다.
> (《보한집》 상권)

여기서 천자는 경순왕의 임의적 표현이 아니라, 당시 고려의 제도를 따른 것이다. 이 외에 태조 대에는 군주의 정령을 황제의 용어인 조(詔), 제(制) 등으로 했고 군주의 공식복장을 천자의 색인 자황색으로 했다.

또한 《고려사》 〈악지(樂志)〉에 실린 고려의 노래인 풍입송(風入松)

은 고려 군주를 지칭하는 '해동천자'로 시작된다.

> 해동천자이신 지금의 황제에 이르러
> 부처와 하늘이 도우시니 교화가 널리 퍼져
> 세상이 다스려지도다.
> 깊은 은혜, 원근과 고금에 드물어라.
> 외국이 직접 찾아와 모두 귀의함에
> 사방이 편안하고 깨끗하여 무기를 버리니
> 성덕이 요임금, 탕임금에게도 견주기 어려워라.

고려시대에 황제라는 호칭을 쓴 사실은 조선이 건국되어 《고려사》를 편찬할 때에 사대의 예에 어긋난다 하여 비난을 받았고 모두 고쳐지기도 했다. 논란 끝에 세종 대에 이르러 사실대로 기록하기로 결론이 났으나 본래 용어로 환원하는 과정에서 누락된 것도 있다. 따라서 지금 전해지는 칭제 관련 자료는 이런 과정을 거쳐 남은 것이다.

고려는 중국과 대등한 황제국 체제를 지향했으므로 군주의 칭호 이외에 궁중용어나 관부의 명칭도 황제가 쓰는 용어를 사용했다.

황제국과 제후국의 용어 차이를 몇몇 예로 들면 다음과 같다.

폐하(陛下) - 전하(殿下)
짐(朕) - 고(孤)
태후(太后) - 대비(大妃)
태자(太子) - 세자(世子)
황후(皇后) - 왕비(王妃)

태황태후(太皇太后) - 대왕대비(大王大妃)

관청 이름과 장관 명칭도 다른데 제후국을 자처한 조선은 이조판서, 호조판서, 이조참판 등인데 비해 고려는 중국과 같이 이부상서, 호부상서, 이부시랑 등이었다.

태조 대에 시작된 칭제는 성종부터 현종 초까지 중단된 적이 있으나 고려 중기까지 이어졌다. 성종 초에 개혁적 사대주의자인 최승로가 고려 왕실의 가계를 가리켜 '황가(皇家)'라 한 것도 당시의 국가제도를 따른 것이었다.

고려 전·중기에 작성된 글에서는 고려의 군주에 대해 공적인 글이나 사적인 글에서도 천자·황제·성황·제(帝)라는 호칭을 사용했으며 폐하·성상·성상폐하(聖上陛下)라는 존칭으로 불렸다.

고려의 군주를 황제로 인식한 것은 고려인뿐이 아니었다. 여진사회에서 고려의 군주를 천자나 황제로 지칭하는 관례는 뿌리깊은 것이어서 여진이 세운 금나라가 처음 고려에 보낸 국서에서는 "대금황제가 고려국 황제에게 글을 보낸다[大金皇帝寄書于高麗國皇帝]"라고 하여 고려의 군주를 '황제'라고 지칭했다.

고려는 국내와 자국의 세력이 미치는 범위 안에서는 천자·황제를 자칭했으나 외부의 송과 거란에 대해서는 왕을 칭했다. 이러한 면에서 외왕내제(外王內帝)라 할 수 있으나 주변의 강대국인 거란과 송이 고려의 내부적인 칭제를 알고도 문제 삼지 못하고 부분적으로는 인정했다는 점에서 베트남의 경우와는 차이가 난다. 고려의 군주를 천자로 설정한 팔관회(八關會)에 많은 수의 송나라 사신이나 여진족이 참석하여 고려의 칭제가 널리 알려졌다. 고려 스스로가 황제국으로

> **팔관회**
>
> 신라와 고려시대 국가적 행사로 거행되었던 의식. 신라 때에는 진흥왕이 551년 혜량(慧亮)을 승통으로 삼고 팔관회법을 설치한 데서 시작되어 4회에 걸쳐 열렸다는 기록이 있다.
>
> 고려 태조의 훈요십조 제 6조에 따르면 팔관회의 대상은 천령(天靈)과 용신(龍神)이었다. 의례는 연등회와 큰 차이가 없었지만 연등회가 전국적으로 행해진 반면 팔관회는 개경과 서경에서만 행해졌다. 개경에서는 11월에, 서경에서는 10월에 행하는 것이 상례였다.
>
> 예식은 소회일(小會日, 전날)과 대회일(大會日, 당일)로 나뉘어 소회일에는 왕이 법왕사에서 부처께 예배를 올리고 궁중에서 신하들의 하례와 헌수를 받고 가무를 즐겼다. 대회일에도 역시 축하와 헌수를 받고 여진·왜·아라비아 상인들로부터 방물을 받고 이를 계기로 국제무역이 행해지기도 했다.
>
> 시대에 따라 여러 차례 변화와 성쇠가 있었지만 몽골 침입으로 강화도에 천도했을 때도 거르지 않을 정도로 중시되던 국가 최고의 행사였다.

서 자신의 위상을 설정한 것이 주변 여러 나라와 교류하거나 대외정책을 결정하는 데 많은 영향을 미쳤다.

고려 여성의 지위

여성의 사회적 지위가 높았던 것도 고려 사회의 특징이라고 할 수 있다. 한국의 남녀 차별은 조선시대에 본격화되었으며 그 이전까지는 여성의 사회적 지위가 높았다. 삼국시대보다는 고려시대의 사료가 많이 남아있어 고려 사회에서 여성의 지위를 추측하는 데 도움이 된다.

고려시대에는 혼례를 신부집에서 치뤘으며 일정기간 신부집에 거주하는 것이 일반적이었다. 이것은 삼국시대 이래의 전통이기도 하다. 처가살이의 기간은 일정하지 않으나 자식을 처갓집에서 낳는 것이 보통이며 손자를 볼 때까지 처갓집에서 지내는 경우도 있었다. 왕실도 예외가 아니어서 인종은 어렸을 때 외가인 이자겸의 집에서 자랐다. 고려시대 관리의 묘지명을 보면 외가에서 자라 외할아버지나 외삼촌의 은혜가 크다는 기록도 흔히 볼 수 있다. 고려 중기 대문장가인 이규보가 쓴 장인의 제문(祭文)에는 "사위가 되어 밥 한끼와 물 한 모금을 모두 장인에게 의지하였다"라는 구절이 있다.

대부분의 여성들이 고된 '시집살이'에 고생하던 조선시대와는 현격한 차이이다. 또한 과부가 되었을 경우에도 친정에 돌아가 생활을 하였다.

재산상속도 자녀에게 균분상속되었다. 다음의 사례는 균분상속 관행을 생생히 보여준다.

손변(孫抃)이 경상도의 안찰사(按察使)가 되었는데, 그 고을에 사는 어느 남동생과 누이가 재산 문제로 송사를 벌이고 있었다. 남동생은 "한 부모에서 태어났는데, 어찌 누이 혼자 재산을 갖고 동생은 그 몫이 없단 말입니까"라고 하였고, 누이는 "아버지께서 임종하실 때 전 재산을 나에게 주고 너한테는 검은 옷 한 벌, 검은 관 하나, 신발 한 켤레, 종이 한 장만 주라고 하셨으니, 어찌 이를 어기겠는가"라고 말했다.

송사가 여러 해 동안 해결되지 않았는데, 손변이 부임해 와서 이 송사를 듣고 이르기를 "자식에 대한 부모의 마음은 균등한데 어찌 장성하여 결혼한 딸에게는 후하고, 어미 없는 어린 아들에게는 박하겠는가. 어린아이가 의지할 자는 누이였으니 만일 누이와 균등하게 재산을 물려주면 동생을 사랑함이 덜하여 양육함에 소홀함이 있을까 염려한 것이다. 따라서 아버지는 아들이 장성하게 되면 물려준 옷과 관을 갖추어 입고서 상속의 몫을 찾으려 탄원서를 제출할 수 있게 하기 위해 종이와 붓 등을 유산으로 남겨준 것이다"라고 하니, 누이와 남동생이 서로 부여잡고 울었다. 《고려사》 권 102 열전 손변전)

손변은 고려 고종(高宗, 재위 1213~1259) 때의 문신이다. 고려 시대 사람들에게 균분상속은 너무나 당연한 것이었으므로, 비록 아버지가 자식들에게 균등하지 못한 유산상속을 했더라도 그것은 본심이 아니었다고 판결할 수 있었던 것이다.

자녀 간에 균분상속이 이루어졌다는 것은 그에 따른 의무도 균등하였음을 의미한다. 부모에 대한 자녀의 의무는 부모 생전에 봉양을 잘하는 것이고 사후에는 제사를 지내는 것이다. 딸이 결혼하고도 부모와 같이 살았으므로 아들보다는 딸이 남편과 더불어 부모를 봉양해야 했다. 제사도 조선시대처럼 장남의 전유물이 아니라 모든 자녀가 돌아가며 제사지내는 형태였다. 이를 윤행봉사(輪行奉祀)라 한다.

고려시대에는 여성의 이혼과 재혼이 자유로웠다. 송나라 사신 서긍(徐兢)의 고려견문기인 《고려도경(高麗圖經)》에는 "고려인들은 쉽게 결혼하고 쉽게 헤어져 그 예법을 알지 못하니 가소로울 뿐이다"라고 하였다. 여성의 재혼이 금지되고 수절을 강요당한 조선시대와는 다른 양상이다.

여성의 자유로운 이혼과 재혼은 모든 계층에 해당하는 일로 여성의 결혼경력이 재혼에 지장을 주지 않았다. 이혼녀와 과부 중에는 국왕과 재혼한 경우도 여러 번 있었다. 충렬왕의 세 번째 왕비인 숙창원

비(淑昌院妃)는 과부였으나 왕과 재혼하였다. 충선왕비의 한 명인 순비허씨(順妃許氏)는 처음 왕족인 평양후 왕현(王眩)과 결혼해 3남 4녀를 낳았는데 과부가 되자 충선왕과 재혼하였다. 또한 그 자식들도 왕자와 공주의 예로 대우받았다. 충숙왕의 다섯 번째 왕비인 수비권씨(壽妃權氏)는 처음 전형(全衡)과 결혼하였으나 이혼하고 충숙왕비가 되었다.

당시 여성의 재혼이 흔하였음을 보여주는 용어로 의자(義子)가 있다. 의자란 전 남편의 자식을 말하는 것으로 의자에게도 음서의 혜택이 내려졌다.

고려시대에는 여성이 호주가 될 수 있었다. 고려시대의 호적은 전해지지 않으나 호구단자(戶口單子, 국가가 호적을 작성하기 위한 기초 자료로 각 가구마다 호의 구성원을 기록하여 제출하게 한 문서)는 몇 건 전해진다. 이를 보면 남편이 죽었을 경우 장성한 아들이 있다 하더라도 어머니가 호주가 되는 경우가 있다. 또한 호구단자에 기재된 형제자매의 순서는 무조건 아들을 우선순위로 기록한 조선시대와 달리 출생 순서대로 하였다. 고려시대에 작성된 묘지명을 보더라도 자녀수를 기록하는 데 있어 '몇남 몇녀'라는 식으로 쓰지 않고 출생 순서에서 딸이 먼저일 경우는 '몇녀 몇남'이라 하고 있다. 이러한 것은 모두 고려시대 여성의 지위가 남성에 비해 뒤지지 않았음을 보여주는 예이다.

| 3장 |

거란이 주도한 10세기 동아시아

거란이 중원 진출의 교두보를 확보

태조 야율아보기 시절에 숙부들의 모반을 여러 차례 목격한 태종은 요양에 동평부(東平府)를 건설하여 남경(南京)으로 삼고 인황왕을 이곳으로 보냈다. 긴장한 야율돌욕은 〈낙전원시(樂田園詩)〉를 지어 정치권력에 대한 관심 없이 전원생활에 만족하는 자신의 입장을 천명했다.

야율돌욕의 난처한 입장을 눈치 챈 후당의 명종 이사원은 바닷길을 통해 사신을 동란국에 보냈다. 야율돌욕을 후당으로 망명하게 하려는 목적이었다. 늘 신변에 위협을 느끼던 그는 망명을 결심했다.

930년 11월 야율돌욕은 처자를 남겨둔 채 40명의 측근과 망명길에 올랐다. 발해 유민의 소생인 넷째 아들과 다섯째 아들은 아직 젖먹이였다. 떠나면서 그가 남긴 시에는 형제 간의 골육상쟁을 두려워하는 마음이 잘 나타나 있다.

작은 산이 큰 산을 짓누르나
큰 산은 아무 힘이 없도다.
나라 사람 보기가 부끄러워
이제 외국에 몸을 의탁하노라.

후당의 명종은 천자의 예를 갖추어 변경에서 야율돌욕을 맞이했다.
거란 태종은 실크로드를 장악하기 위해 933년 당항에 원정군을 보냈다. 원정은 성공하여 서역 각국은 거란과의 교역을 확대했다.
다음해 4월 후당 왕실에 변란이 일어나 이종가가 이종후를 살해하고 제위에 올랐다. 이 기회를 이용하여 거란 태종은 8월 친히 군사를 이끌고 남정하여 운주(雲州)·무주(武州) 등을 함락했다. 936년 석경당이 후당에 반기를 들었을 때 거란의 원조를 요청하며 만리장성 이남의 연운 16주를 넘겨줄 것을 약속했다.
후당의 황제 이종가는 장경달(張敬達)을 보내 석경당의 근거지인 진양(晉陽, 태원)을 공격하게 했다. 9월 거란 태종은 5만 기를 이끌고 30만 군사라 선전하면서 남진했다. 거란군은 호북구(虎北口)에 진을 쳤는데 후당군은 거란군의 진영이 허술함을 보고서는 이를 역공하려고 분수(汾水)가에 이르렀다. 이때 거란의 복병이 나타나 후당군에게 돌진하여 대형을 양분시킨 다음 맹렬히 공격했다. 후당은 기습을 당하고 대패하여 죽은 자가 만여 명에 이르렀다. 장경달 등은 패잔병을 수습하여 진안(晉安)으로 후퇴했으며, 거란군도 호북구로 돌아갔다.
다음날 거란 태종의 군사와 석경당의 군사가 연합하여 진안채에 있는 후당의 군 5만 명을 포위하고 진안의 남쪽에 길이 1백여 리, 너비 50리 되는 진을 치고 군견을 풀어놓아 포위망을 견고히 했다. 후당군은 다시 대패하여 달아났다.

거란 태종과 석경당은 수도인 낙양으로 진격하여 11월에 점령했다. 이종가는 야율돌욕을 살해하고 온 가족과 더불어 분신자살했다. 석경당은 황제로 즉위하여 국호를 진으로 정하고 개봉으로 천도했다.

연운 16주를 얻은 거란 태종은 유주(幽州, 북경)를 남경, 운주(雲州, 대동)를 서경으로 삼아 한족 관료로 하여금 통치하게 하고 자신은 중국 본토 정복 의지를 계속 추진했다.

석경당은 942년에 사망하고 풍도와 경연광의 추대를 받아 석경당의 조카이자 양자인 석중귀(石重貴)가 제위를 이었다. 그가 곧 출제(出帝)이다. 출제가 거란에 신하의 예를 취하지 않기로 하면서 거란과 후진의 사이에 틈이 벌어지기 시작했다.

943년 경연광과 반목하고 있던 평로절도사 양광원(楊光遠)이 거란 태종에게 지금 진은 기아에 허덕이고 조정의 관원이나 백성이 모두 곤경에 빠져 있으니 이 기회에 공격하기만 하면 일거에 멸망시킬 수 있다고 말하며 정벌을 권했다. 거란 태종은 5만의 정벌군을 일으켜 노룡절도사 조연수(趙延壽)가 지휘하도록 했다. 전황은 수년간 일진일퇴를 거듭했다.

946년 거란의 태종은 30만 대군을 이끌고 친히 정벌에 나서 두달 만에 석중귀를 사로잡았다. 이듬해 태종이 개봉에 입성하자 석중귀는 소복을 입고 죄를 청했다. 거란은 국호를 중국식인 대요(大遼)로 고치니, 이는 중국을 아우르는 제국을 수립하겠다는 뜻이었다. 태종은 북중국을 직접 지배하려 했으나 부족장들이 영구 점령을 극구 반대했다.

본래 유목국가는 부족연합으로 이루어졌으므로 그 군주권은 제한

> **거란의 이원(二元) 지배체제**
>
> 거란은 정복왕조이면서도 수도를 만리장성 이남으로 옮기지 않은 상태로 정복지인 화북 지방을 통치하였다. 거란은 주민이 유목민과 농경민으로 구성되었기 때문에 이들을 상이한 제도로 다스릴 수밖에 없었다. 거란족·해족·돌궐족·위구르족·탕구트족 등 유목민은 거란 부족의 관습법으로, 발해인·한인 등 농경민은 중국식 군현제로 통치하였다. 거란의 이원 지배체제는 중앙관제상에서 유목민 통치를 위한 북면관(北面官)과 농경민 지배를 위한 남면관(南面官)을 말한다.
>
> 거란 부족은 크게 장족(帳族)과 일반 부족으로 나뉘었다. 장족에는 요련장(遙輦帳)·황족장(皇族帳)·국구대(國舅帶)·국구별부(國舅別部)의 4대 장족이 있었고, 대개 황제의 혈족이거나 외척집단이었다. 이들은 특권귀족계급인 동시에 중앙에서는 요직을 차지했고 지방의 영지에서는 많은 예속민과 사병을 거느리고 있었다.

적이다. 유목국가는 정주 지대를 약탈하거나 조약을 맺어 정주 지대에서 생산되는 재화를 공급받는다. 유목국가의 군주가 정주 지대를 점령·지배할 경우 부족에게 필요한 분량 이상의 많은 물자를 계속 얻을 수 있고 그 잉여 물자를 축적하여 군주권을 크게 강화할 수 있다. 이미 연운 16주 점령으로 거란의 군주권은 크게 강화되었다. 거란의 부족장들은 군주권의 절대화를 우려하여 연운 16주 이외에는 장성 이남의 정주 지대 점령을 반대한 것이다.

그래서 거란 태종은 어쩔 수 없이 개봉에서 철수하고 귀환했다. 귀환하는 도중 거란군의 약탈 행위는 끊이지 않았다. 거란 태종은 살호림(殺虎林)에서 병사했다.

중원을 통일하고 군주권을 강화한 송

오대 최고의 명군이라 꼽히는 후주의 세종은 사천성의 촉(蜀)나라를 멸망시키고 한중(漢中)을 병합했으며 남당을 공격하여 양자강 이북 14개 주를 할양받았다. 959년에는 처음으로 거란을 대파하고 석경당 이래로 빼앗긴 연운 16주의 일부를 수복했다. 세종의 영토확장은 단순한 팽창 욕구가 아니라 내정의 안정과 긴밀히 연결되어 있었다.

즉 거란의 남진을 막아 북방변경을 안정시켰고, 한중을 합병시킴으로써 제갈양 이래 촉 지방 사람들이 품어온 중원진출의 꿈을 부수었다. 또한 강북을 얻음으로써 풍부한 회남 지방의 소금[淮南鹽]을 얻어 경제적 이익을 독점했던 것이다. 요컨대 세종이 이룩한 군사적 성과는 황하 유역의 통치권을 안정시키는 밑바탕이 되었다.

내정에서는 여러 가지 산업 진흥책, 농촌부흥을 위한 균전법적인 전제 등의 정책을 의욕적으로 추진했다. 당 말기부터 약 100년간이나 계속된 분열과 전란의 나날 속에 중국의 피폐는 한계점에 도달했었다.

이러한 시기에 세종은 구세주로서의 여망을 지고 등장했다. 그러나 959년 세종이 39세의 젊은 나이에 병사하고 7세의 어린 임금 공제(恭帝)가 즉위하자 많은 장수들이 불안감을 느꼈다. 어린 임금이 즉위할 경우 종친이나 신하가 찬탈한 사건이 어느 나라에나 있지만 중국사에서는 특히 흔한 일이었다. 위진남북조 시대와 오대십국 시절에는 더욱 그러했다. 폐위된 황제와 그 일족에 관한 사후 처분도 후대로 갈수록 잔혹해졌다.

송 태조 조광윤(趙匡胤)이 일으킨 군사정변은 단순히 각 장수들의 권력욕에서만 나온 것은 아니었다. 오대 왕조 때에는 어린 황제가 즉위하면 절도사들이 모반을 일으켜 제위를 뺏는 것이 일반적이었다. 후주의 태조 곽위도 그러했다. 따라서 조광윤의 부하 장수들이 불안해 한 것도 근거가 없는 것은 아니었다. 그들로서는 일신의 안전과 현상유지를 모색해야 했다. 그래서 인망이 높은 조광윤을 옹립하여 무력한 어린 황제 대신 제위에 오르게 하는 것이 상책이라고 생각한 것이다.

후주 세종의 유산 중 하나는 강화된 중앙 근위군이었다. 오대의 정권이 안정되지 못했던 주요 원인은 당나라 때부터 내려온 절도사의 자립성이라는 문제에 있었다. 오대의 왕조들 자체가 절도사 출신이었으므로 이제는 더 구조적인 문제가 되었다. 세종은 용기를 내어 이를 개혁하고자 했다. 지방 절도사의 힘을 섣불리 약화시키기보다 중앙군의 강화를 꾀했다. 지방의 정예 부대를 선발해 중앙군에 편입시키는 일도 그 일환으로 행해졌다.

이렇게 만들어진 중앙군의 일부를 전전군(殿前軍)이라고 불렀다. 조광윤은 중앙군의 재건에 힘썼다. 그에게는 전전도점검(殿前都點檢)이라는 직책이 주어졌다. 장정을 선발하는 일에서부터 훈련에 이르기까지 조광윤이 책임을 졌다. 특히 전전군의 장교급들과는 개인적인 친분관계가 있었다.

960년 정월 초하루의 일이다. 거란의 국경침범이 중대할 것이란 보고가 후주의 조정에 들어왔다. 959년 4월에서 5월에 걸쳐 후주의 세종이 친정하여 영주·막주·역주를 탈환한 이후, 이 3주를 되찾으려는 거란과 국경분쟁이 그치지 않았다. 이것이 심각해지는 기운을 보인 것이다.

즉시 중앙군 정예가 증원되어, 모용연쇠(慕容延釗) 장군이 지휘하는 선봉부대가 정월 2일 이른 아침 전선을 향해 출병했다. 본대도 다음날 뒤따라 출발했다. 이 지휘자가 바로 근위군단장 겸 귀덕절도사 조광윤이었다. 조광윤은 또한 검교태위(檢校太尉)라는 직책도 가지고 있었다. 실직이 아닌 명예직으로 그 관직에 상응하는 대우를 받는 일이 흔히 있는데, 그 관직이 현재의 그것보다 높을 때는 검교라고 부른다. 태위는 일국의 군사 총책임자로 삼공(三公)의 하나이다.

수도 변량성의 북벽 맨 동쪽의 문을 애경문(愛景門)이라고 한다. 이 문은 진교문(陳橋門)이라고도 하며 하북으로 통하는 공로(公路)는 이 문에서 시작한다. 조광윤의 군대는 정월 3일 이른 아침 이 애경문으로부터 행군하여 20킬로미터 떨어진 진교역(陳橋驛)에서 출진 첫날 야영을 했다.

이날 밤, 여기서 하나의 음모가 이루어졌다. 조광윤 휘하의 장수들이 하나로 뭉쳐 그를 황제로 받들어 전선출동을 그만두고 군대를 수도로 되돌려 군사쿠데타를 단행하려는 음모였다. 동생인 조광의가 형에게 황제옹립을 알리자 조광윤은 극구 사양했다. 부하장수들은 칼을 들고 마당에 서서 정변을 강요했다. 이들의 요청에 조광윤도 따르지 않을 수 없었다.

4일 이른 아침 전 군대는 말머리를 남쪽으로 돌려 수도를 휩쓸었다. 급습을 당한 후주왕조는 저항도 못 해본 채 멸망했고 오대 왕조사상 유례가 없는 무혈혁명이 성공했다. 당일로 조광윤이 후주 공제의 선양을 받아 제위에 올랐는데 그가 곧 송의 태조(太祖)이다.

조광윤이 제위에 오른 후 그의 어머니는 대신들의 축하를 받는 동안에도 줄곧 수심에 잠겨 양미간을 찌푸리고 있었다. 대신들이 물러

가자 시종들이 태후에게 물었다.

"금상 황제께서 즉위하셨는데 어찌하여 기뻐하지 않으십니까?"

태후가 대답했다.

"천자가 된다는 건 그리 쉬운 일이 아니라고 들었다. 나라를 잘 다스리는 천자는 매우 존귀하지만 그렇지 못하여 난리가 일어나게 되면 다시 평민이 되려 해도 될 수 없는 일이다."

이른바 이 '진교의 변'은 외관상으로는 당 말 이래의 군벌정권에서 흔히 볼 수 있었던 정변과 별 다른 점은 없으며 전 왕조의 절도사가 무력으로 정권을 강탈한 것과도 전혀 다른 점이 없는 형식이었다. 이런 점에서 새로 성립한 송 왕조에게 어떤 획기적 성격을 특별히 기대할 수는 없었다. 기껏 황하유역에 십 수년간 존속했다가 어느새 다른 절도사에 찬탈당하는 왕조로 예측해도 무리가 아니었다.

그러나 송은 단명한 왕조도 되지 않았고, 황하유역만 차지한 지역 정권도 아니었다. 실로 중국의 통일왕조로서 150년을 이어갔고 뒤이어 금나라에 패퇴했어도 회수 이남을 확보해서 150년을 지탱했으니 모두 300년이나 계속된 왕조였다. 조광윤의 왕위찬탈은 이전의 정변과 내용상 차이가 있었다. 우선 송 태조 조광윤은 왕조교체를 수행할 의도가 없었다. 그 증거로 그는 출진할 때에도 가족을 도성 내에 두었을 뿐 아니라 가족들도 평상시와 조금도 다르게 행동하지 않았다.

조광윤이 반기를 들고 수도 변량을 공격한 것은 정월 4일의 대낮이었다. 그날 그의 어머니(훗날의 두태후)는 가족 모두를 이끌고 정력원(定力院)이라는 절에서 아들의 전승을 비는 불공을 드리고 있었다. 조광윤의 반란이 전해지면 반란자의 가족이라고 일망타진되어 몰살되었을 가능성이 컸다. 실제로 그보다 10년 전 후주의 태조가 된 곽위가 회군하여 후한을 멸망시켰을 때, 곽위의 모반이 확실히 알려지기도 전에 곽위의 가족은 몰살되었다. 이 때문에 후사가 없어진 곽위는 황후의 조카를 태자로 삼았다. 다행히 조광윤의 가족은 정력원의 승려들이 숨겨주었고, 또 변량의 함락이 빨랐기 때문에 무사했다. 조광윤이 처음부터 모반을 기획했으면 가족을 이런 위험에 노출시키지는 않았을 것이다.

부하장수들의 반란요구를 수락할 때 조광윤은 세 가지 조건을 내걸었다.

첫째, 주 왕조의 일족을 해치지 말 것.

둘째, 관료들을 모욕하지 말 것.

셋째, 정시(靖市)하지 말 것.

세 조건이 모두 이전의 반란에서 행해졌던 일을 금지한 것이다. 특히 세 번째 조건은 백성의 입장에서 보면 의미가 컸다. '정시'는 도시를 청소한다는 뜻이지만 실제로는 반란군이 수도를 대규모로 약탈하는 것으로 집단 살인강도 행위였다. 당말·오대를 통하여 반란이 날 때마다 보통 3일간의 정시가 있었다.

'정시'는 이 당시 왕조 교체의 성격을 잘 보여준다. 군 사령관은 반란을 일으켜 황제가 되니 좋고 일반 사병들은 살인강도짓으로 횡재하니 서로 좋은 것이다. 당연히 백성들은 왕조교체가 없기를 바랬다. 이렇게 눈앞의 사리사욕에 몰두하는 권력교체로 전란을 종식하고 번영을 이룰 수 있는 체제가 세워지기를 바랄 수는 없었다.

'정시'는 중국사에만 존재하는 것이 아니다. 세계사를 보면 거의 모든 나라의 군대가 민간인을 약탈하는 일이 많았다. 로마에서는 약 50년 동안에 26명의 황제가 난립한 군인황제시대(235~284)가 있었는데, 이때에는 각 지방의 군단이 로마로 진격해 찬탈극을 벌였다. 반란이 빈번했던 큰 이유가 로마 약탈을 바라는 일반사병들의 반란요구였다. 조광윤이 이를 금지한 것은 '사(私)'를 멀리하고 '공(公)'을 내세우는 것으로 그 의미가 컸다.

또 하나 주목할 만한 일은 조광윤이 반란을 결심하자마자 사자를 도성수비군 근위군단장에 보내어 취지를 설명한 것이다. 사자를 맞은 조광윤의 동료 장군들은 조광윤을 반란군으로 간주하지 않았다. 이것이 무혈 쿠데타가 성공하고 도성에 평화가 유지된 중요한 요인이었다.

송 태조는 황제가 되고 나서 황제의 독재권 강화에 총력을 기울였다. 지방의 절도사가 보유한 군대를 삭감시키고 재정권과 치안경찰권을 중앙정부에서 환수하여 오대의 골칫거리이던 무신 정치가 해체되고 군주권이 강화되었다.

중앙의 최고 기관으로는 중서성을 두어 합의에 따라 정무를 심의했으나 결재는 황제가 했다. 군사의 최고 기관으로는 추밀원(樞密院)을 설치하여 추밀관 이하 복수의 장관들이 심의했고 최종 결정권은 황제 1인에게 귀속시켰다.

발해를 멸한 나라와는 통교하지 않는다

거란이 고려에 처음 교섭을 시도한 것은 태조 5년(922) 때이다. 당시 거란 태조 야율아보기는 고려에 낙타와 말을 보냈다. 20년 후인 태조 25년(942)에는 거란의 태종이 사신과 함께 낙타 50필을 보냈다. 고려 태조는 "거란은 옛 맹약을 저버리고 하루아침에 발해를 멸망시킨 무도한 나라이므로 우호관계를 맺을 수 없다"고 하며 사신 30명은 섬으로 유배 보내고 낙타는 만부교(萬夫橋) 아래에 매달아 굶어 죽게 하는 강경 조치를 취했다.

정종은 거란의 침략에 대비하여 광군을 창설했다. 광군 창설은 최광윤(崔光胤)의 보고에 따른 것이었다. 최광윤은 후진에 유학하고 있다가 거란 태종이 후진을 멸할 때(946)에 포로로 거란에 끌려갔다. 최광윤은 거란에서 재능을 높이 평가받아 관작을 받았는데 고려에 사신으로 왔을 때 거란이 장차 고려를 침략할 것임을 알려주었다.

그러나 거란 태종이 947년 후진을 멸하고 귀환하다가 사망했고 이후 거란 내에서는 제위를 둘러싼 왕실 내분이 일어나 거란은 고려를 침략할 여유가 없었다. 거란 왕실의 내분이 계속되는 가운데 거란은 후주 세종의 반격을 받아 연운 16주의 일부를 상실하기도 했다.

960년 송이 건국되어 중국을 통일해나가고 고려와 우호관계를 맺자 거란은 고립 상태가 되었다. 거란은 6대 황제 성종(聖宗, 재위 982~1031) 대에 이르러 정치 안정을 되찾았다. 거란의 성종은 즉위시 나이가 어려 소태후가 섭정하기 시작하여 사망할 때까지 27년간이나 섭정했다. 성종은 즉위하자마자 대외문제에 눈을 돌려 먼저 거란과 고려 사이에 놓인 여진족 경략에 착수했다.

발해가 거란에게 멸망한 뒤로 말갈은 대개 여진이라는 이름으로 불렸다. 이들은 주로 만주 동부 지역과 압록강, 두만강 일대에 거주했다. 거란족은 길림성 동북지방에 살던 여진을 생여진, 그 서남쪽에 살던 여진을 숙여진이라 했다. 생여진은 대개 거란의 지배권 밖에서 부락생활을 했으며 숙여진은 거란에 복속되었다.

여진족은 발해 시대 이후로 점차 남으로 이주해와 신라말·고려초에는 함경도 일대와 압록강 남쪽의 평안도 일대까지 흩어져 살게 되었다. 이들은 대체로 흑수말갈 계통이 많았다. 고려에서는 함경도 방면의 여진을 동여진(東女眞) 또는 동번(東蕃)이라 하고 평안도 일대의 여진을 서여진(西女眞) 또는 서번(西蕃)이라 불렀다.

거란은 여진을 숙여진과 생여진으로 구분했는데 숙여진은 거란의 판도 안에 들어온 여진족으로 호적이 작성되는 등 거란제국 주민의 하나였다. 이에 비해 생여진은 부족 단위로 공물을 낼 뿐 거란의 호적에도 들어가지 않는 반독립적인 존재였다. 생여진이 대체로 고려에서 지칭한 동여진에 해당한다. 생여진의 거주지는 함경도 일원은 물론 그 이북의 송화강·흑룡강 유역까지도 미치는 광대한 지역이었다.

《고려사》에서는 생여진의 생활양식에 대해 다음과 같이 묘사했다.

풍속은 흉노와 같아서 모든 부락에는 성곽이 없고 산과 들에 흩어져 살며 문자가 없어 말이나 노끈 매듭으로 언약과 증표를 삼았다. 돼지, 양, 소, 말이 많으며 말은 우량종이 많고 어떤 것은 하루 천리를 달리기도 한다.
사람들은 사납고 날쌔다. 아이 적부터 활을 잘 다루어 새와 쥐를 쏘며 장년이 되면 활을 잡고 말을 달려 전투 연습을 하니 강병이 되지 못하는 자가 없다. 모든 부락이 서로 자웅을 겨루니 통일이 불가능했다. 그들의 지역이 서쪽으로는 거란에 닿고 남쪽으로는 우리나라와 인접하여 일찍부터 거란과 우리나라를 섬겼다. 우리나라를 예방할 때마다 사금, 담비 가죽, 좋은 말을 예물로 가져왔으며 우리나라에서도 은과 세폐를 후히 주었다. (《고려사》 세가 예종 10년)

한반도 북부에까지 생활공간을 넓힌 여진족과 고려의 교섭은 태조 왕건 때부터 복잡한 성격을 띠었다. 고려 태조의 이상이 고구려의 옛 강토를 회복하려는 것은 널리 알려진 사실이다. 태조는 건국 초기부터 북방 개척에 힘을 기울인 결과, 함경도의 안변으로부터 영흥 부근까지 세력을 확장했으며 서북방면으로는 청천강 유역까지 회수하기에 이르렀다. 이 때문에 여진족과 충돌하거나 또는 여진인이 귀화해 오는 일이 태조 때부터 나타나게 되었다.

태조 왕건은 태조 3년(920)년 장군 유금필로 하여금 3천 병력을 이끌고 안변 부근의 골암성에 가서 그곳을 지키게 했다. 유금필은 성을 쌓고 여진의 여러 부족을 회유했다. 그 결과 흑수말갈 추장이 무리를 이끌고 와서 투항하는 일이 자주 일어났다.

936년 가을 고려 태조가 삼국통일을 위한 마지막 전투를 치를 때 여진족은 고려군의 병력의 상당 부분을 차지했다. 경북 선산군 부근의 일리천에서 후백제와 결전을 벌일 때 고려군은 중군과 좌·우익군으로 편성되었는데 당시 중군은 고려군 기병 2만과 보병 3천, 흑수부와 철리부의 여진기병 9500으로 구성됐다. 이것은 유금필 장군이 오래 북방에 머물며 여러 여진 부족을 회유해 그들을 복종시킨 결과였다.

고려와 여진의 관계는 다양한 모습을 보였다. 개방적이었던 고려는 이민족의 귀화를 적극 수용했다. 여진, 거란, 중국, 몽골, 일본 등 각 주변나라에서 들어온 귀화인이 매우 많았다. 여진족 추장이 무리를 이끌고 들어와 대규모로 투항하는 경우도 드물지 않았다. 고려는 이들을 군대에 편입시키거나 황무지 개간을 시켰다. 또 조공하는 부족장들에게는 대장군, 장군, 대상(大相) 등의 관작을 주었다. 그러나 여진족 중에는 방비가 허술한 곳을 찾아 소규모로 약탈을 저지르는 무리도 있었다.

거란은 983년 10월과 984년 2월 두 차례에 걸쳐 압록 여진을 토벌했다. 그 과정에서 고려 국경을 넘어와 여진인을 잡아가는 일도 서슴지 않더니 985년 7월에는 "동으로 고려를 친다"고 하며 군을 동원하기에 이르렀다. 그러나 8월에 요하 하류의 늪지대가 질퍽거리는 바람에 고려 원정을 포기하고 요택이 마르기를 기다려 말머리를 돌려 여진 원정을 단행했다. 이 원정에서 거란군은 발해 유민이 세운 국가인 정안국을 멸망시켰다. 그들은 10만여 명의 여진인을 포로로 잡고 20만여 필의 말을 노획하여 이듬해 정월 회군했다. 이로부터 압록 여진 지역과 정안국 지배하에 있던 전 지역이 다시 거란의 기미 지배하에 놓이게 되고 교통로가 막힌 고려와 송의 관계는 더욱 멀어졌다.

한편 송나라에서는 태조가 후주 세종의 개혁 정치를 충실히 계승하여 국내의 안정과 중원의 통일 사업을 계속해갔다. 재위 17년간 남방에서 독립해 있던 남당을 비롯한 촉·남한 등 6국을 평정했다. 난세에 왕조를 세워 통일왕조의 기틀을 놓은 송 태조는 976년 사망했고 아우인 조광의(趙匡義)가 뒤를 이으니 그가 태종이다. 태종은 남방의 오월을 멸하고(978), 북방에 잔존한 북한을 평정하여 중원의 통일을 완성했다(979).

북한이 멸망하자 거란과 송 사이에 있던 완충 지대가 사라져 연운 16주를 둘러싼 거란과 송의 대립이 격화되었다.

982년 거란에서 성종이 12세의 나이로 즉위하자 송 태종은 이를 얕보고 군사를 일으켜 연운 16주를 되찾으려 했다. 전쟁을 시작하기 전에 우선 고려에 사신을 보내 협공을 제의했다. 고려가 시간을 끌며

확실한 태도를 보이지 않자 송 태종은 986년 단독으로 출병했다. 전쟁 초기 송군은 유주·계주·운주·삭주 등에서 선전했으나 유주의 거란 장군 야율휴가(耶律休哥)의 보급로 차단 작전에 말려 수세에 몰렸다. 결국 송 태종은 기구(岐溝) 전투에서 대패하고 겨우 목숨만 건져 살아왔다. 이 패전 이후 송의 대거란 정책은 소극적으로 되었다.

| 4장 |

고려, 송, 거란의 삼국관계

후삼국을 통일한 고려는 다원적인 천하관을 가지고 주변 강대국인 거란, 송과 동아시아 세계를 구성했다. 강대한 거란이 북방에 있어 고구려의 옛 강역을 수복하지는 못했으나 거란의 3차례에 걸친 대규모 침략을 물리쳐 동아시아의 균형을 유지하게 만들었다. 고려의 지배를 받던 여진족이 급격히 흥기하여 거란과 북송을 멸하는 등 동아시아에 파란이 일었으나 고려는 등거리 외교로 전화를 입지 않았다.

서희의 담판으로 거란을 막다 – 1차 여요전쟁

기구 전투에서 송이 대패한 후 압록강 유역 일대에 걸친 전 여진 부족들이 모두 송과의 관계를 끊고 거란에 복종하게 되었다. 이제 고려와 거란 사이의 완충 지대는 사라진 것이다. 거란은 압록강변의 요지에 위구성(威寇城), 진화성(振化城), 내원성(來遠城) 등 3개의 성책을 세워 고려 원정을 위한 전진기지를 만들었다.

거란의 성종은 먼저 고려에 대한 탐색 작전의 일환으로 사신을 고려에 보내어 화의를 요청했다. 고려가 반응을 보이지 않자 거란 성종은 곧바로 고려 원정을 결심했다. 거란이 고려 침공을 결정한 이유는 두 가지였다. 첫째는 송과 중원을 놓고 결전을 벌이기에 앞서 고려와 송의 관계를 단절시키고 가능하면 고려를 복속시켜 송과의 전쟁에 전념할 수 있는 환경을 만들려는 것이었다. 둘째는 고려가 개척하고 있던 압록강 하류 동쪽 지역인 평안도 일대의 땅을 장악해서 고려의 도전을 사전에 막겠다는 의도였다.

고려와 통하고 있던 서북계의 여진이 거란의 침략 계획을 탐지하고는 고려 조정에 이 사실을 알렸다. 고려는 처음에는 이 보고를 의심했으나 석 달 후 여진이 다시 거란군의 진격을 보고하자 시급히 대비책을 세웠다. 우선 여러 도에 군마제정사(軍馬齊正使)를 파병하여 장정들을 징집했다.

거란의 성종은 드디어 993년 10월에 소손녕(蕭遜寧)을 총지휘관으로 삼아 고려 원정에 나섰다. 거란의 침략을 맞은 고려의 성종은 박량유, 서희(徐熙), 최량을 북계로 보내 군을 주둔시켰다. 다음 달에는 성종도 친히 서경을 거쳐 안북부(安北府)로 나아갔다.

소손녕이 봉산군(蓬山郡, 평안북도 구성의 남방으로 추정)을 공격하여 고려의 선봉군사인 윤서안을 생포했다. 서희가 군대를 이끌고 봉산군을 구원하러 갔다. 서희가 봉산군에 오자 소손녕은 "대조(大朝, 거란)가 이미 고구려의 옛 영토를 영유하게 되었는데, 근래에 너희 나라에서 우리 국경을 침탈하므로 너희들을 응징하려는 것이다"

라고 했다. 또한 서희에게 "대조가 사방을 통일하고자 하는데 항복해 오지 않는 자들은 기필코 소탕할 것이니 속히 항복의 뜻을 표하라"는 내용의 서신을 보냈다.

서희는 돌아와 성종에게 화의가 가능할 것 같다는 자신의 판단을 말했다. 성종은 이몽전을 보내 화의를 청하게 했다. 그 사이에 소손녕이 또다시 서신을 보냈다. 이번에는 매우 협박하는 내용으로 "80만 대군이 이르렀다. 만일 강으로 나와 항복하지 않으면 진멸해 버리겠다. 고려 군신은 마땅히 우리 군 앞에 나와 속히 항복할지어다"라는 것이었다. 이몽전은 거란의 군영에 이르러 침략의 본의를 물었다. 소손녕은 말하기를 "너희 나라에서는 백성을 돌보지 않는 정치를 하므로 우리가 천벌을 내리려는 것이다. 만약 화의를 원한다면 빨리 와서 항복하라"고 했다.

이몽전이 돌아오니 성종은 신하들을 모아 대책을 논의했다. 항복하자는 견해도 나왔고 '서경 이북의 땅을 떼어주고 황주(黃州)로부터 절령(岊嶺)[3]까지의 선으로 국경을 삼자'는 주장도 있었다.

성종은 땅을 떼어주자는 의견에 따르기로 하고 서경의 쌀 창고를 열어 백성들에게 가져가게 했다. 백성들이 가져가고도 쌀이 많이 남자 적의 손에 들어갈 것을 염려하여 대동강에 던져 버리라고 명했다. 이것을 보고 서희가 강경히 반대했다.

먹을 것이 풍족하면 성을 지킬 수 있고 싸움에서도 이길 수 있습니다. 싸움의 승부는 강약에만 있는 것이 아닙니다. 틈을 엿보아 제때에 잘 움직인다면 이것 또한 승부를 좌우할 수 있는 것입니다. 그런데 어찌 곡식을 버리라고 하십니까. 더구나 곡식은 백성의 생명을 유지하는 것이 아니오리까. 설사 적에 이용될지라도 헛되이 강 가운데 버리는 것보다는 낫습니다. 곡식을 버리는 것은 하늘의 뜻에도 맞지 아니합니다.

성종은 결국 간곡히 만류하는 서희의 의견을 따랐다. 서희는 또한 다음과 같이 주전론을 폈다.

거란의 동경(東京, 요양)으로부터 우리의 안북부에 이르기까지 수백 리의 땅은 모두 생여진들이 점거했던 곳으로 광종께서 취하여 가주(嘉州)와 송성(松城) 등의 성을 쌓았나이다. 이제 거란군이 내침한 것은 그 뜻이 이 두 성을 빼앗자는 것에 불과하며, 그들이 고구려의 옛 영토를 빼앗겠다고 공언하는 것은 사실은 우리를 공갈하는 것입니다.
지금 그들 군대의 기세가 높다고 하여 대번에 서경 이북의 땅을 떼어주려는 것은 옳지 못합니다. 만일 거란이 욕심을 한없이 부려 삼각산 이북도 또한 고구려의 옛 영토이니 내달라고 요구한다면 모조리 다 내주시겠나이까. 땅을 떼어준다는 것은 만세의 치욕입니다. 원컨대 폐하께서는 일단 서울로 돌아가시고 신들을 시켜 한 번 적과 싸워볼 수 있게 한 후 논의하더라도 늦지 않을 것입니다.

이지백(李知白)도 서희를 거들었다.

성조(聖祖)가 업을 이룩하시고 왕통을 드리시어 오늘에 이르렀는데 선뜻 토지를 떼어 가벼이 적국에 내주려 하시니 이 어찌 슬픈 일이 아니겠습니까. … 가벼이 땅을 떼어 적국에 내어 주시지 마시고 선왕이 행하시던 연등, 팔관, 선랑(仙郎) 등의 행사를 다시 여시고 외래의 법제를 폐지하시며 국가의 보위와 태평을 도모하시는 것이 좋겠나이다.

성종 대에 유신들에 의해 추진된 일련의 제도 정비는 중앙집권적 통치 체제를 정비하는 데 큰 진전을 이루었으나 중국 중심의 화이론적 세계관과 중국 문화에 경도되었다. 그들은 전통적인 습속이나 제례를 비속한 것으로 배척하고 대신 중국의 유교적인 제도를 수용했다.

성종은 최승로의 건의에 따라 당시 가장 큰 국가적 제전이던 팔관회와 상원 연등회까지 폐지했다. 유교적 예법에 어긋나고 비용이 많이 든다는 것이 이유였다. 이러한 중화론적 문화 정책은 자주 의식을 약화시켰고 국제 정세에 대해서도 올바른 인식을 하는 데 방해가 되었다.

성종 대에는 전대에 행해지던 황제국으로서의 예법들을 유교적 명분론에 따라 제후국의 예법으로 낮추어 고쳤다. 또한 당시의 정권 담당자들은 송에 편향된 나머지 거란 제국에 대한 대비에도 소홀히 했다. 광군을 조직한 정종 때보다 거란의 국력이 더욱 강해진 성종 6년(987)에는 지방의 무기들을 수거하여 농기구로 만든 일이 있었다. 이는 사실 호족의 무력을 약화시키자는 의도에서 비롯된 조치였으나 전체적으로 국방력의 약화를 가져왔다.

소손녕의 대군이 침입해오자 전투도 해보기 전에 항복하자는 주장이 나오고 거란의 요구대로 서경 이북의 땅을 떼어주자는 말이 나온 것은 우연이 아니었다. 이지백은 국난을 극복하는 데는 고유의 정신과 문화를 진작시켜야 한다고 암시한 것이다.

소손녕은 이몽전이 돌아간 다음에 아무런 소식이 없자 안융진(安戎鎭)으로 진격했으나 고려의 중랑장 대도수(大道秀, 발해 태자 대광현의 아들)와 낭장 유방(庾方)의 요격을 받아 패했다. 그러자 소손녕은 더 이상 진격하지 못하고 사람을 보내 항복을 권유했다.

전선이 교착 상태에 들어감으로써 고려군으로서는 협상에 유리한 상황이 되었다. 성종이 합문사인 장영(張瑩)을 거란의 군영에 보내니 소손녕은 대신을 보내라고 요구했다. 성종이 여러 신하를 모아 놓고 "누가 적진에 들어가 세 치의 혀로 적군을 물리쳐 만세의 공을 세우겠는가" 물으니 응하는 자가 없었다. 서희가 홀로 나와 "신이 비록 불민하오나 감히 명령대로 하겠나이다" 하며 소손녕과의 교섭을 자청했다. 성종이 강까지 나아가 서희의 손을 잡고 위로하여 보냈다.

서희가 소손녕의 군영에 이르러 통역을 시켜 회견의 예를 물으니 소손녕은 "나는 대조의 귀인이니 고려의 사자는 마땅히 뜰에서 절을 해야 한다"며 고압적인 자세를 취했다. 서희는 "뜰 아래에서 절하는 것은 신하가 임금을 만나보는 예절이다. 지금 두 나라의 대신이 서로 만나는 자리에서 어찌 그러할 수 있는가" 하며 반박했다. 두세 번 사람을 보내어 당(堂) 위로 올라가 만나겠다고 했으나 소손녕의 태도는 변하지 않았다. 서희는 불같이 화를 내고 숙소로 돌아가 벌렁 드러누워 버렸다. 결국 소손녕은 당에 올라 예를 행하기를 허락했고 서희는 소손녕과 더불어 대등의 예를 행하고 동서로 마주앉자 담판을 시작했다.

소손녕이 먼저 출정한 사유와 강화의 조건을 말했다.

너희 나라는 신라의 땅에서 일어났다. 고구려의 땅은 우리의 소유인데, 너희들이 이를 침범했다. 또 우리와 국토를 맞대고 있으면서도 바다를 건너 송 나라를 섬기고 있다. 이러한 까닭으로 와서 치는 것이다. 지금 만약 땅을 갈라주고 수교한다면 무사할 수 있을 것이다.

서희가 반박했다.

그렇지 않다. 우리나라는 곧 옛날의 고구려이다. 그러므로 고려라고 부르며 평양에 도읍하고 있다. 만일 국경을 가지고 논한다면 귀국의 동경도 모두 우리의 국토 내에 있는 것이니 침범이라 말할 수 있겠는가? 또 압록강 내외도 우리 경내인데 여진인들이 그간에 몰래 들어와 살고 있다. 모질고 사납고 간사한 여진인들로 인해 길이 막혀서 다니기가 바다를 건너기보다 어렵다. 거란과 조빙(朝聘)이 불통함은 여진 때문이다. 만약 여진을 몰아내고 우리의 옛 도읍을 돌려주고 성과 보루를 구축하여 도로를 통하게 한다면 수빙하지 않을 리가 있겠는가. 장군이 나의 말을 거란의 천자에게 알린다면 천자가 어찌 받아들이지 않겠는가.

소손녕은 강요하기 어려움을 알고 교섭 경과를 거란의 성종에게 알렸다. 성종은 "고려가 이미 화의를 청했으니 싸움을 끝내라"라고 지시했다. 서희가 거란의 군영에 머무른 지 7일 만에 돌아올 때 소손녕은 낙타 10필, 말 100필, 양 천 마리, 각종 비단 500필을 예물로 주었다. 고려의 성종은 강가까지 나와 서희를 맞이했다.

소손녕은 철수했고 이듬해인 성종 13년(994) 2월 다시 고려 조정에 글을 보내 전년에 맺은 협정을 재확인했다. 당시 고려에 보낸 소손녕의 국서는 다음과 같다.

요새 나는 황제의 칙령을 받았는데 그 내용은 "고려는 우리와 일찍부터 우

여요전쟁 주요 격전지

호 관계를 맺어 왔고 국경이 서로 인접해 있으니 비록 작은 나라가 큰 나라를 섬긴다고 하지만 당연히 일정한 규례를 두고 사신을 왕래시켜야 좋은 관계가 오래 계속될 수 있을 것이다. 만일 미리 필요한 조치를 취해놓지 않으면 혹 도중에 사신길이 막힐 것이 우려된다. 너는 고려와 상의해서 그 나라로 하여금 통로 요충이 되는 곳에 성을 쌓도록 권고하라"는 것이었습니다. 나는 이곳 실정을 참작하여 압록강 서쪽에 5개의 성을 쌓기 위하여 3월 초에 축성할 곳들에 가서 곧 공사를 시작할 예정입니다. 청컨대 대왕(고려왕)께서도 미리 지시를 하시어 안북부에서 압록강 동쪽에 이르는 180리 구간에 적당한 지점을 답사하고 거리의 원근을 참작하여 우리와 함께 축성하되 부역자들을 동원하여 동시에 착수하시기 바랍니다. 그리고 축성할 지점의 수에 대하여는 우리에게 알려 주기 바랍니다. 우리가 이러한 조치를 취하는 목적은 고려의 수레와 말이 다니기 편리하도록 하여 오래도록 지속될 조공의 길을 여는 데에 있습니다.

이것은 청천강에서 압록강 사이 지역에 대한 고려의 영유권을 거란이 인정한다는 뜻이다. 거란의 우호적 태도에 고무된 고려 조정은 4월 박양유를 거란에 보내어 고려가 거란의 연호를 쓴다는 것을 알리고 거란에 포로로 끌려간 고려인의 송환을 요청했다.

그러나 일시적인 회유책에 안심할 수 없었던 고려의 성종은 원욱(元郁)을 송에 밀파하여 지난해에 거란이 침공한 사실을 알리면서 송과 고려가 단합하여 거란을 공격할 것을 제안했다. 송 태종은 북방 국경이 겨우 편안해졌는데 지금 경솔히 군사를 동원할 수 없다고 하며 거절했다.

곧 이어 성종은 서희에게 명하여 군사를 거느리고 강동 6주 지방의 여진족을 몰아내고 장흥(長興) 및 귀화(歸化)의 두 진과 곽주(郭州, 평북 정주군)와 귀주(龜州)에 성을 쌓게 했다. 또한 압강도 구당사(鴨江渡勾當使)를 두어 거란의 내원성과 마주보며 강을 건너는 업무를 담당하게 했다. 이듬해에도 다시 서희를 보내어 안의진(安義鎭), 홍화진(興化鎭), 통주(通州, 선천의 동북쪽), 맹주(孟州, 맹산의 동쪽) 등지에 성을 쌓았다. 이처럼 거란에 대한 서희의 외교적 성공과 민활한 영토 개척 노력의 결과 고려는 중국 대륙과 연결된 군사교통의 요지인 압록강 하류 지역을 회복하는 데 성공했다.

성종 14년(995) 성종은 소년 10명을 선발하여 거란에 유학시켜 거란어와 문자를 배우게 했다. 또 조지린을 거란에 파견하여 혼인을 통한 유대 강화를 제안했다. 거란은 이를 받아들여 소손녕의 딸을 성종에게 출가시켰다.

거란은 고려와 안정적인 책봉 관계를 맺고 나서 비로소 송을 침공할 여유가 생겼다. 송에서는 태종에 이어 진종(眞宗, 재위 997~1022)이 즉위했다. 1004년 거란군은 소태후의 지휘 아래 현재의 하북성으로 쳐들어와 송이 힘들게 구축한 소택지의 방어 시설을 뚫고 황하 북쪽의 전주(澶州)까지 진격했다.

이 보고를 접한 송 조정은 큰 충격을 받아 수도 개봉을 버리고 양자강 남쪽으로 천도하자는 의견까지 나올 정도로 흔들렸다. 그러나 진종이 재상 구준(寇準)의 양면 작전을 받아들여 친히 전주까지 가서 군의 사기를 올리는 한편 거란에 사신을 파견하여 화평 교섭을 추진했다.

진종의 친정으로 사기가 오른 송군의 선전에 놀란 거란은 평화 협상에 곧 응해 조약을 맺었다. 이것이 이른바 전연의 맹[澶淵之盟]이다. 그 조약 내용은 대략 다음과 같다.

1) 송은 매년 비단 20만 필, 은 10만 냥을 거란에 세폐(歲幣)로 보낼 것.
2) 두 나라의 국경선은 현 상태를 유지하고 서로 국경 부근에는 군사 시설을 설치하지 않을 것.
3) 두 나라는 서로 도망온 자들을 숨겨주지 않을 것.
4) 나이 어린 거란 성종은 송의 진종을 형으로 부를 것.

전연의 맹 이후로는 1122년까지 119년 동안 거란과 송 사이에 평화적인 관계가 유지되었다. 전쟁을 기피하려는 송의 소극적인 정책과 국가발전을 위한 재원 확보라는 거란의 요구가 일치되었으므로 위의 맹약이 쉽게 맺어졌던 것이다. 그렇다고 하여 송이 연운 16주를 포기한 것은 아니었다. 연운 16주 문제는 그 후로도 계속해서 송의 정치·외교에서 중심 과제로 남았다.

거란이 대량의 은과 비단을 송에게 요구한 것은 자체 소비를 위한 것만이 아니었다. 중국으로부터 얻는 공물은 유목 국가의 주요한 경제적 기반이었으며 이 가운데 은과 비단은 실크로드를 통한 국제교역품이었다. 흉노 이래 몽골 제국에 이르기까지 중국 북방의 유목 국가들은 비단과 금·은을 주요 품목으로 하는 국제 교역에 적극적으로 참여하여 큰 이득을 보고 있었다.

거란은 송으로부터 얻는 세폐로 국력이 더욱 충실해졌고 그 세력은 중앙아시아에서 서아시아까지 미치게 되었다. 본래 거란을 뜻하는 '키타이'는 러시아를 비롯한 여러 나라에서 중국을 뜻하는 단어가 되었다.

전연의 맹으로 거란과 송의 국경에는 각장(榷場, 교역소)이 설치되었다. 송에서는 상아·쌀·차·비단·향료·의약품 등을, 거란에서는 소·양·모피·산삼 등을 교역 대상 물품으로 내놓았다. 그러나 송은 군사 기밀이 거란에 흘러 들어가는 것을 막기 위해 유교 경전 이외의 서적 수출을 엄금했으며 거란도 말의 수출을 금했다.

송 조정은 여러 차례 대외무역 금지 규정을 반포했으나 송의 상인들은 법을 어겨가며 금지품목을 취급했고 때로는 고려를 통하여 삼각 무역을 벌이기도 했다. 송이 거란에 주는 세폐는 1042년 은 20만 냥, 비단 30만 필로 증액되었다.

강조의 정변을 구실로 다시 침략한 거란 - 2차 여요 전쟁

천추태후의 전횡과 강조의 정변

성종의 뒤를 이어 경종의 큰아들인 왕송(王誦)이 즉위했다. 그가 목종(穆宗, 재위 997~1009)이다. 목종 대의 정치는 서경 세력이 주축을 이루고 있었다. 목종 원년(998) 7월에 서경을 호경(鎬京)으로 개칭하여 서경의 우위를 나타내려 한 것도 이러한 상황을 잘 보여준다. 이러한 서경 우위 정책은 왕보다는 모후인 천추태후(千秋太后)가 주도했다. 천추태후는 경종의 황후로 성종과는 남매간이었다. 본래 왕씨이나 모계를 따라 황주 황보씨가 되었다. 황주 황보씨는 서경 세력의 중심이었다.

당시 조정에서는 천추태후의 외척인 김치양(金致陽)이 인사권을 쥐고 정사를 좌지우지했다. 김치양은 천추태후와 사통하여 낳은 아들을 왕위에 올리고자 정국에 파란을 일으켰다. 천추태후는 태조의 자손인 대량원군(大良院君, 이름은 순(詢)으로 천추태후는 그의 이모가 된다)을 억지로 머리를 깎고 승려로 만들었다. 김치양은 목종 12년(1009) 정월에 태후의 거처인 천추궁에 불을 지르고 반대세력을 축출하려고 했다.

이와 같이 김치양 일파가 정치를 농단하는 데 대립한 세력이 서북면에 주둔한 군대였다. 서북면 도순검사(西北面都巡檢使) 강조(康兆)는 휘하 부대 중 5천 병력을 이끌고 개경으로 진격했다. 강조는 신라 말 패강진 지역의 호족인 신천 강씨이다. 주지하다시피 패강진 호족은 고려 건국의 주요 기반이었다. 강조에 의해 목종이 폐위되고 대량원군이 즉위하니 그가 현종(顯宗, 재위 1009~1031)이다.

《고려사》에는 목종이 현종에게 양위하려고 한 것처럼 기술했으며 현종은 수동적으로 강조에 의해 추대된 것이라 했다. 목종이 폐위되어 귀양가다가 죽임을 당한 것도 강조의 지시에 의한 것으로 기술했다. 그러나 진상은 훨씬 복잡하다.《고려사》강조 열전에는 정변의 양상이 좀더 자세하게 나온다.

강조는 목종 때 여러 관직을 거쳐 중추사 우상시로 되었으며 외직으로 나가서 서북면 도순검사로 되었다. 병석에 누워 있던 목종이 김치양의 반역 음모를 눈치채고 황보유의를 파견하여 현종을 맞아오게 했고 또 전중감 이주정이 김치양에게 들러붙은 것을 알고 임시로 그를 서북면 도순검부사로 임명하여 보내면서 즉일로 강조를 불러들여 숙위하도록 했다.

강조가 명령을 듣고 출발해서 동주(東州, 철원) 용천역에 도착했다. 이때 어떤 사건에 걸려 좌천되어 조정을 원망하면서 항상 반란을 꾀하던 내사주서 위종정과 안북도호장서기 최창 두 사람이 함께 강조를 찾아와 속여 말하기를, "임금의 병세는 위독해서 목숨이 경각에 달려 있습니다. 그리고 태후는 김치양과 함께 사직을 탈취하려고 음모하고 있는데 공이 밖에서 많은 병력을 거느리고 있으므로 혹시 복종하지 않을까 염려하여 왕의 명령이라고 날조하여 부른 것입니다. 속히 본지로 돌아가서 크게 정의로운 군사를 일으켜 나라를 지키고 일신을 보존하여야 할 것입니다. 기회를 잃지 마십시오" 라고 했다.

강조가 그 말을 옳게 여기어 왕이 이미 죽고 조정은 모조리 김치양에 의하여 잘못된 것으로 생각하고 곧 본영으로 돌아갔다. 한편 (천추)태후는 강조가 오는 것을 꺼리어 궁내대신들을 파견하여 절령을 수비하고 행인들을 차단하게 했다. 강조의 부친이 이를 근심하여 편지를 써서 한 노비의 머리를 깎아 묘향산의 승려로 가장하게 한 후 죽장 속에 편지를 넣어 강조에게 전달하게 했다. "왕은 이미 세상을 떠났고 간신이 국정을 잡고 있으니 병사를 거느리고 와서 나라를 안정시키라"는 내용이었다. 그 노비는 밤낮으로 촌각을 다투며 뛰어 갔으므로 강조의 처소에 도착하자 기진하여 죽었다.

강조가 죽장 속의 편지를 찾아내어 보고는 더욱 왕이 죽은 것으로 믿었다. 그는 부사(副使)인 이부시랑 이현운 등과 함께 무장 병력 5천 명을 인솔하고 평주(平州, 황해도 평산)에 와서야 왕이 아직 살아 있다는 것을 알고 의기를 저상하여 오랫동안 고개를 늘어뜨리고 있었다. 이때 여러 장수들이 말하기를 "이미 여기까지 왔는데 여기서 멈출 수는 없지 않습니까?" 라고 하니 강조도 "그렇다" 하면서 드디어 왕의 폐립을 결심했다.

그는 왕이 벌써 현종을 맞으려고 사람을 보낸 것을 모르고 분사감찰 김응인에게 병사를 거느리고 가서 맞아 오게 했다. 또 왕에게 먼저 통고하기를 "주상의 병환은 중한데 후계가 아직 정해지지 않았고 간사한 무리들이 보위를 엿보고 있는데 주상께서 유행간 등의 아첨과 참소만을 곧이듣고 상벌을 공정하게 하지 못하시므로 이런 혼란이 초래되었습니다. 이제 명분을 바로잡아 민심을 수습하고 악을 제거하여 뭇 사람의 분노를 풀어주기 위하여 이미 대량군을 맞이했습니다. 궁중에 들어갈 때 주상을 놀라게 할 염려가 있으니 용흥의 귀법사로 나가 계시면 즉시 간사한 무리들을 소탕하고 맞아들이겠습니다" 라고 했다. 왕은 "무슨 말인지 알겠네"라고 했다. 이날 김응인과 황보유의가 신혈사에 도착하여 현종을 데리고 돌아갔다. 다음 날 이현운이 군사를 데리고 영추문으로 들어가면서 일제히 떠들어대니 목종이 놀라고 겁이나 유행간을 찾아가 강조에게 보냈다. 급사중 탁사정과 낭중 하공진은 모두 강조에게로 달아났다.

강조는 대초문까지 와서 평상에 걸터 앉아 있다가 최항이 성에서 나오는 것을 보고 일어나 읍했다. 최항이 말하기를 "예전에도 이와 같은 일이 있었는 가"라고 했으나 강조는 대답하지 못했다. 이때에 병사들이 마구 밀고 들어 가니 목종은 폐위를 면치 못할 줄 알고 태후와 함께 하늘을 우러러 통곡하면 서 궁인, 내수(內豎)들과 채충순, 유충정 등을 데리고 법왕사로 나갔다.

강조가 건덕전에서 용상 아래에 앉아 있으니 군사들이 "만세"를 불렀으므 로 강조는 놀라 일어나 무릎을 꿇고 앉으면서 말했다. "후계 임금이 아직 오지 않았는데 이것이 무슨 소리인가." 그 후 황보유의 등이 현종을 받들 고 와서 연총전에서 즉위하게 했다.

이 기록을 비롯하여 《고려사》의 여러 기록은 현종 즉위의 합법성 을 강조하고 있다. 우선 현종이 태조의 자손 중 유일한 생존자였다고 했다(실제로는 태조의 자손이 여러 명 남아 있었다). 또한 중병 상태 라는 목종이 후계자로 지목해 삼각산의 신혈사에 있던 현종을 불렀 다고 하여 현종의 즉위가 정당한 것이었음을 시사했다. 그러나 이후 목종이 귀양가는 장면에서 친히 말고삐를 잡았던 것을 보면 질병에 걸린 것이 아님을 알 수 있다.

승려 시절 현종의 권력의지는 매우 강했다. 일찍이 잠재적 왕위 계 승권자인 현종을 중심으로 정치 세력이 결성되었다. 현종을 모시러 간 황보유의는 현종의 외척이었다. 현종의 모친은 천추태후와 자매간 으로 현종을 낳고 산고로 죽었다.

사실은 김치양의 전횡이 심해지자 위기를 느낀 황보씨 가문은 현 종을 추대하려 했고 책략을 꾸며 서북면 군을 동원시킨 것일 것이다. 강조는 목종의 명을 받고 혼자 오다가 김치양의 음모라는 말을 듣고 돌아갔으며 이후 부친의 편지를 받고 병력을 동원한 것으로 나온다.

목종이 김치양을 제거하려 강조를 불렀다면 처음부터 군을 동원하도록 지시했어야 하는데 강조는 홀로 오다가 위종정과 최창의 말을 듣고 돌아갔다. 이로 보아 목종이 강조를 부른 것은 아니다. 김치양이 강조를 제거하려고 부른 것이었으며 위종정과 최창은 거짓이 아닌 사실을 말한 것이다. 또한 강조 부친의 편지도 현종 추대 세력의 책략인 듯하다. 강조가 목종의 안위를 걱정한 것으로 보아 목종을 살해한 것도 현종의 당파가 주도한 것으로 보아야 한다.

고려의 군사제도

고려 건국 당시의 고려군은 태조 왕건의 직할 부대와 여러 호족들이 독자적으로 보유한 사병들이었다. 점차 중앙집권체제가 갖추어지고 호족 세력이 약화됨에 따라 군사제도가 정비되어 현종 대에 경군(京軍, 중앙군)으로서 2군 6위, 지방군으로서 주현군(州縣軍)과 주진군(州鎭軍)이 확립되었다.

천리인(千里人)

강조의 정변에서 편지를 전해주려 전력을 다해 뛰다 죽은 전령 이야기는 마라톤의 유래를 연상시킨다. 중국의 기록에 따르면 고구려에는 '천리인'이라는 존재가 있었다. 광개토대왕 재위시인 408년에 고구려는 남연(南燕)에 천리인 10명과 천리마 1필을 선물로 보냈다고 한다.

천리인은 명칭으로 보아 장거리를 달려 소식을 전하는 일을 맡은 듯한데 기밀 유지를 위해서 말을 타는 것보다 달려가는 편이 나았을 것이다. 산악 지형이 많은 한반도에서는 군사 기밀 등을 전하기 위해 이러한 인력의 수요가 상당했을 것이다. 《삼국사기》에는 첩보원들의 활동이 보이는데 이들도 천리인이었을 것이다. 강조의 정변에 나오는 전령은 천리인의 흔적을 보여주는 예라 할 수 있다.

2군 6위의 편제

응양군(鷹揚軍)　1령(領) 1천 명

용호군(龍虎軍)　 2령 2천 명

좌우위(左右衛)　보승(保勝) 10령 · 정용(精勇) 3령
　　　　　　　　1만 3천 명

신호위(神虎衛)　보승 5령 · 정용 2령　7천 명

흥위위(興威衛)　보승 7령 · 정용 5령　1만 2천 명

금오위(金吾衛)　정용 6령 · 역령(役領) 1령
　　　　　　　　7천 명

천우위(千牛衛)　상령(常領) 1령 · 해령(海領) 1령
　　　　　　　　2천 명

감문위(監門衛)　1령　1천 명

  6위는 성종 14년(995)에 완성되었고 2군은 현종 초에 설립되었다. 2군 6위의 지휘관은 정 3품의 상장군이고 부지휘관은 종 3품의 대장군이었다. 이들 8개 부대의 상장군과 대장군 16명은 그들의 합좌기관으로 중방(重房)을 두고 있었다. 상장군 가운데 가장 서열이 높은 응양군의 상장군이 중방의 의장이 되었다. 응양군의 상장군은 무반(武班)의 우두머리란 뜻으로 반주(班主)라 불리었으며 병부상서를 겸하기도 했다.

  2군과 6위는 1개 이상의 령으로 이루어졌다. 1령은 1천 명으로 구성되고 그 지휘관은 정 4품인 장군이었으며 이들도 합좌기관인 장군방(將軍房)을 구성했다. 정 5품인 중랑장(中郞將) 2명이 장군을 보좌했다.

1령은 5개의 대대로 편제되는데, 정원이 200명인 대대의 지휘관은 정 6품인 낭장(郎將)이었다. 이들의 합좌기관인 낭장방(郎將房)도 있었다. 낭장 밑에 각 5명씩 두었던 정 7품인 별장(別將)은 부지휘관, 정 8품인 산원(散員)은 낭장과 별장의 보좌관이었던 것 같다.

50명으로 구성된 오(伍)의 지휘관은 정 9품인 교위(校尉)로 1령에 20명씩 있었다. 이들의 합의기관인 교위방(校尉房)도 있었다. 25명으로 이루어진 대(隊)의 지휘관은 대정(隊正)으로 1령에 40명씩 있었다.

상장군으로부터 교위에 이르는 지휘관은 무반에 속하나 대정은 그렇지 않았다. 무반에는 일반 양인이나 천인 출신까지 있어 군인은 계층 상승의 통로가 되기도 했다.

2군은 왕의 친위부대로 경호와 의장(儀仗)을 맡았다. 그러므로 지위가 6위보다 우월했다.

6위는 주로 국경 방어와 수도 방어를 담당했다. 좌우위·신호위·흥위위는 국토 방어를 위해 편성·운용된 부대였다. 국경을 지키는 군역은 그 복무가 1년 교대하는 윤번제로 이루어지고 있으므로 이 일을 기본으로 하는 경군 부대는 자연히 규모가 컸다. 위의 3부대는 병력이 32령 3만 2천으로, 45령 4만 5천인 경군 병력의 70퍼센트 이상을 차지하고 있다. 이들은 전쟁이 나면 중군·좌군·우군의 3군 편제 혹은 중군·전군·후군·좌군·우군의 5군 편제를 이루어 전투에 임했다(3군이나 5군 조직은 전투의 수행을 위한 임시적인 것이었으나 평상시에도 편제상으로 존재하여 상임 장교가 임명되어 있었다).

금오위는 수도의 치안을 맡은 경찰부대이고 감문위는 명칭이 뜻하는 것처럼 궁성 내외의 여러 문을 수위하는 부대였다. 천우위는 2군처럼 왕을 경호하는 친위부대였다. 천우위의 해령은 해군으로 해상이나 강에서 왕을 시종했다.

경군의 법제상 정원은 45령 4만 5천이었으나 평상시에는 결원이 많아 이보다 훨씬 적었고 전시에는 정원을 웃돌았다.

국경 지대인 서북계(西北界)와 동북계(東北界)에는 각기 안북도호부(安北都護府)와 안변도호부(安邊都護府)가 설치되었고 그 밑에 주·진 중심의 행정 조직이 짜여져 있었다. 이곳에 주둔하고 있는 군대가 주진군이었다. 이들 양계의 주진군에 대해서는 《고려사》 병지(兵志)에 비교적 자세한 내용이 나온다.

서북계를 보면 각 주·진에 도령중랑장(都領中郞將) 이하 대정까지의 지휘관과 그 휘하의 초군(抄軍)·좌군·우군 및 보창(保昌) 등의 군인을 합하여 4만 명 내외(이중 지휘관은 2650명 내외)가 주둔하고 여기에 신기(神騎)·보반(步班) 2천 명 내외에다 백정(白丁) 6만 1천 명 정도가 배치되어 있었다.

동북계에는 장교 780명 내외에다 초군·좌군·우군 및 영새군(寧塞軍)을 합하여 모두 1만 1500명 내외에, 공장(工匠)·전장(田匠)·투화(投化)·생천군(䥶川軍)·사공(沙工) 등의 특수군인이 약간 포함되어 있었다. 여기에서는 동북계에 있는 신기·보반·백정 등은 보이지 않는데 이는 기록의 누락인 것 같다. 이를 동북계와 비슷한 비율로 따져 계산했을 때 그 숫자는 1만 7천 명 정도 된다. 이렇게 볼 때 동북계와 서북계의 병력을 모두 합해보면 대략 14만 명이 된다.

주진군의 핵심이 되는 부대는 초군·좌군·우군과 보창군·영새군이었다. 이들은 주진의 성내에 주둔하고 있으면서 상시 전투태세가 갖추어 있는 상비군으로 그 수는 약 5만 2천 명이었다.

이들 상비군을 직접 지휘한 것은 중랑장 이하 낭장신기(神騎)·별장·교위·대정 등의 장교였다. 이 중 최고지휘관을 도령(都領)이라 불렀는데, 대개 중랑장 1명이 임명되어 도령중랑장이라 했다. 중랑장이 없는 경우에는 낭장이 임명되어 도령낭장이라 했다. 이들은 모두 양계 지역의 호족 출신으로 중앙의 무반에 비해 대우가 열악했다.

주의 장관인 방어사(防禦使)와 진의 장관인 진장(鎭將)이 양계의 군사 조직을 통합했다. 이들은 행정 구획의 책임자로 민정을 담당했으며 군정도 총괄했다. 이들은 다시 그들의 상관으로 양계의 장관인 병마사의 지휘를 받았다. 병마사가 양계 주진군의 최고사령관이었다.

주진군의 가장 큰 임무는 국토방위이다. 외적이 침입하면 적의 대부대와 결전을 벌이는 것이 아니라 주진의 성을 거점으로 하여 성문을 닫고 굳게 지키는 전술로 대응했다. 그러다가 기회가 있는 대로 적을 습격하고 중앙군을 도와 대규모 전투를 벌이기도 했다. 주진군은

백정

백정은 고려시대에 군역(軍役)·기인역(其人役)·역역(驛役) 등의 특정한 직역(職役)을 부담하지 않고 주로 농업에 종사한 농민층을 말한다. 백정의 '백(白)'은 '없다', '아니다' 라는 뜻이며 '정(丁)'은 '정호(丁戶)', '정인(丁人)'의 뜻으로 백정은 정호(정인)가 아닌 사람을 지칭한다.

고려시대의 정호는 16~59세까지의 민정(民丁) 중에서 군역의 의무를 지고 있던 사람을 말했다. 그러므로 백정은 농업에 종사하지만 평시에는 군역의 의무를 지지 않는 신분층이다. 전쟁 시에는 백정도 군으로 동원되므로 예비군의 성격을 띤다.

백정들은 주로 조상으로부터 물려받거나 개간으로 토지를 소유했다. 토지가 없는 백정들은 양반전·군인전·사원전 등의 사유지나 국·공유지 등의 토지를 빌려 경작했다.

후일 경군이 취약해진 가운데에서도 외적의 침입을 잘 막아내었다.

거란 성종의 고려 원정

거란에서는 소태후가 현종 즉위년(1009) 12월에 사망하여 비로소 성종의 친정이 시작되었다. 이때는 거란의 전성기로 영토는 서쪽으로 천산(天山)에서 시작하여 동으로는 만주 대부분을 아울렀으며 북으로는 몽골 전 지역, 남으로는 연운 16주를 차지하고 있었다.

성종은 친정하게 되자 소태후 섭정 시대보다 더욱 강력한 정복사업을 추진함으로써 능력을 과시하려 했다. 여기에 송과 왕래하는 고려의 태도는 침략의 좋은 구실이 되었다.

현종 원년(1010) 5월 고려에 조공하러 온 여진인 95명이 화주 방어랑중 류종(柳宗)에게 학살당하는 사건이 일어났다. 이전에 하공진(河拱辰)이 동여진을 공격하다가 패한 일이 있었는데 류종이 이를 분하게 여기다가 조공하러 온 여진인을 모두 죽인 것이다. 고려 조정은 하공진과 류종을 먼 섬으로 귀양보냈다.

여진족이 이를 거란에 호소하니 거란의 성종은 강조가 목종을 시해한 죄를 묻는다는 명분으로 고려 원정 명령을 내리고 전쟁 준비를 서둘렀다. 이 고려 원정에 국구(國舅, 황제의 장인)인 소적열(蕭敵烈)은 반대의사를 표명했다.

> 우리나라는 해마다 정벌전쟁을 벌여 사졸이 부족하고 피폐하게 되었습니다. 더구나 폐하께서는 상중에 계시고 햇곡식도 아직 익지 않았습니다. 섬 오랑캐들의 작은 나라는 성벽이 완고하니 이겨도 위엄스럽지 못할 것이며, 만일 실패를 하면 후회할까 두렵습니다. 사신 한 명을 보내 그 연고를

물어 저들이 그 죄에 굴복하면 그만이오, 그렇지 않으면 상(喪)이 지나고 풍년이 들기를 기다려 군사를 일으켜도 늦지 아니합니다.

이미 동원령이 내려진 상태라 소적열의 의견이 받아들여지지는 않았으나 거란의 식자들은 그의 말을 옳게 여겼다.

거란에서 사신을 보내 출병을 통고해 오자 고려에서는 두 차례나 사신을 보내어 화의를 요청했다. 그러나 거란의 성종은 계획대로 10월 친히 보병과 기병 40만을 이끌고 요양을 출발했다. 동시에 거란은 송에 출병을 통고했다. 송은 통고를 받고 고려가 원병을 청할까 걱정했다. 전연의 맹을 맺은 지 얼마 지나지 않은 상태에서 다시 거란과 교전하기를 원하지 않았기 때문이다. 그렇다고 고려가 청병할 경우 덮어놓고 거절하기도 어려웠다. '고려가 여러 해 동안 공물을 바치지 않았다'는 구실로 거절하자는 안이 나올 정도로 송의 처지는 궁색했다. 고려와 거란, 송의 관계가 미묘함을 잘 드러낸 일이다.

전쟁준비를 착실히 한 고려도 이즈음에는 병력 30만을 동원한 상태였다. 강조가 총사령관인 행영도통사가 되었다. 고려군은 방어계획으로 압록강 연안에서부터 유격전으로 거란의 진군을 방해하고 흥화진(興化鎭, 지금의 의주 남쪽 삼교천 부근으로 추정)에서 적의 남진을 막는다는 복안을 가지고 있었다. 다음으로 통군사 최사위는 귀주에서 적의 남진을 차단하고 행영도통사 강조가 이끄는 20만 주력은 통주(通州, 평안북도 선천군)에 주둔하여 적과 결전을 벌이도록 했다. 또한 박섬(朴暹)을 안북도호부사로 임명하여 청천강 도하를 저지하도록 했으며 적이 청천강을 넘을 경우 서북 방면의 나머지 부대와 동북 방면의 방어군이 서경에서 막도록 했다.

거란과의 전쟁에 대비하여 고려는 엄격한 군율을 시행했다. 엄격한 군율은 삼국시대로부터의 전통이었다. 이 군율의 목적은 군사 훈련을 충실히 하고 전투 시에 사력을 다해 싸우게 하기 위함이었다. 그 조목은 다음과 같다.

1) 첫 훈련 때 오지 않은 자는 관직의 고하를 막론하고 장(杖) 15대에 처한다.
2) 2차 훈련 때도 오지 않은 자, 전진하고 후퇴할 때 대오에서 벗어난 자, 점을 쳐 허튼 말로 여러 사람을 현혹시킨 자, 잘못하여 병장기를 파손한 자, 대정(隊正, 25인을 지휘하는 장교로 지금의 소대장에 해당) 이하 명령을 듣고도 전하지 아니하거나 전하여도 행하지 않은 자, 병졸로서 그 상관을 구했으나 능히 화를 면하게 하지 못한 자, 사사로이 정보를 적에게 누설한 자, 적이 군중에 들어온 줄 알면서 보고하지 아니한 자 등은 모두 장 20에 처한다.
3) 출전할 때 기한에 오지 못한 자, 도망할 마음을 가지고 교전 시에 싸우지 않거나 망동한 자, 사졸로 그 장수의 지시에 따르지 않은 자, 전투 장비를 적 가운데에 내버린 자, 병졸로서 상관을 구원하지 않아 패몰하게 한 자, 싸우는 자가 위급함에 빠진 것을 보고도 자신의 부대가 아니라고 구원하지 아니한 자, 다른 사람의 활과 칼을 빼앗고 다른 사람이 베어 얻은 적의 머리를 빼앗으려 다툰 자, 장군 장교로서 적진에 이르러 싸우지 않거나 군중으로 도망하여 들어왔거나 적에게 항복하자고 말한 자, 진을 치고도 능히 막지 못하여 적을 날뛰게 한 자, 적이 스스로 투항했는

데 보고하지 않고 망령되이 죽인 자 등은 모두 칼로 벤다.
4) 적에게 투항한 자는 집을 몰수하고 처자를 노비로 삼는다.

거란의 성종은 11월에 얼어붙은 압록강을 건너 16일 경 고려의 1차 방어진인 홍화진을 포위했다. 홍화진은 순검사 양규(楊規)와 진사 정성(鄭成)이 병사를 격려하며 굳게 지키고 있었다. 거란군 일부는 귀주 방면으로 남하했는데 귀주를 지키던 최사위가 군사를 나누어 귀주 북쪽으로 나가 싸우다 패했다.

거란의 성종은 통주성 밖에서 추수하던 남녀를 잡아 그들에게 각각 비단옷을 주고 편지를 봉한 화살 한 개를 주어 군사 3백 명과 함께 홍화진으로 보내 항복을 권유했다. 편지 내용은 다음과 같다.

짐이 생각하건대 전왕 송(목종)은 왕위에 오른 지 오래인데 강조가 그를 죽이고 어린 것을 세우니 짐이 친히 정병을 거느리고 국경까지 왔다. 너희들이 강조를 생포하여 짐에게 보낸다면 즉시 철병할 것이나, 그렇지 않으면 곧 개경으로 들어가 너희들의 처자와 종들을 죽이고 말 것이다.

또 칙서 한 장을 화살에 달아 홍화진의 성문에 꽂아 항복을 권유했으나 이수화가 답서하여 항복하지 않겠다는 뜻을 밝혔다. 성종은 비단옷과 은그릇 등의 물건을 홍화진 장령들에게 등급에 따라 보내고 거역하면 화가 미칠 것이요 순종하면 복이 될 것이라고 권유했으나 홍화진의 고려군은 응하지 않았다.

그러자 성종은 포위를 풀고 군대를 양분하여 20만은 홍화진에서 가까운 인주(麟州, 신의주 남쪽)의 남쪽에 있는 무로대(無老代)에 주둔시키고, 나머지 20만은 자신이 직접 지휘하여 통주로 남진했다.

성종이 동산(銅山) 아래로 진영을 옮기자 강조는 부대를 이끌고 통주성 남녘으로 나가 전군을 셋으로 나누어 적과 강을 사이에 두고 진을 쳤다. 하나는 통주 서방에 집결하여 세 물줄기가 합치는 곳[三水之會]에 거점을 두고 강조가 지켰으며 또 하나는 통주 근방 산에 진을 치고 나머지 한 부대는 통주성을 의지하여 자리잡았다. 고려군은 각 진영의 전면에 검차(劍車)를 배치했다. 검차는 약 3미터 정도의 수레의 앞에 세 겹으로 된 방패를 대고, 그 앞에 칼을 여러 개 붙인 것이다. 이동할 때는 일렬로 달린 두 개의 바퀴로 움직이고 멈출 때는 접혀져 있는 바퀴 두 개를 내려 안정되도록 고안되었다.

11월 24일 아침 거란군은 청강의 서쪽 기슭에 기병부대를 배치하고 공격을 준비했다. 낮이 되자 거란 기병들은 강을 건너오기 시작했다. 고려군은 검차를 신속히 배치하여 적이 강을 건너지 못하게 막고 집중 사격했다. 검차가 위력을 발휘하여 10여 차례에 걸쳐 거란군의 공격을 막아냈다.

강조는 거란군의 공세를 격퇴하자 적을 대수롭지 않게 여기게 되었다. 그리하여 한가롭게 바둑을 두기까지 했다. 그러나 거란은 야습을 준비하고 있었다. 거란군이 기병대를 이끌고 삼수의 보루를 공격했다. 적의 기습 보고를 받은 강조는 "입 안에 든 밥과 같은 것들이라 적으면 안 되니 많이 들어오게 하라"고 말했다. 적을 본진 내부로 유인해 포위 섬멸할 수 있다고 판단한 것이다.

그러나 거란 주력 부대가 강조의 중군을 에워싸고 고려의 좌군과 우군을 중군과 차단했다. 고려군은 셋으로 나뉘어 각개 격파당했다. 강조, 이현운 등 지휘부는 대부분 포로가 되거나 전사했고 좌군과 우군도 흩어져 달아났다. 이 전투에서 고려군은 3만 명 이상이 전사하는 손실을 입었고 군량과 병기의 손실도 이루 헤아릴 수 없었다. 강조는 거란 군주의 신하가 되라는 요구를 거절하고 처형되었다.

> 거란의 군주가 강조의 포박을 풀어주면서 "너는 나의 신하가 되겠느냐?"고 물었다. 강조는 "나는 고려 사람이다. 어찌 다시 너의 신하가 되라는 말이냐?"라고 대답했다. 다시 물어도 대답은 처음과 같았고, 또 칼로 살을 베어내면서 물어도 대답은 역시 처음과 같았다.
> 이현운에게 물으니, "두 눈으로 새 일월을 보았는데, 한 마음으로 어찌 옛 산천을 생각하랴?" 하고 대답했다. 이에 강조가 노하여 이현운을 발길로 차면서 말했다. "너는 고려 사람인데 어찌 이런 말을 하느냐?" 거란은 드디어 강조를 죽였다. (《고려사》 권 127 열전 강조전)

고려군의 주력 부대인 강조군을 격파한 거란군은 진격을 계속하다가 완항령(緩項嶺, 선천과 곽산 사이의 고개로 추정)에서 김훈(金訓) 등이 지휘하는 고려 좌우기군(左右奇軍, 기습을 담당하는 부대)의 기습을 받아 약간 후퇴했다.

거란의 성종은 후방에 건재한 홍화진이 마음에 걸려 강조의 이름으로 항복을 권하는 문서를 만들어 홍화진에 보냈다. 그러나 양규는 자신은 왕명을 받들어 싸우는 것이지 강조의 명을 받는 것이 아니라 하며 거절했다.

통주성 밖에서 고려군이 대패했으나 통주성은 건재했다. 성종은 앞서 사로잡은 노전과 마수 등에게 격문을 주어 통주로 보내 항복을 권유했다. 그러나 중랑장 최질과 홍숙이 노전과 마수를 결박하고 여러 장수와 함께 성문을 굳게 잠그니 성 안의 인심이 통일되었다.

이렇게 되자 거란군은 방향을 돌려 12월 6일에 곽주(郭州)에 이르렀다. 곽주의 방어사는 갑작스런 침공에 놀라 밤에 도주했고 맞서 싸우던 장수들은 모두 전사하고 성은 함락되었다. 거란군 6천이 주둔하여 성을 지키고 계속 남진했다. 8일에는 청천강에 이르니 안북도호부사 박섬은 성을 버리고 달아났으며 주민도 흩어졌다.

9일에는 거란군이 서경에 이르렀다. 중랑장 지채문(智蔡文)은 화주에 머무르며 동북지방을 경비하고 있었는데 강조가 패전하자 현종이 그에게 서경으로 가서 그곳을 구원하도록 명령했다. 지채문은 즉시 시어사(侍御史) 최창과 함께 내려왔는데 거란군이 서경에 이르렀을 때 강덕진(剛德鎭)에 이르렀다.

서경에 도착한 거란군은 포로로 잡은 감찰어사 노의를 향도로 삼아 거란인 유경(劉經)과 함께 보내 항복을 권유했다. 서경의 부유수 원종석은 부하들과 함께 벌써 항복 문서를 작성해 놓고 있었다. 이 소식을 들은 지채문은 급히 병력을 이끌고 서경으로 갔다.

지채문이 서경에 도착해보니 성문이 닫혀 있었다. 최창이 성안에 있는 분대어사 조자기를 불러내어 물었다. "우리들이 왕명을 받들어 밤낮을 가리지 않고 왔는데 들이지 않는 것은 무엇 때문인가?" 조자기는 거란이 항복을 권유한 일을 자세히 알리고 성문을 열어 주었다.

서경에 들어간 지채문의 병력은 고궁의 남랑에 주둔했다. 최창은 원종석에게 노의와 유경을 구금하고 성을 지키라고 암시했으나 원종석은 듣지 않았다. 지채문과 최창은 병력을 성의 북쪽으로 보내 노의와 유경이 돌아가는 것을 기다려 습격하여 죽이고 항복 문서도 빼앗아 불살랐다.

그러나 서경 내부에서는 항복하자는 여론이 우세했다. 불안을 느낀 지채문은 병력을 이끌고 성 남쪽으로 나와 머물렀다. 그를 따라나선 이는 대장군 정충절 한 사람뿐이었다. 그러나 곧 동북계 도순검사 탁사정이 군대를 거느리고 오자 합세하여 다시 성안으로 들어갔다.

한편 개경에서는 전황이 불리하게 돌아가는 것을 보고 현종이 거란의 성종에게 조회하겠다고 청하는 글을 보냈다. 거란의 성종은 이를 받아들여 마보우(馬保佑)를 개성유수로, 왕입을 부유수로 임명하고 을름(乙凜)에게 기병 1천을 거느리고 호송하게 했다. 서경쪽으로는 한기(韓杞)가 거느리는 돌격기병 2백 명을 보냈다. 한기는 성 북문에 이르러 성안을 향해 외쳤다.

"황제께서 어제 유경과 노의 등에게 조서를 주어 빨리 항복하라고 타이르셨는데 어째서 지금까지 소식이 없는가? 만약 황제의 명령에 거역할 뜻이 없거든 유수를 비롯한 관속들은 모두 성을 나와서 나의 지시를 받으라."

탁사정은 지채문과 상의한 다음 날랜 기병을 보내 이들을 기습하게 했다. 한기를 비롯하여 백여 명이 죽고 나머지는 모두 생포되어 한 명도 돌아가지 못했다. 곧이어 탁사정은 지채문을 선봉으로 하여 성 밖으로 나가 을름의 부대와 교전했다. 을름과 마보우가 패하여 달아나니 성안의 민심이 안정되었다. 탁사정은 성안으로 돌아 들어오고 지채문은 이원과 함께 나와 자혜사(慈惠寺)에 주둔했다.

서경으로 보낸 군사가 탁사정과 지채문의 공격을 받아 패주하자 거란의 성종은 다시 군사를 파견했다. 새로 도착한 거란군의 위용이 삼엄하였다. 지채문 탁사정, 승려 법언과 함께 9천의 병력을 이끌고 임원역(林原驛) 남쪽에서 거란군을 맞아 3천을 베는 승리를 거두었다. 지채문은 다음날도 다시 나와 거란군을 패주시켰다. 성 안에 있던 병사들은 이를 보고 앞 다투어 적을 추격했다. 그러나 거란군은 마탄(馬灘)에서 반격하여 고려군을 패주시켰다. 그리고는 서경의 성곽을 포위했다. 전세가 역전되자 고려군은 여지없이 무너지기 시작했다. 탁사정은 부하 군졸을 거느리고 밤을 타 도망가고 대장군 대도수는 자신의 군대를 거느리고 거란군에 항복했다. 많은 장교들이 흩어지고 성 안의 민심은 크게 동요했다. 그런 와중에도 성안의 군민들은 통군녹사 조원(趙元)을 병마사로 추대하고 성문을 닫고 굳게 지켰다. 며칠 후 성종은 서경의 포위를 풀고 일부 병력을 남긴 뒤 수도 개경을 직접 공격하러 남진했다.

지채문이 서경을 탈출하여 개경으로 가서 서경의 상태를 보고했다. 여러 신하들이 그 말을 듣고 모두 항복하자고 했다. 그러나 오직 강감찬만은 "오늘의 일은 죄가 강조에 있는 것이니 조정이 지레 겁을 먹을 이유가 없다. 단지 적의 수가 많아 중과부적이니 일단 적의 예봉을 피한 후 장차 부흥할 것을 도모해야 한다"고 말하며 반대했다. 그는 현종에게 남방으로 피난할 것을 권했다. 현종은 이날 밤에 지채문을 호위로 삼아 이부시랑 채충순 등과 금군(禁軍) 50여 명을 거느리고 개경을 빠져 나왔다.

이듬해인 현종 2년(1011) 정월 1일 거란의 성종은 마침내 개경에 입성했다. 거란군이 약탈을 감행, 종묘와 궁궐, 민가가 모두 불탔다.

거란군의 퇴각과 고려군의 반격

며칠간 약탈과 방화를 자행한 거란군은 개경 주민을 포로로 하여 철수하기 시작했다. 하공진과 고영기는 볼모로 데리고 갔다. 서북 지방의 여러 요새에서 고려군이 이들을 기다리고 있었다.

거란군 선발대가 귀주 부근에 도착하자 귀주의 수비 대장 김숙흥(金淑興)이 성 밖으로 나와 기습했다. 지금까지의 전투로 말을 많이 잃은 거란군은 기병이 적어 고려군의 공격에 취약했다. 일만 명이 넘는 전사자를 남기고 거란군은 통주 방면으로 패주했다. 통주에는 흥화진을 잘 방어했던 양규가 지키고 있었다.

양규는 무로대에서 거란군을 공격하여 2천 명을 베고 포로로 끌려가는 남녀 3천여 명을 구출했다. 양규는 계속 거란군을 추격해 다음 날 이수(梨樹, 의주에 있던 지역)에서 전투를 벌여 2500여 명을 베고 남녀 1천여 명을 구출했다. 사흘 후에는 여리참(餘里站, 의주에 있던 지역)에서 싸워 1천여 명을 베고 남녀 1천여 명을 구출했다.

양규는 거란군 선봉을 다시 애전(艾田, 의주에 있던 지역)에서 공격하여 1천여 명을 베었다. 그러나 갑자기 거란의 성종이 거느린 대군이 밀려들었다. 양규는 김숙흥과 더불어 종일토록 역전 분투했다. 군사는 모두 쓰러지고 화살이 다하여 양규와 김숙흥도 전사했다.

양규가 거둔 전과는 엄청난 것으로 약 10일 동안에 일곱 번을 교전하여 거란군을 수없이 베었고 포로가 되어 잡혀가던 고려인 3만 명을 구출했다. 또한 말, 낙타, 병기, 연장을 노획한 것이 수를 셀 수 없을 만큼 많았다.

고려군은 압록강을 건너는 거란군도 가만두지 않았다. 흥화진의 진사(鎭使) 정성은 거란군이 압록강을 반쯤 건넜을 때 맹공을 가해 많은 익사자를 냈다.

《요사》에는 거란군의 패전이 다음과 같이 나온다.

군사를 퇴각시키니 항복했던 여러 성이 다시 반기를 들었다. 귀주 남쪽 준곡령에 이르자 며칠 동안 연이어 큰 비가 내려 말과 낙타가 다 지쳤다. 비가 갠 뒤 갑옷과 병기를 많이 내버리고서야 강을 건널 수 있었다. 《요사》 본기 통화 29년 정월)

퇴각하는 길에 크게 손실을 본 거란의 성종은 압록강을 건너 내원성으로 돌아가 여기서 황후와 동생의 영접을 받아 수도로 귀환했다. 중국의 기록에 보면 이번 싸움에서 압록강 이동의 여진족이 고려를 도와 큰 역할을 했다는 기록이 나온다.

거란이 또 크게 군사를 일으켜 치니 순(詢, 현종의 이름)이 여진과 더불어 군사를 합하여 막았다. 거란이 크게 패하여 천막이나 병졸, 수레도 돌아온 것이 드물었다. 관속들도 태반이나 전몰했으므로 유·계(幽薊, 현재의 하북 지방)에 영을 내려 전부터 벼슬을 구하던 자와 조금이나마 글을 아는 자를 뽑아 그 결원을 보충했다. 《속자치통감장편(續資治通鑑長篇)》 권 74 대중상부(大中祥符) 3년 11월)

강감찬의 활약으로 거란을 물리치다 – 3차 여요 전쟁

강동 6주를 둘러싼 고려와 거란의 지구전

거란의 2차 침입을 수습하는 과정에서 새로운 문제로 등장한 것이 고려 왕의 친조(親朝)와 강동 6주의 반환이라는 거란의 요구였다. 고려는 거란의 요구를 들어줄 생각이 없었으므로 현종 5년(1014) 겨울부터 국지전이 벌어지다가 결국 현종 9년(1018)에 대규모 전쟁이 다시 일어나게 되었다.

고려는 거란의 2차 침공군이 물러난 직후부터 전쟁에 대비했다. 개경의 송악성을 중수하고 서경의 황성도 새로 쌓았다. 병부상서 유방(庾方)을 서북면으로 보내 이곳을 방어하게 했다. 또한 광군도감(光軍都監)을 강화시켜 광군사(光軍司)로 개편하는 등 제도 정비도 했다.

현종 3년(1012) 6월 고려에서 사신을 보내 왕이 병으로 인해 친조할 수 없다고 최종 통고를 하자 거란의 성종은 노하여 강동 6주를 무력으로 빼앗겠다고 말했다. 이제 고려와 거란의 주요 쟁점은 고려 왕의 친조에서 강동 6주로 옮아갔다. 거란의 성종은 외교와 무력을 병행하여 강동 6주를 돌려받으려 했다.

이듬해 거란은 고려에 사신을 수 차례 보내어 강동 6주 반환을 요구했으나 고려는 거절했다. 현종 5년(1014) 10월에 소적열이 거란군을 지휘하여 통주와 홍화진을 공격했으나 홍화진 장군 정신용(鄭神勇)과 별장 주연(周演)이 패주시켰는데 7백 명을 참살하고 강물에 빠뜨려 죽인 자도 매우 많았다. 거란의 성종은 소적열이 패배하자 더욱 적극적으로 전쟁준비를 했다. 11월 상경(上京)과 중경(中京) 및 여러 궁위에 명하여 정병 5만 5천을 뽑아 고려 원정에 대비했다.

거란은 고려 침공을 원활히 하기 위해 내원성을 중심으로 하여 압록강에 다리를 놓는 동시에 다리의 강 양안에 성책을 쌓았다. 이 다리는 지금의 구련성(九連城)에서부터 검동도(黔同島)를 거쳐 의주에 이르렀다. 다리가 놓여지자 고려는 군대를 파견하여 다리를 파괴하려 했으나 실패했고 곧 소적열이 이끄는 거란군이 다리를 건너 침입하여 흥화진을 포위했다. 다행히 고려군에 격퇴당했고, 같은 달 통주에서도 거란군과 교전이 있었다. 전과를 올리지 못한 소적열은 현종 6년(1015) 3월에 용주(龍州)를 공격했으나 소득 없이 4월에 철군했다.

거란은 압록강에 부설한 다리를 지키기 위해 압록강 동쪽 강안에 보주성(保州城)을 쌓았다. 또한 의주 근처의 선화진(宣化鎭)과 정원진(定遠鎭)을 쳐서 빼앗고 성을 쌓아 요새화했다. 압록강 서쪽에도 지금의 봉황성 지역에 해당하는 개주(開州)에 개봉부(開封府)를 설치하고 개원군절도(開遠軍節度)를 두었다.

같은 해 4월에 거란에서 야율행평을 다시 고려로 보내 강동 6주 반환을 요구하자 고려 정부는 그를 억류했다. 거란이 앞서 고려의 사신을 억류한 데 대한 보복이었다.

거란의 성종은 야율세량(耶律世良)과 소적열에게 다시 고려 침공을 명했다. 9월에 거란은 먼저 이송무를 다시 보내 강동 6주 반환을 요구했고 이어 통주로 진격했다. 흥화진의 대장군 정신용과 별장 주연이 군사를 이끌고 거란의 배후를 쳐 700여 명을 죽였으나 정신용 등 고려의 장군 6명도 전사했다.

거란군이 다시 동으로 향하여 영주(寧州, 안주)를 공격했으나 이기지 못하고 물러가자 고려군이 이들을 추격하여 통주 부근에서 크게 무찔렀다. 이때 고려군도 고적여 등 장수들이 전사하는 등 피해가 컸다.

현종 7년(1016) 정월 거란의 야율세량과 소굴열(蘇屈烈)이 곽주에 내침했는데 고려군이 대패하여 많은 사상자를 내었다. 거란군은 주민 수만을 학살하고 물자를 노획하여 돌아갔다. 다음해 2월 거란의 성종은 소외와에게 명하여 그의 부병을 이끌고 고려를 치도록 지시했으나 무슨 이유인지 실행되지는 않았다. 그러나 같은 해 5월 성종은 소합탁(蕭合卓)을 도통으로 임명하여 고려를 침공하게 했다. 8월에 소합탁이 이끄는 거란군이 압록강을 건너 다시 흥화진을 포위하고 9일간 공격을 가했으나 함락시키지 못하고 도리어 성을 지키던 고려군이 성 밖으로 나와 거란군을 대파하고 많은 물자를 노획했다.

귀주대첩

고려는 거란이 대병력으로 침입해 올 것에 대비하여 국방에 만전을 기하여 왔는데 거란의 대규모 침략이 임박한 현종 9년(1018)에 들어와서는 국민의 사기를 진작시키는 여러 조치를 실행했다. 정월에는 흥화진이 여러 차례 거란의 공격을 받고도 성의 백성들이 일치단결하여 매번 적을 격퇴한 공로를 보답하고 사기를 진작시키기 위해 면포·소금·장(醬)을 백성들에게 지급했다.

또한 5월에는 현종 6년(1015)의 모든 전공자를 진급시키고 전몰자 가족에게는 보상금을 후하게 내리는 등으로 장병들의 사기를 진작시켰다. 전쟁이 임박한 9월에는 사형수도 멀리 유배하는 것으로 그치게 하고 그 이하의 죄는 모두 용서하는 대사면을 단행하여 온 국민의 화합을 꾀했다.

거란 성종이 친정한 2차 전쟁에서도 여진족이 거란군 격퇴에 큰 역할을 했듯이 고려와 거란의 오랜 전쟁에서는 여진족의 향배가 중요했다. 그러므로 고려는 여진족에 대해 적극적인 회유책을 실시했고 그 덕분에 고려와 여진의 관계는 우호적인 관계가 유지되었다.

고려의 국력을 신뢰한 여진족의 수령들은 고려에 자주 왕래하여 고려에서 필요로 하는 마필과 군수물자를 공물로 헌상했고 그들에게 필요한 물자와 벼슬을 얻어 갔다. 전쟁이 임박한 현종 9년에만 무려

20여 회나 여진인들이 고려에 다녀갔다. 여진인들이 왕래한 내역이 자세히 기록된 것은 17회인데 그중 동여진이 9회, 서여진이 8회로 여진족의 대부분이 고려 편에 선 것을 알 수 있다. 여진인들은 공물을 헌상하는 것 외에 아예 투항해 오는 무리도 많았다. 동여진의 개다불(盖多弗), 서여진의 개신(揩信), 서여진의 목사(木史)·목개(木開) 등이 고려에 투항해 왔다.

거란은 해마다 고려를 쳤으나 번번이 실패를 거듭하자 현종 9년(1018) 10월에는 아예 대규모 병력을 동원해 고려 정벌에 나섰다. 당시 거란군의 조직은 동평군왕 소배압(蕭排押, 소손녕의 형)을 도통으로, 전전도점검 소굴열을 부도통으로, 동경유수 야율팔가를 도감으로 한 10만 병력이었다. 이 중 소배압은 불패의 명장으로 이름이 높았다.

소배압이 이끄는 거란군에 맞서 고려는 강감찬을 상원수(上元帥)로, 강민첨(姜民瞻)을 부원수로 삼아 군사 20만 8300명을 동원하여 영주에 나아가 방어하게 했다. 12월에 거란군은 얼어붙은 압록강을 넘었다. 강감찬 등은 흥화진으로 전진하여 정예 기병 1만 2천 기를 뽑아 산골짜기 사이에 매복시키고 소가죽을 큰 줄로 꿰어 흥화진 동쪽의 강(지금의 삼교천)을 막았다. 그리고는 거란군이 지나기를 기다렸다가 강물을 터뜨려 혼란에 빠트리고 앞뒤에서 포위 공격하여 대파시켰다.

소배압은 이 전투에서 많은 사상자를 내고도 개경을 공격하러 곧장 동쪽으로 향하다가 부원수 강민첨의 추격을 받아 자주(慈州, 자산)의 내구산(來口山)에서 또 한 차례 타격을 입었다. 조원(趙元)이 이끄는 고려군은 남하해온 거란군을 또다시 마탄(馬灘, 대동강의 미림진)에서 크게 격파하여 1만여 명을 죽였다.

소배압이 계속 타격을 받으면서도 줄기차게 개경으로 진격하자 강감찬은 병마판관 김종현(金宗鉉)에게 병력 1만을 주어 개경으로 보냈다. 동북면 병마사도 군사 3300명을 개경에 보냈다.

마침내 거란군이 개경 100리 거리에 있는 신은현(新恩縣, 황해도 신계군)까지 이르자 현종은 청야(淸野) 전술을 써서 주민을 도성 안으로 철수시키고 방비를 엄히 했다. 소배압은 개경의 방어 준비가 철저한 것을 보고 정면공격을 주저했다. 소배압은 비밀리에 척후 기병 3백여 명을 보내어 금교역(金郊驛)에 침투시키면서 글을 보내 회군한다는 것을 통고했다. 현종은 야음을 타 군사 백명을 보내 거란의 척후병을 무찔렀다.

고려의 방어를 책략으로 무너뜨릴 수 없음을 깨달은 소배압은 황급히 철수를 시작했다. 거란군이 개경을 단기간에 함락시킬 가능성이 없는데다가 배후에는 고려군의 주력이 있어 포위당할 가능성이 높았기 때문이다. 더구나 현지 조달로 보급을 유지한 거란군은 고려군의 청야수성 작전으로 군량 문제가 심각했다.

김종현은 거란군을 추격했고 강감찬은 귀주를 결전장으로 삼아 준비했다. 고려군 주력은 주둔지 영주에서 귀주로 이동했다. 거란군은 연천(連川)을 거쳐 위주(渭州)에 이를 때까지 고려군의 공격을 받아 500여 명이 죽었다.

퇴각하는 거란군이 귀주를 통과하자 강감찬은 동쪽 들판에서 거란군을 맞아 요격했다. 양군이 서로 겨루어 승패가 아직 미결인 중에 뒤쫓아 오던 김종현 부대가 가세했고 때마침 남쪽에서 비바람이 휘몰아치니 깃발은 북쪽을 가리키며 나부꼈다. 고려군은 이러한 기세를 타고 거란군을 힘껏 추격하니 거란군은 힘없이 무너져 달아났다. 달아나는 거란군을 고려군이 계속 쫓아가며 공격하여 석천(石川)에서 반령(盤嶺)에 이르기까지 거란군의 시체가 들을 덮었고 노획한 포로와 말, 낙타, 병기가 헤아릴 수 없을 만큼 많았다.

거란의 성종은 이러한 패전 보고를 듣고 노발대발하며 사자를 소배압에게 보냈다. "네가 적을 가벼이 여기고 깊이 들어가 이 지경에 이르렀으니 무슨 낯으로 나를 대할 것이냐. 내 너의 낯가죽을 벗긴 다음에 죽일 것이다."

현종 10년 (1019) 2월 6일 강감찬 등이 3군을 거느리고 개선하자 현종이 친히 영파역(迎波驛, 우봉)까지 나가 맞이했다. 전례를 갖추고 큰 잔치를 베풀어 장병을 위로했는데 현종은 친히 8가지가 난 금화를 강감찬의 머리에 꽂아 주며 오른손으로 금잔을 들고 왼손으로 강감찬의 손을 쥐고 치하했다.

원정에 실패한 거란의 성종은 화전 양면책을 썼다. 5월과 8월에 고려에 사신을 보냈다. 또한 8월에는 대규모 병력을 집결시켜 다시 출병하려는 듯한 태도를 보였다. 12월이 되자 거란과 고려는 이전의 관계로 돌아갔다. 그리하여 고려는 이듬해 3월 억류하고 있던 야율행평을 거란에 송환했다. 거란과의 전쟁으로 고려에는 많은 거란인이 포로로 들어왔으며, 종전 후에도 거란 정국의 혼란으로 고려로 투항해 오는 거란인이 많았다. 그리하여 고려에 거주하는 거란인의 수효는 수만에 이르렀는데 이들은 집단적으로 거주하며 그들이 지닌 각종 기술에 따라 생업에 종사했다. 이들 중 기예가 뛰어난 자들은 개경 지방에 머물며 여러 가지 기구와 복식의 제조에 종사했다. 서긍이 지은 《고려도경》에 이에 관한 기록이 있다.

고려는 공기(工技, 공업 기술자)들의 기술이 지극히 정교하여 그중 뛰어난 기술을 가진 자는 모두 관청에 귀속된다. 이를테면 복두소(幞頭所, 관을 만드는 곳), 장작감(將作監)이 바로 그런 곳이다. 이들은 평상복으로 흰 모시 도포에 검은 두건을 쓰나 국가에 관련된 일을 할 때만은 관청에서 검붉은 도포를 지급받아 입는다.

또 거란에서 항복한 포로 수만 명 중에 기술자가 열명 중 한명은 있는데 그중 정교한 기술자들을 왕부(王府, 수도)에 머물게 한다고 들었다. 《고려도경》권 19)

또한 거란에 포로로 끌려간 고려인들도 거란에서 부락을 이루어 살았다. 거란의 중경도(中京道)에 속한 고주(高州) 삼한현(三韓縣)의 민호는 5천에 달했는데 이 삼한현은 거란의 성종이 고려인 포로를 이곳에 편성하여 생긴 지명이었다. 거란의 동경도(東京道) 귀주(歸州)의 주민도 고려인이었다. 귀주는 원래 거란 태조 때에 발해인 거주지로 주를 설치했다가 후에 폐지된 지역이었으나 1011년 고려인 포로들의 거주지로 다시 세워진 곳이다. 귀주의 고려인들은 학교가 없어 글을 배울 길이 없다며 학교 건립을 요청한 일이 있다.

고려와 송 사이의 활발한 관민교류

고려와 송과의 관계는 정치적 · 경제적 · 문화적 관계로 나누어 볼 수 있는데 처음에는 정치적 관계를 맺다가 뒤에는 경제 관계가 주를 이루게 되었다.

중국을 중심으로 한 동아시아의 통상권은 당대에 형성되었다. 송대에 들어와서는 중국 연해 지방을 중심으로 하는 해상 활동이 활발하여 과거 어느 때보다도 민간무역이 성행했다. 이것은 송이 적극적인 무역진흥책을 펴서 가능했다. 송은 중국 역대 왕조에서는 보기 드물게 중상주의 정책을 폈다. 전쟁 비용이나 이민족에 대한 세폐 등 비상지출비가 많아 농민에 대한 과세만으로는 세출을 감당할 수 없었기 때문이었다. 송 나라는 국가에서 상인들의 상업 활동을 보호·장려해 주는 대가로 세금을 부담하게 하여 재정난을 타개하려 했다.

이러한 배경 하에서 고려와 송의 교류는 그 어느 시대보다 활발했다. 경제 교류에서는 사적인 민간 무역이 공적인 조공 무역에 비해 훨씬 활발했다. 기록에 보이는 송 상인의 내항 횟수는 고려 현종 3년(1012)부터 충렬왕 4년(1278)까지 120여 회에 달했고 송 상인의 총인원은 약 5천 명에 달했다.

송과의 민간 무역은 현종 때부터 인종(仁宗, 재위 1122~1146) 때까지가 전성기였고 문종(文宗, 재위 1046~1083) 때 가장 활발했다. 문종 때는 고려 전 시기를 통하여 가장 정치가 안정되고 태평스런 시기였다. 송으로서는 이 시기가 신법(新法)을 실시하던 신종(神宗, 재위 1067~1085) 치세에 해당하며 산업이 크게 발달하던 때였다. 신종 때는 주조된 동전과 철전이 매년 600만 관이 넘었고 동아시아 외에도 남양·인도양 아프리카 동해안의 여러 나라에서 이 화폐를 사용할 정도였다. 송 상인의 고려 출입이 잦아지면서 이들 가운데는 고려에 귀화하여 무역에 종사하는 이도 나타났다.

문종은 송과 정식 외교관계를 맺으려 했다. 왕이 탐라와 영암에서 나무를 베어다가 대형 선박을 지어 송에 외교사절을 보내려 하자 내사문하성에서 다음과 같은 이유를 들어 반대했다.

> 이미 거란과 우호관계를 맺어 변방에 위급한 일이 없게 되어 백성들이 생업에 안정되어 있으니 이런 방법으로 나라를 보전하는 것이 상책입니다. 지난 경술년(1010년을 말함)에 거란이 보낸 문죄서(問罪書)에 말하기를 "동으로 여진과 결탁하고 서로는 송나라에 왕래하니 이것이 무슨 꾀를 쓰고자 함인가"라고 했으며 또한 상서 유참이 거란에 사신으로 갔을 때에도 동경유수가 송에 사신을 보낸 일을 물을 만큼 시기하는 듯 하오니 만약 이런 일이 누설되면 반드시 틈이 생길 것입니다.
>
> 또한 탐라는 지질이 척박하고 백성들이 고기잡이와 배타는 것으로 생계를 유지하고 있습니다. 작년 가을에 탐라로부터 나무를 베어 바다를 넘어 운반하여 사원을 짓느라 그들이 이미 많이 지쳐있는데 이제 또 거듭 피곤한 일을 시킨다면 다른 사변이 생길까 두렵습니다.
>
> 우리나라는 문물예악이 홍왕한 지가 이미 오래며 상선이 끊임없이 출입하여 날마다 귀중한 보배가 들어오고 있사오니 중국에서도 별로 도움을 받을 것이 없습니다. 만일 거란과 국교를 영원히 끊지 않으려면 송나라와 사절을 교환해서는 안 됩니다. 《고려사》 세가 문종 12년 8월)

송의 선진문화에 관심이 컸던 문종은 대신들의 반대로 통교를 보류했으나 포기한 것은 아니었다. 문종 21년(1067) 송에서는 신종이 즉위했다. 신종은 왕안석의 신법을 실시하는 등 강력한 부국강병책을 실시했다. 그는 연운 16주 회복을 열망했다. 그래서 고려와 국교를 맺어 거란을 견제하려 했다. 문종 22년과 24년 두 차례에 걸쳐 상인 황신(黃愼)을 보내 통교를 요구했다. 문종 25년(1071) 드디어 고려에서 민관시랑(民官侍郎) 김제(金悌)를 송에 파견함으로써 닫혔던 국교가 다시 열렸다.

사신이 왕래하기 시작하자 송의 휘종(徽宗, 재위 1110~1125)은 고려 사신을 다른 나라와 같은 조공사가 아닌 국신사(國信使)로 격을 높이고 사신 접대시 서열을 서하(西夏) 위에 두고 거란 사신과 마찬가지로 추밀원에서 맡아 접대하게 했다.

송과 고려 사이에는 인적 교류도 활발했다. 고려에서는 송의 국자감(國子監)에 유학생을 파견했고 송의 귀화인 가운데 고려에서 관리가 된 자도 적지 않았다. 한편 고려에 들어온 송나라 사람 가운데 재능이 뛰어난 사람들을 귀화시키려고 애를 썼다.

> 고려의 왕성(王城)에는 중국인이 수백 명 있는데, 장사 때문에 배를 타고 간 민(閩, 현재의 복건성) 지방 사람들이 많았다. (고려에서는) 비밀리에 그들의 재능을 시험해보고 벼슬을 주어 유혹하거나 강제로 머물게 하여 일생을 마치도록 하기도 했다. 《송사(宋史)》 권 478 외국 열전3 고려)

송나라 사람으로 고려에 와서 과거에 합격하거나 관직을 가졌던 예는 문종 때에 많이 보인다.

문종 6년(1052) 6월에 송의 진사 장정이 고려에 오니 문종은 비서성교서랑 직을 수여하고 의복・비단・은 등의 물품을 하사했다. 문종 11년 7월에는 송의 귀화인 장완에게 그가 공부한 둔갑삼기법과 유수점법을 시험하고 태사감후의 벼슬을 내렸다. 문종 14년 9월에는 송의 진사 노인유가 문필에 재능이 있다고 하여 비서성교서랑으로 임명했다. 이듬해 6월에도 송의 진사 진위를 비서성교서랑으로, 소정과 소천을 합문승지로, 섭성을 전전승지로 각각 임명했다. 진위는 문예에 재능이 있고, 소정 등 3인은 음율에 밝았기 때문이다. 이후에도 예종(睿宗, 재위 1105~1122) 대에 송의 진사 임완이, 명종(明宗, 재위 1170~1198) 대에 송의 진사 왕봉진이 특별히 을과에 급제했다.

이상의 사례에서 알 수 있듯이 고려 정부는 송의 진사로서 투항해 온 자는 무조건 임용했고 일반인으로서 투항해온 자도 특기가 있으면 임용했다.

서적의 교류도 활발했다. 송에서 들어오는 물품 가운데는 고려의 문인들이 갈망하는 서적이 많이 있었다.《송조대장경》·《책부원구》·《자치통감》·《태평어람(太平御覽)》 등 송대에 이루어진 방대한 출판물과 경서·의서·역서·음양서·형법서 등 다양한 서적이 수입되었다.

| 5장 |

고려 귀족사회의 동요와 금 제국의 성립

《한국통사》《한국독립운동지혈사》 등을 쓴 박은식 선생을 비롯하여, 몇몇 민족주의 사학자들이 여진족이 세운 금(金)나라 역사를 한국사에 포함시키려 한 적이 있다.

이러한 시도가 있었던 것은 우리가 생각했던 것 이상으로 금을 세운 여진족의 역사가 한국사와 밀접한 관련이 있기 때문이다. 중국의 예를 보면 만주에 주거했던 많은 종족의 역사를 비롯하여 중국 주변 민족의 역사를 현재 자국사에 흡수했다. 심지어 고구려와 발해까지도 자국사에 포함시키고 있다.

그런데 한국사에서는 우리 민족과 밀접한 관계가 있는 금의 역사에 대해 너무 무관심한 경향이 있다. 금의 시조의 출자에서부터 11세기 고려의 대외관계에 이르기까지 금의 역사에 대해 깊이 숙고해야 할 이유는 얼마든지 있다.

고려의 동북면 확장

4년에 걸친 3차 전쟁에서 고려가 거란의 침입을 격퇴함으로써 거란은 이제 전쟁으로 고려를 굴복시킬 생각을 버렸다. 동아시아에서 고려의 위상은 높아졌고 송·거란·고려 사이의 관계도 균형이 이루어졌다. 이를 반영하여 고려 주변의 여러 소국과 종족이 잇달아 고려에 내조했다.

고려 북방에는 다양한 종족과 소국이 있었다. 현종 10년(1019)에 철리국(鐵利國), 동흑수국(東黑水國), 흑수말갈이 토산품을 고려조정에 헌상했다. 이들은 동·서여진과는 구별되는 종족이다.

고려는 거란과의 전쟁으로 압록강 이동, 청천강 이북의 강동 6주를 획득했다. 이후에는 동북면 개척에 힘을 기울였다. 동북 지역은 거란의 중심지로부터 멀리 떨어져 있어 이곳에 사는 여진족은 거란의 호구에 들지 않는 생여진이었다. 이들은 부족 상태에 머물러 있었으므로 고려가 동북 방면을 개척하기에 서북의 압록강 방면보다 수월했다.

고려의 동북 지방에 거주했던 여진족을 고려에서는 동북여진, 동여진, 동번(東蕃) 등으로 불렀다. 이들은 부족에 따라 고려에 조공하기도 하고 변경을 약탈하기도 했다. 동번으로 불리던 여진족 중에서 어업에 비중을 두고 살던 여진 부족을 코르간[骨看]이라 하는데 두만강 하류를 중심으로 연해주 일대에 걸쳐 거주했다. 이들은 동해 바다를 무대로 장기간에 걸쳐 대규모로 움직였다. 동여진 해적이 기록에 처음 나오는 것은 현종 2년(1011) 8월 기록으로 이들은 백여 척의 배에 타고 경주에 나타났다고 한다.

동여진 해적은 50~100여 척으로 이루어진 대규모 선단을 이끌고 있었다. 이들은 울릉도와 대마도는 물론 일본의 일기도(壹岐島)와 박다만(博多灣)의 지마(志摩)·조량(早良)·송포(松浦) 등지에 상륙하여 약탈을 일삼았다.

이들이 일본을 습격한 때는 현종 10년(1019) 3, 4월 경의 일인데 일본 측 기록에는 다음과 같이 전한다.

도둑들의 배는 길이가 혹은 12심(尋, 1심은 8척) 혹은 8, 9심이 되며 한 배에 노는 30, 40개가 있다. 배에 탔던 50, 60명 또는 20, 30명이 힘을 뽐내며 (육지로) 뛰어오르면 그 다음에는 활과 화살을 차고 방패를 짊어진 자 70, 80명가량이 서로 따라 선다. 이러한 것이 10, 20대(隊)나 되는데 (그들은) 산에 오르고 들을 건너 소와 말과 개를 잡아먹으며 늙은이나 아이들은 모조리 베어 죽이고 남녀의 건장한 자는 몰고 가서 배에 실은 수가 사오백 명이며 곡식과 쌀을 운반해 간 것은 그 수효를 헤아릴 수가 없다.

일본의 《소우기(小右記)》에는 이들의 전투 양상이 기록되어 있다.

전투할 때에는 각 사람이 방패를 갖는다. 전진(前陣)의 자는 창을 갖고 차진(次陣)에 있는 자는 큰 칼을 가지며 그 다음 진의 자는 활과 화살을 가지는데 화살 길이가 1척이 넘고 쏘는 힘이 매우 맹렬하여 방패를 뚫고 사람을 맞춘다.

이때 동여진 해적 선단은 일본을 습격하고 돌아오다가 4월 29일 덕원(德源) 근해에서 고려 수군의 공격을 받았다. 장위남(張渭男)이

지휘하는 고려 수군은 50척의 해적선 중 8척을 나포했다. 당시 진명포(鎭溟浦, 덕원)에는 고려 수군이 주둔하고 있었다. 고려 조정은 이때 수군이 구출해 온 일본인 남녀 259명을 일본으로 돌려보냈다. 고려 수군의 전함에 대해서는 일본의 기록이 자세하다. 《소우기》에는 고려 수군에 의해 구출된 일인들의 진술이 있다.

> 이와 같이 20여 일을 보내었는데 … 고려국 병선 수백 척이 내습하여 적을 치니 적들은 비록 힘을 가다듬어 싸웠으나 고려의 형세가 맹렬하여 감히 당해내지 못했다. 고려국의 선체는 높고 크며 병기와 연장을 많이 쌓아 배를 엎어 버리고 사람을 죽이므로 도적들은 그 맹렬한 형세에 견디지 못했다. … 구조되어 (고려의) 배에 옮아 타니 배 안이 넓고 커서 보통 것과 같지 아니 했다. □□를 이중으로 만들고 그 위에 망대를 좌우로 각각 넷을 세웠다. 배질하는 수수(水手)는 5, 6명이요 □을 하는 사람은 20여 명이었다. 달아매지 않은 노가 한편에 7, 8개나 되며 배의 옆면에는 쇠로 뿔을 만들어 적의 배와 부딪혀, 부수게끔 되어 있었다. 배 가운데에는 잡구(雜具), 철갑주(鐵甲冑), 크고 작은 창, 갈퀴 등을 쌓아 놓고 병사들은 각각 그러한 것들을 손에 쥐고 있으며 또 큰 돌을 들어다 놓고 적선을 부수는 데 쓴다. 또 다른 배도 크기가 앞의 배와 같다.(□는 원문의 탈자)

고려 수군은 군선의 배 옆면에 쇠뿔을 붙여놓아 해전에서 적선과 충돌하여 부수는 전술을 썼다. 그러므로 고려의 군선은 과선(戈船)이라 했다. 고려에 복속된 여진족은 과선을 만들어 고려에 진공하기도 했다.

현종 2년(1011)부터 숙종 2년(1097)에 이르기까지 약 90년 동안 동여진 해적의 침입은 20여 회 있었다. 피해 지역은 북으로부터 문천·덕원·안변·통주·고성·간성·양양·강릉·삼척·평해를 거쳐 남으로 흥해·청하·영일·장사·경주 등 동해 연안 일대에 이르렀다.

만주 내지에 거주하던 여진을 고려에서는 북번(北蕃)이라 불렀는데 숲(Weji)에서 생활하므로 우디케(Udike, 兀狄哈)로 불리기도 했다. 이들은 수렵과 유목을 했으므로 부족 단위로 수초를 따라 이주하며 생활했다. 이들 가운데 흑룡강·송화강 이남 지역에 거주하던 족속들이 고려와 관계를 가졌다. 여진족이 거주하던 위의 여러 지역은 모두 고려의 동북면에 위치하여 개척의 대상이 되었다.

일반적으로 고려 시대의 동북 경계는 덕종 2년(1033)에 평장사 유소(柳韶)의 감독으로 천리장성 축조를 시작하고 정종 10년(1044)에 완성하여 한계를 이루었다고 보고 있다. 천리장성의 관문은 정주(定州)에 설치했는데 정주를 지금의 함경도 정평(定平)에 위치한 것으로 보는 것이 통설이다. 이는 조선 전기의 대표적 지리지인 《동국여지승람》을 그대로 수용한 견해이다. 그러나 《고려사》 지리지 서문에는 고려의 국경을 다음과 같이 기술했다.

> 그 경계선의 서북쪽은 당나라 이래로 압록강을 경계로 했고, 동북쪽은 선춘령(先春嶺)을 경계로 했다. 대개 서북쪽은 고구려 경계에 미치지 못했으나, 동북쪽은 고구려의 경계를 넘었다. (《고려사》 권 56 지리 1)

《고려사》는 조선 문종 원년(1451)에 완성되었는데 위의 내용은 고려 시대의 지리 인식을 반영한 것이다.

조선 전기에 고려의 경계에 대한 지리 지식은 미흡했다. 조선 후기의 역사지리학자들은 《고려사》 지리지와 《동국여지승람》의 기록이 《고려사》 세가 및 열전과 일치하지 않는다고 의문을 제기했다. 정확한 지리 정보를 가장 많이 알아야 할 왕도 고려의 정확한 동북 경계를 몰랐다. 《세종실록》의 한 기록은 이를 잘 보여준다.

> 함길도 도절제사 김종서에게 조서를 내리길, "동북지방은 공험령(公嶮嶺)으로 경계를 삼았다는 말이 전하여 온 지 오래이나 정확하게 어느 곳인지 알 수 없다. 본국(本國)의 땅을 상고하여 보면 본진(本鎭)이 장백산 북쪽 기슭에 있다고 하는데 이것 역시 진위여부를 알 수 없다. 《고려사》에 "윤관이 공험령에 비석을 세워 경계를 삼았다"고 했다. 지금 듣건대 선춘점(先春岾)에 윤관이 세운 비가 있다 하는데 본진이 선춘점의 어느 쪽에 있는가. 그 비문을 사람을 시켜 찾아볼 수 있겠는가. 그 비가 지금은 어떠한지, 만약 길이 막히어 쉽사리 사람을 시킬 수 없다면 폐단 없이 탐지할 방법을 경이 익히 생각하여 아뢰라. 또 듣건대 강 밖에 옛 성이 많이 있다는데 그 옛 성에 비갈(碑碣)이 있지 않을까. 만일 비문이 있다면 사람을 시켜 등서(謄書)할 수 있는지 없는지 아울러 아뢰라. 또 윤관이 여진을 쫓고 아홉 개의 성을 설치했는데, 그 성이 지금 어느 성이며 공험진의 어느 쪽에 있는가. 거리는 얼마나 되는가. 듣고 본 것을 모두 기록하여 아뢰라"고 했다. (《세종실록》 세종 21년 8월 6일)

고려의 동북 경계를 추정할 수 있는 당시의 기록이 일부 남아 있다.

(원풍 5년, 1082) "선조 시기에는 여진이 항상 등주(登州)에 와서 말을 팔았는데 뒤에 마행도(馬行道)가 고려에 속하게 되어 길이 막혀 (여진족이) 오

래도록 오지 않았다고 들었다. 지금 조정이 고려와 더불어 왕래를 하는데 (고려)왕에게 조서를 내려 여진이 만일 중국에 말을 팔고자 하면 마땅히 길을 빌리도록 허락하겠다"라는 조서를 내렸다. 그러나 여진의 사신은 끝내 오지 않았다. (《속자치통감장편》 원풍 5年)

여진이 송으로 말을 수송하는 마행도는 압록강과 두만강 이북에 위치하고 있다. 고려가 마행도를 차지하려면 압록강이나 두만강 이북의 교통로를 점령하여야 한다. 거란과 대치하고 있던 고려가 군사적 충돌을 막기 위해서 압록강 상류 지역 또는 두만강 이북 지역의 마행도를 막았을 것으로 추리할 수 있다. 《고려사》에도 이를 시사하는 기록이 있다.

> 거란에서 어원판관(御院判官) 야율골타를 파견하여 동북여진으로 가는 길을 빌려 달라고 청했으나 허락하지 않았다. (《고려사》 세가 현종 17년 윤5월)

고려는 거란과의 전쟁이 끝을 맺자 서둘러 동북면으로 진출하여 두만강 이북 지역까지 판도를 넓혔다고 보아야 한다. 고려의 동북계가 급속히 확장되는 시기는 문종 때이다. 고려로 내부하는 여진 부락이 많았으며 주군을 설치해 달라는 여진인의 청원도 줄을 이었다. 고려의 팽창에 맞서는 여진 부족도 있었다. 여진의 침구에 맞서 고려는 군 제도를 변경하고 훈련을 강화했다. 문종은 즉위하던 해에(1046) 6위에 선봉군을 두자는 시중 최제안의 제안을 받아들였다. 문종 원년(1047) 7월 중앙 6위와 변경 맹군(猛軍)·해군의 10령에 선봉군을 두는 형태로 시행되고 문종 4년(1050)에도 도병마사의 주창에 의해 군의 훈련도 강화했다.

여진 부족의 하나인 완옌부[完顔部]가 성장하여 두만강 유역까지 세력을 떨치자 이 지역의 여진 부족은 고려에 주현을 설치해 줄 것을 요청했다. 문종 27년(1073) 3월 동북면병마사는 칠백 리에 걸쳐 여러 부족이 줄지어 귀순하고 있다고 보고했다. 이때 고려의 동북면은 삼산(三山, 북청) 지역까지 확대되었고 이들 지역의 여진인들의 희망대로 고려에 복속시키는 동시에 주 이름을 정해주었다. 여진 부족의 귀순은 이후에도 계속되었는데 여파한령(餘波漢嶺, 마천령) 영외의 여진 추장들이 잇달아 귀순하여 귀순 지역이 '끝이 없었다'고 한다.

이 당시 고려에 복속하여 귀화한 여진의 땅을 '화내(化內)'라고 했는데, 화내 지역에는 여진족의 자치를 허용했으며 생존권을 보장했다. 이는 고려의 기미 정책이었다. 고려에서는 화내 여러 지역에 주를 설정하고 여진 추장들에게 주기(朱記, 임명장)를 하사했다. 화내의 질서를 유지하기 위해 여진 부족 간의 쟁투나 약탈은 금했다. 화내의 지배를 굳히기 위해 고려 정부는 새롭게 개척된 지역에 경계를 정하면 반드시 관문을 설치하고 군사상 필요한 곳에는 산성이나 장성을 쌓았다.

여진족은 부족끼리 다툼도 많았고 고려 변경도 종종 침입했다. 문종 34년(1080) 12월 평장사 문정(文正), 동지중추원사 최석(崔奭, 고려 말의 명장 최영의 6대조) 등이 보병과 기병 3만 명을 지휘하여 여진 지역을 정벌했다.

최석은 왕권을 절대화하려는 인물이었다. 그의 아들 최유청(崔惟淸)이 지은 시를 보면 최석의 생각을 유추해 볼 수 있다. 최유청은 남도유수로 떠나는 날 개경에 남아 있는 두 아들을 위해 시를 지었다.

집안은 대대로 청렴하여 남겨놓은 재물 없고
다만 경서 만 권이 남아 있다.
너희에게 이르노니, 부지런히 책을 읽어
입신하여 바른 정치를 펴서 임금님을 존엄케 하라.

최유청은 스스로 이 시에 주해를 달기를 "임금이 존경을 받으면 나라가 잘 다스려지고, 나라가 잘 다스려지면 집안이 편안하게 된다. 집안이 무사하면 자신의 육신이 탈없게 되니, 육신이 편안해지면 여기에서 무엇을 더 구할 것인가" 라고 했다. 이를 통해 알 수 있듯이 최석 가문에는 '군존(君尊)'을 중요시하는 가풍이 있었다.

고려 시대에는 이처럼 왕권을 절대화하는 세력들이 늘 있었다. 대체로 중소 귀족 출신인 이들은 왕의 측근 세력이 되었으며 황제국 체제를 지향했으므로 대외 정책에서도 정벌 등 강경책을 지지했다. 11세기 후반 완옌부의 팽창에 대항하여 원정군을 이끈 윤관도 숙종의 측근세력이었다.

금의 시조 함보는 신라 출신

완옌부는 여진 부족의 하나로 송화강의 지류인 아르치카[阿勒楚喀]강 유역에서 일어나 여진족을 통일하고 금을 세웠다. 금 황실의 시조인 함보(函普)의 출자는 고려설과 신라설이 있다.

금의 역사를 서술한 《금사》의 세기를 살펴보면 다음과 같이 말한다.

금의 시조의 이름은 함보이다. 고려에서 왔는데 그때 나이가 이미 60세가량 되었다.

시조가 완엔부에 와서 산 지 한참 지났을 때 완엔부의 사람이 전에 다른 부족 사람을 죽였던 일로 인해 두 부족 사이에 분쟁이 끊이지 않았다. 완엔부 사람이 함보에게 요청했다. "만일 완엔부 사람들을 위해 두 부족 간의 원한을 해결하여 두 부족 간에 서로 죽고 죽이는 일이 없게 해 준다면 완엔부에 사는 60세가 된 어진 처녀를 배필로 주고 완엔부의 부족원으로 받아들이겠소." 함보가 이 제안을 받아들여 상대 부족에게 가서 말했다. "한 사람을 죽인 일로 인해 양측에 싸움이 끝나지 않고 다치는 사람이 갈수록 늘어나고 있다. 문제를 일으킨 장본인 하나만 죽이는 것으로 마무리지어 준다면 이쪽 부족에서 물건으로 보상해 주겠다. 너희들은 싸우지 않고 이익을 얻게 되니 좋지 않겠는가." 저편에서도 이 말을 따랐다.

이후로는 사람을 살상한 자가 있으면 그 자의 집 사람 한 명과 말 10필과 암소 10마리, 황금 6량을 살상당한 집에 주고 화해하여 사사로이 싸우지 못하도록 약속하기로 하니 모두들 "약속대로 하겠다"고 했다. 여진의 풍속에 사람을 죽이면 말과 소 30마리로 배상하는 것이 이로부터 시작되었다. 그리고 배상해 주겠다는 약속을 틀림없이 지켜 부족사람들의 신뢰를 받았다.

완엔부 사람들은 푸른 소 한 마리를 예물로 받고 60세의 처녀를 시집보내기로 했다. 시조는 푸른 소를 예물로 보내 그 처녀를 맞아들이고 그 (처녀)의 재산까지 아울러 얻었다. 뒤에 두 아들을 낳으니 맏이 우루[烏魯]요, 다음이 워루[斡魯]였다. 또 주세판[注思板]이라는 딸도 낳아 드디어 완엔부 사람이 되었다.

1154년 남송(南宋)에서 편찬된《삼조북맹회편(三朝北盟會編)》에는 금의 시조에 대해 다음과 같이 서술했다.

여진의 시조 컨푸[　浦-함보의 다른 표기]는 신라로부터 도망쳐 나와 아촉호(마을 이름)에 이르렀다. 돌아갈 데가 없어 완옌부에 의지하여 완옌을 성씨로 삼았는데 나이 60세에 아직 처가 없었다. 그 때에 여진인들은 강한 자가 약한 자를 능멸하며 제도와 법도가 없었다. 컨푸는 나무를 깎아 약속하는 의미를 새기고 빚을 놓아 이자를 취하는 법을 사람들에게 가르치고 농사를 부지런히 짓게 했으며 가축을 도둑질한 자에게는 형벌을 내리고 배상을 하도록 법을 마련했다. 이렇게 법령을 준엄히 하고 사사로움이 없이 과감하게 처단하니 원근의 사람들이 모두 심복하여 이름하기를 〈신명(神明)〉이라 했다. 이웃의 추장에게 딸이 있었는데 나이 40세가량에 아직 미혼이었다. 마소와 재물을 가지고 컨푸에게 시집을 갔다. 뒤에 여진의 여러 추장이 동맹을 하고 그를 추대하여 수령으로 삼았다.

여진의 시조 함보가 완옌부로 온 것은 신라에서 고려로 넘어가는 시기였으므로 고려인 또는 신라인으로 기록된 것이다.
《고려사》세가 예종 10년 정월 초의 기사에는 금의 시조에 대해 다음과 같이 기록했다.

예전에 우리나라 평주(平州, 황해도 평산)의 승려 금준(今俊)이 달아나 여진족의 아지고촌(阿之古村)에 들어가 살았는데 그가 금의 조상이라는 말도 있고 혹은 평주의 승려 김행(金幸)의 아들 극수(克守)가 여진족의 아지고촌에 들어가 여진 여자에게 장가들어 아들 구얼[古乙] 태사(太師)를 낳고

구얼이 훠리[活羅] 태사를 낳았다는 말도 있다.

훠리는 아들이 많았는데 큰아들은 해리버[劾里鉢]요, 막내아들은 잉거[盈歌]이다. 잉거가 가장 헌걸차서 민심을 얻었고 잉거가 죽은 후 해리버의 장자 우야소[烏雅束]가 뒤를 이었으며 우야소가 죽은 후에는 아우 아구타[阿骨打]가 섰다.

금의 시조가 고려인이라는 사실은 여진족을 비롯하여 고려와 송나라에도 널리 알려져 기록으로 남게 되었다. 윤관 장군이 9성을 축조한 뒤에 여진의 사자가 고려에 들어와 9성의 환부를 청할 때에 그들이 예종에게 아뢰는 말에도 이런 구절이 있다.

예전에 우리 태사 잉거는 "우리 조종(祖宗)이 대방(고려)으로부터 나왔으니 자손에 이르기까지 의리상 귀부하여야 한다"고 말했으며 지금 태사 우야소도 또한 대방을 부모의 나라로 삼고 있습니다.

금 태조 아구타는 예종 12년 3월에 국서를 고려에 보냈는데 그 국서 가운데에 다음과 같은 구절이 있다.

형인 대여진 금국 황제는 아우인 고려왕에게 글을 부치노라. 우리는 조상 때부터 한 모퉁이에 끼여 거란을 대국이라 하고 고려를 부모의 나라로 삼아 공손히 섬겼다.

금 태조 아구타도 가문의 기원을 인정한 셈이다.

금 시조 함보는 완옌부 여자와 결혼하여 2남 1녀를 두었다. 이들은 여진의 땅에 살면서 여진습속을 익혀 여진화되었다. 여진족이 함보를 그들 족속으로 맞아들이는 데 주저하지 않은 것은 여진족과 고구려·발해와의 인연으로 보아 특이한 것은 아니다.

이 가문은 여진 부족의 하나인 완옌부의 지도층으로 부상했다. 성씨는 완옌으로 했다. 아마도 성씨를 먼저 정하고 부족명이 족장의 성씨를 따랐다고 보는 것이 옳을 것이다. 송나라의 역사책인 《송막기문(松漠紀聞)》에는 "여진 추장은 신라인으로 성은 완옌이다. 완옌은 왕이란 뜻이다"라고 했다. 그러므로 완옌은 함보의 후손들이 여진추장이 되면서 붙여진 성씨인 동시에 부족명으로 정해진 것이라 하겠다. 나중에 여러 여진 부족 중 완옌부가 부족연맹의 맹주로 되면서 왕이 있는 부라 하여 완옌부라 불렸을 것이다.

함보의 4세손 스루[石魯]때에 이르러 여진부족들 사이에 완옌부가 두각을 나타내기 시작했다. 그 아들 우구나이[烏古迺]는 여진의 연맹장에 추대되었다. 우구나이는 거란으로부터도 생여직부족 절도사 즉 태사의 칭호를 얻어 연맹장의 지위를 인정받았다. 1092년의 일이었다. 생여진에 속하는 완옌부는 거란제국과의 정면충돌을 피하면서 우구나이 때 여진을 불완전하게나마 통일한 것이다.

우구나이는 인자한 성격이었다고 한다. 특별히 기뻐하거나 화를 내는 일이 없었으며 다른 사람이 자신을 거역하더라도 앙심을 품지 않았다. 그는 대제국이었던 거란의 신임을 얻는 동시에 세력을 확장했다. 또한 철광을 개발해 여진족의 무장을 획기적으로 강화시켰다.

우구나이의 아들인 잉거는 세력을 더욱 확장하여 남으로는 간도 지방까지 점령했다.

여진을 정벌하고 9성을 쌓다

문종의 장남인 순종은 건강이 좋지 않아 즉위한 지 4개월 만에 사망하고 문종의 둘째 아들인 왕증(王蒸)이 즉위했다. 그가 선종(宣宗, 1083~1094)이다. 선종 1년(1084)에는 변경을 지키는 사졸들에게 의복을 제작하여 지급했고 8년(1091) 1월에는 병거를 제작하고 8월에는 훈련을 위한 활터를 설치하는 등 군비 강화에 힘썼다. 선종 10년(1093)에는 이미 철폐한 천균노(千鈞弩) 연습을 다시 시행했으며 군복 수천 벌을 미리 제작하여 양계 지방에 저장하도록 했다.

1094년 선종이 향년 46세로 사망했다. 어린 태자가 즉위하니 헌종(獻宗, 1094~1095)이다. 헌종의 모후인 사숙태후(思肅太后)가 국정의 대소사를 처결했는데 사숙태후의 사촌인 이자의(李資義)가 정계에서 급부상해 유력한 당파를 이루었다. 이자의는 대귀족인 인주(仁州) 이씨인데 인주 이씨는 문종 이후 왕실과 중첩되는 혼인 관계를 맺어 왔다. 이미 문벌화된 고려의 대귀족은 왕권을 위축시키고 있었다.

이듬해 무신들과 긴밀한 관계였던 문종의 셋째 아들인 계림공 왕

> **《송막기문(松漠紀聞)》**
> 중국 남송 때에 지어진 금나라에 대한 견문록이다. 저자는 홍호(洪皓)로 1129년 금에 사신으로 파견되어 포로가 된 송의 두 황제 휘종과 흠종의 송환을 교섭하였다. 금의 괴뢰국인 제(齊) 나라에서 일할 것을 강요당했으나 거부하여 북만주에서 10년간 유배 생활을 하였다. 이 동안의 견문을 기록한 것을 사후에 그의 장남이 간행하였다. 금에 관한 것 이외에 위구르, 거란 등 여러 종족에 대한 흥미있는 기사가 수록되어 있다.

희(王熙)는 정변을 일으켜 이자의 일당을 제거하고 조카인 헌종의 선양이란 형식으로 즉위했다. 그가 숙종(肅宗, 1095~1105)이다. 숙종은 이미 13대 선종 대에 정치적 실력자로 부상했다.

숙종은 인주 이씨를 중앙정계에서 배제하고 무신들의 정치적 지위를 크게 높여 대귀족 세력을 꺾으려 했다. 숙종은 2군 6위의 상장군들에게 문직을 겸직시키는 등 무신을 중용했다. 재위중 남경(南京, 서울)으로 천도를 계획하고 천태종의 창립을 후원했으며 화폐를 주조하여 사용했다. 태자를 위해 첨사부(詹事府)를 확충하기도 했다.

천도의 목적이 왕권 강화인 경우는 역사에서 많은 실례를 찾을 수 있다. 김위제(金謂磾)는 남경으로 천도하면 36국이 조회하고 70국이 투항할 것이라 주장하며 숙종 원년부터 남경 천도를 주장했다. 남경 천도는 귀족들의 거센 반발로 실현되지 않았다.

숙종이 아우인 대각국사 의천(義天)을 지원하여 천태종을 창립하게 한 것은 불교를 통합적으로 발전시켜 왕권을 강화하기 위해서였다. 고려 사회는 11세기 이후 집권적 귀족 사회의 골격을 갖추고 차츰 문벌 귀족층이 형성되었다. 이에 따라 고려 사회는 문벌 귀족에 의해 장악되고 불교계도 이들의 영향력에 좌우되었다. 문벌 귀족들은 개경을 중심으로 많은 원당(願堂)을 건립하여 사원을 장악했고 그들의 자제를 출가시켜 교단에 직접 영향력을 행사했다.

국가에서 주조하는 화폐의 사용은 화폐 발행량을 조절하여 경제에 국가가 적극적으로 개입할 수 있게 되므로 왕권 강화와 직결되는 일이다. 따라서 이 모든 조치는 관료들의 거센 반발을 일으켰다.

숙종은 자신의 즉위 과정을 통하여 왕권의 미약함과 중앙군인 2군 6위가 부실함을 몸소 체험했다. 그러므로 즉위하자마자 왕 직속의 시위 부대인 견룡군을 창설했다. 숙종은 군사 훈련이나 군인들의 처우에 깊은 관심을 보였다. 개경과 서경의 군역을 면제시키기도 하고 재상들을 불러 함께 기병을 사열하기도 했다.

문신들이 이러한 숙종의 정책에 크게 반발하여 숙종의 왕권 강화 조치도 한계에 부딪쳤다. 이러한 때에 완옌부가 성장하여 고려의 변경까지 영향력을 미쳤다. 여진의 동향에 비상한 관심을 보여 온 숙종은 완옌부가 강성해지는 것을 경계하여 6년(1101) 8월 다음과 같은 조서를 내렸다.

> 내가 국정을 맡은 이래 늘 조심하여 북으로는 요와 사귀고 남으로는 송을 섬겨왔는데 이제 또 여진이 동쪽에서 강성해지고 있다. 나라의 일 중에서 백성을 편안하게 하는 것이 급선무이니 긴급하지 않은 일들을 없애 백성들이 부역에 시달리지 않도록 하라.

숙종이 우려했던 대로 여진은 고려를 침범하려는 의도를 점점 드러내었다. 숙종 7년(1102) 동여진이 정주의 관문 밖에 주둔하자 고려는 추장인 허정(許貞)과 나불(羅弗) 등을 유인하여 잡았다. 이들을 심문하여 여진이 고려를 침범하려는 의도가 있음을 밝혀내고 감금했다.

숙종 8년(1103) 7월에 잉거의 사신이 왔다. 한때 고려에서 의원이었던 자로 병을 잘 고치는 사람이 있었는데 완옌부에서 살고 있었다. 그는 잉거의 친척을 치료한 대가로 귀국할 수 있었는데, "흑수에 사는 여진인들은 그 부족이 날로 번성하며 군사가 더욱 강해지고 있습니다"라고 숙종에게 완옌부의 세력 신장을 알렸다. 숙종은 이때부터 완옌부와 사절을 교환했다. 11월에도 잉거의 사신으로 고주(古酒),

솔부(率夫), 아로(阿老) 등이 고려에 와서 토산물을 바쳤다. 잉거는 10월 29일 세상을 떠나고 잉거의 뒤를 이은 우야소(잉거의 조카)가 고려에 복속하고 있던 가란전[曷懶甸, 오늘날의 연길과 함경남북도 일부에 걸친 지역] 일대의 여진부락을 쳤다. 이 때문에 숙종 9년(1104) 정월 신사일에는 동여진의 남녀 1753명이 고려에 귀순했다. 동여진의 추장 우야소가 고려에 와서 투항해 오는 여진인을 추격하여 오다가 정주의 관문 밖에 기병을 주둔시켰다.

이러한 사태를 숙종은 좌시하지 않았다. 숙종은 임간(林幹)을 정주로 보냈다. 정주에 도착한 임간은 공을 세우려 정주성을 지키지 않고 성 밖에 나가 교전하다가 패배했다. 군사의 태반이 전사했고 적은 승전한 기세로 정주의 선덕관(宣德關)까지 들어와 살해와 약탈을 감행했다. 중추원별가 척준경(拓俊京)이 말을 타고 적진으로 들어가 장수 하나를 베어 죽이고 포로가 된 고려군 2명을 빼앗아 왔다. 척준경의 활약으로 살아남은 고려군은 정주성으로 돌아올 수 있었다. 2월 21일 숙종은 다시 윤관(尹瓘)을 동북면으로 보냈다. 3월 4일 윤관이 이끄는 고려군은 여진과 대전했으나 전세가 불리하여 화의를 맺고 돌아왔다.

윤관은 숙종에게 여진 세력은 굳세고 강하므로 군사들을 양성하여 뒷날을 기다려야 할 것이며 고려군의 패전은 여진의 주력이 기병(騎兵)인 데 비해 고려군은 보병이라서 감당하지 못했다고 아뢰었다.

그러나 무엇보다도 문제는 당시 고려군이 전반적으로 약체화되어 있었다는 데 있다. 가장 중요한 경군이 특히 약화되었다. 경군의 임무는 상당히 고된 것이었다. 이들은 국토방위나 왕 호위 등의 임무 이외에도 토목 공사 등에 동원되어 노력 봉사했다. 경군은 노동력 동원에서 제외하는 것이 원칙이었으나 실제로는 일상적으로 동원되었다.

노력 동원은 군역 기피자가 다량으로 생기는 주요 원인 중의 하나였으나 경군의 군역에 대한 보상이 제대로 이루어지지 않은 것이 가장 큰 이유였다.

국가는 경군 소속 군인에게 군역에 대한 보상으로 토지를 지급했다. 이 토지를 흔히 군인전(軍人田)이라 한다. 군인전은 군인 가족의 생계와 복무에 필요한 비용이나 장비 마련을 위한 것이었다. 방수(防戍, 변방의 요새에서 경비하는 일) 중일 때에는 국가에서 식량을 지급하나, 이를 제외하고는 복무에 필요한 식량, 의복, 무기를 스스로 마련하는 것이 원칙이었다.

전시과 제도의 규정에 따르면 군인전 최하의 액수는 20결(結) 수확이므로 1결의 생산을 가장 낮은 7석으로 계산하여도 군인전의 수확량은 140석이 된다. 이는 녹봉만으로 생활하는 공장(工匠)이 최고 20석, 최하 6석을 받는 것과 비교하여 적은 것이 아니었다.

그러나 실제 경군 소속 군인들에게 군인전이 규정대로 지급될 수 있을 만큼 토지가 많지 않았다. 군인전 부족으로 대다수 경군이 빈궁했고 도망하는 자가 매우 많았다. 모자라는 군액(軍額)을 보충하기 위해 선군(選軍)을 하여도 선군된 자 역시 군역을 기피하려고 했다. 군역 세습의 원칙은 무너져 갔고 경군은 점차 부실해졌다.

숙종은 이러한 상황을 타개하기 위하여 별무반(別武班)이라는 새로운 군사조직을 편성했다. 별무반은 모두 11개의 부대로 편성되었는데, 기병인 신기군(神騎軍)과 보병인 신보군(神步軍)에다 항마군(降魔軍) 및 발화(發火) 같은 특수 부대가 있었다. 귀족과 농민을 중심으로 하여 상인·노비까지 동원된 거국적인 조직이었다.

신기군은 문무 산관과 서리로부터 상인·노복 및 일반 백성에 이르기까지 말을 가진 자들로 이루어졌다. 신기군에는 문무의 산관뿐 아니라 재추(중서문하성의 재신과 중추원의 추신)의 자손들도 포함되어 있었다. 재추의 대부분은 문신들이었으므로 고위층 문신의 자제들도 징집된 것이다. 이는 문벌 귀족의 정치적 특권을 무시한 것인데 별무반 설치 목적의 하나가 전시체제를 이용하여 문신들을 장악하려는 것이었음을 보여주는 것이다. 통상 대규모 대외 원정은 단순히 외부를 겨냥하는 것만이 아니라 내부 정치 세력에도 영향을 끼치게 된다.

항마군은 이른바 수원승도(隨院僧徒)들로 구성된 부대였다. 수원승도는 일반 승려와는 다른 존재로 사원 소유의 토지를 경작하는 사원의 전호(佃戶, 소작인)였다.

발화는 이름으로 보아 화공을 전문으로 하는 부대인 듯하고, 나아가 화약 사용과도 관련지어 볼 수 있다. 초석·유황·목탄을 3요소로 하는 흑색화약은 송 태조(재위 960~975) 연간에 발명되었다. 고려는 송의 경계를 무릅쓰고 선진 문물 수입에 비상한 노력을 기울였으므로 화약을 입수했을 가능성이 있다.

고려가 별무반을 편성하여 전쟁 준비에 전력을 기울이자 우야소는 화친을 강구했다. 6월 갑인일 동북면 병마도통은 "여진이 자진해서 성책을 헐었으며 공형(公兄)과 지조(之助) 등 68명이 관문에 와서 화친을 청한다"고 보고했다. 숙종은 이를 받아들이지 않았다.

숙종은 여진 정벌 준비가 한창이던 이듬해 10월 과로로 세상을 떠났다. 태자가 즉위하니 그가 예종(睿宗, 1105~1122)이다. 예종 원년(1106) 정월에 우야소는 고려의 공격을 막으려 공아(公牙) 등 10명을 보내 내조했다. 3월에는 우야소의 부하장수인 지훈(之訓)이 한때 고려군과 전투를 벌였던 일을 사과하러 기병 2천 명을 거느리고 정주 지역에 와서 고려 동북면 병마사에게 글을 올렸다.

왕년의 싸움에 대해서는 새 왕(예종)께서 염두에 두시지 않으시고 공아가 조회하러 갔을 때 이 뜻을 일러주시고 후하게 상을 주어 돌려보내시니 은덕의 지극하심을 어찌 감히 잊고 배반하오리까. 원컨대 자손에 이르기까지 공손히 조공에 부지런하오리다.

그러나 예종은 반격전을 하기로 결정했다. 예종은 문종의 상을 마치자마자 여진 정벌의 뜻을 밝혔다.

여진은 본래 고구려의 부락으로 개마산(蓋馬山) 동쪽에 모여 살았다. 대대로 우리에게 공물을 바쳐왔고 우리 조상들에게서 입은 은택도 깊었는데 갑자기 무도하게 배반하여 선고께서 깊이 분노하시었다. 옛 사람이 삼 년 상을 마치고 나라 일을 본다 하였으니, 어찌 의로운 깃발을 들어 무도한 것을 쳐서 선군의 수치를 씻지 않을 수 있겠는가.

여진 원정은 예종 2년(1107) 12월에 시작되었다. 예종은 윤관을 원수로, 오연총(吳延寵)을 부원수로 임명하고는 직접 원정군과 함께 서경까지 갔다. 윤관과 오연총은 동계에 이르러 군대를 장춘역(長春驛)에 집결시켰으며 약 17만 명의 대군을 20만이라고 부풀려 선전했다. 여기에 고려 수군도 해안선을 따라 북상했다.

먼저 병마판관 최홍정과 황군상을 정주와 장주에 파견하여 여진의 추장들을 유인했다. "나라에서 허정과 나불 등을 석방하려고 하니 너희들은 와서 명령을 받으라." 병마판관 김부필과 녹사 척준경이 통로마다 군대를 매복시킨 후 적이 올 때를 기다렸다. 고라(古羅)를 비롯하여 여진 추장 4백여 명이 도착하자 술을 먹여 취하게 하고 복병을 발동시켜 섬멸했다.

기선을 제압한 고려군은 윤관이 5만 3천 명의 군사를 거느리고 나갔고 중군병마사 좌복야 김한충은 3만 6700명을 거느리고 안륙수(安陸戍)로 갔고, 좌군병마사 좌상시 문관은 3만 3900명을 거느리고 정주 홍화문(弘化門)으로 향했고, 우군병마사 병부상서 김덕진은 4만 3800명을 거느리고 선덕진(宣德鎭)으로 진격했다.

윤관 부대는 한나절 걸려 여진 부락인 대내파지촌(大乃巴只村)을 통과했는데 고려군의 위세에 여진족들이 달아나 가축들만 들에 널려 있었다. 윤관 부대가 문내니촌(文乃泥村)에 다다르자 여진족들은 보동음성(保冬音城)에 들어가 지켰다. 윤관은 정예 부대를 보내 급히 쳐 패주시켰다.

좌군은 석성(石城) 아래에 이르렀을 때 여진군이 모여 있는 것을 보고 통역을 보내어 항복할 것을 권유하니 여진군이 대답했다. "우리는 한번 싸워서 승부를 결정하려는데 어찌 항복하라고 하는가."

여진군이 석성에서 항전하는데 그 화살과 돌이 빗발같이 쏟아져 윤관의 부대와 좌군이 전진할 수 없었다. 이때 윤관이 척준경에게 명했다. "날이 저물고 일은 급하니 너는 장군 이관진과 함께 공격하라."

척준경은 용력이 출중했고 숙종이 즉위하기 전인 계림공 시절 그의 휘하에 있었다. 윤관이 그를 발탁했다. 척준경이 단호하게 결전을 주장했다.

"제가 일찍이 장주에서 종군하다가 과오로 죄를 범했는데 그때 공께서 저를 장사라 하며 조정에 특청하여 용서받았으니 오늘이야말로 바로 저의 한 몸을 희생시켜 조정에 보답할 날입니다."

척준경은 석성 아래로 가서 갑옷을 입고 방패를 들고 적진으로 돌격하여 여진 추장 몇 명을 죽였다. 뒤이어 윤관 휘하의 대군과 좌군이 분투하여 적을 크게 무찔렀다. 윤관은 척준경에게 비단 30필을 상으로 주고 최홍정, 김부필과 녹사 이준양을 보내어 이위동(伊位洞)에 있는 여진족을 치게 했다. 이들은 이위동에서 여진족 1200명을 베었다.

중군은 고사한(高史漢) 등 35촌을 격파하여 380명을 베고 230명을 사로잡았으며, 우군은 광탄(廣灘) 등 32촌을 격파하여 290명을 베고 3백 명을 포로로 했다. 좌군은 심곤(深昆) 등 21촌을 격파하여 950명을 참수하고 윤관이 지휘하는 부대는 37촌을 격파하고 참수 2120명, 포로 5백 명의 전과를 올렸다.

윤관은 사자를 보내어 예종에게 승리를 보고하고 한편으로는 장수들을 나누어 보내 경계를 확정하니 동으로는 화관령(火串嶺)에 이르고 북으로는 궁한이령(弓漢伊嶺)에 이르렀으며 서로는 몽라골령(蒙羅骨嶺)에 이르렀다.

고려 원정군은 점령지에 곧장 성을 쌓았다. 이는 고려가 이 지역을 이전과 같이 기미지배하려는 수준에서 그치는 것이 아니라 군현으로 만들어 직접 통치하려는 의도로 원정군을 보냈음을 증명하는 것이다. 축성 작업은 매우 신속하여 다음해인 예종 3년(1108) 2월 27일 윤관이 예종에 보낸 헌공표(獻功表)에는 6성을 쌓았다고 보고하고 있다. 6성 가운데 함주에 대도독부를 두었다. 거란에게도 사신을 보내 이를 통보했다.

줄곧 세력을 키워온 완옌부는 최대의 위기를 맞았다. 완옌부에서는 강대한 거란이 배후에 있는데 고려와 전투를 계속하는 것은 무리라고 생각해 더 이상 대응을 하지 말자는 주장이 우세했다. 그러나 아구타만은 만일 군사를 일으키지 않으면 복속시킨 다른 여진족도 잃을 것이라고 하며 이복형인 우야소에게 가란전 탈환을 위한 출병을 강력 주장했다.

아구타의 판단은 올바른 것이었다. 만주와 몽골초원의 여러 종족은 부족적 질서가 온전한 채로 연합하기 때문에 지도적인 부족의 지위는 흔들리기 쉬웠다. 외침에 나약한 태도를 취하면 그 지위를 잃을 가능성이 컸다. 완옌부로서는, 특히 거란의 지배로부터 벗어날 꿈을 일찍이 품었던 아구타는 무리를 해서라도 6성을 얻어야 했다.

이 때문에 우야소가 줄기차게 군사를 보내 전투가 끊이지 않았다. 완옌부의 반격은 신속하여 예종 3년(1108) 정월부터 시작되었다. 정월 14일 윤관과 오연총이 영주(英州)로부터 정병 8천을 거느리고 가한촌(加漢村)의 병항소로(瓶項小路)에 다다르니, 매복해 있던 여진족 부대가 기습을 했다. 고려군은 다 무너져 겨우 10여 명만 남았고 오연총도 화살에 맞아 위급했으며 윤관도 겹겹이 포위되었다. 척준경이 용사 10여 명을 이끌고 구원하러 가려 하자 아우인 척준신(拓俊臣)이 말렸다.

"적진이 견고하여 좀처럼 돌파하지 못할 것 같은데 공연히 쓸데없는 죽음을 당하는 것이 무슨 이익이 있겠습니까."

척준경이 단호히 말했다.

"너는 돌아가서 늙은 아버님을 봉양하거라! 나는 이 한 몸을 국가에 바쳤으니 의리상 가만히 있을 수 없다."

척준경은 적진으로 들어가 10여 명을 쳐 죽였다. 척준경과 결사대 10명이 분투하는 동안 최홍정과 이관진이 산골짜기로부터 군대를 거느리고 와 윤관과 오연총을 구원하니 적의 포위를 풀고 달아났다. 영주성으로 되돌아온 윤관은 눈물을 흘리며 척준경의 손을 잡고 말했다. "이제부터 나는 너를 자식으로 여길 테니 너는 나를 아비로 생각해라." 윤관은 예종에게 청하여 척준경을 합문지후(閤門祗候)[4]로 임명하게 했다.

가한촌 전투에서 완옌부가 승리하지 못한 것이 여진 부족에 곧 영향을 끼쳤다. 정월 21일에 여진족 추장 공형 아로환(阿老喚) 등 403명이 와서 항복할 것을 청했다. 25일에도 여진족 남녀 1460명이 고려의 좌군에 항복했다.

그러나 26일에는 다시 여진족 보병과 기병 2만이 영주성 남쪽에 나타나 고려군을 공격하려 했다. 윤관과 임언(林彦)은 여진의 병력을 보고 방어만 하려 했다. "적병은 다수이고 아군은 소수이니 대적할 길이 없다. 방어만 하는 것이 상책이다." 그러나 척준경은 반대했다. "만일 출전하지 않고 있다가 적병은 날로 증가하고 성안의 양식은 떨어지며 원군도 오지 않을 경우에는 어찌합니까. 공들은 지난날의 승첩을 보지 않았습니까. 오늘도 또 죽을 힘을 다하여 싸울 터이니 청컨대 공들은 성 위에서 보고 계십시오."

척준경이 결사대를 이끌고 성을 나가 분전하여 적을 패주시켰다. 윤관은 감격하여 개선한 척준경과 맞절을 했다. 완옌부가 대규모로 역습하자 윤관은 모든 장수를 함주 대도독부에 불러 작전을 논의했다.

2월 11일 수만의 적병이 웅주성(雄州城)을 포위했다. 최홍정은 사졸을 격려하여 4대문을 열고 나가 적을 대파했다. 노획한 병거가 50

량, 중거(中車)가 2백량, 말이 40필이었고 이 외에도 노획한 물품이 매우 많았다. 그러나 여진군은 줄기차게 성을 포위 공격했다. 식량이 떨어져 가자 척준경은 원군을 부르기 위해 사졸의 해어진 옷으로 변장하고 줄타고 성을 넘어 정주로 돌아왔다. 척준경은 군사를 정돈하여 이끌고 통태진(通泰鎭)을 거쳐 야등포(也等浦)로부터 길주(吉州)에 이르기까지 적을 만나 크게 이겼다. 이로써 포위가 풀린 웅주성 사람들이 감격하여 눈물을 흘렸다.

3월에는 3성을 더 쌓으니 고려가 이때의 원정으로 쌓은 성은 모두 9개였다. 이때 고려가 개척한 영토는 두만강을 넘었다. 당시 병마령할(兵馬鈐轄) 임언(林彦)은 윤관의 지시로 영주(英州)의 관청 벽에 이때의 원정 시말을 기록했다. 다음은 그 중 9성의 위치에 관한 부분이다.

그 지방은 300리로 동쪽으로는 바다에 이르고 서북쪽은 개마산에 닿았으며 남쪽은 장주와 정주 두 개주에 접했다. 산천이 수려하고 토지가 기름져 백성들이 살 만하다. 본래 고구려의 소유였기 때문에 옛 비석과 유적이 아직도 남아 있다. 예전에 고구려가 잃은 영토를 지금의 임금께서 찾으시니 어찌 천명이 아니겠는가.

고려는 대규모로 주민을 이주시켰다. 함주에는 1만 3천 호를, 영주와 웅주에는 각각 1만 호를 두는 등 9성에 모두 6만 2천 호를 두었다. 완옌부는 9성 지역을 탈환하려고 계속 공세를 폈다.

9성 지역은 광활하여 9성 사이의 거리는 매우 멀었다. 그러므로 여진족이 1개 성을 집중적으로 공격하면 다른 성에서 구원군을 보내는 데 시간이 많이 걸려 방어가 쉽지 않았다. 이 때문에 고립된 고려군은 악전고투하며 성을 지켰다. 웅주성 전투는 방어의 어려움을 잘 보여주는 예이다.

4월 8일 완옌부가 주도하는 여진 군사들은 목책을 쌓아 다시 웅주성을 포위했다. 병마령할 임언과 도순검사 최홍정 등 여러 장수들이 굳게 지켰으나 여진군의 공세는 줄기차게 이어졌다. 23일 병마부원수 오연총은 문관, 김준(金晙), 왕자지(王字之) 등으로 하여금 정예병 1만 명을 거느리고 네 길로 나누어 수륙으로 함께 나가게 했다. 고려 구원군이 오음지(烏音志), 사오(沙烏)의 두 고개 아래에 이르니 여진군은 먼저 고개 위에 진을 쳤다. 고려군이 다투어 올라가 191명을 베니 여진군은 후퇴하여 평지에 진을 쳤다. 수적으로 우세한 고려군은 평지 전투에서 대승했고 5월 4일 여진군은 목책을 불사르고 달아나 웅주성 포위가 풀렸다. 웅주성은 27일간 포위당하여 병사들이 모두 지쳐 함락 직전이었다.

가란전 해안가에서도 수군 사이에 전투가 벌어졌다. 여진의 군선은 견고한 고려의 군선에 비해 취약하여 해상 전투에서 견딜 수가 없었다. 여진은 섬에 정박 중인 고려 군선을 야습하는 방식으로 대응했다.

예종 2년(1107) 12월에 시작된 전쟁이 예상외로 장기 소모전이 되어 예종 4년(1109)에 들어서도 전투는 끊일 줄 몰랐다. 완옌부가 이렇게 완강히 저항하리라고는 고려에서도 예상치 못한 일이었다. 사태가 이같이 되자 고려에서도 강화의 필요성을 절감하게 되었다.

예종 4년 5월 오연총이 포위된 길주성을 구하러 갔다가 중도에 대패하자 이때부터 고려 조정은 9성 반환을 놓고 논의했다. 간의대부 김인존(金仁存)은 9성을 계속 보유하면 여진과 거란을 동시에 방비해야 하는 어려움이 있다고 하며 9성 반환을 주장했다. 김인존 외에 평장사 최홍사(崔弘嗣) 등 28명이 찬성했고 예부낭중 박승중(朴昇中)과 호부낭중 한상(韓相)은 반대했다.

고려 조정에서 9성 반환과 강화를 위한 의논이 분분한 가운데 우야소가 보낸 강화사절 요불, 사현 등이 함주를 거쳐 개경으로 왔다. 이들은 예종을 접견하고 다음과 같이 9성을 돌려줄 것을 요청했다.

> 우리의 옛 태사 잉거는 "우리 조상이 큰 나라 고려로부터 나왔으니 자손에 이르기까지 의리상 귀부하여야 한다"고 말한 적이 있습니다. 지금 태사 우야소도 또한 대방을 부모의 나라로 여기고 있습니다. 그런데 갑신 연간에 궁한촌(弓漢村) 사람이 태사의 말에 순종하지 않아 군사를 들어 응징했더니 고려에서는 우리가 국경을 침범한다 하고 출병하여 (우리를) 쳤사오나 다시 수호하기를 허락해 주었습니다. 그러므로 우리는 고려를 믿고 조공을 끊지 않았는데도 고려에서는 지난해에 군사를 크게 일으키어 우리의 늙은 이와 어린 것들을 죽이고 9성을 쌓고 (그 곳에 살던 자로 하여금) 떠돌아다니게 하여 돌아갈 곳이 없게 만들었습니다. 그래서 태사(우야소)가 저희를 시켜 이곳에 와서 옛 땅을 돌려받을 수 있게 요청하도록 하셨습니다. 만일 고려에서 우리에게 9성을 돌려주어 생업에 안주할 수 있게 하여 주시면 우리들은 하늘에 고하여 맹세의 예를 올리고 대대손손이 공손히 세공을 바칠 것이며 감히 기와 한 조각이라도 고려의 땅에 던지지 아니 하오리다.

고려 조정은 결국 9성을 완옌부에 넘기기로 결정했다. 이것은 군현지배를 포기하고 다시 기미지배로 돌아가는 것을 의미했다. 병오일에 예종이 선정전(宣政殿)에 나와서 요불 등을 접견하고 9성을 돌려주겠다고 하니 요불이 감격하여 눈물을 흘리면서 사례했다. 예종은 내시 김향(金珦)을 시켜 여진 사신들을 국경까지 호송하게 하는 동시에 9성을 지키는 장수들에게 9성을 돌려준다는 조서를 내렸다.

이어 고려의 행영병마별감(行營兵馬別監) 최홍정(崔弘正)과 병마사 문관(文冠)이 9성 지역으로 가서 여진 추장들에게 충성 서약을 요구했다. 여진 추장들은 성문밖에 단을 쌓고 하늘에 맹세했다. "앞으로 딴 마음을 품지 않고 계속 조공하오리다. 이 맹세를 변하는 일이 있으면 우리가 멸망할 것입니다."

서약을 거행하자 최홍정 등은 9성의 전투 기재와 식량을 거두었다. 9성을 돌려주고 신기군 병사들이 돌아오자 예종은 그들을 맞아

내시

내시라고 하면 왕궁에서 왕을 따라다니며 왕명을 전달하는 성불구자인 환관(宦官)을 연상하게 된다. 그러나 고려에서는 내시와 환관이 달랐다.

고려의 내시는 대개 귀족의 자제로 자질이 뛰어난 자들을 선발했다. 김부식의 아들인 김돈중, 주자학을 도입한 안향(安珦) 등도 이러한 선발 자격을 갖추었으므로 내시가 되었다. 내시는 여러 시종들과 함께 왕의 행차에 동행한 것은 물론 왕의 최측근으로 왕명의 초안을 작성하거나 국가기무를 관장하기도 했다. 내시의 임기는 9년을 상한으로 했으나 이를 넘어 계속 임명되기도 했다.

고려의 내시가 왕의 믿을 만한 측근으로 활동한 예는 많다. 정항(鄭沆)은 숙종 때 과거에 급제하여 상주의 지방관으로 부임하여 선정을 베풀었으며 왕명을 작성하는 한림원에서 일했다. 예종은 정항을 다시 내시로 선발하여 국가기무를 관장하게 했다. 정항은 강직한 성품으로 문벌 귀족의 비리도 가차 없이 다루어 외직으로 좌천당하기도 했다. 청렴함으로도 이름이 높아 인종 3년(1125)에 사망했을 때 집에 쌀 한 말도 모아 둔 것이 없었다. 인종은 이 말을 듣고 "30년 동안 왕 곁에서 내시를 지내고 11년 동안 승제(承制)를 지낸 사람이 이렇게 가난하니 진실로 가상하다"고 감탄했다.

위로하며 말했다. "동부 전투에서 패한 것은 장수의 허물이니 짐이 너희들의 공로를 어찌 잊겠는가." 완옌부도 조공의 약속을 지켜 다음 달에 바로 사신을 보내 토산물을 바쳤다. 아구타가 금을 세우고 황제라 칭한 것은 이로부터 불과 6년 후의 일이다.

강성해지는 금, 쇠퇴하는 거란

금 태조 완옌아구타(完顔阿骨打)는 행동거지가 신중하고 활을 잘 쏘아서 '기이한 남자'라는 소리를 들었다. 완옌부의 크고 작은 전투에서 무용을 떨쳤다. 그는 전투에서 주로 다른 사람이 어려워하는 임무를 맡아 잘 수행하여 인망을 얻었다.

아구타의 곧은 성품을 잘 보여주는 일화가 있다. 하루는 거란의 마지막 황제인 천조제(天祚帝, 재위 1101~1125)가 만주 길림성의 혼동강(混同江, 송화강)에 와서 낚시를 했다. 관습에 따라 혼동강을 중심으로 천리 안에 있는 생여진 추장들이 모두 마중 나왔다.

당시의 풍속에는 매년 봄에 처음 잡은 물고기로 우선 조상들의 제사를 지내고 그 다음에 경축 주연을 차렸다. 이 주연을 두어연(頭魚宴, 처음으로 잡은 물고기로 차린 주연이라는 뜻)이라 했다. 천조제는 혼동강가에서 두어연을 실시했다.

천조제는 몇 잔 술이 돌자 여진족장들에게 돌아가며 춤을 추게 하는 모욕을 주었다. 족장들은 울화가 치밀었지만 차마 거역하질 못했다. 한 젊은이의 차례가 되었다. 그는 이글거리는 눈으로 천조제를 노려볼 뿐 움직이려 하지 않았다. 그가 여진족 연맹장인 우야소의 동생 아구타였다.

당시 거란에서는 천조제가 향락을 일삼고 관리들의 부패가 만연하여 각지에서 발해인과 여진인의 반란이 자주 일어났다. 특히 해동청(海東靑) 등 공물 징수를 담당하는 거란인 관리들이 여진인들을 멸시하고 착취하여 여진족들이 거란에 반감을 갖고 있었다. 여진족들 사이에서 독립에 대한 열망이 불타올랐다. 이러한 반거란 감정을 토대로 전 여진족을 뭉치게 한 사람이 완옌부의 아구타였다.

우야소가 사망한 후 우야소의 뒤를 이어 족장이 된 아구타는 거란과의 전쟁준비에 박차를 가했다. 그는 거란에 맞서 여러 여진 부족을 단결시키기 위해 그들이 원하는 것이 무엇인지 파악하여 해결책을 제시하는 등 부족들 간의 관계개선에 노력했다.

아구타가 전쟁준비를 서두르고 있다는 보고를 전해들은 거란의 천조제가 사신을 파견하여 힐책했으나 아구타는 무시했다. 거란은 아구타의 공세에 대비하여 영강주(寧江州)에 병력을 집결시켰다. 병력이 적은 아구타는 거란의 대군이 모이기 전에 선공하기로 결정했다. 아구타는 2500의 병력을 이끌고 거란의 영강주로 진격했다. 거란과의 경계에서 거란군과 금군이 싸우게 되었는데 금군은 한때 발해군의 기습으로 고전도 했지만 결국은 거란군을 대파했다. 아구타는 영강주에 이르러 참호를 메우고 성을 공격했다. 며칠 만에 성을 함락하고 발해인 방어사 대약사노(大藥師奴)를 사로잡았다.

영강주 함락 소식을 들은 천조제는 거란군과 해족 출신 병사 3천 명, 중경에 배치된 금군 등 도합 7천의 병력을 징발하여 출하점(出河店, 혼동강의 지류)에 주둔시켰다. 아구타는 기습 공격으로 이들을 궤멸시켰다. 거란군은 여러 종족으로 구성된 혼성병단이라는 약점을 안고 있는데다 장거리를 달려와 피로에 지친 상태였기 때문에 아구타의 기습공격에 힘없이 무너졌다.

거란 제국 내에는 다수의 발해인과 여진족, 해족, 실위, 철리 등 많은 종족이 살고 있었으므로 이들을 포섭하는 것이 완옌부와 거란과의 전쟁 승패를 가를만한 중요한 사안이었다. 아구타는 이 점을 잘 알고 있었다. 아구타는 대약사노를 은밀히 석방하여 발해인들을 회유하게 했다. 또한 발해인 양복(梁福)과 알답랄(斡答剌)을 불러 거란으로 위장 망명시켜 다음과 같이 발해 출신들을 회유시켰다.

"여진과 발해는 본래 한 집안이다. 나는 군사를 일으켜 거란의 죄를 벌하고 있다. 너희들에게는 피해가 가지 않게 하겠다."

아구타는 연강주를 점령한 직후 여진족을 밍칸[猛安]·보고크[謀克]로 편성했다. 밍칸은 천부장(天夫長), 보고크는 백부장(百夫長)이란 뜻으로 이는 본래 여진 씨족공동체의 군사조직이었다. 아구타는 이를 계승하여 300호를 보고크로, 10보고크를 1밍칸으로 했다. 밍칸·보고크는 군사조직이요 행정조직이었다.

여진이 군사조직을 정비하고 거란에 위협적인 존재로 성장해가는데 불안을 느낀 거란은 고려에 공문을 보내 생여진이 반란을 일으켰다고 알리고 고려국에서도 여진과의 접경지역 중 고려에서 정벌하기 편리한 곳에 깊이 들어가 공격할 것과 여진인들이 험준한 곳으로 도피해 들어가지 못하도록 방비를 철저히 할 것을 요청했다.

아구타도 고려의 향배에 신경을 곤두세우고 아지(阿只)를 사신으로 보내 예종을 접견하게 했다.

예종 10년(1115) 정월에 아구타는 드디어 제위(帝位)에 올라 국호를 대금(大金)으로 하고, 도읍을 회령부(會寧府, 흑룡강 하성현 남쪽에 있음)에 두고, 연호를 수국(收國)이라 했다. 청나라가 국가사업으로 편찬한 《만주원류고(滿洲源流考)》에는 아구타가 국호를 금이라 한 이유를 다음과 같이 설명한다.

> 전해오는 역사책에 의하면, 신라왕은 성이 김씨로 수십 대를 이었다. 금의 선조는 의심의 여지없이 신라에서 왔으며 건국할 때 나라 이름도 여기에서 취한 것이다.

금의 선조가 신라의 성골인 김(金)씨이므로(위에서 보았듯이 《고려사》의 기록은 금의 시조 이름을 김극수(金克守)라고 한다. 함보는 여진식 이름인 듯하다) 국호를 금(金)으로 했다는 것이다. 여러 기록이 금의 시조가 "도망나와 여진 땅에 왔다"로 묘사한 것을 보면 그는 신라에서 고려로 교체되던 시기에 여진의 땅으로 망명한 신라왕족인 듯하다.

거란은 금의 침공에 대비하여 기병 20만, 보병 7만을 변방에 배치했다. 금 태조는 즉위 후 즉시 친정하여 이들을 격파하고 거란의 중요 거점인 황룡부(黃龍府, 지금의 개원 부근) 주위의 여러 성채를 함락했다.

거란 제국 내의 여러 종족 가운데 발해인들은 기회가 있을 때마다 줄기차게 발해 부흥운동을 벌였다. 금이 건국한 지 한 달 만인 2월에 발해 유민들이 요주(饒州, 열하성 적봉 지대)에서 궐기했다. 이 지역은 발해 멸망 당시 거란에 의해 강제 이주된 발해 유민들이 많이 살던 곳으로 거란의 여러 주 가운데 발해인이 가장 많은 주의 하나였다. 이들은 발해인 고욕(古欲)을 대왕으로 하는 독립 국가를 선포했다. 병력은 3만 명이었다고 전한다. 거란은 진압군을 보냈는데, 4월과 5월 두 번의 전투에서는 패배했으나 6월에는 진압에 성공했다.

금의 건국과 발해 부흥운동으로 거란의 국세는 급격히 기울어졌다. 거란은 고려에 원병을 요청했다. 8월 거란에서 온 사신이 고려에 원병을 요청하자 예종은 조정 대신과 6위의 대장군들을 불러 의견을 물었는데 대개 출병을 찬성했다. 그러나 척준경·김부일(金富佾)·한충(韓沖)·김부식(金富軾)·민수(閔修) 등은 거란을 위해 출병하는 것이 장래의 국익에 도움이 되지 않는다고 하며 반대하여 합의를 보지 못했다.

주위의 성들을 모두 함락시킨 금 태조는 드디어 황룡부를 향해 진군했다. 9월에 황룡부가 함락되자 11월에 거란의 사신이 다시 고려에 와서 출병을 독촉했다. 그러나 고려 조정에서 출병 논의가 오랫동안 결정을 보지 못하자 거란 사신은 단념하고 돌아갔다.

황룡부 함락에 놀란 천조제는 기병 5만, 보병 40만, 친군(親軍) 등 도합 70만 대군을 이끌고 금을 공격하러 왔다. 아구타가 보유한 병력은 불과 2만이었다. 그러나 여러 종족으로 구성된 거란의 원정군은 사기가 높지 않았다. 여진족과 발해 유민들처럼 모두 거란의 지배에 염증을 느끼고 있었다. 더구나 거란 조정에서는 모반사건까지 일어났다. 거란의 왕족 야율장가노(耶律張家奴)가 천조제를 폐하고 위왕(魏王) 야율순(耶律淳)을 황제로 세우려 했다.

이쯤되자 천조제도 하는 수 없이 금 정벌을 포기하고 철군했다. 아구타는 거란군이 철수하고 있다는 정보를 입수하고는 서둘러 추격해 갔다. 철군중인 거란군을 가까이 추격한 아구타는 작전을 지시했다.

저들의 병력이 많고 우리는 적으니, 우리는 병력을 분산시키지 말고 집중 공격을 가해야 한다. 내가 보기에 거란군은 중군(中軍)이 가장 견고하므로 거란의 군주는 반드시 중군에 있을 것이다. 우리가 중군을 집중 공격하여 격파한다면 뜻을 이룰 수 있을 것이다.

금나라 군은 우익부대가 먼저 나아가 거란군의 중군을 공격하여 수차 교전을 벌였다. 이어서 좌익부대도 합세하여 맹공을 가한 결과 거란군은 마침내 대패했다. 적의 대오가 무너지자 아구타는 전 병력을 거란 진영의 중앙을 가로질러 나가도록 했다. 이 전투로 거란의 사상자는 백여 리에 널렸고 금군이 노획한 장비와 무기, 말과 소는 셀 수 없이 많았다.

이 전투 이후 거란족, 해족, 발해인, 숙여진, 실위, 올야, 철리 등 거란 제국 내의 많은 부족이 금에 귀부했다. 금 태조는 밍칸·보고크 제도를 이들에게도 실시했다.

금 태조는 황룡부를 함락하자 사허[撒喝]를 보내어 내원성과 포주성을 공격하게 했다. 고려는 거란에 잃었던 포주를 되찾을 좋은 기회로 보았다.

금이 내원성과 포주성을 포위 공격하여 식량이 떨어졌다는 소식이 전해지자 예종은 쌀 1천 석을 원조하려 했다. 그러나 내원성을 지키던 거란의 통군(統軍) 야율녕(耶律寧)은 사양하고 받지 않았다.

내원성과 포주성이 함락 위기에 놓이자 야율녕은 무리를 이끌고 탈출하려 했다. 예종은 추밀원지주사 한교여를 보내 고려에 오도록 타일렀는데 야율녕은 예종의 왕지(王旨)가 없다고 거절했다. 한교여의 급보를 받은 예종은 추밀원에 지시하여 공문을 갖추어 보내려 했다. 재상과 간관들은 "그가 왕지를 요구하나 그 뜻을 알기 어려우니 그만 두시기 바랍니다" 하며 소극적인 태도를 보였다. 이에 예종은 금에 사신을 보내 포주가 본래 고려의 영토임을 내세워 반환을 요구했다. 금 태조는 고려 스스로 취하라고 답했다. 금 태조는 이 문제로 고려와 적대 관계가 되는 것을 꺼려 포주성을 공격하고 있던 금의 장수 사허에게 다음과 같이 지시했다.

> 만약 고려가 와서 보주를 탈취하면 후라구[胡剌古], 시셴[習顯] 등의 군사를 증강시켜 대비하고, 혹시 (고려가 거란과) 병사를 연합하려 하면 함부로 나가지 말고 오직 변방만 신중히 지켜라.

앞서 쌀 1천 석을 지원하겠다는 고려의 제안을 거절했던 야율녕이 이듬해 고려에 쌀 5만 석을 원조해줄 것을 요청했다. 고려는 "우리의 두 성과 인민을 반환한다면 쌀을 빌릴 필요가 없지 않느냐"고 하며 귀순을 권유했으나 야율녕은 듣지 않았다. 사허가 지휘하는 금군이 맹공을 가하여 개주를 탈취하고 내원성과 인근의 세 병영을 습격하여 전함을 불사른 다음에야 야율녕은 관민을 140척의 배에 실어 압록강 어귀에 정박시키고 고려의 영덕성(寧德城)에 두 성을 고려에 넘기겠다는 공문을 보냈다. 이렇게 하여 고려는 싸움 한번 안하고 내원성과 포주성을 접수했다. 포주를 회수한 고려는 이름을 고쳐 의주(義州)라고 하고 방어사를 두었으며 압록강을 경계로 삼아 관문을 설치했다.

그 사이 금과 거란의 전쟁을 피해 난민이 여러 차례 고려로 들어왔다. 예종 11년 4월에는 내원성과 포주성의 주민들이 양과 말 수백 마리를 몰고 귀순했다는 기록이 있으며 남녀 20명이 양 2백 마리를 몰고 귀순했다는 기록도 있다. 12월에는 거란족 33명, 한족 52명, 해족 155명, 숙여진 15명, 발해인 44명이 고려에 왔다. 예종 12년(1117) 정월에는 발해인 52명, 해족 89명, 한족 6명, 거란족 18명, 숙여진 8명이 귀순하는 등 난민의 망명이 계속 이어졌다.

거란의 왕조 말기의 혼란을 틈타 발해 유민은 독립운동을 활발히 전개했다. 예종 11년(1116)에는 요동반도의 중심지인 요양에 주둔한 발해인 군단이 발해 광복운동을 다시 일으켰다. 요양은 거란의 5경(京) 중의 하나로 동경이라고 했다.

거란의 천조제는 급격히 강화되는 여진세력에 대비해 국내의 여러 주들에 '무용마군(武勇馬軍)'이라는 기병부대를 조직하게 했는데 동경요양부에는 발해인들로 구성된 '발해무용마군'이 있었다. 병력은 2천 명으로 발해인 장군 고영창(高永昌)이 지휘관이었다.

고영창의 지휘 아래 정월 초하루날밤 발해인 10여 명은 칼을 들고 동경유수부의 담을 뛰어넘어 들어가 급히 동경유수 소보선(蕭保先)의 소재를 찾았다. 소보선을 베어 죽인 이들은 다시 담을 넘어가 자취를 감추었다. 다음날 호부사(戶部使) 대공정(大公鼎)과 동경 부유수 고청신(高淸臣)은 이 사건과 관련하여 해족·한족 군대 천여 명을 동원 요양성의 발해인들을 체포·학살했다(이름으로 보아 대공정과 고청신은 발해계임을 알 수 있다). 이날 밤 발해인들은 병영과 관청을 습격했고 3일 날에는 무용마군이 요양성 밖에서 진압군과 대치했다.

5일 밤 요양성 안의 발해인들은 봉화를 올리어 성 밖의 군대와 호응하여 성문을 열었다. 이리하여 고영창이 이끄는 무용마군은 성을 점령했다. 고영창은 제위에 올라 국호를 대발해국이라 하고 연호를 융기(隆基)라 했다. 곧이어 요동지방 50여 개 주의 발해인들이 호응했다.

두 신흥국가인 금과 대발해는 곧 대립관계가 되었다. 대발해는 치열한 격전 끝에 거란의 진압군을 물리쳤으나 금과의 전투는 불리했다. 금에 사신을 보내어 힘을 합해 거란을 치기로 제의했으나 아구타는 황제칭호를 버리고 왕을 칭할 것을 요구했다. 협상이 결렬되고 금군은 5월 대발해의 수도인 요양을 공격하여 함락시켰다. 고영창은 기병 5천을 거느리고 퇴각했으나 끝내 사로잡혀 죽었다.

전 여진족을 통합한 금 태조는 이를 기념하여 1117년 연호를 천보(天輔)로 고쳤다. 이 해에도 금과 거란의 전쟁은 계속되었고 금은 계속 승리를 거두었다. 전세가 갈수록 금에 유리하게 되어 가자 금 태조는 고려에 사신을 보내 당당히 국교를 요구했다.

형인 대여진 금국 황제는 아우인 고려 왕에게 글을 보낸다. 우리가 조상 때부터 한 모퉁이에 끼어 있으면서 거란을 대국이라 하고 고려를 부모의 나라로 삼아 공손된 마음으로 섬겼다. 그런데 거란이 무도하여 우리의 강역을 짓밟고 우리의 인민을 노예로 삼고 자주 이유 없이 군사를 보내므로 나는 마지못하여 항거했더니 하늘의 도움을 얻어 거란을 멸할 수 있게 되었다. 부디 우리에게 화친을 허락하여 서로 형제로 맺어짐으로써 대대로 우호관계를 유지하게 되길 바라노라.

이것은 《고려사》에 전하는 내용인데 여기에 나오는 "고려 왕에게"는 실제로는 "고려국 황제에게(高麗國皇帝)"라고 쓰여 있었다. 조선왕조에서 편찬한 《고려사》에는 고려가 황제국을 칭하는 것을 사대의 예에 맞지 않는다 하여 이런 식으로 용어를 고쳐 써놓은 곳이 많이 있다. 이승휴는 직접 금나라의 국서를 보고 원문대로《제왕운기》에 기록했다.

이 무례한 내용에 고려 조정은 세상물정 모르고 격앙했다. 그러나 오직 한 사람 김부식의 아우인 김부의(金富儀)만은 다음과 같은 글로 현실성있는 간언을 올렸다.

> 신의 소견으로는 한 나라는 흉노에게, 당 나라는 돌궐에게 혹은 신하라 일컫고 혹은 공주를 시집 보내는 등 화친하기 위해서는 무슨 짓이든 했습니다. 지금 송 나라도 거란과 서로 형제처럼 지내며 대대로 우호관계를 유지해 왔습니다.
> 천자의 존엄함이 천하에 당적할 자가 없음에도 되놈의 나라에게 굽혀 섬기는 것은 이것이 이른바 '성인은 권도로서 도를 건진다' 는 것으로 국가를 보존하는 좋은 방책인 것입니다. 전에 성종 때 변방을 지키는 데에 실책을 하여 거란의 침략을 부르게 된 것을 거울로 삼을 수 있을 것입니다. 신은 엎드려 청하오니 성조께서는 장구지책(長久之策)을 생각하시여 국가를 보존함에 후회가 없게 하여주소서.

그러나 대신들은 모두 김부의의 상소를 비웃고 배척했으며 예종에게 올리지도 못하게 했다.

1118년 금 태조는 이즈음 국내 부족 세력을 정리하는 등 내치에 집중하고 거란과는 화평 교섭을 추진했다. 고려에 대해서도 유화적 입장을 취해 다음해 사신을 보내 고려와의 관계유지에 노력했다. 그런데 고려가 답례로 보낸 국서에 "하물며 귀국이 우리 땅에서 발원하여"라는 표현이 들어있다고 금 태조가 접수를 거부했다.

같은 달 거란의 사신이 와서 다시 원병을 요청했다. 8월 기축일 금에서는 민족의식 고양을 위해 여진문자를 창제·반포했다. 여진 문자는 한자와 거란문자를 토대로 만들었다.

11월 고려는 동북면의 장성을 증축했다. 국경의 금나라 관리가 병사를 보내 막으려 했으나 고려는 "옛 성을 보수한다"고 통보하고 성을 3척 높이로 증축했다. 가란전의 보긴[孛菫: 부족장의 명칭]인 후라구와 시센이 이를 보고하자 금 태조는 "행여 침입하여 사건을 일으키지 말고 오로지 군영을 튼튼히 하고 지켜보고만 있으라"고 했다. 거란 제국이 아직 건재한 때이므로 금으로서는 고려에 대해서는 도발을 삼가고 계속 유화적 입장을 견지할 수밖에 없었던 것이다.

금이 건국되어 강성해지자 송나라는 금과 국교를 맺기를 원했다. 예종 11년(1116) 고려 사신으로 송나라에 간 이자량(李資諒)에게 송 휘종은 "후년에 올 때는 여진인과 동행하라"고 했다. 이자량은 휘종에게 여진족이 인면수심이라 말하여 송의 여진과의 교류 의사에 부정적인 반응을 보였다. 이는 이자량의 개인 의견이라기보다는 전반적인 고려의 인식이었다.

1118년 거란의 고약사(高藥師)가 거란을 탈출하여 바닷길로 송의 산동 지방에 도착했다. 그는 "여진군은 해마다 거란의 땅을 빼앗아 이미 요하를 건너 서경(西京)에 이르렀으며 해안의 북쪽 계주(薊州)로부터 홍주·심주·동주·함주에 이르기까지 모두 여진에 복속되지 않은 곳이 없다"고 알렸다. 이 말을 전해 듣고 송나라는 금과 동맹을 맺어 건국 이래의 숙원인 장성 이남의 연운 16주를 회복하려 했다. 송의 황제 휘종은 1118년 왕사중(王師中), 고약사 등을 밀사로 금에 보냈다. 송의 제안 내용은 첫째, 매년 송이 거란에 주고 있던 은 20만 냥, 비단 30만 필의 세폐를 금에게 주며 둘째, 금은 만리장성 이북의 땅을 공격해 취하고 송은 장성 이남의 땅을 공격해 취하기로 하고 서로 만리장성을 넘지 않기로 하자는 것이었다.

송에서도 금과의 동맹에 반대하는 견해가 있었다. 태재(太宰) 정거중(鄭居中), 지추밀원사 등순무(鄧洵武) 등은 "이유 없이 거란과의 화약을 파기하면 안된다" "국경을 안전히 지키고 백성을 쉬게 하는 것이 국익에 이로운 것이며 강한 여진보다는 약한 거란과 이웃하는 것이 좋겠다"고 했다.

금과 거란과의 화평 교섭이 양측의 입장 차이로 진전이 없는 가운데 금과 송의 동맹은 1120년 2월 전격 체결되었다. 그 후 거란의 남경(지금의 북경)은 송이 함락시키고 서경(지금의 대동으로 만리장성 남쪽에 있다)은 금이 공격하되 함락 후에는 송에 돌려준다는 조항을 추가했다.

동맹에 따라 금은 주로 열하 방면에 진출하여 같은 해 5월 거란의 상경(上京)을 점령했다. 그러나 송에서는 강서성 지방에서 비적 방랍(方臘)이 난을 일으켜 출병을 하지 못하고 이를 토벌하느라 여력이 없었다. 또한 회남(淮南) 지방에서도 양산박을 근거지로 하여 송강(宋江) 등 36두목이 횡행했다. 방랍의 난을 진압하러 동관의 지휘 하에 15만 송군이 강남으로 출병했다. 송은 1121년 4월에 이르러 간신히 방랍을 체포했다. 그러나 난을 완전히 평정하기까지는 그 후에도 반년 이상 소요되었다. 방랍의 난보다 동관의 송군이 민중에게 자행한 약탈이 더 심해 민중들의 원성을 샀다.

송이 비적 소탕에 정신이 없는 사이 거란 조정에는 내분이 일어났다. 천조제의 둘째 아들 진왕(晉王)은 인망이 높았는데 그를 옹립하려는 음모가 있다고 소봉선(蕭奉先)이 무고했던 것이다. 진왕을 비롯하여 여러 사람이 연좌되어 죽었다. 이로 인해 민심의 이반이 심했고 진왕의 이모부인 야율여도(耶律余覩)가 금에 망명했다. 그로 인해 금은 거란의 내부 사정을 자세히 알게 되었다. 12월 금 태조는 다시 거란 원정군을 일으켰다.

1122년 정월 금은 거란의 중경(中京)을 점령하고 배후에서 남경을 위협했다(거란은 발해와 마찬가지로 5경제도를 두고 있었다). 천조제는 마침내 남경을 버리고 서경에 소속된 운중현(雲中縣)으로 도주했다. 금군이 추격하여 서경에 이르렀고 3월 서경이 항복했다. 천조제는 이리저리 피신하는 신세가 되었다. 그러자 남경을 지키던 야율순이 한인 관료의 지지를 받아 자립하여 천석황제(天錫皇帝)라 칭하고 천조제를 상음왕(湘陰王)으로 강봉했다. 야율순은 발해인과 한인으로 이루어진 상승군(常勝軍)을 조직하여 발해인 곽약사(郭藥師)를 지휘관으로 삼았다.

비적 소탕에서 한숨 돌린 송은 1122년에 들어서야 겨우 북벌을 시작했다. 4월 태사 동관(童貫)을 선무사로 삼아 10만 군을 동군과 서군으로 나누어 북진했다. 충사도(种師道)가 이끄는 동로군은 백구(白溝)로 향했고 신흥종(辛興宗)이 지휘하는 서로군은 범촌(范村)으로 향했다.

5월 남경의 야율순은 소간(蕭幹)과 야율대석(耶律大石)을 보내어 먼저 백구에서 송의 동로군을 격파하고 범촌에서도 송의 서로군을 격파했다. 계속되는 승전에 사기가 오른 야율순은 사자를 송군 진영에 보내어 충고했다.

여진이 우리 거란을 배반한 것은 송에도 매우 좋지 못한 일이다. 지금 한때의 이익을 얻고자 백 년의 우호를 버리고 새로 일어나는 이웃과 결탁하는 것은 뒷날 재앙의 터전이 될 것이니 어찌 좋은 꽃을 얻을 것인가. 재앙을 구원하고 이웃을 돌보아 주는 것은 고금에 통하는 정의이니 대국은 유념하여 처리하라.

송은 이 사리에 맞는 말을 받아들이지 않았다. 송군이 패배하자 휘종은 일단 회군을 명했다. 그러자 금 태조는 협공하기로 한 약속을 지키라고 경고했다. 송은 매우 당황하여 금에 사신을 보내 약속을 꼭 지키겠다고 궁색한 변명을 했다. 금 태조는 사신에게 송의 출병이 시기를 놓쳤음을 책망하고는 동맹의 조건이 어찌 되었든 송에게는 남경과 그 주위의 6주만 주겠다고 언명했다. 더구나 송이 이 지역에서 조세를 징수할 수 없으며 한족이 아닌 다른 종족의 지배도 인정하지 않겠다고 했다. 송의 사신이 반발하자 금 태조는 그렇다면 스스로 남경을 함락시키라고 요구했다.

6월 야율순이 사망하여 그 아내인 소(蕭)씨가 태후를 칭하고 집정했는데 남경 내부에서 내분이 일어났다. 거란인 관료가 득세하자 9월 곽약사는 8천의 상승군을 이끌고 송에 투항했다. 소 태후가 놀라 10월에 사신을 보내어 송의 신하가 될 것을 약속했다. 그러나 동관은 거절했다.

동관은 유연경(劉延慶)에게 10만의 병력을 거느리고 출정하게 했다. 곽약사가 향도가 되었다. 남경에서는 소간이 병력을 인솔하고 나왔다. 탁주에서 양군이 대치하게 되자 곽약사는 남경이 비었을 것이라 하며 기병 5천으로 강행군하여 불시에 남경을 기습할 것을 제안했다. 유연경이 이 제안을 받아들여 남경에 입성했으나 소간이 3천을 선발하여 남경으로 달려가 시가전을 벌였다. 송군은 서로 손발이 맞지 않아 패하고 소수만이 탈주했다. 소간은 송군을 속여 거란군이 대군이라 오인하게 하여 송군을 후퇴하게 했다. 소간이 맹추격하여 송군은 참패했다. 시체가 백여 리에 깔리고 군량과 무기의 손실도 엄청났다. 송에는 이렇다할 장수도 없고 일반 병사의 투지도 없는 것이 드러났다. 패전의 책임이 두려워 동관은 비밀리에 금 태조에게 원군을 청했다.

12월 금 태조는 친히 군사를 이끌고 남하했다. 당시 남경의 관문인 거용관(居庸關)에서는 산사태가 나 수비하던 많은 거란군이 압사했다. 금군은 거용관을 돌파하여 순식간에 남경을 점령했다. 이로써 금은 거란의 5경을 모두 차지하고 만리장성 이남의 거란 영토마저 전부 차지했다. 천조제는 무사했지만 거란이 재기할 가능성은 이제 사라졌다.

1123년 2월 송의 사신 조양사가 금에 와서 세폐를 주겠다며 남경과 장성 이남의 땅을 요청했다. 이것은 동맹의 조건과 다른 것이다. 남경은 송의 힘으로 탈환하기로 되어 있었는데 전적으로 금이 점령한 다음 송이 반환을 요구하니 힘들여 싸운 장군들이 거부감을 표시했다. 심지어 남경의 주민들도 송의 지배를 받는 데 반대했다.

송은 남경을 돌려받기 위해 다시 조약을 맺어 처음 약속한 은 20만 냥, 비단 30만 필 이외에 대세전(代稅錢)으로 은전 100만 냥과 군량 20만 석을 추가로 주기로 했다. 금은 성안의 재물과 인민을 모두 데려가면서 텅 빈 연경 등 6주만 돌려주었다. 연운 16주의 일부만 돌려받았음에도 불구하고 송 조정은 오랫동안 거란에 빼앗긴 땅을 되찾았다 하여 기뻐했다.

금 태조 아구타는 6월 15일부터 앓다가 8월에 56세를 일기로 파란만장한 일생을 마쳤다. 금 태조에게는 19명의 아들이 있었으나 아우인 우키마이[吳乞買]에게 제위를 물려주었다. 그가 곧 금의 태종이다.

작은 여진부족의 하나인 완옌부가 순식간에 대제국을 이루는 데 가장 중요했던 것은 인적 요소였다. 기록에는 금 시조 이하 자손들이 모두 탁월한 지도력을 가졌다고 하는데 이것은 과장이 아니다. 특히 태조 아구타는 조직력이 뛰어났고 사람을 적재적소에 배치했다. 그리하여 미개한 여진부족을 단결시키고 그 잠재력을 발휘하여 여진족이 주체가 된 최초의 국가인 금을 건설하는 데 성공했다.

이자겸의 난

고려의 예종은 금과 송의 거란 협공이 한창이던 1122년 45세로 사망하고 인종이 즉위했다. 대표적인 정치세력인 이자겸과 신흥 관료인 한안인 사이의 상호 견제와 보완을 통해 정치균형을 추구했던 예종이 죽자 두 세력 간의 갈등이 표면화되었다. 이자겸(李資謙)이 한안인(韓安仁)을 제거한 것이다.

한안인은 과거에 급제한 뒤 한림원의 말단직을 거쳐 예종 때 내시가 된 인물이다. 가문의 배경이 없었으나 예종의 신임을 얻어 신진관인들을 규합하여 이자겸을 견제할 정도로 성장했다. 한안인과 같이 숙청되었던 이들은 대부분 내시직을 거친 사람들이었다. 기존 문벌세력과 맞설 정도로 내시들이 성장할 수 있었던 것은 그만큼 예종의 신임을 받았기 때문이다.

인주 이씨인 이자겸은 예종의 장인으로 인종의 외조부였다. 이자겸의 둘째 딸이 예종의 황후이며 인종의 어머니였다. 한안인 세력을 제거한 후 이자겸의 전횡이 자행되었다. 정부의 요직은 그의 일족과 당파로 채워졌다. 이자겸의 사치와 부패는 지나쳐서 외국 사신의 눈에도 들어왔다. 인종 원년 6월에 송의 사신으로 고려에 온 서긍은 이자겸의 사치와 부패를 다음과 같이 기록했다.

> 남을 헐뜯는 헛된 말을 잘 믿고 치재에 힘써 토지와 집을 늘려 밭이랑이 서로 이어지고 가옥제도가 사치스러웠다. 나라 여러 곳에서 물건을 보내와서 썩은 고기가 항상 수만 근이었고 다른 물건도 이와 같았다. 이 나라 사람들이 이 때문에 그를 비천하게 여겼으니 애석한 일이다. (《고려도경》 권 8)

당시 고려 조정에서는 모든 권세가 이자겸 한 사람에게 끝없이 집중되었다. 이자겸은 인종 2년 7월 조선국공(朝鮮國公)에 봉해지고 자신의 생일을 인수절(仁壽節)이라 이름 지었다. 예부시랑 김부식은 신하로서 생일을 절이라 칭하는 예가 없다고 하여 반대하였다. 이자겸은 자신의 입지를 더욱 강화하기 위해 같은 해 8월에 인종에게 자신의 셋째 딸을 맞아들이게 했다. 이렇게 하여 이자겸은 외조부이자 장인이란 보기 드문 이중적 지위를 확보했다. 태자로 책봉되어 왕위 계승이 이루어졌을 경우 그 배우자는 공주 또는 왕실의 여자로 함이 고려 왕조의 원칙이었는데 인종의 혼인은 이를 무시한 것이었다. 인종 3년(1125) 정월에는 넷째 딸을 다시 왕비로 맞아들이게 했다. 4월에는 이자겸의 조상이 살던 저택인 개명택(開明宅)을 수리하여 중흥택

(重興宅)이라 이름짓고 이자겸에게 주었다.

이자겸의 권세가 날로 높아지더니 마침내 왕위마저 찬탈하려는 움직임을 보이자 인종은 측근인 김찬(金粲), 안보린(安甫鱗), 지록연(智祿延)과 더불어 무력으로 이자겸을 제거하고자 했다. 이공수(李公壽, 이자겸과는 재종형제가 된다)와 김인존(金仁存, 이자겸의 처남)은 이자겸의 당파가 조정에 가득하니 때를 기다리자고 제의했으나 인종은 거사를 강행했다.

인종 4년(1126) 2월 25일 초저녁 지록연은 군사를 이끌고 궁에 들어와 척준신과 척순(拓純, 척준경의 아들) 및 이자겸 측근들을 죽이고 시체를 궁성 밖에 던졌다. 인종이 척준경을 포섭하지 않은 것이 결정적 실책이었다. 척준경은 이자겸과 사돈이었으나 왕실에 충성하는 인물이었다.

궁 안에 있던 이자겸의 당파들은 달아나 이자겸에게 사태를 알렸다. 이자겸, 척준경, 이자겸의 여러 아들들은 어찌할 바를 몰랐다. 이자겸과 척준경이 밤에 궁궐에 도착해 가담자들의 집에 불을 지르고 처자와 노복들을 가두었다. 이튿날 새벽 척준경은 척준신 등의 시체를 보고 죽음을 면치 못할 것이라 생각하고 군졸을 불러 모아 군기고(軍器庫)에 들어가 갑옷과 병기를 취하여 궁궐문을 포위했다. 또한 이자겸의 아들로 출가한 승려 의장(義莊)이 현화사(玄化寺)의 승병 3백 명을 이끌고 궁성 밖에 이르니 궁내에 있던 군사는 나오지 못하고 성문 위에서 지킬 뿐이었다.

인종이 신봉문으로 나와서 황색 양산을 펼치니 척준경의 군졸들이 바라보고 절을 하며 만세를 불렀다. 인종이 사자를 보내어 물었다. "너희들은 어찌하여 무기를 들고 왔느냐?" 군졸들은 "적이 궁중으로 침입했다 해서 사직을 지키고자 할 따름입니다"라고 대답했다. 인종은 해산을 명했다. "그런 일은 없으며 짐도 무고하니 너희들은 무장을 버리고 물러가라."

인종은 내탕고(內帑庫, 왕의 개인 재산을 보관하는 창고)의 은과 비단을 성 위에서 달아내려 사졸들에게 나눠주고 이중(李仲)과 호종단(胡宗旦)을 시켜 군사들에게 갑옷을 벗고 무기를 버리라고 선유했다.

그러나 아우와 아들이 피살당한 척준경은 물러서지 않았다. 척준경이 노하여 칼을 뽑아 이중 등을 쫓아내고 군졸들에게 호령하여 다시 무장시켰다. 궁성을 지키는 군과 교전이 벌어졌는데 화살이 인종의 앞까지 날아와 방패로 막았다. 의장이 데려온 승병들은 도끼로 신봉문 기둥을 찍다가 문루 위에서 쏜 화살에 머리가 명중되어 즉사하는 자도 있었다.

이자겸은 사람을 궁문 밖에 보내어 아뢰었다. "궁중에서 난을 일으킨 자를 내놓으소서. 그렇지 않으면 궁중을 경망되이 어지럽힐 우려가 있습니다." 언사가 매우 불손했지만 인종은 묵묵히 듣고만 있었다.

척준경은 자신의 아우와 아들을 죽인 지록연 등을 색출하기가 어려워지자 궁문을 불사르고 수색 체포할 생각을 했다. 척준경은 소부감(小府監)과 장작감(將作監)의 나무를 동화문(東華門) 행랑에 쌓아놓고 불을 질렀다. 화염이 바람에 날려 삽시간에 침소까지 연소했고 궁인들은 모두 놀라 달아나 숨었다. 척준경은 달음질하여 물러 나와 문을 닫고 군졸들에게 궁궐의 각 문을 지키게 하면서 "안에서 나오는 자가 있으면 곧 죽여라" 하고 명령했다.

이날 밤 인종은 도보로 산호정(山呼亭)으로 피해 가며 김인존의 말을 듣지 않은 것을 한탄했다. 이때 시종은 다 흩어지고 임경청 등 십여 명만이 인종 곁에 있었다. 인종은 해를 입을까 두려워 글을 지어 이자겸에게 선양할 것을 청했다. 이자겸은 재추의 논의를 두려워하여 말을 못했다. 이공수가 "위로부터 비록 조서가 계시나 공이 감히 이럴 수가 있는가"라고 하니 이자겸도 기가 죽어 울며 조서를 반환하면서 "신에게 두 마음이 없음은 오직 성상께서 아시오리다" 했다.

이자겸은 장군 유한경을 궁중으로 보내면서 그 휘하의 중랑장 홍립공을 임시로 장군으로 임명하여 병졸을 통수하고 척준경의 지휘를 받게 했다. 척준경이 홍립공에게 병졸 60여 명을 이끌고 섶나무를 져다가 도성 남쪽 도로에 운반해 두게 했다. 그러나 홍립공은 병졸들에게 몰래 말했다. "나와 그대들은 다 임금의 신하인데 섶나무를 져다가 왕궁을 불사르는 것은 신하의 도리가 아니다."

홍립공이 병졸을 이끌고 선의문(宣義門) 개구멍으로 들어가 인종 앞에 열을 지어서 절을 했더니 인종이 놀랐다. 그러나 홍립공의 설명을 들은 인종은 매우 기뻐하며 술과 음식을 주었다. 이들은 이후부터 인종 곁을 떠나지 않고 숙위했다.

이자겸은 척준경과 상의하여 난이 일어나던 날 숙직했던 자는 귀천을 막론하고 모두 죽이려고 했으나 이공수가 강경하게 반대하여 그만두었다. 궁궐은 척준경의 방화로 2일 동안에 모두 불타고 정자 3개와 건물 10간 정도만이 겨우 남았다. 이자겸은 인종에게 강요하여 자신의 집인 중흥택의 서원(西院)에 머물게 했다. 인종이 서원에 거처한 후부터는 주위가 모두 이자겸의 무리들이라 국사도 친히 처결하지 못하고 일거수일투족이 자유롭지 못했다.

인종은 3월 신묘일에 백관회의를 개최하여 금에 대한 정책을 논의했다. 모두가 금에 사대할 수 없다고 했으나 이자겸과 척준경만이 금에 사대하자고 했다.

금은 옛날에는 소국으로 거란과 우리를 섬겼으나, 지금은 돌연히 강성해져 거란과 송을 멸하고 정치적 기반을 굳건히 함과 아울러 군사력을 강화했고 우리와 영토가 인접해 있습니다. 그러므로 정세가 사대하지 않을 수 없으며 작은 나라가 큰 나라를 섬기는 것은 예로부터의 법도이니 응당 먼저 사신을 보내 문안을 올리고 그를 따르는 것이 옳습니다.

이자겸에 의해 감금된 인종은 이들의 주장에 따르지 않을 수 없었다. 4월에 사신을 금에 보내 칭신했다.

이자겸의 횡포가 심해지는 가운데 인종은 내의(內醫) 최사전(崔思全)과 모의했다. 최사전은 척준경을 포섭하자고 했으나 인종은 그가 이자겸과 인척 관계에다 아우와 아들마저 살해되었으므로 어려울 것으로 보았다. 최사전은 척준경을 방문하여 인종에 대한 충성을 확인했다. 척준경에게 역모의 의사가 없음을 확인한 인종은 척준경에게 다음과 같은 교서를 보냈다.

오직 짐의 불찰로 흉악한 자들이 일을 저지르게 함으로써 대신들에게 근심과 수고를 끼쳤다. 이것은 모두 나의 죄이다. 이제부터 자신을 반성하고 잘못을 뉘우치며 신민들과 함께 교화를 일신할 것을 하늘에 맹세한다. 그대는 더욱 수신에 힘쓰고 지나간 일은 다시 생각하지 말 것이며 성심껏 나를 보좌하여 후환이 없도록 하라.

뒤이어 인종은 척준경을 문하시랑 판병부사로, 이공수를 문하시랑

> **승선(承宣)**
> 승선은 중추원의 정 3품 벼슬로 왕명을 출납했다. 승제(承制)라고도 한다. 승선은 단순히 왕명 출납뿐 아니라 왕의 측근으로 고문 역할을 했다. 그러므로 품계에 비해 권한이 커 내상(內相)으로 불리기도 했다.
> 승선이 요직이었으므로 행동거지가 민첩하고 교양을 갖춘 유자(儒者)여야 하는 등 그 조건이 까다로웠다. 대개 과거에 합격하고 가문이 좋은 유능한 인물이 임명되었으며 그 후 승진에 유리했다.

평장사에 임명했다. 척준경이 계책을 결정하여 거사하려 하자 인종은 서두르지 말 것을 권했다.

5월 1일 인종은 거처를 연경궁(延慶宮)으로 옮겼다. 이자겸은 초조하여 연경궁 남쪽에 처소를 정하고 군기고의 무기를 집에 쌓아두었다. 이자겸은 두 차례에 걸쳐 인종을 독살하려 했으나 인종의 비(이자겸의 넷째 딸)가 독살 기도를 막아냈다.

5월 20일 인종은 이자겸의 사병인 숭덕부(崇德府)의 군사들이 병기를 들고 연경궁 북쪽에 이르러 침문(寢門)에 들어오려는 것을 탐지하고 작은 종이에 손수 밀지를 써서 환관 조의(趙毅)를 시켜 비밀리에 척준경에게 보내었다. 척준경은 병부에서 일을 하고 있다가 인종의 밀지를 받아보았다.

오늘 숭덕부 군사들이 병장기를 가지고 대궐 북녘으로 온다. 만약 침문에 침입하여 짐이 살해된다면 이것은 짐이 덕이 없는 까닭이리라. 다만 원통한 것은 태조가 창업하고 역대 성왕이 받아 이어온 왕통이 내 몸에 이르러서 다른 성으로 바뀌는 것이니 이는 짐 혼자만의 죄가 아니라 실로 나를 보좌한 대신들에게도 큰 치욕이 될 것이다. 경은 대책을 강구하길 바라노라.

척준경이 이를 상서 김향에게 보이니 김향은 꿇어앉아서 하늘을 우러러 통곡하면서 말했다. "임금의 지시가 이러하니 죽기로 섬기는 것이 의리거늘 공이 어찌 편안히 있을 수가 있는가."

척준경은 김향과 함께 출근한 장교 7명, 아전과 관노 20여 명을 인솔하고 북문을 나갔는데 급히 서두르느라 무기를 갖추지 못해 목책을 뽑아 몽둥이로 삼고 금오위(金吾衛)의 남쪽 다리를 통해 연경궁으로 들어갔다.

척준경이 갑옷과 투구를 갖추고 급히 궁으로 들어가니 인종은 천복전(天福殿) 문을 나와서 기다리고 있었다. 척준경이 인종을 모시고 나가자 이자겸 도당이 활을 쏘았는데, 척준경이 칼을 뽑아들고 한 마디 호통 치니 감히 움직이는 자가 없었다. 인종은 군기감으로 들어가 호위를 엄격히 했다.

척준경이 승선 강후현(康侯顯)을 보내어 이자겸을 부르니 이자겸은 소복을 하고 들어 왔다(인종이 시해되었다고 속인 듯하다). 척준경과 이공수가 협의하여 이자겸과 그 처자들을 팔관보(八關寶)에 가두고 이자겸의 심복인 장군 강호와 고진수를 죽였다. 또한 군졸을 각처로 보내 이자겸 일당을 체포했다. 해질 무렵 이지미도 체포했다. 연경궁을 청소하는 과정에서 내침에 숨어 있는 승려 의장(義莊)을 잡아 팔관보로 압송했다.

다음날인 5월 21일 이자겸과 그의 처, 아들 6명을 비롯하여 이자겸 일당 30여 명을 귀양 보냈다. 이같이 척준경에 의해 이자겸의 난이 진압되었고 이자겸은 같은 해 12월 유배지 영광(靈光)에서 죽었다.

금에 대한 충성서약

고려가 북방으로부터의 난민을 계속 받아들이며 변방의 방비에 힘을 기울이자 인종 2년(1124) 7월 금의 골실답(鶻實答)은 이를 지적하여 금 태종에게 고려의 의도를 우려하는 상소를 올렸다. 금 태종은 고려에 대한 온건한 태도를 견지하여 답했다.

> 우리의 반란자들을 받아들이고 돌려보내지 않는 것은 저편에 잘못이 있는 것이니 통문을 보내어 도리에 어긋나지 않게 하라고 이르라. 혹 와서 침략하면 전열을 가다듬고 맞서 싸우라. (그러나) 감히 먼저 저편을 범하는 자가 있으면 비록 이기더라도 반드시 벌하리라.

1125년 2월 천조제가 금에 사로잡혀 거란 제국은 멸망했다. 거란 왕족 야율대석(耶律大石)이 중앙아시아로 이주하여 서요를 세우긴 하였으나 중원 대륙에서는 이제 거란 세력은 더 이상 자리를 잡지 못했다.

5월 고려는 금에 사신을 보냈다. 금 태종은 이번에 받은 고려의 국서가 표(表) 형식이 아니고 칭신하지도 않았다고 접수를 거부했다. 이미 전년 정월에 하가 금에 칭신했다. 거란 제국을 멸망시킨 금은 모든 주변 나라에 칭신을 요구하고 있었다.

송은 금과 맹약을 맺고 거란을 협공했으나 금이 맹약에 충실했던 데 비해 송은 신의가 없었다. 휘종과 같이 정치에 무관심한 예술가 황제 밑에 채경(蔡京)이나 동관 같은 자들이 권력을 쥐고 있었으니 당연한 일이라고 할 수 있다. 금에게 약속한 세폐와 군량의 제공도 주저하고 있었다. 남경 이하 6주를 돌려받았으나 서경은 아직 반환되지 않았다. 연운 16주를 모두 회복하기 위해 송은 음산(陰山)에 있는 거란의 천조제에게 동맹을 구하는 밀서를 보냈었는데 천조제가 생포되었을 때 송이 보낸 밀서도 발견되었다. 이것을 보고 격분한 금 태종은 송을 응징하기로 했다.

10월 금은 송 정벌군을 일으켰다. 종한(宗翰)과 종망(宗望)이 각각 군을 지휘하여 길을 나누어 남진했다. 종한은 태원을 포위하고 종망은 진정(眞定, 하북성 소재)을 공격했다. 금군이 오자 남경을 지키고 있던 곽약사는 투항하고 금군의 선봉이 되었다.

12월 금군이 수도 개봉 가까이 진격해 사태가 위급해지자 송의 휘종은 '자신의 죄를 말하는 조칙'을 내어 자아비판을 하고 장남인 태자 조환(趙桓)에게 양위했다. 그가 흠종(欽宗)이다. 휘종의 이런 노력에도 불구하고 금군은 계속해서 진군하여 황하를 건넜고 1126년 2월에는 개봉을 포위했다. 태상황(太上皇)이 된 휘종은 박주(亳州)로 도주했다가 다시 강남의 진강(鎭江)으로 달아났다. 송 조정은 대책을 논의하여 땅을 주고 강화를 요청하기로 결정했다.

종망은 강화 조건으로 다음과 같은 사항을 요구했다.

1) 금 5백만 냥·은 5천만 냥·우마 1만 필·비단 1백만 필을 증여할 것.
2) 금의 황제를 송 황제의 큰아버지라 할 것.
3) 연운 16주 사람으로서 송이 경내에 있는 자를 돌려보낼 것.
4) 화북의 요충지인 중산(中山)·하간(河間)·태원의 3진 33주를 할양할 것.
5) 재상과 친왕(親王)을 볼모로 보낼 것.

> **서요**
>
> 서요(西遼)는 12세기 초 여진에 쫓겨 거란족의 일부가 중앙아시아에 건설한 국가(1132~1211)로 이슬람 역사가들은 흑거란[黑契丹]이라는 뜻의 카라 키타이(Kara Kitai)라고 한다. 천조제가 사로잡히자 야율대석은 무리를 이끌고 몽골 초원으로 탈주했다가 중앙아시아로 진출, 1132년 위구르 족 등의 지원을 얻어 투르크 계 카라한 왕조를 대파하고 제위에 올랐다.
> 야율대석은 1137년 서 투르키스탄을 공략했고 1141년에는 사마르칸트 부근에서 셀주크 술탄인 산자르가 이끄는 이슬람군을 격파하여 트란스옥시아나에 대한 지배권을 확립했다. 동방의 기독교 군주 사제왕 존의 전설이 이 전투에서 비롯되었다.

송은 이 엄청난 조건을 그대로 받아들일 수밖에 없었다. 그러나 금과 은은 도성의 것을 모두 긁어모아도 겨우 금 20만 냥, 은 400만 냥이었다. 금은 일단 연경(燕京, 북경)으로 군대를 철수하고 사태를 관망했다. 볼모로는 상서좌복야 장방창(張邦昌)과 휘종의 9번째 아들인 강왕(康王) 조구(趙構)가 끌려갔다. 조구는 송의 요구로 곧 휘종의 다섯째 아들인인 숙왕(肅王) 조추(趙樞)로 교체되었다.

그 사이에 금과 송은 번갈아 가며 고려에 사신을 보내며 동맹을 청했다. 7월에는 60여 명에 이르는 송의 사신단이 금을 공격해 달라는 내용의 국서를 가지고 고려에 왔다. 국서 내용은 다음과 같다.

무도한 금나라 사람이 곽약사의 배반을 기화로 하북과 산동 지방을 함락한 다음 변경을 소란스럽게 하다가 서울 근방까지 들어왔다.
짐이 생각하건대 중국과 왕이 요해(遼海)를 사이에 두고 멀리 떨어져 있으면서도 이처럼 예절로 대우한 이유가 다른 데 있었겠는가? 행여나 어려운 고비에서 우리와 함께 적을 물리치리라고 생각한 데 있었지 않았겠는가? 그런데 왕의 나라는 금과 서로 건너다 보이고 수백 리도 못 되는 곳에 있으면서도 그들의 소굴을 소탕하여 중국을 돕지 못했으니 이것이 우리가 대대로 극진히 대우하여 온 뜻이겠는가. 금나라는 본래 왕에게 신속한 바다 한 모퉁이의 보잘것없는 작은 나라였다. 그런데 지금은 천지신명을 거역하여 거란을 쳐 없애고 드디어 중국을 침범하여 음란하고 횡포하기가 날이 갈수록 심하니 저것들을 내버려둔다면 왕을 어떻게 생각하겠는가. … 지금 천하의 군사를 발동하여 보잘 것 없는 적을 문죄하러 가는 길이니 왕이 군사를 독려하여 내외 호응하는 기세를 취하여 천벌을 행하기를 바라노라.

송의 사신 합문지후 후장(侯章)도 객관에 머물며 별도로 인종에게 청병하는 글을 보냈다. 그러나 고려는 내분을 겪어 여력이 없는 상태에서 신흥 강국인 금을 적대시할 수 없었다. 인종은 완곡히 거절하는 국서를 보냈다.

8월에는 금의 사신 고백숙 등이 고려에 와서 전란을 피해 고려로 망명한 주민의 송환을 요구하는 금 태종의 의사를 전달했다. 인구가 과소했던 고려는 국초부터 전란 등 여러 가지 이유로 고려에 오는 북방 족속들을 받아들이고 있었다. 고려는 끝내 이들을 송환하지 않았다.

고려는 송의 요청을 완곡히 거절했으나 국제 정세를 탐지하기 위해 송 사신들이 돌아간 다음 달인 9월 송 흠종의 즉위를 하례한다는 평계로 추밀원부사 김부식과 형부시랑 이주연(李周衍)을 송에 보냈다.

송의 수도 개봉에서는 금나라 군이 물러가자 다시 주전론이 대두했다. 이번에는 학생운동까지 일어났다. 태학생(太學生) 진동(陣東)

을 위시한 수만의 개봉 주민들이 상서하여, 파면된 주전파 이강의 복귀와 채경·동관의 처벌을 요구했다. 화전 양론이 맞서는 가운데 금에 할양하기로 한 3진에 비밀히 조서를 보내 굳게 지키라고 했고, 거란의 잔여 세력과도 동맹하려 했다.

이를 안 금의 태종은 크게 노하여 다시 종망과 종한에게 명하여 송을 공격하게 했다. 8월 원정을 재개한 금군은 송군을 연파했다. 10월 25일 고려 사신 김부식 일행이 명주(溟州)에 들어갔으나 송은 정탐을 우려하여 수도인 개봉에 들이지 않고 명주에 머무르게 했다.

종망은 윤 11월 다시 황하를 건너 개봉을 포위했다. 금군은 사자를 보내 흠종의 출항을 요구했다. 당시 개봉을 지키는 수비군은 7만이었다. 개봉에는 휘종도 있었다. 강남에서 왕조를 세우고 복위한다는 소문이 들려 흠종이 돌아오게 했기 때문이었다.

흠종이 선뜻 응하지 않자 금군은 공격을 시작했다. 형세가 위급해지자 흠종은 성문을 열고 금의 군영으로 가서 항서를 바쳤다. 종망은 다른 황족을 황제로 세우라 하고 흠종의 퇴위를 요구했다. 종망은 흠종을 일단 돌려보냈으나 다시 많은 금은과 비단을 요구하고 휘종과 흠종 부자를 오라고 명령했다.

1127년 정월 종망은 휘종과 흠종 부자를 억류했다. 2월에 금은 휘종과 흠종을 폐하여 서인으로 만들었고 3월에는 장방창을 황제로 세우고 나라 이름을 초(楚)라 했다. 금이 괴뢰국가인 초를 세운 것은 중국을 직할 통치할 역량이 부족했기 때문이다. 4월 금군은 휘종과 흠종, 태자, 종친 등 3천 명을 포로로 하고 역대의 보물을 약탈하여 회군했다. 이를 중국에서는 정강의 변[靖康之變]이라 한다. 정강은 흠종의 연호이다. 금의 송 원정에 발해인 부대도 대거 참여하여 빛나는 전공을 세웠다.

　3월 고려에서도 정치적 격변이 일어났다. 좌정언(左正言) 정지상(鄭知常)의 탄핵으로 척준경이 실각했다. 척준경과 측근들은 귀양을 갔다. 척준경 제거 과정에 대한 기록이 자세하지 않으나 2월에 인종이 서경으로 행차하여 머물고 있을 때 제거된 것으로 보아 척준경은 인종을 수행하여 서경에 갔다가 서경에서 체포된 듯하다. 좀더 추리해 본다면 묘청(妙淸)이 주지승으로 있는 절에 인종이 척준경과 행차했다가 절의 승병이 전격적으로 척준경을 체포했을 수 있다. 묘청과 정지상은 서경 출신 인물로 척준경 축출에 공을 세웠고 이후 서경 세력은 정계에서 두각을 나타내기 시작했다.

　척준경을 제거한 인종은 서경에서 내정개혁을 지시하는 15개 조의 조서를 발표했다. 이 가운데 "군사를 보살피어 일정한 시기에 훈련을 실시하는 것 이외에는 복무하지 않도록 할 것"이라는 항목이 있다. 이는 금을 겨냥한 조치이다.

　금이 송의 수도를 함락하고 휘종과 흠종을 포로로 했는데 고려에서는 "금이 패배하고 송군이 승세를 타 금나라 땅 깊숙이 들어갔으며 금이 막지 못하고 있다"는 잘못된 보고가 들어 왔다. 이에 정지상, 김안(金安) 등은 인종에게 즉각 출병을 권유했다.

　서경에 머물던 인종은 근신을 개경에 보내 김인존의 의견을 물었다. 김인존은 송에 들어간 김부식이 돌아오기를 기다려 정확한 소식을 알 것을 권했다. 5월 김부식이 송에서 돌아와 고려 조정은 정강의 변을 알게 되었다.

　금군이 물러가자 장창방은 4월 경오일(11일) 초나라 황제 자리에서 자진 퇴위하고 송 재건을 꾀하는 휘종의 아홉 번째 아들인 강왕(康

王) 조구(趙構)에게 가서 사죄하고 죽음을 청했다. 강왕이 5월 초하루 지금의 하남성 상구(商丘)에서 즉위하여 송의 명맥을 이었다. 연호를 건염(建炎)이라 했다. 시호는 고종(高宗, 재위 1127~1162)이다.

고종은 장창방을 일단 용서하여 담주(潭州, 호남성 장사)로 귀양을 보냈다. 9월 금은 송이 장방창을 폐위시켰다는 이유로 문죄하겠다고 했다. 이 소식을 들은 고종은 황급히 남쪽으로 천도할 것을 도모하고 아울러 장창방을 주살했다. 10월 고종은 배를 타고 양주(揚洲)로 향했다. 송이 금의 점령지에 밀사를 보내 반란을 유도하자 금 태종은 12월 23일 정식으로 남벌령을 내렸다.

금은 군사를 세 갈래로 나누어 송을 공격했다. 이 가운데 동로군은 파죽지세로 남하하여 해가 바뀌기 전에 산동 일대를 석권했다. 그러나 후방 지원이 충분하지 않아 금군은 이듬해 초 모두 철수했다.

인종 6년(1128) 6월 송의 국신사(國信使)인 형부상서 양응성(楊應誠)이 고려에 도착했다. 송은 휘종과 흠종이 금에 끌려갔음을 알리고, 두 황제를 데려오기 위해 고려에 뱃길을 빌려줄 것을 요구했다. 송이 산동의 등주에서 해로로 금으로 가는 길을 두고 굳이 고려를 경유하려 한 것은 어떻게 해서든지 고려를 금과의 전쟁에 끌어들이고자 했기 때문이다. 고려 정부는 송에게 길을 빌려 준다면 금 또한 고려에 같은 요구를 할 것이고, 그렇게 된다면 고려는 금의 요청을 거절할 명분이 없어져 오히려 남송의 회수와 절강(浙江) 지방이 금의 침략을 받을 것이라는 이유로 거절했다.

12월 금이 사신을 보내 고려의 포주 영유를 인정한 대가로 충성 서약문을 요구했다. 고려가 보내온 표문(表文)의 내용이 너무 평범하다고 하면서 송과 하(夏)가 금에 보낸 표처럼 "만약 이 맹세를 어긴다면 하늘과 땅이 굽어보고 밝은 신이 즉각 재앙을 내려 자손이 대를 잇지 못하고 사직이 쓰러질 것입니다"라는 절대 충성을 나타내는 문구를 갖춘 표를 보낼 것을 요구했다.

9성을 돌려받을 때 여진 완옌부는 "지금 이후에 자손만대에 이르기까지 악한 마음을 가짐이 없이 계속 조공하오리다. 이 맹세를 변하는 일이 있으면 우리가 멸망할 것입니다"라는 내용의 충성 서약을 한 바 있다. 당시 금의 내부 사정을 보면 고려로부터 충성 서약을 받아야 했다.

고려 조정은 크게 고민했으나 이때 금이 남송마저 멸망시키는 듯한 상황이었으므로 일단 금의 요구를 들어주겠다고 금 사신단에 통보했다. 금의 사신 일행이 귀국하여 이를 보고하자 금의 실력자 종간(宗幹, 아구타의 서장자)이 대단히 기뻐했다. 그만큼 고려의 충성 서약은 금에게 의미가 있었다.

금 조정은 송을 멸망시키기로 결정하고 다시 남정군을 보냈다. 금군은 훗날 몽골군의 남송 원정 때보다 훨씬 빠른 속도로 진격했다. 1129년 2월 초 금군이 양주에 육박하자 송의 고종은 황급히 양주를 버리고 달아났다. 5월 고종은 강녕부(江寧府, 강소성 남경)에 이르렀는데 명칭을 건강부(建康府)로 고쳤다. 8월 나라를 지켜 싸우자니 군사도 없고 도망치자니 갈 곳이 없게 된 고종은 금에 사신을 보내 화의를 청원하면서 "송 나라 국호를 없앨 것을 원하며 온 천하가 모두 대금의 것입니다"라는 내용의 국서를 보냈다. 9월 금군은 세 갈래로 나뉘어 남진했다. 서로군은 장안을 공격하고 동로군은 초주(楚州, 강소성 회안)를, 중로군은 건강(建康)을 공격했다. 11월 27일 금군은 건강을 함락했다. 고종은 배를 타고 바다로 피신했다.

이처럼 송이 완전히 멸망하는 듯한 형세가 되자 국제정세의 변화를 기대하며 금에 충성 서약서를 보내기를 주저하던 고려 조정도 마침내 사신을 보냈다. 사신과 함께 "충성스런 마음이 하늘의 태양같이 빛날 것이요, 만일 이 맹세를 어긴다면 하늘이 벌을 내릴 것입니다"라는 문구가 있는 표를 전했다. 이와 더불어 "이러한 맹서라는 것은 춘추전국 시대 나약한 주나라에 대하여 강한 제후국이 마지못해 하는 행위일 뿐 이제 막 천하를 통일한 강국인 금으로서 이를 요구하는 것은 이성적이지 못한 태도"라고 지적한 회신도 보냈다.

이로써 고려와 금 사이의 현안 문제는 해결되었다. 고려는 보주 영유를 인정받았고 금은 고려 예종 치세 때 고려에 한 충성 서약과 같은 내용의 서약을 받아내어 고려에 대한 열등감을 씻을 수 있었다.

고려와 여진족의 군신 관계가 뒤바뀌니 고려인들은 굴욕감을 느꼈다. 무과 출신의 최봉심(崔逢深)은 "나라에서 장사 천 명만 주면 금나라에 들어가 그 임금을 사로잡아 바치겠다"고 호언장담하기도 했다. 이 때문에 인종 9년(1131) 최봉심이 금에 파견되는 사신단의 서장관(書狀官, 사신들 중 문서기록에 관한 일을 맡은 관리)에 임명되자 간관들이 3일 동안 궐문에 엎드려 반대했다. 그러나 인종은 최봉심의 임명을 취소하지 않았다.

서경 반란

고려 시대에 서경은 권력구조의 측면에서나 지방제도 측면에서나 특이한 위치를 차지하고 있었다. 고려 태조는 훈요십조에서 후대 왕들이 서경에 1년에 100일 이상 거주하라고 명하여 또 하나의 수도로 기능하도록 했다. 정종은 서경 세력의 도움으로 즉위했고 천도를 계획하다가 죽었다. 광종은 개경을 황도라 하고 서경을 서도라 했다. 목종은 원년에 서경을 호경(鎬京)이라 고쳐 부르게 했다. 이는 역대 고려의 군주들이 서경을 얼마나 중시했는지 잘 보여주는 일이다.

서경의 행정기구는 고려 태조가 즉위하던 해인 918년에 평양대도호부를 설치하면서 점차 갖추어졌다. 숙종 대에 이르러서는 개경에 있는 중앙 정부에 못지않게 정비되었다. 서경은 확고한 경제적 기반도 갖게 되었다. 서경의 대창(大倉)은 서해도(西海道, 황해도)의 세곡(稅穀) 1만 7722석 13두를 받아 관리의 녹봉으로 지급했다.

서경 출신의 정지상은 서경의 모습을 묘사한 시 〈서도〉를 지었는데 여기에는 홍청대는 서경의 모습이 잘 묘사되어 있다.

호화로운 거리 봄바람에 가랑비 지나가니
먼지 하나 일지 않고 버들가지 줄줄이 비껴있네.
푸른 창 주홍 문에 피리 섞인 노래 가락
목 멘 듯 들려오나니 집집이 기생방일세.

서경이 국초 이래 그 비중이 계속 커지는 가운데 서경 세력들은 제2 수도로 만족하지 않았다. 이자겸을 제거하여 왕권을 되찾는 공을 세운 서경 세력은 금의 압박이 지속되는 가운데 '칭제건원'과 '금국정벌'을 주장하여 정국을 주도했다. 그러나 금과의 긴장이 완화되면서 이들의 정국 주도는 한계에 이르렀다.

인종은 개경의 문벌귀족을 견제하기 위해 천도를 꿈꾸었지만 이는 서경 세력을 이용해서 왕권을 강화시키고 금의 압력을 배제시키는 것이 주목적이었다. 이제 금의 압력이 느슨해진 상태에서 천도를 강행하려는 서경파의 행위를 인종은 받아들일 수 없었다. 서경으로 천도했을 경우 개경의 문벌귀족 대신 서경 세력이 득세하여 왕권의 약화를 초래할 수도 있었다.

고려의 최대 현안인 금과의 대립관계가 소멸됨에 따라 서경 천도의 정당성은 크게 퇴색했다. 인종이 주저했고 개경 세력이 점차 정국의 주도권을 장악했다. 개경 세력은 강경하게 나서 묘청을 처형할 것을 여러 차례 상소했다.

수년간 정쟁이 계속되다가 인종 13년(1135) 정월 묘청은 서경에서 독단적으로 거병했다. 김부식이 토벌군 사령관이 되었는데 조광(趙匡)이 묘청을 죽이고 정부군에 항복하여 쉽게 진압되는 듯했다. 그러나 조정에서 철저히 처벌하자는 견해가 우세해지자 서경 주민은 다시 봉기했다. 이번에는 서경의 토호와 일반 백성까지 가담하여 맹렬히 저항했고 조정은 육군 이외에 수군을 대동강으로 발진시켰다. 김부식은 관군의 피해를 줄이려 포위작전을 채택하여 지구전을 폈다.

서경 반란의 소식을 들은 송은 6월 사신을 보내 10만의 원병을 보내어 돕겠다고 제의했다. 중국에서는 고종을 추격하여 양자강을 건넜던 금군은 1130년 철수했고 악비(岳飛) 등이 지휘하는 의용군이 금군과 전투를 벌이고 있던 때였다. 송에서는 고려의 내란에 출병하여 도와줌으로서 뒷날 금에 대해 고려와 공동전선을 펼 수 있는 기반으로 삼으려 했던 것 같다. 고려는 9월 사신 오돈례(吳敦禮)가 돌아가는 길에 반란 진압이 머지않았다고 하며 완곡히 거절하는 국서를 보냈다.

10월에 이르러 서경성에서는 식량이 떨어지기 시작하여 노약자와 부녀자들을 방출했다. 이에 김부식은 공격할 때가 왔다고 보고 병졸 2만 3200명과 승려 500명을 동원하여 흙으로 산을 쌓게 했다. 이듬해 인종 14년(1136) 2월 9일부터 관군은 총공격을 시작하여 20일 성을 함락했다. 송에서 고려로 귀화한 조언(趙彦)이 만든 석포가 큰 위력을 발휘했다.

고려 조정은 반란이 끝난 후 서경을 정치적, 경제적으로 위축시켰다. 한편으로는 서경 주위의 향, 부곡, 촌락을 현으로 승격시키고 현령을 파견하여 주민을 위무했다.

한편 남송과 전쟁을 계속하던 금도 1135년 북방에서 몽골 부족이 침입하자 강화의 필요성을 느꼈다. 남송 조정도 전쟁에 지쳐 화의에 응했다. 전쟁과 협상이 수년간 병행되다가 소흥(紹興, 남송 고종의 연호) 11년(1141) 11월 드디어 금과 남송 사이에 화의가 맺어졌다. 이 화의의 주요 내용은 4가지이다.

1) 국경은 회수와 대산관(大散關)을 잇는 선으로 정한다.
2) 송은 금에 대하여 신하의 예를 취한다.
3) 송은 금에게 은 25만 냥, 비단 25만 필을 조공한다.
4) 금은 휘종의 재궁(梓宮, 황제의 시신을 안치한 관)과 고종의 생모 위(韋)씨를 송환한다.

이 강화조약을 역사에서는 소흥화의(紹興和議)라 부르는데 이로서 수십 년간 지속되던 동아시아의 전란은 종식되었다.

여진의 일개 부족에 불과했던 완예부가 급격히 흥기하여 거란을 무너뜨리고 고려, 송, 서하 등을 칭신시켜 동아시아의 패자가 된 일은 후세 인물들에게 깊은 인상을 주었다. 고려 말의 충신 포은 정몽주도 이를 찬탄하는 시를 남겼다.

예전에 활과 화살을 천자께 바친다고 하던
숙신 유민이 사는 이곳 한 변방은
눈이 서린 백두산 남으로 멀리 달리고
하늘에 닿은 흑룡강 북으로 길게 흐르네.
완옌의 큰 역량은 요와 송을 삼켰고
금 세종의 큰 공적은 한과 당에 가깝구나.
앉아서 지도 보며 오히려 탄식한다.
예전부터 호걸은 궁벽한 곳에서 나더라.

번성하던 고려와 송의 민간 무역은 남송에 이르면서 점차 쇠퇴했다. 고려가 남송과의 군사 연대를 거절하자 관계가 악화되었고 송 조정은 상인들이 동전을 가지고 고려에 가는 것을 금지했다. 이러한 국가 차원의 제재 조치와 남송의 국제적 위상이 약화됨에 따라 상인들의 활동도 현저히 위축되었다.

6장

무신정권의 성립

문신 귀족의 횡포와 무신반란

인간 세상은 언제나 변화하며 이러한 변화는 사회의 갈등요인을 낳는다. 만일 국가가 적절한 대응을 하지 못하면 갈등이 커지고 언젠가는 폭발적인 형태로 갈등을 해소하려는 경향이 나타난다. 어느 사회나 시간이 흐르면서 겪는 변화가 계층분화가 심해지고 빈부격차가 커지는 현상이다.

거란과의 전쟁을 끝맺고 고려에는 백년 가까이 평화가 유지되고 귀족문화가 발달했다. 그러한 가운데 10세기 후반 성립된 전시과 체제는 꽤 오랜 기간 동안 제 기능을 발휘했다. 관리들은 국가에 대한 복무의 대가로 조세를 거두어들일 수 있는 토지 즉 수조지(收租地)를 받았고 정부의 각 기관들 역시 토지를 배정받아 재원을 확보했다. 일반 백성들은 자기의 소유지인 민전(民田)을 경영하여 생활하는 한편 조세를 납부하여 국가 재정을 지탱해 주었다. 그러나 전시과 체제는

12세기 초부터 흔들리기 시작했다.

    전시과 체제의 제도적 모순점으로는 우선 양반 관료에 지급할 수조지가 늘 부족했다는 점을 들 수 있다. 수조지를 받은 관료가 사망하면 그 토지를 국가에 반납하는 게 원칙이었으나 실제로는 세습이 되었던 것이다. 이러한 문제가 심화되는 가운데 지배 계층 간에는 상호의 이해 문제와 관련하여 알력과 대립이 유발되게 마련이었으나 왕권이 정상적인 기능을 발휘하고 있는 중에는 그런대로 조정이 가능했다. 왕이 지배계급과 생산자 계급의 이익을 일정한 균형 위에 유지되도록 조절하여 왔고, 그것이 가능했기 때문이다.

    이러한 균형은 이자겸의 난으로 표출되었듯이 12세기 초에 깨어지는 조짐을 보였다. 이자겸 등 권세가들은 토지 겸병으로 강력한 가세를 확보했고 전시과 체제는 금이 갔다. 이자겸이 몰락한 인종 5년(1127) 10월 담당관청에 명하여 "이씨 가문에서 빼앗아간 토지와 물건을 모두 본 주인에게 돌려주게 했다"는 《고려사》의 기록은 권세가들의 토지 겸병이 만연되어 있음을 잘 보여준다. 약화된 국가 공권력은 이러한 추세를 돌이킬 수 없었다.

    생산력 증가로 인한 농민층의 분화와 귀족들의 수탈로 이미 12세기 초 예종 대에 경기도와 황해도 지역을 중심으로 대규모로 유민이 발생했다. 인종 대와 의종 대에는 도적의 무리들이 자주 일어나 농민항쟁의 조짐을 보였다. 문신 귀족들의 농민 수탈을 제어하기에는 왕권이 너무 약화되었다. 묘청의 서경천도운동의 실패는 고려왕실에 큰 타격이었다. 고려왕실의 강력한 세력기반을 상실한 것이다. 태조 이래 역대 왕들이 서경세력을 육성하여 개경의 귀족세력과 서로 견제하게 했다. 이러한 균형에 의해 어느 한 세력의 독주를 막고 안정된 왕권을 유지해왔으나 묘청의 난 진압에 따른 서경세력의 철저한 몰락으로 개경 귀족의 독주를 막을 수 없게 되었다. 묘청의 난 진압에 대한 논공행상으로 기세가 등등해진 중앙귀족들의 발언권과 횡포가 더욱 커졌다.

원래 고려의 귀족들은 국가로부터 정치·경제적 특권을 획득해 대대로 권력과 경제력을 향유할 수 있었다. 그 뒤 인종 때에 이자겸의 난과 묘청의 난을 진압하는 데 공을 세운 귀족과 그 측근들은 더욱 방자해졌다. 이들은 왕실의 권위나 국가 이익은 안중에 없고 자신들의 사리사욕에 급급하여 온갖 불법과 비행을 저지르며 대토지 확보에 열중했다.

귀족의 횡포를 제어하지 못하게 된 왕실, 이것이 인종 때의 모습이었다. 고려 문신 귀족들이 저지르는 비행의 피해자는 농민뿐이 아니어서 무신들의 권익도 많이 침해당했고 끝내 무신란의 원인이 되었다. 일반군인들도 노역에 몹시 시달리고 있었으므로 무신란에 적극 가담하게 되었다. 거란과 대치하고 있던 11세기 초에 왕들이 군인의 노역을 면제해주던 것과 비교해보면 일반병사들이 제대로 대우를 받지 못하고 있었음을 알 수 있다.

이러한 상황은 인종에서 의종(毅宗, 재위 1146~1170)으로 넘어가면서 더욱 심화되었다. 의종을 국정에는 관심이 없고 향락만 즐긴 임금이었다고 보는 견해가 널리 퍼져 있는데 이는 그릇된 것이다. 《고려사》에 나오는 의종 관계 기사는 고려 명종 대에 편찬된 《의종실록》에 토대를 두고 있다. 무신란을 일으킨 주역들이 집권한 상황에서, 더구나 무신이 편찬을 책임진 가운데 《의종실록》이 완성되었으므로 의종을 크게 헐뜯는 내용인 것은 당연하다. 조선 왕조에서 《고려사》를 편찬한 사신들이 무신란에 극히 부정적이었으나 의종에 대한 편파적인 서술을 바로 잡지는 못했다.

최소한 의종은 당면한 과제가 무엇인지는 명확히 알고 있었고 또 기회 있을 때마다 이것을 해결하고자 애썼다. 그의 정치적 관심은 두 가지로 나누어 볼 수 있다. 하나는 취약해진 고려 왕실의 중흥이요, 또 하나는 정치에 임하는 군주의 자세였다.

의종은 왕실 중흥을 염원했다. 의종 8년(1153) 9월에 서경에 중흥사(重興寺)를 창건했으며 12년(1156) 9월에는 백주(白洲)에 별궁을 창건하고 그 이름을 친히 '중흥' 이라 지었다.

의종은 인종의 큰 아들로 인종 21년(1143)에 태자로 책봉되었다. 어머니는 공예태후(恭睿太后)로 정안 임씨(定安任氏)였다. 공예태후는 의종보다 둘째 아들인 대녕후(大寧侯) 왕경(王暻)을 아껴 그를 태자로 세우려 했다. 이는 정안 임씨 가문이 대녕후를 지지한 것으로 볼 수 있는데 이 때문에 인종도 태자가 왕위를 계승하지 못할까 우려했다.

정습명(鄭襲明, 정몽주의 선조)의 도움으로 왕위를 계승한 의종은 왕권 강화를 위해 측근인 내시 세력과 견룡군을 강화시켰다. 의종 때 내시로 등용된 사람은 대체로 가문의 배경이 약하거나 없었으며 견룡군 지휘관들의 경우에도 그러했다. 가문의 배경이 없이 등용된 자들은 스스로의 현달을 위해 왕에 충성을 다할 수밖에 없다. 의종은 자신의 기반을 강화하면서 두 차례에 걸쳐(1151, 1157) 외척인 정안 임씨 세력을 숙청하여 약화시켰다.

그러나 내시 세력과 견룡군 사이에 왕의 총애를 두고 갈등이 벌어졌는데 의종 21년(1167) 정월 계축일 왕이 행차 중에 의종의 수레 곁에 화살이 떨어진 사건으로 내시 세력이 우위를 확보했다. 기록에 의

하면 김돈중(金敦中, 김부식의 아들)의 말이 한 기병의 말 옆에 달린 화살통에 부딪쳐 화살이 밖으로 튀어나온 것을 의종이 자신의 암살 기도로 오인했다고 한다. 의종은 궁중에 계엄을 펴게 했고 호위를 철저히 하지 않았다 하여 견룡군과 순검군(巡檢軍, 치안을 유지하는 경찰군)의 지유 14인을 유배보냈다. 이 사건은 김돈중이 견룡군에 타격을 주려는 음모의 소산인 듯하다.

의종은 위의 사건이 나자 곧장 기존의 순검군 이외에 내순검군을 신설했다. 이들은 2개조로 나뉘어 항상 자주색 옷을 입고 활과 칼을 소지하고 궁성 밖에 나누어 서서 비가 오나 눈이 오나 밤부터 새벽까지 순찰했다. 이들은 오직 왕의 명령에 의해서만 움직였으며 궁궐의 뜰에 주둔했다. 내순검군은 출신을 따지지 않고 왕에 대한 충성심과 무예만 고려하여 뽑았다.

내시 세력에 맞서 견룡군도 정안 임씨를 비롯한 유력 귀족과 연대했다. 문벌 귀족들의 횡포를 막기 위한 의종의 측근 세력 육성은 실패하고 있었다. 그가 우대한 내시, 환관, 무신들은 왕에 대한 충성심보다는 왕의 대우에 더 관심이 많은 자들이었다. 시대를 막론하고 최고 권력자가 제대로 된 측근 세력을 육성하기는 매우 어려운 일이다.

자신의 입지에 늘 불안했던 의종은 재위 중 애처로울 정도로 자신의 생명 보존과 장수를 기원하는 각종 행사에 몰두했다. 부처 등 절대적 존재에 의지했으며 호화로운 별궁과 정자 등을 지어 신하들에게 관람시켜 위엄을 나타내기도 했다. 이러한 토목 공사로 인민의 고통도 컸다.

절박한 현실에서 도피하고 싶은 마음은 왕궁을 떠나는 잦은 행차로 나타났다. 기록에 자주 나오는 의종의 행차는 대체로 유흥을 좋아하는 천성 탓이라기보다는 그의 불안감이 더 큰 원인이었다.

의종은 귀족층을 견제하고 실추된 왕권을 회복하겠다는 소망은 버리지 않았다. 그러므로 의종과 귀족 세력 간의 대립 갈등은 알게 모르게 지속되었는데, 이것도 무신들의 현실에 대한 불만과 더불어 무신이 정변을 일으킬 수 있는 환경을 조성했다. 여기에다가 노역에 지친 일반 군인들의 불만도 매우 컸다.

결국 견룡군의 하급 무신들이 주동이 되어 무력으로 문신 귀족 제거를 계획하고 의종 24년(1170)에 실행했다. 이해 8월 29일 왕이 흥왕사로 갔다. 이때 왕은 주색이 심하여 정사를 돌보지 않았고 승선 임종식(林宗植), 기거주(起居注) 한뢰(韓賴)를 총애했는데 이들이 은총만 믿고 오만하여 무사를 멸시하여 여러 사람들의 분노를 샀다.

이날 정중부(鄭仲夫)가 이의방(李義方)과 이고(李高)에게 말했다. "이제는 거사할 때가 되었다. 왕이 만약 바로 환궁한다면 가만히 참을 것이오, 만약 또 보현원으로 간다면 이 기회를 놓치지 말아야 한다."

다음날 왕이 보현원에 행차하는 도중에 가까운 신하들을 불러 연회를 열었다. 술이 취하자 무신들에게 명하여 오병수박희(五兵手搏戲)를 하게 했다. 이것은 왕이 무신들의 불만을 알고 있었기 때문에 이들을 위로하고자 한 것이었다.

한뢰는 무신들이 총애를 받게 될까 걱정하여 시기심을 품게 되었다. 대장군 이소응(李紹膺)이 한 사람과 상대하며 치다가 이기지 못하고 달아나니, 한뢰가 갑자기 앞으로 나가 그의 뺨을 쳐서 섬돌 아래로 떨어뜨렸다. 왕이 군신과 함께 손뼉을 치며 크게 웃었다.

이것을 본 무관들이 얼굴빛이 변하여 서로 바라보았다. 정중부가 큰 소리로 한뢰를 꾸짖었다. "소응이 비록 무관이나 관이 3품인데 어찌 그를 욕함이 이토록 심한가." 왕은 정중부의 손을 잡고 위로했다. 이고가 칼날을 뽑고 정중부에게 눈짓했다. 정중부는 이를 말렸다.

날이 저물 무렵 임금의 가마가 보현원 가까이 이르자, 이고와 이의방이 먼저 가서 왕명이라 속이고 순검군을 집합시켰다. 왕이 막 보현원의 문에 들어서고 여러 신하가 물러나려 할 때 이고 등이 문 안에서 임종식과 이복기를 죽였다.

한뢰는 친한 환관에 의탁하여 몰래 안으로 들어가서 왕의 탁자 밑에 숨었다. 왕이 놀라 환관 왕광취(王光就)로 하여금 끌어내지 못하게 하니, 정중부가 왕에게 청했다. "화근인 한뢰가 아직도 왕의 곁에 있으니 그를 내보내어 죽이기를 청합니다." 내시 배윤재(裴允才)가 들어가 그 말을 왕에게 아뢰었으나 한뢰는 왕의 옷을 붙잡고 나오지 않았다. 이고가 칼을 빼어 위협하니 그제서야 나왔다. 즉시 그를 죽였다. 지유 김석재(金錫才)가 이의방에게 이고를 힐난했다. "이고가 어찌 감히 어전에서 칼을 뺀단 말인가." 이의방이 눈을 부릅뜨고 그를 꾸짖으니 김석재는 다시 말하지 못했다.

곧이어 왕의 행차를 따라나온 문신 및 환관과 내시들이 모두 살해당하여 시체가 산더미처럼 쌓였다. 왕이 몹시 두려워하여 무신들의 마음을 위안시키려고 여러 장수에게 검을 하사하니 무신들은 더욱 교만하고 횡포해졌다.

이떤 지기 정중부, 이고에게 "김돈중이 미리 알고 도망갔다"고 알리자 정과 이는 놀라며 걱정스럽게 말했다. "만약 돈중이 도성에 들어가 태자의 영을 받들어 성문을 닫고 굳게 항거하며 난의 주모자를 체포하기를 아뢰면 일이 매우 위태로워질 텐데 어찌합니까?" 그러자 이의방이 대책을 내놓았다. "만일 사태가 그렇게 되면 남쪽으로 피신하거나 안 되면 북쪽으로 가서 거란에 투항하자." 그리고는 걸음 빠른 자를 보내어 경도에 가서 정탐하게 했다.

전중내급사 문극겸(文克謙)이 성안에서 숙직하고 있다가 변란의 소식을 듣고 도망해 숨었으나 추적해 온 병사에게 붙잡혔다. 극겸이 말하기를, "나는 문극겸이다. 주상께서 만약 내 말을 따르셨다면 어찌 오늘의 난이 일어났겠는가. 원컨대 칼로 나를 죽여 다오" 했다. 그 병사가 기이하게 여겨서 그를 산 채로 여러 장수 앞에 끌고 왔다. 여러 장수들이 말하기를, "우리가 평소 이름을 듣던 자이니 죽이지 말라" 하고 궁성에 가두었다. 군졸들이 봉기하여 문신 50여 명을 찾아내어 죽이니 왕은 더욱 두려워하여 정중부를 불러 변란을 끝내도록 요청했지만 정중부는 도무지 응하지 않았다.

9월 초하루 오후 4시 무렵에 왕이 강안전으로 들어갔다. 왕광취가 무리를 모아 정중부 등을 칠 것을 꾀하다가, 한숙(韓淑)이 그 계획을 누설하여 정중부 등이 다시 수가내시 10여 명과 환관 10명을 색출하여 죽였다. 왕이 수문전에 앉아 술을 마시며 자락하면서 영관으로 하여금 음악을 연주하게 하고 한밤중이 되어서야 잠을 잤다. 이고와 채원(蔡元)이 왕을 시해하려 하니, 양숙이 이를 말렸다. 순검군이 창과 벽을 뚫고 깨뜨려 내탕고의 진기한 보물을 훔쳤다. 다음날 정중부는 왕을 거제현으로, 태자를 진도현으로 추방했으며, 태손은 죽였다. 그러고 나서 왕의 아우인 익양공(翼陽公) 호(晧)를 맞이하여 새 왕으로 추대했다.

위의 내용에서 보이듯 의종의 무신 천대가 정변 발생의 요인은 아니다. 의종의 성격이나 왕으로서의 불안한 위치로 미루어 그러한 주장은 사리에 맞지 않는다. 처음 정변이 발생했을 때 무신들의 의종에 대한 태도도 그리 나쁘지는 않았으며 축출의 대상이 아니었다. 의종과 정변을 일으킨 무신들 간의 관계가 악화되어 의종이 추방된 것은 환관 왕광취의 정중부 제거 계획이 누설됐기 때문이다. 아마도 의종은 정변 이후 정변 주역들이 정국을 좌우함에 따라 왕으로서의 실권을 회복할 수 없음을 깨닫고, 측근 심복인 왕광취로 하여금 무신 축출을 시도했을 것이다.

정변은 진행 과정에서 점차 과격해졌는데, 대부분의 정변이나 혁명에서 흔히 볼 수 있는 일이다. 일반 군졸들의 문신에 대한 원한은 매우 커서 문신 50여 명을 살해했을 뿐 아니라 그들에게 가혹하게 굴었던 인물을 색출하여 처단하기까지 했다.

> 군사들이 병부낭중 진윤승(陳允升)의 집에 가서 거짓으로 말하기를, "왕의 유지에 먼저 대궐에 나오는 사람을 승선에 임명한다 합니다" 고 했다. 윤승이 나가니 군사들이 그를 죽이고 그 시체에 큰 돌을 안겨다 주었다. 이전에 수성(壽星, 남극성)이 보였다 하여 진관사 남쪽에 사당을 새로 지었는데 윤승이 이 공사를 감독하면서 군사들이 운반한 돌을 반드시 저울에 달아서 받았기 때문에 이런 화를 당했던 것이다. (《고려사절요》 권 13 의종 24년 9월)

무신정변으로 의종의 아우이며 인종의 셋째 아들인 익양공 왕호가 즉위하니 그가 명종(明宗, 재위 1170~1198)이다. 명종이 즉위하자마자 대규모 인사 발령이 있었는데, 여기에서 무신만을 가려보면 다음과 같다.

정중부 : 참지정사

양　숙 : 참지정사

이소응 : 좌산기상시

이　고 : 대장군 · 위위경 · 집주

이의방 : 대장군 · 전중감 · 집주

기탁성 : 어사대사

채　원 : 장군

　　정중부 · 양숙 · 이소응 · 기탁성(奇卓誠) 등은 무신란에서 온건 · 소극적인 태도를 취한 인물들이고 이고, 이의방, 채원 등은 적극적인 인물들이었다.

　　무신 정변에서 주역은 정중부 · 이의방 · 이고 3인이었는데 이들의 처지와 입장은 달랐다. 정변을 처음 계획한 주모자는 견룡군의 하급 무신인 이의방과 이고이며 상장군으로 고위 무신인 정중부는 나중에 동의하여 변을 일으켰다.

　　정중부는 무신란 당시 상장군이었으나 출신은 한미했다. 《고려사》에 그의 무신으로서의 성장 과정이 나온다.

　　정중부는 해주 사람으로 용모가 특별했다. 모난 눈동자에 이마가 넓었고 얼굴빛이 희고 수염이 아름다우며 신장이 7척이 넘어, 바라보면 가히 두려움을 느낄 만했다.

　　처음에 고을에서 그를 군적에 올리고 팔을 묶어 서울로 보냈는데 재상 최홍재(崔弘宰)가 군사를 선발하다가 그를 보고 비범하게 여기어 봉한 것을 풀어주고 위안 격려하여 공학 금군(控鶴禁軍)에 편입시켰다.

인종 때에 처음으로 견룡군의 대정(隊正)이 되었다. 섣달 그믐날 밤에는 나례(음력 섣달 그믐날 궁중이나 민간에서 많이 행하던 잡귀를 없애는 의식)를 차리고 잡기를 했는데 왕이 친히 나와 구경했고 내시, 다방(茶房), 견룡들이 서로 뛰놀며 즐겼다. 그때 내시 김돈중이 나이는 젊고 기운은 세어 촛불을 가지고 정중부의 수염을 태웠으므로 정중부가 수박(手搏, 태견 무술)으로 모욕을 주었다.

돈중의 아버지인 김부식이 노하여 왕에게 말하여 중부에게 매질을 하려 했으므로 왕이 허락은 했으나 중부의 사람됨을 비범히 여겨 은밀히 중부를 도망시켰다. 이때부터 중부는 돈중을 싫어했다.

그 후 중부는 다시 벼슬하여 임금의 곁에서 시종하게 되었고 의종 초엽에 교위가 되었다. 그때 어사대에서 왕의 명령으로 수창궁 북문을 봉쇄하고 소인들의 출입을 금지했는데 정중부와 산원 사직재(史直哉)는 마음대로 열고 드나들었으므로 어사대에서 처벌하라고 청했으나 왕이 허락하지 않았다. 그 후 여러 관직을 거쳐 상장군이 되었다. (《고려사》 권 128 정중부전)

위의 기록에서 알 수 있듯이 정중부는 일반 병졸에 불과했으나 인종과 의종의 총애로 무신의 최고위직인 상장군이 되었다. 흔히 김돈중이 정중부의 수염을 불태운 것을 문신이 무신을 천시한 예로 든다. 그러나 종9품 대정으로 하급 장교에 불과한 정중부가 인종의 면전에서 고위 문신인 내시 김돈중을 구타한 것은 오히려 그가 왕의 아낌없는 신임을 받았다는 것을 보여준다. 그러므로 묘청의 난을 진압한 공신이요 문벌 귀족인 김부식의 요청에도 불구하고 처벌을 피할 수 있었다. 정중부뿐 아니라 이소응, 진준, 기탁성, 이광정(李光挺) 등은 왕의 아낌을 받아 일반 병졸에서 출세하여 고위 무신직에 올랐다. 그러므로 이들은 자신의 지위나 의리로 보아도 무신 정변에 적극적일 수 없었다. 단지 문신으로 왕의 측근인 내시 세력에 반격할 필요성을 느꼈고 이 때문에 무신란에 소극적이나마 참여하게 된 것이다.

이의방은 전주 사람으로 기록되어 있다. 이의방은 의종 말년에 산원으로 견룡행수(牽龍行首) 직을 맡고 있었다. 이의방은 대장군이었던 이용부(李勇夫)의 아들로 상당한 가문 출신이었다. 산원은 정8품이니 하급 장교에 가깝다. 그러나 산원은 무관 자제들이 보임되는 관직이었으며 이의방이 소속하고 있던 견룡군도 귀족 가문의 자제들이 뽑히기를 원했던 부대이다. 이의방의 아우인 이인(李隣)은 고위문신인 문극겸의 사위로 후일 조선 왕조를 세운 이성계의 직계 조상이다.

이고 역시 무신란 당시 산원으로 견룡행수 직에 있었으므로 낮은 가문 출신은 아니었다. 채원도 이고, 이의방과 모의를 주도했던 것으로 보아 출신 성분이 그리 차이가 난 것 같지는 않다.

이의방, 이고, 채원 등이 정변을 일으킨 데는 개인적 야심이 크게 작용한 듯하다. 이들은 불만에 가득 찬 일반 병졸과 승진욕구에 가득 찬 하급장교들의 마음을 읽고 정변을 일으켜 성공했다.

하급무신 중 적극 가담자로는 조원정(曺元正), 이영진(李英搢), 석린(石隣), 이의민(李義旼) 등이 있다.

조원정은 옥장이[玉工]의 아들이었다. 어머니와 할머니는 모두 관기였다. 그러므로 조원정은 7품 이상의 관직에는 오를 수 없는 신분의 제약을 안고 있었다. 무신란에서 이의방을 도운 공으로 낭장이 되었다.

이영진은 집안이 대대로 보잘것없어 물고기를 팔아 생계를 유지했는데 나졸이 되어 무신란에 참가했다. 이의민 집권 시기에 형부상서와 병부상서가 되었다.

석린은 창고 옆에서 쌀을 주워 먹고 살 정도로 빈한했는데 금군으로 무신란에 이의방을 따라 참여하여 낭장이 되었다. 후일 상장군까지 승진하여 동북면병마사와 서북면병마사를 역임했다.

이들은 모두 탐학하여 부정축재를 일삼았다. 이중 조원정과 석린은 명종 17년(1187) 왕을 암살하려다가 실패하여 참수되었다.

무신 집권 초기의 정치적 혼란

정변으로 명종이 즉위했으나 실제 주동자인 이의방, 이고, 채원이 실권을 쥐었고 이들 간에 암투가 시작되었다. 명종 원년(1171) 정월 이고는 이의방과 채원의 연합에 의해 제거되고 3개월 후에는 채원도 이의방에게 살해되었다. 이 과정에 정중부는 화가 자신에게 미칠 것을 두려워하여 두문불출했다.

이의방은 이고와 채원을 제거하고 권력을 독점했다. 그러나 정중부로 대표되는 고위 무신들을 무시할 수는 없었다. 이는 이의방이 두문불출하는 정중부에게 술을 들고 찾아가 부자의 의를 맺은 것에서도 알 수 있다.

무신정권이 성립하여 많은 문신들이 지방의 수령으로 좌천되었다. 이 때문에 문신들의 불만이 커졌다. 이의방의 횡포가 심한 가운데 명종 3년(1173) 8월에 동북면병마사 김보당(金甫當)이 이의방, 정중부의 제거와 의종 복위를 목적으로 군사를 일으켰다. 김보당은 장순석(張純錫)과 유인준(柳寅俊)을 남로병마사로, 배윤재를 서해도병마사로 삼아 동북면지병마사 한언국(韓彦國)과 함께 군사를 일으켰다. 그리하여 장순석, 유인준은 거제도에 가서 의종을 받들고 경주에 나와 있게 했다.

정중부와 이의방은 장군 이의민과 산원 박존위(朴存威)에게 군사를 이끌고 남로(南路)로 보내고 서해도에도 군사를 보내 막았다. 9월 7일에 한언국이 잡혀 죽고 13일에는 김보당이 안북도호부에서 잡혀 개경으로 압송되어 김보당의 거병은 실패로 돌아갔다. 김보당의 거병이 쉽게 진압된 것은 현지 토착 세력의 호응을 얻지 못한 탓이었다.

이의방은 영은관(迎恩館)에서 김보당 등을 고문하고 저자에 끌어내 죽였다. 김보당이 죽음에 임하여 "무릇 문신으로 공모하지 않은 자가 있었으랴"라고 말했는데 이 때문에 이의방은 다시 문신을 대규모로 학살했다. 또한 이의방은 이의민을 경주에 보내 10월 1일(경신일) 의종을 살해하게 했다. 이틀 후 3경의 4도호, 8목으로부터 군, 현, 객관, 역사의 관직에 이르기까지 전부 무관을 채용하여 무신 천하가 되었다.

고려의 불교는 그 당시까지 왕실을 비롯하여 귀족·문관의 비호와 지원으로 융성했다. 이 때문에 문관 귀족의 몰락에 반발하여 승병의 궐기가 일어났다.

명종 4년(1174) 정월 귀법사의 승려 백여 명이 궐기하여 경성의 북문을 침범했다. 이의방이 1천여 군을 이끌고 와 전투가 벌어져 양쪽에서 다수의 사상자가 나왔다. 중광사, 홍호사, 귀법사, 홍화사 등 여러 사찰의 승려 2천여 명이 다시 동문으로 집결했다. 이들은 잠긴 성문을 열려고 성 밖의 인가에 불을 질러 숭인문(崇仁門)을 태우고 성

안으로 들어갔다. 이의방은 부병(府兵)을 불러 모아 승병을 격퇴하니 100여 명이 참살되었고 부병도 죽은 자가 많았다. 이의방은 부병으로 성문을 지켜 승려의 출입을 막고 또 부병을 보내어 중광사, 홍호사, 귀법사, 용흥사, 묘지사, 복흥사 등 여러 절을 부수고 절의 재물을 탈취했다. 승병들이 길에서 부병을 요격하여 탈환했는데, 이때 죽은 부병도 매우 많았다. 당시 승병과의 충돌이 어떻게 결말지어졌는지 기록은 없다. 다만 이후의 정국을 보면 일정한 타협이 있었다고 볼 수 있다.

이렇듯 이의방의 횡포가 심해지자 형인 이준의가 그를 꾸짖었다. "너에게 세 가지 큰 죄가 있다. 임금을 추방하고 살해한 후 그 집과 첩을 취한 것이 첫째이고, 태후의 딸을 위협하여 간음한 것이 둘째이고, 국정을 마음대로 함이 셋째이다." 이 말에 이의방이 칼을 뽑아 죽이려 하자, 문극겸이 말렸고 그 사이에 이준의는 몸을 피했다. 곧 이어 3월 이의방은 딸을 태자비로 들이는 등 자신의 세력 구축에 힘썼다.

9월 25일에 서경유수인 병부상서 조위총(趙位寵)이 정중부·이의방 타도를 내걸고 군사를 일으켰다. 조위총은 정중부와 이의방이 의종을 살해하고 장사 지내지 않는 것을 성토하면서 "듣건대 상경의 중방에서는 의논하기를 '요새에 북계의 여러 성이 대체로 사나워졌으니 마땅히 토벌해야겠다' 하고 이미 군사를 크게 일으켰다 하니 어찌 가만히 앉아 죽음을 당하겠는가. 마땅히 병마를 규합하여 속히 서경으로 달려오라"는 내용의 격문을 동북 양계의 여러 성에 보냈다. 이 격문을 받고 자비령 이북의 40여 성이 호응했다. 이때 연주(延州, 영변)만이 호응하지 않았다.

무신정권에서는 중서시랑 평장사이자 상장군인 윤인첨으로 하여 삼군을 이끌고 서경으로 나아가게 하고 예부랑중 최균(崔均)을 동북로도지휘사사로 삼아 동북의 여러 성을 회유하게 했다. 윤인첨은 자비령 역에서 서경군의 기습을 받아 패하고 돌아왔다. 동북에서도 서경군이 화주(和州, 영흥)를 낭장 이거의 내응으로 함락시켜, 화주에 있던 병마사 이의(李儀)와 병마부사 최균을 잡아 죽였다.

그러나 장군 두경승(杜景升)이 5천여 군을 이끌고 고산(孤山)에 이르러 서경군을 급습하여 천여 급을 베는 전과를 올렸다. 이어 선주(宣州, 덕원)를 함락했고 다시 전진하여 맹주(孟州, 맹산)에 이르러 적병을 격파했다.

이때에 서경군은 남하하여 개경 서쪽 권유로(權有路)에 진을 쳤다. 이의방은 상서 윤인미, 대장군 김덕신, 장군 김석재 등 서경 출신들을 체포하여 모두 베어 저잣거리에 효수했다. 이의방 군이 서경군을 크게 무찌르고 추격하여 대동강에 이르렀다. 조위총이 굳게 성을 지키니 이의방은 서경성 바깥에서 주둔하며 한 달여를 공격했어도 함락시키지 못하고 돌아왔다.

조위총의 거병이 쉽게 진압되지 않았던 이유는 서북면의 토착 세력인 도령들이 중앙에서 파견된 병마사와 수령들을 살해하는 등 조위총을 지지했기 때문이다. 도령은 양계 주진군의 지휘관이었다. 이들은 중앙의 무반에 비해 훨씬 낮은 대우를 받아 불만이 컸다. 도령은 주진군에 편입된 민호(民戶)들을 실질적으로 장악하고 있었기 때문에 지방 통제를 강화시키려는 고려 조정과는 대립하는 일이 많았다. 이들의 지휘 하에 있던 양계 지역의 주민들은 모두 주진군에 편성된 병농일치의 군인이었다. 이러한 군대 조직을 갖춘 양계 주민들은 중앙에서 무신들이 집권한 일로 크게 고무되었으며 조위총의 선동에 호응했다.

이의방이 서경 공략에 실패하고 돌아오자 중앙정부는 대규모 원정군을 보내기로 결정하고 11월 27일 지휘부를 구성했다. 윤인첨이 원정군 원수로, 추밀원부사 기탁성이 부원수가 되었다.

뒤이어 두경승을 후군총관사(後軍總管使)로 삼아 원정군을 후원하게 했다. 이 출병은 규모가 매우 커서 승군도 종군했으며 수도를 지키는 군졸 수가 줄어들어 군사 4백 명을 징발, 위국초맹반(衛國抄猛班)을 편성하기까지 했다.

이 출정 과정에서 이의방이 피살되었다. 서교(西郊)에서 군사가 모일 때 승군도 집결했다. 12월 18일 이의방이 서문인 선의문 밖으로 나오자 정균이 승려 종참 등을 설득해 이의방을 암살하도록 했다. 종참은 호소할 일이 있다며 이의방의 뒤를 따라가다가 베었다. 이어 이의방의 형제(이준의와 이인)와 그 일당들도 붙잡아 모두 죽였다.

이의방이 제거되어 정중부 등 무신란 당시 온건한 태도를 취한 무신들이 집권했다. 이는 이의방이 제거된 지 며칠 후에 있은 인사 발령에 잘 드러난다.

정중부 : 문하시중
양　숙 : 참지정사
경　진 : 지문하성사
기탁성 : 지추밀원사
송유인 : 추밀원부사
이광정 : 추밀원부사 · 어사대부

무신들은 문신들이 승군을 사주하여 일어난 일로 생각하고 윤인첨을 죽이려 했으나 정중부가 설득하여 막았다. 승군은 이의방의 딸인 태자비의 출궁을 요구하며 보제사(普濟寺)에 집결하여 출발하지 않았다.

　　이의방이 죽은 것을 알고 조위총은 낭장 서준명(徐俊明)을 보내어 표를 올려 하례했다. 명종은 서준명을 법운사(法雲寺)에 구류하게 했다.

　　윤인첨은 서경 공격에 앞서 연주(漣州, 개천)로 나아가 그곳을 포위했다. 곧장 서경을 치다가는 앞뒤로 공격당할 것이기 때문이었다. 연주성을 수개월간 포위하고 있던 관군은 명종 5년(1175) 3월 조위총이 파견한 구원군을 샛길로부터 들이쳐 1500여 급을 베고 220여 명을 사로잡았다. 6월에는 두경승이 대포(투석기)를 동원하여 마침내 연주를 함락시켰다. 두경승이 병사의 약탈을 금하니 이를 들은 서북의 여러 성이 항복했다.

　　윤인첨은 드디어 서경으로 진군하여 서경을 포위했다. 그는 "서경은 성이 험고하니 피로한 사졸로 성에 붙어 공격하는 것은 좋은 꾀가 아니다. 다만 오래 포위를 하여 적으로 하여금 성 밖으로 나오지 못하게 하고 또 한쪽으로는 회유하여 살길을 열어 주면 성안에서 강탈당한 주민들은 반드시 나와서 항복하기를 꾀할 것이다. 이리되면 조위총은 하나의 굶주린 죄수에 지나지 않는 것이니 어찌 능히 견디랴"라고 하며 장기간의 포위전을 폈다.

　　서경성은 식량이 떨어져 시체를 먹는 지경에 이르렀고 성 밖으로 출병하여도 윤인첨은 진을 지킬 뿐 출전하지 않았다. 서경 사람으로 잡혀오는 자는 음식과 의복을 주어 보내니 투항자가 많아졌다. 9월에 관군은 서경군과 전투하여 3천여 급을 베었고 요충지인 봉황두(鳳凰頭)를 빼앗아 성을 쌓았다.

한편 조위총은 연주를 함락하려 자주 군사를 보내어 공격했으나 현덕수 부자는 격전을 거듭하며 굳게 지켰다. 조위총의 거병에 금 제국은 비상한 관심을 기울였는데 조위총 군이 연주를 공격하자 연주 부근에 파병했다.

형세가 위급해진 조위총은 10월 서언(徐彦) 등을 금에 보내 글을 올려 "선왕은 양위한 것이 아니고 정중부·이의방 등이 시해한 것"이라 하고 "자비령 이서 압록강에 이르기까지 40여 성으로 내속하고자 하니 군사를 보내어 조원해 줄 것"을 청했다. 이에 금의 황제 세종(世宗, 재위 1161~1189)은 거절하면서 서언 등을 고려 조정에 압송했다.

명종 6년(1176) 6월 관군은 총공격을 가하여 서경을 함락시켰다. 조위총을 베고 10여 명을 가둔 것 외에는 살상을 하지 않고 주민을 위무했다. 조위총의 거병에 대해 조선 세조 때의 서거정(徐居正)은 의로운 거사이나 시기를 잃어 실패했다고 평했다.

조위총의 봉기는 이것으로 끝나지 않았다. 서경이 함락될 때 일부 반군이 탈출했는데, 성에 남아 관군에 항복한 자들이 이들을 반도라 지목하고 이들의 부녀와 재산을 약탈했다. 이에 격분한 500여 장정이 명종 7년(1177) 5월 봉기하여 서경 유수와 관군에 투항한 자들을 살해했다. 서북 지역의 도령 등 토착 세력들이 동조했으므로 강경 진압은 효과를 보지 못하고 회유책으로 명종 8년(1178) 10월 반란을 종식시켰다.

그러나 이 지역의 민심은 가라앉지 않았다. 반란의 재발을 우려하여 명종 9년 서북면 지병마사 이부(李富)가 현지 주민들에게 양식을 주겠다고 속여 죽이는 등 탄압을 하자 다시 봉기가 발생했다.

정중부가 집권한 이후에는 고위 무신과 기대 수준이 높아진 하급 무신과의 갈등이 커졌다. 하급 무신들이 문신의 직을 다 차지하려 하자 고위 무신들이 반대했다. 정중부의 집권 동안에 "옥사가 끊이지 않았다"는 《고려사》의 기록은 이러한 갈등을 반영한다.

정중부 일가의 횡포도 심해졌다. 정균은 상서 김이영(金貽永)의 딸을 유인하여 처로 삼고 옛 처를 버리는가 하면 공주를 취하려 하여 명종이 근심했다. 또한 정중부의 사위인 송유인(宋有仁)도 방자하여 이름 높은 문신인 문극겸과 한문준(韓文俊)을 왕에게 강요하여 좌천시켰다. 이 때문에 많은 고위 관료들이 원한을 품게 되었고 장군 경대승(慶大升)이 정중부 일당 타도를 결심하게 되었다.

명종 9년(1179) 9월 경대승은 견룡군 장교 여러 명과 결사대 30여 명을 동원하여 정중부 일당을 제거했다. 경대승이 용력이 뛰어난 허승(許升) 등을 시켜 궁내에 숙직하던 정균을 죽이고 결사대 30여 명을 이끌고 궁궐을 넘어가 대장군 이경백(李景伯), 지유 문공여(文公呂) 등을 죽이니 궁내가 소란하여 왕도 크게 놀랐다.

경대승은 왕의 방 밖으로 나아가 "사직을 보호하려 함이니 임금께서는 놀라지 마소서" 하니 명종이 왕궁 문으로 나와 친히 술을 주고 위로했다. 경대승이 그 자리에서 금군을 풀어 정중부와 송유인 및 송유인의 아들인 장군 송군수 등을 체포할 것을 청하니 왕이 허락했다.

정중부 등은 이 소식을 듣고 민가에 도망하여 숨었다가 모두 잡혀 참살·효수되었다. 경대승은 다시 정중부 일당인 이부시랑 오광척과 장군 김광영, 지유 석화·습련, 중랑장 송득수·기세정 등을 잡아 베니 조정의 신료들이 궐에 나가 하례했다. 이에 대해 경대승은 "임금을 시해한 자가 아직도 남아 있는데 무엇을 하례할 것이 있으랴"라고 말했다. 임금을 시해한 자란 이의민을 가리킨 말이다. 이의민은 경대승의 공격에 대비하여 용사를 집에 모아 대비했다.

경대승은 중서시랑평장사를 지낸 경진의 아들이었다. 그의 가계는 무신란이 일어나기 전에 무반 가문으로 확고한 지위를 유지하고 있었다. 경대승의 동생은 무신란 발발의 도화선 격이었던 이소응의 사위였으며, 장군 손석도 경대승의 인척이었다. 가문에 힘입어 경대승은 의종 22년(1168) 15세의 나이로 교위가 되었다.

무신란 이후 그의 승진은 매우 빨라 명종 8년에는 이미 정4품인 장군 직에 올라 있었다. 그는 무신 정변에 매우 부정적인 입장이었다. 일반 무사들이 정중부를 다시 찬양하며 경대승을 적대시하자, 그는 신변 호위 목적으로 100여 명의 결사대를 모아 침식과 행동을 같이하게 했다. 이들의 숙소를 도방(都房)이라 했다.

이의민은 도방이 세워진 후에는 더욱 두려워하여 거주하는 마을의 거리에 큰 문을 세워 야경했고 여문(閭門)이라 이름 했다. 명종 11년(1181) 4월 이의민은 불안을 견디지 못하고 병을 칭탁하여 고향인 경주로 내려갔다. 명종은 경대승을 견제하려 이의민을 여러 차례 소환했으나 개경에 오지 않았다.

무신란 이후 역대 무신정권에서는 상장군과 대장군의 합좌기관인 중방이 최고의 권력기관이 되어 궁성의 시위와 일반 치안, 인사 행정을 다루었다. 이렇듯 집단지도체제를 크게 벗어나지 못한 무신정권에서 집정자들의 권력은 제한적이었다. 경대승의 권력도 그리 강하지 못하여 이미 크게 성장한 이의민을 제거할 여력이 없었다.

그는 학식이 없는 자들을 거부했는데 이는 한미한 가문 출신으로 무신란에 적극 참여하여 출세한 자들을 멀리했음을 의미한다. 그러므로 이의방과 정중부 집권 시절 출세한 많은 무신들의 불만을 샀다.

정적이 많아 불안해하던 경대승은 명종 13년(1183) 7월 30세의 나이로 병사했다. 12월 명종은 이의민을 공부상서로 임명하고 개경으로 불러들였다. 이의민은 주저하다가 명종 14년(1184) 2월 상경했다. 이의민은 하급 무신들의 강력한 지지를 얻고 있었으므로 점차 무신천하에서 중심인물이 되었다. 이의민은 흔히 천민으로 알려져 있다.

이의민은 경주 사람으로 아버지인 이선(李善)은 소금을 파는 것이 직업이었고 어머니는 연일현(延日縣) 옥령사(玉靈寺)의 여종이었다. 의민이 어렸을 때에 이선이 꿈에 이의민이 푸른 옷을 입고 황룡사 9층탑에 올라간 것을 보고, 이 아이가 반드시 큰 귀인이 될 것으로 생각했다.

장성하자 신장이 8척이고 힘이 대단했다. 형 2명과 함께 마을을 휘젓고 다녀 동네의 우환거리가 되자 안렴사(安廉使) 김자양이 잡아가두고 심한 고문을 했다. 두 형은 옥중에서 병들어 죽었으나 이의민만은 죽지 않았다. 김자양이 장하게 여겨 경군(京軍)에 넣어주었다.

그래서 처를 이끌고 짐을 지고 서울에 이르렀다. 마침 해가 저물어 성문이 닫혀 있었으므로 성 남녘에 있는 연수사(延壽寺)에 투숙했다. 꿈에 긴 사다리가 성문에서부터 대궐에까지 뻗혀 있었다. 꿈을 깨자 이상하게 여겼다.

이의민은 수박을 잘 했으므로 의종의 총애를 받아 대정에서 별장으로 승진했다. 정중부의 난 때에는 이의민이 살해한 수가 제일 많았다. 그리하여 중랑장으로 되었다가 즉시 장군으로 승진했다. 《고려사》 권 128 이의민전)

고려 시대나 조선 시대는 부모 중 한 사람이 천인이면 법적으로는 천인이 되었다. 그의 어머니가 여종이었으므로 그를 천인으로 보았다. 그러나 경주를 휘젓고 다녔다는 것을 보면 그가 천인으로 산 것은 아니다. 이의민의 선조는 이양혼으로 베트남 이씨 왕조의 4대 황제인 인종(仁宗)의 셋째 아들이라 한다. 이양혼은 내란을 피해 고려로 망명하여 경주에 정착했다고 한다.

이러한 이의민 가문의 전승을 입증할 수 있는 다른 기록은 없다. 이선과 이의민의 꿈은 최고권력을 지향하는 잠재의식의 산물로 볼 수 있는데 이는 왕손이라는 전승을 굳게 믿었으므로 생긴 듯하다.

이의민의 승진은 무신란 이후 무신 가운데서도 특히 두드러진 것이었다. 이의민은 무신란 직후 중랑장으로 승진했으며 얼마 후 장군으로 진급했다. 의종을 시해하고는 대장군이 되었다. 조위총이 봉기하자 연주 부근에서 조위총 군을 격파한 공으로 상장군이 되었다. 경

베트남 왕족의 후손 정선(旌善) 이씨 · 화산(花山) 이씨

한국에는 베트남 이씨 왕조의 왕자를 시조로 하는 성씨가 둘 있다. 하나는 정선(旌善) 이씨로 이양혼을 시조로 하고 다른 하나는 화산(花山) 이씨로 이용상(李龍祥)을 시조로 한다.

이양혼은 이씨 왕조의 4대 황제인 인종(仁宗, 재위 1072~1127)의 3남으로 고려에 망명했다고 한다. 이양혼의 9세손인 이우원이 상서좌복야로 추봉되어 정선으로 이주하여 그 후손들이 정선을 본관으로 정했다고 한다.

이용상은 베트남 이씨 왕조의 마지막 황제인 혜종(惠宗)의 숙부로 진씨 가문이 이씨 왕조를 타도하고 왕족을 학살하자 탈출하여 1226년 황해도 옹진의 화산에 정착했다. 《옹진군지》에 따르면 이용상은 1253년의 몽골 침입 때 주민들을 조직하여 몽골군을 격퇴했고, 그 공으로 화산군에 봉해졌다고 한다.

대승이 집권하자 이의민은 자신의 기반이 있는 고향인 경주로 피신하여 지방군 조직을 장악했다. 또한 신체나 무예가 뛰어난 자들을 선발하여 군부대를 만들었으니 사서에서는 이를 별초(別抄, 특별한 목적으로 가려 뽑은 군대)라 부른다. 명목이야 치안유지였으나 실제로는 이의민의 사병집단이었다.

이의민은 경대승이 사망한 후 개경으로 돌아와 중앙 정치에 복귀했다. 이의민은 매우 조심스럽게 처신했다. 이의민이 경대승을 타도한 것이 아니었으므로 바로 집권자가 될 수는 없었다. 명종 20년(1190) 12월 정2품인 이의민은 동중서문하평장사가 되어 권력을 휘두르기 시작했다. 그러나 명종에 충성하는 무신 두경승이 견제했다. 두경승의 품계가 이의민보다 더 높았다. 중서성에서 일을 토의하다가 의견이 충돌되어 이의민이 "네가 무슨 공으로 지위가 나보다 높은가" 라고 말한 일이나 경대승의 인척인 손석이 추밀원부사로 있었던 것에서 알 수 있듯이 이의민의 권력은 제한적이었다.

무신 집권하의 농민항쟁

농민들은 사회경제적 요인과 자연재해 등으로 생존기반을 상실했을 때 거주지를 떠나 떠돌이 생활을 한다. 이들이 유민이다. 유민은 떠돌아다니다 거주지를 이전하거나 생계수단을 변화시키기도 한다. 경우에 따라서는 신분이 변화하기도 하며 가족의 이산을 가져와 가족 구성이 변화한다. 유민의 발생은 국가의 수취기반 동요와 국방력 약화를 초래해 결국 나라를 취약하게 만든다.

유민의 발생이나 농민반란은 권세가들의 토지겸병과 지방관의 탐학으로 자영농민이 몰락한 것이 근본 원인이었다. 몰락한 자영농민은 예속 농민인 전호가 되거나 유민이 되었다.

12세기 초인 예종 대에 경기도와 황해도를 중심으로 유민이 대규모로 발생했으며 인종 대와 의종 대 초반에는 도적의 무리들이 자주 일어나는 등 농민반란의 조짐을 보이기 시작했다. 의종 22년(1168)에 제주도에서 농민반란이 처음 발생했고 12세기 후반 무신정권이 들어선 이후에는 이들의 극심한 민중 수탈이 주요 원인이 되어 전국적으로 발생하기 시작했다. 농민반란은 지속적으로 일어나 몽골과의 전쟁 기간에도 끊임없었다.

무신 집권기 농민항쟁은 지역적으로 보아 오늘날의 평안도 일대인 서북 지역과 충청도 일대에서 먼저 일어났다. 명종 4년(1174)에 일어난 조위총의 봉기는 중앙의 수탈에 저항하는 농민항쟁의 성격을 띠었다. 조위총의 봉기는 명종 6년(1176) 6월 진압되었으나 남은 무리 500여 명이 이듬해 다시 봉기했으며 명종 9년(1179)에도 봉기했다.

중부 지역의 경우 가장 대표적인 것은 명종 6년 정월 공주 명학소(鳴鶴所)에서 일어난 망이(亡伊)·망소이(亡所伊) 형제의 봉기였다. 조정에서는 관리를 보내 회유했으나 성과가 없었고 3천 명의 토벌군을 보내도 패하기만 했다. 6월 조정에서는 명학소를 승격시켜 충순현(忠順縣)이라 하고 현령과 현위를 보내었으나 봉기군은 이에 따르지 않았다.

명학소의 농민봉기는 확대되어 같은 해 9월 예산현을, 이듬해 명종 7년(1177) 2월 황려현(黃驪縣, 경기도 여주)과 진주를, 4월에는 청주 관내의 속군현을 점령했다. 7월에 관군이 망이 등을 붙들어 명학소의 봉기는 진압되었으나 정중부 정권에 큰 타격을 주었다.

명학소 봉기와 비슷한 시기인 명종 6년 11월에는 손청(孫淸)이 가야산을 근거로 무리를 모아 일어나 각지를 노략했다. 명종 7년 2월 손청이 관군에게 잡혀 죽어 진압되었다. 또 다른 초적(草賊)의 괴수 이광(李光) 등 10여 명도 동년 3월 좌도병마사에게 붙들렸다.

1180년대에 와서는 농민항쟁이 점차 남부 지역으로 옮겨졌으니 명종 12년(1182) 2월 관성현(管城縣, 옥천)과 부성현(富城縣, 충남 서산)의 주민이 봉기했다.

관성에서는 현령인 홍언(洪彦)이 탐학무도하여 향리와 백성이 들고 일어나 현령을 잡아 가두었다. 고려 조정에서는 진상을 조사하여 주모자를 귀양보내고 홍언도 처벌하여 사태를 수습했다. 부성에서는 현령과 현위가 서로 반목하여 그 해가 무고한 사람에게까지 미치자 역시 백성들이 일어나 현의 관아를 점령했다.

같은 해 3월 전주에서 정용보승군(精勇保勝軍)의 기두(旗頭)인 죽동(竹同)이 중심이 되고 관노 및 불평의 무리가 난을 일으켰다. 평소 전주사록(全州司錄) 진대유(陳大有)는 형벌을 가혹히 하여 백성들이 괴로워하던 차에 조정에서 정용보승군을 보내어 관선(官船)을 만들게 한 일이 있었다. 진대유와 상호장 이택민(李澤民)이 혹독하게 감독하자 죽동 등이 봉기하여 진대유를 산사(山寺)로 내쫓고 이택민의 집 등 10여 가에 방화했다. 안찰사 박유보(朴惟甫)가 전주로 들어가자 죽동 등은 대오를 갖추고 맞이하여 진대유의 무도함을 호소했다. 박유보는 진대유를 잡아 개경으로 압송했으나 죽동은 투항하지 않았다. 40여 일 동안 성을 공격했으나 함락하지 못했는데 일품군(一品軍, 공사 등 노역에 동원되는 부대)의 대정이 승도와 더불어 죽동 등

10여 명을 베어 진압되었다.

1190년대에는 대규모의 조직화된 농민항쟁이 남부 지역을 중심으로 일어났다. 명종 20년(1190) 정월 지금의 경주인 동경에서 농민봉기가 일어났다. 고려 조정에서는 여러차례 관군을 보내 진압을 시도했으나 성공하지 못했다. 명종 23년 7월 운문(雲門, 경북 청도)에서 김사미(金沙彌)가, 초전(草田, 경남 밀양)에서 효심(孝心)이 유민을 모아 봉기했다. 고려 조정은 토벌군을 파견했지만 관군은 번번이 패하여 사태는 더욱 악화되었다.

기록에 의하면 이처럼 토벌에 실패한 이유는 경주 출신의 이의민이 신라부흥의 뜻을 가지고 있어 반란군을 지원했기 때문이라고 한다. 토벌군 지휘관의 한 사람인 이지순이 적과 내통하여 물자를 제공하고 토벌군의 동정을 알려 관군이 패배를 거듭했다고 한다. 이 기록을 그대로 긍정하는 견해도 있고, 이의민 반대파의 모략이라는 견해도 있다. 이의민이 반란군을 지원한 것은 사실로 보고 이는 자신의 권력을 확대시키는 수단으로 이 반란을 이용한 것이라는 의견도 있다.

김사미와 효심의 봉기는 크게 세력을 떨쳐 같은 해 11월 대규모 관군을 파견해 토벌하게 했다. 이번에는 성과를 거두어 이듬해인 명종 24년(1194) 2월에 김사미가 항복했다. 갑인일에 토벌군 장군 사량주가 전사했으나 경신일 좌도병마사 최인이 강릉까지 추격하여 150여 급을 베는 전과를 올렸다. 4월에는 남로병마사가 밀성 저전촌에서 농민군 7천여 명을 참살하는 전과를 올렸다. 효심을 중심으로 한 농민항쟁은 계속되어 윤 10월에는 좌도병마사 최인이 진압이 지지부진하다고 파면되기까지 했다. 우도병마사 고용지가 좌도병마사의 직책을 겸임하여 12월 효심을 사로잡았다. 그러나 잔당들의 활동은 계속되어 최충헌 집권시에 다시 대규모로 폭발하게 된다.

이 시기 농민봉기가 일어났던 근본 원인은 토지 소유를 둘러싼 여러 계층 간의 대립과 갈등에 있었다. 권세가들의 토지 겸병과 지방관의 농민 수탈, 생산력 발전에 따른 농민층의 분화 등으로 몰락하는 농민이 늘어났다. 이러한 현상은 전근대 사회에서 평화가 오래 지속되면 늘 있는 일인데, 왕권이 점차 취약해져서 이를 막기 위한 유효한 조치나 정책을 취할 수 없게 되었으므로 이러한 추세는 계속되었고, 무신정권이 들어선 이후에는 무신들의 탐욕으로 더욱 심화되었다.

권세가들에 의한 토지 겸병은 12세기 후반 무신정권이 들어서면서 가속화되었다. 무신 집권자들의 탐욕은 문신 귀족을 능가했다. 무신 집권자들뿐 아니라 지방 토호와 승려들도 토지 겸병에 열심이었다. 그 대상도 민전은 물론 양반전·군인전 등 공전과 사전 모두에 미치고 있었다. 이런 점에서 무신 집권기는 토지 지배관계에서 일대 전환이 이루어진 시기였다.

권세가들은 확보한 토지를 농장(農莊) 형태로 경영했다. 농장은 자료에 따라 농장(農場), 전장(田莊), 전원(田園) 등 여러 명칭으로 나타난다. 농장주들은 농장 관리를 위해 장사(莊舍)를 설치했다. 장사는 농장의 사무를 처리하는 곳이면서 경작 농민을 수용하거나 영농에 필요한 도구를 비축하고 곡물을 저장하는 장소이기도 했다. 장사의 책임자는 장주(莊主)나 장두(莊頭)로 불리었으며 이들이 농장관리인이었다. 장두는 농장주가 신임하는 가신이나 노복, 사원에 속한 농장의 경우는 문도(門徒)가 담당했다. 장두는 대부분 개경에 거주하는 권력자인 농장주를 대신하여 장사에 상주하거나 수시로 왕래하면서 농장을 관리했다. 농장주와 경작 농민 사이에는 사적인 지배·예속

관계가 성립되었다.

지방관의 수탈도 농민 몰락의 큰 원인이었다. 지방관의 수탈 역시 무신정권에서 심화되었다. 그런데 무신정권에서 과도한 수탈을 자행한 지방관은 장사치나 군졸 등 본래 지방 수령의 자격이 없는 자들이었다. 이들은 무신 집권자의 비호 아래 수령으로 파견되어 무제한의 수탈을 자행했다. 다음은 《명종실록》을 편찬한 사관이었던 권경중(權敬中)의 사론이다.

> 경인년(무신란이 일어난 1170년)과 계사년(김보당이 거병한 1174년)에 정변이 있은 이후로, 짐승이나 잡고 장사하던 무리나, 말단 군졸로 부당하게 외직의 수령으로 나간 자들이 많았다. … 하루아침에 한 고을의 수령이 되어 생사여탈권을 가지게 되면 그들이 재물을 탐내고 이익을 취하는 것은 당연한 일이다. 오호라, 곡식이 자라는 곳에 소와 말을 몰아넣고 꿩과 토끼가 노는 곳에 매와 사냥개를 풀어놓고서, 그 짐승들이 뜯어먹고 물어뜯는 것을 어찌 금할 수 있으랴. (《고려사절요》 명종 18년 3월)

무신 집권기의 광범위한 농민봉기에는 단지 농민·천민·노비들만 아니라 지배층에 가까운 향리·토호 그리고 동정직(同正職) 소유자들도 상당수가 가담했다. 무신 집권기의 지방관은 일반 백성뿐 아니라 부유하나 중앙과 연계된 권세가 없는 토호들에 대한 수탈도 병행했는데 이것이 서북민의 항쟁이나 경주와 제주민의 봉기에서 토호 등 향리 층이 광범위하게 가담한 원인이었다. 공주 명학소의 봉기나 경주민의 봉기에서는 정치권에서 소외된 관인(官人) 계층인 동정직 소유자들도 동조했다.

농민·천민들 못지않게 고려사회의 불만계층은 동정직 소유자들이었다. 동정직은 정직(正職)에 준하여 설정된 산직으로 휴직 및 벼슬길에 나설 때 처음 맡는 직의 성격을 띠고 있었다. 대기했다가 현관으로 나가는 것이었으나 관료층이 팽창함에 따라 동정직 보유자들이 현관이 되기가 어려워졌다.

《고려도경》에 따르면 인종 대에 시관(時官, 현관)이 3천 명, 산관 동정이 1만 4천 명이었는데 이 같은 동정직 소유자 가운데 문관직을 지닌 사람들은 무신정권 수립 이후 현관이 되기가 더욱 어려워졌다. 그러므로 동정직 소유자들은 지배층인 관인계층에 속하면서도 불만이 많았고 농민·천민 봉기에 가담하기도 했다.

여기에다 무신 정변 이후 신분이 낮은 무신들이 권력의 최상층부에 오른 것도 피지배층의 의식에 큰 영향을 주었다.

최충헌의 집권

이의민이 중앙 정계에 복귀한 뒤 점차 권력이 증대했다. 이에 따라 이의민과 그 가솔의 횡포도 심해졌다. 다음은 《고려사》 이의민전의 기록이다.

> (명종) 24년 왕이 이의민을 공신으로 책봉했는데 양부(兩府)의 문무백관이 모두 그 집으로 가서 축하했다. 이의민이 뇌물을 받고 전주(銓注)를 독단으로 처결하고 도당을 지으니 조정 신하들이 감히 어찌할 수가 없었다. 주민들의 집을 많이 차지하여 큰 집을 짓고 타인의 토지를 강탈하는 등 탐

학이 극에 달하여 중외(中外)가 두려워했다. 일찍이 낙타교에서 저교까지 둑을 수척의 높이로 쌓고 둑 좌우편에 버드나무를 심었으므로 사람들이 그를 신도 재상(新道宰相)이라 불렀다.

이의민의 처 최씨는 성품이 흉악하여 투기를 부려 여종을 때려죽인 일이 있었다. 또 노비와 간통하여 이의민이 노비를 죽이고 처는 내쫓았다. 그 후 이의민은 양가집 처녀를 끌어들여 얼굴이 고우면 결혼했다가 곧 다시 버리곤 했다.

그의 자식들은 아비를 믿고 횡포를 부렸는데, 이지영과 이지광이 더욱 심해 세상에서 그들을 쌍도자(雙刀者)라 불렀다. 이지영이 삭주 분도장군이 된 적이 있었다. 관례에 따르면 장군은 반드시 병마사의 지휘를 받은 후에야 도내를 순행할 수 있었으나 지영은 거리낌없이 제멋대로 드나들었.

감창사(監倉使) 합문지후 최신윤이 왕명을 받들고 삭주에 왔는데 이지영은 영접도 하지 않고 보통 옷으로 공관에서 식사를 했다. 갑자기 최신윤을 붙잡고 때려죽이려 하다가 힘들어 숨을 돌리는 사이에 최신윤이 도망쳤다. 이지영은 최신윤의 의복과 물건을 불사르고 휘하의 나전칠기 장인 1명을 죽였다.

뜻에 맞지 않는 자는 걸핏하면 죽였으며 남에게 아름다운 처가 있다는 말만 들으면 그 남편이 외출한 틈을 엿보고 반드시 협박해서 정조를 유린했으며 노상에서 아름다운 부인만 보면 꼭 수종자들을 시켜 납치하여 더럽히고야 말았다. (《고려사》 권 128 이의민전)

이처럼 이의민 일가의 횡포는 매우 심했다. 이의민 일가에 대한 민중의 반감과 원망은 날로 커졌다. 마침내 명종 26년(1196) 4월 최충헌 형제가 이의민을 제거했다. 최충헌 형제는 이의민을 살해한 후 군사를 이끌고 궁문에 나아가 아뢰었다.

"난적 의민은 일찍이 시역의 죄를 지었으며 생민을 침학하고 왕위를 넘겨다보므로 신 등은 그를 질시하기 오래되었나이다. 이제 국가를 위하여 이를 쳤사오나 일이 누설될까 두려워 감히 명령을 청하지 못했사오니 죽을 죄를 지었나이다."

명종은 최충헌의 정변을 추인했다. 그러자 최충헌 형제는 대장군 이경유, 최문청 등과 더불어 이의민의 잔당을 토멸하기로 주청하고 시가에 앉아 군사를 소집하니 장사들이 호응했으며 6위의 장병들도 모두 모여들었다. 그리하여 성문을 닫고 이의민 일파를 수색하여 체포했다. 이지영은 안서도호부에 머물고 있었는데 최충헌이 보낸 장군 한휴가 목을 베어 개경으로 보냈다.

이어 최충헌 등은 명종에게 청하여 지후 한광연을 경주에 보내어 이의민의 3족을 멸하고 다시 여러 주에 사자를 보내어 이의민 일파를 베었다. 이의민의 사위인 이현필은 원주로 귀양 보냈으며 사죄하러 온 이지순과 이지광은 목을 베었다. 이의민 일당이 주멸된 후 정국이 안정되지 못한 가운데 유언비어와 그에 따른 밀고가 성행했다. 이로 말미암아 또 한번 대규모 살육이 벌어졌다.

최충헌과 최충수가 최문청, 이경유와 함께 인은관(仁恩館)에 회합하여 일을 의논하는데 어떤 사람이 고하기를 "평장사 권절평, 손석, 상장군 길인 등이 거병을 모의하고 있다" 하고 또 고하기를 "평장사 이경유 등이 딴 마음을 품고 있다" 했다.

최충헌은 곧 권절평의 아들 장군 권준과 손석의 아들 장군 손홍윤을 불러 술을 마시며 평소와 다름없이 담소하다가 갑자기 좌우 장사들에게 눈짓하여 몸을 꺾어 죽이고 또 그 자리에서 이경유를 목 베어 죽였다. 최문청은 늙었고 또한 충직한 사람이라 하여 죽이지 않고 돌려보냈다. 최충헌은 시가의 군막에 앉아 장졸을 각지로 보내어 권절평, 손석, 장군 권윤·류삼상, 어사중승 최혁윤 등을 체포했다가 죽였다.

이 때 길인은 수창궁에서 사변을 듣고 장군 유광(愈光), 박공습 등과 함께 무기창고의 병장기를 무단으로 출고해서 금군과 환관, 노예 등 천여 명에게 나눠주며 이르기를 "지금 최충헌이 난을 일으켜 무고한 사람을 많이 죽이니 재앙이 장차 너희에게도 미칠 것이다. 각자 힘을 다하여 큰 공을 세워라" 하고 무리를 이끌고 궁문을 나서 모래재[沙嶺]를 넘어 시가로 향했다.

최충헌 등은 군사를 거느리고 맞아 싸웠는데 결사대 10명을 선봉으로 하여 칼을 휘두르며 크게 소리치고 상대의 진으로 돌진하니, 길인의 무리들은 이를 바라보고 산산이 흩어졌다. 길인, 유광, 박공습은 말을 달려 수창궁으로 들어가 궁문을 닫고 지켰다. 최충헌 등은 무리를 이끌고 포위했다. 백존유가 화공을 하려 하자 길인은 두려워하여 담을 넘어 달아났다.

왕이 궁문을 열게 하고 최충헌과 최충수를 불렀다. 최충헌 등은 길인이 궁내에 있는 것으로 의심하고 낭장 최윤광을 시켜 궁에 들어가 왕에게 아뢰었다.

"난적 이의민이 발호하므로 신은 군사를 들어 베었더니 그의 도당이 신을 미워하여 도리어 해를 가하려 했나이다. 그러나 하늘이 그들을 도와주지 아니하여 흉악한 무리들이 스스로 무너졌나이다. 그러나 아직도 그 잔당이 있어 궁내에 숨었으니 궁에 들어가 색출해내기를 청하나이다." 왕이 허락했다.

드디어 최윤광을 시켜 군사를 풀어 궁내로 밀고 들어가 보이는 대로 죽이니 시체가 어지러이 널렸다. 유광과 박공습은 자결하였고 왕을 모시고 있던 좌우의 사람들도 모두 흩어져 달아났다. 소군(小君, 승려가 된 왕자)과 궁희(宮姬) 몇 명이 임금 곁에서 눈물을 흘리고 있을 따름이었다.

최충헌 등은 군사를 이끌고 인은관으로 돌아와 참지정사 이인성, 상장군 강제와 문득려, 좌승선 문적, 우승선 최광유, 대사성 이순우, 태복경 반취정, 기거랑 최형, 낭중 문홍분 등 36명을 체포하여 인은관에 가두었다. 길인은 북산에 이르러 머리를 깎고 승려의 검은 옷을 입고 바위 밑으로 떨어져 죽었다. 최충헌은 또 상장군 주광미, 대장군 김유신과 권연 등을 죽였다.

어떤 승려가 와서 "길인이 왕륜사의 승도를 인솔하여 거사하려 하니 방비하기를 청합니다"라고 고했다. 최충헌이 대노하여 가두어 두었던 이인성 등 36명을 모두 죽이고 사람을 왕륜사로 보내 정찰하게 했더니 중들이 모두 본당에서 식사하고 있는데 잠잠하여 아무런 다른 점이 없었다. 최충헌은 무고함을 알고는 그 무고자를 잡아 죽이고자 했으나 이미 달아났다.

문적의 처 최씨는 쌓인 시체 가운데 남편의 시체를 찾아 가지고 이고 갔다. 보는 사람들이 눈물을 흘렸으며 최충헌은 이 말을 듣고는 열녀라고 칭송하고 장례를 치러 주었다.

최충헌은 또 판위위사 최광원, 소경 권신, 장군 권식과 두응룡, 낭장 최비를 남녘 변방으로 귀양 보냈다. 최충헌이 조정의 신하를 많이 죽이니 인심이 흉흉하고 공포에 잠겼으므로 각 도에 사신을 보내어 인심을 안정시켰다. (《고려사》 권 129 열전 최충헌전)

최충헌의 아버지는 상장군이었고 그의 외조부도 상장군에 오른 무반이었다. 그러므로 그는 무신으로서는 매우 좋은 가문 출신이었다. 음서로 관직생활을 시작한 최충헌은 처음에는 행정실무를 담당하는 도필리였다. 최충헌은 도필리를 수치로 여기고 무반으로 출사로를 바꾸었다.

그는 명종 4년 조위총의 난을 진압하러 출정하는 부원수 기탁성에게 발탁되어 별초도령(別抄都領)이 되고 이어 별장(別將)이 되었다. 그의 진급은 느린 편으로 이의민 제거 직전에 겨우 섭장군(攝將軍)이 되었다.

이의민 일당과 기타 조정 대신들을 대량으로 학살해 일거에 정적을 제거한 최충헌 형제는 동년 5월 명종에게 10조의 봉사(封事)를 올려 폐정의 시정을 제시했다. 최충헌이 집권하여 10조의 봉사를 올려 정치 쇄신을 표방한 것은 주목할 만한 것으로 이전의 무신 집정자들과는 다른 면을 보여주는 것이었다.

최충헌은 봉사를 올린 뒤 내시인 호부시랑 이상돈, 군기소감(軍器少監) 이분 등 50명이 모두 권세로써 승진한 것이니 내시가 될 수 없

10조 봉사

1. 송악의 궁궐이 불탄 후 새로 지었는데 아직 왕이 들어가지 않고 있다. 길일을 정하여 왕이 송악의 궁으로 환궁할 것.
2. 관료 중 쓸모없는 인원을 줄이어 녹봉의 부족이 없도록 할 것.
3. 벼슬아치들이 불법으로 점탈한 토지를 조사하여 주인에게 돌려줄 것.
4. 세도가에서 무리하게 전조를 거두지 못하도록 감시관을 둘 것.
5. 여러 도에 파견하는 관리들이 가렴주구를 하지 못하도록 진상물을 거두는 것을 금하고 오직 사찰만 하도록 할 것.
6. 중들이 궁에 드나들지 못하도록 할 것.
7. 향리를 잘 감독할 것.
8. 백관들의 사치를 금하고 검약을 숭상하게 할 것.
9. 산천의 길흉을 살피지 않아 지맥을 손상하게 지은 사찰들을 철거할 것.
10. 간관들이 아첨하고 눈치를 살피는 자가 없도록 사람을 가려 쓸 것.

다 하고 명종에게 아뢰어 모두 물러가게 했다. 또한 소군 홍기·홍추·홍규·홍균·홍각·홍첩 등이 궁궐에 있어 정치에 간여한다 하여 모두 본사로 돌아가게 했으며 명종이 아끼는 승려 운미(雲美)와 존도(存道)를 내치게 했다.

최충헌은 이의민 타도 후 여러 차례의 숙청으로 조정을 그의 독무대로 만들었다. 그러나 명종은 그가 옹립한 임금이 아니었으며 아직도 그를 견제하는 관료들과 장수들이 많이 남아 있었다.

명종 27년(1197) 9월 홍왕사의 승통(僧統) 요일이 중서령 두경승과 더불어 그를 암살하려한다는 제보가 들어오자 최충헌은 왕의 폐립을 단행했다.

9월 21일 최충헌은 아우 최충수와 생질 박진재 등과 더불어 군사를 시가에 결집시키고 여러 성문을 폐쇄한 다음 두경승 등 13명의 중신과 대선사 연담 등 10여 명의 승려와 소군 10여 명을 귀양보냈다. 이어 명종을 창락궁에 유폐하고 태자(훗날의 강종)를 강화도로 보내고 명종의 아우인 평량공(平凉公) 왕민을 새로운 왕으로 옹립했다. 그가 신종(神宗, 재위 1197~1204)이다.

신종을 옹립한 다음달인 10월에 최충헌 형제가 무력 충돌했다. 최충수가 자신의 딸을 태자비로 들이는 것에 최충헌이 반대한 것이 발단이 되었다.

태자가 창화백(昌化伯) 우(祐)의 딸로 태자비를 삼았었는데 이때 최충수가 자기 딸을 태자비로 들이려 했다. 왕에게 억지로 청하니 왕이 불쾌했지만 차마 거절을 못했다. 최충수가 나인들에게 은근히 태자비를 내보낼 것을 시사하자 왕이 어쩔 수 없이 태자비를 내보냈다. 태자비가 목이 매여 흐느껴 우니 황후도 눈물을 흘렸고 궁중에서 눈물을 흘리지 않는 사람이 없었다. 태자비는 드디어 미복으로 대궐을 나왔다.

충수는 즉시 날을 정하고 장인들을 불러 혼례 치장을 성대하게 준비했다. 최충헌이 이 소식을 듣고 술을 가지고 최충수 집으로 갔다. 조용히 함께 술을 마시다가 충헌이 물었다.

"들으니 자네는 딸을 동궁에 들인다는데 그런 일이 있나?"

충수가 대답했다.

"있습니다."

충헌이 타일렀다.

"지금 우리 형제에게 일국의 세력이 기울고 있으나 우리는 한미한 가문인데 만약 딸을 태자의 배필로 한다면 세상의 비난이 없겠느냐! 하물며 부부 사이는 은의가 뿌리 깊은 것으로 태자가 비와 결혼한 지 이미 여러 해인데 하루아침에 떼어놓는 것이 인정으로 보아 될 일이냐? 옛사람의 말에 앞 차가 뒤집히면 뒤에 오는 차가 경계한다 했다. 전에 이의방이 딸을 태자비로 삼고 나서 끝내 남의 손에 죽었지 않느냐. 그 전철을 밟고 싶으냐?"

최충수는 최충헌의 질책에 하는 수 없이 따르기로 하고는 장인들을 돌려보냈다. 그러나 얼마 가지 않아 생각이 바뀌어 "대장부는 일을 할 때 결단력이 있어야 한다" 하고 다시 장인들을 모아 지난번처럼 준비를 독촉했다.

이때 ㄱ의 어머니가 말렸다.

"네가 형의 말을 따라서 마음이 놓였는데 이제 와서 또 어찌 이리 하느냐!"

충수가 성을 내며 "부인네들이 참견할 일이 아닙니다"라고 하며 손으로 밀쳐서 땅에 넘어뜨렸다.

충헌이 이 이야기를 듣고 말했다.

"불효보다 더 큰 죄가 없는데 이처럼 어머니를 모욕하니 나에게야 말할 것이 있겠나! 말로는 타이를 수 없겠으니 내일 아침에 우리 사람들을 시켜서 광화문에서 기다리고 있다가 그의 딸을 궁중으로 들여놓지 못하게 해야겠다."

어떤 사람이 충수에게 이 말을 고해바치니 충수도 자신의 무리들에 당부했다.

"나를 방해하는 사람이 없는데 유독 형님만이 나를 방해하는 것은 자신의 수하에 사람이 많은 것을 믿기 때문이다. 내일 아침에 내가 그 무리들을 깨끗이 쓸어버릴 터이니 너희들도 최선을 다해라."

이 말이 최충헌의 귀에 들어갔다. 최충헌은 자신의 무리들에게 눈물을 흘리며 말했다.

"충수가 자기 딸을 동궁의 배필로 삼으려는 것은 다름 아니라 임금 자리를 엿보는 것이다. 내일 아침에 우리 사람을 모조리 없애려 하니 사태가 급박한데 이 일을 어찌하면 좋겠는가?"

여러 사람이 박진재를 청해 토의하자고 말했다. 충헌이 즉시 박진재, 김약진, 노석숭을 불러 알리니 박진재가 돕겠다는 뜻을 밝혔다.

"공의 형제는 다같이 나의 외숙이니 정리상 무슨 차이가 있겠는가. 다만 국가의 안위가 이번 일에 달렸으니 아우를 도와주고 역적이 되는 것보다야 형을 도와 신하의 도리를 지키는 것이 낳지 않겠는가. 대의멸친(大義滅親, 대의를 위해서 골육의 사사로운 정을 끊는다는 뜻)이라 했으니 나는 마땅히 김약진, 노석숭 등과 함께 무리를 이끌고 돕겠다."

이 말을 듣고 최충헌이 크게 기뻐했다.

다음날 최충헌의 무리는 광화문을 나와서 저잣거리를 향해 내려오고 최충수의 무리는 광화문을 향해 올라오다가 흥국사 남쪽에서 교전했다. 박진재, 김약진, 노석숭은 각각 그 도당을 인솔하고 하나는 진고개[泥峴]를 넘고 하나는 모래재를 넘고 또 하나는 고달 고개를 넘어서 서로 호응하면서 앞뒤로 협공했다. 최충헌이 활을 마구 쏘아 화살이 비 오듯 내렸다.

최충수의 무리는 낭하의 문짝을 뜯어 방패삼아 막았으나 견디지 못하고 드디어 무너졌다. 최충수가 "오늘의 패배는 천명이다. 형은 임진강 이북에서 살고 나는 임진강 이남에서 살겠다"고 했다. 즉시 수하들과 함께 말을 달려 보정문에 이르러 문을 지키는 군사를 참하고 성문을 나갔다. 장단 나루를 건너 파평현의 금강사에 이르렀을 때 추격자가 참수하여 그 목을 개경으로 보냈다.

최충헌이 이것을 보고 "나는 사로잡으려 했는데 어찌 갑자기 죽였는가?" 하고는 사람을 보내서 시신을 거두어 장사해 주었다.

최충헌이 신종을 옹립한 초기에는 정치적 파란이 심했다. 우선 신종 원년(1198) 5월 사노(私奴) 만적이 반란을 도모한 사건이 일어났다.

사노인 만적, 미조이, 연복, 성복, 소삼, 효삼 6명이 북산에서 나무를 하다가 공사 노예를 불러 모아 모의했다. "나라에서는 경인·계사년 이래 높은 벼슬이 천한 노예에서 많이 나왔으니 공경장상이 씨가 따로 있으랴. 때가 오면 누구나 될 수 있는 것이다. 우리들만 어찌 심줄을 수고롭게 하고 뼈를 괴롭혀 채찍 아래서 고생만 하겠는가" 하니 여러 노예들도 모두 그렇게 여겼다.

이들은 누른 종이 수천 장을 오려서 정(丁) 자를 만들어 표식으로 삼고 난을 일으키기로 약속했다. "갑인일(17일)에 흥국사에 모여 동시에 북치고 고함지르며 격구장으로 몰려가 난을 일으켜 안과 밖에서 일제히 호응하여 먼저 최충헌 등을 죽이고 뒤이어 각각 그 주인을 죽이며 천인의 문적을 불살라 삼한에 천인을 없애면 우리가 공경장상도 될 수 있을 것이다." (《고려사절요》 권 14 신종 원년 5월)

그러나 기일에 모인 자가 수백에 지나지 않자 다시 무오일(21일)에 보제사에 모여 거사하기로 약속했다. 그러나 한 노복이 최충헌에 밀고했다. 최충헌은 만적 등 백여 명을 체포하여 모두 강에 던져 죽였다. 그 무리가 너무 많아 모두 베어 죽일 수가 없었으므로 나머지는 불문에 붙였다.

신종 2년(1199) 8월에는 황주목사 김준거가 그의 아우 김준광, 신기지유 이적중과 모의하여 최충헌 암살을 기도했다. 황주에서 무용이 뛰어난 자들을 거느리고 몰래 개경에 들어왔으나 최충헌이 감지했다. 최충헌은 김준거와 그의 무리를 체포하여, 혹은 죽이고 혹은 귀양보냈으며 그들의 처자를 모두 노비로 삼았다.

이처럼 그의 권력에 대한 도전이 잇달아 일어나자 최충헌은 권력을 유지하기 위해 사병을 양성했다. 이를 바탕으로 신종 3년(1200) 12월에는 도방(都房)을 설치했다. 도방은 '문·무·한량(閑良)·군졸 가운데 강하고 힘센 자들'을 뽑아 만든 조직으로 여섯 개의 번(番)으로 나뉘어 최충헌가를 숙직하고 호위했다. 최충헌이 출입할 때에 모두 합쳐 둘러싸 호위하면 마치 전투에 나가는 것 같았다.

신종 6년(1203) 12월 신종은 등창으로 병석에 누웠다. 병세가 위중

하여 이듬해 정월 기사일에 태자에게 양위하고는 정축일에 세상을 떠났다.

최충헌 암살 기도는 계속해서 일어났다. 희종(熙宗)이 즉위하던 해에도 최충헌 암살모의가 발각되었고 희종 5년에도 청교역(靑郊驛, 개풍군)의 역리 3명이 최충헌을 암살하려다 발각되었다.

최충헌은 영은관에 교정도감(敎定都監)을 설치하고 암살 음모자들을 색출하여 처벌했다. 무신정권 수립 이후 정치적 모반 사건은 중방에서 처리했는데 최충헌은 별도의 기구를 수립하여 처리한 것이다. 교정도감은 모반 사건 처리를 위해 순검군과 같은 왕의 시위군마저 동원할 수 있었으며 정보기관의 역할도 했다.

무신란 이후 최고 권력기관이 된 중방은 합의기관이었으므로 최충헌 이전의 무신정권은 본질적으로 과두 지배체제였다. 최충헌이 독재 체제를 구축하기 위해서는 중방의 권한을 약화시키고 새로운 권력기관을 창설해야 했는데 교정도감이 그 역할을 다했다.

또한 무신정권 성립 이후 국가의 정책 결정은 중방에서 했는데 최충헌은 이전처럼 재추회의에서 논의하게 했다. 이에 따라 다른 무신들의 국정에 대한 영향력은 급격히 줄어들었다.

최충헌이 여러 차례 암살 위기를 맞음에 따라 도방은 더욱 강화되었다. 군인전의 침탈로 중앙군인 경군의 기반이 취약해진 가운데 최씨 무신정권의 사병 양성은 더욱 경군의 약화를 초래했다. 고려는 북방 지역에 주진군을 두어 외침에 대비했고 대규모 외침을 당하면 정부에서 대규모 조직을 갖추어 경군을 파견했는데 이제는 이것이 어려워졌다.

중앙에서 최충헌이 이의민을 제거하고 명종이 폐위되고 신종이 즉

> **격구(擊毬)장의 크기는 얼마나 될까?**
> 격구는 말을 타고 하는 하키라고 할 수 있다. 양팀이 말을 타고 막대기로 구문(毬門)이라고 하는 골에 공을 쳐넣는 게임이다. 이 게임을 하기 위해서는 무척 넓은 면적의 평지가 필요했을 것이다. 사산조 페르시아의 폴로 경기가 전래된 것이라고도 한다. 폴로 경기의 경우 한 팀에 5명씩 총 10명의 선수가 말을 타고 달리며 경기장의 크기가 축구장의 9배에 달한다고 하니 격구장의 넓이도 이보다 작지는 않았을 것이다. 한반도의 경우 고려시대라고 해도 논밭을 제외하면 이렇게 넓은 평지가 흔치 않았으므로 군대가 모였다하면 격구장에서 모였다고 하는 것도 이해가 간다.
> 격구는 동아시아에서는 고구려, 당, 일본 등지에 전해졌다. 우리나라에서는 발해와 고려시대에 성행했다. 격구 놀이가 군사훈련의 효과가 있어 장려되기도 하였는데 그것을 우려해서인지 금 제국에서는 세종 때 발해 유민의 격구를 금하기도 했다. 역대 고려왕은 대부분 격구를 애호하였는데 의종의 격구 솜씨가 뛰어났으며 조선을 건국한 이성계도 뛰어난 격구 솜씨를 자랑했다고 한다.

위하는 등 정국이 어수선한 가운데 남부 지방에서는 다시 대대적인 민란이 일어났다. 최충헌은 신종 7년(1204)까지 민란을 모두 진압했다.

경주 지역은 명종 20년 이래 약 15년간에 걸쳐 간헐적으로 중앙정부에 대항했는데 난이 평정되자 최충헌은 "동경 사람들이 신라부흥의 말을 지어내 주군에 격문을 날려 반역을 꾀하고 난을 선동했으니 징계하지 않을 수 없다" 하고는 징계조치를 내렸다. 동경유수를 낮추어 지경주사(知慶州事)라 하고 경주 관내의 주·부·군현·부곡을 안동과 상주에 분속시켰으며 경상도를 상진안동도(尙晉安東道)라 이름을 고쳤다.

| 7장 |

몽골의 세계제국 건설과 고려의 대응

13세기 몽골 고원에 거주하는 여러 유목 부족을 통일한 몽골족은 원래 몽골 동북방의 미약한 부족에 불과했으나, 칭기즈 칸의 등장과 함께 주변의 정주국가들을 차례로 정복하고 유라시아 전역에 걸친 대제국을 형성했다. 몽골군의 말발굽은 동쪽으로는 일본열도에서 서쪽으로는 비엔나의 문턱까지, 남으로는 서북인도와 자바섬에 이르기까지 이르지 않은 곳이 없었다.

몽골은 인류 역사상 최대의 판도를 만들어냈고 14세기 후반까지 약 1세기 반 정도 세계와 시대의 중심에 있었다. 인류역사의 추이는 몽골 제국 성립 이후부터 근본적으로 변했다.

몽골 제국의 출현은 세계 각 지역의 역사전개에도 많은 영향을 끼쳤다. 몽골 제국이 남긴 역사적 유산에 대해 의견이 일치하는 것은 아니지만 모스크바 공국과 이후 제정 러시아의 발전, 오스만 투르크 제국의 출현, 그리고 티무르 제국과 무굴 제국의 형성을 이해하는 데 몽골족의 지배시대를 빼놓을 수 없다는 것은 모두 인정하는 바이다. 몽골 제국 이후 등장한 명나라에도 몽골 지배의 그림자가 짙게 남아있었다.

몽골 제국의 흥기는 다른 민족에 대해서 뿐 아니라 그들 자신의 역사에도 영향을 남겨 '황금씨족'이라 불리는 칭기즈 칸 가문의 권위에는 누구도 이의를 제기할 수 없었다. 청 제국이 중국을 지배한 후에도 청 황실의 권위는 황금씨족을 따를 수 없었다. '칸'이라는 칭호는 그들의 전유물이 되다시피 했다.

역사상 유라시아 초원지대에서 흥기한 유목제국은 매우 많다. 그러나 유목사회에 비해 사회·경제조직이 말할 수 없이 복잡하고 문화가 월등히 뛰어난 정주국가들을 직접 지배하고 광대한 세계제국을 하나로 묶는다는 것은 정복활동하고는 차원이 다른 지극히 어려운 과제이다.

그 당시의 지배구조로는 통일적 관리가 불가능해져 분열의 조짐을 보인 제국을 유기적으로 통합하여 몽골의 세계지배를 공고히 한 인물이 칭기즈 칸의 손자인 원 세조 쿠빌라이 황제이다. 쿠빌라이는 그리 화려해 보이지 않으나 실제로는 한 지도자가 겪을 수 있는 모든 난제를 극복하는 위대한 지도력을 발휘했다.

이러한 몽골족의 흥기는 한국사에도 좋은 의미든 나쁜 의미든 큰 영향을 미쳤다. 몽골이 흥기하여 대외 원정을 벌이고 있던 시기에 고려에서는 농민 반란이 계속되고 있었다. 내우외환 속에서도 집요하게 저항한 고려는 다른 국가들과는 달리 몽골 세계제국 내에서 국체를 유지할 수 있었고 이전보다 폭넓게 외부 문물을 받아들였다.

몽골 부족을 통일한 칭기즈 칸

북방 아시아의 여러 종족을 서쪽으로부터 투르크족, 몽골족, 퉁구스족의 3가지로 크게 구별하는 것은 19세기부터 20세기 초에 눈부신 발전을 한 언어학의 성과에 바탕을 둔 이론이다. 우랄·알타이 어족을 투르크계, 몽골계, 퉁구스계 언어의 셋으로 나누어 각각에 해당하는 종족으로 구분짓는 방식이다. 이들 종족은 더욱 세분되며 대체로 유라시아의 내륙에 위치한 초원지대에 거주하여 유목생활을 했으므로 생활영역의 경계가 불확실하고 이동이 잦았다. 이들 중 일부는 일찍부터 중국과 한반도를 비롯한 남쪽의 정주지대로 이주하거나 그곳을 정복하는 방법으로 생활터전을 바꾸기도 했다.

농경 지역의 역사가들은 초원지대에 살며 주기적으로 농경지대를 약탈하는 이들 유목민에 대한 기록을 매우 오래 전부터 남겼다. 사마천은 흉노족을 두고 "수초를 따라 옮겨 다니고 성곽이나 일정하게 머무는 곳이 없으며, 농사를 짓지 않았다"라고 이들의 생활을 기록했다. 유목은 "고정된 거주지나 축사를 갖지 않고 그 사회의 구성원 대다수가 물과 목초지, 계절에 따라 광활한 지역을 이동하면서 가축을 사육함으로써 생존을 위한 기본적인 욕구를 충족시키는 식량생산의 한 형태"로 정의할 수 있다. 따라서 유목(nomadic pastoralism)은 목축(pastoralism)보다는 좁은 개념이 된다. 유목민은 농경민이 작물을 재배하여 먹고 살듯이 가축을 길러 삶을 영위하므로 식량채집이 아닌 식량생산경제 단계에 이른 사람들이다.

이들은 스스로를 농민에 비해 저급한 생활을 한다고 생각하지 않았을 뿐더러, 정주 생활을 하는 농민을 토지에 속박되어 사는 부자유스런 존재로 여겼다. 유목민이 잔인한 약탈과 살육을 자행한 것을 두고 정주 농경사회에서는 '사람의 탈을 썼으나 짐승의 마음을 가졌다'고 평가했다. 이러한 잔학 행위는 유목민이 농경민에 대해 가지는 문화적 편견에서 비롯된 것이다. 한나라의 환관이었다가 흉노 군주의 참모가 된 중항열(中行說)과 한나라 사신 간의 논쟁에는 양측이 서로를 보는 문화적 관점의 차이가 잘 드러난다.

한나라 사신 가운데 "흉노의 풍습에서는 노인을 천대한다"고 말하는 사람이 있자, 중항열은 그 한나라 사신에게 모질게 따져 물었다.
"당신들 한나라 풍속에도 누군가가 변경의 수비를 위해서 군대로 떠나게 될 때는, 늙은 양친이 자신의 두껍고 따뜻한 옷을 벗어주고 기름지고 맛있는 음식을 군대에 가는 자식에게 주지 않는가?"
한나라 사신이 "그렇소"라고 대답했다.
중항열이 또 말했다.
"흉노는 잘 알다시피 전쟁을 큰 일로 알고 있다. 늙고 약한 사람은 싸울 수가 없다. 그래서 자기들이 먹을 기름지고 맛있는 음식을 건장한 사람들에게 먹이는 것이다. 이것은 스스로를 보호하기 위한 것이다. 이렇게 하여 아비와 자식이 오래도록 몸을 보존할 수 있는 것이다. 이것을 가지고 어떻게 흉노가 노인을 가볍게 여긴다고 할 수 있겠는가."
한나라 사신이 말했다.
"그러나 흉노는 부자가 같은 천막 속에 살며 아비가 죽으면 자식이 계모를 아내로 삼고 형제가 죽으면 남아 있는 형이나 동생이 그의 아내를 맞아 처로 삼는다. 옷, 관, 허리띠도 없고 조정에서의 의식과 예절도 없다."
중항열이 다시 말했다.

"흉노의 풍습에서는 사람은 가축의 고기를 먹고 그 젖을 마시며, 그 털가죽으로 옷을 해 입는다. 가축은 풀을 먹고 물을 마시며 철에 따라 이동한다. 그러므로 싸울 때에는 사람들이 말 타고 활 쏘는 법을 익히고 평상시에는 일 없는 것을 즐긴다. 그들의 약속은 간편하여 실행하기가 쉽다. 임금과 신하의 관계는 간단하고 쉬워서, 나라의 정치는 흡사 한 집안의 일과도 같다. 부자형제가 죽으면 남은 사람이 그의 아내를 맞아 자기 아내로 하는 것은 대가 끊어지는 것을 두려워하기 때문이다. 그러므로 흉노는 어지럽기는 하지만 종족만은 그대로 유지되는 것이다. 그런데 중국의 경우 외면상으로 아비나 형의 아내와 장가드는 일이 없지만, 촌수가 멀어지게 되면 서로 죽이기까지 한다. (역성) 혁명이 일어나 군주의 성이 바뀌는 것도 다 그런 예이다.

그리고 예의를 말하더라도 충성이나 신뢰의 마음도 없이 예의를 강요하기 때문에 위아래가 원한으로 맺어져 있고, 궁궐의 아름다움만 추구하기 때문에 노력을 그곳에 쓰고 만다. 대개 밭을 갈고 누에를 길러, 먹고 입는 것을 구하고 성을 쌓아 방비를 하기 때문에 한나라 백성들은 전시에는 싸움을 익히지 못하고 평상시에는 생업에 지치고 만다. 슬프다. 흙집에 살고 있는 한나라 사람이여! 겉만 화려하고 실속은 없는데, 관을 써보았자 무슨 수가 나는가?" (《사기》권 110 열전 흉노전)

이 대화는 유목민이 자신들의 생활양식에 자부심을 가지고 있다는 것을 보여준다. 산업혁명 이후의 공업화 사회에서도 자본주의와 사회주의의 체제 우월성을 두고 논쟁이 있었듯이 유목사회와 정주 농경사회 사이에도 그러한 것이 있었다.

이동생활은 유목민들에게 자유민으로서의 긍지를 고취시켜 주었을 뿐 아니라, 인내와 규율, 강인한 신체를 갖게 했다. 사마천은 흉노족을 "어린아이도 양을 부리고, 활로 새와 쥐를 쏘아 맞출 줄 알았으며, 조금 성장하면 여우와 토끼를 쏘아 식용으로" 삼을 수 있었다고 했다. 교황의 사절로 1246년 몽골 제국을 방문했던 카르피니도 "이들 타타르인들은 지구상의 어떤 사람들보다 자신의 영주에게 잘 복종한다. 뿐만 아니라 그들은 고난을 잘 견디어 내고, 아무 먹을거리도 없이 하루나 이틀을 지낼지라도 초조해 하지 않고 마치 배불리 먹은 것처럼 노래를 부르며 즐거워한다"고 감탄했다.

식량 획득을 위한 보조수단이기도 한 사냥도 일종의 군사훈련 기회였다. 초원에서의 유목생활로 인해 유목민들은 기동력, 궁술, 집단적 규율 등 전쟁의 승리에 필요한 여러 요소를 자연히 갖추게 되었다. 유목민들은 타고난 전사였다.

유목민은 스스로 남긴 기록이 적어서 알려져 있지 않은 부분이 많지만 세계사에 미친 영향은 이루 말할 수 없이 크다. 그중에서도 13세기 초 몽골족의 흥기는 세계사를 일변시켰다.

몽골리아(Mongolia)란 지명은 몽골리아 테라(Mongolia Terra)의 약칭으로 '몽골족의 땅'이란 뜻이다. 정확히 말하면 북위 41도에서 52도, 동경 90도에서 120도의 지역이다. 동쪽으로는 흥안령 산맥이 만주와 경계를 이루며 서쪽으로는 알타이 산이 준가리아 초원지대와 접하며, 북으로는 시베리아 타이가 삼림지대에 이르는 면적 250만 평방 킬로미터의 넓은 고원지대이다. 평균 표고가 해발 1400미터인 몽골고원은 남에서 북을 향해 완만한 경사를 이루고 있다.

남북 몽골은 강우량과 목초량에서 약간의 차이가 있다. 북몽골(외몽골)은 북에서 남으로 내려올수록 강우량이 적어지고 목초량이 감소

한다. 북몽골은 알타이 산록에서 흥안령 기슭에 이르는 풍부한 초원지 대인 '항가이(Qangghai)' 지역과 항가이 산맥과 헨테이 산맥 이남에 서 고비 사막에 이르는 '스텝(Steppe)' 지역, 그 남쪽으로 자갈과 덤불 이 주된 경관을 이루는 반사막인 '고비(Gobi)'로 나누어진다.

남몽골(내몽골)은 서쪽으로 갈수록 이와 유사한 현상을 보이는데, 차하르와 시린골을 중심으로 하는 '중초원(重草原)', 그 서북쪽의 '중간초원(中間草原)', 그보다 더 서쪽의 울란차브를 중심으로 하는 '경초원(輕草原)'으로 세분된다.

몽골 초원의 이러한 내적인 다양성과 환경상의 차이에 따라 유목 경제의 특징과 이동양식이 달라진다. 울창한 초원지대에서 유목하는 집단일수록 이동거리도 상대적으로 짧고 가축의 구성에서도 낙타와 양보다는 소가 차지하는 비율이 커진다.

몽골 초원에 건설된 대부분의 유목국가는 그 중심지가 북몽골의 경우는 항가이 지역에, 남몽골은 중초원과 중간초원 지역에 있었다 는 사실이 주목된다. 이는 풍부한 목장 지대에서 비교적 높은 생산성

내몽골(Ober Mongghol)과 외몽골(Ghadaghadu Mongghol)

만리장성 이북의 몽골 초원지대를 고비 사막을 중심으로 '내몽골'과 '외몽골' 로 구분하는 것은 청 제국에서 비롯된 것이다. 청 제국의 입장에서 지리적인 원 근을 기준으로 만들어진 용어이며 또한 정치적인 의미도 내포하고 있다. 몽골 인 자신들은 동몽골(내몽골)·서몽골(외몽골)로 구분한다. 전통적으로 중국인 들은 몽골 초원을 둘로 나누어 고비사막 북쪽이란 뜻인 '막북(漠北)', 고비사막 남쪽이란 뜻인 '막남(漠南)'이란 용어를 썼다.

현재 중화인민공화국이 '내몽골 자치구'란 명칭을 고수하는 것은 몽골 전체를 복속시킨 청 제국의 입장을 유지하는 것이다.

의 유목경제를 영위한 유목민이 이를 바탕으로 유목국가를 세우고 유지할 수 있었기 때문이다.

몽골은 부분적이나마 농경이 가능했으나 광범위하게 퍼지지는 못했다. 가장 강수량이 많은 중초원지대라 해도 연평균 강우량이 500밀리미터 정도이기 때문에 유목이 주요한 식량생산경제가 될 수밖에 없었다.

몽골 고원의 광활한 초원은 옛부터 투르크·몽골·퉁구스 계통의 목축민들 사이의 격렬한 각축 무대가 되어 왔고, 이 지역에서 이주한 기마 유목집단은 아시아와 유럽 각지로 쇄도해 들어갔다. 몽골초원은 기원 전후의 흉노로부터 선비, 탁발, 유연, 돌궐, 위구르, 키르기스, 거란 등의 종족이 차례로 장악했다. 초원의 지배자는 여러 번 교체되었으나 패배한 종족은 전부 이동하지는 않았고 일부는 계속 남아 스스로 정복민족의 이름을 취하고 정복집단의 하층을 이루었다. 세월이 흘러감에 따라 종족적 혹은 언어적 구분이 점차 희미해지게 되었다.

이 고원 지대에 몽골족이 거주하게 된 것은 9세기 후반 위구르 제국이 키르기스족에 의해 무너진 이후였다. 840년 위구르 제국이 키르기스족에 의해 무너지자 대규모 민족이동이 시작되었다. 이때 동북방에서 몽골초원으로 내려온 종족이 구족달단(九族達靼)이며 그 대열에 이어 '몽골'이라 불리던 집단도 이동했다.

몽골족은 《신당서》에 '몽올실위(蒙兀室韋)'라고 하여 실위 부족의 일부로 처음 역사기록에 언급된다. 몽골족은 처음에는 흥안령 산맥의 북쪽에 거주하고 있었다. 정주(定住)하지는 않았으나 양이 없고 돼지고기를 먹었다는 중국의 기록을 볼 때 이들을 유목민이라 할 수는 없다. 수렵을 주로 하고 원시적 농업을 병행하며 살았던 것 같다.

몽골 울루스 성립 시기의 동아시아(1208년경)

9세기 후반부터 10세기 전반에 걸쳐 몽골 동부로 이주한 몽골족은 풍부한 목장지대가 있는 이곳에서 유목민으로 전환했다.

이들 유목민 사회에 있어서 가장 큰 단위는 울루스(ulus)라 불리는 부족이었다. 11~12세기 몽골 초원에서 대표적인 울루스로는 나이만, 케레이트, 오이라트, 옹구트, 메르키트, 몽골, 타타르 등이었다. 이들이 모두 몽골어를 말하는 부족은 아니었다. 나이만의 지배층은 투르크계가 확실했고 케레이트나 옹구트도 투르크계일 가능성이 있다.

유목으로 생산양식을 전환한 후에는 계층분화도 일어나 유목귀족이리 불릴 만한 계층도 생겨났다. 각 부족은 부족국가를 형성하기도 했으나 몽골 초원의 모든 유목민을 통일한 국가는 건설하지 못했다. 이들의 잠재력을 잘 아는 정복왕조인 거란이나 금이 군사원정이나 부족 간의 내분을 조장하여 통일을 막았기 때문이었다. 몽골 초원의 여러 부족 사이의 전쟁은 그칠 날이 없었다.

칭기즈 칸은 1160년대 후반에 몽골족의 보르지기드 씨족에서 태어났다. 1170년에 부친이 타타르족에 독살되었고 이로부터 1206년 몽골 초원의 유목민을 통일하기까지 칭기즈 칸은 36년 동안 생존에 급급한 생활을 하거나 다른 유목부족과의 투쟁에 거의 모든 시간을 보냈다.

이런 점에서 칭기즈 칸은 유력 부족장의 아들로 태어난 다른 유목 국가의 건설자들과는 달랐다. 칭기즈 칸은 부족의 기반 없이 자신의 힘으로 세를 모아 부족을 해체하고 유목국가를 건설했다. 이런 관계로 칭기즈 칸은 대외 정복전에서 이전의 유목제국과는 달리 부족 내부의 반대에 직면하지는 않았다.

칭기즈 칸의 대외원정

1206년 몽골 초원의 여러 부족을 통일한 칭기즈 칸은 이제까지의 유목 국가와는 전혀 다른 국가조직을 세웠다. 인민을 천 명 단위로 나누어 95개의 천호(千戶)를 만들었고 천호의 하위 조직으로 백호(百戶)와 십호(十戶)를, 상위조직으로는 만호(萬戶)를 두었다. 이러한 십진제에 의한 사회조직은 유목 국가의 전형적인 것이나 이전과 달리 그 수령인 천호장(千戶長)과 만호장(萬戶長)을 칭기즈 칸이 모두 임명하여 중대한 차이가 난다. 각 천호에서는 15세부터 70세까지 모든 남자를 징집했고 천호장이 그 지휘관이 되었다. 칭기즈 칸은 또한 그에게 절대 충성하는 '친위대'를 조직하고 친위대에 속한 사람들에게는 천호장이나 십호장보다 우월한 특권을 주었다.

이후 시작된 몽골의 대외 원정은 규모의 면에서 역사상 유례를 찾아보기 힘들 정도였다. 또한 여러 세대에 걸쳐 지속적으로 수행되었다는 점에서도 흥미 있는 연구의 대상이 된다. 몽골의 초기 대외전쟁은 영토의 장악과 인민의 직접지배를 목적으로 하지 않고 약탈을 목적으로 했다.

칭기즈 칸의 처음 목표는 탕구트족이 건설한 서하(西夏)였다. 서하는 북쪽 경계가 고비사막의 남부에서 오아시스 도시인 하미[哈密]에 이르기까지 몽골족이 살던 지역과 인접했고 그 지배력은 현재의 영하성(寧夏省), 감숙성의 일부에까지 미치고 있었다. 주민은 탕구트족, 티베트인, 중국인들로 구성되어 있었으며 당시에는 누구도 넘볼 수 없는 강력한 군사력을 보유하고 있었다.

몽골군은 금에 대한 전쟁을 시작하기 전에 측면으로부터의 위협을 제거하고 모자라는 물자를 획득할 목적으로 1209년 서하에 대한 본격적인 공격을 시작했다. 몽골군은 칭기즈 칸의 지휘 아래 약 360킬로미터의 고비 사막을 거쳐 모두 960킬로미터를 달려 서하 영내에 들어갔다. 가을에 몽골군은 서하의 수도 중흥부(中興部)를 포위했다. 중흥부는 지금의 영하성 회족(寧夏省回族) 자치구에 있는 은천시(銀川市)이다. 서하는 금에 구원을 요청했으나 금은 움직이지 않았다. 그 결과 1210년 1월 서하의 항복을 얻어내고 조공을 받는 데 성공했다.

서하를 제압한 다음 칭기즈 칸은 금나라 원정을 준비했다. 금 제국은 이미 북송을 멸망시키던 당시의 힘을 갖고 있지 못했다. 원래의 거주지에 남아있던 부족 수령들과 궁정 주변에서 중국화된 지배층과의 괴리, 중앙집권을 추진하던 황제와 부족수령·장군들과의 갈등 등이 나라 안의 긴장을 고조시켰다. 금 제국 내에 남아있던 거란인들은 민족적으로나 언어적으로 가까운 몽골족에게 동류의식을 느꼈고 반기를 들 기회만 노리고 있었다. 금 제국은 남쪽으로부터는 남송의 기습에 대비해야 했고, 서북쪽으로부터는 탕구트의 공격을 대비해야 하는 어려움에 처해 있었다. 1206년에는 남송이 금에 선공하여 전쟁이 시작되어 1208년에 다시 강화가 이루어지기도 했다.

1206년부터 금에서 몽골로 '투항자'들이 와서 금의 어지러운 내정을 알리며 칭기즈 칸에 금 원정을 건의했다. 그러나 칭기즈 칸이 금과 전쟁을 하는 것은 모험이었다. 금은 수적으로 엄청난 병력을 보유하고 있었고 인구는 몽골과는 비교할 수 없을 정도로 많았다. 금의 기병 수가 몽골군 전체 수자와 맞먹었고 몽골 내에서 칭기즈 칸의 지배권은 확고하지 않아 복속된 지 몇 년 되지 않는 부족들의 반란도 걱정해야 했다.

금의 장종(章宗, 재위 1189~1208)은 1208년 사망하고 세종(世宗, 재위 1161~1189)의 일곱 번째 아들인 위소왕(衛紹王) 윤제(允濟)가 홀사호(忽沙虎)를 비롯한 여러 장군들의 추대로 제위에 올랐다.

칭기즈 칸은 위소왕이 황제가 된 것을 알고는 결단을 내렸다. 금과 전쟁을 벌이기로 결정하고 매년 금에 바치던 조공을 거부했다. 《원사(元史)》는 이때의 일을 다음과 같이 기록했다.

> 처음에 황제(칭기즈 칸)께서 금에 세폐를 보냈을 때 금의 군주는 위왕 윤제를 정주(淨州)로 보내 공납을 받도록 했다. 황제께서 윤제를 보고 접대하는 데 예의를 갖추지 않자 윤제가 돌아가 병사를 일으켜 공격하기를 청했다. 마침 금나라의 임금인 경(璟, 장종)이 죽고 윤제가 뒤를 이어 우리나라(몽

골)에 조서를 보내 마땅히 배알하러 와야 하지 않느냐는 전갈을 보냈다. 황제께서 금나라 사신에게 새로운 군주가 누군냐고 물었더니 사신이 위왕이라고 대답했다. 이 말을 듣고 황제께서는 얼굴을 남쪽으로 돌리고 침을 뱉으며 "나는 중원의 황제는 하늘이 내린 사람이라고 알고 있었는데 이처럼 용렬한 자가 황제를 한다니 내 어찌 배알할 수 있겠는가" 하고는 즉시 말을 타고 북으로 갔다. (《원사》 본기 태조 5년)

금 정벌에 들어가기 전에 서부전선을 안정시킬 필요가 있었다. 1211년 3월에 위구르족의 군주인 이디쿠트와 카를루크족의 군주인 아르슬란에게서 칭기즈 칸을 주군으로 받들겠는 맹세를 받아내 일단 서쪽으로부터의 공격에 대해서는 안심할 수 있게 되었다. 그러나 아직 후방은 불안한 상태였다. 칭기즈 칸은 많은 노획물이 있을 것이라는 기대를 불어넣고, 또한 예전부터 여진인들에게 받은 수모를 갚는 전쟁이라고 강조하면서 몽골인들의 민족적인 감정에 호소했다.

1211년 봄 몽골군이 금나라 원정을 시작했다. 금의 황제는 거란인 석말명안(石抹明安)을 보내 화친을 제의했다. 칭기즈 칸은 화의를 거부했다. 전에 몽골을 방문했을 때 칭기즈 칸과 면식이 있었던 석말명안은 돌아가지 않고 칭기즈 칸을 주군으로 섬기기로 했다. 9월에는 몽골 장수 제베가 전략적으로 중요한 만리장성의 요충지 거용관을 돌파하여 금의 수도 중도에 이르러 중도에는 계엄이 선포되었다. 10월에는 규목감(群牧監)을 습격하여 말을 끌고 갔다. 이로써 금은 가장 중요한 군마 보급원을 잃었다. 이어 위녕성(威寧城) 방어를 맡은 유백림(劉伯林)이 투항했다.

금이 불안한 내정에 시달리고 신흥 몽골이 아직 제국으로서의 면모를 갖추지 못한 틈을 타서 거란인 야율유가(耶律留哥)가 1212년 요동에서 약 10만 명을 모아 스스로 도원수라 칭하고 독립을 선언했다. 그는 칭기즈 칸과 동맹하여 몽골군의 도움을 받아 금군을 격퇴했다. 가을 서경(西京)을 포위 공격하던 칭기즈 칸이 활에 맞아 부상을 입는 사고가 일어났다. 이 때문에 칭기즈 칸은 포위를 풀고 물러났고 금과의 전쟁도 잠시 중단되었다. 그는 막내아들인 톨루이[拖雷]에게 지휘를 위임했다. 12월에는 제베가 요동의 동경을 함락시켰다.

1213년 칭기즈 칸은 다시 금 원정을 재개했다. 원정군은 셋으로 나뉘어 좌익군은 동생인 카사르[哈撒兒]에게 지휘를 맡기고 우익군은 아들들인 조치, 차가타이, 오고타이에게 위임하고, 중군은 자신과 막내아들 톨루이가 맡았다.

7월 몽골군은 차하르 지방으로 밀려들어와 금 제국의 선덕부(宣德府)를 함락했다. 당시 금에서는 홀사호가 궁정반란을 일으켜 위소왕이 시해되고 선종(宣宗, 재위 1213~1223)이 제위에 올랐다. 몽골의 좌익군은 산동 지역을, 우익군은 하북 지방을, 중군은 산서 지방을 휩쓸고 금의 수도인 중도에서 합세했다. 1213년 말 황하 이북 지역은 11개 성을 빼놓고는 모두 함락되었다.

1214년 3월 칭기즈 칸은 중도의 북쪽 교외에 군영을 설치했다. 몽골군은 포위 기간이 길어짐에 따라 식량이 바닥났고 전염병에 걸리는 병사가 늘어났다. 포위된 중도에서는 이 기회에 몽골군을 공격하자는 의견이 있었으나 선종은 결정을 내리지 못했다.

칭기즈 칸은 이슬람교도인 자파르[札八兒]를 보내 강화를 제의했다. 자파르가 추진한 협상은 성과를 거두어 4월 화약이 맺어졌다. 금은 칭기즈 칸에게 황실의 여자와 황금과 비단, 500명의 어린 아이들, 3

천 두의 말을 헌납하기로 했다. 칭기즈 칸은 몽골 초원으로 귀환했다.

강화가 맺어진 지 불과 1개월 후인 5월 금의 선종은 황하 이남의 남경(南京, 북송의 수도이던 개봉)으로 수도를 옮기고 황태자로 하여 금 중도에 남아 방위를 맡도록 했다. 이 결정은 비겁과 유약의 표현으로 받아들여져 거란족은 물론 여진족 군대 안에서조차 반란이 일어났다. 반란을 일으킨 거란족 군대는 몽골에 투항했다.

금이 몽골과의 전쟁에서 수세에 몰리자 남송의 조정에서도 금을 공격하자는 주장이 나왔다. 송 조정은 전쟁 여부를 놓고 회의를 열었으나 의견이 갈라졌다. 이 기회를 이용하여 금과의 군신 관계를 벗어나자는 주장이 있었고, 다른 쪽은 몽골군의 남송 원정을 예상하며 "금은 이제까지 우리의 적이었으나 이제는 우리의 방파제"라고 했다. 남송의 황제 영종(寧宗, 재위 1196~1224)은 결단을 내리지 못한 채 종전처럼 금에 대한 조공을 계속했다.

금의 천도 소식을 들은 칭기즈 칸은 금이 남쪽에서 세력을 회복하여 몽골을 공격하려는 의도에서 비롯된 것이라고 생각했다. 6월 칭기즈 칸은 사무하[三模合]와 석말명안을 지휘관으로 하여 원정군을 보내어 중도를 포위하게 했다.

10월 몽골의 명장 무할리[木華黎]는 요동으로 진격했다. 이는 거란인 석말야선(石抹也先)이 여진족의 발상지에 가까운 요동의 동경을 점령하는 것이 얼마나 중요한지 칭기즈 칸에게 말해주었기 때문이다. 석말야선은 무할리 군의 일부를 지휘했다. 몽골군은 1215년 동경 함락에 성공했고 2월에는 북경(北京, 대정)에 '화살 하나 쏘지 않고' 입성했다. 47명의 금 제국 장군과 32개의 성읍이 투항했다.

중도의 처지는 절망적이었다. 성 안의 주민들은 식량이 떨어져 인육을 먹는 형편이었고, 식량을 가지고 오던 구원군은 3월 중도로 오다가 몽골군의 습격을 받아 패했다. 중도 유수(留守) 완안복흥(完顔福興)은 상황이 절망적이 되자 5월 독약을 먹고 자살했다. 석말명안은 몽골군을 이끌고 입성했고 당시 환주에서 더위를 피하며 머물러 있던 칭기즈 칸은 자신의 양자인 시기 후투후를 보내 성 안의 재물을 환수하게 했다. 중도는 한 달 동안 약탈이 허용되어 수많은 주민들이 학살되고 성의 대부분이 화염 속에 소멸되었다.

몽골의 금 제국 원정은 약탈전과 복수전의 성격을 띠었으며, 노예와 가축과 재물을 획득하기 위한 유목민의 전투였지 영토를 얻기 위한 것은 아니었다. 그러나 거란족과 한족 출신 참모들의 영향으로 칭기즈 칸은 전쟁 목적을 수정했다.

7월 사신을 보내 금의 황제에게 함락된 모든 영토의 할양을 요구했고 아직 함락되지 않은 하북과 산동의 모든 지역을 바칠 것과 스스로 황제 칭호를 포기하고 하남왕(河南王)으로 낮추면 철수하겠다고 제안했다. 금이 반응을 보이지 않자 칭기즈 칸은 중국인 장군 사천예(史天倪)를 우부도원수(右副都元帥)로 임명하여 원정을 계속하도록 하고 자신은 몽골로 돌아갔다. 메르키트족이 반란을 준비하고 있었기 때문이다.

1217년 칭기즈 칸은 출정하면서 메르키트족을 멸족시키라고 명령했고 몽골군은 명령대로 실행했다. 가을에는 무할리를 왕으로 임명하여 북중국에 대한 군사 작전을 총괄하도록 했다. 각 지역의 행정은 한인과 거란인에게 위임했고 그들의 지휘하에 지원군을 징발했다.

나이만족은 1204년 칭기즈 칸에게 복속되었는데 나이만족 군주의 아들인 퀴췰릭(屈出律)은 서요로 망명했다. 서요의 군주 야율치르크

[耶律直魯克]는 그를 환대하여 사위로 삼았다. 궁정에서의 퀴췰릭의 영향력은 점점 커지고 그에 따라 야심도 늘어 왕위찬탈을 노리게 되었다. 서요의 남서쪽에 위치한 호라즘 왕국의 술탄 알라 웃딘 무함마드와 비밀리에 음모하여 동서에서 동시에 공격하기로 합의했다. 호라즘 왕국은 1077년 시르다리야 강 하류 호라즘 지방을 근원지로 성립한 투르크 계통의 왕조이다. 13세기에 들어와 크게 세력을 확장하고 있었다.

1210년 호라즘의 술탄이 서요를 공격했고 이를 이용, 퀴췰릭은 1211년 찬탈에 성공했다. 칭기즈 칸은 그의 숙적인 퀴췰릭이 서요의 군주가 된 것을 용인할 수 없어 1218년 제베에게 2만의 병력을 주어 원정을 떠나게 했다. 제베는 서요의 주민들에게 어떠한 종교를 믿어도 좋다는 칭기즈 칸의 칙령을 선포했다. 이슬람을 신봉했던 토착 주민들은 불교로 개종하여 이슬람을 박해했던 퀴췰릭을 증오하고 있었다. 토착민의 반란이 일어나 퀴췰릭은 달아나다 붙잡혀 죽었고 몽골은 서요를 지배하게 되었다. 이로써 몽골은 호라즘 왕국과 경계를 맞대게 되었다.

금 나라 원정이 한창이던 1218년 중앙아시아의 작은 도시 오트라르(현재 중앙아시아의 우즈베키스탄에 있는 도시)에서 사절단이 살해되는 사건이 발생해 칭기즈 칸은 서방원정을 단행하게 되었다. 당시 중앙아시아와 이란 지역은 호라즘 왕국의 지배하에 있었는데 칭기즈 칸은 평화적인 교역을 위해 450명의 대규모 사절단을 파견했었다. 이들이 귀환하다가 오트라르에서 학살된 것이다. 이들을 살해하도록 지시한 것이 호라즘의 술탄인 알라 웃딘 무함마드였는지 오트라르의 총독이었는지 분명치는 않으나 칭기즈 칸의 분노는 걷잡을 수 없었다.

당시 모든 민족에게 있어 사신의 처형은 전쟁의 선포를 의미했다. 칭기즈 칸은 이에 대해 말했다.

호라즘의 왕은 군주가 아니라 도적이다. 만약 그가 군주라면 오트라르로 간 내 상인과 사신을 죽이지 않았을 것이다. 군주는 사신을 죽이지 않는 법이다.

그는 장군 무할리에게 2만여 명의 군사만 주어 금과의 전쟁을 계속하도록 했고, 다른 모든 군사를 이끌고 서방원정을 결행했다. 떠나기 전 쿠릴타이[5]를 소집하여 새로운 법령을 선포하고 후계자를 셋째 아들인 오고타이로 결정했다. 몽골 초원에서는 칭기즈 칸의 막내아우 옷치긴(窩眞, 斡赤斤)이 남아 관리하도록 했다. 호라즘 원정을 준비하면서 칭기즈 칸은 미리 고려와 형제맹약을 체결하라고 명령했다.

| 칭기즈 칸의 후계자 결정 |

몽골족은 왕조 전통이 없었기 때문에 칭기즈 칸의 후계자 결정 문제는 매우 까다로운 일이었다. 부족 전체의 입장이 고려되어야 한다는 사고가 유목민들 사이에서는 보편적이었고, 그런 점에서 죽은 군주의 숙부나 형제가 후계자의 권리를 주장할 수 있었다.

칭기즈 칸은 스스로의 힘으로 군주 자리를 획득했기 때문에 그 지위를 자신의 후손에게 넘겨주려 했다. 처음에 그는 장자 상속 원칙에 따라 부르테가 맨 먼저 낳은 조치가 후계자가 되어야 한다고 생각했다. 그러나 조치는 칭기즈 칸의 친아들이 아니었다. 이는 칭기즈 칸의 파란만장한 일생과 관련이 있다.

칭기즈 칸의 부친 예수게이는 두 명의 처가 있었는데 정부인은 옹기라트 부족에 속한 올후누트 씨족 출신인 호엘룬이었다. 메르키트 부족의 칠레두가 호엘룬을 신부로 삼아 데리고 가던 중에 예수게이가 약탈했다. 초원의 유목민에게 약탈혼은 드문 것이 아니었다. 호엘룬이 첫아들을 낳자 이름을 테무친[鐵木眞]이라 지었다. 훗날의 칭기즈 칸이다.

테무친이 9세가 되었을 때, 예수게이는 테무친에게 처를 얻어주기로 했다. 몽골족에게는 조혼 풍습이 있었고, 귀족들에게 결혼이란 양가의 정치적 연합을 얻는 동시에 가문의 위세를 높이는 수단이기도 했다.

예수게이는 옹기라트 부족의 지파인 올후누트 씨족에서 신부감을 찾아보기로 하고 테무친을 데리고 길을 나섰다. 도중에 옹기라트 부족에 속하는 데이 세첸을 만났는데 그에게는 부르테라는 이름의 딸이 하나 있었다. 그녀는 테무친보다 한 살 많았고, '얼굴에는 빛이, 눈에는 불이' 있었다. 예수게이는 부르테를 며느릿감으로 정했다. 데이 세첸은 장래의 사위인 테무친이 자기 집에 당분간 머무르게 했다. 이는 몽골족의 관습이었다.

예수게이는 홀로 집으로 돌아가는 길에 식사를 하고 있던 타타르인들과 마주쳤다. 허기를 느낀 예수게이는 같이 식사를 했는데 타타르인들은 그가 적이라는 것을 알아채고는 음식에 독을 섞어 주었다. 예수게이는 간신히 집에 돌아왔지만 곧 죽고 말았다. 임종 전에 그는 처가에 있는 테무친을 집으로 데려오도록 신임하는 묑릭에게 부탁했다.

예수게이 사후 온갖 고난을 겪은 테무친은 16세가 되자 처가에 두고 온 신부를 데리고 오려고 데이 세첸을 찾아갔다. 이미 오래전부터 사위를 단념하고 있던 데이 세첸은 테무친을 다시 보자 매우 반가워하면서, 테무친에게 부르테와 동침하도록 한 뒤 그녀를 처로 데려가는 것을 허락했다.

메르키트 부족은 테무친이 신부를 맞이했다는 것을 알았고, 에수게이가 호엘룬을 강탈했던 데 대한 복수를 할 기회가 왔다고 생각했다. 호엘룬을 빼앗긴 칠

레두는 살아 있지 않았지만 유목민에게 복수는 부족 전체의 의무였고 한 세대에서 다음 세대로 이어지는 것이었다. 아버지의 행위는 그 아들에게도 적용되었다.

300명의 메르키트족이 테무친의 둔영지를 습격했고 그의 가족들은 사방으로 도망쳤다. 각기 말을 타고 도주했는데 부르테에게는 말이 없었다. 테무친은 갓 데려온 신부를 운명에 맡긴 것이다. 메르키트족은 수레에 숨은 부르테를 발견하고는 테무친 추격을 중지하고 부르테를 데리고 갔다. 칠레두의 아우인 칠게르가 부르테를 처로 삼았다.

테무친은 케레이트족의 군주 토오릴을 찾아갔다. 토오릴은 2만 명의 군사를 모았고 테무친의 의형제 자무하도 자다라트 씨족으로부터 2만을 모았다. 이 연합군의 메르키트 공격은 성공했다. 《몽골비사(蒙古秘史)》는 칭기즈 칸과 부르테의 재회를 서정적으로 묘사하고 있다.

> 메르키트 사람들이 밤에 셀렝게 강을 따라 하류 쪽으로 도주해 갈 때 우리 군사도 도주하여 가는 메르키트를 계속 추격해 갔다. 부르테 우진[夫人]도 그들 도망하는 사람들 속에 있었는데 테무친이 도망하여 오는 사람들에게 "부르테! 부르테!" 하며 외치고 다니는 소리를 들었다. 테무친의 소리라는 것을 알고는 부르테 우진이 수레에서 내려와 코아그친 노파와 함께 달려왔다. 밤인데도 테무친의 고삐와 말을 알아보고 잡았다. 달이 밝았다. (테무친은) 즉시 부르테 우진을 알아보고 서로 힘차게 끌어안았다. 테무친은 토오릴 칸과 자무하에게 "찾을 것을 찾았다. 밤을 새우지 말자! 여기서 멈추자"고 했다. 메르키트 사람들도 겁에 질려 허둥대며 도망쳐오던 바로 그곳에 멈춰 밤을 보냈다. 《몽골비사》 110절)

칭기즈 칸이 부르테를 구출했을 때 그녀는 이미 임신한 몸이었다. 아들을 낳으니 조치('손님'을 뜻하는 몽골어)라 이름 지은 것도 우연이 아니었다. 그러나 칭기즈 칸은 자신의 아들로 받아들였다.

칭기즈 칸이 조치를 후계자로 추천하자마자 둘째 아들인 차가타이가 나서면서 격렬히 항의했다. "조치한테 (나라를) 맡기시려는 것입니까? 우리가 어떻게 이 메르키트의 잡놈에게 통치받겠습니까?"

조치와 차가타이가 서로 멱살을 잡고 싸우자 보오르추가 조치의 팔을 잡아끌고, 무할리가 차가타이의 팔을 잡아끌었다. 칭기즈 칸은 침묵을 지키며 앉아 있기만 했다. 이때 쿠쿠초스가 둘의 싸움을 진정시켰다. 차가타이는 "오고타이는 마음이 넓다. 오고타이를 추천하도록 하자"고 타협안을 내놓았다.

칭기즈 칸은 불만을 감추지 않고 차가타이에게 "조치는 나의 장남이다. 앞으로 그런 식으로 말하지 말아라"고 질책한 뒤 조치에게 차가타이의 제안을 어떻게 생각하는지 물었다.

세째 아들 오고타이는 호의적이고 타협적이었으며 관대한 성격이었다. 그러나 그는 아버지처럼 강한 의지력을 갖지 못했기 때문에 주연과 향락에 빠지는 경향이 있어 칭기즈 칸으로부터 자주 질책을 받기도 했다. 막내인 톨루이는 뛰어난 전사였으나 잔인한 성격이었고 그의 처 소르학타니 베키[唆魯禾帖尼]는 케레이트 부족 출신으로 네스토리우스 교도였다. 그녀는 외래 종교에 호의적인 태도를 보였고 헌금 등의 방법으로 이슬람교도를 지원하기도 했다. 그녀의 이런 행동이 톨루이가 몽골족의 전통을 유지할 수 있느냐 하는 의문을 품게 했다. 또한 톨루이는 전리품을 군사들에게 나눠주는 데 인색했다. 이는 전리품 대부분을 분배하는 오고타이와 매우 대조적인 면이었다. 칭기즈 칸은 군주의 성격 가운데 인색함보다 더 나쁜 것은 없다고 생각했기 때문에 결국 오고타이를 후계자로 지명했다.

1219년 칭기즈 칸은 호라즘에 대한 복수전을 시작했다. 1223년에 끝난 칭기즈 칸의 이번 서방 원정은 유목전술의 극치를 보여주었다는 평가를 받는다. 파미르 고원에서부터 투르키스탄 서부, 이란, 서북 인도, 아제르바이잔, 남부 러시아에 걸친 광범위한 지역에서 전쟁을 벌이면서도 군대의 분할과 합류가 한 치의 오차도 없이 수행되었다는 것은 당시의 지리지식과 통신수단을 고려해 볼 때 매우 놀라운 일이었다.

당시 호라즘 왕국은 북으로는 아랄 해에서 남으로는 페르시아 만까지, 동으로는 파미르 고원에서 서로는 자그로스 산맥에 이르기까지 펼쳐 있어 상당 부분의 내륙 아시아와 아프가니스탄, 그리고 이란 전부를 차지하고 있었다. 그러나 주민들의 구성이 다양해서 정주민인 이란인들과 유목민인 투르크 계통 부족민들 사이에는 갈등이 심했다. 지배층 내에서도 불화가 있어 술탄인 알라 웃딘 무함마드는 투르크멘 부족 출신이었으나 어머니인 태르캔 하툰은 캉글리 부족 출신으로 다른 부족 여자에게서 태어난 손자인 잘랄 웃 딘을 매우 증오하고 있었다. 칭기즈 칸은 무슬림 참모들을 통해 호라즘의 이러한 사정을 잘 알고 있었다.

1219년 가을 칭기즈 칸은 오트라르에 도착한 뒤 우익군을 분할하여 장남 조치가 이끄는 군대는 호라즘 왕국의 심장인 우르겐치를 공략하게 하고 2남인 차가타이와 3남인 오고타이는 오트라르 포위를 계속하게 했다. 칭기즈 칸 자신이 지휘하는 중군은 부하라 · 사마르칸트 등 주요 도시들을 하나씩 함락하면서 서진했다. 호라즘 왕의 전략은 도시에 군사들을 배치하여 공성전에 약한 유목 군대에 대항하려 한 것이었으나 이는 치명적인 실책이었다. 칭기즈 칸의 군대는 무슬림 출신의 공성 전문가들과 정복된 각 지역에서 모집한 보병으로 보강되어 있었으므로 도시의 성벽을 넘을 수 없는 장애물로 여기지 않았던 것이다.

중앙아시아에서 몽골군에 의한 대학살이 있었다고 이슬람 사가들은 전한다. 이들의 추산에 따르면 메르브에서는 70~130만 명이 살육되었으며, 니샤푸르에서는 170만, 헤라트에서는 160~240만 명이 죽었다고 한다.

이 숫자는 과장된 것임에 틀림없다. 이슬람 역사서가 전하는 숫자 표기는 한 자리 내지는 두 자리 정도가 부풀려진 경우가 많다. 실제로 이들 도시의 인구는 그리 많지는 않았다. 몽골 측에서 정리한 이슬람 역사서에도 굉장한 수가 학살되었다고 하나, 이 기록도 신빙성이 떨어진다. 이 당시의 전쟁에서 '파괴'나 '살육'은 비난받을 일이 아니라 공적이 되는 행위여서 부풀리는 경우가 많았다.

사실 몽골은 자신들에 대한 공포 이미지를 광범위하게 퍼뜨려 싸우지 않고도 적을 항복시키기 위한 전술로써 '대살육'과 '대파괴'를 선전했다. 심리전을 의도적으로 연출한 것이다. 물론 몽골군이 파괴와 살육을 한 것은 사실이나 일반적으로 알려진 것처럼 극단적인 것은 아니었다.

사마르칸트를 함락시킨 칭기즈 칸은 다시 중군을 나누어 노련한 장군 제베와 수베테이[速不台]로 하여금 도주한 호라즘 왕 알라 웃딘 무함마드를 추격하도록 했다. 제베와 수베테이는 2만의 병력을 이끌고 호라즘 왕을 추격해 호라산에서 이란으로 들어갔고, 다시 카스피 해를 따라 아제르바이잔까지 진격했다. 호라즘 왕은 길란과 마젠다란을 지나 카스피 해의 섬으로 피신해서 그곳에서 죽었다(1220년 12

월).

 메르브 · 니샤푸르 · 헤라트 등의 도시를 점령한 다음 칭기즈 칸은 서진을 계속할 생각이었다. 그러나 호라즘 왕의 태자인 잘랄 웃딘이 아프가니스탄으로 가서 군을 재조직하여 시기 후투후가 이끄는 몽골군을 페르완에서 격파했다. 이 전투는 몽골과의 전쟁이 시작된 이래 처음으로 호라즘이 거둔 승리였다.

 칭기즈 칸이 이끄는 부대는 힌두쿠시 산맥을 넘어 인더스 강 상류까지 잘랄 웃딘을 추격했다. 1221년 11월 25일 인더스 강변에서 결전이 벌어졌다. 하루 종일 치열한 전투가 계속되었으나 잘랄 웃딘의 패배는 어쩔 수 없었다. 3면에서 포위당한 잘랄 웃딘은 말을 탄 채 수십 미터나 되는 절벽 위에서 인더스 강으로 뛰어들어 건너편으로 헤엄쳐 가는 극적인 장면을 연출했다. 이것을 본 몽골군 병사들이 말을 몰아 물 속으로 들어가려 했으나 칭기즈 칸은 이를 제지했다. 칭기즈 칸은 아들들에게 그를 가리키며 "그런 아버지에게서 저런 아들이 나오다니!" 라고 감탄했다고 한다.

 한편 호라즘 군주의 죽음을 모르는 제베와 수베테이가 이끄는 몽골군은 1221년 봄 그루지야를 치고 카프카스 산맥을 넘어 남러시아 초원지대로 들어가 유목민인 킵차크족을 격파했다. 킵차크족은 러시아 제후들에게 구원을 청했다. 1223년 여름 몽골군과 러시아 · 킵차크 연합군은 크림 반도 부근의 칼카 강을 사이에 두고 대결했다. 결과는 연합군의 대패로 키예프 제후, 체르니고프 제후, 페레소프니츠 제후, 볼리니야 제후 등이 포로가 되어 처형당했다.

 이후에도 제베와 수베테이가 이끄는 몽골군의 원정은 계속되어 아조프 해 연안의 도시들을 함락했으며 크림 반도에 있는 제노바의 식

몽골 제국 세계표

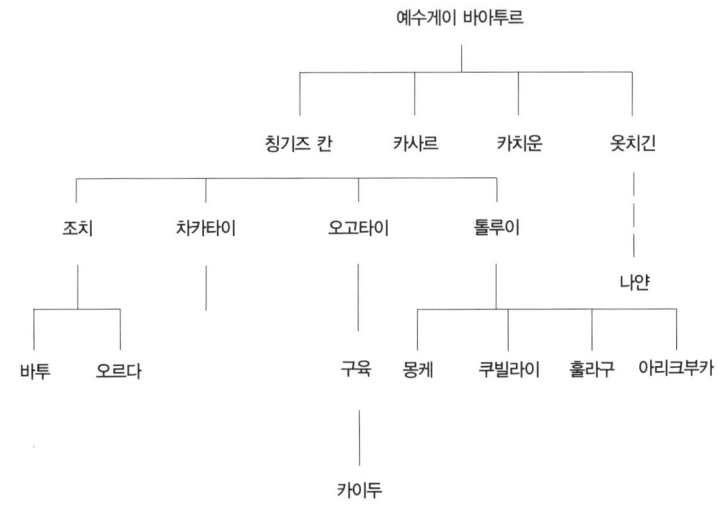

민도시인 스다크 시를 습격했다. 그리고 동북으로 말머리를 돌려 볼가 강 유역의 불가르족을 정복한 후 몽골 본토로 귀환하는 칭기즈 칸의 군대와 합류했다. 전 몽골원정군은 1223년 다시 오트라르에 모여 천천히 몽골로 귀환했다. 몽골에 도착한 것은 1225년 초였다.

1225년 칭기즈 칸은 영토를 자식과 아우들에게 나누어 주었다. 분봉(分封)내용은 다음과 같다.

장남 조치(칭기즈 칸 보다 먼저 사망)의 장남 바투 — 아랄 해와 카스피 해의 북방 키르기스 초원
차남 차가타이 — 추강 유역의 옛 서요(西遼)의 영토
삼남 오고타이 — 일리 강 유역의 옛 나이만 부족의 영토
큰 동생 카사르(칭기즈 칸 보다 먼저 사망)의 여러 아들 — 만주 홍

안령(興安嶺) 서쪽의 우르슌 강 유역

  둘째 동생 카치운(合赤溫, 칭기즈 칸 보다 먼저 사망)의 여러 아들 – 흥안령 서쪽 우르가 강 유역

  막내 동생 옷치긴 – 흥안령 동쪽 조아 강 유역

  여기에는 막내 아들 툴루이의 분봉지가 포함되어 있지 않았다. 몽골족의 관습이 막내 아들은 끝까지 부모와 함께 살고 유산을 상속하기 때문이었다. 따라서 툴루이에게는 칭기즈 칸의 본영지인 몽골 지방의 상속이 약속되어 있었던 셈이다.

  칭기즈 칸의 동생인 카사르, 카치운, 옷치긴 가문은 만주와 부근 지역을 분봉받았으므로 이들을 동방 3왕가라 일컫는다.

고려와 몽골이 협력하여 거란을 물리치다

몽골의 정복전쟁이 활발히 전개되는 와중에도 고려는 무신정변으로 시작된 내분으로 정치적 안정을 찾지 못하고 있었다. 희종 7년(1211) 12월 최충헌을 암살하려는 시도가 있었다. 내시랑중(內侍郎中) 왕준명(王濬明)은 참정 우승경(于承慶), 추밀 사홍적(史弘績), 장군 왕익(王翊) 등과 계책을 정하여 최충헌이 입궐할 때 암살하기로 했다.

  최충헌이 왕을 알현하러 수창궁에 들어온 날 중관(中官)이 "술과 음식을 하사하라는 분부가 계시다"고 하며 최충헌의 수행원을 속이고 최충헌을 데리고 별관 깊숙이 들어갔다. 승려를 포함한 10여 명이 병기를 들고 돌진하여 수행원 수십 명을 공격하니 최충헌은 창황히

희종에게 아뢰기를 "주상께서는 신을 구하여 주소서" 했으나 희종은 아무 말 없이 문을 닫고 들이지 않았다. 최충헌은 지주방(知奏房)의 병풍 틈에 숨었는데 한 승려가 세 번이나 찾았으나 발견하지 못했다.

최충헌의 일가인 상장군 김약진(金躍珍) 등이 중방에 있다가 소식을 듣고 달려와 최충헌을 구출했다. 김약진이 최충헌에게 "내가 군사를 이끌고 궁중에 들어가 모조리 무찌르고 또 큰일(왕 시해)을 하겠다"고 했으나 최충헌은 허락하지 않았다.

최충헌은 진상 조사를 하여 희종을 폐위시켜 강화도로 보내고 태자와 차자도 섬으로 추방했다. 왕준명 등 4인도 모두 귀양보내고 12월 25일 명종의 태자였던 한남공(漢南公) 왕정(王貞)을 추대하니 그가 강종(康宗, 재위 1211~1213)이다. 그러나 강종은 재위 2년 만에 세상을 떠나고 태자가 즉위했다. 그가 고종(高宗, 재위 1213~1259)이다.

한편 금에서 자립을 선언한 야율유가는 1213년 3월에는 왕이라 칭하며 나라 이름을 요(遼)로 하여 거란 부활을 공식화했다. 이듬해인 1214년 금은 포선만노(蒲鮮萬奴)를 보내 토벌하게 했으나 대패하고 포선만노는 동경으로 달아났다. 야율유가의 세력은 요동 전역을 덮게 되었고 함평(咸平, 개원)을 수도로 정하여 중경(中京)이라 했다. 1214년 10월 무할리와 석말말선이 요동으로 쳐들어왔다. 1215년 무할리가 지휘하는 몽골군과 더불어 야율유가는 동경을 함락했다. 그러나 야율유가는 충분한 지도력을 갖지 못했고 축출되어 11월에 칭기즈 칸에게 의탁했다. 포선만노도 10월 요동에서 자립하여 천왕(天王)이라 칭하고 국호를 대진(大眞)이라 했다. 그러나 다음해 무할리의 몽골군이 요서 지방을 경략하고 이어 요동으로 들어오자 포선만노는 아들을 인질로 하여 일단 항복했다.

계속되는 전쟁으로 피폐해진 금 주민들이 고려의 의주와 정주로 몰려와 미곡을 고가에 사갔다. 고려 정부에서 엄금하고 처벌을 무겁게 하여도 시세차익이 컸기 때문에 밀무역은 계속되었다. 고려에서는 금이 식량을 요구하는 공문을 보내도 접수를 거부했다.

부활한 거란국가에서 내분이 계속되는 가운데 1216년 여름 야율유가는 몽골병을 지휘하여 요를 쳤고 무할리는 요서의 여러 성을 점령했다. 걸노(乞奴)가 이끄는 거란 부중은 몽골군에게 패주, 다시 개주(開州, 봉황성)에서 금나라 군의 공격을 받고 압록강변으로 밀려 들어왔다. 윤 7월 금의 동경 총관부는 선종의 지시에 따라 고려에 공문을 보내어 금이 몽골의 발흥, 거란족의 동요, 포선만노의 반란으로 곤경에 빠진 상황을 알리고 포선만노의 무리와 거란족이 고려로 침입할 가능성을 경고했다. 아울러 고려가 미곡을 대여해 줄 것을 요청했다. 거란족 수만 명(9만 명이라는 기록도 있음)이 8월 압록강을 넘어 고려 영토로 들어왔다. 이들은 수년간 고려 영내를 횡행하면서 약탈을 일삼게 된다.

거란족이 갑작스럽게 진입한 지 4일 만에 고려 정부는 3군을 편성, 13령의 군과 신기군을 파견하여 이들을 막게 했다. 상장군 노원순(盧元純)이 중군병마사로, 상장군 오응부(吳應富)가 우군병마사로, 대장군 김취려(金就礪)가 후군병마사가 되었다. 이 정도로 신속히 대응한 것으로 보아 고려 조정은 몽골과 금의 전쟁이 일어난 후 임전 태세를 갖추어 유사시에 대비했음을 알 수 있다. 고려의 3군은 9월 초 청천강변의 조양진에 당도하여 내려오는 적을 격파하고 이어 연주, 창주, 귀주, 연주, 태주 등 청천강 이북의 여러 지역에서 적을 제압했다.

거란족은 남진을 계속하여 12월에는 서해도의 황주를 도륙했다.

거란족이 횡행할 수 있었던 큰 이유는 고려의 지리를 잘 아는 양수척(揚水尺)이 이들의 길잡이가 되었기 때문이었다. 양수척은 압록강·두만강 이북의 북방에서 고려로 이주해 온 자들로 거란인·여진인 계통이다. 화척(禾尺)·재인(才人)·무자리 등으로도 불렸는데 이들은 고려인과 생활양식이 달라 농경 생활에 적응하지 못하고 수초(水草)를 따라 살며 수렵을 하기도 하고 도살업·광대 등을 업으로 삼았고 특수 부락을 이루었다. 이들은 기마와 궁술에 능하여 군역에 동원되기도 했다.

이의민의 집권 시절, 그의 아들 이지영이 삭주분도장군이 되었을 때 양수척들이 흥화도(興化道)와 운중도(雲中道)에 많이 살고 있었다. 여기서 도는 지방 행정단위의 도가 아니라 여러 개의 역을 관할하는 역도(驛道)를 말한다. 이지영은 양수척이 부역을 지고 있지 않다 하여 그의 기생첩인 자운선(紫雲仙)의 속민으로 두어 이름을 등록하여 공납을 징수했다. 최충헌이 집권하여 또 자운선을 첩으로 삼았고 자운선은 공물을 과도하게 징수하여 양수척의 원한을 샀다. 그러므로 거란족이 닥쳐오자 그들의 길잡이가 되었고 거란족은 산천의 요충지와 도로의 원근을 잘 알게 되어 대체로 소규모로 곳곳에서 출몰하면서 오랫동안 고려 경내를 어지럽혔다.

고종 4년(1217) 봄에는 거란족이 개경 근교에도 출몰했고 동주(東州)와 원주에까지 내려왔다. 지휘관이 교체되고 증원·재편된 고려의 5군은 경기의 여러 지역에서 거란족을 격파했다. 이어 동주와 원주 등지를 함락한 적을 추격하여 제천의 박달현(朴達峴)에서 격파, 동북면 이북의 여진 거주 지역으로 몰아내었다. 그러나 같은 해 연말 세력을 다시 결집한 거란족은 동북 지방으로 침략을 재개하여 이듬해 고종 5년(1218)에는 서북면으로 넘어와 횡행했다.

고종 5년 7월 고려 정부는 징병령을 내리고 수사공 조충(趙冲)을 서북면 원수로, 김취려를 병마사로 삼고 3군을 파견했다. 거란족은 패퇴하여 평양 동쪽의 강동성(江東城)으로 들어가 버티었다. 몽골 장수 합진차라(蛤眞札剌)가 지휘하는 몽골군 1만 명과 포선만노의 장수 완안자연(完顏子淵)이 지휘하는 2만 명이 거란족을 추격하여 고종 5년 12월 고려의 동북면에 들어왔다. 이들은 거란을 친다고 공언하면서 서북면 지역의 화주·맹주·순주·덕주(德州, 덕천)를 함락하고 강동성으로 향했다.

큰 눈이 내려 군량 수송이 어려워지자 몽골군의 원수인 합진은 통역 조중상(趙仲祥)을 고려의 원수부(元帥府)에 보내 물자와 양식을 요구했다. 또한 "칭기즈 칸은 적을 쳐부순 다음에 (고려와) 형제맹약을 체결하라 명령했다"고 전했다. 고려 조정은 상서성의 이름으로 요구를 들어주겠다는 답서를 보냈다. 조충은 쌀 1천 석을 보내주고 중군판관 김양경(金良鏡)을 시켜 정예병 1천 명을 인솔하고 이를 호송하게 했다.

몽골군의 갑작스런 진입에 고려 정부는 그 진의를 몰라 크게 당황하여 명확한 지침을 내리지 못했다. 상황을 정확히 파악하고 있던 조충과 김취려가 적절히 대처했다. 다음은 《고려사》 열전 김취려전의 기록이다.

조충과 김취려 등이 수차례 적군과 교전하여 패배시키니 적은 기세가 꺾여 강동성으로 들어가 버티었다. 합진차라가 완안자연과 더불어 거란을 추격하여 바로 강동성으로 향하면서 사람을 보내 군대와 식량을 요청했다. 여러 장수들이 모두 가기를 꺼리는데 김취려가 선뜻 나섰다.

"나라의 이해가 오늘에 달려 있습니다. 만약 그들의 뜻을 어기면 나중에 한탄할 일이 생길 수 있습니다."

그러자 조충이 신중히 생각할 것을 권했다.

"나의 생각도 그러하오. 그러나 이는 중대한 일이니 적임자가 아니면 보낼 수 없소."

김취려는 이 말을 듣고도 자신의 뜻을 굽히지 않았다.

"나라에 일이 어려운 때는 사양하지 않는 것이 신하의 직분입니다. 제가 비록 재주 없으나 공을 위해 가겠습니다."

조충이 염려스럽게 물었다.

"군중의 모든 일을 공에게 의지하고 있는데 공이 갈 수 있겠소?"

이듬해(1219)에 김취려가 지병마사 한광연(韓光衍)과 더불어 열 명의 장군과 군대, 신기군, 대각군(大角軍), 내상군(內廂軍) 등의 정예 부대를 데리고 갔다. 합진이 통사 조중상을 통하여 접견례를 요구했다.

"우리와 동맹을 맺으려면 먼저 멀리 몽골 황제에게 절하고 다음으로 (포선)만노 황제에게 절해야 한다."

김취려는 "하늘에는 해가 둘 있지 않고 백성에겐 두 임금이 없는 법인데 천하에 어찌 두 황제가 있을 수 있는가"라고 하고 다만 몽골 황제에게만 절했다. 김취려는 키가 6척 5촌이 넘었고 수염이 길어서 배를 지나므로 예복을 입을 때마다 반드시 여종 2명으로 하여금 수염을 갈라 들게 한 후에 띠를 매었다. 합진이 취려의 용모가 괴위(魁偉)할 뿐 아니라 말하는 것 또한 당당하므로 뛰어난 인물로 보았다. 자리에 인도하여 같이 앉은 후 나이를 물으니 취려가 "예순에 가깝다"고 하니 합진이 "나는 쉰이 아직 안되었다. (두 나라가) 한 집안이 되었으니 당신은 형이 되고 나는 아우가 되겠다" 라고 하고는 취려를 동쪽을 향해 앉게 했다.

다음 날 취려를 다시 진영으로 초대했는데 합진이 더욱 예우하여, "내가 일찍이 여섯 나라를 정벌하면서 귀인(貴人)을 많이 보았는데 형의 용모를 보니 어찌도 그리 뛰어난가? 내가 형을 중히 여기므로 휘하 사졸도 한 집안으로 보겠다"라고 했다. 작별하여 떠날 때에도 손을 잡고 문 밖까지 나와서 겨드랑을 받들어 말에 올려 주었다.

며칠 후 조충과 취려가 합진을 방문했는데 합진이 조충에게 물었다.

"원수와 형은 누가 연장입니까?"

취려가 조충이 연장이라고 말하니 합진이 조충을 상좌에 앉게 하고 물었다.

"내가 두 형 사이에 앉는 것이 어떻겠습니까?"

취려는 "우리도 바라던 바이나 먼저 말하지 못했을 뿐이오" 하고 좌석을 정한 후 술을 차리고 흥겹게 연회했다.

몽골 풍속에 날카로운 칼로 고기를 찍어서 손과 주인이 서로 먹여주는 것을 좋아했는데 주고받을 때 절대로 눈을 깜박이면 안 된다는 것이다. 아군에서 용자(勇者) 소리를 듣는 이들도 난색을 표했으나 조충과 취려는 앉고 일어나고 주고받음이 매우 능숙했다.

합진은 술을 잘 마셨으므로 조충과 누가 잘 마시는가 내기하여 지는 사람은 벌을 받기로 약속했다. 조충은 술잔을 주는 대로 받아 마시고 곧 돌려주되 아무리 마셔도 취하는 빛이 없었다. 마지막 한 고비에 술 한 잔을 들고 조충이 말했다.

"이 술을 마시지 못하는 것이 아니라, 내가 만약 이것을 마시면 공은 반드시 벌을 받게 될 것이니, 차라리 내가 벌을 당하려 할 따름이외다. 주인이 되어서 손님을 벌주어서야 옳으리오?"

합진은 그 말을 중히 여기어 크게 기뻐했으며 이튿날 강동성 밑에서 만나기로 약속했다. 그리하여 고려군이 성 밖 3백보 거리까지 왔다.

합진은 강동성 남문에서 동남문에 이르기까지 너비와 깊이가 10척이 되는 도랑을 파고 서문 이북은 완안자연에게 맡기고 동문 이북은 김취려에게 맡기어 모두 참호를 파게 하여 적이 탈주하는 것을 방지했다.

적의 기세가 군색하여 40여 명이 성을 넘어 몽골군에게 항복했다. 적의 괴수 함사(喊捨) 왕자는 목을 매어 자살했으며 그의 관원, 군졸, 부녀 등 5만여 명이 성문을 열고 나와 항복했다. 합진이 조충 등과 함께 다니면서 투항하는 상황을 시찰했다. 왕자의 가족과 승상, 평장사 등 백여 명은 모두 현장에서 참수하고 그 나머지는 모두 관대히 처분하여 죽이지 않고 군사로 하여 지키게 했다.

합진이 조충에게 기뻐하며 말했다.

"우리가 만리 밖에서 와서 귀국과 힘을 합해 적을 격파한 것은 천년에 한 번 있을 만한 행운입니다. 예의상 귀국의 왕을 찾아가 배알하는 것이 당연하나 우리 군이 매우 많아 멀리 행군하기 어려우므로 다만 사람을 보내 사례하겠습니다."

합진과 차라가 조충과 김취려에게 동맹을 청하면서 말했다.

"두 나라가 영원히 형제가 되어 만세에 이르도록 자손들이 오늘을 잊지 말기를 바라나이다."

조충은 군을 위로하는 연회를 베풀었다. 합진은 부녀와 어린 소년 7백 명과 우리 백성으로 적의 포로가 된 자 2백 명을 우리에게 돌려주고, 조충과 김취려에게 15세 전후 되는 여자 각각 9명과 준마 각 9필을 보냈다. 그 나머지는 모두 데리고 갔다.

조충은 거란 포로들을 각 주현에 나누어 보내고 공한지에 거주하게 했으며 또 토지를 지급하여 농사를 지어 우리 백성이 되게 했다. 민간에서 거란 장(契丹場)이라 부르는 곳이 바로 여기이다. (《고려사》 권 103 열전 김취려전)

합진은 강동성을 함락하자 사절 10인을 보내 칭기즈 칸의 조서를 고려 조정에 보내어 정식으로 우호를 맺을 것을 청했다. 고종을 배알할 때 몽골 사신단은 모두 털로 만든 의관에 활과 화살을 차고 곧장 올라와 국서를 꺼내 왕의 손을 잡고 수교했다. 그들의 불손한 태도에 고종의 안색이 변했으며 좌우에 있던 시신들도 모두 놀래어 가까이 하지 못했다.

최선단(崔先旦)이 통곡하며 말하기를, "어찌 추한 오랑캐로 하여금 지존에 가까이 가게 할 수가 있느냐. 형가(荊軻, 시황제를 암살하

칭기즈 칸과 술

유목민인 몽골족은 정주 사회와 접하면서 많은 새로운 문물을 접했는데 칭기즈 칸은 이중 술을 경계했다. 그는 술을 "이 물건은 적게 마시면 사람의 기분을 좋게 하지만, 많이 마시면 마음을 어지럽게 만든다"고 평가했다.

칭기즈 칸은 술의 해독을 잘 인지했으나 이슬람의 창시자 무함마드와는 달리 금주령을 내리지는 않았다. 그 불가능을 잘 인식했기 때문이었다. 다음은 음주에 대한 그의 규정이다.

"만약 음주를 막을 수 있는 방법이 없다면 한 달에 세 번 크게 취하는 것은 무방할 것이다. 단 세 번을 넘게 되면 잘못을 범하게 된다. 만약 그가 두 번 취한다면 더욱 좋고, 한 번 취한다면 물론 더 좋다. 그가 만약 전혀 술을 마시지 않는다면 그보다 더 좋은 것이 어디 있겠는가. 그러나 그처럼 전혀 술을 마시지 않는 사람을 어디에서 찾을 수 있겠는가. 만약 그러한 사람을 찾을 수만 있다면 마땅히 큰 재목으로 써야 할 것이다."

려던 자객)의 변이라도 일어나면 미처 손 쓸 겨를이 없을 것이다" 하고 이들을 내보내자고 했다. 그러자 몽골 사신단은 물러나와 고려의 의관으로 갈아입고 고종 앞에 나아가 예를 행했다. 그러나 고종에게 읍(揖)만 하고 절은 하지 않았다.

다음달인 고종 6년(1219) 2월에 합진이 이끄는 몽골군이 귀환했는데 조충은 의주까지 전송했다. 완안자연은 조충을 보고 "조 원수는 기위(奇偉)하고 비상한 인물이다. 고려에 이런 장수가 있다는 것은 하늘이 준 선물이다"라고 말했다.

몽골군과 교전하지 않고 형제 맹약을 체결하여 한동안이나마 병화를 피할 수 있었던 것은 고려로서는 크게 다행이었다. 고려 말의 명신 이제현(李齊賢)은 김취려의 공을 다음과 같이 칭송했다.

우리 태조께서 나라를 세우고 고종에 이르기까지 3백여 년이었는데 그 사이 최씨 부자가 대를 이어 정권을 잡고서 농단했다. 안으로는 강한 군사를 끼고 권세와 복록을 마음대로 누리며 지혜로운 사람을 내치고 밖으로는 약한 군사에 국운을 맡겨 놓고서 적을 공격할 것을 독촉하고는 싸워서 공이 높은 사람은 의심했다. 이러한 상황에서는 훌륭한 일을 하고자 하여도 할 수가 없었다.

금나라 말기에 거란의 유민들이 반란을 일으켜 우리 국토를 넘나들며 저들의 근거지로 만들려 했다. 먼 곳에서 궁한 도적과 싸운다면 그 예봉을 당해내기는 어렵다. 몽골은 장수를 파견하여 국경 안으로 밀려들어 군대를 내라고 하면서 거란적을 토벌한다고 떠들었다. 이에 따르려니 그 진심을 알 수 없었고 거역하려니 다른 변고가 생길 것이다. 그러나 공은 능히 이리 저리 주선하고 원교근공(遠交近攻)하여 국가간의 맹약을 사업의 시초에 결정짓고, 국가의 근본을 순식간에 안정시켰다. 이것은 괴걸지재(魁傑才智)한 신하를 사직의 신령이 남몰래 도운 것이 아니겠는가.

맛있는 음식을 먹지 않고 적은 것도 나누어 먹으니 군사들이 사력을 다하게 되고, 금령이 잘 행해져 조금도 범하는 일이 없었음을 보건대 옛적 명장들의 풍도가 있다고 하겠다. 개평 전투에서 그가 두 차례나 중군(中軍)을 구했고, 사현(沙峴) 전투에서는 노공(盧公)이 돕지 않았으나 끝까지 한마디도 말하지 아니하고 그를 책하지도 않았으며 자신의 공을 자랑하지 않고 대중들에게 공을 돌렸다. 이것은 대인군자만이 갖는 마음이다.

고종 6년(1219) 9월에 최충헌이 사망했다. 최충헌은 거대한 사병 조직인 도방을 거느리고 있었다. 그가 궁성을 출입할 때 시종한 인원은 3천 명에 이르렀다. 도방이 최충헌 가문의 권력 세습을 가능하게 한 원천이었다. 최충헌은 본처 소생 가운데 장남인 최우(崔瑀)를 후계자로 지명했다. 그러나 최우의 권력 세습이 순조롭지는 않았다. 최우는 그의 집권을 반대하는 도방의 유력자들을 제압하고 권력을 계승했다.

최우는 최충헌의 뒤를 잇자 곧 최충헌이 모았던 금은보화를 고종에게 바치고 다음해에는 최충헌이 강점했던 공사전민(公私田民)을 원래의 주인에게 돌려주었다. 또 빈한한 선비들을 많이 선발 등용하여 인망을 모으기에 힘썼다.

고려와 몽골의 전쟁

몽골 사신 피살사건

고종 6년(1219) 고려가 몽골과 힘을 합쳐 강동성에 침입한 거란족들을 물리친 후 몽골은 여러 차례 사절단을 보내 과도한 공물을 요구했다. 몽골은 사전 약정에 의거하여 10명 전후의 사신단을 동진을 경유하여 고려에 보냈다. 당시 칭기즈 칸이 서방 원정 중이어서 그의 아우 옷치긴이 감국(監國)하고 있었는데 탐학하여 과다한 공물 요구와 오만무례한 행동이 날이 갈수록 심해졌다.

동진의 포선만노도 옷치긴에 반발하고 있었다. 고종 11년(1224) 정월 동진의 사신이 2통의 국서를 가지고 왔는데 그중 한 통은 "몽골의 칭기즈 칸이 멀리 서정을 나간 후 오래도록 소재가 불분명한 상태이고 감국인 옷치긴은 탐학하고 인자하지 못하므로 우리는 이미 몽골과 옛 우호관계를 끊었다"는 것이었고 다른 한 통은 "우리나라는 청주(靑州)에서, 귀국은 정주에서 각각 시장을 열어 교역을 행하자"는 것이었다. 고려는 포선만노를 의심하여 그의 제안에 응하지 않았다. 동년 3월에도 동진의 사신이 왔는데 고려는 응하지 않았다. 이로써 고려는 동진과 연합할 기회를 잃었다.

그러던 중 고종 12년(1225) 정월 몽골 사신 자구르[著古與, 札古也]가 피살되는 사건이 일어나 고려와 몽골의 통교가 끊기게 되었다. 이 사건에 대한 《고려사》의 기록은 간략하다.

> 몽골의 사자가 서경을 떠나 압록강을 건너갈 때 공물인 수달피만 가지고 나머지 세포(細布) 등의 물품은 모두 버리고 가다 중도에 도적에게 피살되

었는데 몽골에서는 도리어 우리를 의심하므로 드디어 통교가 끊기게 되었다. (《고려사》 세가 고종 12년 정월 계미)

고려는 몽골의 사신단이 동진 또는 금의 장수 우가하(于加下)에 의해 피살되었다고 보았다. 몽골은 진상을 밝히려 사자를 다시 현지에 파견했는데 다시 기습을 받고 축출되었다. 몽골은 고려의 소행이라 의심하여 통교를 끊었다. 그러나 몽골은 내부 사정으로 당장 고려를 침략하지는 못했다.

몽골에서는 칭기즈 칸이 18만 군사를 이끌고 1226년부터 서하를 정벌하러 떠났다. 그런데 진군 초기에 칭기즈 칸이 부상을 입는 사고가 발생했다. 원정하러 가는 도중 겨울이 되자 칭기즈 칸은 야생마를 잡기 위해 말몰이 사냥 대회를 열었는데 그때 낙마했던 것이다. 1227년 서하에 대한 포위전이 계속되고 있는 가운데 낙마할 때 입은 상처가 점점 심해졌다. 칭기즈 칸은 죽음이 머지않은 것을 깨닫고 오고타이와 톨루이를 불러 다음과 같이 충고했다.

> 내 병이 나을 수 없을 정도로 위중하니 너희 가운데 하나가 군주의 지위와 제국의 권력을 수호하고 권좌를 튼튼히 다지도록 하라. 만약 나의 아들 모두가 칸이 되고 군주가 되려고 할 뿐 아무도 상대방에게 복종하지 않으려 한다면, 마치 하나의 머리를 가진 뱀과 여러 개의 머리를 가진 뱀의 이야기와 같이 되지 않겠느냐.

칭기즈 칸은 이렇게 경고한 뒤 자식들에게 오고타이를 후계자로 인정한다는 것을 문서로 기록하여 선서하도록 했다. 전투를 중지하자는 의견이 지휘관들 사이에서 제기되었으므로 칭기즈 칸이 사신을 보냈지만 서하의 군 사령관인 아사 감부는 무례한 회신을 보냈다. 병상에 누운 칭기즈 칸은 다음과 같이 선언했다.

> 이처럼 큰소리를 내뱉는데 어찌 물러갈 수 있단 말인가. 죽어도 큰소리를 묻고 오겠노라. 영원한 하늘이 나의 증인이 될 것이다.

칭기즈 칸은 1227년 8월 병사했다. 칭기즈 칸의 죽음에 대한 몽골군의 복수는 처절했다. 아사 감부가 지휘하는 서하군은 패했고 서하의 군주는 투항했으나 처형되었다. 수도에 살던 주민 전부가 몰살되었다.

그리고 몽골군은 칭기즈 칸의 시신을 마차에 싣고 몽골 초원으로 돌아갔다. 칭기즈 칸은 자신의 죽음을 비밀로 하라고 명령했으므로 귀환 도중에 만나는 사람은 모두 죽음에 처해졌다. 그의 매장지는 공식적으로는 현재 몽골의 부르한 할둔 산에 있는 것으로 되어 있지만 실제로 어딘지는 지금도 알려지지 않았다.

칭기즈 칸이 3남 오고타이를 후계자로 지명했어도 오고타이의 계승은 순조롭지 못했다. 우여곡절 끝에 오고타이는 1229년 여름 쿠릴타이의 추대를 받아 칸으로 즉위했다. 그가 원의 태종(太宗)이다. 오고타이 치세에 이르러 몽골의 전쟁은 약탈전에서 벗어나 직접 지배와 관리를 목적으로 하는 정복전으로 성격이 바뀌어 갔다.

몽골의 1차 고려 원정과 박서의 분전

1229년 오고타이를 칸으로 추대한 쿠릴타이에서 3대 원정(금 원정,

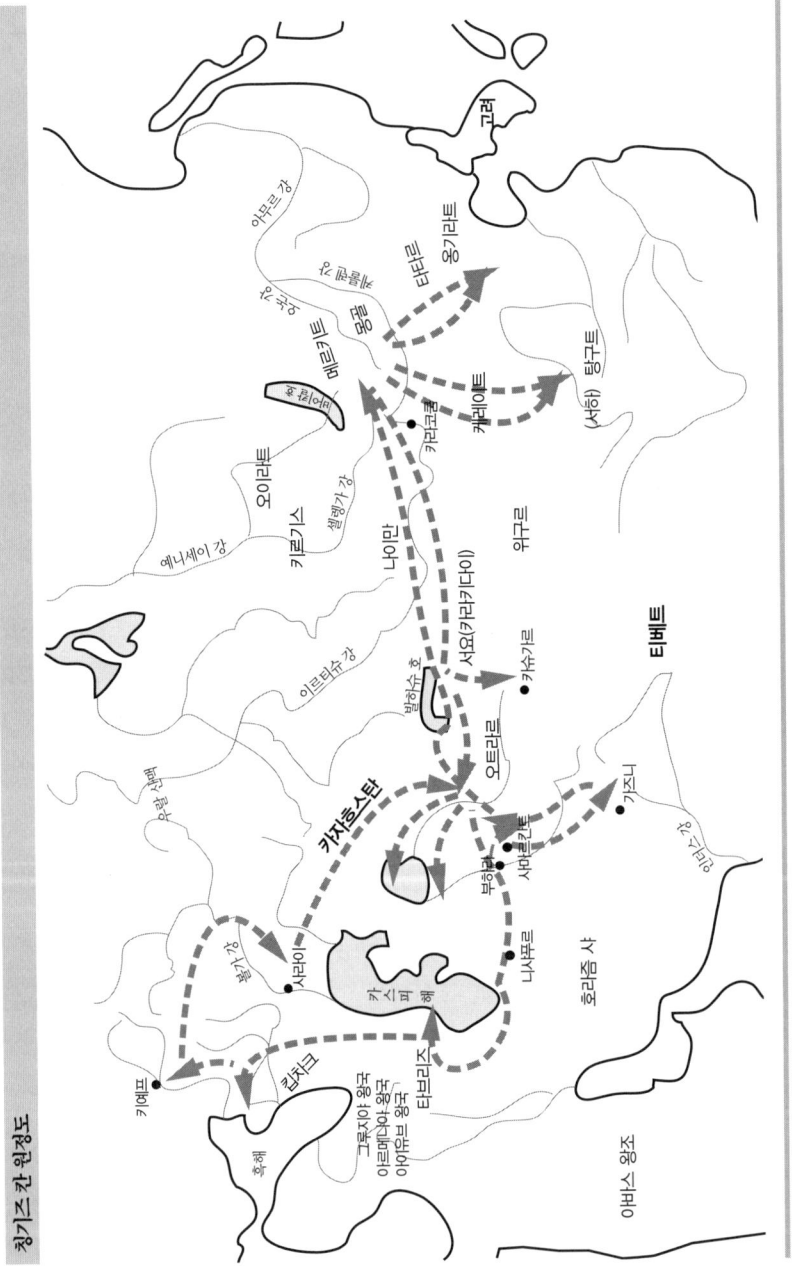

킵차크 원정, 서남아시아 원정)이 결의되었다.

몽골군이 서남아시아에서 철수하자 호라즘 왕 알라 웃딘 무함마드의 아들 잘랄 웃딘은 1224년 인도에서 돌아와 세력을 다시 규합하여 이란·이라크·아제르바이잔을 지배했다. 1228년 여름 잘랄 웃딘은 이스파한 부근에서 벌어진 몽골군과의 소규모 전투에서 패배했으나 4백 명의 포로를 잡아 이들을 잔인하게 죽여 몽골군으로부터 받은 수모를 갚으려 했다. 이스파한에서 승리의 축제를 열고 몽골군 포로를 군중들에게 넘겨주어 거리를 끌고 다니며 맞아 죽도록 했다. 이에 대한 보복으로 오고타이는 1229년 초르마간 장군에게 3만의 병력을 주어 원정하게 했다.

1230~1231년 겨울 몽골군은 번개 같은 속도로 호라산과 라이를 거쳐 잘랄 웃딘이 머무르고 있는 아제르바이잔으로 진격했다. 미처 군을 소집할 시간도 없던 잘랄 웃딘은 북쪽으로 도주했다. 잘랄 웃딘은 1231년 여름 하카르 산맥을 통과하다가 취침 중에 쿠르드 도적단에 살해되었다. 이후에도 초르마간은 원정을 계속하여 1236년 그루지야를 침공하여 수도인 티플리스를 점령했다. 1239년에는 아르메니아를 정복했다.

1230년부터 시작된 금 원정에는 오고타이가 중군, 톨루이가 우군, 옷치긴이 좌군을 거느리고 참여했다. 또한 고려 원정은 잘라이르 부족 출신인 사르타이[撒禮塔]가 맡았다.

사르타이가 지휘하는 몽골군은 금 원정 계획의 일환으로 요동 지방을 공략하고 이듬해인 고종 18년(1231) 8월 압록강을 넘어 고려 영내로 진입했다.

몽골군은 함신진(咸新鎭, 의주)을 지키던 조숙창(趙叔昌, 조충의

> **잘라이르 부족**
>
> 잘라이르 부족은 투르크족에서 나왔으나 세월이 흐름에 따라 외모나 언어상으로 몽골족과 유사해졌다. 이 부족은 칭기즈 칸에 패배한 뒤에 복속되어 칭기즈 칸 가문의 친병 역할을 했다. 몽골의 정복 활동에 큰 공을 세운 무할리, 수베테이, 엘지기데이가 잘라이르 부족 출신이다. 잘라이르 부족은 몽골과 금·남송과의 전쟁에서 중요한 역할을 한 다섯 부족인 잘라이르, 우루우트, 망우트, 옹기라트, 이키레스 가운데 가장 세력이 컸다. 한편 무할리가 본래 고려인이었다는 이야기도 전해진다.

아들)이 항복하여 함신진에 무혈 입성했다. 압록강 도강 이후 남진하는 데는 대략 두 길이 있다. 하나는 서해안에 가까운 길로 용주, 철주, 곽주, 청천강을 건너 서경에 이르는 것이고 보다 내륙의 길은 귀주, 자주를 거쳐 서경에 이르는 길이다. 몽골군은 3부대로 나뉘어 남하했다. 선봉의 1개 부대는 최단길로 남하했고 사르타이가 이끄는 주력 부대는 서해안에 가까운 길을 따라, 또 다른 제 3부대는 내륙의 길을 택하여 서서히 남하했다.

8월 중순 철주성(鐵州城, 평안북도 철산)에 도착한 몽골 부대는 포로로 잡은 고려 지휘관을 내세워 항복을 권유했다. 《고려사》에서는 15일을 끌었던 철주성 전투를 간략히 묘사했다.

문대(文大)는 고종 18년 낭장으로 서창현(瑞昌縣)에 있다가 몽골군에게 포로가 되었다. 몽골군이 철주성에 이르러 문대에게 "진짜 몽골군이 왔으니 빨리 나와 항복하라"고 말하도록 시켰다. 그러나 문대는 "가짜 몽골군이니 항복하지 말라"고 소리쳤다. 몽골인이 목을 베어버리겠다고 하면서 다시 외치게 했으나 전과 같이 했으므로 결국 죽였다.

몽골군이 빠르게 성을 공격했고 성중에는 양식이 다하여 능히 지키지 못하고 곧 함락될 지경이었다. 판관 이희적(李希績)이 성중의 부녀와 어린아이를 모아 창고에 넣어 불을 지르고 장정(壯丁)들을 거느리고 자결했다.

(《고려사》 권 121 열전 34 문대전)

제3의 몽골 부대는 9월 3일 귀주를 포위했다. 귀주는 귀주 대첩의 현장으로 본래 북계 내륙의 요충지로 전략적 가치가 큰 곳이었다. 특히 몽골군이 용주, 철주 등 압록강 하안 및 해안에 가까운 간선로의 여러 성을 함락시키며 남진하는 상황에서 내륙의 배후에 있는 귀주는 전략적으로 중요한 곳이었다. 귀주성에는 서북병마사 박서(朴犀)와 인근 서북면 여러 성의 지휘관들인 정주(靜州)의 분도장군 김경손(金慶孫), 삭주의 분도장군 김중온(金仲溫), 그리고 정주·삭주·위주·태주의 수령이 함께 모여 있었다. 귀주성에서는 다음해 정월까지 4차에 걸쳐 치열한 공방전이 벌어졌다.

서북병마사 박서는 성의 4면에 부대를 나누어 지키게 했다. 성의 동서면은 김중온이, 남면은 김경손이 맡았고 안북부와 위주·태주의 별초군 250여 명이 3면으로 나누어 수비했다.

몽골군이 크게 남문으로 몰려오자 김경손은 정주에서 데려온 결사대 12명과 별초군을 거느리고 성을 나와 싸우려 했다. 김경손이 "나라를 위하여 죽어도 물러나지 않을 자 오른편에 서라" 하니 별초군은 땅에 엎드려 응하지 않았다. 그 모습을 보고 김경손은 별초군을 성으로 돌려보내고 12명만 데리고 나가 싸웠다. 김경손이 손수 활을 쏘아 흑기를 들고 있는 선봉 기병을 명중시켜 쓰러뜨렸다. 기세를 올린 결사대는 분투했다. 전투 중에 김경손은 팔뚝에 화살을 맞아 피가 철철 흘렀으나 손에 잡은 북채를 놓지 않고 계속 북을 쳐 전투를 독려했다. 몽골군을 퇴각시키고 김경손이 성으로 돌아오자 박서는 모든 군사 문제를 김경손에게 일임했다.

초전에 패하여 물러섰던 몽골군은 다시 몰려와 귀주성을 몇 겹으로 포위하고 서·남·동 3면으로 공격했다. 고려군은 그때마다 돌진해 나가 격퇴시켰다.

몽골군이 위주부사(渭州副使) 박문창(朴文昌)을 사로잡아 성에 들어가 항복을 권유하게 하자 박서는 그의 목을 베었다. 몽골군이 정예 기병 3백을 뽑아 북문을 공격했으나 박서가 격퇴했다. 몽골군이 수레에 풀과 나무를 쌓아 굴려가지고 쳐들어왔으나 김경손은 포차(砲車, 대포를 실은 수레)로 쇳물을 녹여 부어 풀과 나무를 태워 버리니 물러갔다. 몽골군은 다시 망루를 실은 수레를 만들어 쇠가죽으로 싸고, 그 속에 군사를 감추어 성 밑으로 들어와서 땅굴을 파고 길을 만들었다. 박서는 성 밑으로 구멍을 뚫고 쇳물을 녹여 들이부었다. 흙이 녹아 땅굴이 무너져 몽골군 30명이 압사했다.

몽골군이 다시 대형 포차 15대를 동원, 성의 남쪽을 치고 들어와 상황이 위급해졌다. 박서는 성 위에 축대를 쌓게 하고 포차로 돌을 쏘아 적의 공세를 물리쳤다. 몽골군은 기름을 묻힌 섶으로 화공을 했는데 박서는 성루에 준비한 물과 진흙으로 불을 껐다. 이때 김경손이 전투를 독려하는 중에 적이 쏜 대포알이 머리를 스치고 뒤에 있던 군사에 맞아 온 몸이 박살이 났다. 좌우에서 자리를 옮기라고 권유했으나 김경손은 "내가 움직이면 군사들의 마음이 흔들린다"고 말하며 자리를 옮기지 않았다.

몽골군은 귀주성을 포위하여 온갖 계교와 방법을 동원하여 30일을 공격했으나 실패했다. 몽골군은 "하늘이 돕는 것이지 사람 힘이 아니다" 라는 탄사를 발하고 물러갔다.

귀주성에서 치열한 전투가 진행되는 동안 몽골의 선봉 부대는 신속히 남진하여 곧바로 개경을 공격하려 했다. 몽골의 선봉 부대는 9월 10일 서경에 이르렀다. 서경성을 공략하다가 실패한 몽골군은 다시 남하하여 중순에 황주·봉주(鳳州) 부근에 도착했다.

고려 정부가 몽골군의 내침에 맞서 3군의 출정을 결정한 것은 9월 초였고 3군이 개경을 출발한 것은 일주일 후의 일이다. 고려의 중앙군은 9월 하순 황주의 동선역(洞仙驛)에서 처음으로 교전했다.

마침 해가 저물었고 첩자(諜者, 척후병)가 적이 보이지 않는다고 했으므로 3군이 안장을 풀고 쉬고 있었다. 이때 어떤 사람이 산에 올라 "몽골군이 온다" 하며 소리치니 군사들이 크게 놀라 다 도망갔다.
몽골군 8천여 명이 갑자기 들이닥쳐 이자성(李子晟)과 장군 이승자(李承子)·노탄(盧坦) 등 대여섯 명이 죽기로 막아 싸우다가 이자성은 화살에 맞고 노탄은 창에 맞아 말에서 떨어졌으나 군사가 구해주어 겨우 죽음을 면했다.
3군이 비로소 집결하여 함께 싸우니 몽골군이 잠시 물러갔다가 다시 와 우리 우군(右軍)을 공격했다. 산원 이지무(李之茂), 이인식(李仁式) 등 네댓 명이 맞시 싸우는데 미산(馬山, 경기 파주군) 초적(草賊)으로서 종군한 자 2인이 몽골군을 쏘니 시윗줄을 따라 엎드려졌고 관군이 이긴 기세를 타 쳐서 패주시켰다. (《고려사》 권 103 열전 16 이자성전)

10월 1일 몽골 측에서 보낸 사자 두 명이 평주에 들어왔는데 평주에서는 이들을 억류했다. 고려 정부는 몽골 사신 처리 문제를 놓고 논의를 거듭하다 관리를 보내 몽골의 서신을 접수하고 20일에 이들을 개경으로 압송했다. 이들이 가지고 온 문서의 내용은 "아군이 처음에 신함진에 도착했을 때 항복한 자는 죽이지 않았다. 너희 나라가 항복하지 않으면 우리도 끝까지 돌아가지 않을 것이며 항복을 하면 돌아갈 것이다" 라는 것이었다.

10월 중순 몽골군은 귀주성 공격을 재개했다. 이번에는 북계의 여러 성에서 데리고 온 고려인들을 앞세워 공격했으며 전보다 더 많은 공성 기기를 동원했다. 신서문(新西門)의 요충 28개소에 포차를 설치, 귀주성 서쪽을 공격하여 10월 말에는 성곽 250여 칸이 부서졌다. 박서는 주민들로 하여 부서진 성곽을 곧바로 수축하게 했다.

동선역에서 적 선봉군의 기습을 격퇴시킨 고려의 3군은 다시 북상하여 10월 21일(계유일) 고려 북계의 군사 거점 도시 안북부(安北府, 안주)에 도착했다. 같은 날 사르타이가 이끄는 몽골군이 안북부에 도착하여 고려의 중앙군이 안북성에 들어가자 곧이어 몽골군과 접전이 벌어졌다.

> 이날 3군이 안북성에 주둔하니 몽골군이 성 아래에 이르러 도전하거늘 3군이 나가 싸우려 하지 않았다. 후군진주(後軍陣主) 대집성(大集成)이 전투할 것을 강요하므로 3군이 성 밖으로 출전했으나 진주·지병마사 등은 모두 나오지 않고 모두 성에 올라가 바라보았고 대집성 또한 성으로 돌아왔다.
> 3군이 적을 맞아 싸웠는데 몽골군은 모두 말을 내려 대오를 나누어 열을 지었다. 그리고 기병으로 우리 우군을 향하여 돌격, 화살을 비 오듯 쏘니

우군이 어지러워지는지라 중군이 구원하다가 또한 어지러워지니 다투어 성으로 돌아왔다. 몽골군은 승승장구하여 살상이 반이 넘었으며 장군 이언문(李彦文)·정웅(鄭雄)과 우군판관 채식(蔡識) 등이 전사했다. (《고려사》세가 고종 18년 10월)

위의 기록에서 고려군 지휘부는 수성전을 할 것인가 성 밖으로 나가 정면 대결을 할 것인가로 의견이 엇갈렸음을 알 수 있다. 대집성은 집정자 최우의 인척으로 3군의 지휘관으로 임명되었다. 그가 일방적으로 출전을 강요하고 지휘를 포기한 것이 고려군 대패의 원인이었다. 이것이 고려 중앙군의 마지막 전투가 되었다.

사르타이는 안북부에 주둔하면서 부대를 나누어 남하시켰다. 몽골군은 계속 남하하여 11월 28일 밤 평주성을 도륙했는데 닭과 개까지 씨를 말렸다. 사신을 억류한데 대한 보복이었다. 12월 1일 몽골군이 개경의 4문 밖에 진을 치고 포위망을 폈다.

개경으로 내도한 몽골군의 일부는 계속 남하하면서 혹심한 약탈을 일삼았다. 충주까지 침입한 몽골군은 현지에서 임시방어조직으로 편성된 노군별초(奴軍別抄)와 잡류별초(雜類別抄)에 의해 격퇴되었다.

12월에도 귀주는 여전히 난공불락이었다. 몽골군이 운제(雲梯, 성을 공격할 수 있게 높은 사다리를 싣고 있는 전투용 기구)를 만들어 성을 공격하니 박서가 대우포(大于浦)로 운제를 부수었다. 대우포는 큰 날이 달린 병기이다. 귀주성의 방어에 대해 70이 다 되는 몽골의 한 노장은 동원된 공성기계와 성 주위를 둘러보며 "내가 어려서부터 종군하여 천하의 공성전을 보았으나 이러한 맹공에도 끝내 항복하지 않는 것은 처음 보았다"고 찬탄했다.

몽골군이 개경 부근에 주둔하자 전세를 돌이킬 수 없는 것으로 본 고려 정부는 왕족 회안공(淮安公) 왕정(王挺)을 파견하여 강화를 도모했다. 강화가 성립하여 고종 19년(1232) 정월 11일 몽골군은 일단 회군했다. 몽골의 강화조건에는 귀주성의 항복이 있었다. 고려 조정은 후군지병마사 최림수(崔林壽)와 감찰어사 민희(閔曦)를 귀주에 파견하여 전투를 중지하고 항복할 것을 명했다. 22일 개경에 계엄이 해제되고 2월 1일에는 고려 3군이 개경에 귀환했다. 박서는 신변의 안전을 위해 고향인 죽주(竹州)로 귀향했다.

몽골군이 고려의 국경 군사 구역인 북계의 여러 성을 점령한 상황에서 고려 정부가 몽골의 압력을 거부하기는 매우 어렵게 되었다. 고려의 북계 지역은 북방으로부터의 침입에 대비, 처음부터 군사적 방어를 위해 설치된 행정 구역으로 건국 초부터 개척되기 시작한 곳이다. 경군이 약화된 상황에서 외곽방어선인 북계마저 점령당해 고려가 정면으로 몽골에 대항하기는 불가능해졌다. 몽골은 북계 지역의 지배를 항구화하기 위해 72명의 다루가치(達魯花赤)를 배치했다.

강화도 천도 후 몽골의 2차 침략

몽골군이 철수한 직후인 고종 19년 2월부터 천도 문제가 공식 논의되기 시작했다. 당시 개경의 호수는 10만이나 되었고 호화 주택도 많았다. 재추회의에서 공식 논의된 천도 문제는 계속된 논의에도 불구하고 결론을 보지 못했다. 그것은 반대론이 절대적으로 우세했기 때문이었다. 이에 최우는 사병들이 삼엄하게 지키는 자신의 저택에서 직접 회의를 주관하여 천도를 관철시키려 했다. 그러나 이러한 분위기에서도 반대론은 제기되었다.

몽골 침략도 (1231~1259년)

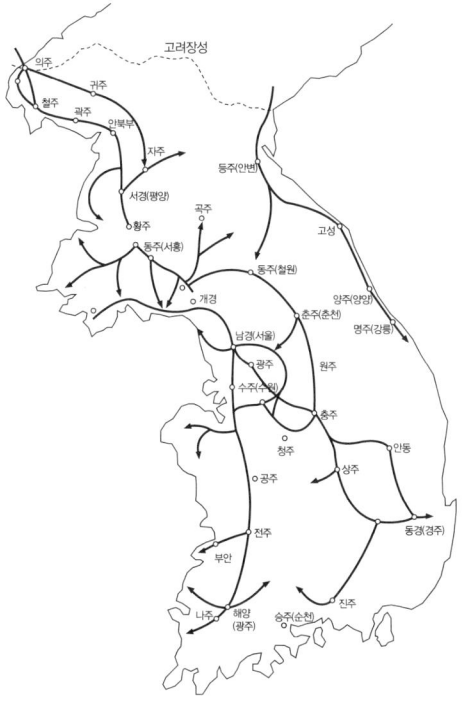

　최우 사저에서 벌인 천도 논의에서 천도 반대론은 소극적 화친론과 적극적 대결론이라는 형태로 각각 제기되었다. 다음은 유승단(兪升旦)의 화의론이다.

　유승단이 홀로 말하기를 "소로서 대를 섬기는 것이 옳은데 섬김을 예도로써 하고 사귐을 신의로써 하면 저들이 또한 무슨 명목으로 우리를 곤욕스럽게 하리오. 성곽과 종사(宗社)를 버리고 섬에 몰래 숨어 구차하게 세월을 끌어 변방의 백성으로 하여금 장정은 칼날과 화살에 다 쓰러지게 하고 노약자를 포로로 끌려가게 함은 국가의 장계(長計)가 아니오"라고 했다.
(《고려사》권 102 열전 15 유승단전)

유승단은 천도가 소수 권력층과 관료들의 피란 행위로 전락함으로써 백성들을 도탄에 빠트리는 결과를 초래할 것을 우려했다. 의례적인 사대관계 수립으로 전쟁을 방지하는 것이 국가와 백성을 위하는 길이라는 현실주의적 주장이다.

한편 야별초(夜別抄) 지유 김세충(金世冲)은 개경을 고수할 것을 주장했다.

야별초 지유 김세충이 문을 밀치고 들어가 최우에게 힐문하기를 "송경(松京)은 태조 때부터 역대로 지켜 내려와 무려 이백여 년이 되었습니다. 성이 견고하고 군사와 양식도 족한데 마땅히 힘을 합하여 지켜 사직을 보위해야지 이곳을 버리고 장차 어디에 도읍하겠다는 것입니까?' 했다.
최우가 수성책을 물으니 김세충이 능히 대답하지 못했다. (《고려사절요》 고종 19년 6월)

최우는 어사대부 대집성의 건의에 따라 김세충을 참수하고 강화도로 천도를 강행했다. 6월 최우는 2천의 병력을 동원해 강화도에 궁궐을 짓게 했다. 7월 고종은 개경을 출발, 다음날 강화도에 도착했다.
강화도로 천도하면서 새로운 수도 건설 작업이 활발하게 추진되었다. 여러 채의 별궁과 공공시설이 갖추어진 궁궐을 짓고 관청 건물을 세웠다. 귀족 관리들의 주택도 건설되었는데 특히 최우의 집은 매우 넓고 호사스럽게 지어졌다. 최우는 자신의 집을 짓기 위해 군을 동원해 개경으로부터 목재를 나르고 강화도에서 여러 날 걸리는 안양산(安養山)으로부터 소나무와 잣나무를 채취·운송했다.

고려 정부는 천도를 전후하여 몽골에 대한 적대조치를 더욱 노골화했다. 천도 작업이 진행 중이던 고종 19년 7월 초 내시 윤복창(尹復昌)을 지휘관으로 하여 군을 북계에 파견하여 다루가치의 무장을 해제시키려고 했다. 윤복창은 다루가치에 의해 사살되었으나 몽골군의 타격도 컸다. 《원사》에는 고려가 다루가치 72명을 모두 죽였다고 나온다.

이같이 고려 정부가 강경한 항몽 정책을 단행하자 그 다음 달인 8월 몽골의 태종은 사르타이에 명하여 군사를 이끌고 다시 고려를 치게 했다. 이때 전년의 몽골 침입 때 투항했던 홍복원(洪福源)이 그의 휘하 주민을 이끌고 합세했다. 홍복원은 일찍이 고종 5년 강동성 전역에서 몽골군과 협력하여 거란 방어전에 참여했던 인주 도령(麟州都領) 홍대순(洪大純)의 아들로 1231년 몽골의 침입시 편민(編民) 1500호를 거느리고 항복했었다.

홍복원이 몽골에 귀부하고 고려를 배반한 원인은 그 관하 민호(民戶)를 계속 유지하기 위해서였던 것 같다. 고려는 성종 이후 지방 호족이 지배하는 그 관하 민호를 해체하여 호적에 편입하여 편맹(編氓)으로 만들고 있었다. 반면 몽골은 토호들이 관하 민호를 거느리고 투항한 지역에는 다루가치를 보내어 간접 통치했고, 그 투항한 토호에게 그 관하 민호를 점유하고 그 지역을 다스리는 권리를 보장했다. 그러나 몽골에 대항하는 토호는 철저히 응징했다.

사르타이는 서북부 지역을 점거했으나 본격적인 군사 행동을 유보하고 강화도에 사람을 보내어 왕과 최우의 몽골 입조, 개경 환도를 요구했다. 고려 정부는 완곡히 거절하는 답신을 보냈고 몽골군의 일부는 남하하여 약탈전을 벌였다.

10월 사르타이도 본군을 이끌고 남하했다. 11월 광주산성(廣州山城, 남한산성)을 수십 겹으로 포위하고 밤낮으로 공격했으나 광주부사 이세화(李世華)가 주민을 독려하여 잘 막아내었다. 사르타이는 포위를 풀고 계속 남하했다. 12월 중순 사르타이는 처인성(處仁城)을 공격하다가 잘못 날아온 화살에 맞아 전사했다. 사르타이가 전사하자 부장 테르케[特爾格]는 사르타이가 억류했던 고려의 사자들을 풀어주고는 군을 이끌고 철수했다.

고려 조정에서는 동진의 포선만노와 연합하기 위해 몽골군이 물러가자 곧 동진이 보낸 국서에 대한 답서를 보냈다.

몽골의 금 정복전

한편 몽골의 금 정복전은 금의 강력한 방어로 어려움을 겪었으나 몽골군은 착실히 남하했다. 오고타이의 중군이 지금의 산서성에서 황하를 사이에 두고 금 주력군과 대치하는 사이 톨루이의 우익군은 지금의 섬서성과 사천성의 경계에 해당하는 산악 지대를 통과했다. 톨루이 군이 한수(漢水)를 건너려 한다는 소식을 들은 개봉의 금 조정은 황하를 지키던 금군 20만을 남하시켰다. 이 때를 놓치지 않고 오고타이의 중군은 1232년 정월 백파(白坡) 나루터를 통해 황하를 건넜다. 톨루이 부대는 한수를 건너 개봉의 서남쪽 교외인 삼봉산(三峰山)에서 금군 15만을 대파했다.

오고타이 부대가 며칠후 삼봉산에 도착하여 톨루이 부대와 합류했다. 3월 금의 수도 개봉을 포위한 오고타이와 톨루이는 수베테이와 타가차르[塔察兒]에게 부대를 지휘하게 하고 몽골 초원으로 귀환했다. 피난민으로 가득 찬 금의 수도 개봉은 식량이 충분하지 않았고 방어할 병력이 부족했다. 몽골군은 처음 16일간 맹렬히 공격했으나 쌍방의 사상자가 매우 많았다. 금이 보유한 화약무기 진천뢰(震天雷)와 비화창(飛火槍)이 위력을 발휘했다. 몽골군은 포위한 채 개봉의 식량이 떨어지기를 기다렸다. 8월 금의 애종(哀宗, 재위 1223~1234)은 개봉을 빠져나왔다.

이듬해인 고종 20년(1233) 4월에는 금의 수도 개봉이 함락되었는데 이미 전염병으로 주민 100만 이상이 사망한 상태였다. 6월 금의 애종은 남송 국경 부근인 채주(蔡州)로 피신하고 타가차르가 지휘하는 몽골군은 채주를 포위했다. 9월 금의 애종은 사신을 송에 보내어 군량 지원을 요청하며 순망치한의 논리로 설득하려 했다.

당시 송의 황제는 이종(理宗, 재위 1224~1264)이었는데 무능한 군주였다. 금 건국 이후 줄곧 굴욕을 맛본 송으로서는 금이 몽골에 멸망당할 위기에 놓인 이때 이성적인 결정을 내리지 못했다. 송 조정에서 금이 송의 방파제 역할을 할 것이라는 의견도 나왔으나 무시되었다. 이미 몽골과 연합하여 금을 공격하기로 몽골과 약정한 송은 금의 요청을 거절했다. 11월에는 송이 파견한 장군 맹공(孟珙)의 군사 2만이 채주에 도착했다. 이들은 30만 석의 쌀을 운반해 왔다.

한편 홍복원은 몽골군이 돌아간 뒤에 서경에 주둔했다. 고려 정부는 고종 20년 5월 대장군 정의(鄭毅)와 박록전(朴祿全)을 보내어 회유했으나 홍복원은 이들을 죽이고 반기를 들었다. 9월 구윅[貴由, 오고타이의 서장자, 훗날의 정종], 알치다이[按赤帶, 칭기즈 칸의 조카로 카치운의 아들] 등이 지휘하는 몽골군은 동진의 수도 남경성을 함락하고 포선만노를 사로잡았다. 이로써 지금의 만주 지방은 대부분 몽골의 판도에 들어갔다. 이후 몽골은 고려 침입 시 동진의 군사를 동원했다.

12월 최우는 가병 3천을 보내어 북계병마사 민희(閔曦)와 더불어 홍복원을 토벌하게 했다. 서경이 함락되자 홍복원은 무리를 이끌고 요동으로 달아났다. 고려 관군은 그의 아비 홍대순과 그의 아우 홍백수(洪百壽) 및 그의 딸을 사로잡고 남은 백성은 모두 섬으로 옮기니 서경은 드디어 텅 비게 되었다(19년이 지난 고종 39년 10월에 이르러 다시 서경유수관을 설치했다).

홍복원은 오고타이에게 요동 거주를 허락할 것을 요청했다. 오고타이는 이를 허락하여 홍복원을 요양에 거주하게 하고 그가 거느리고 간 고려 북계의 백성 1500호를 요양과 심주(瀋州, 심양) 사이에 거주하게 했다.

오고타이는 요양과 심주 등지에 심양로[6]를 설치하고 홍복원을 만호로 임명하여 고려에서 온 군민을 다스리게 했다.

1234년 정월 초하루, 몽골군은 설날을 맞이하여 모두 모여서 술을 마셨다. 몽골군이 노래하고 악기를 연주하는 소리가 사방에 울려 퍼

심양(瀋陽)
요하 유역에 있는 도시로 만주어로는 묵덴(Mukden)이라 한다. 현재는 요녕성의 성도(省都)로 만주 최대의 도시이다. 역사적으로 늘 만주의 중심 도시였다. 일찍이 전국시대부터 개발되어 한나라 때에는 요동군에 속하고 광개토대왕 때 완전히 고구려의 판도에 들게 되었다. 고구려 멸망 후 당이 잠시 지배했고 발해의 영토가 되었다. 요나라와 금나라 시절에는 동경로, 원나라 때에는 심양로가 설치되었다. 발해 멸망 이후에도 고구려와 고려 계통의 주민이 많이 거주했다. 명 왕조는 변경의 요지로 삼아 심양위를 두었다.

졌으나 채주성 안에는 굶주림과 절망적인 탄식만 있을 뿐이었다. 식량이 떨어진 지도 이미 3개월이 지났다. 말안장과 가죽신, 찢어진 북 가죽도 모두 물에 불려 먹었으며 노약자들이 서로 잡아먹는 것이 용인되었다.

송의 장수 맹공은 검은 구름이 채주성 위를 짓누르고 있으며, 햇빛이 흐려 광채가 없음을 보고 금이 곧 멸망할 것으로 판단했다. 또한 투항해 온 자들로부터 채주성의 사정을 알게 되었다.

8일 몽골군과 송군이 성 안으로 들어와 함락의 순간이 다가오자 금의 애종은 "내가 죽거든 곧 불을 질러 화장하라"고 시신들에게 말하고 목을 매어 자결했다. 애종이 죽자 금의 여러 장수와 장병 5백여 명이 따라 자결했다. 금의 멸망이었다. 송군은 애종의 유골을 갖고 귀환했다. 송의 이종은 금의 멸망을 기념하여 연호를 단평(端平)으로 고쳤다.

3월 몽골군은 많은 전리품을 가지고 북으로 돌아갔다. 오고타이는 송이 채주 함락을 도운 대가로 처음 맹약한 대로 오늘날의 하남성 동남 지역을 보유하도록 허락했다. 그러나 송의 이종은 지나친 욕심을 내었다. 6월 5만의 송군이 출정하여 전투도 하지 않고 개봉과 낙양을 점령했으나 몽골군이 돌아와 즉시 송군을 격퇴했다. 가을, 몽골은 쿠릴타이를 열어 향후의 정복 계획을 수립했다. 12월 몽골은 사신을 송에 파견하여 맹약을 저버렸다고 질책했다.

몽골의 3차 고려 원정

1235년 봄 몽골의 대외원정이 다시 시작되었다. 칭기즈 칸의 장남 조치의 둘째 아들인 바투, 오고타이의 장남인 구육과 툴루이의 장남 몽케[蒙哥] 등 왕실의 주요 인사들은 서역 원정(러시아·동유럽 원정)을 맡았다. 송 원정에는 오고타이의 아들인 쿠텐[闊端]과 쿠추[曲出]가 군을 지휘했다. 고려 원정에서는 당고(唐古)가 사령관이었다.

당고가 지휘하는 몽골의 3차 고려 침입은 고종 22년(1235)에 시작되어 26년(1239)까지 지속되었다. 이때 몽골은 전술을 바꾸어 고려 정부와 교섭을 하지 않고 고려를 초토화시켜 굴복시키는 전략으로 약탈에 힘썼다. 각지에서 고려인의 저항도 거세 몽골군이 고전했다.

고종 22년 윤 7월 몽골의 선봉군이 안변도호부를 침범함으로써 전쟁이 시작되었다. 동진의 옛 땅에 주둔한 몽골군이 동북면으로 들어온 것이다. 8월에는 몽골의 본군이 서북으로부터 쳐들어와 용강(龍岡)·함종(咸從, 강서군)·삼등(三登, 강동군) 등 성을 함락시키고 그 수령을 포로로 잡았다. 10월에는 동북과 서북의 양면으로 몽골군 증원부대가 투입되었고 동주성(洞州城, 서흥군)을 격파했다. 몽골군이 지평(砥平)에 이르자 야별초는 유격전을 벌여 많은 전과를 올렸다. 이때부터 삼별초의 활동도 활발해졌다.

고종 23년(1236) 6월 몽골의 증원군이 대거 압록강을 건너왔다. 이들은 의주로부터 안북부에 이르기까지 북계의 여러 성에 주둔했다.

고려 정부도 6월 정유일 방호별감(防護別監)을 각 도에 파견했다. 방호별감이 처음으로 기록에 나오는 것은 고종 14년(1227)이다. 고려 정부는 몽골의 침략에 맞서 전국적으로 산성을 쌓아 방어하는 정책을 세우고 그 책임자로 방호별감을 보냈다. 방호별감은 해당 지역 주민들의 입성과 수성을 총괄했으며 지방 수령도 그 지휘를 받았다. 문반이 지방 수령으로 보임된 것과 달리 방호별감은 무반이 임명되었다.

몽골의 선봉부대는 대동강을 건너 황주, 신주(信州, 신천), 안주(安

州, 재녕) 등지로 남하했다. 몽골군은 강화도를 공략하지 않고 계속 남하하여 남경·평택·아주(牙州, 아산), 하양창(河陽倉, 직산) 등지에 주둔했다.

9월 몽골군은 온수군(溫水郡)을 포위 공격하다가 패했고 또 죽주를 공격하다가 방호별감 송문주(宋文冑)에게 크게 패했다. 송문주는 일찍이 귀주성 전투에 참전하여 몽골군의 공성술을 잘 알았다. 공성 방법을 매일 정확히 예측하고 방어하여 성을 지켰다. 15일 동안 공격했으나 함락하지 못하자 몽골군은 공성 기구를 불태우고 물러갔다.

10월에는 몽골군이 전주와 고부까지 남하했으며 여러 곳에서 공방전이 벌어졌다.

고종 25년(1238) 윤 4월에는 몽골군이 동경(東京, 경주)에 침입하여 황룡사탑이 전소되었고 5월에는 조현습(趙玄習), 이원우(李元祐) 등이 2천여 명을 거느리고 몽골군에 투항했다. 몽골은 이들을 동경

이연년의 난

몽골 침략이 한창인 고종 24년(1237) 봄 이연년(李延年)의 난이 일어났다.
이연년을 비롯한 전라도의 초적은 원율·담양 등을 근거지로 하여 오랜 기간 동안 활동하면서 그 수가 증가했다. 몽골군의 발길이 처음으로 전라도 지역에 이르러 민심이 크게 동요하던 시기인 고종 24년에는 광주·나주를 침공할 정도로 큰 세력을 이루었다.
이연년은 수차례의 승리와 병력의 우세를 믿고 김경손이 지휘하는 중앙정부의 진압군을 안일하게 대처했다. 전라도지휘사에 새로 임명된 김경손은 몽골의 1차 침입 때 정주(靜州) 분도장군으로 귀주성 방어전에서 큰 공을 세운 용장이었다. 이연년은 나주성을 공격하다가 오히려 잡혀 죽고 초적은 무너져 난은 진압되었다.

(東京, 요양)에 보내 홍복원의 통제를 받게 했다.

고려는 야별초를 각지에 보내고 지역 방어군을 독려하여 유격전을 전개했다. 아울러 인민을 산성과 섬으로 옮겨 청야전술(淸野戰術)도 계속 행했다. 전쟁이 장기화되어 국토가 황폐화되자 고려는 고종 25년(1238) 12월 장군 김보정(金寶鼎), 어사 송언기(宋彦琦) 등을 몽골에 보내어 철수를 요청하게 했다. 군사력에 의한 고려 정복 전망이 불투명했으므로 몽골도 응했다. 고종 26년(1239) 4월 오고타이는 김보정과 송언기를 몽골에 머물게 하고 사신 20여 명을 고려에 보내어 왕의 친조를 요구했다. 같은 달 몽골군은 철수했다.

몽골의 송 원정과 러시아 원정

몽골의 송 원정도 성공하지 못했다. 1235년 6월 몽골군은 세 갈래로 나누어 송으로 진격했다. 쿠추가 지휘하는 중군은 다음해 10월 오늘날 호북성의 양양(襄陽)을 점령했으며 촉 지방으로 쳐들어간 우익군도 같은 달 성도(成都)에 들어갔다. 왕자 구운 부카[口溫不花, 벨구테이의 아들]와 장군 차가안이 지휘하는 좌익군은 강회(江淮) 지방을 공격했다. 전투는 송 영내에서 수년간 지속되었으나 몽골군은 끝내 양자강과 한수, 회수 방어선을 돌파하지 못하고 귀환했다.

그 원인을 살펴보면 서역 원정과 고려 원정으로 전력이 분산된 데다가 송의 장수 맹공, 여개(余玠), 두고(杜杲) 등이 결사적으로 항전했기 때문이었다. 특히 맹공은 1239년 여름 한수 중류 지방의 핵심 도시인 양양을 탈환하는 공훈을 세웠다.

반면 몽골의 러시아·동유럽 원정은 크게 성공했다. 바투를 총사령관으로 하는 약 5만의 몽골군은 1236년 봄 출발하여 여름 내내 이동하여 가을에 남러시아의 초원지대인 불가르 지방에 도착했다. 몽골군은 우선 볼가 강을 근거로 활동하던 킵차크 부족과 아스 부족을 공격했다. 킵차크족은 옛부터 남러시아 초원지대에 살던 투르크계 유목민들이다. 러시아인은 이들을 폴로부치라고 했고 유럽인들은 쿠만이라 불렀다. 아스 부족은 이란계 유목민이다. 1237년 봄 킵차크 수령인 바치만[八赤蠻]과 아스 수령 카치르 우쿨라를 생포하여 처형했다. 서방으로 도주·이동하는 킵차크 족도 있었으나 대부분은 투항하여 몽골 원정군에 합류했다. 인구가 적은 몽골은 피정복민을 몽골군으로 흡수하여 대외원정에 동원하는 것이 상례였다.

가을 몽골군 사령관들은 러시아 원정을 결의했고 새로이 편성된 15만 군대가 러시아로 향했다. 1238년 초 모스크바를 약탈하고 러시아의 여러 주요 도시를 점령했다. 1239년 가을 구육과 몽케는 아스 족의 근거지인 메게스 성을 공격했다. 1240년 춘정월 3개월간의 포위 끝에 메게스 성을 함락했다. 구육과 몽케는 카프카스 지방의 데르벤드를 장악하기 위해 군을 파견했다. 겨울 몽골연합군은 러시아를 향해 다시 북상했다. 1240년 말 러시아 최대 도시인 키예프(현재 우크라이나의 수도)를 함락하고 거의 완벽하게 파괴했다.

칭기즈 칸의 서방 원정 때 킵차크족의 일부는 헝가리 왕국으로 피신했는데 헝가리 왕국은 이들을 받아들여 자치적 생활을 보장했다. 이것이 몽골군이 폴란드와 헝가리를 침입하는 원인이 되었다. 1237년 헝가리의 수도사 율리언은 헝가리 왕국이 킵차크족을 받아들였기 때문에 헝가리를 치려 하니 항복하라고 요구하는 바투의 서한을 가지고 급히 돌아갔다. 1239년 4만의 킵차크족이 다시 헝가리로 피신했는데, 헝가리 왕 벨러 4세(1235~1270)가 이들을 받아들여 친위 군사로 삼았다. 몽골군은 또한 폴란드도 공격 목표로 삼았는데, 이는 헝가리를 지원하기 위해 형성될 수 있는 폴란드·체코 연합 전선을 사전에 막기 위함이었다.

1241년 초 몽골군 우익 부대는 얼어붙은 비스와 강을 건너 폴란드군을 격파하고 폴란드의 심장이라 할 수 있는 크라쿠프 시로 진격했다. 폴란드 왕 볼레스와프 4세는 도주했다. 곧이어 몽골군은 4월 9일 발슈타트 전투에서 폴란드와 독일의 연합 기사단을 전멸시켰다. 바투가 이끄는 본대는 그 이틀 뒤인 4월 11일 셔요 강변의 초원에서 벨러 4세가 이끄는 헝가리군을 격파했다. 이어 몽골군은 부다페스트로 진입했다. 몽골군의 다른 한 부대는 7월 비엔나 부근의 노이슈타트까지 진격하고 또 다른 한 부대는 아드리아 해의 섬으로 피신한 벨러 4세를 추격했다. 독일과 이탈리아에는 폴란드와 헝가리로부터 온 피난민이 넘쳤고 서유럽은 공포에 휩싸였다.

그러나 1241년 여름과 가을 몽골군은 진격을 멈추고 다뉴브 강가의 헝가리 평원에 머물며 휴식을 취했다. 이 서방 원정에서 역전의 노장 수베테이의 공이 가장 컸고 바투와 그의 형제들은 소극적 자세로 실책을 연발했다. 1241년 초 오고타이는 구육의 귀환을 명했는데 여름에 전해졌다. 송별연에서 바투가 모욕을 당한 일로 인해 바투와 구육의 사이가 멀어졌다.

바투와 구육의 불화는 구육이 사망한 후에 오고타이 가문이 툴루이 가문에게 제위를 잃는 가장 큰 원인이 되었다. 바투는 헝가리 평원에서 철수했으나 몽골로 귀환하지 않고 자신의 영지로 선택한 볼가 강 하류의 초원에 머물렀다. 바투는 이 지역에서 금장한국(金帳汗國) 또는 킵차크 한국이라 불리는 독자적인 왕국을 건설했다. 이 나라는 몽골인은 소수였고 킵차크 유목민이 주민의 다수를 이루었다. 몽골군이 헝가리 평원에서 철수하자 벨러 4세는 헝가리로 돌아와 국가 재건에 착수했다.

구육의 즉위와 몽골의 4차 고려 원정

고종 26년 4월 몽골군이 철수한 이후 고려와 몽골 사이에는 8년간 사신이 오가면서 외교 교섭이 벌어졌다. 몽골이 사신을 보내 요구해 온 사항은 이전의 경우와 같이 왕이 친조할 것, 강화도에서 나올 것, 호구를 조사·보고할 것이었다. 그중 왕의 친조를 가장 강력히 요구했다. 그러나 고려는 여러 가지 이유를 대며 버텼다.

고종은 6월 사신을 몽골에 보내어 "지난 달 모후 유씨가 세상을 떠나 상 중에 있음"을 들어 친조를 완곡히 거절했다. 오고타이는 김보정과 송언기를 사신과 더불어 고려에 보내어 "명년에 친조할 것"을 다시 요구했다. 고려는 고종 26년 12월 현종의 8세손이 되는 신안공(新安公) 왕전(王佺) 등 148인을 몽골에 보냈다. 이것이 고려 왕족이 몽골 본국에 들어간 시초였다. 그 다음해 봄 오고타이는 다시 사신을 보내어 섬으로 들어간 인민을 내륙으로 옮기고 그 수를 점검할 것과 질자(質子, 볼모)를 요구했다. 같은 해 9월 신안공이 몽골 사신 17인과 함께 오고타이의 조서를 가지고 돌아왔는데 여기서도 왕의 친조를 재촉했다. 이에 고종은 신안군의 종형이 되는 영녕공(永寧公) 왕준(王綧)을 양자라 하여 다른 귀족 자제 10인과 더불어 질자로 보냈다(고종 28년 4월). 고종 28년 11월 오고타이가 사망한 이후 몽골은 제위 계승 문제로 고려에 강압을 할 여유가 없었다. 그리하여 고려는 몽골의 요구에 대하여 연 1, 2회 정도의 사신파견과 방물의 진헌으로 버틸 수 있었다.

구육이 휘하 부대를 이끌고 귀환하는 도중인 1241년 겨울 오고타이가 과음으로 사망했다. 그의 지나친 음주벽은 칭기즈 칸이 생전에 매우 우려한 바였다. 예케 하툰 즉 대황후라 불린 오고타이의 정황후 보락친 하툰은 오고타이보다 일찍 죽었다. 오고타이의 유해는 다음 서열의 황후인 부쿠이 하툰이 지키고 있었다. 오고타이의 부음을 들은 구육은 발길을 재촉했다. 이듬해 봄 칭기즈 칸의 막내 동생 옷치긴이 무력으로 제위를 얻기 위해 대군을 이끌고 서진했다. 오고타이의 제6 황후이며 구육의 생모인 투레게네[脫列哥那] 하툰은 상황이 급박해지자 전투 준비를 갖추면서 피신할 생각마저 했다. 오고타이의 아들인 멜릭이 옷치긴을 설득했는데 구육이 회군한 것을 안 옷치긴은 계획을 포기했다.

부쿠이 하툰도 곧 사망하여 투레게네 하툰이 관례에 따라 새로운 군주가 선출될 때까지 섭정했다. 1244년 봄 거의 모든 몽골의 왕족이 참가한 가운데 쿠릴타이가 열려 오고타이의 서장자인 구육을 새로운 칸으로 추대했다(바투는 불참). 그가 원의 정종(定宗)이다. 1246년 7월에 구육은 즉위했는데 교황 인노센트 4세에 의해 몽골로 파견되어 즉위식을 목도하고 면담까지 했던 플라노 카르피니는 그를 다음과 같이 평했다.

지금의 황제는 마흔이나 마흔다섯 또는 그 이상으로 보인다. 그는 중키에 매우 지적이고 아주 영민하며, 그 태도는 극도로 심각하고 신중하다. 그는 하찮은 이유로 웃는 적이 결코 없으며 어떤 유희에도 빠지지 않는다. 이것이 그와 항상 함께 지내는 기독교도들로부터 우리가 들은 이야기이다.

이 호평은 《몽골비사》《원사》 등 몽골 제국사 연구에 가장 중요한 사료들이 모두 구육을 비난하고 있는 것과 대조적이다.

구육이 즉위한 다음해인 고종 34년(1247) 7월 아무간(阿母侃)을 지휘관으로 한 몽골군이 홍복원을 대동하고 고려에 침입했다. 몽골군은 먼저 청천강 상류의 희주(熙州)·평로성(平虜城) 등지를 공략하고 빠른 속도로 남진하여 7월 말에는 개경 및 강화 연안인 염주(鹽州, 연안)에 주둔, 고려 정부를 위협했다. 이들이 정확히 언제 철군했는지 기록에는 없다. 그러나 고종 35년(1248) 2월 추밀원사 손변(孫抃)과 비서감 환공숙(桓公叔)이 몽골에 사신으로 간 일이 있었고 3월 구육이 사망했으므로 이 무렵 철수한 것이 확실하다. 고려 조정은 고종 36년(1249) 정월 북계병마사의 급보를 받아 구육의 죽음을 알게 되었다.

구육은 집권 기간 중 숙부 옷치긴을 처형하는 등 중앙집권에 힘을 쏟았다. 구육은 서아시아 원정을 준비하는 도중에 갑자기 사망했다. 구육의 치세(1246~1248)는 1년 반 남짓으로 매우 짧아 고려 침공 재개 외에는 이렇다 할 대외원정은 이루어지지 않았다.

몽케의 즉위와 5차 고려 원정

고종 36년(1249) 11월 최우가 죽었다. 그 뒤를 최우의 서자 최항(崔沆)이 이었다. 최항은 최우가 총애하는 기녀 서련방의 소생으로 처음 이름은 만전(萬全)이었다. 최우는 처음에 사위인 김약선(金若先)을 후계자로 내정하고는 서자이 만종과 만전을 송광사에 출가시켰다. 이들이 김약선의 후계자 지명에 불만을 품고 난을 일으킬까 우려했기 때문이다. 김약선이 무고로 최우에 의해 제거되자 만전은 환속하여 최우의 후계자가 되었다.

최항은 집권 후 그의 심복에게 크게 의존했다. 최항의 심복으로는 우선 그의 추대에 앞장을 선 이공주·최양백·김준이 있었다. 이들은 처음에는 최씨가의 가노였던 자들이다.

최항은 전쟁으로 피폐해진 민심을 수습하기보다는 백성의 수탈에 열심이었다. 백성을 생각하지 않고 오로지 정권을 유지하기 위해, 최항은 그에게 아부하는 탐학한 관리들을 지방관으로 임용하여 백성들이 동요했다.

원에서는 구육이 죽은 뒤 3년간은 구육의 황후 오굴 카이미슈가 섭정했다. 이 기간에도 몽골의 사신이 고려에 와서 왕의 친조와 출륙을 요구했다. 고려에서도 출륙하는 태도를 보이고자 고종 37년(1250) 정월 강화도에서 마주보이는 연안에 있는 승천부(昇天府) 백마산 아래에 궁궐을 짓기 시작했다. 그러나 이는 속임수로 한편으로는 강화도의 방비를 공고히 하기 위해 둘레 2960여 간의 중성(中城)을 쌓았다. 12월에 48명의 몽골 사신단이 왔는데 그 대표인 홍고이(洪高伊)는 고려 사정을 이해하여 사신 위로연회에서 고종에게 말하기를 "나라의 북변은 파괴가 이미 심하여 집에 울타리가 없는 것과 같으니 어찌 다시 옛 수도에 도읍할 수 있겠습니까, 마땅히 강에 의거하여 스스로 굳건히 하여야 할 것입니다. 나는 돌아가 황후에게 아뢰어 동방을 소란스럽게 하지 않도록 하겠습니다"라고 했다. 고종은 기뻐하며 더욱 후하게 대접했다. 홍고이는 아마도 홍복원의 일족이었던 것 같다.

1251년 여름 3년간의 치열한 후계자 다툼 끝에 바투의 후원을 얻은 톨루이의 장남 몽케가 즉위했다. 그가 원의 헌종(憲宗)이다. 이후 몽골 제국은 톨루이 가문이 주도하게 된다.

오고타이 가문은 오고타이와 구육 2대에 걸쳐 중앙집권을 추진하느라 다른 왕가와 귀족의 불만을 샀다. 톨루이 가문의 몽케가 즉위할 수 있었던 이유도 칭기즈 칸의 네 아들 중 가장 세력이 약한 탓이었다. 바투를 비롯한 여러 몽골 귀족들이 톨루이 가문이 집권해야 그들의 세력이 유지될 수 있으리라 본 것이다.

몽케는 즉위 직후 자신의 추대에 공을 세운 사람들에게 논공행상을 했고 이어 제국행정체계를 정비하는 개혁에 착수했다. 개혁의 기본 목표는 정치적 혼란의 와중에서 각지에서 발호하게 된 왕들의 영지(領地)와 영민(領民)에 대한 군주권을 재확립하는 것이었는데 이를 위해서는 행정체계 정비가 필요했다.

몽케는 즉위년인 1251년 먼저 당시 제국의 지배하에 들어와 있던 정주 지대를 북중국과 투르키스탄, 동북부 이란이라는 세 개의 행정 구역으로 나누고 여기에 자신이 임명한 관리들을 파견했다. 북중국에는 연경등처(燕京等處) 행상서성을 설치하고 얄라바치를 장관으로 임명했고, 투르키스탄에는 별실팔리등처(別失八里等處) 행상서성을 두고 얄라바치의 아들인 마수드 벡을 보냈고, 동북부 이란에는 아모하등처(阿母河等處) 행상서성을 세워 아르군을 장관으로 파견했다. 러시아가 제외된 것은 몽케의 즉위에 결정적 역할을 한 바투의 독자적 통치권을 인정해 주었기 때문인 듯하다.

몽케는 즉위한 해 10월 고려에 사신을 보내 고종의 친조와 개경 환도를 요구했다. 11월 몽골 사신이 도착하여 몽케의 요구를 전하자 고종은 재추와 문무 4품 이상의 관료에 명하여 논의하게 했다. 이번에도 왕의 친조는 불가능하며 개경으로 환도하는 문제도 겉으로만 응락하는 것으로 결론을 내리고 고종 39년(1252) 정월 추밀원부사 이현(李峴) 등을 몽골에 사신으로 보냈다.

이현이 몽골에 도착하자 몽케는 출륙 여부를 물었다. 이현이 최항의 지시대로 금년 6월에 출륙하겠다고 대답하니 몽케는 이현을 억류해 두고 따로 다가(多可)·아투[阿土] 등의 사신을 고려에 보내어 출륙 상황을 살피게 했다. 몽케는 다가에게 비밀히 지시하기를 "네가 저 나라에 이르렀을 때에 왕이 육지에 나와 맞이한다면 비록 백성은 나오지 아니하여도 좋다. 그러나 그렇지 아니하면 속히 돌아오라. 네가 돌아오는 것을 기다려 마땅히 군사를 발하여 치리라" 했다.

다가, 아투 등의 몽골 사신이 고려에 들어올 때 다가를 따라 온 장일(張鎰, 이현의 서장관)이 몽케의 밀지를 알고 자세히 고종에게 아뢰었다. 고종은 최항의 의사를 물으니 "천자의 수레가 가벼이 강 밖에 나가서는 안됩니다" 하며 반대 의사를 밝혔다. 고위 관료들이 모두 최항의 뜻을 좇아 '불가'함을 말했다. 고종은 이 의견을 따라 신안공 왕전을 보내어 사신을 맞이하게 했다. 몽골 사신들은 연회가 끝나기도 전에 노하여 돌아갔다. 식자들은 "최항이 얄팍한 꾀로 국가 대사를 그르쳤으니 몽골군이 반드시 올 것이다"라고 말했다.

몽골 측의 요구가 지나친 것이 아님에도 불구하고 이를 들어주지 않은 것은 크게 어리석은 일이었다. 최씨 정권의 전쟁 전략이라야 인민을 산성이나 섬으로 피신시키고 수성전을 하거나 별초를 동원, 유격전을 벌이는 소극적인 것이었다. 이러한 전쟁 수행방식으로는 몽골의 침략을 그치게 할 수 없었고 인민이 겪는 피해는 심대했다.

몽골의 전쟁 목적이 고려의 멸망이 아닐진대 전쟁 수행만 고집하는 것은 현명한 일이 아니었다. 최씨 정권의 대몽골 정책은 국가와 인민의 이익 차원이 아닌 정권 유지 차원에서 이루어져 치루지 않아도 될 희생이 많았다. 몽골은 고려의 권신인 최씨 가문이 실권을 유지하는 것을 인정하지 않았으므로 몽골과의 강화는 최씨 정권의 몰락을 의미했다.

몽골 사신들이 돌아간 직후 고려 조정은 전쟁에 대비하여 전국 각처의 산성에 방호별감을 파견했다. 8월에는 충실도감(充實都監)을 설치하여 한인(閑人)·백정을 점검, 각 부대에 보충하게 했다. 사신이 돌아와 고려가 완강히 버틴다고 보고하자 몽케는 10월 그의 숙부 예쿠[也窟, 也古, 耶虎, 카사르의 장남]에게 고려 원정을 명했다.

당시 몽케는 톨루이 가문의 영향력을 확대시키기 위해 그의 아우들을 최고 책임자로 임명하여 대외 원정을 지시했다. 쿠빌라이는 1252년 남송 원정을 시작했다. 훌라구는 1253년 가을 서아시아의 완전한 병합을 위해 원정을 떠났다. 이들은 모두 케레이트 부족 출신인 소르카타니 베키의 소생이다.

고종 40년(1253) 5월 예쿠가 보낸 몽골 사신 16인이 와서 최후통첩을 전했다. 7월 8일 몽골군이 압록강을 넘어 고려 경내로 들어왔다는 북계병마사의 보고가 고려 조정에 전해졌다. 고려 조정은 즉각 5도 안찰사 및 순문사(巡問使)들에게 공문을 띄워 주민들에게 산성에 들어가거나 바다의 섬으로 피신하라는 명을 내렸다. 예쿠는 자신이 지휘하는 본대 이외에 병력을 여러 갈래로 나누어 고려 곳곳으로 남진하게 했다. 한 부대는 대동강 하마탄(下馬灘)을 건너 동북 지역의 화주(和州, 영흥)로 향했다.

예쿠와 같이 돌아온 영녕공 왕준은 최항에게 출륙을 권하는 글을 보냈다.

지난 가을에 황제는 대가가 강을 건너 사신을 맞이하지 아니한 것을 (듣고) 노하여 군사를 발하여 죄를 묻게 되었다. 나는 이것을 막을 대책이 없어 황제께 "신은 원컨대 황제의 명을 받들어 본국을 일깨워 옛 도읍에 돌아오고 자손만세 길이 번직(蕃職)을 닦도록 하겠습니다"고 아뢰었다.

황제가 "네가 본국의 재상(이현을 말함)과 더불어 너의 나라에 돌아가 짐의 명령으로 타이러 출륙하도록 하라" 하고 칙지(勅旨)를 내렸으므로 6월 1일에 예쿠 대왕에게 가서 그 뜻을 알리고 군사를 따라 같이 출발하게 되었다. 이제 예쿠 등 17인의 대왕·태자가 각각 병마를 거느리고 몽골인·한인·여진인·고려인을 뽑아 남북계에 둔전(屯田)하며 몽골 정병으로써 섬과 산성을 공격하게 되었다.

또 황제가 대관인(大官人)에게 명하기를 "왕이 만약 출영하면 곧 퇴병하라"고 했다. 지금 국가의 안위가 이 일에 달렸으니 만일 주상께서 출영치 못할 형편이면 태자나 또는 안경공(安慶公, 고종의 둘째 아들)이라도 나와 이들을 맞아주면 반드시 몽골군이 물러갈 것이다. 이것이 사직을 길이 보존하고 만민을 편안히 하며 공도 또한 길이 부귀를 누릴 상책일 것이다.

이현도 최항에게 글을 보내 "내가 2년 동안 머무르며 그들의 하는 일을 보니 전에 듣던 말과는 달리 사람 죽이기를 즐겨 하지 아니하며 재물과 인명을 아끼었다" 하고 "동궁 또는 안경공이 출영하면 퇴병할 것이니 공은 잘 생각하라"고 당부했다.

이에 재추가 모여 논의했는데 처음에는 모두 출영하자는 의견이었다. 그러나 최항이 "공물이 봄가을로 끊어지지 않았으며 앞서 보낸 3차의 사절 3백인이 아직 돌아오지 못했음에도 이와 같이 침공하니 지금 비록 출영을 해도 이로움이 없을 듯하다. 만일 동궁이나 안경공을 붙들고 성 아래에 이르러 항복을 요구하면 어찌할 것이냐" 하니 모두 이 말을 따랐다. 이제 강화의 가능성은 사라졌다. 고려 조정은 강화도 침입에 대비해 수전을 연습했다.

8월 12일 예쿠가 사람을 보내어 고종에게 몽케의 조서를 전했다. 여섯 가지 이유를 들어 고려를 책망하는 내용이었는데 다음과 같이 끝을 맺고 있다.

> 짐은 해가 돋는 동방에서 해가 지는 서방에 이르기까지 모든 백성들로 하여금 행복을 누리려 하는데 그대들이 명을 거역하므로 황숙 예쿠가 군사를 거느리고 가서 치게 했다. 명을 받들어 정성을 표시한다면 군사를 철수할 것이요 명을 거역한다면 짐이 용서하지 않을 것이다.

이날 몽골군은 서해도의 경산성을 함락했다. 이 성은 4면이 벼랑으로 인마가 통하는 길은 오직 하나였다. 방호별감 권세후(權世侯)는 성의 험준함을 믿고 술을 마시며 방비를 게을리 했다. 몽골군이 석포로 성문을 부수고 불화살을 쏘니 성의 인가가 연소되었다. 성은 마침내 함락되어 권세후는 자살하고 성안의 주민으로 피살된 자는 4천 7백여 명이었다.

몽골군은 개경으로 내려오는 길을 취하지 않고 내륙으로 들어와 중부 내륙의 동주에 이르렀다. 당시 동주산성에는 인근의 금화(金華), 금성(金城) 등의 주민까지 들어와 방호별감 백돈명(白敦明)의 지휘하에 성을 지켰으나 27일 함락되었다.

한편 8월에는 예쿠와 별도로 몽케의 아우인 송주(松柱)가 1만을 이끌고 고려의 동북계로 침입했다(톨루이는 몽케를 비롯하여 모두 11

명의 아들이 있었다). 아무간과 홍복원도 휘하의 병력을 거느리고 함께 왔다. 아무간과 홍복원이 "고려가 성을 겹겹이 쌓고 육지로 나와 귀순할 뜻이 없다"고 보고하자 몽케는 예쿠의 병력만으로는 고려 원정이 어렵다고 보아 송주를 보낸 것이다.

충주의 창정 최수(崔守)는 금당 산골짜기에 복병을 두어 몽골군이 오기를 기다려 기습, 15명을 죽이고 포로로 끌려갔던 남녀 2백 명을 구출했다. 이 공로로 최수는 대정에 임명되었다.

9월 예쿠가 지휘하는 몽골군은 춘주(春州, 춘천)에 이르러 춘주성을 공격했다. 안찰사 박천기(朴天器)의 지휘 하에 춘주성민은 결사 항전했으나 20일 마침내 성이 함락되어 몰살되었다.

조효립(曹孝立)은 고종 40년에 문학(文學)으로 춘주에 있었다. 몽골군이 성을 겹겹이 포위하고 목책을 이중으로 세우고 깊이가 한 길이 넘는 참호를 파 놓고 여러 날 공격했다. 성 안에서는 샘과 우물이 모두 말라서 말과 소의 피를 마셨다.

군졸들의 피로가 극심하여 효립은 성을 지켜 낼 수 없음을 알고 처와 함께 불 속에 뛰어들어 죽었다. 안찰사 박천기(朴天器)는 계책과 힘이 다하여 먼저 성 안의 재물과 양곡을 불사르고 결사대를 거느리고 목책을 부수고 포위망을 돌파하려 했으나 참호에 가로막혀 나가지 못했다. 한 사람도 탈출한 자가 없었다. 드디어 (몽골군이) 성을 도륙했다. (《고려사》 권 121 열전 조효립전)

송주가 이끄는 몽골군은 9월 동북계의 거점인 등주(登州, 안변)를 포위 공격했으나 고려군이 선방하여 함락에 실패했다. 몽골군은 등주 함락을 포기하고 동해안을 따라 남하했다. 몽골군이 남하해 내려오자 양근성(楊根城, 양평군), 천룡산성 등이 잇달아 항복했다.

예쿠가 지휘하는 몽골군이 충주에 당도한 것은 대략 10월 10일 경이다. 홍복원과 이현 이외에 남진 과정에서 투항한 고려인들을 데리고 갔다. 몽골군은 영남 지역으로 남하하기 위해서는 충주산성을 함락시켜야 했다. 몽골군은 충주산성을 포위하고 맹렬히 공격했다. 처인성 방어를 지휘한 김윤후가 방호별감으로 성을 지키고 있었다.

충주 관민의 항쟁은 치열했다. 공방전이 한창이던 11월 중순 예쿠는 소환령을 받고 돌아갔다. 옷치긴의 손자인 타가차르(금의 애종을 채주성에서 포위한 타가차르와는 동명이인)와의 갈등이 원인이었다. 예쿠의 소환 이후 아무간과 홍복원 등이 계속 충주산성을 공격했다. 공성전이 70여 일을 끌자 성 안에는 식량이 거의 다 떨어졌다. 김윤후는 사졸들을 독려하여 "만일 능히 힘을 다한다면 귀천을 가리지 않고 모두 관작을 받게 하겠다"고 말하고 관노비 문서를 가져다 불태웠다. 또한 노획한 소와 말을 나누어 주니 귀천을 막론하고 모두 죽음을 무릅쓰고 적의 공세를 막았다.

마침내 몽골군은 포위를 풀고 물러갔다. 《고려사》 고종 40년 12월 18일자 기록에는 "충주에서 몽골군이 포위를 풀었다는 것을 급히 알렸다"고 적고 있다. 충주성 방어의 성공으로 몽골군은 남진을 포기했으며 고려 정부와 화의하여 이듬해 고종 41년(1254) 정월 3일 철군했다. 안경공 왕창(王淐)이 사신으로 철군하는 몽골군과 더불어 동행했다. 10일 강화도의 계엄이 해제되었다.

이어 고려 조정은 전공에 따라 포상하고 투항자를 처벌했다. 고종 41년 2월 몽골군 격퇴의 전공을 기려 사졸로부터 관노에 이르기까지 충주인들에게 관작을 제수했다. 김윤후는 낭장에서 일약 감문위 섭상장군으로 승진했다. 그는 처인성 승첩 당시 상장군을 제수 받았으나 고사하여 섭낭장에 임용되는 것으로 그친 일이 있다. 4월에는 충주를 국원경(國原京)으로 승격시켰다.

고려 조정은 몽골에 붙어 반역한 이현과 그 일족은 처형하고 싸우지 않고 항복한 천룡성 방호별감 조방언과 황려현령 정신단을 섬에 귀양 보냈다.

몽골의 6차 고려 원정

고려 조정은 안경공을 사신으로 보낸 다음에도 동년 4월과 6월에 사신을 추가 파견했다. 몽골은 사신을 보내면서도 고려가 진정으로 항복할 생각이 없다고 보고 다시 고려 원정을 준비했다. 몽케는 잘라이르다이를 정동원수로 임명했다. 7월 17일 안경공의 수행원인 민인해(閔仁解)가 돌아와 몽골의 침입 준비를 보고하자 당일 고종은 강화도를 떠나 대안의 승천부의 신 궁궐로 옮겨 18일 몽골 사신을 맞이했다. 몽골 사신 다가는 왕의 출륙이 형식에 불과하고 실제로 출륙할 의사가 없음을 질책했다.

다가 등 몽골 사신이 돌아가기 전인 22일 서북면병마사로부터 "잘라이르다이 등이 5천 군사를 거느리고 압록강을 건넜다"는 급보가 들어왔다. 이때 몽골군의 진격은 매우 빨라 24일에는 몽골의 척후 기병이 서해도에 이르렀다. 이로부터 잘라이르다이의 몽골군은 약 6년 동안 (고종 41년~46년) 파상적으로 내륙 각지를 유린했다.

잘라이르다이는 남하하여 충주산성과 상주산성을 포위 공격했으나 실패하자(9·10월) 다시 남하하여 각지를 유린하고 12월에는 합주(陝州, 합천)의 단계현(丹溪縣)까지 이르렀다. 이 해의 극심한 피해를 《고려사》는 다음과 같이 전한다.

> 이 해에 몽골군에게 사로잡힌 자가 20만 6천 8백여 명이요, 살륙된 자도 이루 헤아릴 수 없었고 (몽골군이) 지나간 주와 군은 모두 잿더미가 되었다. 몽골군의 침략 이래로 이때와 같이 심한 적은 없었다.

고려 조정에서는 참지정사 최린(崔璘)을 잘라이르다이가 머물고 있는 단계현에 보내 철병을 요청했으나 "최항이 왕을 받들고 출륙하면 철군할 수 있다"고 하여 거부했다.

다음 해인 고종 42년(1255) 정월에 대구에서 잡혀간 고려인이 탈출하여 몽골 황제가 잘라이르다이에게 명령하여 철수를 독촉했고 북계에 주둔한 몽골군은 이미 압록강을 건너갔다고 보고 했다. 과연 얼마 후에(정월 17일) 잘라이르다이가 개경의 보정문(保定門) 밖에 주둔했다. 고려 조정은 다시 최린을 보내 철병을 청했다. 한편 2월에는 철령과 등주에 주둔한 몽골군을 별초 부대가 기습하여 섬멸하기도 했다.

일단 몽골군이 북으로 올라가자 2월 27일 강화도에서는 계엄이 풀리고 3월에는 산성과 섬에 들어간 백성들을 모두 나오게 했다. 이 해에는 기근이 겹쳐 아사자가 속출했다.

북상한 몽골군은 의주 방면에서 대기하고 있었다. 몽케가 철군하게 한 것은 출륙과 친조에 대한 고려의 태도를 또 한번 살피자는 것이었는데 고려 정부의 태도가 변함이 없자 다시 출정을 명했다.

8월에 몽골군이 청천강 이남을 노략한다는 보고가 들어왔다. 몽골 척후기병 20여 명이 승천부에 들어오자 고려 조정은 강화도에 계엄을 내렸다. 9월 잘라이르다이는 영녕공 왕준, 홍복원을 대동하여 서경에 이르렀다. 이번에는 전라도로 향했다. 10월 몽골군이 대원령(大院嶺)을 넘을 때에 충주에서는 정예병을 출동시켜 수천여 명을 격살했다. 몽골군은 계속 남하하여 영광, 담양, 해양, 나주 등지를 공략했다. 12월 몽골군이 선박을 만들어 조도를 침공하여 실패했다. 몽골군이 배를 동원하여 고려의 섬을 공격한 것은 처음 있는 일이었다.

고종 43년(1256) 정월, 몽골군이 전라도 해안의 여러 섬을 치려한다는 보고를 들은 고려 조정은 장군 이광(李廣)과 송군비(宋君斐)에게 수군 3백을 주어 막게 했다. 2월에는 왕의 사절로 내려간 자들에게 착취를 당하던 백성들이 몽골군이 침입한 것을 기뻐한다는 보고가 들어왔다. 이것은 거국적인 항쟁 수행이 어렵게 되었다는 것을 뜻했다.

3월 고려 조정은 철수를 요청하러 대장군 신집평(愼執平)을 담양에 있는 잘라이르다이의 병영에 보냈다. 잘라이르다이는 "만일 왕이 육지로 나와 사신을 맞이하고 태자가 친히 황제의 처소에 조회하러 오면 군사를 걷어 돌아가겠다"고 했다. 고종이 재추를 모아 몽골군을 물러가게 할 방법을 논의했으나 별다른 계책이 나오지 않았다. 고종은 "만일 몽골군을 물러가게 할 수만 있다면 어찌 한 아들을 내보내 맞이하는 것을 아끼랴"하고 뒤이어 신집평을 다시 잘라이르다이에게 보냈다(이때는 나주에 주둔하고 있었다). 신집평이 잘라이르다이에게 "대병이 돌아가면 명령대로 하겠다"는 내용의 서신을 전하자 잘라이르다이는 노하여 말하기를 "화친하고자 하면서 어찌 우리 군사를 많이 죽이느냐. 죽은 자는 그만두고라도 사로잡은 자는 돌려보내라"하고 몽골인 30명을 신집평에 딸려 보냈다. 당시 고려의 별초군이 각지에서 몽골군을 기습하여 전과를 올리고 있었다.

5월 신집평이 돌아오니 고종은 승천부의 새 대궐에 나와 몽골인을 위해 연회를 베풀고 물품을 증여했다. 6월 잘라이르다이는 무등산 정상에 진을 치고 군사 천여 명을 남쪽으로 보내 노략했다.

8월 약 1년 동안 남방 각 지역을 노략하던 잘라이르다이는 북상하여 갑곶강에서 깃발을 숱하게 세우고 들판에서 말을 먹이며 시위하더니 수안현(守安縣, 김포)으로 물러가 주둔했다.

9월 2일에는 전년 6월에 몽골에 갔던 시어사 김수강(金守剛)이 돌아왔다. 이와 때를 같이하여 몽케는 서지(徐趾)를 보내 회군을 명했다. 이때의 회군령은 김수강의 간곡한 청원에 의한 것이었다.《고려사》열전 김수강전에 의하면 김수강이 몽골에 갔을 때 몽케를 따라 몽골의 수도 카라코룸7)에 들어가 철군을 요청했더니 몽케는 육지로 나오지 않은 것을 들어 거절했다. 이에 김수강은 육지로 나오지 못하는 이유를 다음과 같이 말했다.

> 비유하건대 사냥꾼이 짐승을 쫓아 굴에 들어가게 하고 활과 화살로 그 앞을 지키면 궁지에 몰린 짐승이 어디로 나올 수가 있을 것이며 또 얼음과 눈이 혹독하여 지맥이 막히면 초목이 능히 생기를 낼 수가 있겠습니까.

몽케도 옳게 여겨 "그대는 실로 성실한 사자로다. 양국 간에 화해를 맺으리라" 하고 김수강을 돌아가게 하면서 서지를 잘라이르다이에게 보내어 회군을 명했던 것이다. 이리하여 9월 23일 잘라이르다이는 군사를 걷어 북으로 돌아가고 10월 신미일에는 강화도의 계엄이 해제되었다.

몽골군이 물러간 지 얼마 지나지 않아 주목할 만한 사건이 일어났다. 10월 갑신일 동경(요양) 총관 송산(松山)이 처자와 수행원 5명을 데리고 고려에 망명했다. 최항이 송산을 환대하면서 와서 투항한 이유를 물으니 다음과 같이 답했다.

몽골이 위망할 지경에 있고 그대 나라가 강성하다 하여 온 것이 아니다. 나에게 세 가지 죄가 있어 이렇게 왔다. 잘라이르다이가 남계로 들어가면서 나로 하여금 의주를 지키게 했는데 굳게 지키지 못한 것이 첫째요, 권농과 식량 저장에 힘쓰라 했는데 농사가 잘 되지 못하고 창고가 비게 된 것이 둘째요, 고려군이 온다는 말을 듣고 70명을 보내어 정찰하게 했는데 한 사람도 돌아오지 못한 것이 셋째다.

최항은 후대하여 송산에게 주택과 곡물, 살림도구, 노비 등을 주었다. 송산의 망명은 몽골군의 철수가 일시적인 것으로 전쟁 종식의 전망이 불확실했다는 것을 잘 드러내는 사건이었다. 최항의 무모한 강경책이 주요 원인이었다. 이듬해인 고종 44년(1257) 정월 고려는 의례적으로 보내던 봄철의 조공을 중지했다.

고종 44년 윤 4월 최항이 사망했다. 최항에게는 적자가 없었고 승려 시절 장군 송서(宋偦)의 여종과 사통하여 낳은 최의(崔竩)가 있었다. 최항은 일찍이 선인열(宣仁烈)과 유능(柳能)에게 최의를 부탁했다.

최항이 죽자 최항의 심복 최양백은 이를 비밀에 붙이고 선인열과 상의하여 최항의 유언을 유능과 최씨가의 문객인 대장군 최영(崔瑛), 채정(蔡楨) 등에게 전하고 야별초, 신의군(神義軍)과 서방(書房), 도방을 불러 모아 최의를 옹립한 다음에야 발상(發喪)했다.

서북 방면에서는 몽골군이 각 주와 군을 공격하며 끊임없이 왕래했는데 태주(泰州, 태천)가 함락되어 태주 부사 최제(崔濟)와 많은 주민이 피살되었다.

6월 몽골 장수 보파대(甫波大)가 거느린 군사가 개경을 거쳐 남경에 이르자 고려 정부는 이응(李凝)을 보내 철군을 청했다. 보파대는 "가고 머무는 것은 잘라이르다이의 처분에 달렸다"고 응대하고는 직산으로 남하했다. 뒤이어 후속 몽골군이 서경에 쇄도하자 고려에서는 시어사 김식(金軾)을 안북부에 주둔하고 있는 잘라이르다이에게 보내어 교섭했다.

7월 임신일 김식이 돌아와 "만일 왕이 친히 오면 곧 회군할 것이며 또 왕자를 입조시키면 후환이 없을 것이다"라는 잘라이르다이의 말을 전했다. 고려 조정은 먼저 몽골의 동정을 살피기 위해 종친인 영안공(永安公) 왕희(王僖, 신종의 손자)를 잘라이르다이의 병영에 보냈더니 "태자가 친히 오면 봉주(鳳州, 봉산)로 물러나 주둔하겠다"고 했다. 이에 재추는 고종에게 "태자를 보내어 백성의 목숨을 살리자"고 했으나 고종은 결정을 내리지 못했다. 재추는 다시 김식을 잘라이르다이에게 보내어 "대군이 돌아가기를 기다려 태자가 황제의 처소에 나아가 친조하겠다"고 하니 잘라이르다이는 받아들이고 "회군한 뒤에 왕자는 송산과 같이 오라" 했다. 그제야 잘라이르다이는 승천부와 갑곶강 외의 땅을 침략하는 것을 금하고 스스로 염주로 물러나 머물면서 남하한 보파대의 부대도 소환했다.

태자의 입조로 전쟁을 끝내다

몽골의 남송 원정

몽골이 남송과 싸우는 것은 쉬운 일이 아니었다. 수많은 강과 산맥을 넘어 인구가 조밀한 도시를 점령하기 위해 공성전을 해야 하는데 이는 몽골 기병만으로는 할 수 없는 것이었다. 대규모 한인 보병 부대와 무슬림 공병들이 운용하는 다양한 공성 기구를 갖추어야 했다.

황하 유역에서 몽골이 남송을 공격하는 데는 세 갈래 길이 있었다. 첫째는 하남에서 강회 지역으로 나가는 길인데 회하의 복잡한 수로가 천연의 장벽으로 작용했다. 둘째는 호북의 한수로부터 진격하는 길이었다. 셋째는 섬서에서 사천 방면을 관통하는 길로 대산관(大散關)을 비롯한 산악이 자연 방벽을 이루고 있는 곳이다.

1252년 7월 뭉케는 쿠빌라이에게 대리(大理)를 공격하라는 명령을 내렸다. 대리는 지금의 운남성에 있던 비중국계 국가로 남송의 측면 공격을 위해 점령할 필요가 있었다. 가을 쿠빌라이는 우량하타이[兀良合台, 수베테이의 아들]와 함께 운남에 들어섰다. 첩첩산중의 지형이었으나 몽골군은 1253년 12월 대리를 평정했다. 1254년 쿠빌라이는 우량하타이에게 뒤처리를 위임하고 귀환하여 겨울에는 그의 근거지인 금련천(金蓮川)에 도착했다. 금련천은 지금의 북경에서 약 250킬로미터 북쪽에 위치한 초원지대이다. 쿠빌라이는 1256년 금련천에 작은 도성을 건설하여 개평부(開平府)[8]라 했다.

뭉케는 이러한 쿠빌라이에게 불만을 느끼고 견제를 했다. 1257년 봄 뭉케는 쿠빌라이의 개인 영지로 준 섬서의 경조(京兆) 지방에 회계상의 의혹이 있다고 하여 현장 감사를 실시하여 쿠빌라이가 기용한 한인 관료들을 처형하거나 추방했다.

또한 몽케는 송에 친정할 것을 선포했다. 타가차르가 지휘하는 좌익군이 양자강 중류 지역을 제압하고 몽케의 중군이 뒤이어 진군한다는 작전이었다. 그러나 타가차르는 가을 한수를 사이에 둔 두 요충도시 양양(襄陽)과 번성(樊城)을 공격하다 얼마 지나지 않아 철수했다. 2개월에 걸친 '장마' 때문이라고 한다.

이듬해 1258년 추 7월 몽케의 중군은 경조에서 사천의 동부로 진격했다. 11월에는 쿠빌라이를 재기용하여 좌익군을 총지휘하게 했다. 몽케가 지휘하는 중군(中軍)은 사천에서 교착상태에 빠졌다.

최씨 무신정권의 몰락

고려에서는 고종 45년(1258) 3월 26일(병자일) 최씨 무신정권의 몰락을 가져온 정변이 일어났다. 최의가 권력을 승계한 후 최항의 심복들 사이에 분열이 일어났던 것이다.

김준(金俊)은 최의가 최양백과 유능만을 신임하고 자신을 소외시킨 데 대해 불평을 품었다. 집권자의 측근 사이에 갈등은 늘 있는 법이다. 집권자가 강력한 정치 기반을 확보하고 있을 경우 심복들의 갈등은 표면화되기 어렵다. 이와 달리 집권자의 권력 기반이 약하고 그에 따라 측근에 대한 의존도가 커지면 심각한 갈등이 일어나기 쉽다.

최의는 모계가 천했을 뿐만 아니라 나이가 어렸다. 따라서 심복에 대한 외존도가 클 수밖에 없었는데 정치저 역량이 부족하여 심복들 사이의 갈등을 무마할 수도 없었다. 최씨 정권에 밀착되었던 다수의 인물들이 최씨 정권에 등을 돌렸다.

《고려사》열전 최충헌에 따르면 신의군 도령낭장 박희실(朴希實)

과 지유낭장 이연소(李延紹)가 비밀리에 김인준, 김대재 등의 사람들을 모아 처음 거사 계획을 세웠다고 한다. 그는 "최의는 옳지 않은 소인들을 가까이 하고 참소를 믿고 남을 꺼리니 일찍이 대책을 세우지 않았다가는 우리들도 아마 화를 면치 못할 것이다" 하고 4월 8일 연등회를 계기로 거사하기로 계획했다.

그러나 함께 있던 사람 중에 중랑장 이주(李柱)와 최양백이 이것을 듣고는 최의에게 밀고했다. 최의는 급히 유능을 불러 계책을 논의했다. 그때는 날이 이미 저물었으므로 다음날 새벽에 군사들을 동원하여 토벌하기로 했다. 그런데 김대재의 처가 곁에서 이것을 듣고 김대재에게 알려 그들은 거사일을 하루 앞당기기로 했다.

날이 어두워지자 김인준은 박희실, 이연소와 함께 한종궤를 죽이고 또 삼별초를 모아 놓고 사람을 시켜서 거리에서 최의가 죽었다고 외치게 했다. 이것을 들은 사람들이 모두 모여들었다. 김인준은 최양백을 불러 그가 미처 마루에 오르기도 전에 별초의 군사가 횃불로 입을 지지고 참수했다. 또한 임연은 이일휴를 그의 집에서 참수했다.

김인준은 최의의 집 문지기 군사에게 밤 시각을 알리지 말라고 명했다. 광장에서 대오를 정비하면서 관솔불을 대낮같이 켜 놓고 뭇사람들이 떠들었으나 마침 짙은 안개로 최의의 가병(家兵)은 한 사람도 알지 못했다.

동 틀 무렵에 야별초가 최의의 집 벽을 허물고 들어갔다. 원발(元拔, 최의의 장인)은 장사였다. 사변이 났다는 말을 듣고 원발이 칼을 빼들고 문을 막아서니 군사들이 들어가지 못했다. 원발은 이기기 어려움을 깨닫고 최의를 등에 업고 달아나 피하려 했으나 최의가 살이 찌고 무거워 업지 못하고 부축하여 내실에 데려다 놓고 문을 막았다.

오수산이 돌입하여 칼을 내리쳐 원발의 이마에 맞았다. 그는 담을 넘어 달아났는데 별초가 추격하여 강의 기슭에서 참수했다. 또한 최의와 유능을 찾아 모두 죽였다. 유경, 김인준, 최온이 궁궐로 들어가니 백관들이 모두 태정문(泰定門) 밖에 모였다.

고관들과 유경, 김인준이 편전으로 가서 정권을 왕에게 바쳤다. 왕은 최의의 창고를 열고 곡식을 꺼내어 태자부(太子府)에 2천 곡(斛)을 하사한 것을 비롯하여 제왕(諸王), 재추, 문무백관들로부터 서리에 이르기까지의 관리들, 군졸, 조예(皂隸), 개경 주민들에게 나누어 주었는데 최하가 3곡이었다. 또 제왕, 재추로부터 권무(權務), 대정에 이르기까지 베와 비단을 차이를 두어 나누어 주었다. 최의가 기르던 말은 문무 4품 이상 관리들에게 나누어 주었다. 경상도와 전라도에도 관리를 보내어 최의와 만종의 노비, 전장(田莊), 은, 비단, 미곡을 몰수했다.

4월 1일 최씨 무신정권을 무너뜨리는데 주도적 역할을 한 무신 7명과 문신인 대사성 유경 등 모두 8명이 위사공신(衛社功臣)에 책봉되었다.

최씨 가문이 정권 세습을 할 수 있었던 것은 강력한 사병 조직을 갖추어 가능했는데 사병을 거느릴 수 있었던 것은 방대한 경제 기반이 있어 가능했다. 최씨 정권이 몰락함에 따라 최씨 가문의 농장은 몰수되고 금융재단인 익성보(翊聖寶)는 해체되었다.

몽골의 7차 고려 원정, 고려 항전 능력의 소멸
몽골은 고려의 약속 이행을 강요하려 무력으로 압박을 재개했다. 4월 22일 척후 기병 1천이 수안(遂安)에 들어왔으며 4월말 잘라이르다이가 사자를 보내어 출륙 상황을 엿보려 한다는 보고가 있자 고종은 백관을 승천부에 내보내며 저자[市肆]를 옮기고 궁궐과 관료의 가택을 수리하게 했다. 그리하여 5월 5일 고종은 군사의 호위를 받으며 바다를 건너 승천부의 새 궁궐에서 잘라이르다이의 사자 파양(波養) 등 9명을 인견했다.

6월 몽골 장수 예수데르[余愁達]와 보파대가 각각 기병 1천을 거느리고 와서 가주(嘉州)와 곽주(郭州)에 주둔했고(11일), 잘라이르다이의 사자 일행은 강화도에 건너와 고종에게 잘라이르다이의 말을 전했다. "황제의 조칙에 고려가 만일 진실하게 나와 항복하면 비록 닭과 개 한 마리도 죽이지 말 것이며 그렇지 않거든 강화도를 공파하라 했으니 지금 왕과 태자가 서경에 나와 항복하면 곧 회군을 하겠다." 고종은 "나는 이미 늙고 병들어 속히 갈 수가 없다" 하고 영안공과 김보정 등을 또 다시 잘라이르다이의 처소에 보냈다.

22일 몽골의 척후 기병이 서경을 지났다는 서북면 병마사의 보고가 있어 강화도에 계엄이 내려졌다. 26일 예수데르는 평주 보산역(寶山驛)에 진을 쳤다. 김보정은 예수데르의 사절 8명과 함께 돌아와 고종에게 태자가 나와 항복하라는 예수데르의 요구를 전했다. 고려는 예수데르에게 약간의 기병만을 데리고 백마산(白馬山)으로 와서 태자를 만나도록 요청했다. 예수데르는 "내가 태자를 보러 가야 하겠나, 태자가 나를 보러 와야 하겠나?"라며 불만을 표시했다. 김보정이 대군을 두려워하여 그러는 것이라고 설득하자 예수데르는 묘곶강(猫串江) 가에서 보자고 했다.

고려의 재추들은 예수데르가 승천부에서 먼 곳으로 태자를 부르는 것은 어떤 계략이 있는 것이라 보고 원외랑 이녹수(李祿綏)를 보내어

"태자가 병이 났으므로 나은 다음에 만나러 가겠다"고 전하게 했다. 그러자 예수데르는 사절을 보내와 고려 조정에 최후통첩을 했다.

> 왕이 못 나오더라도 태자가 만나러 오겠다는 약속을 하여 내가 군사를 철수하려 했던 것이다. 그런데 사절이 수차례 오고 갔으나 태자가 오지 않으니 이는 나를 모욕하는 것이다. 이제 한번 더 결심을 알고자 사절을 보내니 왕은 생사를 알아서 결정하라.

고종은 끝내 태자를 보내지 않고 사람을 보내어 사례만 했다. 경신일 이녹수가 돌아와 "예수데르는 '이미 그대 나라의 거짓을 알았다'고 하면서 군사를 놓아 노략질 합니다"라고 고종에게 아뢰었다.

8월에는 잘라이르다이도 남하하여 개경에 주둔했고 몽골 기병은 승천부·교하(交河, 파주군)·수안·동성(童城, 김포군) 등지에 들어와 주민을 포로로 하고 양과 말을 방목했다.

잘라이르다이의 사절이 강화도에 와서 "태자가 출륙하면 철군하겠다"고 했으나 고종은 "태자가 병이 있으니 어찌 나갈 수 있겠는가"라며 거절했다.

이 해에는 전쟁에 지친 지방 세력가와 백성들이 몽골군에 투항하는 일이 여러 차례 일어나 고려의 항전 능력이 한계에 달한 것이 명백해졌다. 그중에서도 특히 조휘와 탁청의 투항은 고려에 큰 타격이었다. 11월부터 몽골의 산길 대왕 등이 거느리는 몽골군이 동진 군사를 동원하여 대략 명주 지경까지 남침하여 많은 인민을 사로잡았다. 동북면병마사 신집평은 저도(猪島)로 옮겨서 저항을 계속했다. 고려 조정에서도 고주(高州, 고성), 화주, 정주, 장주(長州), 의주(宜州), 문주 등 13주의 주민을 옮기게 했다. 이들을 책임진 신집평은 저도의 성이 크지만 주민이 적으므로 지키기 어렵다고 판단하여 다시 주민을 죽도(竹島)로 옮기게 했다. 죽도는 면적이 좁고 식수를 얻기 어려워 따르지 않고 도망한 자가 7, 8 할에 이르렀다.

이처럼 동북면병마사와 주민의 불화, 불리한 자연조건 등으로 말미암아 몽골군에의 저항이 난관에 부딪치자 지방 세력가인 조휘와 탁청이 삭방도·등주·문주(文州, 문천)의 성민들과 모의하여 몽골군을 끌어들여 동북면병마사 신집평, 등주부사 박인기(朴仁起), 화주부사 김선보(金宣甫) 및 경별초(京別抄) 부대를 죽였다. 이들은 다시 고성(高城)까지 쳐서 인민을 죽이고 약탈했다. 이들이 화주 이북 땅을 들어 몽골에 투항하니 몽골은 이 지역을 통할하기 위해 쌍성총관부를 설치했다. 이로써 고려의 동북면 방어 체계는 와해되었다.

마침내 고려 태자가 입조함

서경에 몽골군이 대규모로 들어와 주둔하며 성을 수축하고 둔전(屯田)을 열어 영구 점령할 움직임을 보였다. 고려 조정은 마침내 몽골의 요구를 따르기로 하고 12월 29일 박희실, 조문주(趙文柱), 박천식(朴天植)을 몽골 및 잘라이르다이의 처소에 보냈다.

고종 46년(1259) 3월 8일 박천식은 잘라이르다이의 사자와 더불어 강화도로 돌아왔는데 태자 왕전(王倎)은 몽골에 입조하러 출발하는 날을 4월 27일로 정했다. 이 무렵 몽골군은 북계로 물러났으며 고려 조정은 주현의 수령에 명하여 피난민을 거느리고 육지에 나와 농사 짓게 했다.

장군 박희실과 조문주는 잘라이르다이를 만난 후 사천을 원정 중인 몽케를 알현하러 촉산(蜀山)을 넘어 먼 길을 갔다. 3월 15일 합주(合州)에서 몽케를 알현했다. 몽케가 박희실에게 "너희 왕은 늘 식언을 하는데 너희들은 어찌하여 왔느냐" 하니 박희실은 표문에 쓰인 내용을 자세히 말하고 서경과 의주에 주둔한 몽골군을 철수하여 백성으로 하여금 생업에 편히 종사하게 해줄 것을 요청했다. 몽케는 "너희들이 이미 우리와 마음을 같이하고자 한다면 어찌 우리 군사가 너희 경역에 머무르는 것을 꺼릴 것이 있느냐. 또 서경 이외의 곳은 일찍이 우리 군사가 주둔하던 곳이니 너희 나라가 만일 속히 섬에서 나오면 다만 소란을 피우지 못하게 하겠다. 그리고 태자가 아직 너희 나라를 떠나지 아니 했거든 같이 돌아갈 것이오, 만일 우리 땅에 들어왔거든 혼자서 내조하게 하라" 했다.

박희실과 조문주는 몽골 사신 시레문[尸羅聞]과 더불어 몽케의 조서를 가지고 귀국길에 올랐다. 고종에게 보내는 이 조서의 내용은 다음과 같다.

> 그대는 해마다 섬에서 나오겠다고 했다. 그대의 글에 의하면 육지에 나와서 남경(南京, 서울)이나 서경을 선택하여 있겠다고 했는데 이는 그대의 편리대로 하라. 이에 대해서는 짐이 이미 선유(宣諭)를 보냈다.
> 그런데 처음에 한 말을 여러 차례 어기며 미친 소리를 하고 백성의 목숨을 근심하지 않던 최의란 자가 이미 잡혀 죽였다. 그리고 이제 섬에서 나와 왕경에 거주하며 우리나라에 성의를 다하겠다고 했다. 그대가 말한 대로 만일 왕경에 나와 있게 된다면 그대가 항복하기 전과 태종 하안[哈쭌] 황제가 재위했을 때와 짐이 즉위한 뒤의 기간에 항복한 모든 고려인을 그대에게 관할하게 할 것이다. 혹 그대가 관할하지 못할 때에는 임시로 짐이 관할하

겠다. 백성을 생각하지 않던 최 영공의 무리를 죽여라. 박 상서(박희실)와 조 상서(조문주) 두 사람은 그대가 임명한 만호를 관할하게 하라. 특별히 금부(金符, 몽골의 황제가 지방관에게 주는 명패)를 주어 보낸다.

태자는 출발 기일을 앞당겨 4월 21일 40명의 관원을 데리고 출발했다. 고종이 노환이 매우 중했으므로 빨리 임무를 수행하기 위해 일찍 출발한 것이다. 5월 태자가 요동으로 건너갔을 때 잘라이르다이는 이미 죽었고 예수데르와 송길(松吉)은 요양에서 대군을 이끌고 고려에 침입하려 하고 있었다. 태자는 요양에서 송길을 만나 보았는데(5월 19일) 송길이 말하기를, "황제는 송나라를 친정하고 너희 나라는 우리들에게 맡겨 치도록 되어 이미 군사를 발했는데 무엇하러 왔느냐" 하고 불만을 표시한 후 "너희 나라는 이미 강화도를 떠났는가?" 하고 물었다. 태자는 "주현의 백성은 이미 섬에서 나왔으며 황제의 처분을 기다려 도읍을 옮기려 한다"고 답했다. 송길이 "왕경(王京)이 아직 섬에 있는데 어찌 철병하겠는가" 하고 물었다. 태자는 "대왕(大王, 송길)이 전에 '태자가 입조하면 곧 철병하겠다'고 하여 지금 내가 왔는데 철병하지 않으면 백성들은 두려워하여 달아날 것이며 이후에는 대왕의 말을 누가 듣고 따르겠는가" 했다. 송길은 옳게 여겨 군사를 머물게 하고 동원하지 않았다.

그리고 예수데르와 송길은 강화도의 방어 시설을 허물기 위해 사자들과 이세재를 강화도에 보냈다(6월 8일). 고종은 이들의 요구를 들어 주어 강화도의 내성과 외성을 모두 허물게 했다.

6월 30일 고종은 68세의 나이로 세상을 떠났다. 태자가 부재중이므로 태손 왕심(王諶, 훗날의 충렬왕)이 대행하여 정무를 보았다.

몽케는 사천 합주(合州) 부근의 조어산(釣魚山)을 포위 공격하던 와중에 병사했다. 태자는 몽케를 만나러 연경을 거쳐 동관을 지나 현재 감숙성의 육반산(六盤山)에 이르렀을 때 몽케의 부음을 들었다.

7월 쿠빌라이는 막 편성된 보병과 기병으로 구성된 대부대를 이끌고 중국 본토의 중앙인 회수의 상류에 위치한 여남(汝南)에 진주하고 있었다. 여남은 바로 금 왕조가 멸망한 채주로 남송과의 국경선이었다. 쿠빌라이 군의 목표는 지금의 무창(武昌)인 악주(鄂州)였다. 9월 초하루 쿠빌라이의 이복동생인 무게[穆哥]로부터 몽케의 급사를 알리는 사절이 도착했다. 쿠빌라이군이 양자강 북안에 도착한 때였다.

몽케의 뒤를 이을 후보는 몽케의 동복아우들인 쿠빌라이·훌라구·아리크부카[阿里不哥]였다. 몽케의 아들들은 20대에 지나지 않아 즉위하기에는 무리였다. 서아시아 원정으로 아득히 멀리 있는 훌라구도 논의 밖이었다. 새로운 칸을 선출하는 쿠릴타이는 몽골 본토에서 열리기 때문이었다. 훌라구는 1258년 바그다드를 함락하고 칼리프를 처형하여 아바스 왕조를 멸망시켰다. 그는 이때 새로운 행정체계를 건설하느라 여념이 없었다.

쿠빌라이와 아리크부카를 비교해 볼 때 아리크부카가 훨씬 유리한 위치에 있었다. 쿠빌라이는 남송원정의 작전을 놓고 몽케와 대립한 데다 기반이 북중국에 있었고 아리크부카는 몽골 초원의 서반부에 영지를 두고 있었다. 몽케가 남송을 친정하고 있을 때는 카라코룸을 지키고 있었다. 몽케의 아들들과 황후들도 아리크부카를 지지했다. 몽골 제국 분열의 가능성을 안은 채 1259년부터 1260년은 격동의 해가 되었다.

객관적 정세가 불리한 가운데 제위를 차지하기 위해 쿠빌라이는 결단을 내려야했다. 쿠빌라이와 동서이기도 한 참모장 바투르[拔都兒]는 계획대로 부대를 이끌고 양자강을 넘을 것을 건의했다.

"우리들은 군사를 이끌고 개미나 메뚜기처럼 이 땅에 찾아왔습니다. 이미 소문이 파다한데 어찌 임무를 이루지 않고 돌아가겠습니까?"

명분에서 열세인 쿠빌라이가 카라코룸으로 귀환한다 하더라도 쿠릴타이에서 새 황제로 선출될 가능성은 희박했다. 오히려 몽케의 남송정벌 계획을 강행하는 것이 그 유지를 받드는 자세로 보여 명분을 쌓을 수 있었다. 더구나 곧장 귀환할 경우 악주를 목표로 북상하는 우량하타이 군이 남송 땅에서 고립될 가능성이 높았다(이때 몽케의 중군은 무게가 지휘하여 철수하고 있었다).

몽케의 부음을 들은 지 3일 만인 9월 4일 여명에 쿠빌라이 부대는 양자강을 넘었다. 9일에는 악주를 포위했다. 11월에는 우량하타이와도 연락이 닿게 되었다.

쿠빌라이의 남하에 영향을 받아 잘라이르 부, 옹기라트 부 등 남만주에 흩어져 있는 다섯 부족도 쿠빌라이 진영에 가담했다. 칭기즈 칸 동생들의 자손인 동방 3왕가도 쿠빌라이를 지지했다. 태자 왕전은 쿠빌라이가 제위에 오를 것으로 예측했는지 쿠빌라이를 만나러 남으로 향했다.

세력을 모은 쿠빌라이는 윤 11월 초 다시 양자강을 건너 급히 돌아갔다. 쿠빌라이는 급히 북으로 돌아가는 길에 태자를 만났다. 태자를 크게 반기면서 쿠빌라이는 말하기를 "고려는 만리 밖의 나라로서 당 태종도 친히 쳤으나 항복시킬 수 없었는데 지금 그 태자가 스스로 나에게 왔으니 이는 하늘의 뜻이다"라고 하며 동행하게 했다.

쿠빌라이는 윤 11월 20일 연경으로 돌아왔다. 연경에는 쿠빌라이 지지 세력이 집결해 있었다. 쿠빌라이는 겨울을 연경에서 보냈다. 고종의 부음이 전해진 것은 이듬해 2월 25일이었다.

쿠빌라이의 심복인 강회 선무사 조양필(趙良弼)은 다음과 같이 권유했다.

고려는 비록 작은 나라라고 하지만 산과 바다가 가로막혀 우리나라가 무력을 쓴 지 20년이 넘었어도 아직 항복받지 못했습니다. 태자가 내조하러 왔는데 마침 황제께서 서정(西征) 중이므로 태자가 머문 지 두 해가 지나도록 접대가 소홀하여 진정으로 우리를 따르게 하지 못했으니 그가 일단 돌아가기만 하면 다시는 오지 않을 것입니다. 그러니 마땅히 그의 숙소와 음식을 후하게 하여 왕의 예우로 대접해 주어야 할 것입니다. 지금 듣건대 부왕이 죽었다고 하니 태자를 왕으로 삼아 귀국시켜 줄 수 있다면 그는 반드시 은덕에 감격하여 신하의 직분을 다할 것입니다. 이것은 군사 한 사람도 괴롭히지 않고 나라 하나를 얻는 것이 됩니다.

섬서 선무사 염희헌(廉希憲)도 같은 말을 했다. 쿠빌라이는 그 날로 태자의 숙소를 바꾸어 후대의 뜻을 보이고 호위병과 더불어 귀국하게 했다.

쿠빌라이는 춘 3월 초하루 지지 세력과 더불어 개평부에 도착하여 쿠릴타이를 열었다. 3월 24일 쿠빌라이는 즉위했다. 그가 세조(世祖)이다. 이때 나이가 45세였다. 쿠빌라이에게 장례식 참가를 요구하던 아리크부카도 4월 카라코룸 성의 서쪽 근교 알탄 강변의 여름 숙영지에서 독자적으로 쿠릴타이를 열어 즉위했다.

이로써 몽골 제국에 처음으로 2명의 칸이 선출되었다. 정통성으로 말하자면 몽케의 장례의식을 책임지고 관리하는 한편, 몽골 제국의 수도에서 쿠릴타이를 개최한 아리크부카가 우위에 있었다. 차가타이 가문과 오고타이 가문의 왕자들도 아리크부카의 계승을 지지했다. 몽케의 장례식에도 참가하지 않고 칸을 칭한 쿠빌라이는 이 시점에서는 반란자라 할 수 있었다. 5월 병술일 쿠빌라이는 몽골의 군주로는 처음으로 중통(中統)이라는 중국식 연호를 세웠다.

한편 고려에서는 태자가 귀국하여 4월 21일 즉위식을 가졌다. 그가 원종(元宗)이다. 24일 몽골 사신이 와서 쿠빌라이의 조서를 전했는데 내용은 다음과 같다.

너희가 귀순했으므로 왕으로 책봉했노라. 이제 그대와 변방 장수의 글을 받아 보고 전후 사정을 알게 되어 짐은 심히 민망히 여기노라. 무릇 간청한 것은 아래와 같이 조처하노라. 첫째, 바다에서 육지로 나와서 인민의 거처를 편히 할 것. 이것은 짐이 본래 기꺼이 여기는 바이다. 지금 바야흐로 (농작물이) 성장할 시절이니 시일을 끌지 말고 다시 농상(農桑)을 권장하여 쇠잔한 백성을 살찌게 하라. 둘째, 철군을 청한 것. 만일 군사가 머물며 위세를 부리면 분란이 없을 수 없으므로 이미 장수에게 명하여 즉시 회군하여 정벌을 그만두게 했으니 짐의 겸애하는 마음을 체득하여 스스로 의심하지 말라. 셋째, 지난 해 2월부터 사로잡히고 도망쳐 온 인민의 방환을 빈 것. 이미 담당관청에 영을 내려 두루 찾아내게 했으며 약속한 이후에 포로가 된 사람들은 석방하여 귀국하게 할 것이니 도착하거든 구호토록 하라. 넷째, 너희 나라에는 허물과 죄를 범하는 자가 있을 것이니 이것은 전에 내린 사문(赦文)에 의거하여 시행하라. 다섯째, 군민(軍民, 몽골인)이 사람의 물건을 실 한 오라기라도 마음대로 빼앗는 자가 있으면 사실을 갖추어 보고하라. 조례에 의하여 단죄하리라.

이는 고려 정부의 요구를 파격적으로 들어준 것으로 쿠빌라이의 호의에서 나온 것이었다.

8월에 영안공이 쿠빌라이의 조서 3통을 가지고 왔는데 그 중 하나는 고려 정부가 요청한 6가지 일을 모두 허락하는 내용으로 "의관은 본국의 풍속을 쫓아 상하가 모두 바꾸지 말 것, 행인(行人, 사신)은 오직 조정(몽골 정부)에서 보내는 것 이외에는 모두 금지할 것, 옛 수도에의 천도는 마땅히 힘을 헤아려 할 것, 압록강 유역에 주둔한 몽골군 철수는 가을을 기하여 할 것, 전에 명한 바 다루가치 일행은 모두 돌아오게 할 것, 이곳에 자원하여 머무르고 있는 자 10여 명은 사신들조차 어느 곳에 정착하고 있는지 모르는 형편이니 이는 철저히 조사하여야 할 것이다. 금후에 다시 이와 같이 머무르기를 신고하는 자가 있으면 단연코 허가하지 않으리라"고 했다.

쿠빌라이의 즉위

몽골 제국에서는 4년간에 걸친 제위계승 전쟁이 벌어졌다. 전황은 쿠빌라이 진영이 초반부터 우세했다. 쿠빌라이는 계속 밀어붙여 1260년 말에는 옹긴 강까지 북진하여 겨울을 보냈고, 아리크부카는 예니세이 강 상류로 후퇴했다. 쿠빌라이는 더 이상 추격하지 않고 카라코룸에 평범한 수비대만 남기고 개평부로 돌아갔다.

쿠빌라이 측은 북중국에서 몽골 초원으로의 식량과 물자의 수송을 막아 아리크부카 측에 경제봉쇄를 가했다. 아리크부카는 1261년 말

카라코룸의 쿠빌라이 부대를 몰아내고 계속 남하했다. 고비 사막 변경에서 두 번의 전투가 벌어져 쿠빌라이가 승리했으나 결정적인 것은 아니었다.

아리크부카와 제위 계승전이 계속되던 1262년 2월 산동 반도에 기반을 둔 한인 군벌인 산동행성 대도독 이단(李璮)이 반란을 일으켰다. 일찍이 몽골에 붙어 충성을 다하던 이단의 반란은 뜻밖이었다. 이때 쿠빌라이는 카라코룸을 점령하고 일리 계곡으로 물러난 아리크부카 군을 추격하려 할 때였다. 이단을 그대로 방치하면 북중국이 혼란하고 나아가서는 쿠빌라이의 근거지인 남몽골 지역도 위험하게 된다. 신중한 쿠빌라이는 아리크부카를 추격하지 않고 동쪽으로 갔다.

1214년 금이 개봉으로 천도하자 중국의 화북 지역은 정치·사회질서가 무너졌다. 향촌의 자위를 위해 한인들의 소규모 무장집단이 대거 출현했고 이들이 통합하고 성장하여 한인 유력자들이 나왔다. 금 제국과 몽골 제국은 서로 이들과 제휴하려 했으므로 이들의 지위는 강화되었다. 북중국에서 몽골의 우위가 확립되면서 한인 유력자들은 몽골군에 투항했다. 아직 이 지역을 직접 지배할 준비가 되어 있지 않던 몽골 제국은 이들에게 군정·민정·재정에 관한 권한을 위임하여 이들은 당말의 절도사와 비슷한 존재가 되었다. 이단은 대표적인 한인 유력자였다. 그런데 오고타이는 2차에 걸쳐 북중국의 호구를 파악하면서 징세권을 박탈했고 민정에 관한 사항도 다루가치를 보내 감독하게 했다. 이단은 한인 유력자들의 지배권이 계속 위축되는 데 위협을 느껴 반란을 일으켰다.

쿠빌라이는 양면작전을 생각했다. 쿠빌라이는 보다 중요한 아리크부카에 대한 전선에 주력인 몽골 기마군단을 배치했다. 따라서 이단을 공격할 몽골 기병은 소수였다. 쿠빌라이는 사천택(史天澤)을 비롯한 토착 한인 세력에게서 몽골에 대한 충성을 계속할 것이며 이단을 토벌하겠다는 약속을 받았다. 홍복원 사후 심양로의 고려군민을 관할하던 영녕공 왕준도 고려인 부대를 이끌고 이단 토벌에 나섰다.

이단 토벌을 위해 쿠빌라이와 참모들이 채택한 기본 방침은 지구전이었다. 단기 진압을 생각하지 않고 시간이 걸리더라도 토착 한인 세력의 호응을 얻어 이단을 고립시키려 했다. 아리크부카와의 전투만 마무리되면 이단은 위협이 아니었다.

반란을 일으킨 이단은 우선 남송 정부에 신하로서 복종하겠다는 맹세를 했다. 그리고 이단은 산동 반도 부근의 익도(益都)에 주둔했다. 예상과 달리 다른 한인 유력자들의 지지와 민중의 호응이 없자 제남(濟南)으로 근거지를 옮겼다. 쿠빌라이군은 제남성 주위에 목책과 참호를 1개월에 걸쳐 쌓아 이단을 봉쇄했다.

남송 정부는 이단의 반란을 몽골을 격퇴할 좋은 기회로 보고 군을 동원했다. 자신 있는 해군을 발해만 연안으로 출동시켜 몽골군을 위협했다. 또한 대병력을 북진시켰으나 몽골군 포진의 강력함을 보고 회군하고 말았다.

제남에서 포위된 이단의 반란군은 고립무원 상태로 농성했다. 이단은 장수들의 환심을 사려 여염집 여자들을 잡아다 나누어 주었고 또한 민가를 약탈하여 군량미를 얻었다. 이로 인해 민심은 완전히 떠났다. 병졸과 민간인 할 것 없이 무리를 이루어 성 밖으로 도망해 몽골군에 투항했다. 농성군이 갈수록 줄어들자 이단은 애첩을 품은 채 제남성에 있는 대명호(大明湖)에 몸을 던졌다. 그러나 호수의 수심이 얕아 죽지 못했다. 이단은 사지를 절단당하고 거리에 내걸렸다. 1262

년 7월의 일이니 반란을 일으킨 지 약 반년도 안 되어 진압당한 것이다.

뒤이어 쿠빌라이는 한인 군벌들에게 행정권 반납을 명하고 그들의 지배지가 아닌 다른 곳으로 전출시켜 복무하게 했다. 이 조치로 북중국에서 세습적인 토착 군벌은 사라졌다.

당시 열세였던 아리크부카 진영에는 더욱 비관적인 일이 발생했다. 아리크부카는 카라코룸의 물자를 확보하기 위해서는 그를 따르는 지역 중 유일하게 농산물이 산출되는 차가타이 한국(汗國)에 더욱 의지해야 했다. 아리크부카 진영이었던 차가타이 가문의 알루구[阿魯忽, 차가타이의 손자가 아리크부카의 무리한 요구에 반발해 둘 사이에 무력 충돌이 일어났다. 패배한 알루구는 쿠빌라이 진영에 가담했다. 쿠빌라이는 카라코룸을 다시 점령했고 아리크부카는 일리에서 알루구와 싸워야 했다.

경제봉쇄에다 민심을 잃은 아리크부카 진영은 이탈자의 속출로 더 이상 버틸 수가 없었다. 결국 1264년 7월 아리크부카가 투항함으로써 제위 계승전은 쿠빌라이의 승리로 끝났다. 이를 기념하여 8월 14일 연호를 지원(至元)으로 고쳤다. 이보다 이틀 전인 8월 12일에는 연경을 금 제국 시대의 이름인 중도(中都)로 고쳤다.

개경 환도에 항거하는 삼별초

개경환도에 반대하는 권신들

고려가 개경 환도를 늦추는 등 의심스러운 태도를 보이자 쿠빌라이는 원종 5년(1264) 2월과 5월에 걸쳐 두 차례나 조서를 보내어 원종의 친조를 요구했다. 고려 조정에서는 의견이 분분했다. 오죽하면 풍수지리설에 근거해 초제(醮祭, 도교의 제천행사)를 지내면 구태여 친조를 하지 않아도 될 것이며 심지어 고려가 동방의 대국이 될 것이라고 하는 허무맹랑한 요설에도 동조하여 원종이 친히 도량을 열고 초제까지 지냈으랴! 그때 참지정사 이장용(李藏用)이 단호히 친조를 주장했다. "왕께서 친조하면 화친이 될 것이오, 그렇지 아니하면 틈이 벌어질 것이다."

김준이 "만일 변이 있으면 어쩌겠느냐?" 다짐을 하니 이장용은 "나는 반드시 아무 일 없을 것이라 믿는다. 만약 변이 있으면 노륙(孥戮, 연좌로 처자를 죽이는 일)을 감수하겠노라" 하며 단호한 뜻을 밝혔다. 결국 이장용의 판단에 따라 친조하기로 결정하고 몽골에는 가을을 기다려 친조하겠다는 뜻을 알렸다.

그리고는 8월에 원종이 친조를 위해 몽골로 길을 떠났다. 원종은 최씨 정권을 무너뜨린 위사공신(사직을 지킨 공신) 가운데 빠르게 정치적 성장을 한 김준을 교정별감에 임명하여 국정을 맡겼다(당시 김준은 삼별초를 중심으로 하는 무장 집단을 장악하고 있었다). 10월에 중도(中都, 북경)에 도착하자 쿠빌라이는 연회를 두 번이나 열어 호의를 보였으며 떠날 때에는 낙타 10필을 선물로 주었다. 원종은 12월에 환국했다.

원 세조 쿠빌라이는 원종의 친조에 만족하지 않고 고려의 실력자 김준과 문하시중 이장용의 동시 입조까지 요구했다. 고려의 태자가 입조하여 강화를 맺고 몽골군이 철수한 지 10년이 지났으나 고려 조정의 환도는 이루어지지 않았고 군사 징발 등의 요구가 해결되지 않은 시점이었다. 특히 김준에 대해서는 동생과 아들까지 함께 오도록 요구했다. 김준은 이를 거부할 뿐 아니라 몽골 사신을 죽이고 더 깊은 바다의 섬으로 천도할 것을 주장했다. 원종이 받아들이지 않자 김준은 원종을 폐위시키는 일까지 고려했다.

원종이 위태로운 지경에 이르자 낭장 강윤소(康允紹)가 원종에게 김준을 제거할 수 있는 인물로 임연을 추천했다. 임연은 애초에 말을 부리는 군사였지만 고향에 돌아가 고향 사람들과 함께 몽골 군사를 물리친 전공으로 경군의 장교인 대정에 임명되었다. 그 후 김준의 도움으로 간통죄에서 간신히 벗어날 수 있었던 일을 계기로 김준을 아버지로 모셨고 최의 제거에 공을 세워 위사공신 8인 가운데 하나가 되었다. 그러나 김준의 권력이 강화되면서 임연과 김준의 사이는 나빠졌다. 임연은 환관과 협조하여 김준 일파를 제거하는 데 성공했다.

이번에는 임연이 김준에 대신하여 권신이 되었다. 원종이 그를 견제하자 임연은 원종 10년(1269) 6월 17일 야별초를 동원하여 최은과 김경을 살해하고 왕의 신임을 받는 어사대부 장수열(張秀烈)과 대장군 기온(奇蘊)을 유배보냈다. 다음날인 18일 임연은 삼별초와 육번도방을 격구장에 모아 시위하며 재추들에게 은근히 협박했다. "나는 왕실을 위하여 권신을 제거했는데 왕은 김경 등과 꾀하여 나를 죽이려 했으니 나는 앉아서 죽음을 감수할 수 없다. 나는 큰일을 행하고자 하는데 그렇지 아니하면 왕을 섬에라도 유배보내려 하니 어떻게 하랴."

이 말을 듣고도 재추들은 반대하지 못했다. 다만 문하시중 이장용이 왕의 안위를 걱정하여 양위하는 형식으로 하자고 제안했고 일부는 몽골에 간 태자가 돌아온 다음에 하자고 권했지만 결국 결론을 내리지 못했다. 임연은 다음날 갑옷을 입고 삼별초와 육번도방을 이끌고 안경공의 집으로 갔다. 문무백관을 모아놓고 안경공을 추대하는 만세를 부른 다음 궁궐로 들어가서 즉위식을 거행했다.

원종의 폐위는 국내외에 큰 반향을 일으켰다. 임연은 귀국하는 태자를 납치하려 야별초 20인을 국경에 매복시켰다. 몽골에서 돌아오던 태자 왕심(王諶)은 귀국하는 길에 파사부(婆沙府, 구련성)에서 정주의 한 관노에게서 임연의 정변에 대해 들었다. 태자는 임연이 몽골에 파견한 중서사인 곽여필(郭汝弼)을 붙들어오게 하여 진상을 확인하고는 통곡하고 대도로 되돌아갔다.

정변의 소식을 들은 쿠빌라이는 동경등로 중서성을 임시로 설치하여 잘라이르 부족의 왕 두련가(頭輦哥)를 최고책임자로 선임하고 동경에 대군을 소집했다. 그리고 병부시랑 흑적(黑的) 등 12명을 고려에 파견했다. 흑적이 고려에 가지고 온 조서는 12월 10일을 기한으로 하여 원종과 안경공, 임연을 대도에 오라고 명하고 기한이 넘어도 오지 않으면 군을 진격시키겠다고 위협하는 내용이었다.

한편 임연의 원종 폐위 소식이 전해지자 오랜 전쟁에 지친 서북계 주민들은 몽골의 침입을 우려하여 크게 동요했다. 원종 폐위는 몽골제국에 대항한다는 것을 뜻하기 때문이었다. 이러한 가운데 서북면의 토호들인 최탄, 한신, 이연령 등은 임연을 토벌하고 원종을 복위시킨다는 명분으로 10월 3일 반란을 일으켰다. 가담자들은 모두 서경 일대의 도령이었다. 이들은 용강(龍岡), 함종(咸從), 삼화(三和) 등 여러 현의 이민을 모아 함종 현령 최원(崔元)을 살해하고 서북면병마영과 서경유수사를 습격하여 그곳의 관리들을 살해했다.

반란자들은 군사를 이끌고 서경으로 쳐들어가 서경유수 최년(崔年) 등을 죽이고 다시 북으로 올라가 용주, 영주, 철주, 선주, 자주의 수령을 살해했다. 이는 주민들이 최탄 등에게 동조했음을 의미한다. 이리하여 서북면의 수십여 성이 모두 최탄의 세력 아래 들어갔다.

이어 최탄 등은 몽골의 보호를 받기 위해 몽골로 출발했다. 이들은 압록강을 넘어 대부성(大富城)에서 제주도를 시찰하러 오던 몽골 사신 톡토르[脫朶兒]를 만났다. 최탄은 북계 54성과 서해도의 6성을 들어 몽골에 귀부할 의사를 표명하고 북계로 돌아왔다. 보고를 받은 몽골의 추밀원은 11월 2일 고려 문제를 논의했다. 전 추밀원 경력 마희기(馬希驥)가 고려를 견제하자는 의견을 내놓았다.

> 오늘날의 고려는 곧 옛 신라·백제·고구려 세 나라를 병합하여 통일된 나라입니다. 대체로 번진(藩鎭)은 권력이 양분되면 제압하기 쉽고 제후는 강성하면 신하로 두기 어렵습니다.
> 저들의 각 주와 성의 군사와 백성의 많고 적음을 조사하여 이간시켜서 양분되게 하고, 그 나라를 나누어 다스리게 하되 권력과 세력이 엇비슷하게 하여 자기네들끼리 견제하게 하고, 서서히 좋은 꾀를 의논하면 쉽게 처리할 수 있을 것입니다.

이 의견이 채택되어 최탄의 귀부를 받아들이게 되었다. 최탄이 이연령을 보내 고려의 경군이 침노하려 한다고 하며 군사 2천 파견을 요구하자 11월 6일 쿠빌라이는 당시 동경에 주둔하고 있던 뭉게투[忙哥都, 蒙哥都]에게 2천 군사를 거느리고 갈 것을 명했다.

삼별초의 난

그 사이 앞서 쿠빌라이가 파견한 흑적이 강화도에 이르러 조서를 전했다. 임연은 어쩔 수 없어 11월 23일 안경공을 폐위하고 원종을 복위시켰다. 그러나 임연의 건재로 원종의 지위는 불안했다. 원종은 쿠빌라이의 조서에 따라 몽골로 향했다. 그러나 안경공과 임연은 동행하지 않았다. 임연의 장자 임유간(林惟幹)과 심복들이 폐위의 진상이 폭로되는 것을 막으려 원종과 같이 갔다.

원종이 탄령(炭嶺)에 이르니 최탄 등 6인이 와서 왕이 타는 수레 앞에서 술을 바쳤으나 받지 않았다. 이들이 몽골에 귀부하고 파병을 요청한 것을 알았기 때문이다. 몽골로 가고 있던 원종은 박주(博州, 박천)에 이르러 최동수를 앞질러 보내어 몽골의 파병에 항의하게 했다. 왕이 동경에 도착하자 두련가와 평장사 조벽(趙璧)이 찾아와서 시종들을 물러가게 하고 종이와 붓을 준비한 후 폐위 사유에 대하여 밀서를 써달라고 요청했다. 왕은 풍질로 손이 떨려 쓰지 못한다고 했다. 통역을 시켜 질문했으나 왕은 사실대로 답변하지 못했다.

2월 1일 원종은 대도에서 쿠빌라이를 알현했다. 이때는 임연의 폐립에 관한 이야기가 있었을 뿐이며 최탄 사건에 대해서는 논의가 없었던 듯하다. 원종은 원의 중서성에 글을 보내어 태자와 원 공주와의 혼사를 요청했고 또한 군사를 빌려주기를 청했다. 이에 원 세조는 "몽골의 법에 통혼을 하면 합족(合族)이 되는 것인데 진실로 친히 되길 원할진대 허락하지 않을 수 있겠는가. 다만 다른 일로 와있는 지금 청하는 것은 빠른 듯하니 귀국 후 백성을 위무하고 따로 사신을 보내어 다시 청하는 것을 기다려 허락하리라" 하며 동의했다.

한편 최탄의 투항의사를 받은 몽골 정부는 몽게투를 보내 고려 안무사(按撫使)로서 2천 병력을 거느리고 서경에서 주둔하게 했다. 몽게투는 쿠빌라이가 최탄·이현령에 내린 금패(金牌)와, 한신에게 내린 은패(銀牌)를 전달했다. 쿠빌라이는 조서를 내려 자비령으로 경계를 삼아 그 이북 지역을 몽골에 내속하게 하여 동녕부(東寧府)라 하고 최탄 등을 동녕부총관으로 삼았다.

몽골에 있던 원종은 쿠빌라이에게 표를 올려 서경을 고려에 돌려줄 것을 청했다. 쿠빌라이는 서경 반환을 거절했으나 두련가에게 군사를 거느리고 고려 왕을 수행할 것을 명했다. 2월 16일 원종과 태자는 두련가가 인솔하는 몽골군의 호위를 받으며 대도를 출발, 귀국 길에 올랐다. 고심하고 있던 임연이 2월 25일 창(瘡, 종기)이 발병하여 죽었다. 감국하고 있던 순안후가 임연의 둘째 아들 임유무(林惟茂)로 교정별감을 삼으니 임유무는 임연의 권신 지위를 계승한 것이다.

원종이 귀국한 후 상장군 정자여(鄭子璵), 대장군 이분희(李汾禧)와 몽골의 사신이 강화도에 와서 출륙을 종용하는 어명을 전했다. 임유무는 완강히 거절하고 여러 도에 수로방호사(水路防護使)와 산성별감을 파견했다.

원종은 임유무 제거를 꾀하였다. 비밀리에 임분성(林汾成), 홍문계(洪文系), 송송례(宋松禮)와 더불어 임유무 제거를 논의하였다. 송송례의 아들 송분(宋玢)은 삼별초의 하나인 신의군을 통솔하고 있었다. 송송례와 홍문계는 송분을 통하여 삼별초를 동원하는 데 성공했다. 5월 14일 밤 홍문계 등은 삼별초를 이끌고 임유무의 집으로 쳐들어가 임유무를 체포하여 저자 거리에서 베고 그 일당들은 유배보냈다. 임유무의 형제들은 모두 몽골로 보냈다.

원종이 용천역에 이르렀을 때 중령역(中靈驛)의 역졸 두 사람이 와서 임유무 제거를 알렸다. 원종은 개경에 도착하기 4일 전인 23일 개경 환도 기일을 확정하여 포고했다. 이때 삼별초는 이를 따르지 않고 국가의 창고를 마음대로 여는 행동을 했다. 군란의 서막이었다. 원종이 상장군 정자여를 강화도에 보내어 타일렀으나 삼별초는 따르지 않았다. 27일 원종이 태자와 함께 옛 수도인 개경에 들어와 단호한 조치를 취했다. 29일 장군 김지저(金之氐)를 강화도에 보내 삼별초를 혁파하고 명부를 압수했다. 이로부터 삼별초의 난이 시작되었다.

6월 초하루 장군 배중손(裵仲孫), 야별초 지유 노영희(盧永禧) 등의 지휘로 삼별초는 봉기했다. 이들은 "몽골군이 대거 도래하여 인민을 살육하니 나라를 돕고자 하는 자는 모두 격구장에 모여라"라고 선동했다. 출륙 준비가 한창이던 강화도는 대혼란에 빠졌다. 많은 사람들이 모였는데 배를 타고 육지로 빠져나가는 자도 많았다. 삼별초는 사람의 출입을 금지시키고 무기고의 병기를 꺼내어 군졸에게 나누어 주고 성을 지키게 했다. 배중손은 영녕공 왕준의 형인 승화후(承化侯) 왕온(王溫)을 끌어내어 왕으로 추대하고 관부를 설치했다. 그러나 문무반 관리의 상당수가 육지로 탈출하고 군사들 가운데도 빠져나가는 수가 많아 삼별초는 3일 남으로 거점을 이동했다. 이때의 모습은 《고려사절요》에 "배를 모아 공사의 재물과 자녀를 모두 싣고 남쪽으로 내려가는데 구포(仇浦)로부터 항파강(缸破江)까지 뱃머리와 꼬리가 서로 접하여 무려 1천여 척이나 되었다"라고 기록됐다.

몽골은 삼별초 난에 깊은 관심을 기울였다. 삼별초가 해상에서 항전을 계속하는 한 일본 정벌을 단행할 수 없기 때문이었다. 고려 조정에 토벌을 촉구했다. 고려 조정은 6월 13일 김방경(金方慶)을 역적추토사로 삼아 만호 송중의(宋仲義)가 지휘하는 몽골군 1천 명과 함께 해상으로 추격하게 하고 뒤이어 참지정사 신사전(申思佺)을 전라도 토적사에 임명, 삼별초 진압을 맡겼다. 그러나 진압군은 모두 위축되어 삼별초와의 전투를 회피했다.

두련가는 배주에 주둔하고는 아해(阿海)에게 병력을 주어 개경에 진주하게 했고 홍다구(洪茶丘)를 시켜 전라·경상 지방의 정황을 사찰하게 했다.

삼별초는 서해 일대의 섬을 경략하면서 서서히 남하하여 8월 19일 진도까지 내려왔다. 진도는 이전부터 무신정권의 경제 기반이 확보되어 있는 지역이었다. 최씨 정권은 전라도 남해안의 승주, 보성, 강진 등의 지역과 진도에 농장을 소유했다. 진도는 경상·전라 지역의 세곡이 조운을 통하여 개경으로 운송하는 데 중요 길목이었다. 이 때문에 삼별초의 진도 장악은 개경 정부에 경제적 타격이 되었다. 삼별초는 진도에 용장성(龍藏城)을 쌓고 궁궐을 짓는 등 도성을 조성했다.

진도를 거점으로 한 삼별초 정부의 초기 활동은 매우 왕성하여 바다와 육지에서 세력을 떨쳤다. 장흥, 합포(合浦, 마산), 금주(金州, 김해), 동래 등 연안 지역 이외에도 나주·전주까지 진공하기도 했다. 남해도에는 대장군 출신 유존혁(劉存奕)이 주재했고 완도의 토호 송징(宋徵)이 삼별초 정부에 합류했다.

11월에는 제주도를 점령했다. 제주도에는 영암부사(靈巖副使) 김수(金須), 장군 고여림(高汝霖) 등이 파견되어 해안 지역에 방어성을 구축하는 등 수비에 전력하고 있었다. 삼별초 군은 제주도 서쪽 명월포(明月浦)로부터 상륙하여 관군을 공격했으며 치열한 전투 끝에 김수, 고여림 등 관군을 모두 사살하고 탐라 점령에 성공했다.

이처럼 삼별초 정부는 남해 바다를 장악하여 해상 왕국을 이루었다. 몽골의 보고에 따르면 30여 개 섬이 삼별초 수중에 있었다고 한다. 삼별초 정부는 고려의 정통 정부를 자처했고 황제를 칭했다. 삼별초 정부의 위세가 떨쳐지자 여러 지방의 관원들이 진도에 들어가 승화후를 알현하기까지 했다.

삼별초 정부의 해상 전력은 매우 강하여 개경 정부의 공격을 여러 차례 격퇴했다. 11월 김방경이 몽골 원수 아해와 더불어 진도의 대안에서 삼별초와 해전을 벌일 때 삼별초의 전함은 매우 빨라 동작이 나는 것 같았다고 한다. 승부를 가리지 못하고 날이 지나자 김방경은 "적과 내통하고 있다"는 참소를 받아 개경으로 붙들려가기까지 했다. 이것이 무고임이 드러나자 원종은 김방경을 상장군으로 승진시켜 다시 삼별초 토벌에 종사하게 했다.

김방경은 다시 진용을 정비하고 아해와 더불어 100여 척의 전함으로 12월 22일 진도 공격을 감행했다. 진도 근해로 접근하자 삼별초는 모두 배에 올라 징을 울리고 북을 치며 기세를 올렸다. 아해는 겁을 내며 배에서 내려 나주로 물러나고자 했으나 김방경이 만류하여 물러나지 못했다. 김방경이 앞장서 수군을 거느리고 진공하다가 역습을 받으니 몽골군이 탄 전함은 모두 물러났다. 김방경 홀로 배 한 척으로 돌진하여 싸우다가 포위되어 목숨을 잃을 뻔했다. 이 때문에 이듬해인 원종 12년(1271) 정월 몽골은 원종의 요청에 따라 아해를 소환하고 흔도(忻都)로 대체했다.

삼별초와의 교전에서 고전하고 있던 연합군 측 특히 몽골은 한편으로 회유 공작에 힘썼다. 원종 11년 12월 20일경 원외랑 박천주(朴天澍)는 몽골 사신 박원외(朴員外)와 함께 진도로 떠났는데 삼별초에게 주는 원종의 유지(諭旨)와 쿠빌라이가 원종에게 보낸 조서를 가지고 갔다. 원종 12년(1271) 정월 6일 진도에 도착했으나 삼별초 정부는 회유에 응하지 않고 몽골 사신을 억류했다.

2월 몽골은 사신을 보내 쿠빌라이의 조서를 전달했으나 삼별초 정부는 이를 역이용하여 지연책을 썼다. 귀순 조건으로 연합군이 물러나 주둔할 것을 요구하기도 하고 전라도 일대의 점유 인정을 요구하는 등 수락하기 어려운 일을 제시했다. 이렇게 시간을 끌면서 활동 영역을 확대했고 경상도 남부 등 내륙 지역에서는 삼별초에 호응하는 일련의 움직임이 일어났다.

4월 흔도는 적극적인 공세를 주창하여 쿠빌라이의 재가를 얻었다. 쿠빌라이는 장마가 오기 전에 공격을 시작하려 서둘렀다. 영녕공의 아들인 왕희(王熙)와 왕옹(王雍)을 군사 4백 명과 함께 파견했다. 다시 사신을 보내어 몽골의 증원군이 장마 이전에 도착하기가 어렵다고 하면서 고려측에서 군사 6천과 현재 보유 병선 260척 외에 140척을 추가 동원할 것을 요구했다.

5월 15일 여몽연합군은 좌·우·중 3군으로 나누어 3방면으로 진공했다. 김방경과 흔도는 중군을 이끌고 진도의 관문인 벽파정(碧波亭)으로 들어가 삼별초의 주력을 끌어들였다. 이 틈을 타서 고을마(高乙麽)가 지휘하는 우군과 왕희·왕옹·홍다구가 이끄는 좌군이 상륙하여 용장성의 배후와 측면을 공격했다. 몽골군은 화창(火槍), 화포(火砲) 등 화약을 이용한 신무기를 동원하여 큰 효과를 보았다. 미처 예상하지 못한 기습 공격에 성 안의 지휘부는 혼란에 빠져 제대로 싸워보지도 못하고 무너졌다. 왕희와 왕옹은 백부인 승화후를 살리려 했으나 고려에 원한을 품고 있던 홍다구가 제1착으로 성 내로 들어가 승화후와 그 아들 왕환(王桓)을 죽였다. 김방경은 남녀 만여 명과 전함 수십 척을 포획하고 양곡 4천 석 등 각종 재화를 거두어 개경으로 이송했다.

진도가 함락되자 김통정(金通精)이 남은 삼별초를 이끌고 진도를 빠져나와 제주도로 들어가 다시 진용을 정돈했다. 우선 내성과 외성을 쌓고 해안 300여 리에 걸친 장성을 쌓아 방어 시설을 튼튼히 했다. 남해도에 거점을 두고 있던 유존혁도 80척의 선단을 이끌고 탐라로 이동했다. 그러나 승화후가 살해되어 고려 정부를 자처하던 정치적 권위는 위축되었다.

진용을 갖추면서 삼별초 군은 원종 12년 11월부터는 여러 섬에 출진하기 시작했고 이듬해 3월부터는 남해안 지역에 공세를 취했다. 원종 13년 5월에는 전라도 고부 해안에서 조운선 13척을, 6월에는 장흥·함평·해남·강진 등 지역에서 20척의 조운선과 미곡 3200여 석을, 8월에도 전라도 연해에서 조운되는 미곡 800석을 탈취했다. 이처럼 조운선을 주요 공격목표로 삼은 이유는 자체 식량을 조달하는 동시에 개경 정부에 대한 경제적 타격을 노린 것이다.

9월에는 고란도(孤瀾島)에 쳐들어가 전함 6척을 불태우고 조선기술자를 살해하고 조선 책임자인 홍주부사 이행검(李行儉) 등을 포로로 잡아갔다. 이는 여몽 연합군의 제주도 상륙 준비에 타격을 준 것이다. 11월에는 몽골군이 주둔한 합포, 거제 등지를 기습 공격, 수십 척의 전함을 불태우고 몽골군을 포로로 했다.

무력 토벌을 주장하는 고려 정부와 달리 몽골은 회유책을 우선했다. 원종 13년 3월 몽골의 권유에 따라 고려 조정은 합문부사 금훈(琴熏)을 초유사(招諭使)로 삼아 보냈다. 김통정은 4척의 배를 보내어 해상에서 금훈 일행을 붙들어 추자도로 끌고 가 억류했으며 초유하는 문서만 거두어 보았다. 김통정은 "진도의 원한이 골수에 박혔다"고 회보하며 금훈을 석방했다. 고려 조정은 경과를 알리기 위해 5월 말

금훈을 몽골 조정에 보내었다. 홍다구는 쿠빌라이에게 김통정의 친족을 통하여 회유할 것을 주청하여 재가를 받았다. 8월 고려 조정은 김통정의 조카인 낭장 김찬(金贊) 등 5명을 보내었으나 김통정은 김찬을 머무르게 하고 다른 사람은 모두 죽였다.

이에 쿠빌라이는 11월 칙명으로 둔전군 2천, 한군(漢軍) 2천에 고려군 6천을 합세하여 제주도를 공격하기로 했다. 고려는 몽골이 요구한 군사 6천과 수수(水手, 수군) 3천을 징발하고 다시 수로감선사(水路監船使)로 하여 각 도의 전함을 남해로 모이게 하는 한편 김방경을 원수로 임명했다.

원종 14년(1273) 2월 20일 김방경이 먼저 정예 기병 8백을 거느리고 흔도, 홍다구 등과 같이 출정했다. 1만 여몽연합군은 나주의 반남현(潘南縣)에 집결하여 3군의 부서를 다시 편성했다. 중군을 주로 하여 좌우 양익으로 나누고 중군은 김방경과 흔도가 지휘했는데 이는 진도 공략 때와 비슷한 것이다. 연합군은 얼마 동안 반남에서 도해 준비를 하면서 순조로운 기후를 기다리다가 4월 9일경 출발했다. 서해도의 전함과 경상도의 병선은 큰 풍랑을 맞아 침몰되고 전라도 병선 160척에 만여 명이 타고 진공했다. 파도가 심해 추자도에 들어가 대오를 정비하고 성난 파도를 헤치고 제주도로 나아갔다.

4월 28일 중군은 동쪽 해안의 함덕포(咸德浦)에 상륙했고 전함 30척에 나누어 탄 좌군은 서쪽 해안인 비양도(飛揚島)에 상륙하여 곧장 삼별초의 요새를 공격했다. 진도 공략 때처럼 화기가 큰 위력을 발휘했다. 화공으로 연기와 불꽃이 하늘을 덮었다. 삼별초군이 궤주하여 내성으로 들어가니 김방경은 내성에 들어가 김윤서(金允叙) 등 6명을 베고 군졸 1300명은 포로로 했다. 이들은 선박에 나누어 태웠다. 제주도 원주민은 이전처럼 살게 했다. 김통정은 70여 명의 무리와 함께 한라산으로 피했다. 잔류한 고려군과 몽골군이 수색하여 거의 체포했다(김통정은 자결한 시체로 발견되었다). 홍다구는 이들을 모두 살해했다.

이와 같이 몽골 침입에 대한 고려의 대항은 30년간의 항전에 뒤이어 10여 년 동안의 강화파와 항전파의 대립 갈등기를 거쳐, 3년간의 삼별초와 김방경이 지휘하는 고려 관군과의 비극적 상쟁으로 마무리되었다. 이 같은 결론이 우리에게 주는 시사점이 몇 가지 있다.

첫째, 최씨 무신정권이 전쟁 초기에 그 대처방안에 대한 충분한 검토 없이 천도를 단행하고 장기전으로 돌입한 것이 큰 실수였다는 점이다. 이것은 최씨 정권의 정치적 이해관계와 연관되는 문제이기도 하지만, 이러한 대응 자세는 다른 모든 방책을 사전에 막아버리는 문제가 있었다.

둘째, 강화도에서의 최씨 정권의 최고 권력자와 문무 관리들의 안일한 자세이다. 그 동안 상당한 기간의 휴지기가 있었던 탓이기도 했지만 그들이 이 전쟁의 귀결에 대해 어떤 전망을 가졌거나 전란에 고통 받는 일반 백성을 배려한 흔적을 찾기 힘들다는 점은 크게 비난 받을 일이다.

셋째, 강화 정책에 대한 정당한 평가가 필요하다. 유승단이 주장한 천도반대론이나 이장용이 취한 현실적 화평추구 정책이 결코 정치적 이해관계에 매달린 것이나 고려의 국가 이익을 도외시한 것이 아님은 명백하다. 고려 국가를 보존하고 백성들을 보호하기 위해 개진된 화평책을 외세에 대한 굴복이라고 단정 짓는 것은 몰지각한 일이다.

넷째, 삼별초 난에 대한 다각적 평가를 주목해야 한다. 그 주도자

> **동녕부의 반환**
>
> 충렬왕 원년(1275) 원 제국은 동녕부를 승격시켜 동녕로총관부(東寧路總管府)로 개칭했다. 또한 최탄 일당에게 투항하지 않은 고려 북방의 정주·의주·인주·위원진(威遠鎭)을 떼어내어 요동의 파사부(婆娑府)에 소속시켰다.
>
> 원종의 뒤를 이은 충렬왕은 동녕부 반환을 원에 요청했는데 충렬왕 16년(1290) 3월에 서북면의 여러 성을 돌려받았다. 고려는 환부된 여러 지역의 토호들을 회유하기 위하여 대장군, 장군 등의 토관직을 수여했으나 한신, 현효철 등 일부만 고려에 복속했고 최탄 등 대다수 서북면 토호들은 그 관하 민호를 거느리고 요양행성의 요양·심양 지역으로 옮겨갔다. 원에서는 이들을 받아들여 요양행성 내에 동녕로(東寧路)를 개설했다(요양행성에는 7개의 로가 설치되었다).
>
> 동녕로 관하에는 3부, 21주, 12현, 13진을 두었는데 모두 고려 서북계의 지명이다. 이것은 이 지역 출신 인물들이 이주하여 지명을 그대로 썼기 때문이다.

인 배중손은 《고려사》 반역 열전에 들어가는 등 왕조 체제가 지속되는 조선시대까지 반란으로 치부되었다. 외세의 횡포에 신음하던 일제 강점기에는 사학자 동빈 김상기 선생에 의해 재조명되어 고려인의 자주적 정신의 발로요 고려 무인의 전통적 정신에 바탕을 둔 항몽운동으로 이해되었다. 그러나 삼별초 난은 그 자체가 상당한 문제점을 지니고 있음을 부인할 수 없다. 당시 삼별초 난으로 귀착되는 대몽 무력 항쟁만을 정당한 자세로 보는 것은 타당하지 않다. 그보다는 화·전 두 입장이 끝내 합치점을 찾지 못하고 내전으로 귀결된 과정에 천착해야 할 것이다.

남송의 멸망

쿠빌라이가 제위에 오를 무렵 몽골 제국은 너무나 거대해졌다. 칭기즈 칸은 4명의 적자에게 영지를 분봉한 바 있다. 장남인 조치 가문은 바투의 러시아·동유럽 원정으로 광대한 영토를 가지게 되었고 셋째 아들인 오고타이 가문은 제위를 넷째 아들인 톨루이 가문에 넘겨주었으나 몽골 초원 일대를 장악하고 있었다. 둘째 아들인 차가타이 가문은 중앙아시아 일대를, 톨루이 가문의 홀라구는 이란과 이라크를 포함한 서남아시아에 일 한국을 건설한 상태였다. 이들의 지배 영역은 그 자체가 충분히 '제국'이라 부를 수 있는 규모였다. 이 외에도 몽골 제국 건설에 기여한 많은 공신들이 영지를 세습하고 있었다.

게다가 순수 몽골의 한국 이외에도 갖가지 인종들로 이루어진 크고 작은 지역정권, 토착 세력들이 얽히고설킨 제국의 구성원이 되었다. 몽골 제국이라고는 하지만 벌써 '몽골'이라는 요소만으로는 도저히 수습하여 정리할 수 없는 규모의 여러 국가연합적 색채를 가지고 있었다.

칭기즈 칸 시대처럼 초원과 오아시스의 패자라는 모습은 먼 옛 이야기가 되었다. 또 오고타이 시대처럼 초원의 메트로폴리스인 카라코룸으로부터 제국의 동·서를 관리하려 하더라도 제국 자체 역시 내용과 본질이 크게 달라져 있었다. 이미 제국이 현실적으로 몇 개의 거대한 정치단위로 나뉘어 가는 것은 피할 수 없는 상황이 되어 있었다. 쿠릴타이에 의한 합의가 아니라 무력으로 제위에 오른 쿠빌라이에게는 몽골 제국 재편이라는 지난한 과제가 주어졌다.

쿠빌라이는 몽골 제국을 강력한 군사력과 교역을 통해 통합된 경제적 통일체로 재개편하기 위해 노력했다. 몽골의 군사력은 기동력이 뛰어난 몽골 기마군단을 중심으로 하여 다양한 인종과 종족으로 이루어져 있었다. 쿠빌라이는 군사적 기반을 확고히 하기 위해 이미 성년이 된 자식들을 '부왕(副王)'으로 활용했다. 특히 정후(正后) 차비와의 사이에서 태어난 세 명의 아들은 쿠빌라이의 몽골 제국의 군사력을 확고히 하는 데 큰 역할을 했다.

세 아들 중 진킴[眞金]은 1261년 12월 연왕에 봉하여 화북 지역을 다스리게 했다. 망갈라[忙兀刺]는 안서왕으로 봉해져 지금의 섬서성, 감숙성, 청해성, 사천성 등 '서쪽 방면' 전체를 총괄했다. 노무간[南木合]은 북평왕으로 봉해져 몽골 본토에 해당하는 고비 사막 이북과 그 곳에 산재한 전통적인 천호군의 장이 되었다. 그는 옛 수도 카라코룸과 그 주변 지역을 계절 이동을 하며 다스렸다. 각각의 담당 지역 안에 있는 기존의 여러 세력은 이들 3명의 조직 아래로 편입되어 그 지휘계통 아래에서 재편되었다.

한편 광대한 제국을 관리할 수 있는 국가행정기구와 재정기반의 확립이 시급히 필요했다. 이것을 위해서는 고대부터 제국행정의 전통을 가지고 있고 유라시아에서 최대의 부와 생산력을 보유하고 있는 남송을 손에 넣을 필요가 있었다.

중앙아시아 지역에서는 아리크부카와의 계승전에서 승리한 후에도 쿠빌라이에 대한 반란이 계속되고 있었다. 이를 주도한 것은 오고타이 가문의 카이두[海都]였는데 그는 1269년에 이르러서는 세력을 확장하여 칸으로 즉위했다. 즉위한 후에는 몽골 본토와 위구르 지역을 공격했다. 오고타이의 손자인 카이두가 보기에 톨루이 가문은 부당한 찬탈자였다.

쿠빌라이는 중앙아시아와 남송, 두 지역에 대해 대규모 양면작전을 실시했다. 중앙아시아에는 북평왕 노무간을 총사령관으로 한 몽골 기마군단을 주력으로 투입했다. 동원 대상이 된 것은 여러 왕족과 족장 가문, 그리고 몽골 본토의 천호 집단까지 널리 미쳤다.

이 외에 킵차크, 아스, 캉글리, 탕구트 족 등 여러 종족의 군단이 동원되었다. 이들은 쿠빌라이의 병력 부족을 채우기 위해 집권 후에 친위부대로 편성된 부대였다. 지위는 낮았으나 전투력과 충성심은 높았다.

중앙아시아에서의 전장은 주로 초원이었다. 쿠빌라이는 초원의 전투에는 초원에 뿌리를 둔 군대를 동원했다. 이외에 북중국의 한인 부대도 전용했다. 이들은 주로 군사거점이나 병참기지 등 요충지의 방어를 담당했다.

더욱 중요한 것은 남송 작전이었다. 남송은 제위계승분쟁으로 혼란한 몽골 사정을 틈타 자주 군사를 보내어 화북 지방을 흔들어 댔다. 남송을 방치하면 화북의 한인 세력들이 동요할 수 있었다. 그러므로 쿠빌라이와 참모들은 처음부터 남송을 정복하여 흡수한다는 것을 전제로 작전을 세웠다.

남송 지역은 거대한 양자강을 비롯하여 크고 작은 하천과 호수가 곳곳에 널려 있다. 몽골이 그때까지 공략에 성공한 건조지대와 달리 물과 습기와 무더위가 질펀한 곳이다. 기마 부대가 위력을 발휘하는 곳은 기후가 건조한 광활한 초원지대이다. 물과 구릉으로 구획이 이루어진 지역이 복잡하게 교차하는 강남에서는 그 위력이 매우 감소할 수밖에 없었다. 더구나 말은 추위에는 강하지만 더위에는 약하다.

남송 작전의 어려움은 쿠빌라이 자신이 누구보다 더 잘 알고 있었다. 쿠빌라이는 몽골기병을 쓰지 않고 화북의 한인군벌들을 남송작전에 주력으로 동원하기로 결정했다. 몽골기병은 극소수만 참여시켰다. 한문사료는 남송정벌군을 몽골한군(蒙古漢軍)이라 표현했다. 몽골한군은 소수의 몽골기병과 거란족, 여진족, 한족 등의 장병들로 이루어진 혼성부대였다.

　이 혼성군단에서 알 수 있듯이 쿠빌라이의 신정권은 정치·행정·경제는 말할 것도 없이 군사까지도 다종족 혼합상태였다. 국가조직도 군사조직도 인종이나 민족의 테두리를 넘었다.

　1268년 9월 아주[阿朮, 우량하타이의 아들]를 주장(主將)으로 하고 사천택(史天澤)을 부장으로 하는 10만의 원정부대가 출발했다. 사천택은 한인부대를 통솔했다. 남송이 국토방위의 거점으로 여기는 한수 중류의 번성(樊城)과 양양(襄陽)을 포위했다. 번성과 양양은 한수를 사이에 두고 바라보는 곳에 있다. 이 지역은 예로부터 요충지로 삼국시대에는 제갈량이 위의 조조, 오의 손권을 상대로 이 땅을 다투었다.

　번성·양양 포위전은 5년 가까이 끌었다. 처음부터 지구전을 계획한 원정군은 두 도시를 에워싸는 흙으로 만든 환성(環城)을 지었다. 전투는 산발적이었고 한가한 느낌마저 주었다. 그러나 쿠빌라이는 다음 포석을 준비하고 있었다. 몽골 수군을 창설한 것이다.

　남송군에서 가장 강력한 부대는 수군이었다. 금나라와의 약 150년에 걸친 남북대립 결과 남송 최대의 방어선인 양자강과 그 지류를 순항하며 감시하는 수상 부대는 상비함대가 되어 있었다.

　쿠빌라이로서는 이에 대한 대항 수단으로 함대의 건조와 수군 양성을 추진했다. 여러 해에 걸쳐 5천 척의 배와 7만 명의 병력을 갖춘 수군을 건설했다. 양자강에서는 몽골 수군과 육군이 연동한 합동 군사훈련이 여러 차례 실시되었다.

몽골 측이 이전과 달리 속전속결책을 취하지 않고 장기주둔 계획을 취한 것이 남송 조정에도 알려졌다. 재상인 가사도(賈似道)가 전권을 휘두르고 있던 남송 정부는 1271년 6월 범문호(范文虎) 휘하의 수군 10만을 앞세워 북상시켰다. 몽골군은 기병, 보기혼합, 보병 등 세 종류의 육군과 새로 편성된 수군이 각종 요새와 보루를 갖춘 거대한 작전진지를 완성하고 기다리고 있었다. 몽골군은 남송군이 양자강을 다 건너도록 기다리고 있다가 일거에 격파해버렸다. 남송군은 수륙에서 모두 격파되고 몽골군은 승리의 개가를 울렸다. 이 전쟁은 쿠빌라이와 그의 참모들의 승리였다. 이들에 의한 기획력, 조직력, 실행력이 효과를 발휘한 것이었다. 쿠빌라이는 전쟁에서 개인의 힘이나 우연적 요소를 배제하기 위해 노력했다. 전투만이 아니라 작전 입안에서 부대편성과 물자보급에 이르기까지 모든 면에 걸쳐 전쟁을 종합적으로 기획했다. 이것은 현대전을 방불케 한다.

남송정벌이 한창 진행중이던 1271년 11월 쿠빌라이는 국호를 고쳐 대원(大元)이라 했다. 대원 몽골국(Yeke Yuan Mongol Ulus)이 이후의 정식 명칭이 되었다. 대원은 주역의 대재건원(大哉乾元, '위대하구나, 하늘이여' 라는 뜻)에서 따온 이름이다. 몽골족이나 투르크족에게 텡그리(하늘)는 모든 것의 근원으로 이들은 텡그리를 숭배한다.

구원군이 궤멸당한 후에도 번성의 수비 책임자인 장한영(張漢英)과 양양을 지키는 여문환(呂文煥)은 분투했다. 이제 완전히 고립된 두 성의 병사와 시민들을 독려하여 화포와 쇠뇌 등으로 공격하는 몽골군에 맞서 2년이나 더 버텼다.

쿠빌라이는 일 한국에서 개발한 신병기를 사용하기로 했다. 이것은 거대한 투석기로 페르시아어로 '만자니크', 한자로는 '회회포(回回砲)'라 불린 무기였다. 이 투석기의 사정거리는 천 미터나 되었다. 1273년 정월 번성 교외에 투석기가 모습을 나타냈다. 성을 부수며 병사와 시민들을 혼비백산시키는 이 신병기의 위력은 대단했다. 거대한 돌덩이가 번성 성벽을 깨자 몽골군이 쇄도했다. 결국 장한영이 이끄는 수비대는 항복했다.

한수 남쪽에 있는 양양도 사정거리 안에 들었다. 양양성은 고립되었고 구원군은 오지 않았다. 여문환은 성 안을 한바퀴 돌 때마다 남쪽을 향해 통곡했다고 한다. 이제는 더 이상 버틸 수가 없었다. 쿠빌라이는 항복 권고문을 보냈다.

> 그대들이 외로운 성에서 저항하며 버티기 어언 5년, 그대들의 임금이 힘을 펼 수 있다면 그도 좋으련만. 그러나 세는 다하여 원군은 끊겼도다. 수만의 백성을 어찌할 것인가?

여문환은 군사와 주민을 모두 살려줄 것을 약속 받고 2월 양양의 성문을 열었다. 쿠빌라이는 최고의 대우를 약속했다. 약속대로 누구 한 사람 다치지 않았으며 여문환에게는 이 지역의 군사권을 모두 위임했다. 그 휘하 장수들에게도 쿠빌라이 직속의 시위친군이라는 지위를 주었다. 여문환과 부하 장병으로서는 믿어지지 않는 대우였다. 5년간의 분투를 인정한 쿠빌라이의 조치였다. 여문환과 주민들은 모두 감격했다. 이 농성전에서는 양쪽 모두 소수의 전사자만 내었다.

쿠빌라이 정권에 충성한 한인들은 매우 많았다. 능력주의와 실적

주의를 원칙으로 하는 쿠빌라이의 정책은 인종과 문명의 차이를 뛰어넘었다. 여문환과 그 병단이 쿠빌라이에게 충성을 맹세하고 이후의 남송 작전에 앞장선 것은 이해할 만하다. 여문환 등의 변심을 '변절'이라고 하는 평가는 그 당시는 물론 후세에도 거의 없었다.

이후 남송에 대한 공격은 파죽지세였다. 중앙아시아 방면이 심상치 않자 한때 일단 남송 작전을 끝낼 생각도 했으나 전선의 장수들의 건의를 받아들여 쿠빌라이는 일거에 남송을 병합하기로 결정했다.

1년여의 준비 끝에 1274년 7월 좌승상 바얀이 20만의 남벌군을 이끌고 출진했다. 총사령관인 바얀은 본래 일 한국에서 사신으로 온 전통적인 몽골의 귀족이었다. 그의 재능에 감탄한 쿠빌라이는 훌라구의 양해를 얻어 자신의 참모로 발탁하여 좌승상으로 임명했었다. 이때 쿠빌라이는 되도록 인명을 살상하지 말라고 당부했다.

이 무렵 남송에서는 황제 도종(度宗, 재위 1264~1274)이 죽고 4세의 황자인 조현(趙顯)이 즉위했다. 역사에서는 이 황제를 공제(恭帝)라 한다. 황제의 나이가 어려 태황태후(이종의 황후) 사씨(謝氏)가 섭정을 했다.

바얀은 한수를 따라 하류로 진격을 시작했다. 여문환의 함대와 아주의 기병 부대가 선봉이었다. 12월 하귀(夏貴)가 이끄는 남송함대는 수륙에서 협공을 받고 양자강 하류로 도주했다. 바얀의 본대는 양자강 남안에 상륙하여 양자강 중류의 최대 요충지인 악주(鄂州)에 이르렀다. 악주를 지키던 장안연(張晏然)과 정붕비(程鵬飛)는 전투도 없이 성문을 열었다. 39세의 젊은 총사령관 바얀은 이들을 정중히 대해 그들의 직책을 그대로 유지시켰다. 또한 병사들에게는 약탈을 엄금했다.

1275년 2월 송의 재상 가사도는 2500척이나 되는 함대를 이끌고 양자강의 무호(蕪湖)로 출진했다. 그러나 이미 전투의욕도 통제력도 없는 부대였다. 몽골함대에서 화포를 쏘니 그것만으로도 탈주하는 병사가 속출했다. 남송의 운명은 여기에서 결정되었다. 3월 바얀은 건강(建康, 남경)에 무혈입성하여 한동안 머물렀다.

몽골군의 악주의 무혈입성과 수군의 패배는 남송군 전체에 큰 충격이었다. 절망감이 퍼졌으나 동시에 의외의 소문도 들려왔다. 악주에서는 관민 모두가 온전하다는 것이었다. "몽골은 살육도 파괴도 하지 않는다"라는 안도감이 불길처럼 번졌다. 남송군의 전의는 더욱 떨어졌다.

이후 남송의 주요 도시는 줄줄이 성문을 열었다. 쿠빌라이의 지시를 잘 이해한 바얀은 원정군을 통제하고 투항자들을 우대했다. "항복한 성으로 들어가 창고와 문서 등을 조사하여 금은보화와 곡식, 호구의 많고 적음을 알아야 한다"고 청하는 자가 있으면 바얀은 웃으며 "그것은 이 기회를 이용하여 백성들을 수탈하려는 음모이다"라고 말하고 노략질을 엄금했다.

바얀이 이끄는 몽골군이 지나는 곳에서는 동요가 없었다. 몽골군은 진귀한 보물을 한 가지도 사사로이 차지하지 않았다. 몽골군의 진격은 전쟁이 아니라 행진에 가까운 모습이 되었다.

10월 바얀은 군사를 세 갈래로 나누어 남송의 수도인 임안(臨安, 항주)으로 향했다. 몽골군이 임안으로 진격해오자 남송에서는 요직에 있는 고위대신들 중 자리를 버리고 도주하는 자가 수십 명에 이르렀고 지방관들 중 근무지를 이탈하는 자도 매우 많았다. 태황태후는 이 소식을 듣고 탄식하며 조당(朝堂)에 다음과 같은 방문(榜文)을 썼다.

우리 왕조 300여 년 동안 사대부들을 예로써 대우했건만, 이제 나와 어린 군주가 국가의 어려움을 만났는데 너희 신하들은 위기에 빠진 국가를 구하기 위해 단 한가지의 계책을 내놓는 자가 없구나. 우리 왕조가 언제 너희들을 저버린 적이 있었는가. 지금 안으로는 여러 관리들이 자리를 떠나 근무를 게을리 하고 밖으로는 수령들이 성을 버리고 도망하고 있다. 그런데도 국가의 귀와 눈 노릇을 하는 대간들은 이것을 살펴 탄핵하지 못하고, 두세 명의 대신들도 또한 여러 관리들을 제대로 거느리지 못하고 있으며, 당장의 보신지책(保身之策)만을 도모하여 밤중에 도망치는 자가 계속 이어지고 있으니, 평소에 성현의 책을 읽은 자로서 무엇이라 변명하겠는가? 이처럼 위급한 때에 이러한 행위를 한다면 혹 구차히 목숨을 보존하여 시골에서 산다 한들 무슨 낯으로 사람들을 대하여 말할 것이며, 또한 죽어서인들 어떻게 선제들을 지하에서 뵙겠는가? 천명이 아직 바뀌지 않았고 국법이 그대로 남아 있으니, 상서성에서는 조정에 남아 근무하는 문무관들에게 모두 두 품계씩 특진시킬 것이며, 나라를 저버리고 나를 배반한 자들은 어사대에서 조사하여 보고하도록 하라.

확실히 송나라는 역대 중국 왕조 중 사대부를 가장 우대한 정권이었다. 태황태후는 탄식했으나, 그래도 송나라 멸망 때 나라를 위해 죽어간 순국열사의 수는 다른 왕조에 비해 압도적으로 많았다. 청나라의 역사가 조익(趙翼)은 "역대 이래, 몸을 던져 순국한 자는 유독 송나라 말기에 많다. 패망에서 나라를 구하지 못했다 하더라도 사대부를 양성한 데 대한 보답이 없었다고는 말하지 말라"고 평했다. 어느 시대에나 정권의 존립이 위태롭게 되면 적을 만나 도주를 하거나 상대방에 투항하고 내통하는 자들이 있게 마련이다. 남송 멸망에 임해서도 태황태후를 탄식케 한 자들이 있었다. 그러나 객관적으로 보면 조익의 말처럼 기개 있는 행동을 취한 이들은 당이나 명, 청 말에 비해 특히 많았다.

남송 조정에서는 문천상(文天祥), 장세걸(張世傑) 등이 삼궁(三宮, 황제·도종황후·이종황후)을 해상으로 옮겨 모시고, 자신들은 성을 등지고 적과 일전하기를 주장했으나, 우승상 진의중(陳宜中)은 이를 받아들이지 않았다. 12월 진의중은 원의 신하로 일컫고 세공으로 은 25만 냥과 비단 25만 필을 바치는 조건으로 항복을 청했다.

1276년 정월 진의중이 약속을 어기고 가지 않아서 몽골군은 임안을 공격했고 이에 태황태후가 나와서 항복했다. 3월 바얀은 공제와 전 태후를 데리고 상도로 향했는데 쿠빌라이는 사자를 보내 목에 밧줄을 매고 양(羊)을 끄는 전통적인 중국의 항복의식을 공제에게는 면제해 주었다. 전 태후는 울면서 아들인 공제에게 "천자께서 자비로이 너를 살리니 마땅히 망궐배사(望闕拜謝)해야만 하느니라"고 타일렀다. 5월 바얀은 공제와 전 태후를 데리고 상도로 개선했다(태황태후는 질병으로 인해 머물렀다).

남송의 유신 왕원량(旺元量)은 쿠빌라이와 황후가 베푼 환영연을 시로 읊었다.

> 황제가 처음 베푼 제일의 연회석
> 천안(天顏, 황제의 얼굴)은 노고를 묻는 뜻이 면면하다.
> 대원(大元)의 황후도 차와 음식을 같이 하고
> 연회를 마치고 돌아오니 달은 중천에 가득하다.

몽골식 연회에 참석한 남송의 여섯 살 난 어린 황제와 태후에게는 그 자리가 굴욕의 자리였음은 두말할 나위도 없다. 쿠빌라이의 황후는 이 연회에서 수심어린 표정이었다고 전한다. 황후는 예로부터 천 년을 이어간 왕조는 없었으므로 자기의 자손들도 언젠가는 저와 같은 운명에 처할 것이라고 쿠빌라이에게 말했다.

쿠빌라이는 어린 공제를 영국공(瀛國公)에 봉했으며, 장성한 후에는 공주를 아내로 주었다. 1291년 전 태후와 공제가 승려가 되자 쿠빌라이는 이들 모자의 토지에 면세조치를 내렸다.

전한(前漢)의 왕망(王莽) 이래 선양(禪讓)이라는 허울 좋은 이름 아래 왕위를 빼앗고 나서는 전왕조의 군주를 곧장 죽이는 사례가 일상적이던 중국사에서 쿠빌라이가 송의 황족에게 취한 조치는 이례적인 것이었다.

쿠빌라이가 남송 황족을 우대한 것은 몽골족이 가지는 문벌관념 때문이라고 보는 사람들도 있다. 페르시아의 역사가 라시드 웃딘은 "몽골인은 가계(家系)를 진주가루만큼 소중히 여긴다"고 그의 저서에서 언급한 바 있다. 몽골족은 귀한 혈통을 이어받은 사람에 대한 존경심이 유달리 강했다. 쿠빌라이가 고려 왕실에 우대 조치를 취한 것도 같은 맥락에서 해석할 수 있다. 그러나 송 왕실에 대한 우대 조치는 무엇보다도 쿠빌라이의 관용에 의한 것이라 할 것이다.

수도 항주가 함락되고 공제(恭帝)가 투항하여 사실상 남송은 멸망했으나 마지막까지 송을 부흥시키려 한 송의 유신(遺臣)들의 필사적인 노력이 있었다. 문천상, 장세걸, 육수부(陸秀夫) 등이 대표적이다.

항주를 탈출한 장세걸과 진의중은 어린 황제 공제의 형인 조하(趙昰)를 온주에서 옹립했다. 동생이 즉위했던 것은 적자였기 때문으로 조하의 모친은 후궁 양씨(楊氏)로 그는 서자였다. 도종이 죽었을 때 여러 대신들은 조금이라도 나이가 많은 황제가 낫겠다면서 9세이던 조하를 추대하려 했으나 가사도가 반대했다. 조하는 단종(端宗)이라 불리며 몽골군에 쫓겨 복건성 천주(泉州)에서 광동성 혜주(惠州)로 피신했다가 끝내는 강주(碙州)에서 죽었다. 그때 나이 11세로 1278년 4월의 일이었다. 단종이 죽자 여러 신하들이 각기 흩어지려 했으나 육수부가 다음과 같이 동료들을 설득했다.

> 도종황제(度宗皇帝)의 아들 하나가 아직 남아 계신데, 이분을 버리려 하는가? 옛날 사람 중에는 1여(旅, 1여의 편제는 500명)와 1성으로 국가를 중흥시킨 사람이 있었다. 지금 우리는 모든 관원이 구비되어 있고 수만 명의 병사를 보유하고 있으니, 하늘이 만약 우리 송나라를 멸망시키려고 하지 않는다면 어찌 나라를 광복하지 못하겠는가?

그런 다음 8세인 단종의 친동생 조병(趙昺)을 황제로 추대했다. 조병은 남송의 마지막 황제로 제호는 없이 단지 제병(帝昺)이라 불린다. 《송사(宋史)》에서는 망명하여 황제로 옹립된 이 두 어린 소년을 황제라 하지 않고 왕으로 기록했다. 당시는 바닷가에 임시로 망명정부를 세운 상태였으므로 모든 일이 소략했다.

6월 장세걸은 강주가 지리적 조건이 불리하여 조정이 있을 수 없는 곳이라 여기고 지금의 마카오 서쪽에 있는 애산도(厓山島)가 방어에 유리하겠다고 생각했다. 그리하여 장세걸은 애산을 임시 수도로 정하고 조병을 옮겼다. 당시 망명 정부에는 아직도 관민과 병사 20만 명이 있었는데, 대부분 선상에서 생활했으며 식량 등의 물자를 광동에 있는 여러 고을에서 조달했다.

몽골의 장수 장홍범(張弘範)은 2만의 정예군을 이끌고 남하하여 애산도를 쳤다. 이때 장세걸의 생질이 포로가 되어 몽골군 진영에 있었는데, 장홍범은 그를 장세걸에게 세 번이나 보내어 항복하도록 설득했다. 그러나 장세걸은 "나는 항복하면 살고 또 부귀영화를 누리게 된다는 사실을 알고 있다. 그러나 의리상 변절할 수 없다"고 하며 거절했다.

1279년 2월 6일 몽골군의 총공격이 시작되었다. 남송군은 칼이 부러지고 화살이 다할 때까지 싸웠다. 남송은 아직 국가의 연호를 가지고 있었으니 이때는 상흥(祥興) 2년이었다.

전세가 절망적이 되자 재상 육수부는 처자식을 바다에 던지고 자신은 의관을 바로 하고 어린 황제 조병에게 "나라가 이 지경에 이르렀으니 폐하께서도 순국하시는 수밖에 없습니다. 덕우 황제(공제)께서 이미 심한 모욕을 당하셨는데 폐하께서 다시 모욕을 당하실 수는 없습니다"라고 말하고는 황제를 업고 바다로 뛰어들었다. 뒤따라 죽은 후궁과 신하들이 매우 많았다. 송군의 선박은 아직도 8백 척이 남아 있었는데 모두 원군에게 노획되었다. 7일이 지난 후 해상으로 떠오른 시신이 10만여 구나 되었다. 장홍범은 조병의 시신을 정중히 장사지냈다.

탈출에 성공한 장세걸은 송나라 부흥의 뜻을 포기하지 않았다. 그는 안남(安南, 베트남)으로 가서 재기할 생각으로 배를 타고 가다가 평장산(平章山)에 이르러 태풍을 만났다. 뱃사공은 배를 해안에 정박하려 했으나 장세걸은 "그럴 필요가 없다. 한줌의 향(香)이나 가져오라"고 했다. 향을 갖다 주자, 장세걸은 분향한 다음 하늘을 우러러 울부짖으며 다음과 같이 말했다.

저는 조씨 왕조를 위하여 힘을 다했습니다. 한 군주가 서거하여 다시 한 군주를 세웠는데 이제 또다시 서거하셨습니다. 그런데도 제가 아직 죽지 않은 것은 다시 조씨를 세워 종묘사직을 보존하고자 해서였습니다. 그런데 이제 또다시 태풍을 만났으니, 이는 하늘의 뜻인가 봅니다. 하늘이시여! 제가 다시 조씨의 종묘사직을 보존하는 것을 원치 않으시거든 태풍으로 우리 배를 전복시켜 주소서.

큰 파도가 몰아쳐 장세걸이 탄 배를 삼켰다.

| 8장 |

개경 환도 후 원의 부마국이 된 고려

고려는 원과 강화함으로써 부마국이 되었다. 그 이후로 원과 고려는 지배층의 긴밀한 통혼 관계로 맺어져 양국의 정치가 긴밀히 얽히게 되었다. 그러나 다행히 국가가 해체되는 위기에 이르지는 않았다. 북방의 안보 위협이 크게 줄어 세계제국을 건설한 원 나라를 통해 새로운 문화와 문물이 유입되었다.

원말 한족의 반란이 잇달아 일어나 원 제국의 지배력이 위축되면서 동아시아에서 고려가 차지하는 정치적 위상이 급격히 커지게 되었다.

원의 정치 소용돌이 속에 선 충선왕

원종의 태자(훗날의 충렬왕)는 원종 15년(1274) 5월 병술일 원 제국의 수도인 대도에서 원 세조 쿠빌라이의 공주인 쿠툴룩 켈미시[忽都魯揭里迷失]와 결혼했다. 당시 태자는 39세이고 공주는 16세였다. 원 성종 때에 안평공주(安平公主)로 봉했으며 원 무종 때에 제국대장공주(齊國大長公主)로 추봉했다.

원종은 원종 12년(1271)에 사자를 대도에 보내 청혼한 일이 있는데 청혼이 받아들여져 이듬해인 원종 13년 (1272)에 태자를 대도에 보내 1년 4개월 동안 머무르게 하다가 혼례를 치렀다. 이후 고려는 공민왕 때까지 원 황실과 혼인관계를 갖게 된다.

원 세조는 중국 통치는 몽골인만으로는 불가능함을 잘 알고 있었다. 중국문화를 잘 이해하는 고려의 도움이 중국지배에 필요하다고 판단했다. 그의 이러한 생각은 다음과 같은 말에서도 잘 드러난다.

몽골어 한자 표기

《고려사》나 《명사(明史)》 등 많은 역사서에 몽골식 이름이나 호칭이 한자로 표기되어 나온다. 이로 인해 오해를 하는 경우가 생긴다. 예를 들어 제국대장공주의 어머니에 대해 《고려사》에는 "母曰 阿速眞可敦" (어머니는 아속진가돈(阿速眞可敦)이다" 이라 했다. 이 때문에 북한에서 나온 《고려사》 번역본에는 "제국대장공주 어머니의 이름은 아속진가돈이다"라고 되어 있으며 상당수의 교양 고려사 책에도 이름이 아속진가돈인 것으로 표기했다.

가돈(可敦)은 황후를 뜻하는 투르크어인 하툰(Hatun)을 한자로 표기한 것이다. 몽골어와 투르크어는 서로 많은 단어를 차용했다. 하툰은 본래 페르시아어에서 차용한 어휘이다. '아속진(阿速眞)' 도 음가는 Aschin에 가깝다. 아스(As) 부족 사람이란 뜻이다. 아스 부족은 이란계 유목민으로 오고타이 치세 때 있었던 몽골의 서역 원정에서 복속되었다. 이들은 쿠빌라이의 친위부대였다.

몽골어를 알파벳으로 표기할 경우에는 음가가 불완전하게 되며 한자로 표기할 때는 더욱 그러하다. 한자로 표기된 몽골어를 한국식 한자음으로 읽으면 더욱 원래 음가와 멀어지므로 세심한 주의가 요망된다.

고려는 작은 나라이나 장인이나 기술이 모두 한인보다 나으며 유학자도 모두 경서에 능통하고 공자와 맹자를 배운다. 중국인은 오직 부(賦)를 짓고 시를 읊기만 힘쓰니 장차 어디다 쓰랴.

6월 계해일 국가와 사직을 지키기 위해 노심초사하던 원종이 병환으로 세상을 떠났다. 향년 56세였다. 고려의 백관들은 의논하여 왕의 시호를 순효(順孝)로, 묘호를 원종(元宗)으로 지어 올리기로 했다. 태자가 부음을 듣고 급히 귀국하여 8월에 즉위했다. 그가 충렬왕이다. 11월 제국대장공주가 고려에 왔는데 《역옹패설》에는 충렬왕이 공주와 더불어 처음 연회를 베풀었을 때의 일화가 전한다.

문절공(文節公) 주열(朱悅)은 용모가 추하고 코가 문드러진 귤과 같았다. 안평공주가 처음 왔을 때, 대전에서 여러 신하들과 연회를 베풀었는데 문절공이 일어나 만수무강을 비니 공주가 왕에게 말했다. "어찌하여 갑자기 늙고 추한 귀신같은 자를 가까이 오게 합니까?"
왕이 대답했다. "얼굴은 귀신처럼 추하나 마음은 물처럼 맑다." 공주는 낯빛을 고치고 예를 갖추어 대했다.

충렬왕과 제국대장공주는 23세나 나이 차이가 났는데도 불구하고 충렬왕은 공주를 매우 어려워했다. 공주는 비록 16세에 왕비가 되어 고려에 왔으나 유흥을 즐기는 충렬왕에게 충고를 많이 했다. 공주는 백성들의 삶에도 세심한 주의를 기울여 흉년이 들었을 때 쿠빌라이에게 서신을 보내 식량 원조를 받기도 했다.

충렬왕 원년(1275)에 공주가 아들을 낳았다. 이름을 왕원(王諼)이라 지었는데 그가 훗날의 충선왕(忠宣王)이다. 충렬왕 3년에 세자로 책봉되었다. 충렬왕 4년 공주는 세자를 안고 대도로 가서 원 세조 등 가족들에게 인사를 올렸다. 이때 원 세조의 둘째 아들 짐킨이 황태자였다. 황태자비 발리안 예케치[伯藍也怯赤]는 세자에게 '이지르부카[益智禮普化, 젊은 황소라는 뜻]'라는 이름을 지어주었다. 충렬왕과 제국대장공주는 귀국했지만 세자는 원에 머물렀다. 정가신(鄭可臣)과 민지(閔漬)가 세자의 사부로 《효경》《논어》《맹자》를 가르쳤다. 원 세조는 정가신에게 한림학사, 민지에게 직학사 직을 주어 예우했다.

1279년 충렬왕은 도병마사의 권한을 확대 개편하고 명칭을 도평의사사로 고쳤다. 도병마사는 원래 양계의 병마사를 중앙에서 통령하는 기구로 특별히 임명된 일부 재추들이 군사 문제를 다루는 회의기관이었다. 몽골과의 전쟁기간에 업무가 확대되어 나중에는 일반 민사까지도 관여하게 되었다. 고종 말년에 도병마사가 도당(都堂)으로 불리게 된 걸 보면 도병마사가 재추로 구성된 중앙의 최고기구로 변화하였음을 알 수 있다. 충렬왕은 도평의사사에 재추 전원과 삼사(三司)의 관원 일부까지 참여하게 했고 행정기구로도 활용했다.

이 해에 충렬왕은 고려에서 대도에 이르는 교통로에 고려인 촌락을 세우려 하여 원 세조에 사신을 보내 청원했다. 고려왕이 원을 방문하기도 하고 고려와 원 사이에 사신이 빈번히 왕래하므로 편의를 제공할 촌락이 필요했기 때문이다. 원 세조가 허락하여 충렬왕은 심주와 요양 사이, 압록강 내에 고려 주민 400호를 이주시켜 이르겐[伊里干, 백성을 뜻하는 몽골어]이라 부르는 특수 촌락 3개를 세우게 했다. 이들 이르겐은 고려의 관할이었다. 이것이 나중에 충선왕이 심양왕(1310년 이후에는 심왕으로 호칭이 바뀐다)이 되는 기반이 되었다.

어린 시절을 원에서 보낸 충선왕은 고려에 돌아와 짧은 기간 선양을 받았다가 원 황실에 의해 다시 원으로 불러들여져 생애의 대부분을 원에서 보내게 된다. 충선왕의 일생에는 원 강성기에 고려가 처해 있던 정치적으로 또 외교적으로 난처한 상황이 그대로 집약되어 있다.

세자는 충렬왕 12년(1286) 귀국하여 국학(國學)에 입학하여 6경(六經)의 강의를 받았다. 충선왕은 어려서부터 총명함과 강직한 성품으로 주위에 주목을 받았던 듯하다. 충선왕의 뛰어난 소양을 보여주는 일화가 여럿 전한다. 다음은 《고려사》에 나오는 이야기들이다.

충렬왕 9년 2월 충선왕의 나이 겨우 아홉 살이었는데 충렬왕이 충청도 방면으로 사냥을 나가려 하자 갑자기 울었다. 유모가 까닭을 물었더니 이렇게 대답했다. "지금 백성들의 생활이 곤궁한데다가 농사철이 다가왔는데 부왕께서는 어찌 멀리 사냥이나 떠나려 하는가."

그 후에 충선왕이 헤진 베옷을 입은 사람이 땔나무를 지고 궁문으로 들어오는 것을 보고 사람을 시켜 물었다. 그는 자신이 장작서(將作署)의 기인(其人)이라고 대답했다. 충선왕이 그를 보며 말했다. "나는 좋은 의복을 입고 있는데 백성들의 형편은 저러하니 내 마음이 어찌 편안하겠는가."

또 한 노비가 동리 아이들의 연을 빼앗아 왕에게 바치니 충선왕이 물었다. "이 연을 어디서 얻어 왔느냐?" 노비가 사실대로 대답했다. 왕은 "어찌 하여 남의 물건을 빼앗다가 나에게 바치는가?" 하고 책망하고 곧 돌려주라고 명했다.

염승익(廉承益)이 일찍이 천일(天一)이라는 관상 보는 사람을 데려왔었는데 천일이 충선왕의 관상을 보고 나서 "인자스러운 눈매를 가지고 있어 매나 사냥개를 좋아하지 않을 것이다"라고 했다. 왕이 마침 곁에 있던 박의

(朴義)를 돌아다보며 "매양 우리 아버지께 매사냥을 권하는 놈이 바로 이 늙은 개로다"라고 했다. 박의가 부끄러워서 얼굴을 들지 못하고 물러갔다.

충렬왕 13년(1287) 9월 충렬왕이 연경에 머무를 때 충선왕을 연경으로 불렀다. 10월 전라도 왕지별감(王旨別監) 권의(權宜)가 은 40근과 호랑이 가죽 20장을 충선왕에게 바치고 여비에 보태 쓰라고 하니 충선왕이 "이 물건들은 모두 백성에게서 약탈하여 그들의 원한을 산 것이니 나는 이것을 가지고 싶지 않다" 고 하면서 사람을 시켜 모두 물건 임자에게 돌려주었다.

충선왕이 어릴 적에 내관 원혁(元奕)의 무릎 위에 앉아서 한담을 하는데 원혁이 충선왕에게 "임금이란 모든 것을 세밀히 살펴서는 안 되는 것인데 전하는 너무 지나치게 총명하시니 조금 너그러운 태도를 가져야 합니다"라고 했다. 충선왕이 이 말을 듣고 성을 냈다. "너희들이 나를 어리석고 우둔하게 만들어 손아귀에 넣고 연한 떡 주무르듯 하려는가." 원혁이 두려워했다.

남송을 멸한 이후 원 세조는 지방행정체제를 정비해 나가기 시작했다. 원 제국 이전까지 역대 중국의 지방 행정은 주와 현을 기본 행정 구역으로 하여 이루어졌다. 그러나 경제가 발전하고 지역간의 교역량이 늘면서 자연적으로 광역 경제구가 등장함에 따라 더 큰 행정 구역이 필요하게 되었다. 이에 송나라는 공식 행정구역은 아니었으나 전국을 15~26개 구역으로 나누어 '로(路)'를 설치했다.

쿠빌라이는 주 위에 로를, 로 위에 다시 행중서성(行中書省)을 설치하여 광역행정을 실시했다. 행중서성은 처음에는 중앙관부인 중서성의 출장소로써 임시로 설치된 것이었으나 나중에는 황제 직속의 상설지방관청이 되었다. 줄여서 행성(行省)이라 했는데 이것이 후에 중국의 최대 지방단위인 성(省)의 기원이 되었다. 원대에 하남·강북·섬서·사천·감숙·요양·강·강서·호광·운남·영북의 11개 행성이 설치되었다. 보통 1개 행성에는 20개의 로가 있었고, 1개 로에는 평균 2개의 주와 7개 현이 있었다.

1285년 요양에 동경행성이 설치되자 요동 지역이 동요했다. 옷치긴, 카사르, 카치운 세 왕가는 칭기즈 칸의 아우들로 개국에 공이 있어 만주 일대에 영지를 수여 받은 원의 핵심 세력들이었다. 이들이 1287년 중앙의 불신에 불만을 품고 나얀(乃顏, 타가차르의 손자이자 옷치긴의 현손)을 앞세워 반기를 든 것이다. 원 제국의 수도인 대도에 인접한 지역에서 발생한 이 반란은 이전까지의 반란과 달리 정권 기반을 흔드는 중대 사태였다.

더욱이 이제 중앙아시아 지역에서 확고한 기반을 구축한 카이두가 이에 호응했다. 동서의 황실 세력이 연계하여 쿠빌라이 정권에 대항한 것이다. 몽골 본토에서는 칭기즈 칸의 서자인 에부겐마저 여기에 가담을 했다. 나얀은 요하의 지류인 시라무렌강 방면까지 남진했고 카치운가와 카사르가도 남하할 태세였다.

쿠빌라이 정권의 기둥인 황태자 진킴과 북평왕 노무간, 그리고 안서왕 망갈라 등 적자 세 사람은 모두 죽은 뒤였다. 의지할 만한 자식들이 모두 죽은 이 때, 73세의 쿠빌라이는 친정을 결의했다. 쿠빌라이의 본대는 쉬지 않고 전선으로 달려 6월 3일 시라무렌 강 북쪽에 진을 친 나얀을 기습했다.

매섭게 밀어닥친 쿠빌라이의 기백에 위축된 나얀군은 밀리기 시작했다. 그러다가 소수의 선봉대를 이끌고 돌격한 쿠빌라이 자신에게도 위기가 닥쳐왔다. 쿠빌라이를 태운 전투 코끼리는 빗발치는 화살에 뒤로 밀렸다. 마침 그때 쿠빌라이 자신이 상비군으로 키운 킵차크·아스·캉글리 등의 여러 부족으로 구성된 친위군단이 도착함으로써 이 혼란한 전황을 끝낼 수 있었다.

이들의 원조는 바투의 서방 원정(1236~1242) 때 따라간 몽케가 이들의 일부를 몽골로 데려온 데서 유래한다. 쿠빌라이는 집권 이후 직속 병단의 수적 열세를 보충하기 위해 이들 투르크계 유목민들을 재편성했는데, 그 뒤에도 그들은 동족들을 계속 불러 들였다. 이 특수 친위 군단은 신분상으로 몽골인보다 아래에 있었다. 그들로서는 몽골인들끼리 싸우는 이 전투는 기회라고 할 수 있다. 이들의 분투로 대세는 쿠빌라이에게 기울었다.

승패의 차이가 확실히 보이게 되자 나얀군은 곧 투항했다. 패전군은 거의 살해되지 않았다. 나얀만이 귀인의 예우로 피를 흘리지 않고 포대에 묶여 질식사되었다. 6월 15일 쿠빌라이군은 나얀의 군수품을 완전히 접수했다.

본군인 나얀군이 소멸되어 버리자 카사르가와 카치운가의 반란군은 속속 투항했다. 쿠빌라이가 1288년 친정하여 카라코룸으로 진격하자 카이두도 다시 자신의 거점으로 퇴각했다. 그러나 카치운가의 방계인 노왕 하다안(哈丹)은 만주일대를 전전하며 저항을 계속했다. 하다안은 남송 정복전에서 큰 공을 세운 적이 있다. 이들은 북만주에서 고려 영내로 난입하여 여러 해 동안 고려에 피해를 입히다가 고려군과 몽골군의 협공으로 충렬왕 18년(1292)에는 소멸되었다. 고려에서는 이를 합단적(哈丹賊)의 난이라 부른다.

고려는 깊숙이 쳐들어 온 하다안 무리들을 진압하느라 애를 먹었다. 세자인 충선왕은 원 세조에게 "근년에 백성들이 변경에 주둔하여 군량을 수송하느라고 농사를 그르쳐 식량이 부족합니다"라고 식량 원조를 청했다. 그리하여 충렬왕 16년(1290)에 원 세조는 쌀 10만 석을 고려에 원조했다.

충렬왕 22년(1296) 11월 충선왕은 대도에서 진왕 감말라의 딸인 보타시린[寶塔實憐] 공주와 혼인했다. 이는 발리안 예케치 황태후와 제국대장공주가 주선한 듯하다. 이 결혼은 충선왕이 원 제국에서 중요한 역할을 하는 기반이 되었다. 이때 충선왕은 이미 3명의 세자비가 있었다. 이중 한 명은 원나라 출신인데 제국대장공주와 같은 아스족 출신으로《고려사》에는 '아속진(阿速眞)'으로 표기되었다. 충선왕이 보타시린 공주와 혼인할 때 아수친 세자비는 이미 왕자 둘을 두었다.

이듬해인 충렬왕 23년(1297) 5월 제국대장공주가 39세의 젊은 나이로 별세했다. 충선왕은 황급히 귀국하여 생전에 제국대장공주의 속을 썩이던 무리들을 베어 죽이거나 귀양을 보냈다. 충렬왕이 아끼던 후궁 무비(無比)도 피살되었다. 충격을 받은 충렬왕은 양위의 뜻을 표시했다.

충선왕은 충렬왕 24년(1298) 23세의 나이로 부왕인 충렬왕에게 양위를 받아 왕이 되었다. 충선왕은 즉위하자마자 교서를 내려 혁신책을 밝혔는데 그 가운데 주요한 것은 다음과 같다.

1) 국가에 공이 있는 자와 그 자손을 우대할 것.
2) 부정한 방법으로 대토지를 소유하고 탈세를 일삼는 자들을 고을 수령이 조사하여 토지를 본 주인에게 돌려줄 것.
3) 각지의 공물을 감할 것.
4) 근래에 양민을 압박하여 천민을 삼으니 이를 엄금할 것.

충렬왕 원년(1275) 고려정부는 원의 요구에 따라 칭호와 관호를 제후국의 것으로 고쳤다. 고려는 중국과 대등한 황제국 체제를 지향했기 때문에 궁중용어나 왕의 칭호, 관부의 명칭도 황제가 쓰는 용어를 사용했었다. 충선왕은 이전처럼 황제국의 것으로 복구했다. 또한 관제도 충렬왕 때 원의 요구에 따라 고친 것을 본래대로 고친 것이 많았다.

그러나 포부가 컸던 충선왕은 의외의 문제로 8개월이 채 안돼 다시 부왕인 충렬왕에게 왕위를 돌려주었다. 충선왕은 세자 시절 보타시린 공주와 결혼하기 전에 이미 세 명의 세자비를 두고 있었다. 이중 특히 조인규(趙仁規)[9]의 딸인 조비(趙妃)와 금슬이 좋았는데 이로 인해 보타시린 공주의 투기로 평지풍파가 났다. 원 황실은 중대한 일이라 간주하여 충선왕 부부를 대도로 불러들였다.

원 제국이 충선왕의 자주적인 개혁에 위협을 느낀 듯하다. 충렬왕이 다시 즉위하는 일이 벌어졌다. 이후 충선왕은 보타시린 공주와 더불어 1308년까지 10년간 대도에서 생활했다. 그는 다르마발라의 아들인 카이산·아유르발리파드라[愛育黎拔力八達] 형제와 침식을 같이 했다. 카이산과 아유르발리파드라는 성종의 조카가 되는데 충선왕이 성종의 처사촌이 되므로 이들은 인척으로도 가까운 사이였다.

원 황실의 내분

1294년 원에서는 쿠빌라이 황제가 세상을 떠나고 제위계승분쟁이 시작되었다. 황태자 짐킨은 이미 1286년에 사망했으므로 짐킨의 자손 중에서 황제를 선출해야 했다. 짐킨은 발리안 예케치 황태자비와의 사이에 아들 셋을 두었다. 이때 둘째 아들인 다르마발라[答刺麻八刺]는 이미 사망했고 후에 충선왕의 장인이 된 장남인 진왕(晉王) 감말라[甘麻刺]와 셋째 아들 테무르[鐵木耳]가 생존했다.

감말라가 즉위하는 것이 당연해 보였으나 남송 정복전의 사령관이었던 바얀은 테무르를 지지하고 있었다. 감말라는 제위에 그다지 집착을 하지 않아 아우인 테무르에게 양보했다. 4월 상도(上都)에서 쿠릴타이가 개최되어 테무르가 즉위했다. 그의 몽골어 시호는 올제이투 칸 즉 '행복한 칸'이다. 중국식 묘호는 성종(成宗)이다. 짐킨의 황태자비 발리안 예케치는 테무르가 제위에 오르자 황태후가 되어 강력한 영향력을 행사했다. 진왕 감말라는 자식이 없이 타계한 북평왕 노무간의 영지인 카라코룸 일대를 계승했다.

성종이 즉위하자 카이두는 그대로 있다가는 자멸할 것을 걱정하여 자신 편에 남은 아리크부카 가문의 영수 멜릭 테무르[明里鐵木兒, 迷里帖木兒, 아리크부카의 둘째 아들]와 함께 병력을 모아 원 제국을 공격했다. 진왕 감말라와 그의 장자 이순 테무르[也孫鐵木兒]는 카이두 군의 공격에 고전했다. 그것을 보고 성종은 망갈라의 둘째 아들로 안서왕(安西王) 직위를 계승한 아난다[阿難達]와 조카인 카이산을 이 지역으로 보냈다. 카이산에게는 킵차크, 아스, 캉글리 등 여러 부족 친위 군단을 주어 지휘하게 했다.

군사적 재능이 뛰어난 카이산은 카이두를 격파했다. 부상을 입은 카이두가 사망하고 그의 서장자 차파르[察八兒]가 뒤를 이었다. 1303년 카이산은 대승하여 차파르가 휴전을 제의했고 다음해에는 항복했다. 이 공훈으로 카이산은 회녕왕(懷寧王)으로 봉해졌으며 서주(瑞州, 강서성 고안)에 식읍으로 6만 5천호를 가지게 되었다. 1306년 카이산은 군사를 이끌고 알타이 산맥을 넘어 오고타이가의 잔존세력을 격파했고 멜릭 테무르의 투항을 받아냈다. 이후에는 중앙아시아 지역에도 원 제국의 행정력이 미치게 되었다.

원의 성종은 1305년부터 건강이 몹시 나빠졌다. 제위 계승에 불안을 느낀 성종과 불루간[卜魯罕] 황후는 서둘러서 6월에 아들 테이슈[德壽]를 황태자로 책봉했다. 7월에는 아유르발리파드라와 그 모친인 타기[答己]를 대도에서 회주(懷州, 하남성 하내현)로 내보냈다. 이는 카이산 형제의 가계가 황실 내에서 차지하는 지위가 어떠한지 보여주는 조치였다. 카이산의 뛰어난 무공이나 타기가 옹기라트[弘吉剌] 씨족 출신이라는 것이 불루간 황후로서는 경계해야 하는 이유였다. 호엘룬과 부르테가 옹기라트 부족 출신이었으므로 칭기즈 칸은 옹기라트 부족에 각별한 애착을 가졌다. 생전에 '옹기라트 부족이 딸을 낳으면 황후로 삼고 아들을 낳으면 공주와 혼인한다' 고 선언하여 황실과의 혼인관계를 보장했다.

10월에 들어 성종은 병 때문에 정무를 맡는 것이 불가능했다. 발리안 예케치 황태후와 정황후가 죽은 뒤 남은 황후 중에서 가장 서열이 높았던 바야우트족 출신 불루간 황후가 섭정하게 되었다. 이해 12월 황태자 테이슈가 갑자기 죽었다. 1307년 정월에는 병상에 누워 있던 성종 테무르가 사망했다. 재위 13년, 42세였다. 황태자도 없이 황제가 사망했으니 제위를 둘러싸고 분쟁이 일어날 여지가 컸다.

수년에 걸쳐 원 제국의 궁정과 정부를 장악했던 불루간 황후와 그 일파인 좌승상 아쿠타이[阿忽台] 등은 성종의 사촌인 안서왕 아난다에게 밀사를 보내 조속히 대도로 입성해 제위에 오르라 했다. 아난다는 경조부(京兆府, 섬서성 소재)와 탕구트 지역의 동부를 실질적으로 지배하고 있는 실력자였다. 아난다는 연락을 받고 신속히 대도에 입성했다.

조정의 실력자로 궁중의 숙위(宿衛)를 담당하고 있는 우승상 하라하순[哈剌哈孫]은 카이산 형제에 가까웠다. 그는 급히 카이산과 아유르발리파드라에게 사자를 밀파하여 성종의 죽음을 알렸다. 마침 카이산이 보낸 캉글리 톡토[康里脫脫, 캉글리 부족 출신]가 사무 때문에 대도에 도착했으므로 하라하순은 그를 카이산에게 보냈다.

2월 신해일 아유르발리파드라는 모친 타기와 함께 대도로 돌아왔다. 하라하순은 모든 관청의 부인(符印)을 장악하고 부고(府庫)를 봉하여 아난다의 제위 계승을 저지하고 있었다. 또한 칭병하고 집에 머물며 각종 문서에 서명을 하지 않았다. 아난다 진영과 아유르발리파드라 진영 사이에 팽팽한 긴장감이 돌았다.

아유르발리파드라 진영은 무력으로 아난다 파를 제거하느냐를 놓고 논쟁을 벌였다. 아유르발리파드라의 측근 이맹(李孟)은 적극적으로 선제공격할 것을 주장했다. "한 발 앞서는 것이 상대를 제압하는 길입니다. 한 발 늦게 되면 제압당하게 될 터이니 서두르는 것이 좋겠습니다." 그러나 반대하는 의견이 다수였다. 황후와 아난다에 비해 아유르발리파드라의 전력이 크게 뒤떨어지므로 형인 카이산이 도착할 때까지 기다리자는 것이었다.

그러나 이러한 반대를 무릅쓰고 이맹은 결행을 적극 권유했다. 아난다 파가 기선을 제압하여 먼저 제위에 오르면 뒤에 카이산이 도착한다 해도 제위를 넘겨주지 않을 것이고, 이렇게 되면 무력투쟁이 벌어지게 되어 민생이 도탄에 빠지므로 이를 예방하기 위해서라도 빨리 조치를 취해야 한다고 했다. 비록 지금 무력은 열세이나 명분이 유리한데다가 민심이 아난다를 따르지 않을 것이므로 성공할 수 있다고 주장했다.

이맹의 주장은 일리가 있었다. 안서왕 아난다 측은 동원 가능한 무력으로 보면 우위일 수 있지만 황실과 몽골 귀족들이 카이산 형제에게 정통성이 있다고 보는 점에서는 카이산이 유리했다. 카이산 형제는 모계가 옹기라트족이었으나 아난다의 모계는 그렇지 않았다. 아난다를 추대하려는 불루간 황후는 위구르 계통인 바야우트족 출신이었다. 게다가 아난다는 이슬람교도였다. 아난다가 즉위하면 대부분 불교도인 몽골 귀족이 이슬람교도인 색목인들에게 밀릴 것이라는 우려가 팽배했다. 실제로 무력 대결을 벌일 때 아난다 측의 세력은 예상 외로 미약할 가능성이 있었다.

3월 1일 아난다 파에 대한 숙청이 시작되어 3일 만에 끝이 났다. 좌승상 아쿠타이는 주살되었고 불루간 황후와 아난다는 체포되었다. 휘하 부대를 이끌고 알타이 산[按台山]에서 출발한 카이산은 카라코룸에 이르렀을 때 이 소식을 들었다. 제위 계승을 준비하고 있던 카이산은 자신의 도움 없이 안서왕파 숙청에 성공했다는 소식에 적지 않게 당황했다. 카이산은 아유르발리파드라 지지 세력의 도전에 대비하면서 대도의 움직임을 파악하기 위해 카라코룸에 주둔했다. 카라코룸에는 종실 내의 왕들과 몽골 귀족들이 대거 집결했다.

실제로 아유르발리파드라의 제위 계승 움직임이 있었다. 타기 또한 자신의 말에 순종하는 아유르발리파드라를 선호하여 음양가에게 두 태자의 운명을 점쳐 보도록 시켰다. 음양가는 카이산에게는 재앙이 있겠으며 아유르발리파드라의 명이 길 것이라고 점쳤다. 타기는 사자를 카이산에게 보내 아우에게 제위를 양보할 것을 권유했다.

"너희 형제 둘 다 내가 낳았으니 어찌 멀고 가까움이 있겠느냐. 다만 음양가가 말한 운명의 장단을 생각하지 않을 수 없구나."

무종이 이를 묵묵히 듣고 있다가 캉글리 톡토에게 가서 의논했다. "나는 10년 동안 변방을 지켰고 차례로 보아도 위이니 제위가 어디로 가야하는지가 분명한데 어찌 의심을 하는가. 지금 태후께서 운명의 길흉을 말하고 있지만 천도(天道)란 분명치 않은 것인데 누가 미리 알 수 있겠는가. 내가 즉위한 후에 시행하는 바가 위로는 천심에 부합되고 아래로는 백성의 바람에 부합된다면 비록 하루라 하더라도 또한 만년에 이름을 남길 수 있는 것인데 어찌 음양가의 말로써 종묘사직의 의탁할 곳을 농단할 수 있겠는가. 이는 근래 일을 맡은 신하들이 권력을 독단하고 함부로 사람들을 죽여 내가 훗날 혹시 죄를 다스릴까 두려워하여 간사한 꾀로써 근본을 흔드는 것일 뿐이다. 톡토 자네는 나를 위해 가서 사정을 살피고 빨리 돌아와 보고하도록 해주게." 톡토는 명을 받들어 즉시 출발했다.

무종은 몸소 대군을 거느리고 서도를 거쳐 진군했으며, 안회(安灰)는 중도로, 송고르[床兀兒]는 동도로 각각 정예병 1만을 거느리고 따랐다. (《원사》 권 138 열전 캉글리 톡토전)

몽케 사후 쿠빌라이와 아리크부카가 제위 계승을 다툴 때와 비슷하게 사태가 전개되는 듯했다. 그러나 카이산의 반발에 직면하여 홍성태후와 아유르발리파드라는 즉위 계획을 포기했다. 홍성태후는 톡토에게 자신이 음양가의 말을 전한 것은 카이산의 즉위를 반대해서가 아니라 자식을 아끼는 마음에서였다고 전하며 설득하게 했다. 아스부카[阿沙不花, 캉글리 톡토의 형]도 대도에서 귀환하여 홍성태후와 아유르발리파드라의 의도가 와전되었다면서 카이산을 설득했다.

아스부카는 아유르발리파드라가 협의 없이 아난다 파를 숙청할 수밖에 없었던 사정을 설명하고 감국하는 목적이 카이산의 즉위를 위한 것이라고 했다. 이리하여 형제간의 무력 대결은 피할 수 있었다. 결국 5월에 카이산이 즉위하고 아유르발리파드라는 황태자가 되어 중서성과 추밀원을 자신의 세력권 안에 넣었다.

충선왕은 이 계승 분쟁에서 아유르발리파드라 진영에서 활약했는데 군사를 몰아 대도로 진격하는 카이산을 설득하러 앙골(央骨)까지 갔다. 아마도 톡토나 아스부카와 동행했던 것 같다.

무종은 즉위하면서 여러 차례에 걸쳐 공신 책봉을 했는데 6월 무오일 충선왕의 공로를 제일로 인정하여 심왕에 봉하고 태자태부(太子太傅)와 부마도위 직을 주었다. 옛날부터 요동지방에는 한민족이 많이 살았으며 고려와 몽골의 오랜 전쟁 동안에 이 지역으로 많은 난민이 이주하여 인구의 다수를 이루게 되었다. 태자태부는 황태자에게 학문을 전수하는 직인데 아유르발리파드라와 침식을 같이했던 충선왕이 태자태부 직을 맡은 것은 우연이 아니었다. 심왕이 됨에 따라 충선왕은 심양로를 통치하게 되었다.

일찍이 원에 투항하여 요심 지역에 세력을 키웠던 홍복원 일가는 고려를 원제국에 속한 성(省)으로 만들려 노력했다. 이러한 책동도 무종의 집권으로 충선왕의 영향력이 강해지자 저지되었다.

무종 옹립에 충선왕이 가담함으로써 이후 고려의 정국은 원의 정국과 더욱 밀접한 관련을 맺게 되었다. 원 제국은 역대 황제의 제위 계승이 순탄하지 못하고 권력을 둘러싼 내전과 암살이 빈발했다. 고려 왕실 이외에 고려 귀족들도 몽골 귀족과 혼인 관계를 맺었으므로 개별 가문의 부침도 원의 정국 변화에 큰 영향을 받게 되었다.

1308년 7월에 충렬왕이 세상을 떠나자 충선왕은 고려왕으로 즉위하여 심왕을 겸임했다. 충선왕은 고려왕에 복위하면서 새로운 정책을 밝히는 교서를 내렸다. 재정문제에 중점을 둔 이 교서의 내용은 다음과 같다.

돌이켜 생각하건대 나의 선조가 건국하던 초기에는 법도가 모두 구비되었는데 점차 후대로 내려오면서 질서가 문란해졌고 또 근래에는 간신이 발호하여 나라의 정권을 농락하니 질서와 규율이 파괴되었으며 공사(公私)의 전민(田民)들을 모두 탈취하고 있다. 인민들은 먹을 것이 없고 국고는 고갈되었으며 권세있는 자들만이 부유하여 창고가 넘치니 내가 이것을 몹시 가슴 아파하는 바이다. 이에 사신들을 파견하여 토지를 조사하고 조세와 부역을 이전의 법대로 공평하게 결정하려 한다.

이러한 조치는 대체로 다음에 열거하는 사항을 위한 것이다.

1) 나라의 재정 예비를 조성할 것.
2) 관리들의 녹봉을 충분히 지급할 것.
3) 인민들의 생활을 풍족히 할 것.
4) 시조왕 이하 역대 선조들에게 덕호를 올릴 것.
5) 지리국사(地理國師) 도선과 유림(儒林)의 조종(祖宗)인 홍유후, 설총, 최치원 등에게 모두 시호를 줄 것.
6) 모든 아문(衙門)이 수시로 변혁되어 일정하지 않다. 더우기 우리나라는 소용없는 관직을 많이 제정했으므로 유명무실한 것이 있으니 현재의 실정을 참작하여 통합 축소하고 모두가 성심껏

자기 책임을 완수할 것.

또한 전농사(典農司)에 다음과 같은 지시를 내렸다.

1) 전농사에서 저축한 미곡은 다만 흉년에 대처하기 위하여 준비한 것인데 간혹 관직 없는 자들이 함부로 구입할 것을 요구하기 때문에 낭비되는 일이 적지 않다. 전에 쌀을 내주도록 지시하신 사항을 모두 봉하여 두고 쌀을 내어 주지 말 것.
2) 세력 있는 자들이 처음에는 국가에서 준 것이라 하여 토지를 점유하고 나중에는 조상 때부터 내려오는 것이라고 구실을 붙이는 자와 족정(足丁)수가 본래의 수보다 많은 자는 각 도의 무농사(務農使)가 모두 다시 계산하여 전농사에 조세를 납부하도록 할 것.
3) 경기(京畿) 8현의 녹과전과 구분전 이외의 기타 조세는 속히 징수하여 저축할 것.

이 외에도 충선왕은 인재를 등용할 때 귀족의 자제만 등용치 말고 무재(茂才)·석덕(碩德)·효렴(孝廉)·방정(方正)의 사(士)로서 산야에 은거하는 자를 기용할 것, 홍수와 가뭄의 피해를 입은 자에게는 1년의 조세와 부역을 면제해줄 것을 지시하는 등 국정 쇄신에 열의를 보였다. 그러나 원 제국의 수도를 가까이 둔 고려의 입장에서는 늘 대도를 바라보아야 했다. 그런 이유 때문인지 충선왕은 제안대군(齊安大君) 왕숙(王淑)에게 국정을 대행하게 하고 귀국하지 않았다. 2개의 왕 자리를 가지고 있으면서도 충선왕은 대도에 머물며 원제국의 국정에 깊이 관여했다. 그것이 고려의 국익을 위하는 길이라 여겼기 때문이다.

고려의 독립적 지위는 무종 카이산이 1310년 고려에 보낸 제서(制書)에도 드러난다.

> 짐이 보건대 지금 천하에서 자기의 인민과 사직을 가지고 왕위를 누리는 나라는 오직 삼한(三韓, 고려)뿐이다. 우리의 선왕 때로부터 그 후 거의 100년 가까운 기간에 부자가 계속 우리와 친선관계를 맺고 있으며 또 서로 장인과 사위관계로 되었다. 이미 공훈을 세웠고 또 친척이 되었으니 응당 부귀를 누려야 할 것이며 어떤 나라보다 먼저 국교를 맺었으니 추숭하는 예절을 어찌 늦출 수 있겠는가.

원 제국 지배하의 요동 반도에 고려인이 대거 거주하자 고려의 영토 의식은 요동반도를 포함하는 것으로 확장되었는데 이는 고려 말 공민왕이 요동반도 수복을 위해 3차례 파병을 하는 계기가 되었다.

충선왕 2년(1310) 왕은 강릉대군 왕도(王燾)를 세자로 책봉하고 또한 조카인 연안군(延安君) 왕고(王暠)를 양자로 삼았다. 강릉대군의 어머니는 야수친이다. 왕고는 충선왕의 이복형 강양공(江陽公) 왕자(王滋)의 둘째 아들이다. 강양공은 충렬왕의 장자였지만 원 공주의 소생인 충선왕을 제치고 세자가 될 수는 없었다. 충선왕은 강양공을 형으로 존대하고 조카인 왕고를 친자식처럼 아꼈다.

원의 무종은 즉위 초에 황태자와 홍성태후 세력을 어느 정도 인정하면서 국정을 폈으나 곧 견제하기 시작했다. 1309년 8월 상서성을 설치하면서 측근 세력으로 충원하여 모든 정무를 총괄하게 했다. 무종의 권력이 강화됨에 따라 황태자 아유르발리파드라의 지위도 흔들렸다. 카이산은 아유르발리파드라에게 대를 이어 형제상속을 하기로 약속하고 제위에 올랐다. 즉 무종 사후 황태자 아유르발리파드라가 제위를 잇고 무종의 아들이 황태자가 되기로 했다. 무종의 측근 일부는 아유르발리파드라가 즉위할 경우 약속을 지킬지 의심하고 무종의 아들을 황태자로 삼을 것을 권했다.

황태자 교체는 정국에 엄청난 파장을 몰고 올 것이었으므로 그 후환을 염려하여 상서성의 우승상 캉글리 톡토는 반대했다. 무종도 맹약을 지키려는 의지가 강하여 황태자 교체 논의를 중지시켰다. 그러나 갈등은 갈수록 심화되었다.

그러던 중 1311년 정월 무종이 재위 3년 반 만에 31세의 나이로 돌연 사망했다. 며칠 후엔 무종의 측근이 모두 구금되었고 이들이 주재하고 있는 상서성이 폐지되었다. 무종의 측근들은 상서성을 설립하여 권력을 장악하고 구법을 어지럽혔다는 이유로 거의 모두 처형되고 몽케 테무르[忙哥帖木兒]만 해남도로 유배되었다. 3월에 황태자 아유르발리파드라가 즉위했다. 그가 인종(仁宗, 1311~1320)이다. 인종은 무종 세력을 축출한 후 유학자들을 문한직에 기용하고 언관의 탄핵 기능을 강화하여 제위를 확고히 하고자 했다.

충선왕 5년(1313) 3월 왕은 세자에게 고려왕 지위를 양위했다. 그가 충숙왕(忠肅王, 재위 1313~1330, 1332~1339)이다. 이는 충선왕이 대도에 머물려는 방책이었다. 또한 왕고를 고려 세자로 정했다. 이는 후에 왕고가 고려 왕위를 주장하는 근거가 되었다.

양위를 했으나 충선왕은 상왕으로서 고려 국정을 계속 주도했다. 원의 황제 인종은 한때 우승상 직을 제의할 정도로 충선왕에 대한 신임이 두터웠다.

충선왕은 원 제국의 이데올로기와 종교정책에 깊이 관여했다. 성리학과 불교에 깊은 식견을 가지고 있었기 때문이었다. 충숙왕 원년(1314) 심왕부(瀋王府)에 만권당(萬卷堂)을 설치했다. 이것이 훗날 원 제국 규장각의 효시가 되었다. 심왕부는 충선왕이 심왕이 된 후 대도에 개설한 왕부(王府)인데 고려인들은 왕소(王所), 원저(元邸), 연저(燕邸) 등으로 부르기도 했다. 충선왕은 이곳에 많은 한족 유학자들을 초빙하여 교유하고 함께 성리학을 연구했다. 이들은 대부분 충선왕의 추천으로 원에서 벼슬하고 있었다. 충숙왕 3년(1316) 3월에는 양자이자 조카인 왕고(王暠)에게 심왕 자리를 물려주고 스스로 태위왕(太尉王)이라 일컬었다. 이때 왕고의 고려 세자 지위를 박탈했다.

원 조정에서는 1320년 정월 인종이 사망했다. 이때 황태자는 인종의 아들인 시데발라[碩德八剌]였다. 홍성태후는 손자인 황태자가 즉위하기 전에 인사를 단행하여 테무데르[鐵木迭兒]를 다시 우승상에 임명하는 등 조정의 요직을 자파로 가득 채웠다. 인종의 측근은 지방으로 좌천되거나 살해되었다.

3월 황태자가 제위를 계승하니 그가 영종(英宗, 1320~1323)이다. 그는 즉위 조서에서 자신이 즉위하는 데 황태후의 지원이 컸음을 적시하고 홍성태후를 태황태후로 존호(尊號)했다. 홍성태후 세력은 입지가 더욱 강화되는 듯했다.

그러나 4월에 들어 영종은 바이주[拜住]를 중서평장정사(中書平章政事)에 임명하면서 홍성태후 세력을 견제하기 시작했다. 5월에는 바이주를 좌승상에 임명하는 등 자신의 주도로 대폭적인 인사개편을 했다. 이어 영종은 홍성태후 세력에 대한 대대적인 숙청을 시작했다.

5월에는 시레문 등 홍성태후의 측근을 역모 혐의로 주살했고 6월에는 송고르를 주살한 데 이어 홍성태후의 권력기반인 휘정원(徽政院)을 혁파했다. 본래 휘정원은 성종이 즉위한 후 모후인 발리안 예케치 황태후를 위하여 첨사원(詹事院)을 개편하여 설립한 것이다. 휘정원은 그 기구가 방대했을 뿐 아니라 군사력까지 보유하고 있었다. 휘정원 소속 관청들은 황태후의 활동 전반에 필요한 기능들을 갖고 있었는데 국가기구를 축소해 놓은 것과 다를 바 없었다. 이로써 홍성태후는 지지 세력과 권력 기반을 거의 다 잃었다.

충선왕은 영종이 홍성태후 세력을 견제하기 시작하자 위험을 느끼고 대도를 벗어나고자 했다. 영종은 충선왕을 홍성태후 세력으로 분류하고 있었다. 충선왕은 4월 대도를 출발하여 강남으로 향했다. 그러나 6월 금산사에 이르렀을 때 영종이 보낸 사자가 뒤쫓아 내려와 돌아갈 것을 재촉했고 기병이 옹위하는 가운데 대도로 돌아갔다. 이때 왕을 따라 함께 강남으로 가던 사람들은 거의 모두 달아나고 일부는 지레 겁을 먹고 음독자살했다. 충선왕이 대도에 도착한 것은 9월이었다. 영종은 중서성에 명하여 고려로 호송하게 했다. 영종은 충선왕을 홍성태후 세력에서 분리하려는 데 그치려 한 것이다. 그러나 충선왕은 고려 호송을 거부하고 대도에 머무르며 정세를 관망했다. 영종은 충선왕이 홍성태후 세력을 규합하려는 데 목적이 있는 것으로 보고 10월 충선왕을 형부에 수감시키고 얼마 뒤 머리를 깎게 하여 석불사에 안치시켰다. 12월에는 티베트에 유배했다.

심왕 왕고는 명예직인 심왕에 만족하지 않고 고려의 왕위를 노리고 있었는데, 가까운 인척인 영종이 집권하고 충선왕이 티베트에 유배되자 충숙왕 8년(1321)부터 고려왕위를 얻으려 책동했다. 그는 고려 세자 시절에 감말라의 손녀이며 제국대장공주의 조카가 되는 노룬공주(訥倫公主)와 혼인하여 원 황실과 가까워졌고 특히 영종과는 평소 친분이 있었다. 왕고의 고려 왕위 획득 노력은 3년간 치열하게 전개되었고 고려 조정도 충숙왕파와 심왕파로 양분되었다.

1323년 영종은 21세의 젊은 나이에 암살당했다. 어사대부 테시[鐵失]가 암살을 계획하여 상도에서 대도로 이동하던 영종을 남파점(南坡店)에서 암살하는 데 성공했다. 이들은 충선왕의 처남인 이순 테무르를 황제로 추대했다. 9월 이순 테무르가 즉위했다. 이순 테무르의 시호는 태정제(泰定帝, 1323~1328)이다. 태정제는 즉위하자 천하에 대사령을 내리고 충선왕을 티베트에서 소환했다.

태정제의 즉위로 심왕 왕고의 고려 왕위 획득 노력이 실패할 것이 분명해지자 측근인 유청신(柳淸臣)과 오잠(吳潛)은 요동 지방과 고려를 한데 묶어 삼한성(三韓省)으로 하여 원의 지방으로 편입하여 달라고 태정제에게 상소를 올렸다. 고려를 원의 한 지방으로 만들자는 입성론(入省論)은 이후에도 여러 차례 제기되었으나 이때가 가장 심각했다.

입성론은 정동행성(征東行省)의 존재로 제기가 가능했다. 정동행성은 본래 원이 일본을 정벌하기 위해 고려에 임시로 설치했던 행정기구로 장관인 승상은 고려왕이 겸임했다. 일본정벌이 실패하자 폐지되었으나 나얀의 난을 계기로 충렬왕 13년(1287) 다시 설립되었다. 정동행성은 원의 최고 지방행정조직인 행성과 동급이었으나 형식적인 존재였다. 이를 실질적 존재로 만들자는 것이 입성론으로 이것이 이루어지면 고려는 독자적인 국가 체제를 잃고 원의 일개 지방 행성으로 전락되는 것을 의미했다.

충숙왕 11년(1324) 11월 대도로 돌아온 충선왕은 심왕 측의 입성 책동을 듣고는 크게 한탄했다. 충선왕은 곧 태정제를 만나 심왕 측의 입성 책동을 받아들이지 않겠다는 약속을 받았다. 충숙왕 12년(1325) 정월 경신일의 일이었다. 태정제는 다시 고려왕으로 즉위할 것을 권유했으나 충선왕은 굳이 사양했다. 권력의 무상을 절실히 느꼈기 때문일 것이다.

충선왕은 귀국하지 않고 대도의 저택에서 여생을 보내다가 5월 50세를 일기로 세상을 떠났다. 충숙왕은 충선왕의 영구를 서경으로 운반해와 장례를 치렀다.

다음은 이제현의 사평이다.

성품이 현자를 좋아하고 악한 자를 미워했으며 총명하고 기억력이 좋아 무엇이든지 한 번 듣고 본 것은 죽을 때까지 잊어버리지 않았다. 매양 선비들을 모아 놓고 옛날 국가들의 흥망에 대해서와 임금과 신하들의 잘하고 잘못한 점을 논평하고 연구하기를 부지런히 하여 조금도 게으르지 않았다. … 어진 사람을 좋아하고 악한 사람을 미워하는 것은 타고난 성품이었다.

원과 고려에서 기씨 세력의 성장

1328년 7월 태정제가 상도에서 36세의 젊은 나이로 갑자기 사망했다. 이 소식이 대도에 전해지자 킵차크 부족의 지도자인 엘 테무르[燕鐵木兒]는 문무백관을 소집하고 무종 카이산의 아들에게 계승권이 있다고 주장했다. 엘 테무르는 송고르의 셋째 아들로 부자 2대에 걸쳐 무종의 심복이었다. 엘 테무르는 킵차크, 아스, 캉글리 등 색목인 부족 친위 군단을 이끌고 강릉(江陵)에 있는 무종의 2남 톡 테무르[圖帖睦爾]를 옹립하려 했다. 무종의 장남인 코실라는 머나먼 차가타이 한국에 있었기 때문이다.

톡 테무르는 대도로 돌아와 9월에 황제로 즉위했다. 즉위 조서에서 "큰 형이 오기를 기다려 양위하려 한다"고 했다. 같은 달 상도에서도 이란계 무슬림인 우승상 다우랏 샤[倒刺沙]가 태정제의 황태자인 아수기발[阿速吉八]을 황제로 즉위시켰다. 심왕 왕고의 장인 양왕(梁王)은 아수기발 진영에 가담했다.

이리하여 대도와 상도를 거점으로 하여 내전이 벌어졌다. 대도의 관문인 거용관(居庸關) 일대에서 치열한 전투가 벌어졌다. 엘 테무르가 5일간의 전투에서 상도 측의 군사를 대파했다. 양왕은 이 전투에서 전사했다. 10월에 카사르 가문의 제왕(齊王) 오룩 테무르[月魯帖木兒]가 상도를 포위하자 이미 크게 약화된 상도 측은 다음날 항복했다. 이리하여 내전은 톡 테무르의 승리로 돌아갔다.

한편 코실라는 차가타이 한국의 군사를 이끌고 이동하여 이듬해인 1329년 정월 카라코룸에서 즉위했다. 명종(明宗)이다. 4월 엘 테무르가 코실라의 처소에 문무백관을 거느리고 찾아와 황제의 옥새를 바쳤다. 코실라는 톡 테무르를 황태자로 삼았다. 무종과 인종이 형제 상속을 매개로 타협한 일이 재현된 것이다.

8월 1일 코실라는 상도에 가까운 옹구차투[王忽察都]에 도착했다. 다음날 대도에서 온 톡 테무르와 오랜만에 형제 대면이 이루어졌고 이동식 궁전에서 연회가 열렸다. 그런데 나흘 만인 6일 코실라가 갑자기 죽었다. 30세의 나이였다. 이는 엘 테무르의 책략에 의한 것이었을 가능성이 크다. 톡 테무르가 다시 즉위했다. 문종(文宗)이다.

충숙왕은 사신을 원에 보내어 톡 테무르의 복위를 축하했다. 며칠 후에는 다시 사신을 원에 보내어 세자에게 임금 자리를 넘겨주기를 요청하게 했다.

세자 왕정(王禎)은 충숙왕의 장남으로 모친은 명덕태후(明德太后) 홍씨이다. 충숙왕 2년(1315)에 태어나 15년(1328) 2월에 세자로서 대도에 가서 숙위했다. 세자는 성격이 호협하고 사냥과 주색을 즐겼는데 기질이 비슷한 엘 테무르와 매우 가까운 사이였다. 문종을 옹립한 엘 테무르는 권신이 되어 국정을 좌지우지했다. 태정제의 황후를 처로 삼고 황실 여자 40인을 취한 일은 엘 테무르의 권세가 어느 정도였는지 잘 보여주는 일이다.

다음해인 1330년 2월 문종은 세자 왕정을 고려 왕으로 책봉했다. 그가 충혜왕이다. 4월 충혜왕은 관서왕(關西王) 초이발[焦八]의 장녀 즉 덕녕공주(德寧公主)와 결혼했다. 피로연이 엘 테무르의 집에서 열린 것을 보면 이 결혼은 엘 테무르가 주선한 것 같다.

4월에는 명종의 황후가 피살되었고 5월에는 명종의 장자인 토곤 테무르[妥權帖睦爾]에게는 고려의 대청도로 유배시키는 조치가 내려졌다. 토곤 테무르는 7월에 대청도에 도착했다. 거의 같은 시기 충혜왕도 귀국했다. 그러나 곧장 원 조정 일각의 입성 책동 음모에 맞서야 했다. 윤 7월 낭장 김천우(金天祐)가 귀국하여 "원 조정에서 전정동행성 좌우사 낭중 만인(蠻人, 남송 출신을 낮추어 하는 말) 장백상(蔣伯祥)의 서장(書狀)에 의하여 우리나라에 행성을 설치하는 것을 의논하려 합니다"라고 보고했다. 장백상은 충숙왕의 측근 세력이었는데 충혜왕의 즉위로 자신의 입지가 흔들리자 충숙왕의 복위를 기도하며 입성론을 제기했던 것이다. 충혜왕은 서둘러 엘 테무르에게 입성 논의를 막아달라는 서신을 작성하여 이틀 후에 엘 테무르에게 부쳤다.

왕위에서 물러난 충숙왕은 복위할 결심을 하고 이를 위해 윤 7월 원으로 갔다. 원에 들어간 충숙왕은 심왕의 저택에 머물렀다. 또한 원의 종실녀인 경화공주(慶華公主, 이름은 바얀후투)와 결혼했는데 이 역시 원의 정치 세력과 연결하려는 노력의 하나였다.

충혜왕 원년(1331)에 주테무르부카[朱帖木兒不花]와 조고이(趙高伊)란 자가 사단을 일으켰다. 이들은 문종에게 "요양행성과 고려가 공모하여 토곤 테무르 태자를 받들어 모반하려 한다"고 무고했다. 요양행성은 고려인이 많이 사는데다가 자치 행정구역이 여러 곳에 있어 고려의 세력권으로 여겨지고 있었다. 요양행성과 고려가 토곤 테무르를 추대하려 한다는 주장은 사실여부를 떠나 심각히 받아들여질 수밖에 없었다. 12월 원의 사신이 와서 대청도에 유배 중인 토곤 테무르를 소환했다. 토곤 테무르는 정강(靜江, 광서성 계림)으로 유배되었다.

다음 해인 1332년 정월 문종은 상왕인 충숙왕을 다시 고려 왕으로 복위할 것을 명하는 조서를 반포했다. 또한 요양행성의 관리가 고려로 도주한 주테무르부카와 조고이를 수색했다. 충숙왕은 복위하여 대대적으로 인사를 단행했다.

문종은 치세 3년 만인 1332년 8월 29세의 나이로 사망했다. 문종은 명종의 장자인 토곤 테무르[妥懽帖睦爾]에게 제위를 계승시키라는 유언을 남겼다. 그러나 엘 테무르는 7세에 불과한 명종의 둘째 아들 이린친발[懿璘質班]을 옹립했다. 이린친발은 10월 경자일에 즉위했는데 불과 43일 만에 죽었다. 묘호는 영종(寧宗)이다.

엘 테무르는 문종의 아들인 엘 테크시[燕帖古思]를 옹립하려 했으나 문종의 황후 보타시리[不答失里]는 자식이 어리다는 이유로 거절하고 정강에 유배 중인 13세인 토곤 테무르를 즉위시키라고 했다.

엘 테무르는 우승상 기와르기스[闊里吉思]를 정강으로 파견했다. 토곤 테무르가 양향(良鄕)에 이르렀을 때부터 엘 테무르가 대도까지 따라왔다. 토곤 테무르가 그를 경계하여 말 한마디 하지 않자 불안해진 엘 테무르는 걸음을 늦추었다. 변량에 있던 바얀(伯顔)이 군사를 이끌고 토곤 테무르 곁을 한시도 떠나지 않고 호위하여 이듬해 대도에 무사히 도착했다. 바얀은 메르키트 부족 출신으로 명종을 추종하여 젊었을 때부터 많은 무공을 세운 장군이다.

몸이 쇠약해진 엘 테무르는 곧 사망했고 토곤 테무르는 1333년 6월 제위에 올랐다. 그가 대원 제국의 마지막 황제(중국의 입장으로 볼 때) 순제(順帝, 재위 1333~1370)이다.

순제는 즉위한 지 두 달 만에 엘 테무르의 소생인 타나시리[答納失里]를 정황후로 맞이했다. 10월에는 연호를 고쳐 원통(元統)이라 했다. 12월에는 숙모가 되는 보타시리 황후를 유례가 없는 태황태후로 봉하고 그를 위하여 휘정원을 설치했다. 이때 휘정원사(徽政院使, 휘정원의 최고위직)인 고려인 환관 투만아르가 고려인 궁녀 기씨를 천거하여 순제를 시중들게 했다. 기씨가 순제의 총애를 받게 되자 타나시리 황후는 몹시 질시했다.

엘 테무르가 죽었어도 그의 아우와 아들들은 실권을 쥐고 있었다. 점차 바얀의 권력이 커지자 이들은 바얀을 제거하려는 음모를 꾸몄다. 그러나 1335년 6월 30일 바얀이 선수를 쳐 엘 테무르의 아들 탄키시와 타라하이 등을 역모죄를 씌워 잡아 죽였다. 타라하이를 숨겨준

원 황실 세계표

	칭기즈 칸	1206 ~ 1227
	오고타이 칸	1229 ~ 1241
	투레게네 하툰	1241 ~ 1246
	구육 칸	1246 ~ 1248
	오굴 카이미슈	1248 ~ 1251
	몽케 칸	1251 ~ 1259
원 제 국	1 쿠빌라이 칸 (세조)	1260 ~ 1294
	2 올제이투 (성종)	1294 ~ 1307
	3 카이산 (무종)	1307 ~ 1311
	4 아유르발리파드라 (인종)	1311 ~ 1320
	5 시데발라 (영종)	1320 ~ 1323
	6 이순 테무르 (태정제)	1323 ~ 1328
	7 아수기발 (천순제)	1328
	8 코실라 (문종)	1329
	9 톡 테무르(명종)	1328 ~ 1329, 1329 ~ 1332
	10 이린친발 (영종)	1332 ~ 1333
	11 토곤 테무르(순제)	1333 ~ 1370

정황후도 곧장 유폐되었다. 그 여당이 군을 동원했으나 바얀의 조카인 동지추밀원사 톡토[脫脫]가 진압했다. 7월 바얀은 타나시리 황후를 독주를 마시게 하여 살해했다. 순제는 고려 출신의 궁녀 기씨를 정황후로 책봉하려 했으나 바얀의 반대로 뜻을 이루지 못했다.

엘 테무르 가문을 숙청한 후에는 바얀이 우승상이 되어 국정을 독단했다. 바얀은 몽골 지상주의자로 한족을 매우 싫어했다. 그는 "장(張)·왕(王)·유(劉)·이(李)·조(趙) 다섯 성을 가진 한인을 모두 죽이자"고 제안했다고 한다. 이 다섯 성은 한족의 성씨 중 가장 흔한 성이었으므로 모두 죽인다면 중국 인구가 반으로 줄어들 판이었다.

바얀은 한인에 유리한 과거도 폐지했다.

1337년 3월 순제는 바얀의 뜻에 따라 역대 몽골 제국의 정황후를 배출한 옹기라트 부족 출신인 바얀후투(伯顔忽都)를 황후로 맞아들였다.

고려에서는 1339년 3월 충숙왕이 침전에서 별세했다. 향년 46세였다. 충숙왕은 평소 충혜왕을 발피(撥皮, 건달을 뜻하는 몽골어)라 부르며 못 마땅히 여겼으나 정작 임종을 맞아서는 충혜왕에게 왕위를 계승하라는 유언을 남겼다. 충혜왕은 사신을 원에 보내어 왕위 계승의 승인을 요청했다. 그러나 바얀은 엘 테무르와 가까웠던 충혜왕의 복위를 반대하며 심왕 왕고를 고려왕으로 추천했다.

이에 충혜왕은 5월 대호군 손수경(孫守卿)·전윤장(全允藏)을 보내어 원의 고위 관리를 상대로 복위 운동을 하게 했다. 5월 말 앞서 보낸 사신이 귀국하여 이규의 말을 전했다. "승상(바얀)이 여전히 심양왕을 고집하고 있기 때문에 다른 성의 관리들이 다시 신청하려 해도 구실을 붙일 것이 없다 하니 만약 본국의 기로(耆老, 원로)들이 진정한다면 성사될 수 있을 듯합니다."

충혜왕은 기로들과 대신들을 소집하여 재추회의를 열게 했고 기로 권부(權溥) 등이 충혜왕의 복위를 요청하는 글을 써서 정동행성을 통해 원의 중서성에 보냈다.

그러나 8월 8일 충혜왕의 경화공주 간음 사건이 일어났다. 경화공주는 원으로 돌아가려고 했으나 충혜왕이 방해했다. 경화공주는 좌정승 조적을 불러 실상을 말했다. 심왕 왕고를 추대하려 하고 있던 조적은 이 기회를 놓치지 않았다. 당시 심왕 왕고는 원으로 귀국하다가 중도에 평양에 머물고 있었다. 조적은 경화공주가 거처하는 영안궁(永安宮)에 백관을 불러 모아 놓고 심왕을 추대하려는 준비를 했다.

평양부의 관리 대부분이 조적에 붙었다.

충혜왕과 조적은 무력 대결을 준비했다. 심리전도 벌어져 심왕이 신하를 시켜 평양에서 심왕이 왕이 되었다고 거짓 소문을 퍼뜨리니 원에서 귀국한 김주장(金注莊)도 "황제가 전왕에게 습위를 승인했다"고 역시 허위 선전을 했다. 그러자 조적의 무리 가운데 이탈하는 자가 생겼다.

충혜왕은 방을 붙여 조적 일파에 가담한 관리들을 회유했다.

조적 등이 조정을 두려워하지 않고 활과 칼을 가지고 사람들을 위협하여 모으며 반역을 도모하여 난을 일으키니 그 죄가 막대하다. 백관 가운데 능히 올바른 도리에 돌아오는 자는 용서할 것이다.

조적은 "내가 정승이 되어 임금의 무도한 행동을 보고도 (원) 조정에 보고하지 않으면 그 죄가 크다. 왕이 비록 나를 죽이고자 하나 나는 두렵지 않다"고 말하며 결사적인 모습을 보였다. 조적은 민후(閔珝)를 시켜 수레를 연결하여 영안궁 문에 설치하여 방비했다.

24일 밤 조적은 홍빈(洪彬), 이안(李安), 오운(吳雲) 등과 함께 군사 천여 명을 데리고 정변을 일으켰다. 병사들은 붉은 생사(生絲)를 잘라 옷에다 표식으로 붙였다. 이들은 날이 바뀐 밤 5경에 충혜왕이 거처한 궁을 습격했다. 충혜왕은 친히 말을 타고 나와 활을 쏘았다. 충혜왕이 친히 접전하니 조적의 무리는 사기가 떨어져 패주했다. 충혜왕이 군사를 이끌고 추적하여 순군소의 남쪽 다리(南橋)에 이르렀다. 이안이 충혜왕에게 활을 쏘아 팔에 맞았다. 조적의 군사는 수레를 연결하여 그 위에 포장하여 충혜왕 군사의 화살을 막았으나 선봉대가 돌진하여 수레를 부수니 세가 다한 조적은 영안궁으로 달아났다. 조적은 원으로 망명하라는 권유를 듣지 않고 경안공주의 거실로 들어갔지만 왕의 군사가 추격해 들어와 사살했다.

25일 조적의 반란을 진압한 충혜왕은 전 대호군 유방세(劉方世)를 서북면으로 보내고 응방(鷹坊)의 호르치[忽赤, 활로 무장한 기병] 60기를 평양부에 보내어 심왕을 체포하라 했다. 그러나 심왕은 이미 달아난 다음이었다.

서북면의 주민들은 묘청의 난 때 중앙정부의 진압군에 의해 큰 피해를 보았으므로 몹시 동요했다. 실지로 의주와 정주 주민들 가운데는 압록강을 넘어 피난가는 이가 매우 많았다. 충혜왕은 호군 강인(姜因)을 보내어 의주와 정주 주민들을 안심시켰다.

패배한 심왕 일파는 바얀에 사정을 전했고 바얀은 사신을 보내어 충혜왕과 그 측근을 붙잡아 오라고 지시했다. 충혜왕은 지난 1332년 왕위를 박탈당했을 때 원에 건너가 엘 테무르의 아들들과 어울려 유흥을 즐기며 지냈다. 충혜왕이 위구르 여자를 총애하자 바얀은 더욱 미워하여 발피로 불렀었다. 그때 바얀은 엘 테무르 자손을 숙청한 다음에 충혜왕은 고려로 귀국하게 했다. 그런데 이번에 충혜왕이 경화공주를 간음하자 복위 반대 의사를 굳힌 것이다. 11월 원의 중서성 단사관 투린[頭麟] 등이 와서 충혜왕에게 국인(國印)을 전달하면서 복위를 승인하는 듯 속이다가 며칠 후 기습하여 왕과 측근들을 체포하여 원으로 압송했다.

1340년 정월 충혜왕은 원의 형부에 갇혔다. 이때는 톡토의 바얀 제거 모의가 무르익은 때였다. 한 문화를 이해하는 톡토는 비록 어릴 때 백부인 바얀에게 양육되었으나 그의 횡포를 크게 우려했다. 톡토는 순제의 측근과 모의하여 오랜 시간을 두고 바얀 제거를 준비하여 왔다.

2월 초 바얀이 순제에게 같이 수렵하러 나갈 것을 청하자 톡토는 병을 칭탁하고 거절하라고 권했다. 톡토는 바얀이 도성을 비우는 사이 그를 실각시킬 계획이었다. 순제가 칭병하자 바얀은 엘 테크시와 함께 유림(柳林)으로 사냥을 갔다. 이날 밤 톡토와 순제는 도성의 문을 봉쇄하고 대신을 소집하여 바얀을 우승상 직에서 해임하고 하남행성 좌승상으로 좌천한다는 조서를 발표했다. 아울러 바얀만 축출하고 나머지는 처벌하지 않는다고 선언하자 바얀의 친병들은 모두 그들의 본위(本衛)로 돌아갔다. 사태가 불리하게 돌아가자 바얀은 단념하고 은퇴를 요청했으나 순제는 불허하고 하남성으로 가도록 명했다. 사실 상의 유배 조치였다(바얀은 다음달 병사했다).

바얀 축출에는 왕가노(汪家奴), 시레반[沙剌班] 등 기황후의 측근들도 깊이 관여했다. 톡토는 곧장 순제에게 충혜왕 복위를 주청했고 순제는 받아들였다. 개인적으로도 톡토는 고려와 가까웠다. 톡토의 처는 고려인이었으며 그의 아우 에센 테무르[也先帖木兒]의 처도 고려인이었다. 기황후의 측근인 왕가노의 처도 고려인으로 장인은 공민왕 초에 찬성사를 지낸 박수년(朴壽年)이다. 바얀이 제거되자 순제는 기씨를 제2 황후로 책봉했다.

순제는 문종과 문종의 황후가 명종을 암살했다 하여 태황태후로 칭하면서 존중하던 문종의 황후와 그 아들 엘 테크시를 추방했다. 엘 테크시는 고려로 유배를 보냈다. 엘 테크시는 고려로 유배되는 도중에 심양에서 살해되었다. 제2 황후 기씨가 이 두 사건의 배후에 있었을 가능성이 컸다.

톡토는 바얀을 제거한 후 우승상이 되었다. 톡토는 엘 테무르나 바얀 같이 권세를 부리지는 않았다. 톡토는 우승상으로 있으면서 과거제 부활, 경연(經筵)의 개강, 유학자의 등용 등의 정책을 폈다.

12월에는 기황후를 위하여 휘정원을 개편하여 자정원(資政院)이 설치되었다. 본래 원 제국에는 정황후의 재정을 관리하는 중정원(中政院)이 1296년부터 설치되어 있었다. 원 제국에서 정황후 이외의 후비는 정황후에 비해 그 지위가 현격히 낮았다. 기황후는 자신의 지위를 확고하게 하기 위하여 독자적으로 재부를 관리하는 기구를 설치했던 것이다. 자정원은 보타시리 태후의 소유였던 휘정원의 재부에다가 집경로(集慶路, 남경)의 전량(錢粮)을 수입으로 하여 막대한 자산을 소유했다. 이로 인해 기황후는 궁중에서 정황후인 바얀후투 황후를 압도하는 권력을 갖게 되었으며 곧 원 조정을 좌지우지할 정도의 권력을 휘두르게 되었다.

원의 귀족과 고위 관리 가운데 고려 왕실이나 귀족과 인척관계를 맺은 이가 많고 궁중에는 고려인 환관이 다수였는데 이는 기황후가 세력을 확대하기에 좋은 환경이었다. 당시 몽골 귀족 사회는 고려인을 처나 첩으로 거느리지 못하면 명문 귀족 행세를 할 수 없을 정도였다. 궁중에 고려인 환관이 많아 고려어를 배우는 귀족이나 고위 관료도 많았다. 기황후는 고려 조정에 대한 영향력을 강화하기 위해 기씨 가문과 가까운 자들을 정동행성의 관리로 임용하게 했다.

보타시리 황후와 엘 테크시의 축출로 가장 이득을 본 이는 기황후이다. 휘정원을 자정원으로 개편하여 굳건한 세력 기반을 갖추었고 제위계승권자의 하나인 엘 테크시도 제거했다. 기황후가 제2 황후가 된 이후 일어난 원 궁정의 여러 사건의 수익자는 대부분 기황후 자신이었다. 이 모든 사건에 기황후의 손길이 미쳤을 가능성이 크다.

충혜왕은 복위 직후 편민조례추변도감(便民條例推辨都監)을 설치했다. 이는 권세가에게 피해를 본 백성들을 구제하려 만든 것이었다. 재정을 충실히 하기 위해서도 여러 가지로 노력을 기울였다. 충혜왕은 원에서 지낼 때 동서무역의 중계자인 위구르 상인들과 친분을 나누었고 상업의 가치를 알았다. 그는 중과세가 아닌 교역의 이득으로 재정을 확충하려 했다. 시장에 직영 점포를 차리게 하고 국내의 상인들과 제휴했다. 충혜왕의 후궁 중에는 상인 임신(林信)의 딸인 은천옹주(銀川翁主)가 있었다. 국제 교역에도 많은 관심을 기울여 측근과 상인을 원에 보내어 내탕금(內帑金)으로 교역을 하게 했다. 또한 충혜왕은 시위부대인 응방을 강화하고 사냥과 격구를 즐겼다. 격구는 물론이고 사냥도 군사훈련의 성격을 띠었다.

충혜왕의 국정 운영은 '정치를 고쳐 새로움을 추구했다'는 평을 받을 정도로 파격적인 것이었다. 그의 왕권 강화책은 권세가에 타격을 주었으므로 적지 않은 반발을 초래했다. 어느 정도 기반을 닦은 충혜왕 후 4년(1343) 7월 왕은 공신전과 없어진 사찰의 사원전을 내고(內庫)에 소속시키게 했다. 이 조치로 기씨 가문이 큰 피해를 보았다.

8월 원으로 간 기철, 이운(李芸), 조익청(曺益淸) 등은 원의 중서성에 충혜왕이 탐음하고 부도(不道)하니 고려에 행성을 설치할 것을 요청하는 글을 올렸다. 고려를 원의 한 지방으로 만들려는 입성 책동은 이것이 일곱 번째였는데 이때는 충혜왕을 퇴위시키려는 것이 목적으로 기씨 일당의 음모였다.

원의 순제는 기황후의 뜻에 따라 충혜왕 폐위에 동의했는데 충혜왕의 저항을 우려하여 사신을 보내 기습하여 체포하기로 했다. 우선 기황후는 자신의 심복인 자정원사 고용보(高龍普)와 태감 박테무르부카[朴帖木兒不花]를 보냈다. 이들은 고려인으로 원의 환관이었다. 박테무르부카는 기황후와 동향인으로 기황후를 궁녀 시절부터 도왔다. 이들은 10월 개경에 도착했는데 황제가 주는 것이라 하며 의복과 술을 주었다.

11월에는 말안장과 교자(轎)를 요구한다는 것을 구실로 내주(乃住) 등 8인이 무리를 이끌고 고려에 왔다. 이들은 실은 충혜왕 체포를 위해 파견된 자들이었다. 기철 등 부원 세력이 호응하여 원의 사신이 올 때 마중 나오는 충혜왕을 체포할 계획이었다.

원의 사신 타치[朶赤] 일행이 개경에 도착했다. 충혜왕은 병을 칭탁하고 마중하지 않으려 했으나 고용보가 권하여 백관을 거느리고 교외로 맞이하러 갔다. 왕이 정동행성 건물 안에서 조서를 듣고 있는데 타치 등이 충혜왕을 포박했다. 고용보의 처남인 신예(辛裔)는 복병을 두고 대기하고 있었다. 왕의 시위부대와 전투가 벌어져 살해되고 부상당한 자가 매우 많았다. 타치는 서둘러 충혜왕을 원으로 압송했다.

원의 순제는 충혜왕이 백성을 수탈한 죄가 크다는 내용의 조서를 발표하고 게양현(揭陽縣, 광동성 소재)으로 유배 보냈다. 충혜왕은 게양현으로 유배되는 도중 악양현에서 별세했다. 독살되었다고도 하며 귤에 중독되어 죽었다는 말도 있었다. 《고려사》는 충혜왕을 매우 부정적으로 묘사했는데 충혜왕의 서거 소식을 듣고 슬퍼하는 고려인은 없었으며 가난한 백성들은 기뻐 날뛰면서 "이제 다시 갱생할 날을 보게 되었다"고 말했다고 기록했다. 덕녕공주의 소생으로 대도에서 숙위하고 있던 8세의 장자 왕흔(王昕)이 뒤를 이으니 그가 충목왕(忠

穆王)이다.

충혜왕이 급사하자 기황후의 입장도 난처해졌다. 기황후는 사신을 파견하여 친인척에게 자제할 것을 당부했다.

무릇 나의 친척은 세를 믿고 남의 민전을 빼앗지 말라. 만약 어김이 있으면 반드시 죄줄 것이다. 그리고 법을 맡은 관리가 알면서 놓아주면 또한 마땅히 죄줄 것이다. (《고려사》 권 37 세가 충목왕)

당시 누적되고 있는 사회경제적 폐단을 제거할 필요성이 절실했는데 기씨 가문의 저항이 거셀 것이므로 고려 조정이 섣불리 손쓸 수가 없었다. 이미 충혜왕이 기씨 가문에 의해 흉사한 전례가 있었다. 먼저 원의 황제와 관료들이 기황후의 세력을 차단해야 가능했다. 이를 위해 충목왕 2년(1346) 9월 계림군공(鷄林郡公) 왕후(王煦)와 좌정승 김영돈(金永旽)이 원으로 갔다.

왕후와 김영돈은 순제를 알현하고 고려 내정 개혁의 필요성을 설득했으며 기씨 일가의 횡포로 충혜왕이 비극적 최후를 맞았음을 지적했다. 순제는 동의했다.

충목왕 3년(1347) 2월 왕후와 김영돈이 귀국했고 곧장 정치도감(整治都監)이 설치되었다. 정치도감은 재추 급의 판사 4명, 사(使) 9명, 부사 7명, 판관 12명, 녹사 6명으로 구성된 강력한 개혁기구였다. 정치도감의 운영을 총괄했던 판사 직에는 계림군공 왕후, 좌정승 김영돈, 찬성사 안축(安軸), 판밀직사사 김광철(金光轍) 등이 임명되었다. 정치도감의 설치에 맞추어 구체적인 개혁안도 작성되었다.

사회경제적 폐단을 제거하기 위해서는 그 폐단의 주체인 원 제국에 빌붙어 권세를 휘두르는 부원(附元) 세력을 제거해야 했다. 그러므로 정치도감은 부원 세력의 대표인 기씨 집안 처벌에 나섰다. 기삼만(奇三萬)과 기주(奇柱)가 숙청의 대상이 되었다.

3월 기삼만을 토지와 인구를 점탈한 죄목으로 체포하여 곤장을 때리고 순군옥에 가두었는데 20일이 지나 옥사했다. 4월에는 기황후의 친동생 기주가 권력을 남용하여 해악을 끼쳤다는 이유로 체포되어 수감되었다. 노책과 전영보도 불법으로 인구를 은닉했거나 압량위천(壓良爲賤, 양인을 천민으로 만들어 노비로 삼는 것)했다는 죄목으로 처벌되었다.

기황후는 정동행성을 통하여 정치도감의 활동에 제동을 걸었다. 정동행성의 사법기구인 정동행성이문소는 기삼만의 옥사를 구실로 정치도감의 관리인 서호(徐浩)와 전녹생(田祿生)을 수감했다.

이 무렵 원에서는 어사대가 기황후 일파를 공격하기 시작했는데 고려에서 기씨의 횡포가 심한 것도 비난의 대상이 되었다. 우선 감찰어사 이직(李稷)이 자정원사 고용보를 탄핵했다. 그가 순제에게 올린 주소(奏疏) 내용이 《고려사》에 간략하게 기록되어 있다.

> 고용보는 고려에서 숯을 팔던 사람으로 폐하의 총애를 받아 세를 믿고 못하는 짓이 없으니 친왕과 승상도 그의 그림자만 보면 달려와서 절하고 있습니다. 그리고 사방에서 뇌물을 받아들여 금과 비단이 산같이 쌓였으며 권세가 천하에 으뜸입니다.
> 이대로 두면 한나라의 조절, 후람이나 당나라의 구사량, 양복공이 오늘에 다시 생길 우려가 있으니 청컨대 그를 베어죽임으로써 천하의 인심을 얻으십시오. (《고려사》 권 122 열전 고용보전)

순제는 고용보에게 고려의 금강산으로 유배령을 내렸고 정치도감의 활동을 격려하려 고려에 사신을 보냈다. 6월 원의 사신과 고용보가 고려에 도착했다.

그러나 원 조정에서는 기황후의 반격이 시작되어 정쟁에서 우위에 서게 되었다. 고용보도 다시 순제의 소환을 받아 원으로 돌아갔으며 기황후가 보낸 원의 직성사인(直省舍人) 승가노(僧家奴)가 와서 정치도감의 관리 16명을 처벌했다. 안축(安軸)과 왕후는 순제의 명으로 처벌을 면했다. 정치도감은 폐지되지 않고 존속했으나 유명무실해졌다.

이듬해 어사대의 탄핵으로 기황후는 위기를 맞았다. 1348년 11월 우승상 베르케 부카가 감찰어사 장정(張楨)의 탄핵을 받았다. 권간(權奸)에 아부한다는 것인데 권간은 기황후 일파를 의미했다. 고용보가 순제에게 해명했고 순제는 장정의 탄핵을 받아들이지 않았다. 이에 감찰어사 이필(李泌)이 기황후의 횡포를 규탄하며 비(妃)로 강등하라는 상소를 올렸으나 역시 기각되었다.

1348년 12월 고려에서는 충목왕이 12세의 나이로 세상을 떠났다. 왕위 계승자로는 충혜왕의 아들인 왕저(王胝)와 강릉대군이 경쟁했다. 원에서는 강릉대군 편을 들어 강릉대군에게 대도로 들어와서 숙위하게 하였다.

다음해 2월 최유(崔濡)가 돌아와 순제의 왕저 입조 명령을 전했다. 왕저를 지지하는 덕녕공주는 그녀의 측근인 손수경(孫守卿)과 이군해(李君侅, 나중에 이름을 이암으로 개명)에게 왕저를 받들고 원으로 가게 했다.

톡토는 고려의 왕위 계승자로 강릉대군을 지원했고 기황후는 왕저를 지지했다. 순제는 강릉대군이 고려 왕으로 즉위하라고 명하여 강릉대군은 고려로 떠날 채비를 갖추었다. 그러나 기황후가 심복인 환관 고용보를 보내어 순제를 적극 설득했다. 결국 순제는 왕저에게 고려 왕위를 계승하라고 명했다.

7월 왕저가 귀국하여 즉위하니 그가 충정왕(忠定王)이다. 충정왕은 즉위하여 정치도감을 폐지했다. 강릉대군은 충정왕 원년 10월 원의 종실인 위왕(魏王) 볼로드 테무르[孛羅帖木兒]의 딸이며 순제와 6촌 사이인 노국공주(魯國公主)와 혼인했다. 충정왕 대에 왕후의 아들 왕중귀(王重貴)가 기철의 딸과 혼인했고, 이제현의 손녀도 기철의 조카 기인걸(奇仁傑)과 혼인했다. 강릉대군을 지지하는 왕후 가문과 이제현 가문이 기황후 일족과 인척이 되었으므로 기황후 측도 강릉대군을 지지하게 되었다.

이 무렵 원 제국에서 대대적으로 한족의 반란이 일어난 것도 강릉대군에 유리하게 작용했다. 원 조정에 음모가 소용돌이치고 정치가 어지러운 가운데 기근과 홍수까지 겹치자 민란이 대규모로 나기 시작했다. 특히 하남·산동 일대는 각종 재해와 기근이 들어 유민의 봉기가 계속되었다.

1348년 10월 절강성의 대주(臺州)에서 방국진(方國珍)이 이끄는 해상세력이 원 제국에 대항하여 처음으로 본격적인 반란을 일으켰다. 원의 수도인 대도는 강남의 물자를 해운으로 수송해 받았는데 정치가 문란해지며 해적의 습격이 잦아졌다. 원 조정은 방국진이 이끄는 해적을 진압하러 여러 차례 토벌군을 파견했으나 번번이 패했다. 원 조정은 방국진에게 벼슬을 주어 회유했다.

1351년 4월에도 황하가 범람하자 원 조정은 공부상서 가노(賈魯)에게 명하여 황하의 치수 공사를 시작했다. 이때 징발된 인부는 변량,

대명 등 하남 지방 13로(路)의 농민 15만여 명과 군대 2만여 명이었다. 오랫동안 각종 재해에 시달린 이 지역에서 징발된 농민의 불만은 컸다.

이 무렵 화북 일대는 불교의 일파인 백련교(白蓮敎)가 민중의 마음을 사로잡고 있었다. 백련교는 미륵 신앙을 근본으로 하는데, 미륵보살이 불멸 후 56억 7천만 년 뒤에 이 세상에 모습을 나타내어 악으로 가득 찬 세상을 구제한다고 설교한다. 백련교는 마니교의 교리도 받아들였다. 마니교는 중국에서는 명교(明敎)라 불렸다.

백련교도인 유복통(劉福通), 두준도(杜遵道), 나문소(羅文素), 성문욱(盛文郁) 등은 반란을 계획하고 한산동(韓山童)을 추대했다. 한산동은 하북 사람으로 할아버지 이래 대대로 백련교의 지도자였다. 이들은 몰래 황하의 옛 하도(河道)에 외눈박이 석인상(石人像)을 묻어 놓고 "외눈박이 석인이 나타나 황하를 요동시키면 천하에 반란이 일어나리라"는 동요를 퍼트렸다. 또한 "한산동은 송 휘종의 8세손이니 마땅히 중국의 주인이 되어야 한다"고 선전했다. 이들의 계획대로 외눈박이 석인이 발견되자 치수공사에 동원된 민중은 심리적으로 동요했다.

그러나 5월에 이들의 봉기 계획은 사전에 발각되어 한산동은 체포되어 처형되고 유복통 등은 영주(潁州)로 피신했다. 유복통 등은 재빨리 봉기하여 민중을 규합하니 단시일에 5, 6만이 운집했으며 점령지를 확대해 가면서 곧 10여 만으로 늘어났다. 이들은 머리에 붉은 두건(紅巾)을 둘러 홍건군, 또는 홍건적이라 불렸다. 이들이 홍건을 사용한 것은 오행사상에서 송 왕조는 붉은 색에 해당되기 때문이었다.

홍건군이 봉기하여 맹위를 떨치자 연쇄반응으로 각지에서 홍건을 두른 농민봉기가 잇달았다. 8월에는 황하 연변의 서주(徐州)에서 지마리(芝麻李, 李二), 팽대(彭大), 조균용(趙均用) 등이 봉기했는데 이들의 군세도 곧 10여 만을 헤아렸다. 또 호광(湖廣) 지방에서는 포왕삼(布王三), 맹해마(孟海馬) 등이 봉기했으며 기주(蘄州, 호북성 소재)에서는 팽영옥(彭瑩玉), 추보승(鄒普勝)이 서수휘(徐壽輝)를 주군으로 받들고 봉기했다.

이러한 배경에서 원의 승상 톡토는 강릉대군이 고려왕으로 즉위하기를 원했다. 그는 강릉대군이 고려왕이 되어 유사시 원 제국에 도움을 줄 것을 기대했다.

나이 어린 충정왕이 고려의 국정을 수행하는 것은 무리라는 여론이 비등하는 가운데 1351년 10월 순제는 충정왕을 폐위시키고 강릉대군을 고려왕에 봉했다. 12월 강릉대군이 노국공주와 함께 귀국해 즉위하니 그가 공민왕이다.

공민왕 원년(1352) 2월 왕은 국정 운영 방안을 구체적으로 제시한 교서를 반포했다. 정치개혁을 위해 전민변정도감(田民辨正都監)이 설치되었다. 전민변정도감의 활동에 권세가들은 반발했다.

6월 1일 왕은 대도에서 자신을 시종했던 30여 명을 공신으로 책봉했다. 이른바 연저수종공신(燕邸隨從功臣)이다. 그런데 이들 가운데에는 조일신(趙日新)을 비롯하여 왕의 개혁 성향에 어긋나는 자들이 적지 않았다. 이들은 원 조정의 고위 관료와 접촉하여 공민왕을 추대하는 여론을 일으키는 역할을 했으므로 책봉 대상에서 제외할 수 없었다. 특히 조일신은 공이 컸으므로 일등 공신이 되었고 권세를 부렸다. 관료들이 모두 그에 반감을 갖고 왕도 꺼리자 조일신은 정변을 기획했다.

공민왕 원년 9월 29일 조일신은 기철 일당 제거를 명분으로 정변을 일으켰다. 정변을 일으킨 후 조일신은 왕을 위협하여 자신의 무리들로 관직을 채우고 기철 일파를 죽이거나 옥에 가두었다. 그러나 왕과 기로(耆老)의 반격을 받아 정변은 실패로 끝나고 조일신은 10월 5일 살해되었다.

조일신의 난은 기씨 가문 제거를 명분으로 일어났으므로 원에서도 비상한 관심을 보였다. 난을 수습하는 과정에서 공민왕은 기륜(奇輪), 기철 등을 요직에 앉혀 기씨 가문의 반발을 무마했다. 공민왕 2년(1353) 6월 2일 기황후의 아들인 아이유시리다라가 황태자에 책봉되었다. 7월 원의 사신이 고려에 와서 이를 알리는 순제의 조서를 전했다. 이후로 기씨 가문의 위세가 더욱 거세졌다.

9장
개혁과 국난 극복

원말의 혼란

원에서 한족의 반란은 더욱 확대되고 있었다. 안휘성 정원(定遠) 지방에서는 토호 곽자흥(郭子興)이 손덕애(孫德崖)와 더불어 군사를 일으켜 호주를 점령했다. 명의 건국자 주원장(朱元璋)은 곽자흥 무리에 투신했다. 주원장은 회수 연안의 호주(濠州, 봉양)에서 떠돌이 소작농 주세진(朱世珍)의 4남 2녀 중 막내아들로 태어났다. 중국 역사를 볼 때 출신이 한미한 자가 한때나마 제위에 오른 경우는 많다. 이 중 통일 왕조를 이룩한 이는 한 고조 유방과 명 태조 주원장이다. 같은 농민 출신이지만 두 사람의 차이는 매우 크다. 끼니를 잇기도 힘든 가난한 소작농의 자식으로 태어나 주원장은 생활의 어려움 없이 한가하게 건달 생활을 했던 유방과 달리 성장 과정이 매우 험난했다. 성격상의 콤플렉스도 많아 그가 황제가 된 후로는 필화사건도 많았다.

그의 초상화는 두 가지가 전해오는데 하나는 《중국역대제후도》에 들어 있는 것으로 기품이 넘치는 온화한 풍모를 하고 있으며, 다른 하나는 길쭉한 노새 얼굴에 이마는 튀어나오고 주걱턱에 곰보 자국이 있는 추악한 모습이다. 도저히 동일인을 그린 것이라고 볼 수 없는 초상화이다. 후자 쪽이 실물에 가깝다는 것이 정설인데 그의 행적이 전혀 다른 2개의 초상화를 남길 만했다. 청의 역사가 조익은 주원장을 "성인의 성품과 호걸의 면모와 도적의 성향을 겸비하고 있던" 인물이라고 평했다.

1344년 하북을 휩쓴 기근과 전염병으로 주원장의 부모와 맏형이 잇달아 죽었다. 살아남은 형제들은 생존할 방도를 의논했다. 둘째 형은 남아 아버지가 하던 농사를 계속하고 셋째 형은 다른 마을 사람의 양자로 들어가고 두 누이는 빈농의 집으로 시집가기로 했다. 주원장은 황각사(皇覺寺)로 들어가 승려가 되기로 했다.

현재 중국의 안휘성 봉양현 서남쪽에 있는 명나라 시대 황릉의 신도 입구에는 '대명황릉지비(大明皇陵之碑)'가 있다. 이 비석의 비문은 주원장이 나중에 황제가 되어 친히 지은 것으로 청소년기의 험난했던 삶에 대한 서술이다.

어느 날 거울을 들고 자세히 얼굴을 살펴보니 창백한 얼굴에 흰머리라. 문득 옛날의 어려웠던 시절이 생각났다. 황릉의 비에 쓴 글은 모두 유신(儒臣)들이 쓴 수식 많은 문장이라 후세의 자손들에게 가르침을 주기에 부족할까 두려워 특별히 온갖 어려움을 극복하며 홍성하는 운세를 밝혀 세세대대로 보도록 하고자 한다.

예전 부황(父皇)께옵서 구석진 이곳에서 거하시면서 조석으로 이리저리 돌아다니며 힘든 농사일을 하셨다. 홀연 천재가 유행하여 권속들에게 재앙이 닥치니, 황고(皇考)께옵서 64세, 황비(皇妣)께옵서 59세로 세상을 뜨시고, 맏형님도 먼저 돌아가셔서 가족의 장례를 치르게 되었다.

지주였던 유계덕(劉繼德)이 나를 돌보지 아니하고 오히려 꾸짖으며 매장할 땅을 주지 않자 동네사람들도 슬퍼했다. 그의 형(유계조)이 분개하여 황토를 주었다. 영구를 모실 관도 없고, 상처 난 시신에 장의도 형편없었다. 세 치 땅으로 영구를 살짝 덮었을 뿐이니 항차 어떤 음식으로 제사를 지내리.

장례를 치르고 나서도 집안 형편이 불안했다. 중형(仲兄)은 어려서부터 병약하여 더 이상 살기 어려웠고, 형수는 어린아이들을 이끌고 귀향했다. 가뭄이 들어 해충이 극심했고, 마을 사람들은 식량을 구하지 못해 초목으로 연명했다. 나 역시 어찌 할 수 없어 미칠 것 같은 마음을 가누기 힘들었나니….

눈물이 흘러 더 이상 쓰기 어려울 지경이라, 후사에게 가르치고 더욱 창성할 것을 부탁하노라.

불교 사원도 식량난이라 두 달이 채 못 되어 주원장은 각지로 탁발에 나섰다. 탁발승이라면 거지 중에 불과하다. 3년 만의 걸식 생활 끝에 다시 황각사로 되돌아왔다. 가난한 소작농의 아들인 그가 후년에 제법 훌륭한 시와 문장을 쓰게 된 것은 황각사에서 학문에 노력했기 때문이었다.

1352년 곽자흥이 거병하자 내란의 여파는 황각사에도 미쳐 절이 약탈당했다. 피신한 주원장은 폐허가 된 절에 돌아와 길흉을 점쳐 보았다. 절에 머무는 것은 흉조로, 떠나는 것은 길조로 나왔다. 주원장은 곽자흥에게 투신하여 십부장(什夫長)이 되었다.

톡토는 친히 군사를 지휘하여 지마리 집단의 본거지인 서주(徐州)를 치러 출정했다. 톡토는 서주를 함락시키고 성을 도륙하고 대도로 귀환했다. 지마리는 전사하고 팽대와 조균용은 호주로 도망쳤는데 곽자흥은 손덕애의 권유로 이들을 받아들였다. 겨울 톡토가 파견한 원의 장수 가노(賈魯)가 추격해 와서 호주를 포위하자 주원장은 곽자흥과 더불어 방어했다.

1353년 봄 가노가 포위 중에 뇌졸중으로 급사하자 원군은 포위를 풀고 물러났다. 주원장은 병력을 보강하러 고향 마을로 돌아가 병사 700명을 모집했다. 그들 중 24명을 골라 장교로 임명하고 훈련시켰다. 곽자흥이 팽대와 조균용에게 휘둘리고 있어 주원장은 700명의 병사를 다른 장수에게 맡기고 서달 등 24명과 정원으로 향했다. 주원장은 정원 지방의 향촌 방위를 위해 조직된 민병 3천 명을 수용하고 이들 민병을 이끌고 횡간산(橫澗山)의 산채를 야습하여 그곳에 있던 민병 2만을 확보했다. 이로써 주원장은 독자 세력으로 성장할 기반을 갖추었다. 1354년 7월 주원장은 저주(滁州, 안휘성 저현)를 함락시키고는 곽자흥을 그곳으로 모셔와 저양왕(滁陽王)으로 추대했다. 이때 주원장은 정원의 토호 지식인 이선장(李善長)을 만나 한 고조의 패업을 따르라는 충고를 받았다.

원 조정이 제대로 진압을 못하자 향촌의 지주들이 의병을 모집하여 반란군에 맞섰다. 원 조정은 이들에 만호 등의 벼슬을 제수했다. 그들 중 하남의 영주(穎州, 안휘성 부양현)에서 의병을 일으킨 차간 테무르[察罕帖木兒]의 활약이 가장 컸다. 차간 테무르는 한인 지주 이사제(李思齊)의 협조를 얻어 홍건군을 토벌했다. 타시파투루[答失八都魯], 오록 테무르[月魯帖木兒]와 같이 원의 지방관이 의병을 조직하는 경우도 많았으며 톡토의 아우인 어사대부 에센 테무르도 모병하여 하남의 홍건군을 진압했다.

강소 남부는 당시 중국 제일의 소금 생산지인데, 장사성(張士誠) 형제는 태주(泰州)에서 소금을 암거래하고 있었다. 장사성은 모은 재산을 남에게 나눠주기를 좋아하여 많은 사람의 인심을 얻고 있었다. 1353년 5월 토호인 구의(九義)와 충돌한 것이 발단이 되어 장사성이 봉기했다. 장사성은 신속히 세력을 확장했다. 강북의 요충지인 고우(高郵)를 함락하고는 1354년 정월 국호를 대주(大周), 연호를 천우(天祐)라 하여 건국을 선포했다.

원의 조정은 홍건군의 반란보다는 장사성의 반란을 더 중시했다. 장사성이 점거한 태주에서 고우에 이르는 지방은 양주(揚洲)에서 북상하는 대운하와 인접했기 때문이다. 국가재정의 8할은 소금 전매수입으로 충당하고 있었고 그 소금의 주요 산지가 장사성이 점령하고 있는 강회(江淮) 지방이었다. 더구나 대도를 비롯하여 북방의 식량은 대부분 강남으로부터 대운하를 통하여 보급 받고 있었다.

톡토가 직접 장사성 토벌에 나서기로 하고 군을 모집했다. 고려에도 사신을 보내어 파병 요구를 했다. 먼저 천추절(千秋節, 황후의 생일)을 축하하러 사신으로 간 채하중이 귀국하여 6월 1일 톡토가 공민왕에게 보낸 서신을 전했다. 내용은 다음과 같다.

우리 원나라와 고려 두 나라는 서로 우호관계를 맺은 지 오래 되었습니다. 이제 한족들이 크게 일어나 반란을 일으키고 있으므로 나는 황제의 명령을 받들어 남쪽을 정벌하게 되었으니 왕께서는 용맹한 장수와 정예병을 지원해 주셨으면 합니다.

채하중은 대도에 머무는 동안 고려의 파병에 앞장서겠다고 공언했으며 유탁, 염제신 등 뛰어난 장수들을 추천했다. 6월 13일 원의 사신들이 와서 정식으로 파병을 요구했다. 공민왕은 원의 파병 요구를 받아들여 40명의 장수에게 2천 명의 병력을 이끌고 대도로 떠나게 했다. 여기에 요양행성 거주 고려인 2만 1천 명을 더 모집한 총인원 2만 3천 명의 고려원정군은 남정군의 선봉이 되었다.

몽골의 남정군은 고우성에 육박하여 고우 외성을 함락하고 내성을 포위했다. 고려원정군의 활약이 뛰어나니 톡토는 부대를 나누어 육합성(六合城, 강소성 육합현)을 공격하게 했다. 고려군은 육합성을 함락하고 회안로(淮安路)로 옮기어 전투를 벌였다. 팔리장(八里莊), 사주(泗州), 화주(和州), 회안성(淮安城) 등 수십 회의 전투에서 이권(李權), 최원(崔源) 등 여섯 장수가 전사하고 최영은 몸에 수차례 창상을 입었다.

고우의 함락이 임박한 때인 12월 황제의 칙사가 왔다. 톡토는 파면되어 연행되고 중서평장사 오코차르[月闊察兒]와 지추밀원사 설설(雪雪)이 대신했다. 이는 선정원사 하마[哈麻]가 황후 기씨와 황태자에게 참소한 때문이었다. 곽자흥과 주원장의 근거지인 저주에도 원의 토벌군이 와 위기를 맞았으나 톡토가 파면되어 위기를 벗어났다.

톡토가 파면되어 연행되자 토벌군은 혼란을 일으켰다. 장사성은 출격하여 원군을 격퇴했다. 톡토 해임 이후 장수들이 주색에 빠지는 등 원 정부군의 기강은 해이해졌다. 이러한 상황에서 정부군의 상당수가 탈영하여 홍건군에 들어가 홍건군의 세력은 다시 커졌다. 이에 힘입어 유복통은 1355년 2월 한산동의 아들 한림아(韓林兒)를 찾아내어 박주(亳州, 안휘성 박현)에서 황제로 추대하고 국호를 대송(大

宋), 연호를 용봉(龍鳳)이라 했다. 두준도와 성문욱은 승상이 되었고 유복통과 나문소는 평장정사가 되었으며 유복통의 동생인 유육(劉六)은 지추밀원사가 되었다. 그리고 곽자흥 등 주변의 한인 군웅들에게도 관직을 수여하여 이들 세력을 영도했다.

이때 곽자흥은 저주에 머물고자 했으나 그동안 증가한 군대 때문에 심각한 식량 문제가 생겼다. 주원장은 곽자흥을 설득하여 남으로 이동하여 정월 양자강 북변의 화주(和州)를 공격하여 차지했고 때마침 공격해 온 원의 군사도 잘 막아내었다. 3월 곽자흥이 돌연 병사하여 주원장이 곽자흥 군대의 실질적인 지도자가 되었다. 주원장도 송 조정으로부터 부원수 직위를 받았고 이후 송의 연호인 용봉을 사용했다.

화주에서도 식량과 군비 부족을 느낀 주원장은 제3의 식량 공급지를 찾아 이동해야 했다. 그 대상은 송 왕조 이후 중국의 경제적 중심지가 된 양자강 이남의 강남 지역이 될 수밖에 없었다. 이때 후에 명장으로 이름을 떨치게 되는 상우춘(常遇春)이 투항하여 왔고 4월에는 화주의 서쪽 소호(巢湖)에서 배를 타고 도적 활동을 하던 유통해(兪通海), 조보승(趙普承), 요영안(寥永安) 등이 장정 1만여 명과 군선 1천여 척을 이끌고 투항해 왔다. 6월 주원장은 무리를 이끌고 양자강을 넘었다. 집경로를 함락하여 근거지로 하기 위함이었다. 2주 3현으로 이루어진 집경로는 당시 21만 4538호에 인구 107만 2690명의 대도시로 교통·산업의 요지였다. 주원장은 먼저 태평(太平)을 공격하여 근거지로 삼았다.

공민왕의 부원세력 처단

공민왕 4년 5월 고려군의 장군들이 귀국하여 왕에게 어지러운 원의 실정에 대해 보고하자 공민왕은 이 기회에 부원 세력을 토멸하기로 결심하고 세심하게 준비했다. 12월에는 동북면의 토호인 이자춘(李子春, 이성계의 아버지)을 불렀다. 동북 지역에서 세력을 유지하려는 이자춘의 의도와 동북면 지역을 수복하려는 공민왕의 계획이 합치점을 찾는 순간이었다.

공민왕 5년(1356) 5월 18일 왕은 궁중에서 연회를 베푼다고 하여 재추들을 모두 불러들였다. 원 제국을 배경으로 권세가 왕을 능가했던 기철(奇轍)을 비롯하여 노책(盧頙), 권겸(權謙) 등 부원 세력의 3대 거두와 그 자식들에게는 특별히 고관을 보내어 초치했다.

권겸은 왕후와 형제간인데 공민왕 원년에 딸을 원의 황태자 아이유시리다라에 바쳐 원에서 태부감 태감(太府監太監) 벼슬을 얻었다. 노책은 공민왕 3년(1354) 딸이 원 순제의 후궁이 되어 (원의) 집현전 학사 벼슬을 받았다. 이들은 서로 결탁하고 지냈는데 원의 내란이 점점 커지자 불안을 느껴 미리 친척과 심복을 조정의 요직에 앉히고 있었다.

기철과 권겸이 먼저 도착하자 왕의 측근들이 이를 보고하면서 더 기다리면 비밀이 누설될 우려가 있으니 먼저 처치하는 것이 좋겠다고 했다. 왕의 허락이 내려지자 매복한 장사들이 뛰쳐나와 철퇴로 기철을 단번에 죽였다. 피해 달아나는 권겸은 추적하여 자문(紫門)에서 죽여 궁문에 피가 튀었다.

소식을 들은 기씨 가문과 권겸 가문 휘하 문객들은 낭패하여 사방으로 흩어졌고 금위의 군사들이 일시에 출동하여 이들을 잡았는데 거리에는 칼과 창이 번쩍거렸다. 노책은 강중경이 직접 군사를 이끌고 집으로 가서 죽이고 시체는 길 위에 버렸다.

기철의 아들인 평장사 기유걸(奇有傑)은 궁궐로 오는 도중에 사변 소식을 듣고 달아나 은신했으며 기철의 조카 기올제이부카, 노책의 아들 노제(盧濟), 권겸의 아들 권항(權恒), 권화상(權和尙) 등과 그 도당도 모두 달아났다. 이들에 대한 체포령이 내려졌고 기철, 노책, 권겸의 집 노비들을 몰수하여 관노로 삼았다.

이때 많은 무뢰배들이 소란을 틈타 약탈했으므로 개경에는 계엄이 선포되었다. 재추로부터 서리에 이르기까지 관료들은 모두 병장기를 갖추고 궁궐을 지켰다. 대대적인 인사이동이 이루어져 남양부원군 홍규의 손자로 공민왕의 외사촌 형이 되는 홍언박(洪彦博)이 우정승이 되었다. 또한 기씨 가문의 수족으로 기능하던 정동행성이문소도 폐지했다.

얼마 지나지 않아 기유걸, 기올제이부카, 노제, 권화상 등을 체포하여 시장거리에서 참수했다. 기유걸을 참수할 때 구경꾼들이 담장을 이룰 정도로 많이 몰렸으나 한사람도 슬퍼하는 자가 없었다. 기유걸의 아우인 상호군 기세걸(奇世傑)과 평장 기사인테무르[奇賽因帖木兒]는 당시 원에 머물고 있어 목숨을 건질 수 있었다. 기철의 처 김씨는 도피하여 머리를 깎고 여승이 되었는데 체포돼 순군옥에 갇혔다. 기철의 어린 아들 기사인(奇賽囚)도 머리를 깎아 왕흥사에 숨겨두었으나 역시 잡혀 죽었다. 권항은 평소에 권세를 이용하여 악행을 하지 않았으므로 제주도로 귀양 보내는 데 그쳤다.

기씨 일족과 부원세력을 제압한 공민왕은 국가혁신 의지를 담은 교서를 선포했다. 이때의 개혁교서는 정치체제의 정비와 부원 세력의 경제적 기반 해체, 민생안정책의 수립, 군사제도의 정비에 역점을 두었다.

정치체제 면에서는 정방을 폐지하여 인재 발탁을 공정히 하고 지방관의 비리를 근절하도록 했으며 관제개혁도 단행했다. 부원 세력의 토지를 국가에 귀속시키고 미곡은 몰수하여 빈민구제용으로 쓰게 했다. 민생안정책으로는 염세(鹽稅)를 3분의 1로 경감하는 조치를 취했으며 고리대 문제를 해결하도록 했다. 군사 분야에 특히 비중을 두어 병력 확충방안에서부터 군역 부과 방식의 개선, 역참제의 정비, 둔전제의 실시를 통한 군수 확보에 이르기까지 다양한 정책을 내놓았다.

공민왕은 북쪽 국경의 실지 회복을 위해 인당을 서북면병마사, 유인우(柳仁雨)를 동북면병마사로 임명하여 그들로 하여금 각각 압록강 서쪽의 8 역참(驛站)과 쌍성총관부를 공격하게 했다. 압록강 서쪽의 8 역참은 고려에서 요양으로 들어가는 교통로이다.

인당은 군사를 이끌고 압록강을 건너 파사부 등 3 역참을 공격해 점령했다. 그 사이 원의 사신이 기철의 대사도(大司徒) 임명장과 인장을 가지고 왔다. 서북면병마부사 신순(辛珣)이 이것들을 모두 빼앗고 사신을 가두고 따라온 사람들 중 3명을 죽였다.

이같이 강경한 태도에 고려인들 스스로 염려가 되었던지 원에 파견된 고려의 사신 김구년이 요양행성에 연금되고 80만 대군을 동원하여 고려를 치려 한다는 말이 떠돌았다. 긴장한 인당은 고려 조정에 증원군을 청했다. 그러나 다행히 원의 순제는 고려를 적으로 삼고 싶지 않았던 터라 매우 유화적인 내용의 조서를 고려에 보냈다.

한편 유인우는 이자춘의 호응에 힘입어 쌍성 지역을 수복했다. 원에서는 이런 군사행동에 대해서도 용인하는 의미의 국서를 전달했다. 고려의 군사 행동이 고려의 반란민이나 또 다른 나라의 백성이 고려인으로 가장하고 이간하는 것이 아닌가 우려한다는 것과 고려와 우호적 관계를 돈독히 하려는 뜻을 역력히 드러내었다.

공민왕은 며칠 뒤 인당을 처형하고는 그간의 사정에 대한 해명을 담은 답서를 사신에게 전해 주었다. 역적 기철 일당 주살은 겨를이 없어 미처 아뢰지 못했고 강을 넘어 역참을 공략한 인당을 처벌했다는 내용이었다. 사실 인당 처형은 원의 체면을 살려주기 위한 것이라기보다는 인당이 출정할 때 같이 서북면병마사로 임명된 강중경을 임의로 처형하고 군법에 따라 처단했다고 보고하여 조정에 물의를 일으켰던 것이 원인이었다. 공민왕은 이것을 반역 행위로 보았으나 당시 전투가 임박한 상황이었으므로 그 즉시 처벌하지 못했었다.

인당을 처형한 후 고려 조정은 원의 침공에 대비하여 사자를 양광도와 전라도에 보내어 고향을 떠난 제주도인과 화척·재인(才人)을 뽑아 서북면의 수졸에 편입시키고 염제신을 서북면도원수, 형부상서 유연(柳淵)·판사재사사 김지순(金之順)·상장군 김원명(金元命)을 부원수로 임명하여 전방으로 보냈다. 이와 같이 고려가 화전 양면으로 대응하자 내란에 허덕이고 있는 원의 순제는 별 도리가 없어 10월에 다시 사신을 보내어 고려의 허물을 관용한다는 조서를 전하고 고려의 강역 회복을 묵인했다.

원에서는 전국 각지에서 일어난 반란세력이 갈수록 강성해지고 있었다. 유복통이 세운 송은 한때 원의 토벌군에게 대패하고 수도인 박주를 버리고 안풍으로 달아났지만 곧 세력을 회복했다.

장사성의 군대는 평강부(平江府), 즉 소주(蘇州)를 점령했다. 장사성은 고우에서 평강부로 도읍을 옮겼다. 같은 달 주원장은 집경로를 함락하여 응천부(應天府)라고 이름을 고치고 근거지로 삼았다.

주원장의 세력 증대와 방국진의 해상세력에 위협을 느낀 장사성은 원에 투항했다. 원 제국을 일종의 보호막으로 선택한 것이다. 원 조정은 그의 항복을 받아들여 장사성에게 태위직을 제수했다. 그러나 장사성의 항복은 명목뿐인 것으로 실제로는 이전의 세력을 그대로 유지했다. 그 후 장사성은 1363년까지 해마다 해로로 대도에 쌀을 운송했다.

장사성은 원 왕조에 의지하여 큰 이득을 보았다. 태위 직을 받아 향촌 지배층으로부터 합법성을 인정받은 데 힘입어 송강(淞江), 호주(湖州), 가흥(嘉興), 항주(杭州), 소주 등 강남 6부(府)와 산동에까지 영향력을 미치게 되었다.

고려를 침략한 홍건적

1357년에는 각지의 반란세력 중 송을 건국한 홍건군의 위세가 원을 크게 위협했다. 송의 장군 모귀(毛貴)는 산동반도 남쪽에 위치한 교주(膠州)를 함락시키고 계속해서 내주(萊州)와 익도(益都)를 차례로 함락시키고 산동반도 대부분을 점령하는 데 성공했다. 유복통은 북송의 수도였던 변량을 공격하면서 군사를 세 방면으로 나누어 북벌을 진행했다. 모귀가 지휘하는 동로군은 산동 북쪽 방향으로 출격했고 중로군은 관선생(關先生), 파두반(破頭潘)의 지휘 아래 진녕(晉寧)과 기녕(冀寧)으로 나가게 했다. 서로군은 백불신(白不信) 등의 지휘

아래 동관(潼關)을 넘어 관중(關中) 지역으로 진격했다.

유복통의 군사가 대명로(大名路)를 함락하고 서로군은 흥원(興元)을 함락하고 섬서 지방의 봉상(鳳翔)으로 들어갔으나 차간 테무르와 이사제에게 연파되어 사천 지방으로 달아났다.

홍건군의 위세를 보고받은 공민왕은 서북면에 대한 방어 태세를 강화했다. 공민왕은 홍건군을 매우 경계했다. 공민왕 7년(1358) 3월 정주 부사(靜州副使) 주영세(朱永世)가 자의로 임지를 떠나 공민왕을 알현하자 공민왕은 홍건적의 침입이 우려되는 긴박한 시기에 국경 요충지인 임지를 떠나온 것을 힐책하고 옥에 가두기까지 했다. 또한 개경 외성의 수선을 명했다.

모귀의 동로군은 청주(淸州)·창주(滄州)·제남로(濟南路)를 차례로 함락시켰으며 빈홍원(賓興院)이라는 행정기구를 세우고 원의 관리들을 그대로 기용했다.

차간 테무르와 볼로드 테무르가 북진하는 여러 갈래의 홍건군을 맞아 분전하는 가운데 모귀의 서로군이 대도에 가까운 계주(薊州)를 함락시켰다. 대도의 원 조정은 사방에서 군을 징집하여 지켰으며 순제는 천도를 논의하게 했다. 모두 천도에 찬성했으나 좌승상 타이핑[太平]이 극력 반대했다. 타이핑은 창덕(彰德)에 주둔한 동지추밀원사 유하라부카[劉哈剌不花]에게 모귀의 홍건군을 치게 했다. 모귀는 곽주를 침범하고 유림을 약탈하여 대도에 100리 가까이 육박했으나 유하라부카에게 대패하여 제남으로 돌아갔다.

유복통은 변량을 점령하고 안풍에 있는 한림아를 맞이하여 수도로 정했다. 그러나 이미 홍건군은 상호 연계의 부족, 보급물자의 두절로 진격이 중지된데다가 원의 반격으로 세력이 위축되고 있었다. 또한 점령 지역에 대한 약탈로 민심마저 잃었다.

관선생·파두반이 지휘하는 중로군은 퇴로가 막히자 계속 북진하여 10월 대동을 거쳐 12월 9일 상도를 점령하여 궁궐을 불태웠다. 차간 테무르가 부하 장수 백쇄주(白鎖住)를 보내자 홍건군은 진로를 바꾸어 요동으로 나아가 요양행성을 함락시켰다.

홍건군이 요동 지방을 침입하니 이 지역에 거주하고 있던 많은 고려인들이 전란을 피해 압록강을 넘어 고려로 이주했다. 4월 동로군의 지휘자 모귀가 조균용에게 암살당했다. 이후 동로군은 지휘부가 상쟁하여 지휘 체계가 약화되었다.

관중·농서 지방을 모두 수복한 차간 테무르는 5월 크게 군사를 일으켜 변량을 포위했다. 포위된 지 100일이 지나자 성의 식량이 떨어져 8월 18일 변량은 함락되었다. 유복통은 한림아를 받들고 정예 기병 100기로 동문으로 탈주하여 안풍으로 달아났다. 이리하여 홍건군은 산동과 요동에서만 세력을 보존하게 되었다.

요양행성을 점령하고 있던 홍건군은 고려로 침입하기로 결정했다. 11월 요양과 심양 지방에 사는 주민 2300여 호가 홍건적의 침략을 피해 고려에 귀부했다. 고려 조정은 이들을 서북면의 군현에 나누어 거주하게 했다. 무오일 홍건적 3천 명이 압록강을 넘어 약탈하고 돌아갔다. 이는 정탐이 목적이었던 듯하다.

다음달 모거경(毛居敬)이 4만여 홍건군을 이끌고 얼어붙은 압록강을 넘었다. 홍건군은 의주를 함락하고 주영세 및 주민 1천여 명을 살해했으며 그 다음날에는 정주를 공함하여 도지휘사 김원봉을 죽이고 인주(麟州)도 함락했다.

홍건군이 철주까지 쳐들어오자 안우와 이방실이 이들을 격퇴했다. 물러난 적들은 인주와 정주에 머물다가 다시 16일 철주에 침입하여 그 부근의 현까지 약탈했다. 안우는 소수의 기병을 데리고 청강(淸江)을 사이에 두고 진을 치고는 기습하여 적을 무찔렀다. 1천여 홍건군이 선주(宣州)로 들어가 양곡을 약탈하자 안우와 김득배는 1천명의 병사를 거느리고 추적했다. 양곡을 진 적군을 추격하여 홍건군의 주둔지까지 이르자 홍건군이 대거 출동하여 반격했다. 고려군이 패하여 큰 손실을 입고 정주로 물러났다.

한편 경천흥(慶千興, 경대승의 후손)이 군사 1천을 거느리고 안주에 나가 진을 쳤으나 적을 두려워하여 나가지 못했다. 이를 보고받은 공민왕은 노하여 군법으로 다스리려 했다. 이에 홍언박이 아뢰기를 "경천흥은 공평하고 청렴하며 근신하고 독실하오나, 장수 노릇할 재목은 아닙니다. 이번 일은 그를 쓴 사람의 잘못입니다" 하니 왕이 노여움을 풀었다.

이암이 서경에 이르렀는데 군부대들이 아직 모이지 않자 지키기 어렵다고 판단하여 창고를 불사르고 요충지로 퇴각하려 했다. 호부낭중 김선치(金先致)가 다음과 같이 반대했다.

> 옳은 계책이 아닙니다. 적은 멀리 행군해서 남의 영토에 깊숙이 들어와 사력을 다해 싸우므로 그 날카로운 기세를 당해내기가 어렵습니다. 이 성을 적에게 미끼로 주어 일단 멈추게 하는 것이 가장 좋겠습니다. 국가는 그동안 대책을 세울 수 있을 것이요 또 적들은 아군이 퇴각하는 것을 보면 반드시 얕잡아보아 그 마음이 교만해지고 창고가 차 있는 것을 보고 반드시 한 달가량 머물러 기세가 쇠약해질 것입니다. 그 사이 우리 군사들이 결집하여 하루아침에 습격하여 탈환할 수 있을 것입니다. 오늘 불태우려 하는 것

이 우리에게 훗날 소용될지 어찌 알 수 있겠습니까.

이암은 이 말을 따라 창고와 가옥을 파괴하지 않고 황주로 물러났다. 서경을 포기했다는 소식에 개경의 민심은 크게 동요하여 피난할 계획으로 사재기가 일어났다.

고려 조정은 서북면의 방비를 위해 각 기관의 하급 서리들을 징용하여 서북면의 전투 인원을 보충했으나 막아내지 못하고 결국 서경이 함락되었다. 다음날 고려 조정에서는 호부상서 주사충(朱思忠)을 적의 진영에 파견하여 가는 베와 말안장, 술과 고기를 주면서 허실을 탐지했다.

공민왕 9년(1360) 정월 서북면도순찰사로 임명된 정세운이 황주까지 갔다가 돌아와 왕에게 다음과 같이 보고했다. "적이 서경에 들어와 섬을 준비하고 성을 수축하는 것으로 보아 더 다가 올 계획이 없는 듯하니 놀라 동요하지 말고 민심을 안정시키기를 원합니다."

이 말을 들은 고려군이 서경 탈환을 위해 2만 명의 군사를 생양역(生陽驛)에 주둔시켰다. 홍건적은 이를 알고 사로잡은 의주, 정주 및 서경 주민을 학살했다. 그 수는 만 단위로 헤아릴 정도였고 시체는 구릉처럼 쌓였다. 서경으로 진격한 고려군은 마침내 홍건군을 쳐서 용강(龍岡)과 함종(咸從)으로 물러나게 했다.

27일 공민왕은 안우, 이방실, 김어진을 안주로 보내 홍건적을 격퇴하게 했다. 안우, 이방실 등은 함종의 은룡산(隱龍山)으로 진군했다. 아직 진을 이루기 전에 적이 돌격해 와 패퇴했다. 적이 정예 기병으로 추격하자 안우, 이방실, 김어진, 대장군 이순(李珣) 등이 후방을 담당하여 적이 접근하지 못했다. 때마침 동북면 천호 정신계(鄭臣桂)가 1

천 군사를 인솔하고 오다 추격하는 적을 보고 결사전을 하니 50리를 추격하던 적은 그만두었다. 고려의 보병 1천은 산으로 올라가 적의 공격을 피하기도 했다.

4일 홍건군 400여 명이 숙주(肅州) 산간에 주둔했다가 서경에서 패했다는 소식을 듣고 급히 의주로 돌아갔다. 중랑장 유당(柳塘)과 낭장 김경(金景)은 의주에서 성문을 수리하다가 이를 듣고는 의주의 천호 장륜(張倫)을 불러 용주 등지의 군사를 징발하여 오는 적을 쳤다. 적은 정주성으로 들어가 농성했으나 유당 등이 진공하여 섬멸했다.

진용을 정돈한 고려군은 다시 함종으로 진격했다. 크게 분전하여 2만여 명을 죽이고 적의 장수 2명을 포로로 잡았다. 나머지 1만여 명은 증산현(甑山縣)으로 물러났다.

이방실은 퇴각하는 적을 정병 1천 기를 거느리고 계속 추격하여 연주강(延州江)에 이르렀다. 이때 안우와 김득배도 합세하여 추격하니 홍건군은 크게 위축되어 얼어붙은 강을 건너다가 얼음이 꺼져 빠져 죽는 자가 수천이었다. 강을 건넌 홍건군이 대오를 지어 항거할 태세를 보이자 추격을 중지했다. 이날 밤 홍건군이 몰래 달아나자 이방실은 밤에 병사들에게 밥을 먹이고 추적했다. 굶주리고 피로한 홍건군은 달아나는 도중에 쓰러져 죽는 자가 많아 안주와 철주 등에 시체가 연이었다. 추적하던 이방실은 옛 선주에서 적을 쳐서 수백 명을 베었다. 적이 결사항전하고 인마가 피로하여 이방실은 추격을 멈추었다. 남은 홍건군 3백이 하룻밤 하루낮을 달려 의주에서 압록강을 건너 달아났다. 이방실과 안우가 다시 추격했으나 따라잡지 못하여 돌아왔다.

전군이 개선하자 공민왕은 장졸들을 위하여 큰 연회를 베풀었다.

이방실

이방실의 전기는 《고려사》 안우 열전에 같이 실려 있으나 분량이 적다. 《용재총화(慵齋叢話)》에 그에 관한 일화가 전해오는데 그는 젊었을 때 날래고 용맹스러웠다고 한다. 한번은 서해도(西海道)에서 우연히 훤칠하고 키가 큰 한 사나이를 만났다. 그 사나이는 활과 화살을 손에 들고 모시고 가겠다고 하였는데, 이방실은 도적인 줄 알면서도 두려워하지 않았다.

약 10리 남짓 가니 논 가운데 비둘기 한 쌍이 앉아 있었다. 도둑이 쏠 수 있겠는지 묻자 이방실이 화살 하나로 두 마리를 맞춰 잡았다. 해가 저물어 빈집에서 하룻밤을 지내는데 차고 있던 활과 화살을 도적에게 주면서 "나는 잠깐 동안 말을 보고 올 테니 너는 여기 있거라" 하고는 마구간으로 가서 웅크리고 앉으니 도둑이 그를 향해 활을 쏘았다.

이방실은 날아오는 화살을 손으로 잡아 마구간에 끼워 두었다. 이렇게 하기를 10여 차례 하니 한 통에 있던 화살이 모두 떨어졌다. 도적이 그 용기에 탄복하여 빌면서 살려달라고 하였는데 마침 옆에 높이가 몇 길 되는 상수리나무가 있었다. 이방실이 몸을 위로 솟구쳐 나무 끝을 휘어잡더니 한 손으로 도적의 머리칼을 붙잡아 나무 끝에다 매고 칼로 머리 가죽을 벗기니 휘었던 나무 끝이 튕겨 일어나는데 그 기세가 하늘을 뚫을 만큼 세차므로 머리칼은 모두 뽑히고 몸은 땅에 떨어졌다. 그러나 이방실은 뒤돌아보지도 않고 갔다.

지위가 높아진 이방실이 만년에 다시 그곳을 지나다가 농가에서 하루를 머물게 되었는데, 그 집안은 매우 큰 부자였다. 지팡이를 짚고 나와 맞이하던 노인이 크게 술상을 차리더니 술이 취하자 눈물을 흘리며 말하였다.

"나는 어렸을 때 용맹스런 것만 믿고 도적이 되어 무수히 행인을 죽이고 약탈을 했습니다. 우연히 한 소년을 만났는데 용맹하기 비할 데가 없었습니다. 내가 그를 해치고자 하였으나 도리어 내가 해를 당하여 하마터면 죽을 뻔하다가 살아났습니다. 그후 마음을 고쳐먹고 농업에 힘써 다시는 사람들의 물건을 빼앗지 않았습니다" 하고는 모자를 벗어 보이는데, 그 머리가 이마처럼 반들반들하여 머리칼이 하나도 없었다.

안우, 김득배, 이방실을 공신으로 책봉하고 벼슬을 올려 주었다.

그 후 홍건군이 배를 타고 와서 서해안 곳곳을 습격했다. 황주의 철화포(鐵和浦)에 침입한 홍건군을 황주 목사 민후가 맞아 싸워 20여 명을 베고 병기를 노획하여 조정에 보냈다. 풍주에서는 조정에서 보낸 이방실이 홍건군을 물리쳤다.

17일 공민왕은 여러 신하를 모아 연회를 베푼 자리에서 이방실에게 옥대(玉帶)와 옥영(玉纓)를 주었다. 이때 노국공주가 불만을 표시했다. "어찌 귀중한 보물을 아끼지 않고 손쉽게 남에게 주십니까?" 왕이 대답했다. "우리 종묘사직이 폐허가 되지 않고 백성이 어육(魚肉)이 되지 않은 것은 모두 이방실의 공이다. 살을 베어 주어도 오히려 그 공을 갚을 수 없거늘 하물며 이따위 물건이랴!"

공민왕은 전사자 유가족에게 매우 후했다. 연회를 베푼 다음날인 18일 서정(西亭)에 나가다가 한 여자가 매우 슬피 우는 것을 보고 연유를 물었다. 그 여자가 "나의 오빠는 전사했고 어머니는 3일간 애통해하다가 죽었는데 집이 가난하여 장사할 도리가 없습니다" 라고 말하자 왕은 포 50필을 내주도록 지시했다.

1357~58년에 걸쳐 송을 세운 홍건군이 대대적인 북벌을 단행하여 원 제국과 맞서 싸우는 동안 원 조정은 화중(華中) 이남 지방을 완전히 방치했다. 그 틈을 타 화중 이남의 각 무장 집단들이 세력을 확대하여 진우량·주원장·장사성의 3대 세력으로 개편되었다.

1357년 송의 북벌 당시 서수휘(徐壽輝) 휘하의 진우량(陳友諒)이 강력한 세력으로 떠올랐다. 서수휘 집단은 1353년 말 몰락하여 도피했으나 톡토 실각 이후 한림아와 장사성이 세력을 만회하는 틈을 타서 재기했다. 이때는 예문준(倪文俊)이 실권을 잡고 호북과 강서 일

> **《용재총화(慵齋叢話)》**
> 조선 성종 때 사람 용재 성현(成俔, 1439~1504)의 수필집. 고려 시대부터 조선 성종 때까지의 각계각층의 인물에 관한 일화를 적어 당시의 풍속과 세태를 이해하는 데 도움을 준다. 국왕이나 재상·시인·문장가·화가·음악인에 관련된 일화와 우스갯거리를 채록하였을 뿐 아니라 사회에서 버림받아 오던 과부·여승·점장이·기녀에 얽힌 이야기도 있다.

대에 세력을 확대했다. 1357년 예문준은 서수휘를 살해하려 했으나 실패했고 진우량이 예문준을 죽이고 서수휘 집단의 실권을 쥐었다. 진우량은 절강과 복건 지방까지 세력을 뻗었다. 1359년 무렵 진우량의 세력은 장사성이나 주원장을 능가했다. 진우량은 1360년 5월 서수휘를 살해하고 스스로 제위에 올라 국호를 대한(大漢)이라 했다.

1360년 무렵 주원장은 절강·안휘 지역과 양자강의 강소 남부 지역을 통제했다. 주원장은 진우량과 장사성의 가운데에 있어 협공 받을 가능성이 컸다. 그러나 장사성이 안분자족하는 성격이라 진우량의 협공 제의를 거절했다.

장사성은 강남 지역을 차지하고 있어 성장 가능성이 가장 컸다. 당시 강남 지방은 다른 지역에 비해 동란의 피해를 덜 본 지역이었고 송대 이래의 곡창지대였다. 장사성은 소금 산지와 곡창지대 및 대운하를 동시에 장악하여 다른 집단에 비해 경제적 우위를 점했다. 장사성이 유능한 사대부를 기용하여 적극적으로 이 지역의 지배를 도모했다면 가장 강력한 세력으로 성장할 수 있었을 것이다. 그러나 그는 겨우 문인이나 예술가 등을 우대하여 사대부의 기대를 등지고 말았다.

양자강 주변의 농업 지대를 차지하려 주원장·진우량·장사성 3

대 세력은 겸병 전쟁을 벌였는데 특히 주원장과 진우량의 대결이 치열했다.

고려에 침입하다가 축출된 홍건군은 여전히 요동 지방에서 활동했다. 한편 차간 테무르와 볼로드 테무르가 서로 충돌하는 일이 잦아 원 조정은 근심이 컸다. 순제가 차간 테무르와 볼로드 테무르의 부장들이 각자 맡은 곳을 지켜 경계를 넘지 말라는 조서까지 내려야 할 정도였다.

공민왕은 9년(1360) 7월에 홍건적의 정세를 살피기 위해 이공수(李公遂)와 주사충, 방도치(方都赤)를 원에 보냈다. 그러나 압록강을 건너 탕참(湯站)까지 간 그들은 요동 지방에서 여전히 세력을 떨치고 있는 홍건적에 의해 길이 막혀 다시 고려로 되돌아가려 했다. 이 소식을 듣고 크게 노한 왕이 "죽어도 돌아와서는 안 된다"며 다시 원으로 갈 것을 명했지만, 그들은 심양에 가서 수개월간 머물렀을 뿐 끝내 대도로 가지 못하고 귀국했다.

국가 혁신을 위해 왕은 7월 초 임진현 북쪽 5리에 위치한 백악(白岳)으로 천도할 것을 결정하고 궁궐을 짓기 시작했다. 원래 남경(南京, 서울)으로 천도할 계획을 세웠으나 개경에 더 가까운 백악으로 정한 것이다. 11월에 왕은 백악의 궁궐로 이주했다.

공민왕은 10년(1361) 2월 새로운 수도 조영 사업을 대대적으로 일으키면서 자신의 뜻을 알리는 교서를 내렸다.

내가 보위에 오른 이래로 하늘을 두려워하고 백성을 사랑하며 선조의 유훈을 준수하여 나라를 잘 다스리고자 하는 마음이 항상 간절했다. 그러나 때가 다난하여서 은덕이 아래까지 내려가지 못하고 병란이 자주 일어나며 재앙과 괴이한 변이 여러 번 발생하고 있다. 내가 이를 두려워한 나머지 도선(道詵)의 말을 따라 이 벌판을 도읍 터로 잡았으니 이는 국가의 운명을 무궁하게 하려는 뜻이다.

공민왕은 백악에서 4개월간 머물다가 개경으로 돌아왔다.

4월에 요양행성 총관 고가노(高家奴)가 보낸 사신이 와서 옥잔과 사냥개를 바쳤다. 왕조 시대에는 외교는 오직 군주만이 하는 것이다. 원의 지방 세력들이 고려에 사신을 보내는 것은 원이 그만큼 기울어지고 있음을 잘 보여주는 일이었다. 이들은 동아시아 정세 변화에 고려가 차지하는 비중을 인지하여 고려에 자주 사신을 보냈다.

산동 지방을 차지하고 있는 홍건군이 내분을 일으키자 차간 테무르가 산동 지방을 평정하기 위해 군대를 동원해 수륙 양면으로 진격했다. 염하(鹽河)에 이르자 그는 아들 코코 테무르[擴廓帖木兒]와 부하 장수 관보(關保), 호리치[虎林赤]에게 정병 5만을 주어 부교(浮橋)를 만들어 건너게 했다. 홍건군 2만이 습격했으나 관보와 호리치가 그들을 물리치면서 강을 건너는 데 성공했다. 장청(長淸)을 함락하고 동평(東平)에 이르자 동평을 지키고 있던 전풍(田豊)은 최세영(崔世英)을 출전시켰다. 최세영은 대패하여 1만 병력을 잃었다. 차간 테무르는 전풍이 산동에 오래 거주하여 군민이 따르는 것을 알고 무리하게 전투를 벌이지 않고 글을 보내 투항을 권했다. 전풍와 왕사성이 항복하여 차간 테무르는 동평과 제녕(濟寧)을 수복했다. 차간 테무르는 전풍과 왕사성을 선봉으로 하여 진군을 계속했다. 산동을 거의 모두 평정한 차간 테무르는 홍건군 최후의 거점인 익도(益都)를 포위했다.

당시 고려에서는 독로강(禿魯江, 강계 지방) 만호 박의(朴儀)가 반란을 일으켰다. 고려 조정은 김진과 이성계를 보내 토벌하게 했다. 이성계는 친위군 1500명을 이끌고 출전하여 강계에서 박의를 잡아 베었다.

　10월 반성(潘誠), 파두반, 관선생, 주원수(朱元帥), 사유이(沙劉二) 등이 20만 홍건군을 이끌고 압록강을 건너 삭주와 무주(撫州, 영변)까지 침범해 들어왔다. 이방실은 피아에 병력 차가 크게 나는 것을 보고 군사를 거두어 퇴각하고 순주(順州), 은주(殷州), 성주(成州) 등 3개 주와 양암(陽嚴), 수덕(樹德), 강동(江東), 삼등(三登), 상원(祥原) 등 5개 현의 백성과 곡식을 절령으로 옮길 것을 요청했다. 왕이 이방실의 제의를 쫓았다.

　병력을 많이 모으지 못한 상태에서도 고려군은 적극적으로 공세를 가했다. 11월 이방실과 김경제가 태주와 개주에서 홍건군을 격파하고 안우는 박주에서 홍건적을 크게 패주시켰다. 이방실은 다시 연주로 가서 기병 1백 기를 거느리고 1천여 명의 적을 기습 공격하여 홍건적을 물리쳤다.

　일부 지역에서 고려군에 격파당한 홍건군이 대거 집결하여 안주로 쳐들어왔다. 안주 전투에서 고려군이 대패하여 조천주와 상장군 이음이 전사했다. 홍건군은 김경제를 생포하여 그들의 원수(元帥)로 삼고 글을 보내어 "군사 110만을 거느리고 갈 테니 속히 나와 항복하라"고 엄포를 놓았다.

　공민왕은 정사도와 김규를 보내 절령의 책문을 지키게 하고 이공수는 서흥부(瑞興府)의 동쪽에 위치한 죽전(竹田, 서흥·평양 사이에 소재)에 주둔하게 했다. 16일 밤에 홍건군은 만여 명을 절령의 목책에 매복시켰다가 다음날 새벽에 무장병사 5천 명이 목책을 파괴했다.

고려군은 대패하여 안우와 이방실이 단기로 퇴각했다. 안우는 다시 병졸을 수습하여 김용의 부대와 더불어 금교역(金郊驛)에 주둔했다. 김용은 최영을 보내 경군(京軍) 파견을 요청했다. 사태가 위급함을 안 공민왕은 피난할 생각을 하고 개경의 부녀자와 노인, 어린아이들을 먼저 도피시켰다. 인심이 흉흉해진 가운데 적의 선봉은 흥의역(興義驛, 황해도 우봉 소재)에 도착했다.

19일 새벽닭이 울자 왕과 노국공주는 명덕태후를 모시고 남쪽으로 출발하려 했다. 이때 김용, 안우, 이방실이 달려와서 개경을 사수해야 한다고 말했다. 장수들 가운데 최영이 매우 흥분하여 큰 소리로 "원컨대 주상께서는 잠시 머물러 청년들을 모집하여 종묘사직을 지키소서"라고 울부짖었다. 대신들은 잠자코 서로 쳐다보기만 했다. 날이 다 밝아서 왕의 행차는 민천사(旻天寺)로 갔으며 근신들을 파견하여 큰 길을 다니면서 큰 소리로 의병을 모집했다. 그러나 개경 주민들이 모두 흩어져 응하는 자가 매우 적었다. 안우 등은 어쩔 수 없어 왕에게 "신 등은 이곳에 머물러 도적을 막을 터이니 전하께서는 떠나소서"라고 아뢰었고 왕 일행은 숭인문을 나섰다. 수행자는 문하시중 홍언박을 비롯하여 이암, 김용, 경천흥, 유탁, 정세운, 이춘부, 이색(李穡) 등 수십 명에 불과했다.

거리에는 피난민들이 넘쳐나 노약자들은 땅에 넘어지고 어미와 자식이 서로 잃고 헤어졌으며 서로 짓밟은 자가 들에 가득했으며 울음소리는 천지를 진동했다.

공민왕 일행이 통제원(通濟院)에 이르자 개경으로부터 오는 자가 "적이 이미 가까이 왔습니다"라고 아뢰니 드디어 임진강을 건넜다. 이날 밤 왕 일행은 도솔원(兜率院)에 머물렀다.

공민왕 일행이 다음날 출발하는데 노국공주는 수레를 버리고 말을 탔으며 혜비(惠妃) 이씨가 탄 말은 병들고 약하여 보는 사람이 모두 눈물을 흘렸다(혜비 이씨는 이제현의 딸이다. 공민왕이 즉위한 지 8년이 지나도 노국공주가 아들을 낳지 못하자 신하들이 건의하여 입궁하게 한 후궁이다).

중랑장 임견미(林堅味)가 재추들에게 말하기를 "적이 이미 경성에 들어왔으니 임진강 이북 지역은 우리 땅이 아닙니다. 청하건대, 모든 도의 군사를 뽑아 적을 치도록 하소서" 했으나 재추들은 아무 반응을 보이지 않았다. 임견미가 눈물을 흘리면서 다시 왕에게 아뢰었으나 왕은 "지금 창졸간에 어떻게 하겠는가"라며 안타까워했다.

24일 홍건군이 개경에 입성했다. 홍건군은 개경을 점령한 뒤 남녀를 불문하고 태워 죽이고 임산부의 젖가슴을 구워 먹기도 하는 등 잔학한 짓을 저질렀다. 개경을 본거지로 삼고 각지를 침략하니 원주도 한때 점령했다. 이때에 각지의 관민은 적을 유인하여 죽이기도 했으니 염주(鹽州, 연안) 사람인 검교중랑장 김장수(金長壽)는 군사를 일으켜 홍건적의 기병 144여 명을 죽였으며 안변부와 강화부(江華府, 강화도) 사람들은 항복하는 체하고 술과 음식을 장만하고는 경내에 들어온 자를 모두 죽였다.

왕의 몽진 행렬은 복주(福州, 안동)까지 이르렀다. 12월 15일 성품이 충성스럽고 청백한 정세운은 왕이 파천한 이후 밤낮으로 근심하고 분히 여겨 홍건군을 소탕하고 경성을 수복하는 일을 자신의 책임으로 여겨 여러 차례 왕에게 청했다. "속히 애통교서(哀痛敎書, 나라에 큰 난이 있을 때 임금이 자신의 죄를 뉘우쳐 스스로 책하여 백성에게 사죄하는 교서)를 내리시어 백성의 마음을 위로하고 또 사신을 여러 도에 보내시어 징병을 독려 하옵소서." 공민왕은 드디어 김용을 대신하여 정세운을 총병관으로 삼고 교서를 내렸다.

> 삼가 생각하건대, 태조께서 나라를 창건하시고 여러 성왕(聖王)이 계승하여 백성들을 편히 살게 하셨다. 과인에 이르러 안락에 깃들어 군사의 일은 폐하고 강구하지 않았기 때문에 홍건적의 침입을 입어 파천하여 남쪽으로 내려왔으니 매양 종묘사직을 생각하면 아프고 쓰라림을 어찌 견디리오.
> 이제 모든 장수를 나누어 보내어 군사를 모아 적을 치게 하면서 정세운에게 절월(節鉞)을 주는 명을 내린다. 전선에 가서 군사를 감독함에 있어 상벌은 자유재량하며 각 부대의 군관 군인으로서 감히 그 명령을 고의로 위반하거나 직접 왕에게 보고하는 자는 군법으로 다스릴 것이다.

총병관이 된 정세운은 도당(都堂, 도평의사사)에 나가 재추들을 독려하여 분연히 큰 소리를 내어 말했다. "나는 매우 한미한 사람이다. 그런데 나와 같은 자가 재상으로 되어 있으니 나라가 어지러워지는 것도 당연하다. 죽령 이남의 거주자로 왕을 수행한 자는 양식을 주지 않고 전부 종군하게 한다는 결정이 이미 내려졌는데 지금 어째서 그대로 되지 않는가. 기강이 이래서야 어찌 난국을 극복할 수 있겠는가."

그리고 유숙(柳淑)에게 "나는 내일 출사할 것이오. 공이 가서 군대를 점검하시오"라고 하니 유숙은 "모든 군대가 이미 죽령대원(竹嶺大院)에 집결해 있습니다"라고 했다. 정세운이 못미더워 일침을 놓았다. "군대가 만일 기한 내에 닿지 못하면 공도 책임을 면할 길 없을 것이오." 그러자 유숙이 즉시 가서 독촉했다.

정세운은 김용에게도 말했다. "지금 두 재상이 적의 침략을 우습게 아니 누가 본받지 않겠습니까? 만일 적을 섬멸하지 못하면 비록 산골짜기로 숨어버린다 한들 살 수 있겠으며 나라를 보전할 수 있겠습니까?"

19일 정세운이 군사를 거느리고 출정했는데 수문하시중 이암이 정세운을 격려했다. "지금 도적의 침입으로 임금과 신하들이 파천하여 천하의 웃음거리가 되고 우리나라의 치욕이 되었소. 공이 먼저 대의를 주장하여 절월을 가지고 군사를 거느리고 떠나니 사직을 안정시키고 왕업을 중흥하는 일이 이 한번의 거사에 달려 있소. 공이여 힘을 다해 싸워주시오."

정세운이 진군하는데 서경 사람 고경(高敬)이 와서 서경 소식을 전했다. "서경 백성으로 적에게서 탈출한 자가 만여 명이 되니 장군을 보내 진무하기 바랍니다" 했다. 정세운은 크게 기뻐하며 예부상서 이순을 보내어 그들을 독려하여 개경으로 가게 했다.

공민왕 11년(1362) 정월 17일 드디어 총공세를 위해 고려군이 개경 동쪽의 천수사(天壽寺, 장단군 진서면) 앞에 모였다. 안우, 이방실, 황상, 한방신(韓方信), 이여경, 김득배, 안우경(安遇慶), 이귀수(李龜壽), 최영 등은 20만 군을 거느리고 이성계도 친병(親兵) 2천을 끌고 왔다. 총병관 정세운은 장수들을 독려하여 개경을 포위하게 하고 물러나와 도솔원에 진을 쳤다. 마침 진눈깨비가 내려 적이 방비를 늦추었다. 이여경의 부대가 적의 정예가 모여 있는 숭인문을 담당했는데 그의 휘하에 있는 권희(權禧)가 정탐하여 이 사실을 알아내고는 이여경에게 알려주었다. "적의 정예 군사는 모두 여기 모여 있으니 만일 우리가 불의에 공격한다면 이길 수 있을 것입니다."

홍건적의 침입경로

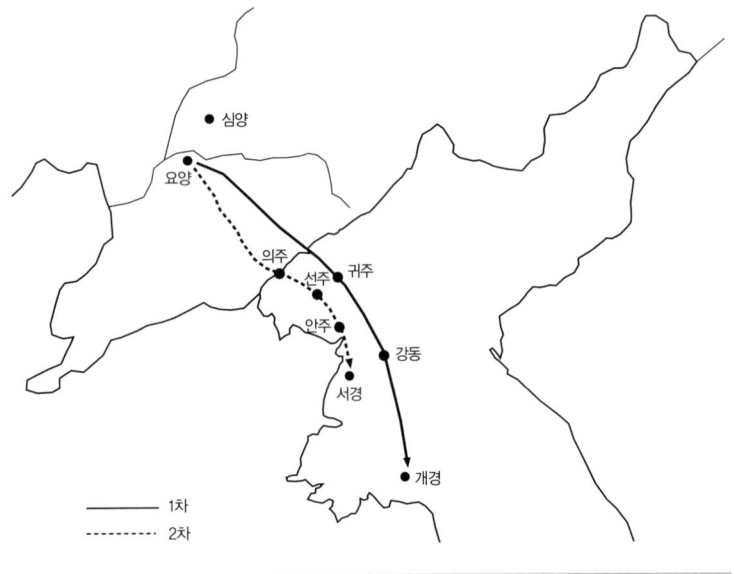

18일 새벽에 권희가 수십 기를 이끌고 돌입하여 북을 울리고 함성을 지르니 적이 크게 놀랬다. 장수들이 이 틈을 타서 사면에서 공격하여 진입했다. 고려군은 홍건군을 크게 무찔러 시체가 성 안에 가득했으니 목을 벤 수가 10여 만이었다. 적의 수뇌인 사유이와 관선생도 전사했다. 고려군은 원 황제의 옥새 2개 등 각종 인장과 병장기를 노획했다. 여러 장수들은 궁지에 몰린 적을 끝까지 공격해서는 안 된다고 보고 도성의 동문인 숭인문과 북문인 탄현문(炭峴門)을 열어놓았다. 파두반 등은 나머지 10만 홍건군을 이끌고 달아나 압록강을 건넜다.

달아나는 홍건군을 요양행성 총관 고가노가 기다리고 있었다. 고가노는 파두반의 홍건군을 공격하여 4천을 베고 파두반을 사로잡았다.

쇠퇴의 조짐들 - 흥왕사의 변, 공민왕 폐위 음모

고려는 홍건군의 두 번째 내침을 격퇴했으나 숨 돌릴 틈도 없이 무장들 간의 암투, 국왕 암살 기도, 원군의 내침 등 정치적 격동이 전개되었다. 홍건군을 패주시킨 지 며칠 지나지 않아 정세운·안우·이방실·김득배·민환(閔渙) 등 5명의 원수가 암살되는 사건이 일어났다. 고려의 쇠망을 재촉한 이 사건은 이듬해 흥왕사의 변으로 이어졌다. 흥왕사의 변은 공민왕에 원한을 품은 기황후가 폐위 음모를 꾸민 일과 밀접한 관련이 있는데 이어 왕을 폐위하려는 원의 군대가 내침했다.

연저수종공신인 김용은 공민왕의 굳은 신임을 받고 있었다. 그런데 정세운이 왕의 총애를 받게 되자 이것을 시기했다. 정세운이 안우·이방실·김득배와 더불어 큰 공을 세우게 되자 김용은 정세운에 대한 왕의 신임이 두터워질 것을 우려했다. 더구나 군을 총지휘하는 총병관의 자리를 정세운에게 넘겨 준 터라 그의 지위는 위태로웠다.

그래서 김용은 왕이 승전 소식을 듣기 전에 정세운을 제거하려고 했다. 안우·이방실·김득배 등으로 하여금 정세운을 죽이게 하고 왕에게 참소하여 그들에게 죄를 씌워 모두 죽이려는 음모를 꾸몄다. 그는 거짓으로 정세운을 죽이라는 왕의 명령을 꾸며 글을 써서, 그의 조카인 전 공부상서 김림(金琳)을 시켜 야영하고 있는 안우 등에게 전달하게 했다. 무장들 간에 갈등이 있었던 점을 이용하여 그들에게 "정세운이 본래 경들을 꺼렸으니, 적을 격파한 뒤에는 반드시 그대들이 화를 면하지 못할 것인데 어째서 먼저 그를 죽이지 않는가?" 라며 부추겼다.

안우와 이방실은 김용의 술책에 넘어가 김득배의 군막에 찾아가

의논했다. "정세운이 적을 두려워하여 진군하지 않았으며 김용의 전하는 글이 이와 같으니, 이 말을 쫓지 않을 수 없을 것이오." 김득배는 "이제 겨우 도적을 평정했는데, 어떻게 우리끼리 해치겠소. 만일 부득이한 일이라면, 그를 대궐로 데려가 주상의 처분을 기다리는 것이 옳지 않겠소"라며 어명을 기다릴 것을 주장했다.

김득배의 단호한 태도를 보고 안우와 이방실은 일단 물러갔다. 그러나 밤이 되어 다시 김득배를 찾아 와서 설득했다. "정세운을 죽이라는 것은 임금의 명령이니, 우리들이 공을 이루고서 임금의 명령을 받들지 않았다가 후환이 있으면 어떻게 하겠는가." 김득배는 끝까지 반대했으나 안우 등은 기어이 행하려고 했다. 결국 안우와 이방실은 술자리를 차리고 사람을 시켜 정세운을 불러놓고, 정세운이 도착하자 장사들에게 눈짓하여 그 자리에서 격살했다. 이것은 홍건군을 대파한 지 불과 4일 만의 일이었다.

다음날 승전 소식이 공민왕에게 전해졌다. 공민왕이 기뻐하며 정세운과 그 외의 장수들에게 후한 포상을 내렸으나 정세운은 이미 살해된 뒤였다. 정세운이 살해되었다는 소식을 듣고 왕은 이 일이 군사반란으로 확대될 것을 우려하여 이 일을 불문에 부치겠노라는 뜻을 밝혔다.

29일 안우・안우경이 개선하여 행궁(行宮, 행재소)으로 나아가 왕을 알현하고자 중문(中門)으로 들어가려 하니, 김용이 중문 수비원으로 하여금 그의 머리를 철퇴로 치게 했는데, 안우는 얼굴빛 하나 변하지 않고 세 번이나 자신이 찬 주머니를 가리키면서 크게 소리치기를 "잠깐 참아라. 주상 앞에 나가서 주머니에 든 글을 바치고 나서 죽음을 받겠다"고 했으나 철퇴를 가진 자가 다시 쳐서 죽이고 시신을 뜰 아래로 끌어내렸다. 안우의 주머니에 있는 글은 김용이 정세운을 죽이라고 안우 등에게 준 글이다.

공민왕은 이 일을 미처 알지 못하고 왕지(王旨)를 내려 이르기를 "너희들이 맘대로 정세운을 죽여서 몸과 머리가 따로 떨어지게 했다. 그러나 너희를 베지 않는 것은 큰 공이 있기 때문이다"라고 했다.

김용은 공민왕에게 "안우 등이 제 마음대로 주장(主將)을 죽인 것은 전하를 왕으로 여기지 않은 소치이오니, 그 죄를 용서할 수 없나이다" 하고 품하니 드디어 왕지를 내려 "안우 등은 불충하여 제 마음대로 정세운을 죽였는데, 안우는 이미 처단을 받았다. 만일 김득배·이방실을 잡는 자가 있으면 3급을 올려 쓰리라"는 내용의 방(榜)을 붙였다.

곧 대장군 오인택(吳仁澤), 어사중승 정지상(鄭之祥), 만호 박춘(朴椿)·김유(金庾) 등을 보내어 김득배와 이방실을 체포하게 했다. 이날 이방실이 용궁현(龍宮縣, 경북 예천)에 이르렀는데, 박춘이 왕지를 전하니 이방실이 뜰에 내려 꿇어앉았다. 오인택이 칼을 빼어 쳐서 옷을 벗기니 쓰러져 기절했다가 한참 만에 깨어나 담을 넘어 달아났다. 박춘이 쫓아가 잡았다. 이방실이 박춘의 칼을 빼앗으려는데, 정지상 등이 뒤에서 칼로 쳐 죽였다.

김득배는 기주(基州, 경북 영주)에 이르러 변을 듣고 도망하여 산양현(山陽縣, 경남 산청)에 숨었다. 3월 1일 김유·박춘·정지상 등이 찾아서 김득배를 베어 죽이고 상주에서 효수하니 보는 이마다 슬퍼하지 않는 사람이 없었다.

김득배의 제자인 포은(圃隱) 정몽주(鄭夢周)는 당시 직한림(直翰林)이었는데 왕에게 청하여 시체를 수습하고 제사를 지냈다. 다음은 포은이 그를 추모하여 지은 제문과 시이다.

지난 날 홍건적이 난폭하게 침입하여 오니 주상은 피난하고 국가의 운명이 실낱같이 위태로웠습니다. 이러한 때에 공이 앞장서 대의를 부르짖으니 온 나라가 이에 호응했으며 스스로 목숨을 내어놓는 계책을 내놓아 삼한의 왕업을 회복했습니다.

오늘날 모든 사람이 여기에서 먹고 여기에서 잠 잘 수 있는 것이 누구의 공입니까? 비록 죄가 있어도 공으로써 덮어 주어야 옳을 것이며, 죄가 공보다 무거워도 반드시 그 죄를 자복시킨 다음에 베는 것이 옳을 것입니다.

어찌 전쟁에서 돌아온 말의 땀이 마르기도 전에, 승리의 노래 소리가 아직 그치기도 전에 태산 같은 공로를 칼끝에 맺힌 피가 되게 했습니까? 이것이 제가 피눈물로 하늘에 물어보는 바입니다. 저는 그 장렬한 충혼이 구천에서 천추만세토록 소리 없이 울 것을 알고 있습니다. 오호라! 운명이여. 어찌하리오. 어찌하리오.

김득배 원수를 제(祭)함

서생이라 자처하셨으니 글이나 다듬는 것이 어울릴 텐데,
어찌하여 삼군을 맡아 지휘를 하셨던고.
충성한 혼 장한 기백 이제는 어디 계신지,
머리 돌려 청산을 보니 흰구름만 감도는구나.

한편 산동성에서 익도를 포위하고 홍건적과 대치하고 있던 차간테무르가 전풍과 왕사성에게 암살당했다. 익도 포위전이 오래 끌자

전풍과 왕사성은 다시 모반을 꾀하여 불과 10여인의 호위병과 더불어 전풍의 막사를 찾아온 차간 테무르를 암살했던 것이다. 이들은 휘하 군사를 인솔하여 익도성으로 들어갔다. 차간 테무르의 장수들은 코코 테무르를 추대하여 익도 포위전을 계속했다. 코코 테무르와 휘하 장수들은 차간 테무르의 복수를 맹세했다.

코코 테무르 군은 맹렬히 공격을 가했지만 홍건군의 저항도 필사적이었다. 11월 코코 테무르 군은 지하에 갱도를 뚫어 진입하는 전략으로 익도성을 함락시켰다. 익도를 함락시킨 코코테무르 군은 홍건군을 모두 참살했다. 코코 테무르는 전풍과 왕사성의 심장을 꺼내어 차간 테무르의 영혼을 위로하는 제사를 지냈다. 이로써 홍건군은 봉기한 지 12년 만에 소멸되었다.

홍건군이 격파되자 기황후는 재빨리 공민왕에 대한 보복을 추진했다. 원으로 망명한 최유가 이에 앞장섰다. 12월 서북면 만호 정찬(丁贊)이 원에서 공민왕을 폐위시키고 덕흥군(德興君)을 고려 왕으로 세우려 한다는 사실을 고려조정에 알렸다. 덕흥군은 충선왕의 셋째 아들로 몽골 이름은 타시 테무르[塔思帖木兒]이다. 충정왕 3년(1351) 원으로 도망갔다.

기황후가 처음에는 심왕 톡토부카를 고려 왕으로 세우려 했다. 그러나 심왕은 "숙부(叔父, 공민왕)께서 아들이 없으니 세상을 떠난 뒤에는 나라가 누구에게 가겠습니까. 지금 숙부께서 몸에 탈이 없으신데, 내가 어찌 숙부의 왕위를 빼앗을 수 있겠습니까"라며 완강히 거절했다.

공민왕은 기황후가 자신을 폐위하려 한다는 보고를 듣고 신하 중에 딴 마음을 품은 자가 있을까 의심했고 홍사범(洪師範, 홍언박의 아들)을 시켜 보고의 진위를 살피게 했다.

1363년 3월 초 왕은 이공수를 정사로 허강(許綱)을 부사로 원에 보내어 진정표(陳情表)를 올리게 했다. 이공수는 기황후의 외종형이었으므로 정사로 선발되었다. 이공수는 서경에 이르자 고려 태조의 원묘(原廟)를 찾아뵙고 "우리 왕을 복위시키지 못하면 신은 죽어도 돌아오지 않겠습니다"라고 맹세했다.

대도에 도착한 이공수는 홍경궁(興慶宮)에서 순제를 접견했다. 기황후는 이공수를 위하여 음식을 베풀어 후하게 대접하고 "경이 마음을 다하여 우리 어머니께 효도하니 나의 친오빠나 다름 없습니다"라며 반가워 했다. 이공수가 기황후를 설득했다.

> 우리 왕께서 천자를 위하여 적을 쳐서 국가(원 나라)를 위하여 공을 세웠으니, 상을 주어서 장수들을 격려하시는 뜻을 밝히심이 마땅하올진대 어찌 사사로운 감정에 얽매여 공인된 의리를 폐하나이까.
> 병신년(1356)의 화는 우리 집안의 세력이 너무 강성하게 되었는데도 안분자족할 줄을 몰랐기 때문에 일어난 일이었지 왕의 죄는 아니었사옵니다. 그런데 자기의 허물을 모르고 공이 있는 왕을 폐하려 한다면 다음 날에 반드시 천하의 웃음거리가 될 것입니다. 바라건대 황제께 잘 말씀드리어 우리 왕을 다시 왕으로 하고 간신들을 내쫓으소서.

이공수의 말은 기황후를 감동시키기에는 충분했지만 마음을 돌려 놓지는 못했다. 이공수의 노력에도 불구하고 이미 기황후와 밀통한 김용의 공민왕 암살 음모는 무르익고 있었다. 김용은 왕이 개경으로 돌아오고 시국이 정돈되면 진상이 드러날 것을 우려하여 기황후와 내통했다.

기황후는 이공수에게 덕흥군을 받들고 고려로 돌아가라고 했다. 이때 대도에 거주하거나 머물던 고려인들은 대거 덕흥군을 왕으로 받들어 벼슬을 받고 고려로 들어왔다. 그러나 이공수는 "늙은 내가 목을 찔러 그 피를 덕흥군의 수레에 뿌리지 못할망정 굴욕을 참으면서 그를 따르겠는가" 하며 병을 칭탁하고 머물기를 청했다.

기황후와 황태자는 끈질기게 이공수를 회유했으나 그는 듣지 않았다. 다음은《고려사》의 기록이다.

얼마 후에 이공수는 태상예의원사(太常禮儀院使)로 임명되었지만 사양했다.
"신은 궁벽한 곳에서 태어나 자랐으므로 중국어를 잘 모르고 중국의 예절에 정통하지 못하니 어찌 함부로 총애만 믿고 세상의 웃음거리가 되겠습니까. 지방에 널려 있는 장수들이 공을 세우고도 상을 받지 못했습니다. 신은 이 때문에 온 세상이 폐하를 비난할까 두렵습니다."
(순제는) 윤허하지 않았다.
마침 종묘에서 큰 제사를 지냈는데 이공수가 태상경(太常卿)이 되어 의식을 규범에 어긋나지 않게 치렀으므로 보는 이들이 존경했다.
태자가 황제의 명령으로 이공수를 불러 만수산(萬壽山) 광한전(廣寒殿)에 함께 올라갔다. 태자는 광한전의 현판에 써있는 인지(仁智)의 뜻을 물었다. 이공수가 대답했다.
"백성을 사랑하는 것을 일컬어 인이라 하며 사물을 분별하는 것을 일컬어 지라고 합니다. 황제께서 이 두가지로 세상을 다스리면 태평을 이룩할 수 있습니다."

태자가 광한전의 금과 옥으로 된 기둥을 가리키며 "노인께서는 이런 것을 본 일이 있는지요?" 하고 물었다.

이공수는 이렇게 대답했다.

"제왕이 좋은 정치를 베풀면 거처하고 있는 집이 썩은 나무라 할지라도 쇠와 돌보다 견고합니다. 그렇지 못하면 금과 옥이 오히려 썩은 나무보다 못합니다."

태자가 거문고를 타는데 곡을 다 끝내지 못하고 말했다.

"오랫동안 연습하지 않았더니 잊었습니다."

이공수는 무릎을 꿇고 말했다.

"백성을 걱정하는 마음만 잊지 않으시면 됩니다. 거문고 한두 곡쯤 잊은들 무슨 해가 되겠습니까."

황제가 태액지(太液池)에서 뱃놀이를 하고 있을 때 태자가 이공수의 말을 전했다. 이 말을 듣고 황제는 이공수를 칭찬했다.

"짐은 원래 그 노인이 어진 줄 알고 있었다. 너의 외가에는 그 사람 하나가 있을 뿐이다."

하루는 황후가 그의 오빠 기철이 화를 당한 이유를 물었다. 이공수는 이렇게 대답했다.

"재물을 탐내고 원한을 한 몸에 모이도록 하여 화를 면한 자가 드뭅니다. 물의가 거세어 그리 된 것이지 왕의 마음이 아닙니다" 라고 했다. (《고려사》 권 112 열전 이공수)

순제는 공민왕 폐위가 내키지 않았으나 이미 궁중은 기황후와 황태자가 장악하고 있었다. 순제 자신도 홍건군이 북상할 무렵 기황후에게 폐위당할 위기에 몰리기도 했었다.

윤 3월 1일 밤 5경에 자객 50여 명이 공민왕을 시해하려 흥왕사를 습격했다. 이들은 흥왕사 입구를 지키던 군졸들을 죽이고 바로 들어와 "나는 황제의 명을 받들고 왔다"라고 말하고는 지름길로 왕의 침전에 이르렀다. 숙위하던 관리와 환관들과 숙위군사 7, 8명을 죽이니 숙위하던 군사들은 모두 달아났다. 이때 환관 이강달(李剛達)이 왕을 업고 샛문으로 빠져나갔고 용모가 공민왕과 비슷한 환관 안도치(安都赤)는 왕을 대신하여 죽고자 왕의 잠자리에 누웠다. 이강달은 명덕태후의 밀실로 달려가 왕에게 담요를 뒤집어 씌워 숨겨 놓았다. 노국공주는 그 문 앞에 막고 지켰다. 자객들은 왕의 침전에 침입하여 안도치를 죽이고는 일이 성공한 줄 알고 환호하며 만세를 불렀다. 흥왕사에 자객들이 침투한 것과 동시에 김용의 군사들은 재상들을 습격하러 개경의 묘련사 등으로 말을 몰았다. 개경으로 돌아온 후 재상들은 매달 초하루마다 국가의 평안을 기도하는 불공을 드리고 있었다. 우정승 홍언박은 집에 머물다 피살되었다.

이날 좌정승 유탁은 여러 재상들과 더불어 묘련사(妙蓮寺)에 가서 불공을 드리고 있다가 정변 소식을 들었다. 그는 순군만호부에 가서 군사를 모아 반란을 진압하려 했는데 이미 반란군의 기병이 묘련사 어귀에 이르렀다. 유탁 등 재상들은 샛길로 빠져 순군부에 이르렀다. 이날 김용은 묘련사로 가지 않고 왕 시해가 성공하기를 기다리고 있었다. 일이 실패하자 먼저 순군부로 달려가 뒤이어 도착한 재상들에게 "제공(諸公)은 군사를 거느리고 먼저 왕이 계신 곳으로 가시오. 나는 흩어진 군사들을 모아 가지고 뒤따라가리다"라고 했다.

유탁은 김용을 의심하여 순군부에 머물며 지켜보았다. 최영, 우제, 안우경(安遇慶), 김장수(金長壽) 등이 군사를 이끌고 행궁으로 달려가 난을 진압했다. 앞장서서 돌격하던 김장수는 전사했다. 흥왕사에 침입한 혐의로 체포된 자가 90여 명이었으나 김용은 그의 심복 순군제공 화지원(華之元)과 눈짓하며 잡혀 오는 족족 심문도 하지 않고 즉석에서 처형했다. 이 때문에 모든 사람들이 왕의 경호 최고 책임자인 김용을 의심하게 되었다.

난이 진압되자 왕은 강득룡(康得龍)의 집으로 처소를 옮겼고 문무백관들이 주야로 순찰했다. 공민왕은 이인복, 정찬, 우제, 홍선복(洪善福)에게 명하여 반란자들을 국문하게 했다.

공민왕은 말썽을 일으킨 김용에 대해 심문을 면제시키고 단지 경호 책임을 물어 밀성군(密城郡, 밀양)으로 유배시켰다가 그달 하순 김용 일당을 처형했다.

대호군 임견미와 호군 김두(金斗)를 보내어 김용을 계림부로 옮겨 가두고 안렴사 이보림(李寶林) 등과 함께 국문하게 했다. 김용은 "내가 8년 동안에 세 번 재상을 하여 하고 싶은 일을 하지 못한 것이 없었는데, 어찌 주상을 범할 마음이 있었겠는가. 다만 홍 시중을 제거하고 싶었을 뿐이다"고 하며 왕을 시해하려 하지 않았다고 답했다. 그러나 임견미가 "무엇 때문에 안도치를 죽였는가" 하니 김용은 말을 못했다. 김용을 거열형에 처하고 머리를 베어 개경으로 보내었으며 재산을 몰수했다. 그 도당 10여 명을 베었으며 곤장을 때리고 유배 보낸 자도 수십 명이었다. 이로써 김용 일당에 대한 처리가 끝났다. 김용에 대한 신뢰가 너무나 컸던 공민왕은 그 후에도 눈물을 흘리며 "누구를 믿을 수 있는가"라고 탄식했다.

공신 책봉을 통하여 왕권의 안정을 꾀한 공민왕은 다시 개혁교서를 반포하면서 중단되었던 개혁을 계속하려고 했다. 그러나 사정은 순탄하지 못했다. 원의 사신 이가노(李家奴)가 공민왕 폐위를 알리는 조서를 가지고 온다는 소식이 전해진 것이다. 전쟁을 피할 수 없음이 명백해졌다. 왕은 접반사(接伴使)를 파견하여 이가노가 오지 못하게 했다. 그리고 지밀직사사 정찬을 서북면 도안무사로 임명하고 각 령(領)과 사(司)의 군사를 검열하여 남쪽으로 몽진할 경우에 대비했다.

한편 원에 갔던 이득춘(李得春)이 "원의 황제가 덕흥군을 왕으로

고려의 환관제도

고려에서는 환관제도가 초기에는 잘 발달되지 않았다. 초기에 환관은 정원이 10여 명에 불과했으며 승진도 7품까지가 한계였다. 당시 이들의 역할은 궁중 청소나 궁녀들을 관리하는 일이었다. 그러나 늘 궁중에 있는 존재이므로 이들은 왕의 측근 세력으로 성장할 가능성이 컸다.

원래 왕의 측근 세력은 내시였으며 원칙적으로 문신에 한정되었다. 내시의 자격은 1170년 무신란 이후 변화했다. 권력을 장악한 무신들은 무신에게도 내시직을 개방할 것을 요구하여 이를 관철시켰다. 최씨 정권하에서는 주로 최씨 가문의 측근들이 내시가 되어 왕을 감시하는 역할을 했다.

원 간섭기 이후에는 행정능력이 뛰어난 소수의 왕 측근이었던 내시의 성격이 변화하여 다양해졌으며 출신도 각계각층을 망라했다. 몽골과의 전쟁에서 공을 세운 군인들, 원과의 외교에서 실력을 발휘한 몽골어 통역들과 환관도 내시로 선발되었다. 행정실무 이외에 왕의 신변경호가 내시의 주요 임무가 되었다.

원의 간섭기에 원에 보내진 고려의 환관들 중에는 방신우(方臣佑), 고용보 등과 같이 원 황제의 총애를 얻어 고려 내정에 큰 영향을 끼친 자들도 있었다. 원 간섭기에는 환관들의 권력이 증대하고 수가 늘어났다.

공민왕 5년(1356)에 내시부를 설치하여 121명의 환관들을 등록하고 정 2품으로부터 종 9품까지 품계를 주었는데 이는 측근 세력을 강화하려는 조치였다. 홍왕사의 변에서 환관들이 목숨을 걸고 공민왕을 구했으니 왕의 의도는 성공했다고 볼 수 있다.

삼고 기삼보노(奇三寶奴)를 원자(元子)로 삼아 요양의 군사를 발하여 동으로 보낸다"는 소식을 전했다. 기황후가 기삼보노를 덕흥군의 원자로 세운 것은 단순히 공민왕을 축출하겠다는 것이 아니고 고려 왕조를 멸하고 기씨 왕조를 세우겠다는 뜻이었다. 공민왕은 우선 군사를 동원하여 방비태세를 갖추기로 결정했다. 당일로 각지의 도병마사를 새로 임명하고 특히 서북면, 동북면의 경계를 강화했다.

공민왕 폐위조서를 들고 이가노가 7월에 개경에 들어왔다. 고려 영내에 들어오기 전 밀직부사 우제가 만나 설득했으나 이가노는 위험을 무릅쓰고 6월 고려에 들어왔다. 고려에 들어오자 공민왕은 그 수행원을 잡아오게 하여 자초지종을 묻기도 했다. 이가노가 왕을 알현할 때 공민왕은 나가지 않고 군사를 정렬해 놓고 백관으로 하여금 맞이하게 했다. 고려 조정은 이가노에게 공민왕 폐위의 부당함을 호소하는 고려 백관과 기로의 글을 전해주었고 이것을 받고 이가노는 원으로 떠났다. 떠날 때도 군사를 정렬하고 백관이 환송했다.

8월 기황후가 보낸 원군의 침입이 임박한 가운데 재상 중에는 왕에게 남쪽으로 피난하도록 권하는 자도 있었다. 공민왕도 이 권유를 타당하다고 여겼으나 전리판서 오인택(吳仁澤)은 친정을 주장했다.

"홍건적의 난 때에 남으로 피난했어도 수복할 수 있었던 것은 저들이 세상을 어지럽히는 도적들이었으므로 사람마다 가슴에 분노를 품고 구름 같이 모여 들어 결사적으로 싸워 섬멸했기 때문입니다. 그러나 덕흥군은 홍건적의 무리와 다릅니다. 그가 지나는 곳은 모두 그의 백성이 될 것이니 대가(大駕, 임금의 수레)가 일단 남으로 가면 도성 이북은 누가 전하를 따르겠습니까. 이번 전쟁에서는 전하의 친정이 상책입니다."

이것은 일리 있는 말이었으므로 그 후로는 남쪽으로 가자는 논의가 그쳤다.

덕흥군의 군사가 12월에 요동까지 들어와 주둔했고 척후 기병이 자주 압록강에 출몰하여 고려의 동태를 정탐했다.

공민왕은 전선의 장수들이 덕흥군에 붙어 반란을 일으킬 것을 염려하여 중앙으로부터 직접 군 지휘명령을 받게 했다. 장수들이 조심스러워 마음대로 전략을 결정하지 못했다. 그래서 적을 칠 기회를 잃을 때가 많았다. 군사들은 여름에 전선으로 나와 겨울이 되도록 교대를 하지 못하고 양식도 떨어져 아사자와 동사자가 속출했다.

이렇듯 전투하기도 전에 군사가 지치자 공민왕은 경천흥으로 하여금 서북을 지키게 하고 안우경 등 여러 장수는 압록강을 건너가서 공격하라고 명령했다. 그러나 이것은 현실을 모르는 군령이었다. 여름에 동원된 사졸들은 추위와 굶주림에 지쳐 고향으로 돌아갈 생각만 가득했다. 압록강을 넘어 진격하다가는 투항이나 탈영이 속출할 가능성이 높았다. 그렇다고 장수들이 어명에 따르지 않는 것은 왕에 대한 반역이었다.

지략이 뛰어난 이인임은 왕의 군령을 철회시킬 방안을 세웠다. 먼저 도원수부의 진무(鎭撫) 하을지(河乙沚)에게 당부했다.

"우리 군사는 추위와 굶주림으로 밤낮으로 돌아갈 생각만 하는데, 어찌 딴 마음이 없겠나? 다만 군법을 두려워하여 감히 그러지 못할 뿐이네. 근래 이 도순찰사(이귀수)가 봉주로 갔을 때 그 군사들이 반란을 도모하여 베어 죽인 일만 보아도 알 수 있지 않은가! 그러니 압록강을 건너가서 친다는 것은 어불성설이네. 도원수(경천흥)의 성품은 의심이 많아서 결단을 잘 내리지 못할 것이야. 그러니 내가 도원수에게 완곡히 청할 터이니 자네는 이 일을 주상께 잘 아뢰어 주게."

그리고는 이귀수의 군졸이 반란을 일으킨 일을 보고하는 글을 하을지에게 주어 보내면서 당부했다. "자네가 개경으로 가면 주상이 반드시 인견할 것이야. 자네는 이 글을 올리면서 다른 말을 하지 않도록 조심하게. 주상이 깨닫고 반드시 회군을 명할 것이네."

하을지는 그 말을 믿고 개경으로 갔다. 왕은 글을 읽고 크게 놀라 문서를 만들 겨를도 없이 구두로 도강하지 말라는 어명을 내렸다. 하을지가 급히 서경으로 돌아왔으나 공문이 없었다. 이인임이 하을지에게 말했다. "지금 군이 강을 건너려고 하는데 도원수가 공문이 없다고 거절하여 머뭇거리고 결정을 내리지 않으면 어쩔 것인가. 내가 먼저 만나 도강의 손익에 대하여 충분히 논의할 것이니 그후에 자네가 원수부로 들어오게."

이인임은 곧바로 경천홍을 찾아가 조용히 말했다. "공은 일찍이 상주 목사를 지냈는데 처음 부임할 때의 민심이 그만 둘 때와 비교하여 어떠했습니까?"

경천홍은 "민심이 처음 때만 못했소" 라고 대답했다.

이인임이 설득했다.

"오늘의 일은 이와 거의 같습니다. 주상은 옛 임금이고 덕흥군은 새 임금인데, 어리석은 백성들은 다만 편안하고 배부른 것을 즐거움으로 알지 어찌 옳고 그름이 어디 있는지 알겠습니까? 더구나 우리 군사는 싸움터에 임한 지 오래되어 모두 돌아갈 생각만 하고 있습니다. 하루아침에 압록강을 건너게 하면 어떤 변란이 날지 예측하기 어렵습니다. 군사를 거두어 주둔지로 돌아가 압록강을 굳게 지키고 저들이 강을 넘어오지 못하도록 막는 것이 상책입니다."

경천홍이 두려워하여 말했다. "일이 이미 이와 같이 되었는데 어찌 하겠소? 하을지는 언제 돌아오려는지? 틀림없이 나라의 처분이 있을 것이오."

잠시 후에 하을지가 원수부에 들어와 왕의 명령을 전했다. 경천홍은 기뻐하여 그 자리에서 여러 장수를 소집하여 각자의 병영으로 돌아가게 했다.

공민왕 13년(1364) 정월 최유가 1만 군사를 이끌고 압록강을 건너 의주를 포위했다. 최유의 군사는 몽골족과 한족이 대부분이었다. 도지휘사 안우경이 적군과 전투를 벌여 일곱 차례나 물리쳤으나 끝내 패하고 도병마사 홍선이 사로잡혔다. 고려군은 퇴각하여 안주를 지키게 되었다. 최유는 남진하여 선주에 입성했다. 공민왕은 찬성사 최영을 도순무사로 임명해 정병을 이끌고 안주로 급히 달려가 모든 군사를 지휘하게 했다. 또 이성계에 명하여 동북면으로부터 정예 기병 1천을 거느리고 안주로 가라고 령을 내렸다.

이어 안우경·이귀수·지용수(池龍壽)·나세(羅世)가 좌익군이 되고 이순·우제·박춘·이성계가 우익군이 되고 최영이 중군이 되어 정주에 이르렀다. 18일 고려군은 수주(隨州)의 달천에 주둔한 최유의 부대를 쳐서 크게 이겼다.

압록강을 넘기 전 최유는 "고려왕이 장수와 군사를 협박하여 서북면을 지키게 했으니, 신왕(新王)이 온다는 소문을 들으면 싸우지도 않고 흩어질 것이다. 일이 성공하면 고려의 재상 이하 관리의 재산을 상으로 주겠다"고 선전했다. 최유의 군사는 이 말을 믿었으나 압록강을 넘어오자 항복하는 고려군은 한 사람도 없었다. 달천에서 대패하고는 싸울 뜻을 잃은 최유의 군사는 밤에 진지를 불사르고 달아났다.

고려군이 추격했으나 따르지 못해 뒤처진 군사만 죽이거나 포로로 했다. 최유가 압록강을 건너 대도에 이를 때 남은 군사는 불과 기병 17명에 불과했다.

최유의 침입을 물리친 고려의 장수들은 공민왕에게서 특별한 대접을 받았다. 2월 초 이들이 개선하자 왕은 담당 관청에 명하여 어가(御駕)를 맞이하는 의식으로 맞게 했고 백관들은 국청사(國淸寺)의 남교(南郊)에서 잔치를 베풀어주었다. 또한 역적들의 재산을 장수들에게 분배했다. 그러나 원의 황제 순제가 공민왕 폐위를 취소하기 전에는 안심할 수 있는 상황이 아니었다.

대도에 머물고 있는 이공수·홍순(洪淳)·허강·이자송(李子松)·김유·황대두(黃大豆)·장자온(張子溫)·임박 등은 기황후 일파가 덕흥군 옹립 책동을 포기하지 않고 있음을 알고는 서신을 작성하여 은밀히 고려로 보냈다.

볼로드 테무르와 어사대부 토켄 테무르는 순제에게 "고려왕은 공이 있을지언정 죄는 없으며, 소인배에게 욕을 당했으니 청컨대 소인배를 먼저 치죄하소서"라고 권했다. 이들의 권유로 순제는 공민왕을 다시 고려왕으로 인정하는 복위조서를 고려에 보냈다.

9월에 원에 갔던 장자온이 돌아와 볼로드 테무르가 순제에게 권하여 왕이 복위되었고 최유를 압송하고 있다고 전했다. 공민왕은 크게 기뻐하며 장자온에게 후히 상을 내렸다. 이어 원에 사신으로 갔던 홍순, 이자송, 김유, 황대두, 문익점 등도 귀국했다. 이때 문익점은 목화씨를 가지고 왔다.

공민왕의 정식 복위조서는 10월에 개경에 전달되었다. 원이 최유를 개경으로 압송해 보내자 공민왕은 그를 순군옥에 가두었다가 곧 참수했다.

　무장들의 지나친 정치적 성장과 그에 따른 왕권의 제약은 공민왕이 즉위 이래 추진해 온 왕권의 강화와 개혁정치와는 상치되는 것이었다. 따라서 상황 타개를 위해 왕은 새로운 조치를 취해야 했다. 그러나 왕 자리를 유지할 수 있는지 의문이 드는 상황에서는 불가능했다. 원 제국이 공민왕을 인정했으므로 공민왕은 다시금 내정 개혁에 눈을 돌릴 수 있게 되었다.

　1365년 2월 갑진일 노국공주가 난산으로 세상을 떠났다. 공민왕은 지나치게 슬퍼하면서 불사를 크게 일으키는 등 상당히 불안정한 심리 상태를 보였다. 왕은 친히 공주의 초상화를 그려 두고 밤낮으로 마주 앉아 산 사람을 대하듯 했다. 또한 3년 동안 고기반찬을 들지 않았다.

　그 사이 원의 조정에서는 순제의 우유부단함으로 인해 볼로드 테무르와 코코 테무르 사이의 갈등이 더욱 심화되고 있었다. 주원장은 파죽지세로 세를 확장하여 호남, 호북, 강서 지역을 모두 장악하고 있었다. 주원장은 고려에 사신을 보내 갑옷과 창을 방물로 바치는 등 고려와의 우호관계를 유지하기 위해 노력했다.

신돈의 등용과 개혁

노국공주를 잃은 슬픔을 잊고
공민왕은 5월에 승려 신돈(辛旽, 遍照)을 사부로 삼아 국정을 자문하고 새로운 개혁을 시도했다. 홍건군의 침입과 기황후의 공민왕 축출 기도로 내정을 돌볼 여유가 없어 개혁이 중지된데다가 무장 세력이

> **공민왕의 화격(畵格)**
>
> 고려 시대에는 수많은 화가가 배출되었는데 왕 가운데 충선왕과 공민왕이 화가로서 품격이 높았다. 공민왕이 그린 그림은 많으나 현존하는 것은 천산대렵도(天山大獵圖)의 일부이다. 《용재총화》에는 공민왕의 그림에 관한 평이 있다. "물건의 형상을 묘사함에는 하늘이 준 재주가 아니면 정미할 수가 없고 한 물건에 정미하여도 모든 물건에 정미하기는 더욱 어렵다. 이런 기준에서 볼 때 우리나라에는 명화가 매우 적다. 그러나 공민왕의 화격만은 매우 높다. 지금 도화서(圖畵署)에 소장된 노국대장공주의 진영과 흥덕사에 있는 석가출산상은 모두 공민왕이 손수 그린 그림이다. 간혹 큰 부잣집에 산수를 그린 것이 있는데 비할 데 없이 뛰어나다." 《용재총화》 권 1)

지나치게 비대해져 왕권이 불안했던 것이다. 이를 타개하기 위해 신돈을 파격적으로 중용했다.

원래 신돈은 공민왕 8년(1359) 무렵 김원명(金元命)의 소개로 왕을 처음 알게 되어 궁중에 드나들었다. 신분은 미천했으나 총명하여 불교를 독실히 신봉하고 있던 왕의 총애를 받았다. 그러나 정세운과 이조년의 조카 이승경(李承慶)이 그를 몹시 미워하여 죽이려고까지 했으므로 공민왕이 피신시켰다. 신돈은 정세운과 이승경이 죽은 후인 공민왕 13년에 두타승(頭陀僧, 떠들면서 온갖 괴로움을 무릅쓰고 불도를 닦는 승려)이 되어 다시 왕을 알현할 수 있었다.

공민왕이 신돈을 중용한 것은 파벌을 형성하지 않아 주위의 압력에 좌우됨 없이 뜻한 대로 일을 처리할 것으로 보았기 때문이었다. 당시 공민왕은 재상들과 뜻이 잘 맞지 않았다. 왕은 재상들의 출신에 대해 이런 생각을 갖고 있었다. "첫째, 세신 대족(世臣大族)은 파벌이 뿌리 깊게 이어져 서로 엄폐해 준다. 둘째, 초야의 신진들은 감정과 행동에 가식이 있고 명망을 얻어서 귀하게 되면 가문이 한미한 것을 부끄러워하여 대족들과 혼인하여 초심을 모두 버린다.

셋째, 유생들은 유약하고 강인한 기질이 부족한데다 또 문생(門生)이니 좌주(座主, 시험관)니 동년(同年, 과거 급제자 동기)이니 하여 서로 무리를 이루어 정에 이끌린다. 이 3자는 모두 기용할 것이 못 된다."

공민왕은 세속에 물들지 않은 독립적인 인물을 얻어 그를 크게 기용하여 되풀이되는 묵은 폐단을 개혁할 것을 생각하던 차에 신돈을 만났다. 왕은 "도를 얻고 욕심이 적으며 또 미천하여 친당이 없으니 큰일을 맡기면 반드시 뜻대로 행하여 거리낌이 없으리라"고 보고 드디어 승려 가운데 발탁하여 국정을 맡겨 의심치 아니했다. (《고려사》 권 132 열전 신돈전)

유생은 문신과 과거 급제자 및 진사 나아가서는 그들 자제들까지 포괄하여 지칭하는 용어이나 대개는 과거 출신의 문신들을 의미한다. 과거 출신 관료들이 파당을 결성하는 일은 과거제가 시행된 나라에서는 늘 있는 일이었다. 공민왕은 문벌 귀족, 초야 신진, 유생 모두를 사적 이익에 매달리는 무리로 보고 연고가 없는 신돈을 등용하여 파격적인 권한을 준 것이다. 신돈의 등용과 더불어 정치 체제에도 변화가 와 내재추(內宰樞) 제도가 시행되었다. 내재추 제도는 도평의사사의 권한을 제한하기 위하여 궁중에 재신과 추밀의 일부를 두어 주요 정무를 처리하는 것이다.

개혁은 전민추정사업에서부터 시작되었다. 신돈은 5월 전민추정도감(田民推整都監)을 설치하고 중외에 다음과 같은 방을 붙여 그 취지를 알렸다.

근래에 기강이 크게 무너져 탐욕스러움이 풍속이 되었다. 그리하여 종묘, 학교, 창고, 사원, 녹전(祿田), 군수전(軍須田) 및 백성들 중 세업전민(世業田民, 대대로 같은 토지에서 농사짓는 사람)은 호강(豪强)의 집에서 거의 다 탈점했다. 혹 이미 환부가 결정된 것도 그대로 가지고 있으며 혹은 백성을 노예로 받아들이니 주현의 역리와 관노, 백성으로서 공역(公役)을 도피하는 자가 모두 그곳으로 흘러가 숨는다. 이렇게 하여 광대한 농장을 두게 되니 백성은 병들고 국가는 여위어간다. 이제 도감을 두어 그것을 추정하려 중경은 15일, 각 도는 40일을 기한으로 하노니 그릇된 것을 깨닫고 스스로 고치는 자는 묻지 아니할 것이요, 만일 기한이 지난 뒤에 일이 발각되면 법으로 다스릴 것이다. 그리고 망령되이 호소하는 자는 반좌율(反坐律, 무고 혹은 위증죄)로 다스릴 것이다.

농장의 확대는 충렬왕 이래 계속되어 온 일로 가장 큰 사회문제였다. 더욱이 공민왕 12년의 대대적 공신 책봉에 따른 대규모 토지 급여는 농장 확대를 더욱 조장했다. 이에 따라 대토지 소유자가 국역을 부담하는 농민을 지배하여 국가는 재정 수입이나 국방 의무를 담당할 인적 자원이 부족해지므로 이를 가장 경계할 수밖에 없었다. 그러므로 전민추정사업(권세가들이 불법적으로 뺏은 토지를 원주인에게 돌려주고 억울하게 노비가 된 사람을 야인으로 만드는 일)이 신돈 등용과 더불어 곧바로 시작된 것은 당연한 일이었다.

전민추정도감은 신돈과 임박(林樸)이 중심이 되어 의욕적으로 추진했다. 전민추정사업은 백성들의 지지를 받으며 성과를 거두어 노비로서 양민이 된 자들은 성인이 출현했다고 찬양했다. 그러나 《고려사》와 《고려사절요》에 단편적인 기록만 남아 있어 구체적인 성과는 알 수 없다.《고려사》편찬자가 신돈을 극히 부정적으로 보는 입장이면서도 이 정도 기록을 남긴 것은 이때의 전민추정사업이 광범위하게 이루어져 상당한 영향을 미쳤음을 반증하는 것이다.

전민추정도감의 활동과 더불어 무장 세력 숙청이 병행되었다. 공민왕 14년 5월부터 9월에 이르기까지 유배 혹은 파직되거나 군(君)으로 봉하여져 현직에서 물러난 사람이 최영·이귀수·경천홍 등을 비롯하여 모두 25명이나 되었다.

전민추정사업에 이어 관료체계의 정비와 관료양성을 위한 교육개혁이 함께 추진되었다. 그동안 전쟁으로 군공을 세운 이들을 포상하느라 첨설직이 양산되었는데 공민왕 16년(1367)에 이들 산관의 서울 시위를 법제화하여 국방력을 확충했다.

교육면에서는 국학의 중흥을 도모했다. 공민왕 16년 임박이 숭문관(崇文館) 옛 터에 홍건적의 침입으로 타버린 국학을 중건하자고 건의했고 왕은 성균관을 중건하고 생원 수를 늘리는 등 본격적인 교육개혁에 나섰다.

이런 개혁의 영향으로 일군의 과거 급제자 출신의 관료들이 정치세력화하기 시작했는데 이들의 성장이야말로 신돈 집권기의 가장 두드러진 변화라 할 수 있다. 이들 중 대표적인 인물은 정몽주(鄭夢周)·이숭인(李崇仁)·김구용(金九容)·박상충(朴尙衷)·박의중(朴宜中) 등으로 대체로 공민왕 9년 이후 과거에 급제하여 공민왕 16년 성균관을 다시 지을 때 학관(學官)으로 참여하여 정치세력으로 성장했다.

이들 신흥 관료들의 신돈에 대한 태도는 다양했다. 임박과 같이 신돈에 밀착하여 정치개혁에 적극 참여한 자가 있는가 하면 이존오는 신돈을 논핵하다가 축출되었고 김제안(金齊顔)은 신돈 제거 모의에 참여하다가 피살되기도 했다. 이색·정몽주·정도전·박상충·박의중·김구용·이숭인·윤소종(尹紹宗) 등은 현실을 인정하여 개혁에 참여했다.

　권력에서 소외된 무장 세력은 신돈을 제거하려 했다. 공민왕 16년 10월 오인택, 경천흥, 안우경 등이 모여 신돈 제거를 논의했다. 신돈이 이 소식을 전해 듣고 공민왕에게 알렸다. 신돈이 사직을 하겠다고 하였으나 공민왕은 모의 가담자들을 색출해 엄벌에 처했다.

| 10장 |

고려와 명의 대립

원의 쇠퇴와 고려의 삼각외교

공민왕이 국난을 극복하고 신돈을 앞세워 개혁을 추진하던 시기에 원 제국의 내전은 더욱 어지러이 전개되었다. 강남에서는 주원장이 군웅(群雄)을 차례로 평정하고 중원의 패자로 자리잡아 갔다. 공민왕은 중국내의 여러 세력들에게 사신을 파견하여 혼란을 거듭하고 있는 중국 정세를 탐지하고 안정된 국제관계를 유지하기 위해 노력했다.

원 황실의 분열

주원장이 세력이 날로 강성해지고 있는 중에도 볼로드 테무르와 코코 테무르 간의 세력다툼으로 인해 원 제국의 정치는 혼미를 거듭하고 있었다. 1365년 3월에 우승상 사스강과 환관 박테무르부카는 순제에게 볼로드 테무르가 모반을 꾀한다고 탄핵하여 그 관작을 깎고 병권을 박탈하게 했다. 황태자 아이유시리다라는 순제를 강압하여 코코 테무르에게 볼로드 테무르를 토벌하라는 조서를 보내도록 했다. 그러나 그는 도리어 볼로드 테무르의 반격을 받고 대도를 빠져나가 고북구(古北口)로 피신해야 하는 수모를 겪었다. 순제는 사스강과 박테무르부카를 잡아 보내고 이전의 관작을 다시 주어 볼로드 테무르를 달랬다.

태원으로 간 아이유시리다라는 감숙, 요양, 섬서 지방에 산재한 군사를 모았다. 1365년 3월 경신일 아이유시리다라는 코코 테무르, 이사제와 여러 친왕들에게 볼로드 테무르 토벌령을 내렸다. 이에 맞서 볼로드 테무르는 기황후를 제색총관부(諸色總管府)에 유폐하고 토켄 테무르, 예수 부카[也速不花] 등을 시켜 코코 테무르 군을 막게 했지만 도중에 예수부카가 코코 테무르와 연합함으로써 전세가 급격히 기울게 되었다. 결국 볼로드 테무르는 피살되고 토켄 테무르와 로테샤는 도주했다. 순제는 볼로드 테무르의 목을 담은 상자를 아이유시리다라가 머물고 있는 기녕(冀寧)으로 보내며 소환령을 내렸다.

기황후와 아이유시리다라는 이 기회를 이용, 다시 순제를 퇴위시키려 책동했다. 이는 원 제국에 결정타가 되었다. 기황후는 코코 테무르에게 밀지를 보내 아이유시리다라를 받들어 대도로 올 때 순제를 협박하여 선양을 받아낼 것을 지시했다.

9월 코코 테무르와 아이유시리다라는 대도에 입성했다. 그러나 코코 테무르는 휘하 군사를 대도 30리 바깥에 머물게 하여 기황후의 선양 책동을 거부했다. 이 때문에 기황후와 아이유시리다라는 코코 테무르에게 원한을 품었다. 윤 10월 순제는 코코 테무르를 하남왕에 봉하고 군 통수권을 주어 반란군 토벌에 나서게 했다. 이사제, 장량필,

토리포(脫列伯), 공흥(孔興) 등의 군벌에게도 코코 테무르의 지휘를 받을 것을 명했다.

내란이 한참 진행 중이던 8월에 바얀후투 황후가 세상을 떠나자 기황후가 드디어 정황후로 책봉되었다. 순제는 처음에는 거부했으나 기황후 일파가 궁중을 완전히 장악했으므로 어쩔 수 없이 받아들였다. 이달 토켄 테무르가 잡혀 죽었다.

1366년 2월 코코 테무르가 하남에 와서 행정을 정비하고 군마를 조련하기 시작했는데 섬서 지방의 장량필이 지휘받기를 거부했다. 코코 테무르가 부하 장수 관보(關保)와 호리치[虎林赤]를 보내어 장량필을 공격하게 하니 다시 내전이 시작되었다. 이사제, 토리포, 공흥 등이 모두 장량필에 합세했다. 이사제, 장량필, 토리포 등은 이사제를 맹주로 추대하고 코코 테무르에 항거할 것을 맹세했다.

기황후가 정황후가 되자마자 황태자 아이유시리다라에게 천하병마의 지휘권을 주는 순제의 조서가 내려졌다. 이는 아이유시리다라가 원 제국의 모든 군사권을 쥐게 된 것을 의미하는 정도가 아니라 황제의 권한을 모두 얻었음을 의미했다. 명실공히 제국의 실권을 쥐게 된 기황후 세력은 적극적으로 코코 테무르 제거를 추진하기 시작했다. 곧이어 코코 테무르가 군명을 어겼으니 토벌하라는 조서가 코코 테무르의 부장 맥고에게 내려졌다. 10월 1일 맥고의 부대가 코코 테무르의 근거지인 산서로 진군하여 맹주·흔주·곽주를 함락하고 진정(眞定)을 공격했다.

코코 테무르는 맥고·관보를 기습하여 대패시키고 포로로 잡았다. 이를 순제에게 고하니 순제는 군법에 따라 처치하라 했고 코코 테무르는 이들을 처형했다.

1366년 6월 공민왕은 밀직제학 전녹생(田祿生)을 보내어 천하총병관 하남왕 코코 테무르를 예방하게 했다. 또한 볼로드 테무르를 토벌한 것을 축하하는 사신을 원의 황태자에게 보냈다. 그러나 전녹생은 코코 테무르를 만나지 못하고 귀국했다. 원의 황태자 아이유시리다라가 방해한 탓이었다. 황태자는 전녹생에게 귀국하도록 명령했다. 서장관으로 따라간 군부좌랑 김제안(金齊顔)이 전녹생에게 말했다. "공은 대신이라 머무를 수 없으니 제가 머물러 있다가 반드시 하남에 사명을 전하겠습니다." 김제안은 병을 핑계로 대도에 머물다가 기회를 보아 단기로 코코 테무르에게 달려갔다.

김제안은 코코 테무르를 만나 자신의 입장을 전했다. "우리 왕이 총명하고 인자하면서도 병법에도 밝아 앉은 자리에서 100만이나 되는 홍건적을 소탕하여 원의 황실을 평안히 하는데 천하의 선봉이 되셨습니다. 대왕의 충의가 널리 알려져 우리 임금께서도 대왕과 함께 동·서에서 서로 힘을 합하여 참란한 자들을 평정하고 원 황실을 돕고자 합니다." 코코 테무르는 이 제안을 흔쾌히 받아들였다.

코코 테무르는 본래 차간 테무르 누이의 아들로 자식이 없던 차간 테무르가 양자로 맞아들였다. 코코 테무르의 한자 이름은 왕보보(王保保)이다. 즉 그의 생부의 성씨는 왕씨이다. 왕씨는 한족의 흔한 성씨이기도 하지만 고려의 국성이기도 하다. 몽골 귀족이 고려 귀족이나 왕실과 통혼한 경우는 적지 않다. 한족을 멸시했던 원 제국에서 명문 귀족이 한족의 왕씨하고 통혼했다고 상상하기는 어렵다. 그렇다면 코코 테무르의 생부가 고려 왕족일 가능성도 크다. 굳이 추리한다면 영녕공 왕준의 자손이 아닐까 한다.

김제안은 사명을 완수하고 11월 고려로 돌아왔다.

대도가 명에 함락되다

1365년 10월 오왕 주원장은 장사성 토벌에 나섰다. 주원장은 장사성의 영토 가운데 우선 양자강 이북을 목표로 삼았다. 서달, 상우춘, 풍국승 등에게 군사를 주어 원정을 하도록 하여 1366년 2월 고우(高郵)를 함락했다. 장사성으로서는 크나큰 타격이었다. 서달은 연이어 회안로(淮安路)·서주(徐州)·숙주(宿州)·호주(濠州)·사주(泗州)·영주(潁州)·안풍로(安豊路)를 점령했다.

오왕 주원장이 자신에 대해 다음과 같이 말했다고 한다.

짐은 옛날 어렸을 때 스스로 말하기를, 내 일평생은 전야의 일개 농민으로 끝날 것이라고 했다. 그러나 곧 병란을 만나 행오(行伍)에 투신했는데 이것 역시 보신지계(保身之計)에 지나지 않았다.

과거를 미화하거나 성공에 자만하고 자찬하지 않는 것이 주원장의 장점이었다. 주원장은 숙주의 주민에게 글을 내려 "원이 실정하여 군웅이 봉기했는데 그 중에 의(義)를 빌어 사(私)를 도모하는 자가 있으니 바로 장사성이다"라고 비난했다.

주원장의 군사는 장사성의 지배를 받는 태주(泰州)를 점령하고 연전연승하여 호주로(湖州路)를 점령했다. 이어 항주로(杭州路)·소흥로(紹興路)·가흥로(嘉興路)를 점령했다. 이로써 장사성은 모든 영역을 잃고 수도인 평강부만 남았다. 장사성은 포위된 평강성을 굳게 지켰다. 장사성은 주원장 군에게 포위당한 채 1년 가까이 평강성을 지켰다. 그러나 결국 패하여 1367년 9월 평강성은 함락되고 장사성은 포로로 잡혔다가 자결했다. 이리하여 주원장과 겨룰 수 있는 세력은 모두 평정되었고 방국진, 명옥진(明玉珍) 등 미약한 세력만이 남았다.

이제 주원장에게 남은 과제는 황제로 즉위하는 일과 원 제국을 몰아내는 것이었다. 1367년 10월 주원장은 한편으로는 탕화(湯和)와 오정(吳禎)으로 하여금 방국진을 토벌하게 하면서 북벌의 계책을 논의했다. 상우춘이 원의 수도를 공격하자고 한 데 대해 주원장은 먼저 산동지방을 취해 대도의 울타리를 없애고 황하와 회하 지역을 누른 후 동관을 함락시키는 방식을 제안했다. 여러 장수들이 모두 좋은 계책이라고 했다.

21일 주원장은 서달(徐達)을 정로대장군, 상우춘을 정로부장군으로 임명하고 25만의 북벌군을 일으켰다. 서달의 부대는 회수를 돌아 황하 유역으로 진격했다. 11월 탕화는 경원을 함락했다. 방국진은 바다로 달아났다가 다음달에 주원장에 항복했다. 서달은 기주(沂州)를 함락하고 왕선을 참수했고 익도(益都)도 점령했다. 1368년 정월 4일 오왕 주원장은 응천부에서 황제 즉위식을 올렸다. 국호를 명(明)이라 정하고 연호는 홍무(洪武)라 했다.

같은 달에 요양성 평장 홍보보(洪保保)와 하라부카 등이 부얀 테무르[卜顔帖木兒]를 객성대사(客省大使)로 고려에 보내어 명나라의 군세가 매우 강성하니 고려가 방비에 전력하기를 청한다는 뜻을 전했다.

명군은 주원장의 계책대로 먼저 산동 지방을 평정하고 3월에 동관으로 들어가 이사제를 공격했다. 이사제는 전쟁 물자를 버리고 봉상으로 달아났다. 4월 8일 서달과 상우춘 군이 원군을 낙수(洛水)의 북안에서 대파하고 하남을 포위했다. 하남을 지키던 원의 양왕(梁王) 아로온(阿魯溫)이 항복하여 명은 하남을 평정했다. 26일 풍승(馮勝)

은 동관을 함락했고 이를 지키던 이사제와 장사도는 달아났다. 7월에 마침내 명 태조가 대도로 진격했다.

순제는 위기가 임박했음을 깨닫고 코코 테무르를 다시 하남왕에 봉하여 남정을 명하고 톡로 테무르와 이사제에게도 출병하라 했다. 그러나 때는 이미 늦었다. 내전에 지친 이들은 출병할 여력이 없었다. 28일 순제는 기황후, 황태자, 문무백관을 모이게 하여 대도를 버리고 북으로 도피할 것을 논의했다. 좌승상 시레문, 지추밀원사 흑시, 고려인 환관 조바얀부카[趙伯顔不花] 등이 북행은 불가하다고 간했으나 따르지 않았다. 조바얀부카가 통곡하며 간했다.

세조께서 어떻게 얻으신 천하인데 폐하께서 죽음으로 지키는 것이 마땅하지 어찌 버리십니까! 신들이 군민과 여러 겁설알(怯薛歹, 부대의 명칭)을 이끌고 밤에 성문을 나가 교전할 터이니 폐하께서는 경성을 굳게 지키소서.

그러나 순제는 끝내 듣지 않고 심야에 문무백관과 함께 황급히 대도를 빠져나갔다. 상도가 목적지였다. 감국으로 임명된 회왕(淮王) 테무르 부카[帖木兒普化], 대도로 총관 곽윤중(郭允中) 등이 남아 대도를 지키다 장렬히 전사했고 명군은 8월 2일 대도에 입성했다.

명군이 대도에 입성하기 하루 전날인 8월 1일 명 태조는 응천부를 남경으로, 개봉을 북경으로 정했다. 8월 14일에는 대도를 북평(北平)으로 고쳤다.

대도에 거주하는 고려인 가운데도 피신하여 귀국하는 이가 많았다. 후에 이성계의 심복이 되어 명과의 외교에 공을 세운 조반(趙胖)도 이때 고려로 돌아왔다.

원 순제가 북쪽으로 도주할 당시 원의 잔존 세력은 크게 네 갈래로 나누어 볼 수 있다. 첫째는 순제를 따라 상도에 집결한 부대이다. 둘째는 섬서·감숙 일대에 있던 코코 테무르의 부대로 원군의 주력이었다. 셋째는 요동을 비롯하여 만주 지역에 주둔하고 있던 여러 몽골 장수의 부대이다. 넷째는 운남(雲南) 지방의 양왕(梁王)이다.

이 중 셋째 부류는 통합이 이루어지지 않고 분산되어 있었고 운남의 양왕은 그 세력이나 지리적 거리로 보아 당장 명에 위협이 되지는 않았다. 그러므로 명 태조는 원 순제 추격과 코코 테무르 세력 소멸에 군사력을 집중시켰다. 원에서는 고려에 원병을 청하여 반격하려 했다. 결국 10월에 서달에 의해 태원이 점령되었고 코코 테무르도 감숙 지방으로 쫓겨났다.

원의 대도가 명에 함락되었다는 소식이 고려조정에 전달되었다. 공민왕은 백관을 소집하여 명과의 통교 여부를 논의했다. 논의 결과 예의판서 장자온을 주원장에 보내어 명의 사정을 살펴보기로 했다. 장자온은 남경에 가서 6부와 어사대의 환대를 받고 돌아왔다. 그런데 역사서에 기록은 없으나 그해에 명 태조의 사신이 먼저 고려에 온 것은 포은 정몽주의 시로 확인할 수 있다. 포은의 문집에 '송항주사(送杭州使)'라는 시가 있다.

오왕이 보낸 사절 하늘 동쪽에 이르니
열 폭 돛이 날아 길이 절로 트였네.
길가는 중에도 세월은 유유히 흘러
산천은 꿈결에도 역력히 보이네.
두 나라의 두터운 뜻은 푸른 바다와 같으니

만리 길 돌아갈 때 순풍을 얻겠도다.
뒷날 고소대 위에서 바라보게 되면
봉래산과 영주 아니 보여도 물과 하늘은 이어지리.

정몽주는 공민왕 14년 11월 모친상을 당했다가 삼년상을 마친 후 공민왕 16년 12월 예조정랑 겸 성균관박사로 임명되어 예의와 외교에 관한 업무를 담당했다. 그러므로 주원장의 사신이 뱃길로 고려에 도착한 때는 공민왕 17년(1368)의 일로 볼 수 있다. 파견 시기는 주원장이 오왕(吳王)으로 표기된 것으로 보아 공민왕 16년인데 서달을 정로대장군으로 임명하여 북벌군을 일으킨 10월일 가능성이 크다. 주원장으로서는 고려군이 원에 파병되는 것을 예방하려 했을 것이다.

명은 부보랑(符寶郞) 설사(偰斯)를 고려에 보내기로 했다. 설사는

설손(偰遜, ?~1360)
고려의 시인. 처음 이름은 백료손(百遼遜)이다. 본래 위구르 사람으로 조상 대대로 설련하(偰輦河)에서 살았으므로 설을 성씨로 삼았다. 고조부 이래 원에서 벼슬을 했으며 그의 부친은 강서행성 우승에 이르렀다.
원 순제 때 진사로 급제하여 단본당 정자(端本堂正字)로 선발되어 황태자 아이유시리다라에게 경서를 가르쳤다. 승상 하마(哈麻)가 그를 기피하여 단주(單州)의 수령으로 나갔다. 부친이 사망하여 대녕(大寧)에서 살게 되었는데 공민왕 7년 홍건군이 대녕에 육박하자 가족을 데리고 고려로 망명했다.
공민왕은 즉위 전 대도에 거주할 때 단본당에서 황태자를 시종했으므로 설손과 친교가 있었다. 왕은 설손을 매우 후대하여 주택을 주고 고창백(高昌伯)으로 봉했다. 후에 부원후(富原侯)로 승봉시키고 부원(富原, 서울 용산)의 전답을 주었다. 저서로는 《근사재일고(近思齋逸藁)》가 간행되었다.

명의 건국과 주원장의 즉위 사정을 알리는 국서를 갖고 출발했다. 설사는 공민왕 7년(1358) 고려로 귀화한 설손(偰遜)의 아우였다.

11월에는 원의 사신이 와서 청병을 요구하는 순제의 조서를 전했다. 그러나 기황후의 소생 아이유시리다라가 황태자인 이상 공민왕의 병력 파견은 불가능했다. 기황후에 의한 충혜왕의 죽음, 공민왕의 기씨 가문 도륙, 공민왕 폐위를 목적으로 한 기황후의 파병 등으로 맺힌 원한도 큰데다가 고려가 원병하여 원이 중원을 회복할 경우 제위에 오를 황태자가 외척인 기씨 가문의 보복을 추진할 가능성이 컸기 때문이다. 기황후와 황태자의 존재로 말미암아 원은 중원 복귀에 큰 도움을 줄 수 있는 고려를 우방으로 삼을 수 없었다.

원 제국이 명군에 이렇다할 대응도 못해보고 북방으로 축출된 가장 큰 이유는 기황후와 황태자가 국정을 어지럽혔기 때문이다. 더구나 그 후에도 이들 때문에 원과 고려가 동맹하지 못한 것이 더 큰 문제였다. 그 후 역사 전개 과정을 보면 원은 국가라고 하기 어려울 정도로 쇠퇴하고 고려 왕조는 이성계에 찬탈 당했다. 명에 각개 격파된 셈이다. 기황후 모자로 인해 원이 몰락하고 고려 왕조가 멸망했다고 평가할 수 있다.

고려의 요동 원정

원의 순제는 고려의 도움을 기대하며 계속해서 사신을 보냈다. 1369년 상반기에만 해도 매달 한 번씩 사신이 들어왔다. 그러나 고려 조정은 이미 중원을 제패한 명에 대해 명확한 입장을 표명해야 하는 입장에 처해 있었다.

명의 사신 설사가 모진 풍랑에 시달리다 마침내 개경에 도착했다. 그는 명 태조의 친서를 전달했다.

> 금년 정월에 신민이 추대하여 황제의 자리에 오르고 천하의 이름을 대명(大明)으로 정하고 연호를 세워 홍무(洪武)라 했다. 그러나 사이(四夷)에게 알리지 않았으므로 글을 써서 사신을 바다를 건너 고려에 들어가게 하여 왕에게 알리는 것이다.
> 옛적에 우리 중국의 군주는 고려와 땅을 맞대고 있었는데 고려 왕은 혹은 신하로 혹은 빈객으로 있었으니 모두 중국의 문화를 경모하여 생령을 편안히 하려는 것이었다. 천자께서 이미 그대들의 덕을 보고 알았으니 어찌 그대의 자손이 영원히 고려의 왕이 되지 않게 하겠는가.

이 친서에서 명 태조는 고려의 사대를 요구하지 않고 단지 '우호관계'만을 의도했다. 그런데 공민왕은 명에 칭신하여 사대책봉 관계를 맺기로 결정했다. 고려는 원의 연호인 지정 사용을 중지하고 명에 사신을 보냈다.

6월 병인일 명 태조가 파견한 고려인 환관 김려연(金麗淵)이 개경에 도착하여 친서를 전했다. 이 서신에서도 명은 고려에 유화적인 태도를 보이고 있다.

> 근일에 유·연(幽淵) 지방의 백성을 남쪽으로 옮겨 살게 했는데, 그 가운데 고려인이 165명 있었다. 그들에게 어찌 고향에 있는 부모처자에 대한 그리움이 없겠는가. 짐이 매우 불쌍히 여기어 담당관청에 명하여 배를 준

비하고 사람을 보내어 그들을 호송하여 동쪽으로 돌려보내려 한다.

때마침 곁에 있는 내사감승(內使監丞) 김려연도 역시 고려인인데 집에 노모가 있어 오랫동안 보지 못했다고 말한 적이 있었다. 짐은 그의 심정을 생각하고 부모를 보고자 하는 소원도 풀게 할 겸하여 이번에 갔다 오라고 했다. 사(紗)와 라(羅)를 각 6필씩 보내니 물건이 도착하면 받아주기 바라노라.

9월에 원의 오왕, 회왕, 쌍합달왕(雙哈達王)이 모두 고려에 사절을 보내어 예방하고 말 40여 필을 헌상했다. 이전에 오왕 등이 사절을 보내 우제(禹磾)를 답례사로 보낸 일이 있었다. 우제가 도착하자 오왕이 고려에 청혼했고 회왕은 그 딸을 공민왕의 후비로 보내려 했다. 우제는 "신은 의례 방문의 명령을 받았을 뿐 청혼에 대해서는 알지 못합니다" 했으나 회왕은 억지로 그의 딸을 보게 했다. 공민왕이 이에 응하여 이번에 다시 오왕과 회왕의 사신이 온 것이었다.

공민왕은 회왕과 오왕의 사신을 예를 갖추어 대접하고 사신으로 최백(崔伯)을 보내 시중 김일봉(金逸逢)의 딸을 오왕에게 보내고 회왕의 딸을 맞이해 오게 했다. 공민왕은 원의 황실이 기황후에게 넘어갔다고 보고 종실인 오왕과 회왕을 후원하여 그의 뜻을 이루고자 했다. 그러나 대장군 최백이 도중에 죽었고 회왕은 딸을 보내지 않았다. 아마도 기황후의 책동에 의한 것인 듯하다.

만주에 주둔한 몽골 세력 중 대표적인 것은 금산(金山)의 나하추[納哈出], 동녕부의 기사인테무르, 요양의 고가노와 홍보보, 해주(海州), 개주(蓋州) 등을 장악하고 있는 요양성 평장 유익(劉益) 등이었다. 그중 나하추가 가장 강력했다. 나하추는 몽골 제국 창업의 공신인 무할리의 자손이다. 무할리의 자손은 무할리가 칭기즈 칸으로부터 홍안령 방면의 순무로 임명된 이후 대대로 만주의 일부를 통치했다.

요양로의 동방에 위치한 동녕부도 1368년 원 제국이 대도를 잃고 초원지대로 밀려난 다음에는 자립하여 고려와 명의 완충 지역으로 존재했다. 동녕부는 처음에 반역자 홍복원과 최탄을 앞잡이로 삼아 서경에 설치되었으나 충렬왕 16년(1290)에 이 지역을 고려가 회복하자 압록강 너머인 요양로의 동방으로 옮겨졌다. 동녕부에는 전란으로 끌려온 고려인들이 주민의 다수를 이루었다. 이 지역에서 기철의 아들인 기사인테무르는 원의 평장사였던 것을 이용하여 평장 김백안과 더불어 공민왕에 대한 원한을 갚으려 세력을 키우고 있었다. 김백안은 고려의 승려가 통제원(通濟院)의 여종과 사통하여 낳은 자식으로 원에 들어가 벼슬을 역임하여 평장에 이르렀다.

공민왕은 요동에 명의 손길이 아직 미치지 않은데다가 기씨 일족이 세력을 키우자 이 지역에 군사원정을 계획했다. 공민왕 18년(1369) 가을부터 동북면과 서북면의 요충지에 다수의 만호와 천호를 배치하는 등 동녕부 원정을 위한 준비를 했다. 12월에 이성계를 동북면 원수 겸 지문하성사로 삼고 지용수를 서북면 상원수 겸 평양윤으로 삼았다.

이어 이인임을 서북면 도통사로 임명하고 대독(大纛)을 주어 안주에 가서 주둔하게 했다. 대독은 왕의 수레에 꽂는 큰 기로 이인임의 군대에 왕의 친정군과 같은 권위와 권한을 부여한 것이다. 대청관(大淸關)에서 출진제(出陣祭)를 지내고 원정군이 출발할 때는 오군(五軍)에 명령하여 황교(黃橋)까지 호위 전송하게 했다.

이달에 원의 사신 노은이 황주(黃州)에 이르렀다. 노은은 노책의 셋째 아들로 노책이 위세를 부릴 때 경원군(慶原君)으로 책봉되었다.

공민왕 5년 부원 세력 숙청 때 노책이 피살되자 원으로 망명했다. 이 때 원의 병부상서가 되어 고려에 사신으로 온 것이었다. 왕은 대장군 송광미를 보내어 노은을 잡아 심문했다. 노은은 "왕중귀, 이수림, 이명 등과 통모하여 염탐하러 왔다"고 자백했다. 왕중귀는 왕후의 아들로 기철의 딸과 혼인했으므로 기황후의 인척이었다. 이수림도 기황후의 인척으로 이때 추밀원사였다.

왕은 노은 일행 18명을 모두 죽였다. 또한 화의옹주(和義翁主) 기씨를 순위부에 가두고 왕중귀 등을 옥에 가두었다. 얼마 지나지 않아 왕중귀, 이수림, 이명을 저자거리에 효수하고 기씨는 여승으로 만들어 절에 보냈다.

당시의 여론은 노은의 자백을 거짓 자백으로 보고 죄가 없다고 했다. 노은이 원의 조서를 가지고 오게 된 내력이나 조서의 내용은 전해지지 않는다. 왕이 의심한 것처럼 노은, 왕중귀, 이수림, 이명 등이 실제로 기황후와 내통하여 어떤 음모를 꾸몄는지 여부는 알 수 없다. 그러나 불과 2개월 전에 오왕과 회왕에게 보낸 최백이 중도에서 피살된 것은 심상치 않은 일이었다. 공민왕의 과민반응으로만 볼 수는 없는 일이다.

공민왕 19년(1370) 정월에 요동정벌이 시작되었다. 이성계는 기병 5천, 보병 1만을 거느리고 동북면으로부터 황초령(黃草嶺)을 넘어 6백여 리를 가서 설한령(雪寒嶺)에 이르렀다. 다시 700여 리를 행군하여 갑진일에 압록강을 건넜다. 동녕부동지(東寧府同知) 이오룩테무르[李吾魯帖木兒]는 오라[兀剌] 산성을 지키고 있었으나 이성계가 야돈촌(也頓村)에 이르자 무기를 버리고 3백여 호를 이끌고 항복했다. 추장 고안위(高安慰)는 휘하의 군사를 이끌고 성을 지키다가 마침내 처자를 버리고 밤을 타 도주했다. 다음날에는 두목 20여 명이 백성을 거느리고 나와서 투항했다. 양백연도 두목 50여 명을 포로로 했다.[10] 이러한 형세를 보고 여러 산성들도 모두 항복하니 그 호수가 1만이 넘었다. 이 원정의 전과는 매우 커서 항복한 민호(民戶) 이외에 노획한 소는 2천여 두, 말은 수백 필이었다. 고려군이 민심을 얻으려 노획한 소와 말을 모두 주인에게 돌려주자 귀순하는 자가 매우 많았다.

이 원정이 그다지 전투를 치르지도 않으면서 성공한 이유는 이 지역에 발해인과 고려인이 많이 거주하는데다가 그 외 여진인 등 여러 종족이 고려에 거부감이 적었기 때문이었다. 이 지역은 원 제국의 전성기에도 고려의 세력권으로 여겨졌으므로 고려 정부도 많은 경비를 들여가며 군대를 주둔하여 지킬 필요성을 못 느꼈다.

고려가 동녕부를 원정하던 때와 거의 같이 하여 명도 북정에 나섰다. 앞서 상우춘이 지휘하는 명군이 거용관을 나가 상도를 공격하여 쉽게 함락시켰다. 명군의 추격을 피해 순제는 다시 북으로 응창(應昌)까지 달아났다. 상우춘이 진중에서 사망하자 이문충(李文忠)이 그를 대신하여 원의 군사와 싸웠다.

1370년 정월에 명은 북정에 나섰다. 서달을 정로대장군, 이문충, 풍승, 등유, 탕화를 부장군으로 임명하고 군사를 나누어 출발했다. 서달, 등유 등은 코코 테무르를 치기 위해 섬서, 감숙 방면으로 출정했고 이문충은 응창을 목표로 했다. 이문충은 곧 흥화(興和)를 함락하고 차간노르(察罕腦兒)로 진격하여 원의 평장 죽정(竹貞)을 사로잡았다. 서달의 부대는 코코 테무르 군을 심아욕(沈兒峪)에서 대파하고 많은 포로를 잡았다. 코코 테무르는 카라코룸으로 퇴각했다.

원의 순제는 4월 28일 응창에서 이질에 걸려 사망했다. 향년 51세였다. 그가 응창에 머물면서 지은 시가 전한다.

갖가지 보석으로 정성스럽고 아름답게 완성된 나의 대도여!
옛 한(汗)들이 머물던 피서지 상도의 황금빛 초원이여!
시원하고 멋진 나의 개평 상도,
따스하고 아름다운 나의 대도여!
붉은 토끼띠의 해에 잃어버린 나의 가련한 대도
이른 아침 높은 곳에 오르면 보이던 너의 아름다운 연무

나는 울면서 떠날 수밖에 없었노라.
나는 초원에 버려진 두 살배기 붉은 소와 같이 되었구나.
갖가지 모양으로 만들어진 나의 팔각 백탑(白塔)이여.
아홉 가지 보석으로 완성된 나의 대도성이여.

내가 겨울을 보냈던 나의 가련한 대도
이제 중국인이 모두 차지했도다.
내가 여름을 보냈던 개평의 상도
내 잘못으로 중국인이 차지했구나.

이문충은 군대를 몰고 응창으로 진격하다가 몽골 기병 한 명을 생포했다. 심문한 결과 순제가 응창에서 사망한 지 얼마 안 되었다는 것을 알아낸 이문충은 곧바로 진격하여 응창을 급습하여 다음날 함락시켰다. 당시 국상을 치르던 몽골인들은 아무런 대비도 할 수 없었기 때문에 황손 마이테리파라[買的里八剌] 등 다수의 황족과 귀족을 포

함하여 5만여 명이 포로가 되었다. 황태자 아이유시리다라만이 겨우 수십의 기병을 거느리고 카라코룸으로 몸을 피했다. 이문충은 추격하다가 중도에 돌아왔다.

6월 15일 이문충이 보낸 사자가 명 태조 주원장에게 승전 사실과 순제가 사망했음을 보고하자 문무백관들은 앞을 다투어 경하의 인사를 올렸다. 명이 원의 세력을 쫓아내었으나 그 황제인 토곤 테무르가 살아있는 한 주원장이 '정통성'을 주장하기에는 문제가 있었기 때문이다. 그동안 주원장이 겪은 고충을 잘 알고 있던 신하로서 축하를 올리는 것은 당연했다. 그러나 주원장의 반응은 의외였다. 그는 원에서 관리를 지냈던 신하들을 꾸짖으며 "너희는 원래 원나라의 신하였으니 오늘의 대첩을 경하해서는 안 된다"고 했다. 또한 중서성에서 승전을 포고하는 칙유를 초안하여 올렸을 때에도 주원장은 지나친 찬사와 자만이 있다고 지적한 뒤, "몽골이 비록 오랑캐이긴 하나 100년 동안이나 중국을 지배했으니, 짐이나 경들의 부모는 모두 그들에 기대어 크고 자란 것이다. 어찌 이렇게 경박한 말을 하는가"라고 하면서 수정하도록 지시했다. 이처럼 명 태조는 원을 중국의 정통왕조로 인정했고, 천명이 원을 떠나 자기에게 왔음을 강조하려 했다. 명 태조가 친히 토곤 테무르의 묘호를 순제(順帝)라고 지어주었다. 천명에 순종함을 알아 물러났다고 평가하여 이처럼 지은 것이다. 마이테리파라는 숭례후(崇禮侯)에 봉했다.

이 무렵 고려 조정은 명의 홍무 연호를 사용하기 시작했다. 명의 사신 맹원철(孟原哲)이 와서 이문충의 승전을 알려주자 공민왕은 서북면 상원수 지용수, 부원수 양백연, 이성계, 안주 상만호 임견미 등에 명하여 동녕부를 치라고 명령했다. 명이 응창마저 점령했으므로 머지않아 요동으로도 세력을 뻗어 올 것이 분명했다. 다시 한번 출병하여 이 지역이 고려의 강역이라는 것을 선언할 필요가 있었다. 기사인테무르가 돌아와 다시 세력을 모으고 있는 것도 한 이유였다. 이인임은 도통사로 임명되어 안주에 주둔했다.

의주에 도착한 고려군은 압록강에 말 3~4필이 나란히 갈 수 있는 넓이의 부교를 건설했다. 11월 2일 임견미와 이성계를 선두로 하여 고려군은 부교를 통해 압록강을 건너기 시작했다. 모두 건너는데 시일이 걸리므로 일단 도하한 군으로 급히 진격했다. 이날 저녁에 갑자기 천둥이 치고 비가 오니 모두 근심하고 두려워한 기색이었다. 병마사 이구(李玖)는 "용이 움직일 때는 반드시 천둥이 치고 비가 오기 마련이오. 지금 상원수 지용수의 이름에 용(龍)자가 있는데 강을 건너는 날에 천둥과 비가 내리니 전투에 이길 징조이다"라고 말하며 여러 원수들을 안심시켰다.

3일 고려군은 나장탑(螺匠塔)에 이르렀다. 목표인 요성(遼城, 요양성)까지는 하루거리였다. 고려군은 군수품 대부분을 이곳에 남겨두고 7일치의 군량만 가지고 출발했다. 비장 홍인계(洪仁桂)와 최공철(崔公哲) 등에게 날랜 기병 3천 명을 거느리게 하여 먼저 요성에 이르도록 했다. 또한 이 지역 주민에게 포고하기를 "요양과 심양은 바로 우리나라의 땅이고 백성은 바로 우리 백성이다. 이번에 정의의 군사를 일으켜 안존시키려 한다. 만일 산채(山寨)로 도피한 자가 있으면 각각의 부대에 해를 입을까 두렵다. 즉시 군전(軍前)에 와서 자수하도록 하라"고 했다.

4일 홍인계와 최공철이 인솔하는 3천 기병이 요성을 공격했다. 요성에서는 고려군이 적은 것을 보고 마음놓고 전투에 응했으나 뒤에 대군이 잇달아 오는 것을 보고 낙담했다(이날 고려군은 도하를 마쳤다). 성의 군민들은 항복하려고 했으나 기사인테무르는 요성에서 완강히 항전했다. 요성은 매우 높고 가파른데다가 빗발치는 화살 때문에 고려군은 상당히 애를 먹었다. 그러나 공성 기구를 준비한 고려군은 맹렬히 공격하여 함락시켰다. 김백안(金伯顔)은 포로가 되었으나 기사인테무르는 달아나는 데 성공했다. 성을 함락시켰으나 공성하는 중에 창고에 불이나 고려군은 양식을 얻을 수 없었다. 그날 저녁 고려군은 성 동쪽으로 물러나와 나하추와 에센 부카 등에게 투항을 권유하는 방문을 붙였다.

5일 고려군은 요성의 서쪽 10리 지점에 주둔했는데 고려군 지휘부는 군량이 없는데다가 나하추의 군이 온다는 것을 알고는 철군을 결정했다. 이날 밤 치열한 불길이 타오르는 듯한 붉은 기운이 진영을 내리쏘았다. 일관(日官) 노을준(盧乙俊)이 "이상한 기운이 진영에 내리니, 옮겨 둔치는 것이 좋겠다"고 했다. 고가노가 지키고 있는 석성(石城)을 치고 있는 만호 배언(裵彦) 등이 돌아오지 않았으므로 기다리려 했으나 노을준의 말에 다음날 회군하기 시작했다.

여러 장수들은 식량이 없으므로 지름길로 회군하자고 했으나 지용수는 군을 열병한 후 해변을 돌아 회군하기로 결정했다. 굶주린 고려군은 말과 소를 잡아먹고 대오가 어지러워지고 병사들의 불만이 컸다. 지용수는 지름길로 들어섰다.

나하추 군이 추격을 우려한 지용수는 야영할 때는 사졸을 시켜 변소와 마구간을 짓게 했다. 나하추가 군을 이끌고 고려군을 이틀간 추격하다가 고려군이 주둔한 곳을 보고는 "변소와 마구간을 만들고 군사의 행진이 가지런하니 습격할 수 없다"고 평하고는 추격을 멈추었다. 고려군은 사흘 만에 송참(松站)에 도착했는데, 진무 나천서(羅天瑞)가 양곡 수백 곡을 구하여 식사를 제공하여 구제했다. 안주에 이르렀을 때 지용수는 김백안을 목 베었다. 이때의 동녕부 원정에서는 눈보라와 강추위로 길이 얼음판이 되어 어려움을 겪었고 사졸과 군마의 희생이 많았다.

12월 2일 공민왕은 도평의사사 명의로 자문(咨文, 같은 등급의 관청 사이에 오가는 공문)을 동녕부에 보내었다. 기사인테무르를 체포해 보낼 것을 요구하면서 요동 지역이 고려의 영토임을 주장하는 내용이었다.

> 기사인테무르는 그 아비가 반란을 꾀하다 주살된 이후로 원한을 품고 늘 반역할 마음을 품었다. 근년에 황제가 북천할 때에 따라가지 않고 동녕부와 요양 등지로 기어 들어가 분성(分省) 및 분원(分院)의 관리들과 결탁하고 있으니 그 뜻은 황제의 위력을 빌려 제 마음대로 하려는 것이다. 죽은 황제의 부고조차 통보하지 않고 사욕만을 앞세우니 어찌 공의(公義)를 아는 자라 하겠는가.
> 또 요양[11])과 심양 지방은 본래 우리나라의 옛 강토로 원과 장인 사위 관계를 맺어 (요양)행성의 관할하에 맡겨 두었던 것인데 기사인테무르가 이를 점령하여 그의 소굴로 만들어 위로는 (원의) 조정에 대하여 충성하지 않고 아래로는 우리나라에 사단을 일으키고 있다. 그 때문에 지난해에 군사를 보내어 추격했더니 그의 간사한 술책으로 선량한 백성들에게 폐가 미쳤다. 그러나 여전히 잘못을 고치지 않고 이전의 흉계를 추구하고 있다. 그래서 다시 군사를 보내어 죄를 물었는데 그는 악에 악을 쌓아 가면서 완강히 저항했다. 정세가 전투를 중지할 수 없게 되었으므로 드디어 진공하여 성

을 파했으나 그는 도망하여 아직 체포하지 못했다.

그는 호생지심이라는 인간 본연의 마음을 잊은 자로 말썽을 일으키기를 좋아하니 분성과 분원의 관리들이 후일 잘못될 우려가 있다. 악을 제거하려면 근본을 없애야 한다. 이번의 군대 파견은 부득이한 일이며 전일의 일은 오직 기사인테무르 한 사람 때문이다. 몽골인과 한인과는 전혀 상관이 없으니 만약 그가 빠져나가 그 곳에 있으면 곧 잡아 보내라.

또한 강계만호부에 방을 붙여 요양과 심양 지방 주민을 회유했다.

요양은 본래 우리나라 땅이다. 대군이 또 출동하면 선량한 백성이 피해를 입을까 두렵다. 압록강을 건너 우리 백성이 되기 바라는 자에게는 관청에서 양식과 종곡을 주어 생업에 안착하게 하겠노라.

12월 18일에는 나하추의 사신이 와서 조공했다.

2차에 걸친 요동 원정 결과 가장 현저하게 드러나는 변화는 여진 세력의 귀부이다. 원의 지배하에서 여진족은 본래 거주지에서 종족적 전통을 유지하면서 독자적인 세력으로 인정받았다. 원 제국이 중원을 잃자 이들은 존립을 위해 고려든 북원이든 자신들을 보호해줄 수 있는 쪽으로 귀부하려 했다. 이런 상태에서 고려가 두 차례나 요동을 원정하자 대거 고려에 귀부하게 된 것이다.

명과 고려가 요동에 세력을 뻗어오자 요양 평장사 유익은 거취를 정해야 했다. 공민왕 20년(1371) 2월 한족 출신인 유익은 명에 사신을 보내어 명으로 귀부하겠다는 뜻을 알렸다. 그러나 명이 현지 주민을 이주시킬 것을 우려하여 고려에도 사신을 보내어 알렸다. 고려가 명

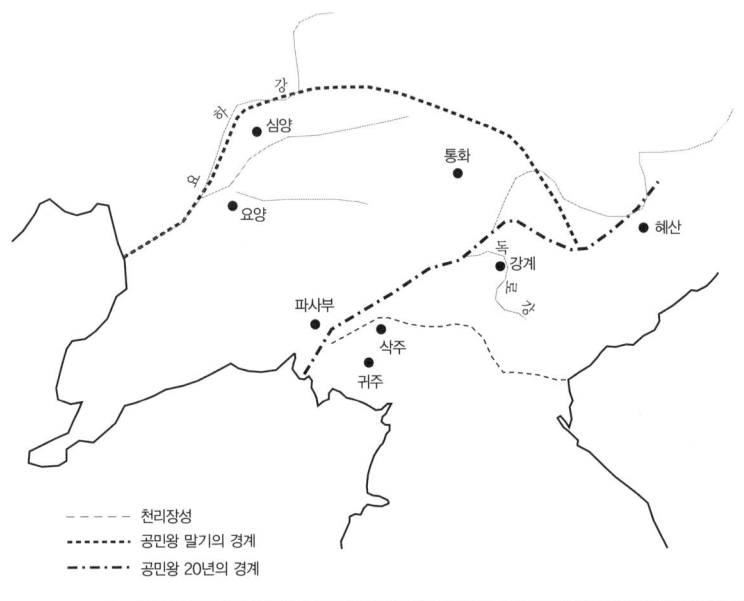

공민왕 시대의 북방경계

에 요동 지방의 연고권을 주장하면 이주를 면할 수 있을 것이라는 계산에서였다. 주원장은 곧장 요동위(遼東衛)를 설치했다. 또한 요양에 정요도위(定遼都衛)를 설치할 것을 지시하고 유익을 지휘동지(指揮同知)로 임명했으며 고려에도 사신을 보내어 알렸다.

4월 16일 명의 중서성이 보낸 자문이 고려 조정에 도착했는데 "전원 요양행성 평장 유익이 금주·복주·개주·해주를 가지고 귀순했으므로 황제가 그를 정요도위 지휘로 임명했다"는 내용이었다. 그러나 유익은 명에 귀부한 지 석 달 만인 5월 요양의 북원 세력인 요양행성 평장 홍보보 등에게 살해되었다.

사천 지역에서는 명옥진의 아들 명승(明昇)이 항복했다. 명옥진은 서수휘의 부하 장수로 1357년 중경을 점령했고 이듬해 성도를 함락하여 사천 지역을 지배했다. 1360년 진우량이 서수휘를 살해하고 자립하자 명옥진도 농촉왕이라 하며 자립했다. 1362년에는 국호를 하(夏)로 정하고 칭제했다. 1366년 36세의 나이로 병사하여 명승이 뒤를 이었다. 명 태조는 1371년 정월 탕화를 서정장군으로, 부우덕(傅友德)을 전장군(前將軍)으로 임명하여 명승을 치게 했던 것이다.

부원이냐 친명이냐

신돈의 실각

고려에서는 선부의랑 이인(李靭)이 익명의 글을 올려 신돈의 역모를 고발했다. 왕은 신돈의 측근 기현(奇顯) 등을 잡아 죽이고 신돈을 수

위·소(衛所) 제도

중국 명나라 때의 군사 제도. 수도에 설치된 위·소와 지방에서 치안과 국방을 담당하는 위·소로 크게 나누어진다. 지방 주·현의 요충지에 설치된 위·소는 도지휘사사(都指揮使司, 장관은 도지휘사)가 통솔하며 도지휘사사는 중앙의 오군도독부(五軍都督府)가 통솔했다.

소는 1개 주의 군사를 관할하고 몇 개의 주를 관할할 때는 위(장관은 지휘사)를 설치했다. 위는 5개의 천호소(千戶所)로 이루어지며 천호소는 10개의 백호소(百戶所)로 이루어지고 백호소는 100호가 아닌 112호로 이루어졌다. 1호 마다 1명의 병사를 내었으니 1위의 병력은 원칙적으로 5600명이었다.

위·소는 병사들이 둔전하여 자급자족했으며 그것으로 군비 일체를 감당했다. 그러나 명 중기 이후 관료와 호족에 의한 둔전의 침탈과 병사들의 도망, 군적의 이탈 등으로 자급자족 체제가 무너져 위소를 유지하기가 곤란해졌고 명 말기에는 무력한 존재가 되었다.

원에 유배했다가 곧 베었다. 불과 5일 동안에 이루어진 일이었다. 신돈의 모역 사건은 《고려사》 신돈 열전에 비교적 자세히 나온다. 3월에 왕이 헌릉(憲陵)과 경릉(景陵)을 참배할 때 시해를 꾀했으나 실패했고, 다시 음모를 꾸미다 탄로난 것으로 기록되어 있다. 신돈 이외에 그 일당으로 지목된 이춘부 등 60여 명도 함께 제거되었다. 신돈이 역모를 꾸민 것을 의심하는 견해도 있으나 왕이 신임하는 유탁도 이에 연좌되어 처형된 것으로 보아 최소한 공민왕은 역모를 사실로 믿었다.

신돈의 권력에 대한 집착과 국제정세의 변화는 그의 몰락을 초래한 배경이었다. 신돈은 공민왕 18년(1369) 2월 5도 사심관(事審官)이 되려고 하다가 왕이 거부하여 뜻을 이루지 못했다. 이전과 달리 신돈이 스스로 관직을 요구한 것은 그의 권력에 대한 태도가 달라졌음을 드러낸 것이다. 19년(1370) 7월에는 전라도 관찰사 최용소(崔龍蘇)가 개경으로 돌아와 신돈을 먼저 본 후에 왕을 알현하여 곤장을 맞은 일이 일어났다. 신돈의 권세가 왕권을 망각하게 하는 정도에 이르렀음을 보여준 일이다. 또한 명이 원을 북방으로 축출하자 공민왕은 요동 지방 장악과 경우에 따라 일어날 수 있는 명의 침입에 대비하여 무장 세력을 다시 중용할 필요성을 느꼈다. 이에 공민왕은 기철 일당 숙청 때처럼 정국 운영의 틀을 다시 전격적으로 바꾼 것이다.

신돈이 실각한 후 경천홍이 좌시중(左侍中)으로, 최영이 문하찬성사로 임명되는 등 무인 세력이 다시 등장했다.

9월에는 세 번째 동녕부 원정이 있었으니 서경 도만호 안우경과 안주 상만호 이순(李珣)을 보내어 오로산성(五老山城)을 토벌하게 했다. 이때의 원정 동기에 대해서는 명확한 기록이 없으나 명의 요동 경략이 진행됨에 따라 회인(懷仁) 일대에 고려의 위세가 떨치지 못하고 강계 방면에도 불안한 공기가 일자 이러한 상황을 타개해 보기 위한 원정인 듯하다. 한마디로 명의 정요도위 설치에 대한 반응이었다.

10월 판사 황용성(黃用成)이 와서 원정군이 오로산성을 함락하고 원의 추밀원부사 하라부카를 생포했다고 원정의 성과를 보고했다.

신돈을 제거한 지 5개월이 지난 12월 공민왕은 20개 항목에 이르는 개혁안을 담은 교서를 발표했다. 내용을 보면 우선 민생에 대해 많은 관심을 보이고 있다. 그러나 공민왕 5년과 12년의 교서와 달리 토지제도의 개혁에 대해서는 언급이 없다. 군사력을 강화시키기 위해 여러 조치들을 취한 점이 주목된다. 선군급전(選軍給田)을 부활했고, 둔전제를 확립하게 하며, 중앙의 성균관과 지방의 향교(鄕校)에 이르기까지 무학(武學)을 설치하게 했다.

정치 체제에 대한 개혁으로는 모든 정무를 도평의사사가 처리하게 하여 그 역할을 강화시킨 것이 주목된다. 역참과 둔전의 운영, 형벌제도의 감찰도 도당이 주관하게 했다. 도평의사사의 권한 강화로 왕은 무장 세력을 포함한 재추 등 고위 관료의 폭넓은 지지를 이끌어 내려 했다. 그러나 도당의 권한 강화가 왕권의 위축을 뜻하는 것은 아니었다. 왕권은 이전보다 강화되었음을 여러 사례로 알 수 있다.

명과 고려의 줄다리기

북원에서는 카라코룸으로 피신한 원의 황태자 아이유시리다라가 순제의 뒤를 이어 즉위했다. 소종(昭宗)이다. 소종과 코코 테무르는 전열을 가다듬어 반격의 태세를 갖추었다. 그러자 명 태조는 몽골의 뿌리를 뽑으려 카라코룸에 대규모 원정군을 보내기로 결정했다.

1372년 정월 명 태조는 15만 명의 군사를 모아 중로군·동로군·

서로군 셋으로 나누고 그가 가장 신임하는 장군들인 위국공(魏國公) 서달·조국공(曺國公) 이문충·송국공(宋國公) 풍승에게 지휘를 맡겼다. 서달의 중로군은 안문(雁門)을 나와 카라코룸으로 향했다. 이문충의 동로군은 응창을 나와 진격했다. 풍승의 서로군은 코코 테무르가 버티고 있는 감숙으로 향했다.

그러나 출전한 서달의 중로군이 툴라[土剌] 강가에서 대패하여 수만 명의 사상자를 내었고 6월 이문충의 동로군도 아로혼하(阿魯渾河)까지 진격했으나 별다른 전과를 올리지 못했다. 풍승의 서로군만이 승전보를 전해 왔다.

명태조는 이달에 진리와 명승을 배에 태워 고려로 보냈다. 명 태조는 진리와 명승을 살려 두었으나 이들을 그대로 명에 두는 것은 부담이 되었다. 결국 이들을 고려로 보내어 살게 한 것이다.

5월에 진리와 명승을 호송하여 온 명의 사신 엘타마시리[延達麻失里]와 고려 출신 환관인 손 내시(孫內侍)가 개경에 들어왔다. 이들은 명 태조의 지시를 담은 중서성의 자문과 우승상 왕광양(汪廣洋)의 친서를 가지고 왔다. 내용은 둘 다 진리와 명승의 고려 거주를 고려왕의 재량에 맡긴다는 것이었다. 공민왕은 응낙했다.

진리와 명승 등 남녀 모두 27인이 개경에 도착했다. 진리와 명승은 궁중에 들어와 왕에게 하례했다. 명승은 18세, 진리는 22세였다. 명승은 서촉(西蜀) 명씨[12]의 시조가 되었고 진리는 임피(臨陂) 진씨의 시조가 되었다. 《용재총화》 10권에는 이들의 이후 행적이 기록되어 있다.

그런데 명의 사신으로 온 고려인 내시(손내시)가 불은사(佛恩寺)에서 죽는 일이 발생했다. 고려에서는 소나무에 목을 매어 자살했다고 했고 명 태조는 독살이라 의심했다. 이는 고려와 명 사이에 중요

문제가 되었다.

11월에 나하추가 명의 요동 경략을 위한 전진 기지라 할 수 있는 우가장(牛家莊)을 습격하여 5천 명을 살육하고 군량 10만 석을 불태웠다. 명 태조는 나하추의 동향에 주목하여 때때로 사자를 보내 회유했으나 나하추는 듣지 않고 가끔 남하하여 명의 전진기지를 습격했는데 이때 최대의 전과를 올린 것이다.

이 사건으로 충격을 받은 명 태조는 서달과 이문충을 소환했다. 이때부터 명 태조는 전략을 바꾸어 요동의 북원 세력 축출을 우선시했다. 명 태조는 이 사건에 고려가 관여하고 있다고 확신하고 있었다. 그는 절강 지역에 머물고 있던 고려 사신들에게 즉시 명의 수도로 오라고 지시했다.

12월 20일 이른 아침 명 태조는 격앙된 어조로 고려 사신들에게 고려를 비난하며 선전포고나 다름없는 위협적인 발언을 했다. 그가 고려를 비난한 사항을 정리해 보면 다음과 같다.

1) 명의 사신으로 고려에 간 내시를 살해했다.
2) 정조사(正朝使, 신년 축하 사신)를 비롯한 사신들은 정찰하러 오는 것이다.
3) 상인을 빙자한 정찰인이 많다.
4) 왕의 질녀(장녕공주)를 찾길래 보내주었더니 죽였다.
5) 요동의 오왕과 교빙했다.
6) 나하추와 통교하여 우가장을 침범했다.
7) 정탐 목적으로 북평(北平)에 있는 서총병(徐摠兵, 서달)을 향응했다.

8) 탐라의 말을 요구한 대로 보내지 않았다.

그해에 공민왕은 세 차례에 걸쳐 명에 사신을 보냈는데 명 태조는 고려의 사신을 요동을 통한 육로가 아닌 해로로 보내라고 했다. 고려 사신이 육로를 통해 명의 수도인 남경으로 오는 목적이 정탐이라 보았기 때문이다.
그의 발언 중 전쟁을 시사한 부분은 다음과 같다.

나는 지금 너희를 정벌한다, 안 한다 감히 말할 수 없고 만약 너희가 종래와 같이 행동한다면 부득불 정벌할 것이고 너희가 그렇게 안한다면 그만둘 것이다.
내가 만약 너희를 원정한다면 명주(明州)에서 해양용 선박 5백 척, 온주(溫州)에서 5백 척을 만들고 천주(泉州), 태창(太倉), 광동(廣東), 사천(四川)에서 3개월 내에 7~8천 척의 배를 수리하고 건조하게 해서 훤히 알리고 원정 나갈 것이다. 나는 너희 충혜왕 사건에서처럼 내시 고용보로 하여금 역마 위에 잡아서 데려오게 하는 것 같은 짓은 하지 않을 것이다. 그때는 그의 부마(駙馬)를 이렇게 데리고 갔던 것인데 나는 그렇게 하지 않을 것이다. 나를 의심하지 말라.
나는 24세 때부터 홍군(紅軍)에 들어가 3년 사는 동안 스스로 약간의 군마를 모으고 성채 하나를 쌓았고 해내(海內)에서 1만 척의 배를 건조했다. 그 후에 각처의 성곽 도시를 모두 얻었다. 또 대원(大元)도 북으로 몰아냈다. 그러나 지금 나로서는 몽골인도 아직 멀리 몰아내지 못했는데 어찌 너희를 돌아볼 겨를이 있겠느냐. 몽골인을 잡을 자는 잡고, 쫓을 자는 쫓아서 천하가 편안하게 된 후에 옛 글에 말하듯이 뽕나무와 삼나무가 전원에 가득 차고 사방이 부귀하게 될 때까지는 어찌 외국의 죄를 논할 겨를이 있겠는가. 옛 말처럼 중국의 난은 주변 제후의 복이다.

나는 일개 농민으로 우리 중원의 주인이 되었다. 너희는 기자(箕子)의 나라인데 신라와 낙랑군이 서로 적이 되어 백성을 잡아가더니 이들을 모두 노비로 삼았다.

앞서 당 태종이 너희를 정벌했는데 그는 원정을 할 줄 몰랐던 것이다. 후에 고종이 수도를 멸했다. 너희 나라는 계속 이어오다가 후에 관선생 무리들의 침범을 받았다. 법도를 세우지 않고 향락만을 추구했으므로 그들도 멸망했다. 이러한 일이 있었으니 너희가 경계하는 것도 옳다. 나라고 그와 같이 정면으로 정벌해 들어가지 못하겠는가. … 나는 정벌을 할 때 훤히 밝히고 하겠다. 몽골인을 멀리 몰아낸다면 5년 내에 정벌하지 못해도 10년이면 너희를 정벌할 수 있다. 올 마음이 있으면 오고 올 마음이 없으면 오지 말라. 가서 너희 왕에게 전하라.

명 태조가 고용보가 충혜왕을 압송한 일을 언급한 것에서 알 수 있듯이 그는 고려와 원 사이에 일어난 일을 세밀히 알고 있었다. 원 조정의 고려인 환관들이 그대로 명 조정의 환관으로 일했기 때문에 이들을 통해 명 태조는 고려와 원이 연합하기 어려운 형편임을 꿰뚫고 있었다. 그리하여 이처럼 협박 발언을 하는 등 강경한 태도를 취할 수 있었던 것이다.

공민왕 22년(1373) 2월 북원의 소종이 보낸 사신 보도테무르[波都帖木兒]와 에센 부카[於山不花]가 고려에 왔다. 왕은 사람을 보내 이들을 죽이려 했으나 재추가 모두 반대했다. 왕은 명에 알려질 것을 우려하여 이들을 밤에 인견했다. 이들은 원 제국의 중흥을 위해 고려에 도움을 요청하는 내용의 조서를 전했다.

명에 파견했던 사신들이 모두 돌아와 명 태조의 말을 전했다. 공민왕은 전쟁에 대비하여 더욱 국방을 강화하지 않을 수 없어 8월에는 급히 의용좌군과 의용우군을 신설하여 수도를 지키게 했다. 그러나 이것으로 충분한 것은 아니었다. 병력 자원이 압도적으로 우세한 명에 맞서기 위해서는 고려는 총력 동원 체제를 갖추어야 했다. 이를 위해 찬성사 최영을 육도 도순찰사(六道都巡察使)로 임명하여 군 육성을 총괄하게 했다.

최영은 군으로 동원 가능한 인적 자원을 조사하여 군적(軍籍)에 올리고 전함을 건조했다. 이 사업은 우왕 2년(1376) 8월에 가서야 완료되었다. 그때 파악된 군인 수는 기병 1만 3700, 보병 7만 9800이었다. 공민왕은 또한 새로 만든 병선을 검열하고 화전(火箭)과 화통(火筒)을 시험했으며 마장(馬場)에서 숙영했다.

한편 명을 달래기 위해 밀직부사 주영찬(周英贊)을 정조사로 파견하면서 진정표와 사은표를 보냈다. 그러나 바닷길로 가던 주영찬 일행은 11월 영광의 자은도(慈恩島)에서 풍랑을 만나 난파하여 익사했다.

11월 을축일 밀직부사 장자온을 다시 파견했는데 그가 가지고 간 명 중서성에 보내는 자문의 내용은 왜구를 물리치기 위해 화약, 유황, 염초 등을 달라고 요청하는 것이었다. 이는 고려도 화약무기를 가지고 있음을 알리려는 것이 목적이었던 것 같다. 명이 화약 같은 전략 물자를 잠재적 적성국인 고려에 줄 리가 없었기 때문이다.

명 태조는 정요중위(定遼中衛) 정요좌위(定遼左衛)와 정요우위(定遼右衛)를 설치하여 요동 지방에서 더욱 세력을 확장했다.

12월 계축일 대호군 김갑우(金甲雨)가 명의 수도에서 돌아와 명 태조가 친히 작성한 조서를 전해 왔다. 부드러우나 뼈가 있는 글이었다. 명 태조는 고려에 때리고 달래는 전략을 구사한 것이다.

> 옛날부터 천하의 임금은 중국에서 사방의 이민족들을 다스리며 지금에 이르렀다. 그러나 이치를 따라 무궁한 복을 즐기는 자도 있고 멀고 지세가 험함을 믿어 비상한 화를 얻은 자도 있나니 지난 일을 볼 때 옳은 것을 아름답게 여기고 어리석음을 미워하지 않을쏜가.
> 짐은 초야에서 일어나 천명을 받아 천하를 통일했으나 부덕하여 저쪽으로부터 가져오게만 하고 후히 보내지 못하니 부끄러운 일이다. 내가 비록 그대의 나라에 은혜를 베풀지는 못했으나 힘써 왕의 마음으로써 짐의 마음으로 하고자 하는데 왕도 그렇게 아는지 모르겠다.

공민왕 23년(1274) 2월 밀직부사 정비(鄭庇)와 판사 우인열(禹仁烈)을 명에 보내었다. 폐쇄된 요동을 통한 교통로를 열어달라고 청원하는 임무를 맡은 이들은 해로로 길을 떠났다.

4월 명의 사신 임밀(林密)과 채빈(蔡斌)이 도착했다. 이들이 가지고 온 중서성 자문에 나오는 명 태조의 지시는 다음과 같다.

> 이전에 사막을 정벌하러 갔을 때 길이 멀어서 말의 손실이 많았다. 현재 대군이 또 정벌하러 간다. 내 생각에 고려국에는 전에 원 나라 조정에서 말 2~3만 필을 탐라에 남겨두고 사육했으니 많이 번식했을 것이다. 중서성은 사람을 파견하여 문서를 가지고 가서 고려 왕에게 이 뜻을 전하여 좋은 말 2천 필을 뽑아 보내게 하여라.

명의 제주마 2천 필 요구는 지나친 것이었다. 고려는 이전에 말 50필을 명에 보냈는데 이것은 고려가 임의로 정한 수량이었다. 이처럼 양측의 생각은 차이가 컸다. 공민왕은 명이 요구한 2천 필을 보내기로 결정했다. 결정 과정에서 관료들의 반대 여부는 확인할 수 없으나 반대 여론이 있었을 것이라 추정할 수 있다.

제주도의 말은 제주도의 특수 사정으로 고려와 명 사이에 갈등 요인이 되고 있었다.

원종 14년(1273) 4월에 삼별초 난을 평정한 후 제주에는 고려군 1천 명 이외에 몽골군 5백 명이 주둔했다. 2개월 후에는 원 제국은 탐라국초토사를 설치하여 직할령으로 삼았다. 장관인 초토사로는 원의 소용대장군 시리백[失里伯]이, 초토부사로는 한족인 윤방보(尹邦寶)가 임명되었다. 당시 조사한 바로는 제주도 인구가 1만 223명이었다.

본래 제주도는 고려의 주요 목마장이었다. 원도 충렬왕 2년(1276) 목마장을 설치하고 160필의 말을 운송하여 방목했다. 다음해에는 동아이막과 서아이막을 설치했다. 아이막[阿幕]은 목장을 관리하는 관청이다. 제주도 목마장은 원 제국의 태복시(太僕寺, 말을 키우는 관청) 직속 14개 목장의 하나였다. 목마(牧馬)에 능한 몽골인 하라치[哈剌赤, 목마인]도 계속 파견되었다. 이들은 천호나 백호 가운데 선발된 자로서 자손에 그 직이 세습되었다. 이들의 뛰어난 목양 기술에 힘입어 제주도는 번식한 말로 산야가 메워졌다고 한다. 원은 말뿐 아니라 소, 낙타, 나귀, 양, 고라니, 개 등과 해동청의 가축도 보내와 키우게 했다. 충렬왕 20년(1294) 탐라는 고려에 반환되었고 다음해에는 명칭을 다시 제주로 변경했다. 행정단위도 승격하여 제주목이 되었다. 그러나 원은 여전히 제주도의 목마장을 직속 관할로 하여 그 경영을 위해 탐라총관부를 설치했으므로 제주도는 고려와 원에 이중적으로 귀속되었다.

몽골인들은 제주에 머물며 제주 여자와 통혼하여 별도의 부락을 이루었다. 이들은 제주도를 '낙토'로 여겼다. 제주도 거주 몽골족이 상당수였음은 제주도의 성씨 본관에서도 알 수 있다. 16세기에 편찬된《동국여지승람》에는 제주도 성씨 중에 원을 본관으로 삼은 조(趙), 이(李), 석(石), 초(肖), 강(姜), 정(鄭), 장(張), 송(宋), 주(周), 진(秦) 등과 아울러 명 태조가 보냈던 원의 황족으로 운남(雲南)을 본관으로 삼은 양(梁), 안(安), 강(姜), 대(對) 등의 성씨가 기록되어 있다.

공민왕 5년 기철 일당 숙청으로 고려와 원이 적대 관계가 되자 10월 몽골인들이 반란을 일으켜 제주도 순문사와 목사 등을 살해했다. 이 반란은 다음해 2월까지 계속되었다.

공민왕 11년(1362) 8월 제주도의 하라치들이 다시 반란을 일으켰다. 기황후가 공민왕 폐위를 책동하던 때였다. 반란을 일으킨 몽골인들은 원에 사자를 보내 제주도를 원의 직할령으로 삼아줄 것을 청원했다. 원은 이를 받아들여 추밀부사를 탐라만호로 임명하여 파견했다. 고려 정부는 덕흥군의 침입을 방어하기에 여념이 없었으므로 한동안 제주도를 방치했다.

신돈을 등용하여 개혁을 적극 추진하던 공민왕 15년(1366) 10월 고려 정부는 제주도를 토벌했다. 전라도 도순문사 김유는 100척의 배를 동원하여 토벌에 나섰으나 실패했다. 한편으로 토벌하면서 공민왕은 원에 사신을 보내 제주도 목마장의 고려 귀속을 요구하면서 말은 원에 공급하겠다고 제의했다. 순제가 이를 받아들여 이듬해 2월 원의 사신 고대비(高大悲)가 개경으로 와서 순제의 응락 조서를 전했다.

원이 대도를 잃고 북으로 물러선 이후에 공민왕은 제주도의 말이 분쟁의 불씨가 될 것을 우려했다. 명 태조가 천명을 받아 원을 계승했다고 선언했으므로 제주도 목마장에 대한 권리를 주장할 가능성이 컸다. 공민왕 19년(1370) 9월 왕은 명에 사신을 보내어 탐라가 고려의 영토임을 밝히고 제주도 목마장의 고려 귀속을 청원하며 말은 공물로 보내겠다고 제안했다. 이는 원에게 요청한 것과 같은 내용이다. 명은 답변을 하지 않은 형식으로 거절의사를 표명했다.

공민왕 21년(1372) 3월 고려 정부는 말을 가져오려 예부상서 오계남(吳季南), 비서감 유경원(劉景元) 등을 제주도에 파견했으나 하라치들은 거세게 반발했다. 이들은 원을 중원에서 축출한 명을 증오했으므로 말이 명으로 들어가는 것을 용납할 수 없었다. 먼저 유경원이 오자 그와 제주 목사 이용장(李用藏)을 죽였다. 뒤이어 오계남이 425명의 군졸을 거느리고 왔으나 먼저 상륙한 300여 명이 전투를 벌여 몰살되었다. 오계남은 제주도에 들어가지도 못하고 돌아왔다.

고려는 제주 문제를 속히 해결해야했다. 반란 상태를 오래 방치할 수도 없는 일이고 명이 개입할 여지를 남길 수 없었기 때문이다. 4월 민부상서 장자온을 명에 파견하여 제주도 토벌 승인을 요청했다. 명 태조는 제주도 하라치들이 중국 동남 해안을 노략질하는 해적들과 결합할 것을 우려했으므로 7월 귀국하는 고려 사신에게 탐라는 고려에 속한다고 했다. 그러나 제주마 귀속 문제는 언급하지 않았다.

한편 명의 사신으로 온 임밀과 채빈은 안하무인의 횡포를 부렸다. 그들은 자신들을 위해 베푼 연회석상에서 기녀의 행동을 트집잡아 심하게 화를 냈다. 이에 왕은 어쩔 수 없이 사신 접대에 대한 책임을 물어 문하시중 염제신을 광주로 유배했다. 채빈은 고려 기녀가 자기의 뜻을 받아주지 않는 것에 노하여 말을 타고 돌아가려 했다. 왕의 명을 받은 김흥경이 금교역까지 쫓아가 달래어 데리고 왔다. 돌아온 채빈은 고려의 재상급 고관들에게 모두 모욕을 주었다.

그 사이 정비와 우인열이 돌아왔는데 이들이 가지고 온 명의 국서는 모두 고려를 비난하고 고려의 요청을 거절하는 내용이었다. 명은 화약을 보내기를 거부했고 육로 폐쇄도 고수했으며 보내는 말이 적다고 불평했다.

7월 을해일 말을 가지러 파견된 한방언(韓邦彦)이 제주에 이르자 하라치 석질리필사(石迭里必思), 초고독불화(肖古禿不花), 관음보(觀音寶) 등은 "세조(쿠빌라이)가 풀어놓아 기른 말을 우리들이 어찌 감히 명에게 바칠 수 있겠는가" 하며 단지 350필만 내주었다.

이 소식을 들은 명의 사신 임밀과 채빈은 크게 반발했다. 이들은 공민왕을 알현하여 "제주 말 2천 필을 채우지 못하면 황제가 반드시 우리를 죽일 것입니다. 차라리 오늘 왕에게 죄를 받겠나이다" 라며 위협했다.

공민왕과 재추들은 논의 끝에 제주도를 토벌하기로 결정을 내렸다. 최영을 양광·전라·경상도 도통사로, 염흥방(廉興邦)을 도병마사로, 삼사좌사 이희필(李希泌)을 양광도 상원수로, 판 밀직사사 변안열(邊安烈)을 양광도 부원수로, 찬성사 목인길을 전라도 상원수로, 밀직 임견미를 전라도 부원수로, 판 숭경부사 지윤을 경상도 상원수로, 동지 밀직사사 나세를 경상도 부원수로 임명하여 각각 그 도의 군사를 영솔하게 했고 지문하사 김유를 삼도 조전원수 겸 서해·교주도 도순문사로 임명했다. 최영 등은 큰 병선 314척과 병사 2만 5600명을 거느리고 원정에 나섰다.

재추들이 모여 전별하자 모든 장수들이 울었으나 최영과 변안열만이 태연자약했다. 고려군은 8월 나주에 집결했다. 최영은 영산(榮山)에서 열병하면서 장군들에게 지시했다.

각 도의 선박은 서로 혼동하지 말고 각각 돛대 위에 기를 꽂아 표시하라. 배에는 책임자를 두어 질서 있게 행진하라. 출발한 후에는 각각 대오를 정돈하여 땔감과 음료수를 제때에 보급하라. 만일 왜구와 만나면 좌우에서 협공하라. 그들을 포로로 하는 자는 승진시켜 포상하겠다.
제주에 도착하면 각각 병선을 거느리고 일제히 진군하여 아무도 뒤에 떨어지지 말아야 하며 부대는 각각 근거지를 가지고 봉화로 서로 연락하라. 전 부대의 행동은 도통사의 호각 소리에 따를 것이며 조금도 위반하지 말라. 성을 공격함에 있어 주민들 중에 하라치에 가담하여 명에 순종하지 않는 자는 군사를 풀어서 모두 벨 것이며 항복하는 자는 추궁하지 말라. 적 괴수의 재산은 모조리 몰수하고 일체 계약 문건과 금패, 은패, 도장 및 말 등록부 역시 모두 몰수할 것인데 이를 획득한 자에게 상을 준다. 절, 도전(道殿), 신사(神祠)를 지키는 자는 건드리지 말라. 재물을 탐내어 전투에 힘껏 싸우지 않는 자는 처벌할 것이며 재물을 얻어 먼저 배에 싣고 달아나는 자는 군법으로 처단할 것이다.
주상이 나에게 반역자를 처벌하도록 했으니 내 말이 곧 주상의 말이다. 내 명령을 따르면 일이 잘 성취될 것이다.

배가 검산곶(黔山串)에 이르렀을 때 도통사 최영과 휘하 장수들의 견해가 엇갈렸다. 뱃길을 떠난 지 오래이고 바람이 거세지니 속히 행군하자고 장수들이 건의했으나 최영은 서해도 전함 백 척이 아직 오지 않았으니 출항할 수 없다고 했다. 보길도에 도착하여 정박했는데 바람이 없자 최영은 출항을 미루었다. 장수들은 속히 출항할 것을 다시 주장했고 염흥방이 권하여 최영은 받아들였다. 서해도의 전함도 따라왔다. 추자도를 거쳐 마침내 8월 28일 제주도 명월포에 도착했다.

하라치들도 고려 정부군에 맞서 전투 채비를 갖추었다. 석질리필사·초고독불화·관음보는 기병 3천과 수많은 보병을 거느리고 명월포에 포진했다.

최영은 전 제주목사 박윤청(朴允淸)을 보내어 토벌 이후 제주민의 안착을 약속하고 하라치의 항복을 권유한 뒤 11척에 탄 군사를 해안에 상륙시켰다. 그러나 이들은 하라치 군에게 몰살되었다.

고려 원정군이 모두 상륙한 후 전투는 치열하게 전개되었다. 명월촌으로부터 어름비, 밝은오름, 검은데기오름, 새별오름, 연래, 홍로에 이르기까지 밤낮으로 전투가 벌어졌다.

전세가 기울자 석질리필사·초고독불화·관음보는 처자와 측근을 데리고 범섬(虎島)으로 들어가 최후의 저항을 했다. 최영은 배 40척을 거느리고 몸소 범섬으로 압박해 들어갔다. 결국 석질리필사는 처자식 등과 함께 항복하고 초고독불화와 관음보는 벼랑으로 몸을 던져 자결했다. 최영은 석질리필사와 그 아들 셋을 베어 죽였으며 초고독불화와 관음보의 시체를 찾아 목을 베어 개경으로 보냈다.

최영은 범섬 전투 이후 더 이상의 전투 없이 사태를 수습하려 했으나 동아이막의 하라치 석다시만(石多時萬)과 조장홀고손(趙莊忽古孫) 등이 수백을 거느리고 성에서 계속 저항했다. 이에 최영은 성을 함락하고 도망가는 무리를 샅샅이 찾아 죽였다.

이때의 토벌은 101년 전 여몽 연합군의 삼별초 토벌전 못지않게 잔혹했다. 평정의 대상이 몽골인으로 뒤바뀐 것은 역사의 복수였을까. 조선 초인 1417년에 제주도에 판관으로 부임한 하담(河澹)은 제주민들로부터 토벌전의 목격담을 듣고 기록을 남겼는데 여기에는 "칼과 방패가 바다를 뒤덮고 간과 뇌가 땅을 가렸으니 말하면 목이 메인다"라고 한 구절이 있다. 삼별초 토벌 때와 같이 이때에도 제주도 토착민의 피해가 막심했다. 1948년 제주도 4·3봉기도 불행한 역사의 재현이었다.

제주도를 평정한 최영은 제주마 1천 700필을 수합하여 보내겠다고 고려 조정에 알렸다. 공민왕은 밀직부사 김의(金義)에게 먼저 수집한 제주마 350필 중 불량마 150필을 제외한 200필을 정요위에 운송하도록 지시했다.

목적을 달성한 임밀과 채빈은 김의와 더불어 개경을 떠났다. 정병 300명이 말을 운송하여 동행했다. 또한 동지밀직사사 장자온이 육로로 조공로를 열어준 데 대한 감사 표문을 가지고 명으로 출발했다.

19일 공민왕은 북원 출신의 호승(胡僧, 색목인 계통 승려)과 강순룡(康舜龍)을 체포했다. 호승이 강순룡에게 "원이 심왕의 손자를 고려왕으로 세우려 한다"고 말했다는 첩보가 입수되었기 때문이다. 이들을 심문하자 호승은 모인(某人)에게 들었다 했고 그를 잡아 심문하니 "전에 찬성사 우제의 가노(家奴)가 북원에 가서 교역할 때 들은 것입니다" 했다. 우제의 가노를 심문하려 했으나 이미 도피한 후였다. 다음날에는 우제를 순위부에 가두었다.

명의 횡포와 원의 간섭 사이에서

북원에서 심왕의 손자를 고려왕으로 앉히려고 책동하던 중 9월 22일 공민왕이 침소에서 암살되었다. 자제위 소속의 최만생(崔萬生), 홍륜(洪倫), 권진(權瑨), 홍관(洪寬), 한안(韓安), 노선(盧瑄) 등이 공모하여 저지른 일이었다. 이들은 왕이 술에 몹시 취한 틈을 타 칼로 찌르고 "적이 밖에서 침입했다"고 부르짖었다. 위사(衛士)들은 겁을 내어 움직이지 못했고 백관들도 변을 듣고도 두려워하여 입궐하는 자가 없었다. 오직 수문하시중 이인임이 사태를 수습하러 속히 입궐했다. 이른 새벽에 명덕태후가 공민왕의 유일한 혈육인 강녕대군(江寧大君) 왕우(王禑)를 데리고 내전에 들어왔으나 상(喪)을 숨기고 발표하지 않았다. 이인임은 처음 대궐에 상주하는 승려 신조(神照)가 완력이 있고 지모가 있으므로 그를 의심했다. 신조를 체포하여 옥에 가두게 했으나 곧 병풍과 최만생의 옷 위에 뿌려진 핏자국을 보고 최만생을 옥에 가두어 심문했다. 진상을 알아낸 이인임은 시역의 무리를 모두 체포했다.

24일 공민왕의 죽음을 발표했고 25일 후사를 결정했다. 명덕태후와 문하시중 경부흥(慶復興, 경천흥)은 강녕대군이 어리므로 종친을 왕으로 세우고자 했으나 이인임은 강녕대군의 왕위 계승을 주장했다. 재추들은 서로 눈치를 보며 말을 꺼렸는데 결국 시역을 수습한 이인임의 견해에 따라 10세의 강녕대군이 왕위에 올랐다.

공민왕 시해 연루자들은 혹독한 처벌을 받았다. 주범인 최만생과 홍륜은 거열형에 처했고 한안, 권진, 홍관, 노선은 참수하여 효수했다. 또한 이들의 아들들도 모두 참수하여 효수했고 처와 첩은 관비로 삼았고 가산은 적몰했다. 이들의 부친들과 숙질, 종형제들도 곤장을 맞고 유배되었다. 홍륜과 홍관이 홍언박의 손자였으므로 특히 홍언박 가문의 피해가 컸다. 홍언박의 아들인 홍사보와 홍사우도 교수형에 처해졌다. 홍사우는 경상도와 전라도 도순문사를 지내는 동안 왜구 퇴치에 공이 컸으므로 세상 사람들은 그의 죽음을 애석히 여겼다.

공민왕의 장례를 치른 고려 조정은 11월 밀직사 장자온과 전공판서 민백훤(閔伯萱)을 명에 파견하여 공민왕의 죽음을 알리고 강녕대군의 왕위 계승을 요청하게 했다.

그러나 김의(金義)가 명의 사신을 살해하여 파란이 일었다. 임밀과 채빈은 압록강에 이르러 나머지 제주마 1천 700필이 도착하기를 기다려 머무르고 있었다. 이들은 그동안에도 횡포를 부려 김의를 격분하게 했다. 공민왕 암살 소식을 들은 이들은 11월 압록강을 넘었다. 개주참(開州站, 봉황성)에 이르자 김의는 채빈과 그의 아들을 죽이고 임밀을 포로로 하여 정병 300명과 더불어 말 200필을 가지고 북원에 망명했다. 명에 사신으로 파견된 장자온과 민백훤은 명 사신 살해 소식을 듣고는 황급히 돌아왔다.

고려 조정은 삼사좌사 이희필을 서북면 상원수로 임명하여 만일의 사태에 대비했고 한편으로 북원의 내부사정을 알기 위해 판밀직사사 김서를 공민왕의 상사를 알린다는 명분으로 나하추에 파견했다.

우왕 원년(1375) 정월 고려는 명에 판종부시사(判宗簿寺事) 최원(崔源)을 보내어 공민왕의 부음을 전하게 했다. 그러나 최원은 명에 구금되었다.

공민왕 시해 소식을 알게 된 북원의 소종은 심왕 톡토부카(脫脫不花)를 고려 왕에 임명했다. 공민왕이 후사가 없다고 알고 있었으므로 취한 조치였다고 한다. 이 소식을 들은 고려 조정은 4월 판 밀직 이자송을 서북면 도순문사 겸 평양윤, 찬성사 지윤을 서북면 도원수, 문하평리 유연(柳淵)을 동북면 도원수로 임명하고 각 도의 병정을 징발하여 북원의 침공에 대비했다.

이때 고려의 어려움은 이후 헤아릴 수 없었다. 사신 살해는 전쟁 사유이므로 명이 이를 구실로 침략할 가능성이 있었고 북원도 톡토부카를 고려 왕으로 세우려 침입할 수도 있었으니 최악의 상황에 직면한 것이다.

5월에 북원의 사신이 강계에 와서 입국을 청하자 고려 조정은 의견이 갈라졌다. 삼사좌사 김구용, 전리총랑(典理摠郞) 이숭인, 전의부령(典儀副令) 정도전, 예문응교(藝文應敎) 권근(權近) 등은 격렬히 반대했고 성균대사성(成均大司成) 정몽주는 명의 정요위와 협공하여 북원을 칠 것을 건의했다. 정몽주는 북원이 재기불능이라 보았고 북원과의 통교가 명의 대대적 침공을 초래할 것으로 우려했다. 다음은 북원과의 통교를 반대하는 문신들을 대표하여 정몽주가 우왕에 올린 글의 일부이다.

명 조정에서 김의(金義) 사건을 듣자마자 이미 우리를 의심했을 터인데 여기다 또 북원과 서로 연락하고 김의의 죄를 묻지 않은 것을 들으면 반드시 우리나라가 명의 사신을 죽이고 (명의) 적과 상통한다고 말할 것은 의심할 바 없습니다.

그리하여 만약 명에서 죄를 묻는 군사를 일으켜 수군과 육군으로 일시에 진격하여 온다면 우리나라는 무슨 말로 응대할 것입니까? 그렇게 되면 소수의 적군이 들어오는 것을 늦추려다가 실제로는 천하의 대군을 맞게 될 것입니다.

이 이치는 매우 명백하여 누구나 다 쉽게 알 수 있음에도 불구하고 조정에서는 마치 말 못하는 사람처럼 침묵하고 있으니 그 까닭을 알기는 어렵지 않습니다.

대체로 일찍이 여러 소인들이 사변을 일으켰을 때에 당시의 재상들은 명으로부터 힐책을 당할 것을 두려워하여 사실상 김의와 함께 통모하여 상국(上國)과 국교를 끊으려 한 일이 있었으니 안사기(安師琦)가 자살한 것이 바로 이것입니다.

그리고 정요위와 함께 군사를 양성하여 사변에 대처할 것을 약속하고 앞으로 북벌할 것을 명백히 한다면 원의 일족들이 자취를 감추어 멀리 도망하고 국가의 복이 무궁할 것을 기약할 수 있습니다. (《고려사》 권 117 열전 정몽주전)

결국 북원의 사신을 개경으로 불러들이지 못하고 찬성사 황상(黃裳)과 좌부대언 성석린(成石璘)이 강계에 가서 그들을 위로하여 돌려보냈다.

우왕 초기 정국을 주도한 이인임의 외교 정책은 북원, 명과 동시에 통교하는 것이었는데 이에 반대하는 관료가 상당수였다. 이들은 북원 사신 입국에 극력 반대했다. 6월에는 이들을 대표하여 간관 이첨(李詹)과 전백영(全伯英)이 이인임이 김의와 공모하여 명 사신을 죽였다고 하면서 이인임을 죽이라고 탄핵했다.

이인임은 이들의 도전을 좌시하지 않았다. 7월 이인임에 가까운 우인열과 한리(韓理) 등이 간관이 재상을 논박하는 것은 옳지 못하다고 하며 북원 사신 입국에 반대했던 인물들을 탄핵했다. 이때 처벌받은 이는 임박·정몽주·정도전·전녹생·전백영 등 22명이었다.

이들은 가문이 권문세족인 경우도 있고 한미한 이들도 있었다. 고려 말 정국을 권문세족과 신진사대부의 대립으로 보고 전자를 친원

파, 후자를 친명파로 등치시키는 연구들이 있는데 사실과 거리가 먼 이야기다. 이때 처벌받은 관리들은 다음해인 우왕 2년(1376)부터 대부분 석방되는데 정도전은 계속 불우한 처지에 놓인다. 이인임이《고려사》에서 간신으로 평가받게 된 것은《고려사》 편찬을 주도한 정도전의 원한을 샀기 때문이다.

명은 잇달아 오는 고려 사신들을 구금하는 등 강경한 자세를 누그러뜨리지 않으면서 요동 지역의 군비를 계속 확충했다.

1375년 2월 명은 정요전위(定遼前衛)를 설치하며 요동위를 정요후위(定遼後衛)로 명칭을 바꾸었다. 10월 명 태조는 요양의 정요도위를 요동 도지휘사사로 확대 개편했다. 이로써 요동 지역에 5개의 위가 설치되었다. 법제상 1위의 병력이 5600명이므로 2만 8천의 병력이 있어야 했으나 실제로는 이보다 적었다. 더구나 고려인, 여진인, 발해인 등 비 한족계가 다수인 것도 문제였다. 요동도지휘사사는 동으로는 압록강, 서로는 산해관에 이르는 오늘날의 요녕성과 대체로 일치하는 지역을 관할했다. 그러므로 명의 요동 도지휘사사는 만주 지역을 포괄하던 원의 요양행성과 많은 차이가 있었다. 명의 지방 행정기관은 행정을 담당하는 포정사사(布政使司)와 군사를 담당하는 도지휘사사(都指揮使司) 등이 있었다. 그러나 요동 도지휘사사는 행정과 군정을 겸했다.

공민왕 시해는 공민왕 17년(1368) 한족의 왕조인 명이 원을 북방으로 축출함으로써 중국을 차지하여 고려의 안보가 전례 없는 위기를 맞을 환경에 처해진 것과 깊은 관련이 있다.

고려 건국 이후 동아시아의 정세를 보면 건국 초에는 거란과 송이 2백 년간 대치했고 그 후에는 금과 송이 남북으로 대치했다. 이처럼 북방 유목민 왕조와 한족의 왕조가 대치한 것은 고려의 안보에 큰 이점이었다. 거란, 금, 송은 첨예한 대치 관계 속에서 모두 고려와 우호 관계를 맺거나 최소한 비적대적 관계를 맺으려 했기 때문이다. 그러므로 고려는 초기에 거란과 전쟁을 치렀을 뿐 동아시아 국제정세의 격변 속에서도 전란을 피할 수 있었다. 그러나 이를 국제 환경 덕이었다고만 볼 수는 없다. 이는 고려가 상당한 국력을 보유했기에 가능한 일이었지 조선 왕조처럼 무력했으면 분할의 대상이 되든지 아니면 일방에 합병되었을 것이다.

몽골 제국의 출현으로 고려는 미증유의 시련을 겪었으나 장인·사위 관계로 결말을 보아 오히려 안보에 유리하게 작용한 면도 있었다.

이에 비해 명의 중국 석권은 고려로 보면 당의 중국 석권과 비슷하게 느껴졌다. 명 태조도 여러 차례 자신은 수 양제나 당 태종이 아니라고 고려에 알렸으나 그것으로 고려의 의구심이 해소될 수 있는 것은 아니었다.

안보 문제가 가장 시급한 국정 과제가 되자 고려에서 식자들의 여론은 크게 둘로 갈렸는데 명과 사대 관계를 수립하자는 것과 원과의 관계를 유지하자는 것이었다. 두 가지 의견 모두가 고려의 군비 강화를 기초로 한 것으로 강대국에 대한 일방적 굴종으로 외침을 막자는 것은 아니었다. 공민왕 암살은 고려 조정이 안보 문제로 의견이 갈라져 대립하는 상황에서 벌어진 일이었다.

공민왕 시해 사건은 그 동기를 단정적으로 말하기 어렵다. 홍륜과 홍관이 홍언박의 손자라는 사실에서 알 수 있듯이 자제위는 왕이 신임하는 가문 출신의 자제들로 구성되었다. 이들이 시역을 도모한 이유를 기술하면서 《고려사》는 왕을 정신병자로 묘사하는 등 가공할 곡필(曲筆)을 하고 있어 진상 규명에 걸림돌이 된다.

공민왕 시해는 북원의 소종이 심왕 톡토부카를 고려왕으로 옹립하려 한 것과 연관이 있는 것 같다. 당시 북원의 국력으로 보아 고려의 도움 없이 중원 회복은 불가능했다. 기황후가 죽은 시기는 알 수 없지만 대도를 잃은 후 고려가 원군을 보내지 않음을 매우 원망했다고 《북순사기(北巡私記)》에 전한다. 공민왕의 마음을 돌리는 것이 불가능하다고 판단한 소종이 공민왕을 암살하고 톡토부카를 옹립할 계획을 세웠을 가능성이 있다.

고려에서도 고압적인 명이 중국을 차지하는 것보다는 원이 중국으로 복귀하는 것이 바람직하다고 보는 여론이 있었다. 객관적으로 보아 안보 측면에서 고려와 원의 관계가 이로운 면도 있었다. 고려는 늘 북방으로부터의 침입을 우려했는데 원의 부마 국가가 되는 조건으로 맺은 강화로 안보 문제는 해결되었다고 할 수 있다. 고려가 원을 도와 다시 원이 중국을 지배하게 된다면 고려의 국제적 지위는 더욱 상승하여 거의 대등한 관계로까지 나아갈 가능성도 있었다.

이에 비해 한족 왕조인 명의 중국 지배는 여러 모로 고려에 불리했다. 정벌하겠다고 위협하며 과도한 조공이나 저자세를 요구할 수도 있고 실지로 침략할 가능성도 있었다. 그럴 경우 고려는 과도한 군비 부담에 민생이 희생되고 조공 요구에 시달리는 상황에 직면한다.

그러므로 원의 중국 지배가 고려에 더 유리한 측면이 있었다. 그러나 공민왕으로서는 북원과의 연합을 선택할 수 없는 것이 객관적 현실이었다. 명은 이러한 사정을 잘 알고 고압적인 자세를 취했는데 특히 명의 사신 채빈의 횡포는 주권국가로서 용납할 수 없는 지경이었다. 공민왕이 여기에 대응하지 못하고 순응한 데 대해 자제위는 크게 실망했을 것이다.

공민왕이 북원이 톡토부카를 옹립하려 한다는 첩보에 관계자들을 투옥한 지 며칠 지나지 않아 시해된 것이 우연만은 아닌 것 같다. 그때는 경군이 대부분 제주도 원정에 참여했으므로 왕 시해가 성공할 가능성이 매우 큰 시기였다. 자제위 인사들의 공민왕 시해가 대국적 판단에서 비롯된 것이었는지는 입증할 수 없다. 그러나 '공민왕의 변태성욕'이 암살의 원인이라고 하는 《고려사》의 기술은 더더욱 사리에 어긋난다.

김의가 공민왕 시해 소식을 듣고 명 사신을 살해하고 북원으로 망명한 것도 치밀한 계획에 의한 것일 수 있다. 사신 살해는 전쟁사유가 되므로 명의 고려 침략을 유도하기 위한 것일 가능성이 있는데 명이 대규모로 고려를 공격하면 고려는 어쩔 수 없이 북원과 연합하게 된다. 이것은 북원이 열망하는 사태였다. 김의는 본래 호인(胡人)이라고 《고려사》에 기록되어 있다. 호인은 위구르 인 등 색목인을 의미한다. 그가 고려에서 벼슬하게 된 과정은 알 수 없으나 원에 가까운 인물인 것은 확실하다. 자제위가 북원과 공모하여 공민왕을 암살했다고 장담할 수는 없으나 명 사신 살해는 북원이 조종했을 가능성이 크다.

태평한 시절에는 지도자의 능력을 판별하기가 쉽지 않다. 이에 비해 전쟁은 성실하고 유능한 지도자와 얼치기 지도자를 신속하고 분명하게 가려낸다. 이것이 전쟁의 유일한 '미덕'이다. 인간사의 모든 모순은 전쟁을 통해 압축적으로 표출된다. 이로 인한 피해를 신속히 복구하고 국가를 유지하는 일은 어지간한 지도력으로는 해결할 수 없는 일이다. 공민왕은 남과 북으로부터의 외침을 격퇴하고 수차례 원정을 주도했다. 전쟁 결정은 왕이 가장 내리기 힘든 일인데 이를 정신병자가 한 것으로 기술하는《고려사》의 가소로운 곡필에 현혹되어서는 안 될 것이다.

고려와 명의 줄다리기

사태를 신속히 수습하여 우왕이 즉위했어도 근본적으로 안보 문제가 해결되지 않았으므로 고려는 긴장을 늦추지 못했다. 북원은 고려의 도움을 얻으려 애썼고 고려는 북원, 명과 동시 통교하며 시세를 관측했다. 명은 고려를 의심하여 조선 건국까지 고려와 명의 대치관계는 지속되었다.

고려가 북원과 통교하자 불안을 느낀 명은 우왕 2년(1376) 3월 정요위에 파견된 고려 사신 김용(金龍)에게 고가노(高家奴)가 쓴 형식으로 경고의 글을 전달했다. 고가노는 원이 쇠퇴하자 고려 여자와 혼인하는 등 고려에 의지했으나 1372년 명에 귀순하여 정요위의 지휘(指揮)가 되었다.

김용은 6월에 개경에 돌아와 명의 국서를 전달했다. 대략의 내용은 머지않아 명의 대군이 나하추를 칠 것이며, 코코 테무르와 나하추가 합세하여도 가망이 없을 것이며, 고려는 명에 복종하여 고려로 넘어간 요동 지방의 백성을 송환하고 조공하기로 약속한 말을 속히 보내는 것이 국익이 될 것이라는 것이었다.

10월에는 북원의 병부상서가 와서 중서 우승상 코코 테무르의 글을 전했다. 톡토 부카를 고려왕으로 책봉한 것은 공민왕이 후사가 없는 줄 알고 한 일이며 명이 반드시 고려를 집어 삼킬 것이니 중국을 수복하려는 원과 연합하여야 한다는 내용이었다.

그러나 북원의 사정은 그리 밝은 전망을 기대할 수 없었다. 원나라 말기에 극심했던 지배층의 내분이 초원에서도 계속되었다. 한의 권위는 실추되고 유목민 군대를 이끄는 장군들이 실권을 장악하여 대립했다. 우왕 3년(1377) 7월 북원의 선휘원사(宣徽院使)가 고려에 와서 정요위 협공을 제의하고, 9월에도 나하추가 사신을 보내어 역시 정요위 협공을 요청했어도 거절한 것은 북원의 국세를 고려가 파악했기 때문일 것이다. 고려는 사신 이외에도 정보원을 북원과 명에 보내어 정보 수집에 적극적이었다.

1378년 4월 북원의 소종은 41세의 나이로 사망하고 아우(혹은 아들이라고도 전한다)인 토구스 테무르가 즉위했다. 7월 원의 사신이 고려에 와서 토구스 테무르의 즉위를 통보했다.

우왕 5년(1379) 3월 하정사 심덕부(沈德符) 등이 귀국하면서 명 태조가 친필로 쓴 조서를 가져 왔다. 조공을 명의 요구대로 바치지 않으면 정벌하겠다는 노골적인 협박이었다.

> 너희들이 온 것은 간사한 자의 간계를 받아 부득이 와서 짐을 속이려 하는 것이다. 이제 너희들을 돌려보내라는 명을 내리니 너희들은 고려의 우두머리 우(禑)에게 짐의 말을 전하라.
> (고려는) 죄 없는 우리 사신을 죽인 원수이니 집정 대신(執政大臣)이 와서 조회하고 약조대로 세공(歲貢)을 바치지 않는다면 훗날 정벌을 면치 못하리라.
> 창해를 너희들만 가지고 있는 줄 아느냐. 내 명을 따르지 않는다면 수천 척의 함대와 수십만의 정병을 인솔하고 돛을 달고 동으로 가서 우리 사신

이 어디 있느냐고 물을 것이다. 그때 그 무리를 다 죽이지 못한다 해도 태반을 포로로 잡지 못하겠는가. 너희들이 감히 가벼이 볼 수 없을 것이다.

심덕부 일행은 명 태조가 1377년 12월 중서성에 하달한 칙유(勅諭)도 필사하여 가지고 왔다. 중서성에 내린 칙유이지만 내용은 고려에 대한 요구 사항이다. 이 부분은 다음과 같다.

중서성에서 사람을 보내어 저들에게 가서 뒤를 이은 왕이 어떠한지 정령이 시행되고 있는지 물어보아라. 정령이 여전하고 뒤를 이은 왕이 감금되어 있지 않으면 전왕이 언약한 바대로 금년에는 말 1천 필을 공납하되 집정 대신의 절반이 내조하게 하라. 내년부터는 금 100근, 은 1만 량, 좋은 말 100필, 세포(細布) 1만 필을 매년 상례로 바치게 하라.
그곳에 구속된 요동의 백성들은 몇만 명이던지 있는 대로 모두 돌려보내야만 뒤를 이은 왕이 확실히 왕위에 있고 정령이 시행된다는 것을 짐이 의심하지 않겠다.

이 칙유 역시 고려에 대한 원정을 협박하는 것으로 마무리를 짓고 있다.

만약 그렇지 않다면 이는 반드시 임금을 시해한 역적이 저지른 짓이니 후일 반드시 여러 가지 간계를 부려 우리 변경을 소란하게 할 뿐 아니라 고려 백성들에게도 큰 재난을 끼칠 것이다.
짐이 보건대 이 간악한 자들은 (고려가) 바다로 둘러싸이고 겹겹이 험한 산이 있음을 믿고 흉계를 부리며 날뛰면서 우리 조정에서 한나라, 당나라와 같이 군사를 동원하려는지 보고 있다.

한나라나 당나라의 장수들은 말 타고 활 쏘는 데는 능숙했으나 배를 조종하는 데는 서툴러 바다를 건너기 어려웠다. 짐은 전 중국을 평정하고 오랑캐들을 물리치면서 수전, 육전을 다 거쳤으니 (짐의) 장수들을 어찌 한나라, 당나라 장수에 비하랴. 그러나 다시 사신을 보내어 뒤를 이은 왕의 안부를 묻노니 칙령대로 시행하라.

이처럼 명 태조는 고려에 대해 노골적인 전쟁 협박으로 전략물자인 말을 얻고 병력 확충을 위해 고려로 도피해간 민호(民戶)를 송환받겠다는 벼랑 끝 전술을 구사했다. 고려가 명의 요구를 받아들이는 것은 스스로의 군사력을 약화시키고 힘으로 위압하는 명에 도움을 주는 것이지만 전면전을 무릅쓰고 거절할 수도 없는 일이었다. 도평의사사에서는 명의 요구를 상당 부분 들어주는 것으로 결론을 내렸다.

그런데 심덕부 일행을 따라 온 명의 사신 소루(邵壘)와 조진(趙振)은 도중에 첨수참(甛水站)에 이르러 고려에서 문천식(文天式)과 오계남을 사신으로 북원에 보냈다는 소문을 들었다. 이들은 "고려에서 옛날에도 사신을 죽였고 지금 또 딴 마음을 품으니 내가 고려에 가서 죽느니 차라리 우리나라에서 죽겠다" 라며 돌아갔다.

6월에는 북원의 사신이 와서 연호를 천원(天元)으로 고쳤다고 알렸고 나하추의 아들 문하라부카도 친선을 도모하러 왔다. 요동도사(遼東都司, 도사는 도지휘사사의 약칭)가 이를 알고는 8월에 고려의 도평의사사에 강력히 항의하는 자문을 보내왔다. 10월 고려 조정은 사신을 보내어 세공으로 금 31근 4냥, 은 1천 냥, 백세포 5백 필, 흑세포 5백 필, 잡색마 2백 필을 가져가게 했으나 명이 수량이 약속과 다르다고 받아들이지 않았다. 이 역시 고려가 북원과 통교하는 것에 대한 대응이었다. 이후 우왕 8년(1382) 11월 정몽주의 사행까지 명은 고려의 사신을 받아들이지 않았다.

우왕 7년(1381년) 9월 명 태조는 부우덕을 남정장군, 남옥(藍玉)과 목영(沐英)을 부장군으로 임명하여 운남의 양왕(梁王)을 정벌하게 했다. 이 원정에 27만 군사와 군마 22만 필이 동원되었다. 12월 백석강(白石江)에서 대패한 양왕은 자결했고 이듬해 정월 명은 운남을 완전히 평정했다.

4월 명 태조는 양왕의 가솔을 고려의 제주도로 보내어 살게 했는데 7월 명의 사신이 이들을 인솔하여 고려에 왔다. 이로써 고려는 명의 운남 평정을 알게 되었는데 명이 다음 차례로 고려를 칠 것이란 예측이 나왔다.

우왕 9년(1383) 정월 나하추의 아들인 문하라부카가 정조사로 고려에 왔다. 그를 통해 나하추는 옛날과 같은 우호를 이루자고 청했다. 명과 고려는 서로 정보원을 많이 파견하고 있었는데 나하추의 사신이 고려에 와서 후대 받고 있는 것이 즉시 요동도사에 알려졌다. 요동도사는 곧장 고려의 도평의사사에 위협하는 자문을 보내왔다.

> 고려는 명을 섬기므로 나하추와 통교하지 말아야 한다. 들리는 바에 의하면 나하추가 문하라부카를 파견하여 우호 관계를 청한 데 대해 고려는 후대하여 위로하고 있다고 한다. 이것이 대명을 섬기는 뜻인가. 죄를 면하고 싶거든 문하라부카를 이곳으로 압송하여 성의를 표시하라. 그렇지 않는다면 후환이 있더라도 후회하지 말라.

이후 요동도사 소속의 명군이 고려 국경을 침범하는 일이 여러 차례 있었다. 명의 침략 가능성이 더욱 높아짐에 따라 고려는 화전 양면으로 대응했다.

8월에 고려 조정은 문하찬성사 김유와 밀직부사 이자용(李子庸)을 명에 파견하여 우왕의 책봉을 간절히 요청했다. 명 태조가 우왕을 책봉하는 것은 고려를 침략하지 않겠다고 공인하는 의미가 있었으므로 고려는 우왕 즉위 초부터 이를 요청했다. 명 태조는 여러 이유를 들어 거부했는데 이는 언제라도 고려를 적으로 간주해 침략할 수 있다는 것을 뜻했다. 그러므로 고려로서는 우왕의 책봉이 절실한 과제였다. 명 태조는 해로로 명에 들어간 이들 고려 사신을 투옥했다.

10월 니성(泥城) 만호 조민수가 병마사 박바얀(朴伯顔)을 요동으로 정찰을 보냈는데 그가 돌아와 다음과 같이 보고했다.

> 안산(鞍山) 백호 정송(鄭松)의 말입니다. 요동 총병관이 명 황제에게 "타타르(몽골)가 문하라부카를 고려로 보내어 (고려와) 더불어 요동을 공격하려 하니 원병을 파견해 구해주시기를 청합니다"라고 아뢰어 명 황제가 손 도독(孫 都督) 등에게 전함 8900척을 이끌고 고려를 정복하라고 명령했다고 합니다. 손 도독이 요동에 도착하여 요동의 명군을 셋으로 나누어 고려를 향하여 출발했답니다. 그때 마침 타타르가 혼하(渾河) 어귀를 공격하여 관군(명군)을 모두 죽이고 혼하에 둔병하고 있었는데 손 도독의 군사가 교전하여 이기지 못하고 돌아갔다고 합니다.

우왕은 이 보고를 듣고 도평의사사에 국경 방어 대책을 논의하게 했다.

11월 최연과 장백이 돌아와 자문을 고려 조정에 전했는데 5년간 밀린 세공으로 금 5백 근, 은 5만 냥, 포 5만 필, 말 5천 필을 보내라는 것으로 그렇지 않으면 고려에 군사원정을 하겠다는 내용이었다.

명이 고려에 공물로 요구한 수량은 고려에 큰 부담을 주는 막대한 것이었다. 이처럼 명 태조는 고려에 대해 "전쟁이냐 조공을 통한 평화냐" 하며 줄기차게 협박했다. 이는 고려와 명 양측에서 보아도 벼랑 끝 외교 술책이었는데 이럴 때는 유화책을 펴는 측이 손해 보기 마련이다. 당시 고려에서 명과의 일전을 불사하는 견해를 가진 위정자는 소수로 우왕과 최영이 대표적 인물이었다.

최영은 고려군을 정비·조련하는 총책임자로 군 육성과 왜구 퇴치에 여념이 없었다. 최영은 우왕 3년 3월에 육도도통사(六道都統使)가 되었고 같은 해 승려 2천 명, 배만드는 장인 100여 명을 동원하여 800척의 전함을 만들어 고려 수군을 재건했다. 우왕 6년 4월부터는 해도도통사(海道都統使)도 겸했으며 우왕 8년에는 다시 승려를 동원, 거함 130여 척을 만들어 전국의 요충지에 배치했다. 그는 문하시중이나 수문하시중 자리를 맡으면 직접 출전을 할 수 없으므로 이러한 중앙의 최고위 관직을 맡기를 꺼려했다. 도평의사사에서의 발언권도 크지 않았다.

12월 도평의사사의 회의에서 참석자 거의 모두가 주원장의 요구를 받아들이자는 의견을 내놓았다. 공물을 마련하기 위해 진헌반전색(進獻盤纏色)이라는 특별 관청이 설립되었고 문무백관들이 재물을 내놓는 등 모든 고려인에게 그 부담이 돌아갔다.

우왕 10년(1384) 윤 10월 연산군(連山君) 이원굉(李元紘)이 세공을 가지고 명으로 갔다. 우왕은 출발하는 이원굉에게 친히 술을 주면서

"국가의 안위가 경의 이번 길에 달려 있으니 경은 매사를 신중히 하여 국가의 수치가 되는 일이 없도록 하라"고 당부했다.

그러나 고려는 북원과도 계속 통교했고 이를 위해 명에 대한 군사작전도 벌였다. 이원굉은 요동에 도착하자 요동도사가 하라쌍성[哈剌雙城]에 군사를 파견하여 돌아가는 북원 사신을 체포하려 한다는 것을 알고는 비밀리에 사람을 보내어 고려 조정에 알렸다. 도평의사사에서 만호 김득경(金得卿)에게 통보하여 대비하게 했다. 11월 요동도사의 명을 받은 여진족 천호 백파파산(白把把山)이 70여 기병을 인솔하고 북청주(北青州)를 기습했다. 김득경은 거짓 후퇴했다가 어두운 밤에 반격하여 적의 병영을 불사르고 40여 명을 베었다.

우왕 11년(1385) 2월 요동도사는 백호 정여(程輿)를 파견하여 김득경이 명의 군사를 살해한 것을 추궁하고 김득경 압송을 요구했다. 고려 조정은 이원굉의 사행에 큰 기대를 걸고 있었으므로 부득이 김득경을 체포하여 명으로 보내었다. 또한 장자온을 시켜 뇌물로 정여에게 금 50냥을, 수행원 3명에게는 은 50냥씩을 주었다.

김득경이 떠날 때에 도평의사사에서는 "북청주의 사건은 네가 그 책임을 지고 나라에는 누를 끼치지 마라"고 하니 김득경은 "저는 다만 도당의 통첩을 받들어서 행했을 뿐이니 상국에서 만일 묻는다면 감히 끝내 숨기겠습니까"라고 했다.

김득경이 떠난 후 문하시중 임견미가 걱정하니 밀직제학 하륜(河崙)이 도적을 위장하여 죽이라고 권했다. 김득경은 철주(鐵州)에서 '도적'에게 살해되었다.

공물이 명에 도착하자 명 태조는 그동안 억류하거나 대리(大理)로 유배한 고려 사신들을 바로 방환했다. 곧이어 우왕을 고려왕으로 책봉하는 일도 이루어져 9월에 명의 책봉사 장부(張溥)와 주탁(周倬)이 개경에 도착했다. 고려 위정자들은 이제 명과의 전쟁 가능성이 사라졌다고 기뻐했다. 책봉을 받은 우왕은 이를 태묘(太廟)에 고했다.

그러나 명 태조는 "성인의 면과 호걸의 풍과 도적의 성품을 겸비한" 인물이었다. 그가 우왕을 책봉한 것은 기만 술책이었다.

나하추는 북으로 북원과 연결하고 남으로는 고려와도 교통하여 명군이 북원을 원정하는 데도 큰 장애가 되었다. 그러므로 나하추 세력을 소멸시키지 못하면 명의 안정은 기대하기 어려웠다. 명 태조는 나하추를 공략하기에 앞서 압록강·동가강·휘발하 상류 일대를 경략하여 고려와의 연결을 차단했다. 또한 몽골의 잔여 세력과 여진족 각 부족을 회유하여 나하추를 고립시키는 데 힘썼다.

1385년부터 명은 대대적으로 나하추 토벌을 준비하기 시작했다. 이를 위해서는 고려와 나하추가 연합할 가능성에 대비하여야 했다. 우왕 책봉은 계략이었다. 명의 침략을 받을 가능성이 없어졌다고 고려가 믿어야 명이 나하추를 토벌할 때 고려가 나하추의 구원 요구를 거절할 것이기 때문이다. 8월에는 풍승, 부우덕, 남옥을 보내 북평을 수비하게 했다.

우왕 12년(1386) 2월 고려는 명에 정몽주를 파견하여 세공의 삭감을 청원했다. 명 태조는 흔쾌히 받아들여 3년에 1회 조공, 공마(貢馬) 50필로 확정했다. 그러나 나하추 토벌을 위해 명은 다시 말 5천 필을 요구했다. 이는 11월에 성절사로 갔다가 귀국한 안익(安翊)에 의해 고려 조정에 전해졌다. 비록 단자(段子) 1만 필, 금포(錦布) 4만 필이라는 대가를 지불한다고 했으나 지난번 5년치 세공으로 마필이 많이 빠져나간 다음이므로 무리한 요구였다. 고려는 12월 전객령 곽해룡

(郭海龍)을 명에 보내어 "말의 산출이 풍부하지 못하고 품종이 왜소하여 대가를 받을 수 없으나 힘써 변통하겠다"는 말을 전달했다.

1387년 정월 계축일 명 태조는 풍승을 정로대장군으로, 부우덕과 남옥을 부장군에 임명하여 20만 대군을 이끌고 나하추를 토벌하게 했다. 또한 곽해룡에게 고려 사신의 요동 내왕을 금지한다고 통보했다. "이미 일단 왕래를 허락했으나 내왕이 오래 가면 쟁단이 이로부터 생겨 백성이 화를 입게 되니 이제부터 내왕을 금절한다"고 했으나 고려와 나하추와의 접촉을 막기 위함이었다.

그달에 고려에서는 그동안의 무리한 조공으로 국고가 바닥나는 사태가 일어나 문무백관의 녹봉을 줄여 지급했다.

명군은 나하추와 북원의 연결을 차단하기 위해 만리장성을 나와 4개의 성을 쌓기 시작했다. 6월에 임강후(臨江侯) 진용(陳鏞)의 부대는 나하추 군의 기습에 전몰했으나 풍승의 부대는 계묘일 나하추의 근거지인 금산에 이르러 포위했다. 협상이 벌어져 나하추는 그 무리 20만을 이끌고 명에 항복했다. 이로써 만주 일대의 몽골 잔여 세력은 무너졌으며, 명과 고려 사이의 완충 지대는 사라졌다.

고려는 3월에서 6월까지 말 5천 필을 다섯 차례에 걸쳐 요동으로 보냈다. 명의 요동 도지휘사사는 첫 번째 마필이 도착했을 때에 노약하고 왜소한 말을 골라서 돌려보냈으며 다섯 번째 운송된 마필 1천은 전부 돌려보냈다. 말은 3등급으로 분류되어 상등은 단자 2필과 포 8필, 중등은 단자 1필과 포 6필, 하등은 단자 1필과 포 4필로 환산하여 모두 단자 2670필에 포 3만 186필이 대가로 고려에 지급되었다. 단자가 예상 수량보다 많이 적어진 것은 상등마보다 하등마가 많았기 때문이며 이는 그만큼 부족한 말을 무리하여 변통했음을 의미한다.

계속되는 명의 횡포에 고려의 조야에서는 반감이 쌓여가고 있었고 조공으로 평화를 사는 화평 정책에 대한 회의가 커가고 있었다. 특히 최영이 이러한 화평 정책에 반대했다. 이전부터 고려에서는 명이 사방을 평정한 후 고려를 침공할 가능성이 크다고 보는 견해가 적지 않았고 우왕은 이에 동조하여 군사 훈련에 열심이었다. 고려의 화평 정책이 수정될 가능성은 언제나 있었는데 이때 와서 가시화되었다.

우왕 대에 오랫동안 안보 문제 해결을 위해 조공에 의한 화평책이 추진된 것은 미약한 왕권과 깊은 관련이 있었다. 우왕은 어린 나이에 즉위한데다가 외가가 미천하여 의지할 만한 곳이 없었다. 우왕 초기에는 이인임과 최영이 보필하고 명덕태후가 왕실의 최고 웃어른으로 정국을 이끌었다. 명덕태후가 별세한 이후 우왕은 신하들에게 휘둘리자 매우 낙담하여 방탕한 생활을 하기도 했다. 우왕 8년 이후로는 임견미와 염흥방이 권신이 되어 국정을 주도했다. 이들은 무사안일을 꾀했으므로 대외 관계에서 고식적인 화평책을 폈고 과거를 통해 관로에 오른 유생들도 명에 대한 사대를 당연시하여 이를 지지했다.

조공을 통한 화평책을 혐오한 우왕과 최영이 합심하여 권신들을 제거할 날이 다가오고 있었다.

화약병기의 개발과 왜구 소탕

화기(火器), 즉 화약병기(火藥兵器)는 화약의 폭발력으로 화살, 돌, 철탄 등을 발사하는 유통(有筒) 화기를 말한다. 이는 고대의 화공 때 쓰이던 여러 가지 연장이나 물리적 장치에 의해 거석을 투사하던 투석기인 석포(石砲)와는 구별된다. 유통식 화기의 출현은 화약이 발명된 후다.

유통식 화기는 동·서양에서 모두 14세기 초엽에 출현했다. 그후 기술이 발달하여 기존의 병기를 능가하는 살상력과 파괴력을 갖추게 되었다. 중국에서는 명이 몽골을 축출하는 데 크게 기여했고 유럽에서는 중세 기사를 무력화시켜 봉건 사회를 무너뜨리는 한 요인이 되었다.

고려에 화약이 전래된 시기는 우왕 3년(1377)에 화통도감(火㷁都監)이 설치된 때보다 훨씬 이전이다. 화통도감의 설치는 화약과 화기를 독자적으로 제조하기 시작한 것을 의미하는 것이며 늦어도 공민왕 대에는 이미 화약병기가 전래되었다. 공민왕 대 이전에 화기가 전래되었을 가능성을 보여주는 기록들도 있다.

고려 숙종 9년(1104) 여진 정벌을 위해 별무반이 설치되었는데, 11개의 특수부대 가운데 발화(發火) 부대가 있었다. 발화 부대의 구체적 임무는 전해지지 않으나 명칭으로 보아 화공을 전문으로 하는 부대인 것 같고 나아가 화약 사용과 관련이 있어 보인다.

인종 13년(1135) 묘청의 난 진압 때는 화구(火毬)가 쓰였다. 당시 송에서 온 조언(趙彦)의 계책에 따라 포(砲)로 서경성의 성루를 부숨과 동시에 화구를 던져 이를 불살랐다.

화구는 최초로 발명된 화약병기로 화약을 공 모양으로 굳힌 것인데 송 진종 함평(咸平) 3년(1000)에 개발되었다. 송과 문물 교류가 활발했던 고려가 이를 입수했으리라 추측하는 것은 무리가 아니다. 고려 말 화약병기의 전래는 목면이나 성리학 등과 더불어 몽골 제국을 통해 들여온 신문물 가운데 대표적인 것이다.

화기 사용을 직접 명시한 것은 《고려사》 권 81 지 35에 나오는 기사로 공민왕 5년(1356) 11월에 화약무기 발사 시험이 있었다고 한다. 재추가 숭문관에 모여 서북면의 방어용 장비를 검열할 때 총통(銃筒)을 남강(南岡)에서 발사했다.

고려 말 화약병기의 전래와 제조는 왜구 격퇴를 떠나서 생각할 수 없다. 최무선(崔茂宣)은 왜구 격퇴에 화기의 위력이 절대적으로 필요함을 깨닫고 오랜 노력 끝에 원나라의 화약기술자인 이원(李元)으로부터 화약제조법을 익혔다.

우왕 3년(1377) 10월 화통도감이 설치되었는데 이후 고려의 화약병기는 급속도로 발달했다. 대장군포 등 20여 종의 화기가 제조되었고 그 위력에 경탄하지 않는 자가 없었다.

우왕 4년(1378) 4월에는 개경과 각 지방의 사(寺)에 화기 전문부대인 화통방사군(火㷁放射軍)을 배치하여 대사(大寺)에 3명, 중사에 2명, 소사에 1명으로 했다. 여기서 사(寺)는 관청, 또는 불교 사원으로 해석할 수 있는데 고려 시대 승병의 역할로 보아 절을 뜻하는 것 같다.

고려 정부는 화포를 증강하여 해전에 대비하고 격구와 더불어 화포희(火砲戱, 불꽃놀이)를 장려했다. 화포가 가장 위력을 발휘한 전투는 우왕 6년(1380)의 진포(鎭浦) 전투로 진포로 다가오는 왜선 500척을 화포로 궤멸시켜 대승을 거두었다. 우왕 9년(1383)에 정지(鄭地)는 진도(珍島)에서 화포로 적선 7척을 불태웠는데 "일찍이 오늘과 같이 통쾌한 승리를 맛본 일은 없다"고 말하며 화기의 위력에 감탄했다.

《고려사》는 왜구 격퇴의 공이 대부분 이성계에 있는 것으로 기술하고 있다. 그러나 실은 화약병기의 위력이 가장 컸다. 다음은 이를 알려주는 기록이다.

경신년(우왕 6년인 1380년) 가을에 왜선 3백여 척이 전라도 진포에 침입했을 때 조정에서 최무선의 화약을 시험해 보고자 하여 (최무선을) 부원수에 임명하고 도원수 심덕부, 상원수 나세와 함께 배를 타고 화구(火具)를 실어 진포에 이르렀다.

왜구는 화약이 있는 줄 모르고 배를 한 곳에 집결시켜 힘을 다하여 싸우려 했으므로, 무선이 화포를 발사하여 그 배를 다 태웠다. 배를 잃은 왜구는 육지에 올라와서 전라도와 경상도까지 노략질하고 다시 운봉(雲峰)에 모였는데, 이때 태조가 병마도원수로서 여러 장수들과 함께 왜구를 빠짐없이 섬멸했다.

이로부터 왜구가 점점 줄어들고 항복하는 자가 잇달아 나타나 바닷가의 백성들이 생업을 회복하게 되었다. (《태조실록》 태조 4년 4월 임오)

지금 왜구와 우리 수군이 감히 배를 타고 승부를 겨루지 못하는 것은 앞서 진포 전투가 있었고, 뒤에는 남해의 승전이 있었기 때문이다. 그 후로 지금까지 마음을 고쳐 정성을 바치는 것은 비록 전하께서 펴신 교화에 의한 것이나, 처음부터 화통과 화포로써 우레와 벼락같이 떨쳐서 그들의 혼을 빼앗고 간담을 서늘하게 하지 않으면 그 완악하고 사나운 것들을 쉽게 굴복시키지 못했을 것이다. (《신증동국여지승람》 권 22 경도 하 군기사)

그러나 이처럼 국가방위에서 화약병기의 공헌이 컸는데도 불구하고 《고려사》에는 고려의 화약 병기에 관한 기술이 부실하다. 화통도감의 구성과 규모에 대해서 전혀 언급이 없으며 최무선의 전기도 없다. 업적으로 보아 마땅히 《고려사》 열전에 실려야 하는데도 없는 것은 그가 이성계의 반대 세력이었기 때문이다. 위화도 회군 이듬해인

> **고려의 화약 병기 종류**
> 총   포 : 대장군포, 이장군포, 삼장군포, 육화석포(六花石砲), 화포, 신포(信砲), 총통(銃筒)
> 발 사 물 : 철령전(鐵翎箭), 피령전(皮翎箭), 철탄자(鐵彈子)
> 폭   탄 : 질려포통(疾藜砲筒)
> 로켓병기 : 주화(走火)
> 기   타 : 오룡전(五龍箭), 화전(火箭), 촉천화(觸天火), 유화(流火), 육화(六火), 천산(穿山)
> 총포의 종류 중 대장군, 이장군, 삼장군은 총포 크기에 따라 정한 것이고, 육화석포는 둥글게 만든 돌을 쏘는 것이다. 신포는 신호용 포이다.

1389년 최무선은 숙청되고 화통도감은 혁파되었다. 이는 화약 병기를 적극 활용하여 세력을 확장한 주원장이 몽골을 중국에서 축출한 후 화약병기 제조를 금지한 것과 같은 것이라 할 수 있다.

왜구(倭寇)는 문자 그대로는 '왜의 노략질'이란 뜻인데 의미가 전화되어 일본 해적을 의미하게 되었다. 이 단어는 근대 이전의 한국과 중국 문헌에 매우 자주 나온다. 한국의 문헌에는 고려 후기와 조선 초에 집중적으로 나오며 중국의 문헌에는 14~16세기에 자주 나온다. 이들 가운데 한반도 남해안과 서해안에 출몰한 왜구는 일본 해적임이 분명하다. 그러나 왜구로 표기된 해적들을 모두 일본 해적으로 보기는 어렵다. 고려 말 이후 자주 출몰한 왜구에 대해서는 좀더 연구할 부분이 적지 않다.

기록으로 보면 그 이전에는 신라 해적, 여진 해적, 중국 해적이 있었다. 조선술이나 항해술로 보면 일본 해적의 활동은 한반도 남해안과 서해안 일부에 국한되는 것이 정상인데도 중국 동남해안, 한반도 동북부 해안에 출몰한 해적 활동도 왜구로 표현되고 있다.

고려 말에는 왜구의 습격이 빈번했고 중국 해안도 자주 습격했다. 그런데 고려 해적이 일본을 습격한 기록이 있다.

> 정미일, 일본국이 고려의 도적이 바다를 건너 표략하고는 스스로 (고려의) 섬에 사는 주민이라 했다고 알렸다. 고려 왕 바얀 테무르(공민왕의 몽고식 이름)가 군사를 동원하여 죽이고 잡았다. 금 허리띠 하나와 보초 2천 정을 하사했다. (《원사》 순제 본기 지정 12년 8월 정미)

순제가 공민왕에게 금대와 지폐인 보초 2천 정을 준 일은 《고려사》에도 기록되어 있다. 지정 12년(1352)은 공민왕 원년으로 왜구가 본격적으로 창궐한 시기이다.

장사성이나 방국진은 해상 세력이었는데 이들이 패망하고 나서도 그 나머지 무리들은 중국 동남 해안에서 해적질을 했다. 이들 가운데 고려로 온 자들도 있었다. 공민왕 19년 6월 하순 명의 중서성에서 고려에 파견한 정지(丁志) 등이 가지고 온 자문을 보면 알 수 있다.

> 진군상(陳君祥) 등은 여러 해 동안 바다에서 반란을 일으켰다. 대군으로 절동(浙東, 절강성 동부)을 평정하여 본적(本賊, 방국진)은 이미 항복했지만 이 잔당은 다시 반란을 일으켜 군사와 관아를 죽이고 습격했다. 우리가 군사를 내어 토벌하니 적들은 죄가 두려워 도주했다.
> 이번에 명주(明州) 사람 포진보(鮑進保)가 고려에서 와서 알려주었다. "진군상 등이 그 무리를 거느리고 왕경(王京)과 고부(古阜)에 나타났습니다." 그들이 왕의 나라에 죄를 감추고 숨어 살므로 아마 알지 못하고 위무하여

백성으로 삼은 듯하다.

이 반적들은 교묘한 꾀로써 살아나려고 하나 실재로는 간사한 마음을 품고 있다. 만약 이들을 왕의 나라에 오래 거주시켜 두면 선량한 자들이 감염되어 후환이 적지 않을 것이다. 또 그들이 홀연히 그들의 소굴로 복귀하면 왕래에 아무런 저해도 받지 않을 것이니 이 반적의 무리를 잡아 이들의 죄를 밝혀 간악함을 제거할 수 있기를 청한다.

공민왕이 그들의 처자와 재산을 보내었는데 그 수가 1백 명이었다. 명 중서성의 자문은 명 태조에 맞서던 해상 세력의 일부가 고려에 와서 정착했는데 이들이 고려를 거점으로 하여 명의 해안을 습격할 가능성을 우려하는 내용이다. 고려의 정당문학 한중례(韓仲禮)는 이들의 배를 산 일이 있었는데 이것이 공민왕 21년에 명에 알려져 명 태조가 반환을 요구한 일까지 있었다. 이것은 고려 정부가 이들을 받아들였다는 것을 입증하는 일이다. 실제로 이러한 무리들이 고려를 거점으로 하여 명 연안 지방을 대상으로 해적 활동을 했을 수도 있다.

이성계가 왕위를 찬탈한 지 얼마 지나지 않아 조선 해적이 명의 연해 지방을 3차례 침입한 사건이 있었다. 그 첫째는 왜구로 가장하고 요동반도 금주위(金州尉) 신시군둔(新市軍屯)에 침입한 해주 청산(青山)의 천호 하두간(哈都干)의 무리이다. 둘째는 산동반도 영해위에 침입한 만호 김사언(金士彦)의 무리이다. 셋째는 절강의 감포(澉浦)에 침입한 호덕(胡德)의 무리이다.

이들은 명에 붙잡혀 그 정체가 알려졌다. 이후 이 사건에 대한 기록이 보이지 않아 사건의 진상을 정확히 알기는 어렵다. 하두간이나 호덕이라는 여진족 이름이 나오는 것을 보면 고려 전기에 활발히 활동하던 여진족이 고려에 귀화해 살다가 원 말 동란으로 원의 치안이 문란해지자 중국 해안을 습격한 것으로 보인다.

이들에 대한 기록이 나오는《태조실록》만 보아서는 고려 왕조 추종 세력이 명의 연안 지방을 습격하고는 이성계의 명령에 의한 것으로 모략한 것 같기도 하다. 어찌되었든 중국 연안을 습격한 고려 해적이 적지 않았음을 알 수 있다.

왜구 중에 가왜(假倭)라는 것이 있었다. 15~16세기에 명의 동남 해안가 주민들이 왜구를 가장하여 해적질을 한 것을 일컫는 용어이다. 그런데 가왜는《고려사》에도 나온다. 우왕 8년(1382) 4월 화척(禾尺)들이 거짓으로 왜적이라 칭하고 관가와 민가를 습격했는데, 이때 밀직사 임성미(林成味) 등이 포획한 수가 남녀 50여 명, 말 200필에 달한 것으로 보아 그 규모가 상당했음을 알 수 있다. 가왜는 교주도·강릉도 같이 화척과 재인들의 집단 거주 지역을 중심으로 일어난 경우가 많았다.

일본 지배층이 국제정세에 무지했던 것도 모든 왜구가 일본 해적의 소행이었다고 단정하기에 주저되는 일이다. 일본 지배층의 국제정세에 대한 무지를 보여주는 사례는 적지 않다.

조선 세종 원년(1419) 조선이 대마도 원정을 하자, 이 소식이 2개월 뒤 일본 조정에 보고 되었는데, 그 내용은 "몽골과 고려가 연합하여 병선 500여 척으로 대마도에 들이닥쳤다"는 것이었다.

세종 25년(1443) 조선 통신사 변효문(卞孝文) 일행이 일본에 갔을 때 접대를 맡았던 나카하라 야스토미(中原康富)는 이들을 고려의 사절로 오인했고 고려를 고구려로 알고 있을 정도였다. 일본과 통교했던 포르투갈 인들도 일본이 대외관계가 거의 없는 나라임을 지적했다. 1583년 마카오의 포르투갈 관리 알레산드로 발리니아노는 본국에 발송한 서한에서 "일본은 다른 그리스도교 국가의 통상에서 완전히 격리된 섬이기 때문에 일본인들은 타국을 보려고 하지도 않고 자신의 나라를 떠나기 싫어하여 타국에서 교통하기가 매우 어렵다"고 했다. 또한 마카오의 포르투갈 관리 로렌소 메이시아는 1584년 1월 6일 본국에 있는 미겔 데 수사에게 발송한 서한에서 "일반적으로 일본인은 어느 나라에도 항해하지 않는다. 그것은 끊임없는 태풍 때문"이라고 했다.

이성계 세력의 성장

이성계의 조상은 대대로 전주의 호장(戶長)이었으며 이성계의 7대조인 이용부(李勇夫)는 대장군 직을 지냈다. 그의 아들인 이의방은 이고(李高)와 더불어 1170년의 무신란을 주도했다. 이의방의 아우 이인(李隣)은 이성계의 6대조로 문극겸의 여동생과 혼인했다. 이 때문에 문극겸은 1173년에 문신들이 대거 학살될 때도 화를 면할 수 있었다.

명종 4년(1174) 12월 이의방 집안은 도륙을 당했다. 이의방의 형인 이준의(李俊儀)와 아우인 이인 역시 주살당했고 그 측근도 죽음을 면치 못했다. 이의방은 다른 무신 집권자와 더불어《고려사》반역열전에 들어가 있다. 이성계는 이의방의 방계자손이 되는데《조선왕조실록》과《용비어천가》는 이를 감추고 있다.

이인의 아들 이양무(李陽茂)는 이의방 집권 시기에 장군(將軍)이었으며 상장군 이강제(李康濟, 삼척 이씨)의 사위였다. 그는 이의방실각 때 전주로 피신한 것으로 추측된다. 이양무의 아들인 이안사(李安社)가 《조선왕조실록》과 《용비어천가(龍飛御天歌)》에 나오는 목조(穆祖)이다.

《조선왕조실록》과 《용비어천가》에 따르면 이안사는 기생을 놓고 산성별감(山城別監)과 다툼이 나서 주민 170여 호를 이끌고 전주를 떠나 외가가 있는 삼척(三陟)으로 이주했다고 한다. 산성별감은 산성방호별감의 약칭이다. 몽골과의 전쟁 시기에 각 지역에 널리 파견되었다. 각지에 파견된 방호별감은 지역 세력가와 마찰을 빚는 경우가 많았다. 이안사는 토착 세력가로 정부가 파견한 산성별감을 제압하려는 민란을 일으키다 실패하여 반란민들을 이끌고 이주했다고 볼 수 있다. 그렇지 않으면 토지에 결박된 농민의 대량 이주를 설명하기 어렵다. 이안사가 관기(官妓)를 둘러싼 갈등으로 전주를 떠났다는 기술은 민란을 여색(女色)으로 생긴 문제로 축소하여 반역이란 인상을 주지 않으려는 후대의 윤색이다.

고종 40년(1253) 몽골의 예쿠가 침공했을 때 이안사는 삼척의 두타산성으로 피신했다. 이때 이 지역에 새로 부임한 안렴사(安廉使)가 공교롭게도 전주에서 다투었던 산성별감이었다. 이안사는 화가 미칠까 두려워 다시 가속과 주민 170호를 거느리고 배를 타고 지금의 함경도인 동북면의 의주(宜州, 덕원)로 이주했다. 이안사는 곧 의주의 세력가가 되었다. 고려 정부는 이안사를 의주병마사(宜州兵馬使)로 임명하여 몽골의 침입을 막게 했다.

이안사는 곧 몽골의 회유에 응하여 1천여 호를 거느리고 투항하여 쌍성총관부에 귀속, 수천호(首千戶) 겸 다루가치 벼슬을 했다. 이후 4대에 걸쳐 원의 벼슬을 얻었다. 《조선왕조실록》에는 이안사가 몽골에 투항하는 사정을 다음과 같이 기술했다.

고려에서는 목조를 의주병마사로 삼아 고원(高原)을 지켜 원나라 군사를 방어하게 했다. 이때 쌍성(영흥 지역) 지방이 개원로(開元路)[13]에 속했고 원나라 산길 대왕이 와서 쌍성에 둔치고 있으면서 철령 이북 지방을 취하고자 사람을 두 번이나 보내어 목조에게 원나라에 항복하기를 청했다. 목조는 마지못하여 김보노(金甫奴) 등 1천여 호를 거느리고 항복했다. 이보다 먼저 평양의 백성들이 목조의 위세와 명망을 듣고 따르는 사람들이 많았는데, 이때에 이르러 함께 따라오니, 산길이 크게 기뻐하여 예를 갖추어 매우 후하게 대했고 성대한 연회를 베풀어 즐거이 술을 마시었다.
연회가 끝나려 할 적에 산길이 친히 옥배를 목조의 품속에 넣어주면서 말했다. "공(公)의 가인(家人)이 어찌 우리 두 사람의 서로 친한 지극한 정리를 알겠습니까? 부족하나마 옥배로써 나의 정을 표시할 뿐입니다." 이윽고 함께 맹세하기를 "이 뒤로부터 서로 잊지 말도록 합시다" 했다. 목조는 동종(同宗)의 딸을 산길에게 주어 아내로 삼게 했다.
　목조는 수로와 육로를 지나서 시리(時利, 곧 이성(利城))에 이르렀는데, 그 천호가 군사로써 막았다. 목조가 귀순한다는 뜻을 말하니, 천호가 연회를 베풀어 위로하기를 매우 후하게 했다. 목조 또한 소와 말로써 그에게 보답하고, 마침내 개원로 남경의 오동(斡東)에 이르러 거주했다. (《태조실록》 권 1 총서)

이안사가 관할하던 오동 지역은 오늘날 해란하(海蘭河) 유역의 북간도 지역으로 동여진에 속하는 오도리(吾都里, 斡朶里) 부족이 거주하던 지역이었다. 이안사는 1274년 12월에 죽었고 아들 이행리(李行

里)가 이듬해 3월 관직을 세습했다. 이행리는 다른 여진 천호들과 불화하여 오동의 기반을 상실하고 남하하여, 충렬왕 16년(1290) 쌍성총관부 관하의 등주(登州, 안변)로 이주했다. 이때 오동에 살던 많은 백성들이 뒤따라 남하하여 함주(咸州, 함흥) 평야에 자리 잡았다. 당시 오동에서 온 백성들이 많이 살고 있던 함주는 '오동 일겐(ilgen, 逸彦)'으로 불렸다. '일겐'은 여진어로 백성을 뜻하며 몽골어 이르겐(伊里干)과 같다. 오동에서 이주해온 백성들 가운데 여진인이 많았던 것은 당연한 일이다. 이행리도 함주로 이주하여 이들을 관할했는데 충렬왕 26년(1300) 다시 원으로부터 다루가치에 임명되었다.

　쌍성총관부는 토호 세력인 조씨, 탁씨, 이씨 세력이 총관과 천호 직위를 세습하면서 그 관하 민호를 지배했다. 토호와 민호는 사적으로 주종 관계를 형성하여 민호는 경제적 부담과 군사적 부담을 같이 졌다. 각 호에서 1명을 차출하여 토호의 사병 노릇을 했는데 이와 같은 사병을 가베치(gabeci, 加別抄, 家別抄)라고 했다. 가베치는 여진어인데 '가베'는 활을, '치'는 사람을 뜻하므로 활을 쏘는 사람, 즉 궁사(弓士)를 말한다. 나머지 민호들은 토지를 경작하거나 우마를 방목하여 그 일부를 토호에게 공납했다.

　충렬왕은 원에 쌍성총관부를 고려에 돌려줄 것을 요청했다. 원은 쌍성의 일부인 화주 이남 지역을 돌려주었고 화주 이북 지역은 조씨, 탁씨, 이씨 가문이 계속 지배했다. 조씨와 이씨 가문은 이춘이 쌍성총관 조양기의 딸을 후처로 맞이하여 혼맥으로 결합했다. 그러나 조씨와 이씨 가문 사이에 천호 겸 다루가치 지위 세습 문제로 불화가 발생했다. 이춘은 처음 오동 백호 박광(朴光)의 딸과 혼인하여 이자흥(李子興, 몽골 이름은 타사부카)과 이자춘을 낳았다. 이춘은 박씨와 사별한 후 조양기의 딸을 맞이하여 2남 3녀를 낳았는데 맏아들은 완자부카[完者不花, 몽골 이름]이고 둘째 아들은 노하이[那海, 몽골 이름]였다. 1342년 7월 24일 이춘이 죽자 이자흥이 습직했다. 9월에 이자흥이 죽으니 아들 교주(咬住)가 어려 세습을 할 수 없었다. 이복형제인 이자춘과 노하이는 습직 문제로 충돌했는데 1343년 노하이는 피살되고 이자춘이 세습에 성공했다. 이로 인해 이씨 가문과 조씨 가문은 대립하게 되었다.

원이 이 지역에서 원주민과 이주민을 구분하려는 호적 조사를 실시하자, 위협을 느낀 이자춘은 공민왕 4년(1355) 12월 조카인 교주를 데리고 공민왕을 알현했다. 이는 세력을 유지하려는 이자춘과 동북면 지역을 수복하려는 공민왕의 계획이 일치하여 이루어진 것이다. 왕은 교주를 우달치로 삼아 군기윤(軍器尹) 자리를 주었다.

공민왕 5년(1356) 5월 공민왕이 유인우를 보내어 쌍성총관부 지역을 수복할 때 이자춘은 조씨와 탁씨 등을 몰아내는 데 협조했다. 이자춘의 선조와 함께 이 지역을 주름잡던 조휘와 탁청의 후손인 조소생과 탁도경(卓都卿)은 처자를 버려둔 채 북으로 달았다. 조씨 세력 가운데 조돈과 그의 아들인 조인옥(趙仁沃), 조인벽(趙仁璧)은 이씨 가문에 귀부했다. 조인벽은 이자춘의 사위가 되었다.

공민왕은 이자춘을 승진시켜 대중대부사복경으로 삼고 개경에 주택을 주어 머물게 했다. 이자춘이 기반인 동북면을 떠나 개경에 있으면서 고려의 신민이 되기를 바란 것이다. 이자춘은 개경에 머문 지 1년 만에 삭방도만호 겸 병마사가 되어 화주로 돌아가게 되었다. 이자춘이 돌아가는 데는 찬반의 논의가 있었다. 어사대에서는 그가 동북면 사람이고 그곳의 천호이므로 그를 시켜 그곳을 지키게 해서는 안 된다고 주장했다. 토착기반을 이용하여 독립된 세력을 형성하거나 다시 고려를 배반할까 염려한 의견이었다. 그러나 왕은 받아들이지 않고 잔치를 베풀고 떠나게 했다. 오래지 않은 공민왕 9년(1360) 4월 이자춘은 사망했고 이성계가 뒤를 이었다.

공민왕과 우왕 대에는 전란이 많았으므로 친병을 다수 보유한 이성계의 군사 활동도 많을 수밖에 없었다. 이를 통해 이성계는 세력 기반을 크게 확장했다. 이성계가 참가했던 전투는 고려에도 중요한 것이 많았다. 이성계의 친병은 여진족 출신이 다수였다.

> 동북 일도(東北一道)는 국조(國祖)가 터를 연 곳으로 위덕이 나부낀 지 오래된 곳이다. 야인(野人) 추장들이 멀리 이란투먼[移蘭豆漫]에까지 와서 복종하고 섬겼으니, 혹은 칼을 차고 잠저(潛邸)를 지키며 혹은 좌우에서 가깝게 모시며 동서로 정벌할 때 따르지 않음이 없었다. (《용비어천가》 권 7 장 53)

이성계의 군사 활동은 공민왕 10년(1361)부터 두드러지게 나타난다. 이를 몇 가지로 나누어보면 첫째 동북면과 그 일대에서 잔존 몽골 세력 및 여진족 격퇴, 둘째 서북면으로 침입하는 홍건적 격퇴, 셋째 왜구 격퇴로 나눌 수 있다.

이성계가 처음 출병한 것은 공민왕 10년 9월 일어난 독로강(禿魯江, 강계 지방) 만호 박의(朴儀)의 반란을 진압하기 위해서였다. 독로강은 압록강의 지류로 상류에 있으므로 이성계의 본거지인 동북면과는 관련이 적을 듯하지만 산과 계곡을 통해 밀접히 연결되었다.

박의가 반란을 일으켜 천호 임자부(任子富)와 김천룡(金千龍)을 죽이자 고려 조정은 형부상서 김진(金縝)을 보내어 토벌하게 하는 한편 동북면 상만호(上萬戶)인 이성계에 명하여 김진을 돕게 했다. 이성계는 친병 1500명을 이끌고 출전하여 강계에서 반란을 진압했다. 이어 이성계는 공민왕 11년(1362) 정월 개경을 함락한 홍건적을 격퇴하는 전투에 참가했다. 이때는 친병 2천을 동원했다.

공민왕 11년 2월 조소생, 탁도경 등이 원의 요양성 행성승상 나하추를 끌어들여 삼살(三撒, 북청)과 홀면(忽面)으로 침입한 사건은 이성계의 토착 기반과 직접 관련이 있는 사건이었다. 조소생과 탁도경은 이자춘이 고려와 내응하여 축출된 자들이므로 이성계 가문에 원한이 깊었다.

이들은 원 제국이 내란으로 약화된 틈을 타서 심양에서 자립한 나하추를 충동하여 홍건적의 침입으로 병력이 약화되었으리라 추측하고 이성계의 본거지를 손아귀에 넣고자 쳐들어왔다. 이때 고려는 홍건적에게 함락되었던 개경을 탈환했으나 공민왕은 아직 복주(福州)에 머물러 있었다. 동북면 지휘사가 나하추에게 패하자 고려 조정은 이성계를 동북면병마사로 임명했다.

7월에 나하추가 홍원(洪原)의 달단동에 진을 치고 이성계는 덕산동에 진을 쳤는데 서로 진영이 바뀌는 접전이 벌어졌다. 이성계는 정주(定州)에서 군을 정돈하고 삼군으로 나누어 함흥평야에서 전투를 벌여 나하추를 격퇴했다.

조소생과 탁도경은 여진족 거주지역으로 달아났으나 그곳의 다루가치에게 죽임을 당했다. 심양으로 돌아간 나하추는 공민왕과 이성계에게 좋은 말을 보내어 우호를 요청했다. 이 승리로 이성계는 오랜 숙적 조씨와 탁씨 가문을 완전히 제거했다.

이성계는 2년 후에 함주 지역에서 여진족 삼선(三善)·삼개(三介) 형제와 격전을 벌였다. 공민왕 13년(1364) 정월 최유가 압록강을 넘어 서북면으로 쳐들어와 최영, 이순(李珣) 등과 함께 이성계가 동북면에서 기병 1천을 인솔하고 서북면으로 간 틈을 타 삼선과 삼개는 삼살과 홀면으로 쳐들어왔다. 이들은 삼륜양(三淪陽, 길주)의 다루가치 김방괘(金方卦)의 아들로 이자춘의 외손자였다. 따라서 이성계와는 내외종형제가 된다. 일찍이 이자춘은 여진족 김방괘와 제휴하여 그의 딸을 처로 주었는데 삼선과 삼개를 낳았다. 이들은 함주를 함락시키고 도지휘사 한방신(韓方信)과 병마사 김귀(金貴)의 부대를 격파하여 화주 이북 일대를 모두 점령했다.

정월 18일 서북면에서 다른 장군들과 함께 승전한 이성계는 군사를 이끌고 동북면으로 돌아와 2월 초하루 한방신, 김귀와 함께 3면으로 진공하여 삼선, 삼개를 대파했다. 이후 이 지역은 전국의 다른 곳에서 전란이 계속된 것과 달리 안정되었다.

이성계는 계속 동북면에 머물면서 중앙의 정치 변동에 휩싸이지 않고 세력기반을 더욱 늘렸다. 한 예를 들면 원의 장수 조무(趙武)는 원 제국이 쇠약해지자 무리를 거느리고 공주(孔州)에 머물러 있었는데, 이성계는 무예로써 심복시키고 종신토록 말을 키우며 추종하게 했다.

공민왕이 추진한 동녕부 원정도 이성계의 세력을 확대시켰다. 공민왕 19년 정월 1차 동녕부 원정 당시 이성계는 기병 5천과 보병 1만을 거느렸다. 이들이 동북면에서 출발했던 것으로 보아 이성계가 동북면 지역의 장정을 선발하여 군으로 편성했음을 알 수 있다. 이성계의 영향 아래 형성된 군사력이 크게 늘어난 것이다.

이 원정으로 이성계는 추종자를 늘렸다. 원추밀원부사 바이주(拜住)는 오라산성에서 포로로 얻은 원의 장원급제자로 한복(韓復)으로 이름을 고치고 종신토록 이성계를 추종했다. 300여 호를 거느리고 투항한 이오룩테무르는 본래 고려인의 자손이었는데 이원경(李原景)[14]으로 개명하고 이성계의 부하 장수가 되었다.

공민왕 19년 겨울에 벌어진 2차 원정에서도 이성계는 처명(處明)을 얻어 추종자로 만들었다. 이 무렵 여진 세력의 일부도 흡수했다. 《고려사》에 의하면 공민왕 20년(1371) 2월에 여진 천호 퉁두란 테무르와 백호 보개(甫介)가 100호를 거느리고 고려에 와서 투항했다. 퉁두란이 이성계와 만난 시기는 알 수 없으나 투항한 다음 해에 이성계와 수렵한 일이 있는 것으로 보아 퉁두란이 고려에 투항한 것은 이성계가 여진 두목인 그를 고려 조정에 알린 것에 불과하다. 이성계의 심복이 된 퉁두란은 이씨 성을 하사받고 이름을 지란(之蘭)이라 고쳤다.

오늘날의 함흥평야 일대를 중심으로 한 동북면의 생산 기반과 주민은 이성계의 활동 터전이 되고 있었다. 고려 정부는 이성계를 개경으로 불러 머물게 하고 동북면 일대를 직접 다스리려 했으나 이 지역에 파견된 지방관은 대체로 통치와 방어에 실패했으므로 이성계에게 이 지역을 맡겼다. 동북면에서의 이성계의 입지는 당 말기의 독립적인 절도사와 유사했다. 즉 이성계는 당시 어떠한 권문세가보다 더 큰 토지를 보유하고 있는 고려 최고의 대지주였다.

이성계는 변방 출신의 무장이었기 때문에 중앙 귀족에게 문벌이 크게 뒤졌다. 그러므로 자식들이 과거에 급제하여 중앙 관료가 되기를 갈망했다. 우왕 9년 4월 우현보(禹玄寶)와 이인민(李仁敏, 이인복의 아우)이 주관한 시험에서 5남인 이방원은 과거에 합격했다. 이때 이성계는 궁궐을 향해 절하면서 감격하여 눈물을 흘렸다. 이성계는 유생들과 친교를 맺으려 애를 썼는데 이들을 초대하여 연회를 열 때마다 이방원에게 시를 짓게 했다.

우왕 초 이인임을 공격하다 유배된 정도전은 곧 복직한 다른 신진 유생과 달리 불우한 처지를 벗어나지 못했다. 정도전은 우왕 원년 여름 전라도 나주의 거평 부곡(居平部曲)으로 귀양을 가서 2년 가까이 지내다 우왕 3년(1377) 7월 고향인 영주(榮州)로 옮겨졌다. 우왕 6년(1380) 가을 유배에서 풀려 거주 이전의 자유를 얻었다. 개경 부근으로 올라왔으나 생계가 어려웠다. 결국 정도전은 역성혁명을 꿈꾸며 이성계를 새로운 왕조를 세울 수 있는 인물로 지목했다.

고려는 원 말 한족의 반란으로 국제 정세가 급변하는 가운데 수십 년간 전시체제를 유지하고 있었다. 이성계가 동북면에서 독립적인 세력을 유지하고 있던 것은 이러한 상황에서 가능했는데 좀더 안정적으로 국제정세가 바뀌면 고려 정부는 동북면을 타 지역과 같이 군현 체계로 개편할 것이고 이는 대대로 이 지역을 사적으로 지배했던 이성계 가문이 받아들이기 어려운 것이 된다. 이성계가 이를 막는 길은 왕위 찬탈뿐이었다. 정도전은 이러한 객관적 사정을 헤아려 이성계를 신왕조의 개창자로 지목했다.

우왕 9년(1383) 정도전은 함주에 있는 동북면도지휘사 이성계를 찾아갔다. 정도전은 이성계의 군대를 보고 "훌륭합니다. 이런 군대를 가지고 무슨 일을 못하겠습니까"라고 했다.

정도전은 이성계를 설득하여 역성혁명의 뜻을 품게 했다. 우선 이성계로 하여금 그의 독자적인 세력을 확장하게 하는 내용의 '변방안정책'을 조정에 올리게 했다. 우왕 9년 8월 조정에 올린 이 상소의 내용은 다음과 같이 요약할 수 있다.

1) 평상시에도 주민을 뽑아 군졸로 훈련시켜 급격한 노략질을 방비할 것.
2) 승려와 도원수의 주민 침탈을 막고 화녕(和寧)을 포함한 모든 지역에서 군량지급을 위해 조세를 거두도록 할 것.
3) 공민왕 5년의 교서에 따라 3가(家)를 1호(戶)로, 백호를 1통(統)으로 삼아 장수의 군영에 속하게 할 것.
4) 권세가 출신의 수령과 장수가 가렴주구를 자행하므로 청렴한 자를 선발하여 다스릴 것.

이는 군정일치를 인정했던 공민왕 5년의 상황을 목표로 한 것이었다. 동북면에 대한 중앙정부의 간섭을 배제하고 군사권과 행정권을 독립적으로 유지하려는 이성계의 욕구가 잘 나타나 있다. 우왕은 이를 승인했다.

이성계는 혼인을 통해서 가문의 지위를 공고히 했다. 그는 17세 때인 충정왕 3년(1351)에 안변(安邊) 한씨인 한경(韓卿)의 딸과 처음 혼인했다. 이 혼인은 출세에 아무런 도움을 주지 못했으나 신천 강씨 강윤성(康允成)의 딸과의 2번째 결혼은 든든한 기반이 되었다. 이 혼사는 공민왕 14년(1365) 전후에 이루어진 것으로 추정된다. 신천 강씨 가문은 고려 후기 대표적인 부원 세력이었다.

신천 강씨와의 혼사는 여러 가지로 이성계의 세력 확장에 도움을 주었다. 신돈 집권 기간에 거의 모든 무장들이 폄출되었는데도 불구하고 이성계가 아무런 타격을 받지 않은 것도 이 혼인 덕이었다. 강윤성은 영산(靈山, 영월) 신씨와 긴밀한 관계에 있었기 때문이다.

영산 신씨는 공민왕이 부원 세력을 척결할 때 잠시 세가 꺾였으나 홍건적 격퇴에 공을 세운 후로 다시 가세가 살아났다. 곧 이어 신돈이 집권하면서 득세했다. 신돈은 모계가 천계이기는 하지만 엄연히 영산 신씨였다. 신돈은 최영 등 많은 무장을 유배시켰으나 이성계는 무사했다. 공민왕이 신돈을 숙청할 때에 영산 신씨가 큰 타격을 입었으나 당시 고려에 무장들이 절실히 필요한 때였으므로 이성계는 화를 입지 않았다.

왕위를 찬탈하기 이전 이성계의 행적은 《고려사》《용비어천가》《태조실록》에 자세히 나온다. 그러나 공민왕 13년 2월 삼선·삼개 형제와의 전투 이후 공민왕 18년 12월 동북면원수로 동녕부 정벌에 출정할 때까지 5년 10개월 동안의 행적은 전혀 전하지 않는다. 이 시기는 신돈 집권기이다. 이씨 조선의 기록들은 신돈을 우왕의 생부로 설정하는 등 신돈에 극히 부정적이다. 이 시기 다른 무장들과는 달리 신돈의 비호를 받아 아무런 피해를 입지 않고 오히려 세력을 확대시킨 이성계를 비호하려는 의도에서 고의로 기록을 누락시킨 것이다.

이성계는 혼인으로 중앙의 정치 세력과 연결되려고 노력했다. 이성계의 장남 이방우(李芳雨)는 충주 지씨인 지윤(池奫)의 딸을 처로 맞이했다. 충주 지씨는 공민왕 대에 세력이 커진 무장 가문이다. 지윤은 우왕 즉위 초에는 이인임과 순치(脣齒)의 관계를 이루어 실권자가 되었다. 이성계는 이즈음 지윤과 사돈 관계를 맺었다.

이성계의 2남 이방과(李芳果)는 경주 김씨인 김천서(金天瑞)의 딸과 혼인했다. 이 가계는 고려 초기 문벌귀족의 후예로 고려 말까지 상당한 가세를 유지하고 있었다. 또한 이방과는 지윤의 딸을 둘째 부인으로 맞이했다.

　이성계의 3남 이방의(李芳毅)는 철원 최씨인 최인두의 딸과 혼인했다. 고려 말 최고의 무장 최영은 최인두와 인척관계이다. 이성계는 이방의의 혼인으로 당대 최고 무장인 최영과도 먼 인척이 되었다.

　이성계의 넷째 아들 이방간(李芳幹)은 여흥 민씨인 판도판서 민선(閔璿)의 딸과, 다섯째 아들 이방원(李芳遠)도 역시 여흥 민씨 민제(閔霽)의 딸과 혼인했다. 이 두 혼사는 모두 우왕 대에 있었다. 여흥 민씨는 충선왕 대에 '재상가문[宰相之宗]'으로 지정된 고려 후기의 대표적인 권문세가였다.

　이처럼 이성계 가문은 이방간, 이방원, 이천우의 삼중 혼인을 통해 여흥 민씨와 굳건히 연결되어 사회적 지위가 더욱 높아졌다.

　이성계는 또한 성주 이씨인 이인립(李仁立)의 아들 이제(李濟)를 맏사위로 맞아들였다. 이인임은 이인립의 형이니 우왕 대에 맺어진 이 혼인으로 이성계는 실력자인 이인임과도 인척이 되었다.

　이처럼 이성계는 당시 권세가와의 혼인으로 이들과 '만수산 드렁칡'으로 얽혔다. 처세의 달인인 이성계를 '개혁 세력'의 수장으로 보는 것이 현대에 와서 정설이 된 것은 무엇 때문인가. 예로부터 권력을 찬탈한 자들은 대부분 개혁을 명분으로 내걸었는데 이러한 점을 잘 살피지 못한 때문이기도 하지만 근본적으로 발전사관의 주술에 걸린 탓이다. 몰지각한 일본인 학자들이 한국사와 중국사를 정체사관으로 난도질하자 이에 반발하여 발전사관이 생겼다. 역사는 언제나 발전한다는 것이다. 이것에 사로잡히면 헛것이 잘보이는데 그중 대표적인 것이 조선 후기 '자본주의 맹아'와 '신분제 붕괴'이며 고려 말의 '개혁세력'이다. 발전사관이 한국사 연구에 준 폐해는 유물사관의 폐해를 능가한다.

요동지역의 위기와 위화도 회군

나하추를 제거한 여세를 몰아 주원장은 북원에 최후의 일격을 가할 준비를 했다. 1387년 9월 남옥을 정로대장군에 임명하고 15만 대군을 이끌고 토구스 테무르의 본거지를 공격하게 했다.

11월 요동도사에서 보낸 세작(細作, 정보원)들이 고려에 횡행하자 우왕은 서북면 도순무사 정희계(鄭熙啓), 서북면 도안무사 최원지(崔元沚)를 비롯하여 니성, 강계, 의주의 만호들에게 비단 한 필씩을 주어 격려했다. 또 사전(寺田)의 조세 절반을 군량미로 저장하게 했으며 각 도 안렴사들에게는 장수들의 능력과 수령의 근무 성적을 매 월 말에 도당에 보고하게 했다.

나하추 평정을 축하하러 보냈던 지문하부사 장방평(張方平)이 요동도사의 입국 거절로 돌아왔다. 우왕 책봉이 허구임이 역력해졌다. 좌시중 반익순(潘益淳)이 최영에게 이 일을 알리고는 말했다. "공은 선왕이 의지하고 중히 여기었으며 온 나라가 촉망합니다. 지금 나라가 위태롭게 되었는데 왜 힘껏 도모하지 않습니까."

최영은 탄식하며 말했다. "집정한 자들이 이익을 좋아하고 악한 짓을 하여 스스로 화를 부르니 늙은이가 어찌하겠소."

원로대신들이 회의를 열어 한양에 산성을 수축할 것과 전함을 수리할 것을 결정했다. 이때 요동에서 도망쳐 나온 사람이 도평의사사에 고하기를, "명 황제가 앞으로 처녀, 수재 및 환관 각 1천 명과 마소

각 1천 필을 요구할 것"이라고 했다. 이 말을 듣고 최영은 도평의사사에 나가 군사를 일으킬 것을 주장했다.

12월 명 태조는 요동에 기존의 요동도지휘사사에 추가로 삼만위지휘사사를 설치하라는 령을 내렸다. 아울러 호부에 명하여 고려왕에게 철령 이북, 이동, 이서의 땅은 개원(開元)에 속하며 이 지역의 토착 군민과 여진인, 몽골인, 고려인 등은 요동도사의 관할하에 둔다는 자문을 보내게 했다.

같은 달 고려에서는 정국을 급변시키는 사건이 벌어졌다. 우왕이 도당을 시켜 국가와 왕실의 토지나 그에 속한 노비 및 일반 백성을 침탈한 자들을 조사하도록 지시한 상황에서 권신 염흥방의 가노 이광이 전 밀직부사 조반의 땅을 빼앗다가 죽는 사건이 일어났다.

전 밀직부사 조반이 염흥방의 가노 이광을 백주(白州)에서 베었다. 처음에 이광이 조반의 토지를 뺏으니 조반이 염흥방에게 애걸하여 돌려받았다. 이광이 또 그 땅을 뺏고 능욕하니, 조반이 이광에게 간청했는데 이광은 더욱 포악하게 굴었다.

조반이 분을 이기지 못하고 수십 명의 말 탄 사람으로 포위하여 이광을 베고 그 집을 불태우고는 서울로 와서 염흥방에게 말하려 했다. 염흥방이 이 일을 듣고 크게 화를 내며, 조반을 모반했다고 무고하여 순군으로 하여금 조반의 어머니와 처를 잡아들이도록 하고 400여 명의 기병을 백주에 보내 조반을 잡도록 했다. 기병이 벽란도에 이르자, 뱃사공이 "조반은 이미 5명의 말 탄 사람과 함께 서울로 갔다"고 했다. (《고려사절요》 우왕 13년 12월)

이광은 전국에 산재한 염흥방의 농장을 관리하는 관리인의 하나였다. 이광의 횡포는 염흥방이 어떠한 방식으로 토지를 늘렸는지 잘 보여준다.

염흥방은 우왕에게 강권하여 조반을 수배하게 했다. 체포된 조반은 순군옥에서 심문을 받던 중 "6, 7명의 탐욕스러운 재상들이 사방에 종을 놓아 남의 노비와 토지를 빼앗고 백성들을 해치며 학대하니 이들이 큰 도적이다. 지금 이광을 벤 것은 오직 국가를 돕고 백성을 해치는 도적을 제거하려 한 것인데, 어찌 반란을 꾀한다고 하느냐" 라고 항변했다. 염흥방은 고문을 통해 기어코 반역 사건으로 몰려 했다.

우왕은 최영의 집을 방문하여 좌우를 물리치고 대책을 논의했다. 사전 문제의 심각성을 절감하고 있던 우왕과 최영은 조반의 옥을 계기로 무력으로 이 시기 사전 겸병으로 악명 높은 염흥방, 임견미 등의 권신들을 무력으로 제거하기로 합의를 보았다. 즉 친위 쿠데타를 일으키기로 결단을 내린 것이다.

7일 우왕은 조반과 그의 어머니와 아내를 석방시키면서 "재상들이 이미 부유하니 봉록을 주는 것을 중지하고 먼저 먹을 것이 없는 병졸에게 주어라" 라는 령을 내렸다(7일은 고려에서 관리들에게 봉록을 주는 날이었다). 이날 염흥방이 체포되어 순군옥에 갇혔다.

우왕은 최영과 이성계에 명하여 병력을 동원, 왕궁을 숙위하게 하고 영삼사사 임견미, 찬성사 도길부(都吉敷) 체포령을 내렸다. 임견미는 "7일마다 녹을 주는 것은 옛 제도이다. 지금 까닭 없이 폐지하니 어찌 임금된 도리인가. 옛부터 임금이 그릇된 것을 신하로서 바로 잡은 자가 있다"고 하며 무력으로 맞서려 했다.

임견미는 사람을 보내 그의 도당을 모으려했으나 이미 갑옷 입은 기병이 집을 둘러싸고 있었다. 임견미의 집은 남산 북쪽에 있었는데 조금 뒤에 남산을 쳐다보니 기병이 열을 지어 포진하고 있었다. 임견미는 전의를 잃고 순순히 붙들렸는데 탄식하며 말했다. "광평군(廣平君, 이인임)이 나를 그르쳤도다." 이전에 임견미와 염흥방이 병권을 쥔 최영을 꺼리어 항상 해치려 했으나 이인임이 굳이 말렸기에 이런 말을 한 것이다.

우왕은 염흥방, 임견미, 도길부, 반복해 등을 주살하고 그들의 족당들을 모두 색출해 처벌했다. 환관을 경기 좌우도에 보내 권신들이 탈점한 토지와 백성을 조사하여 그 주인에게 돌려주게 했다.

19일 비로소 관리들에게 녹봉을 주었다. 곧이어 전민변정도감을 설치하여 권세가들이 탈점한 토지와 노비를 조사하고 안무사를 각 도에 파견하여 권세가들의 수족이 되어 불법 탈점을 자행한 가신과 노복을 잡아 베어 죽였는데 그 수가 1천여 명에 달했다.

운곡(耘谷) 원천석(元天錫)은 우왕이 탐학한 권세가들을 숙청한 일을 찬양하여 시를 지었다.

의를 떨쳐 인을 베풀고 새로이 호령하니
의연한 영단에 천신이 감동하네.
날뛰던 무리들을 하루아침에 다 소탕하니
나라에 헐벗은 백성이 모두 없어졌네.
늠름한 위엄이 강포한 무리들을 치니
화목한 즐거움이 곤궁한 이들에게 흘러넘치네.
우러러 북두칠성 별빛이 환히 빛남을 보니
나라의 터전이 억만년 봄인 줄 비로소 깨달았네.
순 임금이 사방의 오랑캐를 제거한 것과 똑같이

사방 백성들이 세상이 변함을 모두 기뻐하네.
온 나라 백성들이 생업을 편안히 하고
권세 떨치던 못된 것들 벌써 자취를 감추었네.
물결 고요하고 바람 잠잠하니 바닷빛 너그럽고
구름 걷히고 해 떠오르니 하늘 얼굴도 숙연하네.
이제부터 성한 덕이 먼 곳까지 흘러가
중원과 이민족들이 다 함께 복종하리.

2월 초 최영은 여러 재상들과 함께 요동을 공격하느냐 화친을 청하느냐 가부를 의논했는데 모두 화친하자고 했다. 그러나 이때 요동도사가 파견한 이사경(李思敬)이 압록강을 건너와 철령 이북, 이동, 이서가 명의 영토라는 방문을 붙였다.

곧이어 명에 갔던 사신이 돌아와 구두로 주원장의 교시를 전했다. 고려가 보낸 말이 쓸모없다는 것과 철령 이북을 요동에 귀속시키겠다는 내용이었다. 철령의 위치에 대해서는 여러 견해가 있다. 이케우치 히로시[池內宏]는 압록강 연안의 황성(皇城)으로 보았고 와다 키요시[和田淸]는 지금의 강원도와 함경남도 사이에 있는 철령으로 보았다. 연구자의 견해가 차이가 나는 것은 고려와 명이 인식하는 철령이 다른 것에 기인하는 듯하다.

우왕은 5도에 성을 수축하라 명했고 여러 원수들을 서북면에 보내어 명의 침략에 대비하게 했다. 최영이 문무백관을 소집하여 철령 이북 할양 여부를 물으니 모두 불가하다고 했다. 우왕은 최영과 요동 원정을 밀의하고는 개경의 방리군(坊里軍)을 동원하여 한양에 중흥성(重興城)을 수축하게 했다. 우선 외교적 해결을 위해 2월 하순 밀직제사 박의중(朴宜中)을 보내어 철령위 설치 철회를 요청하는 표문을 전하게 했다.

3월 서북면 도안무사 최원지(崔元沚)가 서북면의 상황을 보고 했다.

> 요동도사가 지휘(指揮) 두 사람을 보내어 군사 1천여 명을 거느리고 와서 강계에 이르러 철령에 위(衛)를 세우려 하는데 명 황제가 이 위를 설치하기 위하여 진무(鎭撫) 등의 무관들을 미리 임명했고 그들이 모두 요동에 도착했습니다. 앞으로 요동으로부터 철령위까지 70개의 역참을 설치하고 역참마다 백호를 두려 합니다.

이 보고를 들은 우왕은 동강(東江)에서 돌아오면서 말 위에서 울며 한탄했다. "여러 신하들이 나의 요동 공격 계획을 듣지 않더니 이렇게 되고 말았구나!"

철령위와 역참 설치는 앞으로 크게 군사를 일으켜 고려를 치겠다는 뜻으로 해석할 수 있었다. 역사적 경험으로 비추어 보아 중국을 통일한 왕조가 한반도로 침략하는 일은 흔히 있어온 터라 고려는 국운을 걸고 대응할 수밖에 없었다.

우왕은 전국 8도의 정병을 징발하라는 명령을 내리며 명을 치겠다고 공언했다. 재추들이 명의 사신이 곧 도착할 테니 기다렸다가 명의 진의를 먼저 파악하자고 하여 왕이 따랐다. 명의 후군도독부[15]에서 보낸 요동백호 왕득명(王得明)이 개경에 도착하자 우왕은 나가지 않고 판삼사사 이색이 백관을 영솔하고 맞이했다. 왕득명은 철령위 설치를 정식 통보했다.

이색이 황제에게 고려의 시정을 잘 전해달라고 부탁했으나 왕득명은 "천자의 처분에 달린 일로 나의 마음대로 할 수 없다"고 대답했다. 이 말을 들은 최영은 크게 노하여 왕에게 아뢴 후 방문을 가지고 서북면과 동북면에 온 명의 군사를 죽이게 했다. 명의 군사 21명이 살해되었고 이사경 등 5명은 구금했다. 명의 사신이 돌아가자 우왕은 국내의 죄수들을 모두 사면하고 문하찬성사 우현보에게 명하여 개성을 지키게 하고 원정군을 편성했다.

우왕은 포부가 큰 인물이었다. 어린 나이에 왕위에 올라 권신들의 횡포에 시달렸으면서도 꾸준히 왕으로서의 입지를 다지고 있었다. 조반의 옥사를 기회로 하여 일거에 권신들을 숙청할 정도로 과단성이 있었다. 우왕은 일찍부터 요동 원정에 대한 의지를 밝혔다.

어느 날 신우(우왕)가 정몽주의 집에 가니 마침 정몽주가 기로(耆老)들을 모아 연회를 베풀고 있었다. 최영이 술잔을 들어 권하니 신우가 말하기를 "내가 술을 마시기 위해 온 것이 아니네. 부왕 때의 늙은 재상들이 모두 모

원천석(元天錫, 1330~?)
고려 말 조선 초의 은사(隱士). 자는 자정(子正), 호는 운곡(耘谷). 원주 원씨의 중시조이다.
진사가 되었으나, 권세가의 횡포를 개탄하여 치악산에 들어가 농사를 지으며 이색 등과 교유하며 지냈다. 일찍이 이방원을 가르친 일이 있어 그가 즉위 후 기용하려 불렀으나 응하지 않았다. 이방원이 집으로 찾아갔으나 만나지 못했. 《운곡시사(耘谷詩史)》에 실려 있는 회고시 등을 통해 그가 끝내 조선왕조에 출사하지 않은 것은 고려왕조에 대한 충성심 때문인 것을 알 수 있다. 이씨조선 성립의 진실을 쓴 야사(野史) 6권을 저술했으나 증손 대에 불태워졌다.

여 있다는 말을 듣고 부왕을 보는 듯하여 온 것이네" 하고 또 말하기를 "나무가 먹줄을 쫓으면 곧게 되고 임금은 간언을 들으면 현명해진다고 들었네. 경은 나라의 이해에 관하여 말해 주게나. 술은 마시고 싶지 않네"라고 했다.

최영이 갓을 벗고 감사의 뜻을 표했다. "전하의 이 말씀은 국가의 복입니다. 원컨대 전하께서는 항상 이 말씀을 잊지 마시고 또한 신이 앞서 올린 편지에 아뢴 것을 실행하시기를 비옵니다"

신우가 "꿈에 경과 대적하여 싸워 이기고 나서 내가 탄 말을 보니 나귀였다네. 이것이 무슨 징조인가"라고 물었다. 윤환, 이인임, 홍영통, 조민수, 이성림, 이색 등이 머리를 조아리며 말하기를 "옛적에 원 세조는 꿈에 나귀를 보면 길하다 하여 항상 뜰에 나귀를 매어 두고 꿈을 꾸려 했으나 꾸지 못했습니다. 이제 전하는 꿈에 나타났으니 그 얼마나 상서로운 일입니까. 태평성세를 눈앞에 바랄 수 있습니다. 다만 신들은 늙어 미처 보지 못할 것이 두렵습니다"라고 했다.

신우가 매우 기뻐하여 통음하고 최영에게 활을 주고 말하기를 "경과 함께 사방을 평정하고 싶다"고 했다.

이때 최영과 우리 태조(이성계)는 이름을 떨쳐 상국(上國)의 조정에까지 알려져 있었다. (상국의) 사신 장부(張傅)와 주탁(周倬) 등이 국경에 이르러 우리 태조와 이색에 대해 물었다. 신우는 최영을 내보내어 교외에 머물게 하고 우리 태조는 동북면 도원수로 임명하여 장부 등이 보지 못하게 했다. (《고려사》 권 113 열전 최영전)

이는 우왕 11년(1385)에 있었던 일이다. 우왕 14년(1388) 4월 1일 우왕이 봉주(鳳州)에 머물면서 최영과 이성계를 불러 "과인이 요양을 치려하니 경들이 힘을 다하시오" 라고 당부했다. 이 자리에서 이성계는 이른바 4불가론을 내세워 출정을 반대했다.

지금 군사를 일으켜서는 안 되는 이유가 네 가지 있습니다. 작은 나라가 큰 나라를 거역하니 첫번째 불가한 것이요, (농사철인) 여름에 군사를 발하는 것이 두 번째 불가한 것입니다. 온 나라를 들어 원정을 하면 왜구가 그 틈을 타서 침입할 것이니 세 번째 불가한 것이요, 무덥고 비가 오는 시기이므로 활에 아교가 녹아 풀어지는 것과 대군이 전염병에 걸릴 것이 네 번째 불가한 이유입니다.

그래도 우왕은 원정 강행 의사를 밝혔다. 이성계는 다시 원정 연기를 권했다.

전하께서 꼭 대계를 이루려면 서경에 머물러 가을을 기다려 출사하십시오. 곡식이 들을 덮을 때이니 대군의 식량이 풍족하여 북을 울리며 진군할 수 있습니다. 지금은 때가 좋지 않으므로 비록 요동의 성 하나를 함락시킨다 해도 한창 비가 오니 군사가 전진할 수 없고 지치게 되며 양식이 떨어져 화만 초래할 뿐입니다.

최영은 원정 강행을 고집했고 우왕도 마음을 굳혔다. 이성계의 말도 일리가 있었으나 이때 남옥이 지휘하는 명의 주력군 15만이 몽골 방면으로 출정 중이었고 요동에 주둔하는 명군도 대거 참전했으므로 요동에 배치된 명군은 소수였다. 최영이 원정을 서두른 것은 이를 노렸기 때문이었다. 실제로 고려의 출병 소식을 보고 받은 주원장은 크게 당황하여 친히 종묘에 나아가 전쟁의 길흉 여부를 점치기까지 했다. 우왕은 서경에 머물면서 군사를 징집했고 압록강에 부교를 설치하고 승병을 징발하여 병력을 보강했다.

12일 최영을 팔도도통사(八道都統使)로 삼아 원정군을 총지휘하게 하고 그 아래 좌·우군을 편성했다. 조민수를 좌군도통사로, 이성계를 우군도통사로 임명했다. 좌군과 우군을 합쳐 3만 8830명이었고 지원 인원이 1만 1634명, 전마가 2만 1682필이었다.

좌·우군도통사 휘하에는 도원수, 상원수, 조전원수(助戰元帥) 등 28명의 원수가 각각 휘하 부대를 거느리고 있었다.

이날 북원 정벌중인 명의 남옥은 포어아해(捕魚兒海)에서 토구스 테무르를 격파했다. 토구스 테무르는 피신했으나 토구스 테무르의 둘째 아들을 비롯하여 많은 귀족들이 생포되고 군대는 궤멸했다. 명군은 남녀 7만 7천을 포로로 잡았고 말, 낙타, 소, 양 등 가축 15만 필을 노획했다. 최영은 원과 동맹하려 배후(裵厚)를 원에 보내었는데 이 때문에 무위로 돌아갔다. 그러나 남옥이 지휘하는 명군도 원정에 지쳐 고려군의 진격을 막으려 요동 방면으로 나아갈 수 없었다.

4월 19일 조민수와 이성계가 각각 좌·우군을 거느리고 서경을 출발했다. 이날 주원장은 예부상서 이원명(李原明)에게 고려의 요동원정에 대한 대책을 말했다. 그는 영토 문제에 대한 자신의 견해를 이원명에게 말하고는 고려왕을 안심시키고 문제를 일으키지 말 것을 당부하는 자문을 보내게 했다. 주원장이 이처럼 소극적인 자세를 보인 것은 명이 고려의 원정에 군사 대응을 할 여력이 없었던 탓이었다.

우왕은 총사령관인 최영을 서경에 머무르게 했다. 제주도 원정 때에 공민왕이 암살당한 것이 마음에 걸린 탓이었는데 이는 요동원정군의 사병적 성격을 모르는 치명적 실책이었다. 원정군은 28원수의 단위 부대를 기간으로 하고 있었다. 비록 팔도도통사인 최영이 총사령관이었으나 그 실체는 각각 원수들에게 절대적 통수권이 부여된 인적 관계 위에 형성되어 있었다. 즉 원정군의 편성은 각 원수의 명령에 임의적으로 조종될 수 있었다.

원수는 공민왕 대까지 재추들이 군을 지휘하여 출정할 때 맡는 임시장수 직위였다. 우왕 대에 이르러 재추의 지위에 오른 사람들이 크게 늘었는데 이들은 대부분 장수 경력이 있었다. 이들은 자기 집을 방비할 정도의 호위병들을 거느리고 있었다. 이 같은 배경 속에 우왕 대에 명의 위협과 왜구의 준동으로 전시상태가 지속되자 재추의 지위에 오른 관리들이 본래의 관직을 띤 채로 각 도의 시위군(侍衛軍), 개경의 5부 방리군과 해도수군 등의 원수를 겸직하는 일이 정착되었다. 각 원수는 군사를 지휘하기 위한 기구로 도진무(都鎭撫, 종 2품의 무관 벼슬)와 진무(鎭撫, 정 3품의 무관 벼슬)들로 구성되는 진무소(鎭撫所)를 갖추고 있었으며 고위 장수들의 하급 장수들이 맡고 있었다. 원수들이 출전할 때 거느리는 하급 장수들은 대개 병마사, 지병마사 등의 직함을 가지고 있었다.

원수는 그 지위에 따라 도원수, 상원수, 부원수로 구분되었다. 이 3종의 원수는 8도와 서북면에 모두 임명되었다. 각 도의 3원수 가운데 중앙에서 시위군을 관할하는 이는 도원수와 상원수이고 관할 도에 내려가 외적을 막는 것은 대개 부원수였다. 권력의 핵심에 가까울수록 현지에 파견되기보다는 중앙에 남아 특정 도의 시위군을 장기간 분관하면서 유사시에 조전원수나 도체찰사, 도순찰사 등의 직함을 띠고 출전했다. 각 도의 원수가 시위군을 장기간 관할하게 되자 패기

(牌記, 시위군의 명단)도 원수가 직접 관장하게 되어 임의로 군사를 뽑아 휘하에 두는 것이 가능해졌다. 병졸의 선발과 징발은 지방행정조직의 업무였으나 전시상황이 지속되었으므로 원수는 주, 군의 수령에 공문을 보내 스스로 병사를 충원할 수 있게 되었다. 그 결과 각 도의 군사력이 원수에게 사적으로 예속되는 양상이 심해졌다. 이 중 이성계가 관할하는 동북면의 군사력이 가장 사적 성격이 강했다. 원수들이 집단적으로 군 통수권자인 왕의 명령을 거역할 수 있는 환경이 된 것이다. 이성계가 거느린 우군은 이성계의 영향력이 큰 동북면과 강원도, 안주도에서 징발했고 휘하 원수들 가운데도 이원계, 이화(李和, 이성계의 이복동생), 이지란 등 그의 사적 통제를 받는 자들이 상당수였다. 그러므로 원정에 반대하는 이성계가 회군의 주동자가 될 수 있었다.

20일 니성에서 정보원이 와서 명의 요동 방어가 취약한 것을 최영에게 보고했다.

> 근자에 요동에 갔는데 요동 군사가 모두 몽골을 치러 가고 성 안에는 다만 지휘 한 사람이 있을 뿐이니 만일 대군이 이르면 싸우지도 않고 항복을 받을 것입니다.

최영은 크게 기뻐하며 그에게 물건을 후히 주었다.

압록강에 다다른 고려 원정군은 압록강 가운데 있는 섬 위화도(威化島)에 머물렀다. 니성 원수 홍인계와 강계 원수 이의는 압록강을 건너 요동에 들어가 명군을 살육하고 물자를 노략하고 돌아왔다. 우왕은 기뻐하며 이들에게 후하게 포상했다.

  그러나 이성계와 조민수는 회군의 필요성을 역설하는 건의문을 우왕에게 보냈다. 이들이 내세운 이유는 다음과 같다.

1) 앞으로 요동성까지는 하천이 많고 빗물이 넘쳐 건너기가 어렵다.
2) 작은 나라가 큰 나라를 섬기는 것이 나라를 지키는 길이다.
3) 명에 보낸 사신 박의중이 아직 귀국하기도 전에 큰 나라를 침범하는 것은 사직과 백성을 보호하는 길이 아니다.
4) 지금 장마로 활이 풀리고 갑옷이 무거워 군사와 말이 모두 곤핍한데 이러한 군사를 몰아 견고한 성을 치면 이기기 어렵다.
5) 만약 군량까지 제대로 공급되지 못한다면 진퇴난곡에 빠질 것이다.

  우왕은 회군을 허락하지 않고 환관 김완(金完)을 보내어 진군을 독촉했다. 김완은 금, 비단, 마필을 좌우 도통사와 원수들에게 나누어 주며 진군을 재촉했으나 군중에 억류되었다.

  5월 22일 다시 조민수, 이성계가 최영에 사람을 보내어 회군을 허락하기를 청했으나 우왕과 최영은 듣지 않았다. 이날 이성계가 친병을 거느리고 동북면으로 돌아가려 한다는 소문이 돌아서 위화도의 고려군은 동요했다. 이성계는 여러 원수들을 설득했다.

  만일 상국의 영토를 범하여 천자께 죄를 얻으면 종사와 생민에게 화가 곧 이를 것이오. 내가 옳고 그른 것을 가려서 글을 올려 회군하기를 청했으나 왕이 살피지 못하고 최영이 늙고 어두워 듣지 않으니 내 어찌 그대들과 함께 돌아가서 왕을 뵈옵고 친히 화와 복을 진달하고 왕 옆의 악한 사람을 제거하여 생령(生靈)을 편안히 하지 않으리오.

원수들은 모두 동의하여 모든 부대는 위화도에서 압록강을 건넜다. 당시 '이씨가 나라를 얻는다(木子得國)'라는 아이들의 노래가 널리 불려졌는데 이는 이성계 일당의 배후 공작이 치밀했음을 보여주는 일이다. 이성계는 우왕을 폐위시키고 종실 가운데 한 사람을 옹립할 생각이었는데 회군 도중에 조민수에게 그 뜻을 말하여 동의를 얻어 내었다. 원정군의 회군 소식을 들은 우왕과 최영은 서둘러 돌아가 29일 개경에 도착했다.

당시 식자들 사이에서는 요동 원정의 성공 여부에 의견이 분분했다. 원천석은 요동 원정에 큰 기대를 걸었으나 이성계가 주도하여 회군이 이뤄지자 이를 한탄하는 시를 지었다.

병든 사내는 즐거움이 적으니
풀이나 나무같이 썩어가는 몸일세.
봄부터 여름이 끝날 때까지
끙끙 앓으면서 외로움을 지켜왔네.
요즘 들으니 조정에서 영을 내려
명의 연호를 없애고 의복도 고쳤다더니
장정 숫자대로 군사를 다 뽑아
위아래가 모두 바쁘게 뛰어 달리며
비휴 같이 용맹한 병사 10여 만이
압록강을 건너려 한다네.

이제 요해(遼海, 요하)를 건너면

씩씩한 기운으로 깃발을 날리고

범 같은 위엄이 중원에 떨칠 것이니

두려워 엎드리지 않을 자 누구인가.

응당 개선하는 날이 오리니

사방 오랑캐가 다 귀속하고

성스런 임금께서 무궁한 수명 누리시어

주 무왕의 행적을 이어 밟으시리라.

내 비록 늙은데다 병까지 들었지만

함께 태평곡을 부르려 했는데,

어찌하여 압록강을 건너지 않고

갑자기 말고삐를 돌리나.

서도(西都, 서경)에 계시던 임금님 수레도

어이 그리도 급히 돌아오시나.

안타깝구나! 우리 도통공이시여!

홀로 서서 원망을 듣게 되었네.

기둥과 주춧돌이 이미 기울어 위태하니

크나큰 집을 장차 어이 지탱하랴.

처음과 끝이 한결같지 않으니

부끄러워 볼 면목도 없겠네.

머리 위에 푸르고 푸른 하늘이 있건만

화와 복을 어찌 알랴.

6월 1일 회군한 원정군이 개경 교외에 도착했다. 이성계를 비롯한 무장들은 최영을 내치라는 상소를 왕에게 전달했다.

> 우리 현릉(玄陵, 공민왕의 능호)은 지성으로 대국을 섬겼으며 천자가 일찍이 우리를 칠 뜻이 없었는데 이제 최영이 집정 대신이 되어 조종(祖宗)의 대국을 섬기는 뜻을 받들지 않고 먼저 상국을 침범하고자 하여 이 무더운 여름철에 뭇사람을 동원했습니다. 그리하여 전국의 농사가 폐농이 되고 또 왜적들이 빈틈을 타서 깊이 침입하여 우리 백성들을 죽이고 나라의 창고들을 불태웠습니다. 그뿐 아니라 한양으로 천도하여 전국의 인심이 소란스러워졌습니다. 지금 최영을 버리지 않으면 반드시 종사(宗社)가 전복되고 말 것입니다.

다음날 우왕은 전 밀직부사 진평중(陳平仲)을 보내어 회군한 장수들을 꾸짖는 교서를 전했다.

> 명을 받고 국외로 출정했다가 이미 규율을 위반하고 병력을 이끌고 대궐로 향했으며 또 삼강오륜을 어기고 이런 사단을 일으켰다. 이것이 나의 허물이라고는 하나 군신의 대의는 고금의 통칙인데 경들은 평소에 독서를 즐겨 하는 사람들이거늘 어찌 이것을 모르는가?
> 하물며 나라의 강토는 조상에게서 받은 것이니 어찌 쉽사리 남에게 주겠는가? 군사를 일으켜 싸우는 것이 옳으리라 여겨져서 내가 여러 신하들과 모의했더니 모두 가하다고 말했다. 지금 와서 어찌 다를 수 있는가?
> 비록 최영을 지적하여 구실을 붙이나 최영이 나를 보위하는 것은 경들이 아는 일이오, 우리 왕실을 위하여 충실한 것도 경들이 다 아는 사실이다. 이 교서를 받는 즉시 그릇됨을 버리고 허물을 다 고쳐서 부귀를 함께 누리

도록 힘쓰길 진실로 바라노라.

우왕은 또한 설장수를 보내어 장수들에게 술을 내리고 그들의 의도를 탐지하게 했다. 이날 회군한 장수들은 더 전진하여 도성 밖에 주둔했다. 또한 동북면의 주민과 여진족 1천여 명이 이성계의 정변을 도우러 무장하고 개경에 도착했다.

3일 이성계는 숭인문 밖 산대암(山臺巖)에 진주하고 지문하사 유만수(柳曼殊)에게 좌우군을 이끌고 도성으로 진입하도록 했다. 우군은 숭인문으로 좌군은 선인문으로 진공했는데 최영은 적은 병력으로 모두 물리쳤다. 이성계가 스스로 부대를 이끌고 숭인문으로 진격했다. 황룡대기를 든 이성계 부대가 선죽교로부터 남산(南山, 개경의 동쪽)으로 향하니 먼지가 하늘에 자욱하고 북소리가 땅을 울리는 등 기세가 성했다. 남산에 주둔한 최영 휘하 안소(安沼)의 부대는 이를 보고 궤주했다. 최영은 전세를 뒤집을 수 없음을 깨닫고 궁중의 화원으로 달려가 왕, 영비(寧妃)와 함께 팔각전(八角殿)에 머물렀다. 영비는 최영의 딸로 이해 3월 초 우왕이 최영의 거센 반대에도 불구하고 왕비로 삼았다.

이성계의 군사가 화원을 겹겹이 포위하고 최영을 내보내라고 크게 외쳤다. 담을 허물고 반군이 들어오자 최영은 우왕에게 작별하고 나왔다. 이성계는 최영을 고봉현(高峰縣)으로 귀양 보내며 이렇게 말했다고 한다.

이 사변은 나의 본의가 아닙니다. 그러나 (이 원정은) 대의를 거역했고 국가가 평안하지 못하며 인민이 피로하여 원성이 하늘에 이르렀습니다. 그러므로 부득이 한 것이니 잘 가십시오.

일찍이 이성계의 야심을 꿰뚫어 본 이인임은 최영에게 "이 판삼사사(이성계)가 반드시 왕이 될 것이다" 라며 경계할 것을 권했는데 최영은 이를 모함으로 받아들였다. 이때 와서 최영은 "이인임의 말이 참으로 옳았다"고 말하며 탄식했다.

조민수는 좌시중, 이성계는 우시중이 되고 최영의 휘하장수들은 모두 체포되어 먼 곳으로 귀양을 갔다.

6일 밤 우왕은 회군 주동자 이성계, 조민수, 변안열을 죽이고자 환관 80여 명에게 무장을 시키고 이들의 집으로 갔으나 모두 군을 이끌고 야외에 주둔하고 있었으므로 목적을 이루지 못했다. 다음날 여러 장수들은 숭인문에 모여 회의하여 궁궐의 무기를 압수하기로 결정했다. 이화(李和), 조인벽, 심덕부, 왕안덕(王安德)이 궁중에 들어가 병장기와 안마(鞍馬)를 모두 내어 놓았다.

8일 장수들이 다시 영비를 내놓으라 강청했다. 왕은 "만일 영비가 나가야 한다면 나도 같이 나가리라" 하면서 극력 거절했다. 이성계를 비롯한 여러 원수들은 군을 이끌고 궁궐을 포위하고는 왕에게 강화도로 갈 것을 요구했다. 우왕은 채찍을 들고 말을 타며 "오늘은 이미 날이 저물었다" 고 했으나 이성계는 당일로 출발할 것을 요구했다. 그리하여 우왕은 영비와 함께 강화도로 향했다.

이제 새 왕을 세워야 하는데 이성계는 우왕의 친아들인 왕창(王昌)을 세우기를 꺼려하여 종실 가운데 선택하려 했으나 조민수는 우왕의 친아들을 세우려 했다. 당시 존경받는 유생이었던 이색이 "마땅히 전왕의 아들을 세워야 한다"고 하여 9세의 왕창이 즉위했다. 이때는

36명의 원수가 건재한 때였으므로 이성계가 신왕 옹립을 마음대로 할 수는 없었다. 창왕이 즉위하자 조민수는 양광·전라·경상·서해·교주도 도통사, 이성계는 동북면·삭방·강릉 도통사가 되어 군 통수권을 양분했다.

창왕이 즉위한 지 며칠 지나지 않아 박의중이 명의 예부 자문을 가지고 귀국했다. 이 국서에서 주원장은 고압적인 태도를 버리고 영토 문제는 상세히 살핀 후 결정될 것이라 했다. 이는 사실상 고려의 요구를 수용한 완곡한 표현이다. 중도에 그쳤으나 고려의 요동 원정이 이러한 결과를 가져 온 것이다.

7월에 조민수가 창녕으로 유배되었다. 《고려사》에는 조준의 탄핵에 의한 것으로 간략히 기록되어 있으나 이성계와 군 통수권을 양분한 조민수의 실각이 이렇게 간단히 이루어지지는 않았을 것이다. 조민수 제거로 홀로 도통사 직위를 보유하게 된 이성계는 원수들을 제거하기가 용이해졌다.

이 무렵 이성계는 일곱째 아들 이방번(李芳蕃)을 종실인 정양군(定陽君) 왕우(王瑀)의 딸과 혼인시켰다. 왕우는 신종(神宗)의 7대손이다. 이성계는 우왕을 폐위시키며 종실을 추대하려 했는데 창왕의 즉위로 일단 좌절되었다. 그 직후 불과 8세의 이방번을 종실과 혼인시킨 것으로 이는 이성계가 창왕을 폐위할 의도를 드러낸 것이었다. 이성계와 인척인 종실을 왕으로 추대하는 것은 찬탈로 가는 한 과정으로 기획되었다. 요동 원정에 조전원수로 참전했으며 위화도 회군에 반대했던 이성계의 이복형 이원계는 아우의 찬탈 의사를 확인하고 10월 23일 음독자결했다. 그가 남긴 절명시가 전한다.

삼한고국에 이 몸 둘 곳 어디이뇨.
지하에 가 태백 중옹을 좇아 놀고 싶구나.
같은 처지에 처신함이 다르다 마오,
형만 가는 바다에 뗏목을 띄울 필요도 없으리.

이성계의 창왕 폐위 의도를 감지한 문하시중 이색은 고심 끝에 명의 힘을 빌리기로 했다. 10월 이색은 첨서밀직사사 이숭인, 동지밀직 김사안(金士安)과 더불어 하정사로 떠났다. 처음 이색이 늙고 병들었음에도 불구하고 자청하여 사신으로 가려하자 창왕을 비롯하여 모든 관료들이 만류했다. 이색은 어린 왕에게 그의 의지를 밝혔다.

신은 포의(布衣, 평민)로 벼슬이 최고위에 달했으므로 언제나 죽음으로 보답하려 했는데 이제서야 죽을 곳을 얻게 되었습니다. 설사 길에서 죽을지라도 시체를 가지고 중간 역할을 하여 나라에서 제게 맡긴 뜻을 천자에게 전달할 수만 있다면 살아 있는 것과 다름이 없습니다.

이색은 그가 없는 동안 이성계가 창왕을 폐위시킬까 두려워 이성계에게 아들 하나를 동행시킬 것을 요구했다. 그리하여 이방원이 서장관으로 이색을 수행했다. 이색은 명에 입경하여 남경으로 가는 길에 명의 고위 관리를 만났는데 관리는 이렇게 말했다.

그대의 나라 최영은 정병 10만을 거느렸으나 이성계가 그를 파리 잡듯이 쉽게 잡았으니 그대의 나라 백성들은 이성계의 망극한 덕을 어떻게 갚을 것인가.

이원계

이자춘의 첫 번째 처인 한산 이씨의 소생이었다. 이원계는 홍건군 격퇴에 공을 세워 공신이 되었다. 우왕 7년(1381)의 황산대첩(荒山大捷)에서 공을 세워 추충절의보리공신(推忠節義輔理功臣) 칭호를 받고 완산군(完山君)에 봉해졌다. 판개성부사, 문하시랑평장사 등의 관직을 역임했다. 그의 둘째 부인이 김용의 딸이었지만 공민왕의 아낌을 받아 김용의 반역 때도 처벌받지 않았다.

이는 이성계를 새로운 왕으로 추대해야 마땅하다는 견해이다.

이색은 명 태조를 알현하고 명에서 고려에 관리를 보내 국정을 감독할 것을 요청했다. 명의 관리가 고려의 국정을 감독하면 이성계가 찬탈을 할 수가 없으리란 계산이었다. 이성계의 무력에 대항할 방도가 없어 선택한 고육지책이었다. 명 태조는 받아들이지 않았다.

11월에는 밀직사 강회백(姜淮伯)이 명으로 파견되었고 부사로는 이방우가 수행했다. 강회백은 창왕의 조근(朝覲)을 요청하는 표문을 가지고 갔다. 창왕이 조근한다는 것은 명에 가서 명 태조를 배알하여 고려왕으로 인정을 받겠다는 것이다. 조근이 행해진다면 이성계가 창왕을 폐위시키기는 것은 중국 천자의 뜻을 거스르는 것이 되므로 이성계가 창왕을 폐위시키기 어렵게 된다.

이색이 명에서 돌아오기 전에 이성계는 서둘러 최영을 참형에 처했다. 최영은 처형될 때 언사와 안색이 변하지 않았다. 그가 죽던 날 개경 사람들은 시장을 열지 않았으며 거리의 어린아이들이나 시골 부녀자나 할 것 없이 모두 눈물을 흘렸다. 시신이 길가에 놓여 있었는데 오고 가는 사람들이 모두 말에서 내렸다. 다음은《고려사》최영 열전에 나오는 사평(史評)이다.

최영은 성질이 강직하고 충실하며 청렴했다. 전선에서 적과 대치하여 태연했으며 화살이 빗발같이 지나가도 조금도 두려워하는 기색이 없었다. 군대를 지휘함에 있어서는 규율을 엄격히 하여 필승을 기했으며 전사가 한 걸음만 물러서도 곧 목을 베었다. 그러기에 크고 작은 많은 전투에서 가는 곳마다 공이 있었으며 한번도 패한 적이 없었다.

최영의 나이 16세 때 부친이 임종하면서 훈계하기를 "너는 황금을 보기를 돌같이 하라"고 했다. 최영은 이 말을 마음에 깊이 간직하고 재물에 마음을 두지 않았으며 거처하는 집이 초라했으나 그곳에 만족하고 살았다. 의복과 음식을 검소하게 하여 간혹 쌀독이 빌 때도 있었다. 남이 좋은 말을 타거나 좋은 의복을 입은 것을 보면 개나 돼지만큼도 여기지 않았다. 지위는 비록 재상과 장군을 겸하고 오랫동안 병권을 장악했으나 뇌물과 청탁을 받지 않았으므로 세상에서 그 청백함을 탄복했다.

항상 크게 보기를 노력했으며 조그마한 문제에 구애되지 않았다. 종신토록 장군으로서 군대를 통솔했으나 휘하 사졸로서 얼굴을 아는 자는 수십 인에 불과했다.

전시 분망한 가운데도 이따금 시를 읊는 것으로 낙을 삼았다. 어느 날 저녁에 여러 재상과 연구(聯句)를 지었는데 경부흥이 부르기를 "하늘은 옛 하늘이지만 사람은 옛 사람이 아니로다[天是古天人不古]" 하니, 최영이 대구(對句)를 지어 말하기를 "달은 명월이로되 재상들은 밝지 못하구나[月爲明月相無明]"라고 했다.

남이 불의한 것을 보면 매우 미워하여 통렬히 배격했다. 당시 이인임, 임견미가 정방제조(政房提調)로 있으면서 권력을 마음대로 했고 변안열 등이 마음이 맞아 권세를 부렸다. 어떤 이가 벼슬을 구하려 하자 최영은 "그대가 공상(工商)을 하면 벼슬은 저절로 얻을 것이다"라고 말했다. 이 말은 정권을 잡은 자와 뇌물을 쓰는 무리를 나무라는 것이었다.

최영이 정방에 참여한 후부터는 반드시 공이 있거나 재능 있는 자를 골라 채용했고 등용할 자격이 없으면 사정없이 물리쳤으며 재상들 가운데 영리를 꾀하거나 토지와 백성을 쟁취하는 자, 사사로운 정에 끌려 법과 풍기를 훼손하는 자는 모두 바로잡아 주려 했다. 일찍이 이인임에게 말하기를 "나라가 여러 가지로 곤란한데 공은 재상으로서 어찌 이를 우려하지 않고 가정 살림에만 마음을 두는가" 했다. 이인임은 아무 말도 못했다.

언제나 도당에 나가서는 정색하고 바른 말을 거리낌 없이 했고 좌중에서 공명하는 자가 없으면 혼자서 탄식하곤 했다. 언젠가 남에게 말하기를 "내가 나랏일에 대하여 밤새도록 생각하고 날이 새어 그것을 동료들에게 말하면 여러 재상들 중에서 나와 의견이 같은 자가 없으니 사직하고 은거하는 것만 같지 못하다"라고 했다.

성질이 우직했으며 또 배운 것이 없어[無學] 일을 모두 자기 뜻대로 처리했으며 사람을 죽여 위엄을 세우기를 좋아하여 죄가 죽이기까지 할 것이 아닌데도 많은 경우에 사형을 내렸다.

간대부 윤소종이 최영을 평하기를 "공은 한 나라를 덮었고 죄는 천하에 가득하다"고 했는데 세상에서 이를 명언이라 했다. 시호는 무민(武愍, 이성계가 왕이 되어 내린 시호)이다.

《고려사》는 조선 건국을 합리화하는 입장에서 저술된 것이다. 이성계와 함께 위화도 회군을 감행한 조민수는 간신 열전에 들어 있다. 이 외에도 이성계의 반대편에 선 많은 사람들이 《고려사》 간신 열전에 들어 있거나 악평을 받았다. 그런데 최영 장군은 마구 폄하하지는 못하고 대체로 긍정적인 서술을 했다. 최영 장군은 장기간 군권을 장악했고 최고 직위도 누렸다. 파헤치면 비리 혐의나 부정부패 혐의를 찾을 수 있음 직한데도 《고려사》나 《태조실록》에는 그러한 내용이 없다. 《고려사》를 보면 가능한 한 최영 장군의 허물을 잡아내려고 애쓴 흔적이 뚜렷하나 가만히 따져보면 칭찬하는 내용이 된다.

《고려사》에서 흠잡은 내용은 사람을 많이 죽였고 시세에 어두웠다는 것이다. 그러나 그가 죽인 자들은 백성을 해치는 탐관오리들이었다. 이에는 예외가 없어 우왕을 키운 유모인 장씨마저 우왕의 애원을 물리치고 죽였다. 권력자의 눈치나 보는 대한민국의 검찰을 보면 상상할 수도 없는 일이다.

여기에 그치지 않고 도당에 나아가 모든 재상들에게 민의 재산을 강탈하고 토지를 겸병하는 해독을 역설하고 마침내 다 같이 금지할 것을 약속한 서약서를 작성하여 서명을 받아내기도 했다.

《고려사》에서 "배운 것이 없다"고 했으나 이는 "전시 분망한 가운데도 이따금 시를 읊는 것으로 낙을 삼았다"는 서술과 모순된다. 《용재총화》에도 그의 청빈함과 문재에 대한 일화가 전해진다.

철성(鐵城) 최영은 그의 아버지가 어렸을 때부터 늘 '황금을 보기를 돌같이 하라[見金如石]'고 가르쳤으므로 항상 이 네 글자를 큰 띠에 써서 평생 지니고 다녀 잊지 않았다.

그는 국정을 잡아 위의를 나라 안팎에까지 떨쳤으나 남에게서 조금도 취하지 않아 겨우 먹고사는 정도였다. 당시의 재상들은 서로 초대하여 바둑으로 날을 보내면서 다투어 성찬을 차려 호사함에 힘썼으나 공(公)만은 손님을 초대하여 한낮이 지나도록 찬을 내놓지 않았다. 날이 저물어서야 기장과 쌀을 섞어 지은 밥에다 잡동사니 나물을 차렸지만 손님들은 배고픈

참이라 채반이라도 남김없이 먹고는 "철성 집 밥이 맛이 좋다" 하니, 공은 웃으며 말하기를 "이것도 용병하는 술책이오" 했다.

태조(이성계)가 시중이 되었을 때에 연구(聯句)를 짓기를, "석자 칼끝으로 사직을 편하게 한다[三尺劍頭安社稷]"라고 했더니 그때의 문사들이 모두 대구를 찾지 못했다. 공이 재빨리 "한 가닥 채찍 끝으로 천하를 평정한다[一條鞭末定乾坤]"고 하니 모든 사람들이 탄복했다. 《용재총화》 권 3)

최영은 이성계를 신뢰하여 그에 대한 모함이 있으면 적극 옹호했다.

태조는 최영과 우정이 매우 돈독했는데 태조의 위엄과 덕망이 점차로 성하니 사람들 중에서 신우에게 모함하고자 하는 자들이 있었다. 최영이 노하여 말하기를 "이공은 나라의 주춧돌이 되었다. 만약 갑자기 위급한 사태가 발생하면 누구를 시키겠는가" 했다. 매양 빈객을 연회하려 할 때 최영이 반드시 태조에게 이르기를 "나는 국수를 준비할 터이니 공은 고기를 준비하시오" 하니 태조는 말하기를 "좋습니다" 했다. 《태조실록》 권 1 총서)

이인임 이외에도 이성계를 경계할 것을 권한 이들이 있었다. 왕조 시대에 모반죄는 '증거'가 있어야 걸리는 것이 아니라 심증만 있으면 충분했다. 이는 모반죄의 성격상 명백한 증거를 찾을 수 없는 일이기 때문이기도 하다. 급속히 세력을 키우던 이성계가 무사했던 것은 최영 장군의 비호가 있어 가능했던 것이다. 세상에는 은혜를 원수로 갚는 자들이 적지 않으니 그리 개탄할 일도 못 된다.

| 11장 |

고려의 멸망

제비뽑기로 공양왕을 세우다

3월에 명에 사신으로 갔던 강회백 등이 돌아왔다. 명의 예부에서 발송한 명 태조의 자문을 가져왔다.

> 고려는 중국과의 사이에 산이 막히고 바다가 놓여 있어 풍속이 판이하다. 비록 중국과 교류를 해왔어도 이반하고 복종함이 무상했다.
> 지금 신하가 아비를 쫓아내고 그의 자식을 세워 놓고 와서 조회하기를 청하는데 이것은 인륜이 크게 무너진 일로 임금은 자기 도리를 못하고 신하는 대역을 저지른 것이다. 사신을 타일러 돌려보내고 어린 아이도 조회하러 올 것이 없다고 지시하라. 세우는 것도 저들이 하는 일이요, 폐위시키는 것도 저들이 하는 일이다. 중국은 상관하지 않겠다.

명 태조가 갑자기 고려에 불간섭 입장을 취한 이유는 전년의 요동

원정에 충격을 받은 탓이었는데 이는 이성계의 찬탈에 청신호였다.

이색도 목적을 달성하지 못하고 귀국하자 윤승순과 권근이 다시 창왕의 내조를 청하러 명으로 갔다. 이들은 귀국할 때 명의 예부에서 발송한 자문을 가져왔다. 도평의사사에 제출되고도 2개월간 공표되지 않았던 이 문서는 이후 고려의 정국 전개과정에서 매우 중요한 역할을 했다. 이 자문은 11월 김저(金佇)의 옥사가 일어났을 때 공개됐다.

전 대호군(大護軍) 김저가 우왕의 밀명을 받고 이성계 암살을 꾀했다는 것이 김저 옥사의 내용이다. 이로 인해 창왕이 폐위되고 공양왕이 즉위했다. 《고려사절요》에는 이 사건의 발단에 대해 다음과 같이 기술했다.

전 대호군 김저와 전 부령 정득후(鄭得厚)가 몰래 황려에 가서 신우를 알현했다. 김저는 최영의 조카이다. 최영 휘하에 있은 지 오래되었고 자못 일을 잘 처리했다. 정득후 역시 최영의 일족이다.

우가 울면서 말하기를 "답답하게 이곳에 있으면서 손을 묶고 앉아 죽음을 받을 수는 없다. 힘센 자 한 사람을 얻어 이 시중(이성계)만 해친다면 내 뜻은 성취할 수 있다. 내가 평소에 예의판서 곽충보(郭忠輔)를 아꼈으니 네가 가서 보고 이 일을 도모하라" 했다. 이어 칼 한 자루를 곽충보에게 보내면서 "이번 팔관회 날에 거사하라. 성사하면 왕비의 동생을 처로 줄 것이오, 부귀를 같이 나누겠다" 라고 말했다.

김저가 곽충보에게 알리니 충보는 겉으로는 승낙하고는 달려와 우리 태조에게 말했다. (《고려사절요》 권 34 공양왕 원년 11월 10일)

김저와 정득후는 팔관회 전날인 12일 밤에 이성계의 집에 갔다가 이성계의 호위병들에게 체포됐다. 정득후는 그 자리에서 자살하고 김저는 13일 순군옥에 갇혀 혹독한 고문을 받았다. 이성계 일당은 칼로 발바닥을 째고 불에 달군 인두로 지졌다.

김저가 투옥되면서 명에서 받아온 예부 자문이 공표됐다. 명에서 받아온 예부 자문은 다음과 같은 내용이었다.

홍무 22년 8월 8일 본부 상서 이원명(李原明) 등이 봉천문(奉天門)에서 성지를 받았다.

"고려국에는 사고가 많다. 신하들 중에는 충신과 역신이 뒤섞여서 하는 일이 모두 옳은 정책은 아니다. 임금의 자리는 왕씨가 시해된 이후로 후계가 끊어졌다. 비록 다른 성이 왕씨로 가칭하여 임금이 되었으나 이는 역시 삼한의 왕업을 이어 지키는 좋은 법이 아니다. 이전에 임금을 시해한 역적은 임금의 죄악이 컸기 때문에 나왔다. 임금을 시해한 자는 비록 난신적자이나 그중에는 또한 선정을 베풀어 하늘의 뜻을 돌이키고 백성을 안무한 자도 있다.

그런데 지금 고려의 신하들은 연이어 음모를 꾸미며 오늘에 이르도록 안정되지 못하고 있다. 반역으로 나라를 얻었다 한들 반역으로 지킬 수 있겠는가. 만약 반역을 정상으로 여긴다면 역신이 줄지어 일을 벌일 것이다. 모두 처음 반역한 자가 가르친 것이니 어찌 원망할 것인가.

예부에서는 공문을 보내어 어린아이(창왕)에게 남경에 올 필요는 없다고 전하라. 만일 어질고 지혜로운 신하가 있어 위로는 임금과 신하의 명분을 굳건히 정하고 생민을 안착시키는 방책을 세운다면 비록 십 년을 내조하지 않는다 해도 어찌 근심이 되겠으며 해마다 내조한다 해도 어찌 싫어하겠는가."

공민왕 암살 이후 다른 성씨가 고려의 임금이 되었으니 정통성을 인정할 수 없다는 내용이다.

이성계는 군사들이 호위하는 가운데 흥국사에 조정대신들을 모아 놓고 창왕 폐위 문제를 논의했다. 대병력이 흥국사 주위를 둘러싸서 위압적 분위기를 연출했다. 이 논의 중에 이성계는 정창군(定昌君) 왕요(王瑤)가 신종(神宗)의 7대손으로서 종친에 가까우므로 그를 왕으로 세우자고 주장했다. 그러나 조준, 성석린 등은 그가 왕으로 추대할 만한 인물이 못된다고 하며 반대했다. 그래서 종실 몇 명의 이름을 적어서 심덕부와 성석린과 조준을 계명전(啓明殿)에 보내어 고려 태조의 영전에 보고하고 제비를 뽑으니 정창군이 뽑혔다.

조준 등이 반대 발언을 하고 왕을 제비로 뽑는 괴이한 일이 벌어진 것은 이성계의 일방적인 옹립을 은폐하기 위한 것이다. 왕을 폐위시키고 새로운 임금을 정하는 일은 더없는 국가의 중대사인데 일부 신료가 작당하여 이 일이 이루어졌다. 명백한 정변이었다.

15일 새벽 이성계는 심덕부 등 8인과 더불어 공민왕비인 정비의 궁으로 들어갔다. 군대가 궁을 에워싼 가운데 이성계는 정비로부터 창왕을 폐위하고 정창군을 즉위시키는 교서를 받아냈다. 이성계는 꺼려하는 정창군을 억지로 수창궁에서 즉위하게 했다. 고려의 마지막 임금인 그의 시호는 공양왕(恭讓王)이다.

창왕은 폐위되어 강화도로 유배되고 우왕의 거처도 강릉으로 옮겨졌다. 창왕의 외가인 이림, 이귀생 등은 모두 먼 곳으로 유배됐다.

이 사건을 계기로 이성계는 조민수, 권근, 변안열, 우현보(禹玄寶), 우인열(禹仁烈), 왕안덕, 우홍수(禹洪壽)를 유배시키고 조방흥(趙方興)을 참수하고 이색 부자와 권근, 이숭인(李崇仁), 하륜(河崙), 환관

이분(李芬)을 귀양 보냈다.

　이제 거리낄 것이 없어진 이성계는 심복을 시켜 우왕과 창왕을 죽이라고 상소했다. 공양왕이 여러 재상들에게 차례로 물었으나 모두 묵묵부답이었다. 이성계가 홀로 강력히 주장하여 관철시켰다. 정당문학 서균형(徐鈞衡)이 강릉으로 가서 우왕을 시해하고, 예문관대제학 유순(柳珣)이 강화도에 가 10세의 창왕을 시해했다. 영비 최씨는 10여 일이나 음식을 먹지 않고 밤낮으로 곡하고 눈물 흘리며 밤이면 반드시 우왕의 시체를 끌어안고 잤다고 한다.

　곧이어 인사개편을 단행해 이성계 일파가 명실공히 문무의 실권을 한손에 쥐게 되었다. 형조, 사헌부(司憲府, 어사대) 등 언관(言官) 직에도 이성계 일파가 배치되었다. 이후 이들 언관들은 이성계에 대항하는 세력을 끊임없이 탄핵하여 제거했다.

　이듬해인 공양왕 2년(1390) 1월 12일에는 이성계가 8도 군마를 영솔하게 되었고 독자적친 군영을 설치하여 그의 신변을 호위했다. 군영 운영 경비도 정부에서 부담했다. 이는 무신정권에서 도방을 설치한 것과 같은 일이다.[16]

　이성계 일당은 김저 사건을 빌미로 수많은 인사들을 고문하고 파면시켰다. 공양왕은 처벌받은 인사들을 석방시키기에 노력했으나 이성계 일파의 강력한 반대로 이림, 이색, 조민수, 이을진, 권근, 이숭인은 석방하지 못했다. 이성계 일파는 한양부윤 김백홍과 군기소감 원상(元庠)도 체포하여 심문했다. 김백홍은 고문 끝에 죽었다. 공양왕은 정몽주에게 이성계 일당을 비난하여 말했다.

　무릇 죄수를 심문할 때는 천천히 그 실정을 알아내야 한다. 그런데 지금 순군에서 법률에 의거하지 않고 혹독한 형벌을 가하여 죄 없는 자도 간혹 죽는다. 나는 이를 대단히 가엾게 여긴다.

더구나 재상은 비록 중한 죄를 지었다 하더라도 임금의 명령으로만 죽이는 것이다. 한번 혐의가 있으면 함부로 고문하여 옥사하거나 시장에서 참형되는데 나는 일찍이 이를 매우 나쁘게 여겼다. 오늘날에도 이러는가.

공양왕은 원상을 석방시키고 이성계의 수족으로 탄핵에 열심이었던 윤소종을 금주(錦州)로 추방했다. 이에 이성계는 항의의 뜻으로 27일 병을 이유로 사직을 청했다(이후 이성계는 왕이 반격하면 사직을 청하는 방식으로 대응했다).

4월 초하루 갑오일 왕은 이성계의 사직을 취소하게 하고 9공신에게 왕의 말 1필, 은 50량, 비단 5필, 명주 5필씩을 주었다.

이성계 일파는 이같이 반대파를 제거하는 한편 이미 2년 전의 위화도 회군에 협조한 무신 및 사대부들에 대한 포상 조치를 취하려 했다. 공양왕 2년(1390) 4월 45인에게 공신 칭호를 주었다.

김저 사건으로 이성계는 반대파를 대거 유배시키거나 살해하여 세력을 크게 확장했다. 김저의 옥사는 발생 경위나 조사 과정 등에 많은 의문점이 있다. 당시에도 많은 사람들이 이성계 일파의 조작이 아닌가 의심했다. 이 옥사의 진위 못지않게 주목할 일은 우왕과 창왕이 왕씨가 아니므로 폐위시키고 왕씨를 왕으로 세워야 한다는 이른바 폐가입진론(廢假立眞論)이 이때 공식적으로는 처음 제기된 일이다.

폐가입진론의 근거는 명의 예부에서 받아온 자문이다. 위에서 인용한 《고려사》에 실린 명의 예부 자문에서 주원장은 우왕과 창왕을 왕씨로 인정하지 않고 있다. 그러나 명이 남긴 기록은 다르다.

고려국 내에 변고가 많이 발생하고 신하들 중에는 충신과 반역이 섞여 있어 하는 일이 모두 좋지 않은 일뿐이다. 왕을 폐하고 세우는 일을 제멋대로 하니 어찌 삼한을 대대로 지키는 방도라 할 것인가. 저들이 임금을 가두어 놓고 나서 어린 아이를 입조시키겠다고 말하니 반드시 숨겨놓은 음모가 있는 것으로 믿을 것이 못 된다. 저들이 이같이 반역을 다반사로 하면 모두 뒤를 이어 할 것이니 인륜이 없어지고 예의가 망할 것이다.

너희 예부는 그것을 고려에 타일러 어린아이로 하여금 반드시 내조하지 않도록 하라. 만일 그 나라에 현명하고 지혜로운 신하가 있어 군신의 명분을 밝히고 백성을 안정시키고 나라를 편안히 하면 비록 여러 해를 두고 내조하지 않아도 책망할 일이 아닐 것이다. 그렇지 않고서 비록 해마다 내조한들 무슨 유익한 것이 있겠는가. 《태조고황제실록》 권 286 홍무 22년 8월 계묘)

이처럼 명의 실록을 보면 명 태조는 왕 폐립을 마음대로 하고, 임금을 가둬놓고 있다고 이성계 일파를 책망하고 있다. 왕방과 조반이 명의 수도 남경에 이르러 공양왕의 즉위를 알리고 그 책봉을 요청했을 때도 명 태조 주원장은 의심했다.

고려가 사신을 보내어 말했다.

"고려왕 창은 왕씨의 후예가 아니고 실은 신돈의 아들인 (신)우의 아들이라 나라의 인민이 신복하지 않으므로 따로 왕씨의 종친인 정창부원군 왕요를 맞이하여 세워 왕씨의 뒤를 잇게 했으니 엎드려 바라옵건대 윤허해 주시기 바랍니다."

주상이 예부상서 이원명에게 말했다. "고려와 중국 사이에는 산과 바다로

가로막혀 사람들이 거짓이 많다. 지금 다른 성을 방출하고 왕씨의 종친을 뽑아 세웠다고 한다. 전에 사신이 와서 어린아이가 입조하겠다고 한 것을 내가 허락하지 않은 이유는 그것이 틀림없이 정치를 농단하는 자의 짓이 라고 생각했기 때문이다. 지금 그들의 실정을 보건대 현재로선 그 진위를 알 수 없으나 만일 과연 그 나라의 신민들이 추대한 것이면 그들이 하는 대로 둘 일이요 혹시 음모로 새 임금을 세웠다가 하루아침에 변경되어 허망으로 돌아간다면 반드시 생각지 못한 재앙이 일어나 그들이 자신에게 화가 미칠 터이니 너(이원명)는 마땅히 그 나라 사람들에게 자문을 갖추어보내 알려주도록 하라."《태조고황제실록》권 291 홍무 23년 정월 계미)

이성계 일파가 명의 예부 자문을 변조하여 명 태조가 우왕, 창왕을 왕씨가 아니라고 규정한 것으로 만들었고 이를 구실로 폐위시켰음을 알 수 있다. 이씨 조선에서 우왕과 창왕이 신돈의 자손이라고 그렇게 선전했으나 조선의 양반들도 그다지 믿지 않았다.

김저 사건과 두 임금의 시해가 끝이 아니었다. 이성계 일당은 계속해서 음모를 꾸미고 있었다.

윤이·이초 사건으로 반대파를 숙청하다.

공양왕 2년(1390) 5월 명에 사신으로 갔던 순안군 왕방과 동지밀직부사 조반이 귀국했다. 조반의 귀국 보고로 이른바 윤이(尹彝), 이초(李初)의 옥사가 시작됐다. 공양왕이 즉위했을 때 윤이와 이초라는 자들이 명에 가서 고려 국정에 대해 모종의 호소를 했는데 명의 예부 관리들이 고려의 사신 왕방과 조반에게 알려 주었다고 한다. 《고려사절요》에는 의하면 내용은 다음과 같다.

> 너희 나라 사람으로 파평군 윤이와 중랑장 이초라는 자가 와서 황제에게 호소했다.
> "고려의 이 시중(이성계)이 왕요를 세워 임금을 삼았으나 왕요는 종실이 아니라 이 시중의 인척입니다. 요가 이 시중과 더불어 군을 동원하여 명을 치고자 하니 재상 이색 등이 불가하다 했더니 곧 이색, 조민수, 이림, 변안열, 권중화, 장하, 이숭인, 권근, 이종학, 이귀생 등을 살해하고 우현보, 우인열, 정지, 김종연, 윤유린, 홍인계, 진을서, 경보, 이인민 등을 체포하여 멀리 귀양 보내었습니다. 그리하여 유배된 재상 등이 은밀히 우리를 보내어 천자에게 고하게 하고 또 친왕[17]으로 하여금 천하의 군을 움직여 와서 토벌할 것을 청하게 했습니다."

조반에 따르면 윤이가 파평군을 사칭했다고 한다. 명 예부의 관리는 천자가 무고임을 알고 있으므로 곧 돌아가 윤이, 이초가 써낸 글에 언급된 인물들을 국문한 뒤 사건의 내막을 보고하라고 했다고 조반은 전했다.

《고려사절요》에 기록된 윤이, 이초의 말을 정리하면 첫째, 공양왕과 이성계가 명을 치려했고 둘째, 이색 등이 이에 반대했고 셋째, 이에 공양왕은 이색 등을 살해하고 우현보 등을 유배했고 넷째, 유배된 재상들은 명에 윤이, 이초를 보내 이 일을 전하고 명에 청원하여 명의 군대를 동원하여 공양왕과 이성계를 치려했다는 것이다.

이 같은 사신의 보고에 이성계의 수족이 되어 활동하던 언관(言官)

들은 교대로 상소하여 이름이 언급된 인물들을 국문할 것을 요구했다.

이 사건의 진상을 밝히기 위해서는 우선 윤이, 이초의 정체를 밝혀야 하고 이들이 명 조정에 가서 한 진술 내용이 확보되어야 한다. 그러므로 이들에 대한 심문이 절대적으로 필요한데 명에 머무르고 있어 불가능했다. 고려에서 진상조사를 위해 명에 사신을 보내자 명 태조는 윤이, 이초를 귀양 보냈다고 하며 그 후의 소식은 전하지 않는다.

이 사건을 알린 조반은 이성계의 측근이다. 윤이, 이초가 실제로 무슨 말을 했는지도 알 수 없었다. 조반은 명의 예부 문서를 가져온 것이 아니라 단지 예부 관리들이 했다는 말을 전한 것에 불과했다. 윤이, 이초가 했다는 말을 그대로 믿는다면 명의 입장에서는 고려 왕과 이성계, 이색 등 모두가 피의자이다. 그러나 명은 이 사건에 관심이 없었다. 이 일은 고려 내부의 사건으로 되었다.

이성계는 명 원정에 반대하여 회군을 주동한 자이고 공양왕은 그가 옹립한 인물이므로 누가 보아도 이들이 명을 치려했다는 것은 무고가 된다. 무엇보다도 고려에서 왕을 피의자로 보아 조사한다는 것은 있을 수 없는 일이다. 수사를 할 경우 조반이 전한 말에 나오는 인물 중 왕과 이성계는 대상에서 제외되고 이색, 조민수 이하의 인물만을 상대로 할 수밖에 없다. 이들의 혐의는 왕을 모략한 것이므로 당연히 대역죄인이냐 아니냐 하는 문제가 된다. 그리고 심문 방법은 대개의 정치 사건이 그렇듯 고문이 될 수밖에 없었다.

이 사건 수사는 엄청난 정치적 파장이 예견되는데다가 공정성을 보장할 수 없는 일이었으므로 공양왕은 상소를 모두 유보하여 두었다. 좌사의 김진양(金震陽)이 "윤이, 이초의 일은 세 살 어린아이도 그것이 무고임을 알 수 있는 일"이라 말했듯이 중상모략으로 보는 것이 중론이었다. 그러나 이성계는 강력히 수사를 촉구했다.

그러던 중 지용기는 그와 가까운 전라도 원수 김종연(金宗衍)을 만나 이름이 윤이, 이초의 글에 들어있다는 것을 알리고 신변이 위태롭다고 말했다. 김종연은 겁을 내어 이날 야밤에 도주했다. 이성계 일파는 이를 구실로 윤이, 이초의 글에 실린 인물들이 왕을 무고한 것이 사실이라 규정하고 대대적으로 수사를 했다. 우선 우현보, 권중화, 경보, 장하, 홍인계, 윤유린을 순군옥에 가두었다.

윤유린을 가혹히 고문하여 최공철(崔公哲), 최칠석(崔七夕), 조언(曹彦) 등 11인을 투옥했다. 이색, 이림, 우인열, 이인민, 정지, 이숭인, 권근, 이종학, 이귀생 등은 청주(淸州)의 옥에 가두었다. 윤유린은 가혹한 고문을 견디지 못하고 옥사했다. 이성계 일당은 그의 목을 베어 시장에 효수하고 가산을 몰수했다.

이색은 청주의 옥에서 국문을 받게 되었는데 국문하는 가운데 갑자기 천둥이 치고 큰비가 와서 냇물이 범람하여 성의 남문을 부수고 북문에 부딪쳤다. 성 안의 물 깊이가 한 길이 넘어 관사와 민가가 거의 다 떠내려갔다. 옥관(獄官)은 나무를 휘어잡고 올라가 죽음을 면했다.

투옥되었던 최공철이 옥사하고 홍인계도 고문을 견디지 못하고 자살을 기도하는 등 옥사하는 일이 이어지자 공양왕은 교서를 내려 고문으로 억울한 사람이 나올 수 있으니 그만 조사하라고 명했다. 이로써 윤이, 이초 사건은 일단락되는 듯했다. 그러나 7월 이성계 세력이 다시 윤이, 이초 사건을 거론했다. 이성계에게 찬탈의 뜻이 있음을 깨달은 정몽주는 이색, 권근 등을 사면하라고 왕에게 건의하여 이성계

세력과 대결하기 시작했다. 공양왕은 수차례에 걸쳐 윤이, 이초 사건 관련자들을 사면했다.

사헌부, 형조, 문하부의 낭사 등 언관들은 정몽주 세력과 이성계 세력으로 나뉘어 서로를 탄핵하여 대간의 업무가 마비될 정도였다. 윤이, 이초 사건이 무고이며 이성계가 이를 악용하고 있다는 여론이 거세지자 11월 3일 이성계는 글을 올려 사직을 청했다. 공양왕은 이성계를 달래기 위해 영삼사사로 임명하고 아들 이방과(李芳果)를 판밀직부사로 임명했다.

이성계 일당은 김종연을 체포하지 못한 상태에서도 계속 사건을 확대해 나갔다. 11월 이성계 일당은 김종연의 친척과 벗 등을 문초하여 문하시중 심덕부, 판삼사 지용기 등 여러 대신들과 함께 군사를 일으켜 이성계 등 9공신을 살해하려 모의했다는 진술을 받아냈다.

'김종연 사건'에 연루된 인물 가운데는 무장 출신이 심덕부, 지용기, 박위, 윤사덕, 이무, 진을서, 이옥 등 7명이 있고 하급 무인은 김조부, 장익, 위충 등 14인이었다. 이는 많은 무장들이 이성계의 독주에 반발하고 있음을 의미했고 이성계가 이들을 제거할 것을 예고하는 일이었다.

심덕부가 문하시중에서 파면되고 이성계가 다시 문하시중이 되었다. 지용기, 박위, 정희계, 윤사덕, 이빈은 모두 유배되었다. 12월 3일에는 심덕부가 토산(兎山)으로 유배되었다. 이로써 9공신 가운데 이성계를 견제할 만한 능력을 가진 무장은 모두 숙청되었다.

도망 다니던 김종연이 결국 곡산에서 체포되었다. 김종연은 전혀 음모가 없었다고 주장했지만 체포된 다음날 옥사했다. 이성계 일당은 김종연의 사지를 잘라서 여러 지방에 조리돌리고 그와 일당이라

하여 이방춘 등 7명을 참수했고 박가홍, 이중화, 김식을 먼 곳으로 귀양 보냈다. 이성계는 이 사건 처리 과정에서 여러 원수들의 인장을 모두 회수하여 무장들이 가지고 있던 사병 집단을 흡수했으며 또한 도총중외군사(都摠中外軍事) 직위에 올랐다. 12월에는 군사 제도를 고쳐 군의 최고사령부인 삼군총제부(三軍摠制府)를 설치했다.

이 해에 이성계는 화녕부왕(和寧府王)에 봉해졌다. 이성계는 공민왕 21년(1372) 6월 화녕부윤으로 임명되었는데 이때 왕으로 작위가 올라갔다. 고려 왕조에서 왕을 무력화한 권신들은 부(府)를 세웠다. 이자겸은 숭덕부(崇德府)를, 최충헌은 흥녕부(興寧府, 나중에 진강부로 고침)를, 최우는 진양부(晉陽府)를 세웠다. 권신들의 부에는 관원들이 있었다. 고려의 역대 권신이던 이자겸의 작위는 조선국공, 최충헌은 진강후에 불과했었다. 최우는 진양후에서 진양공이 되었다. 신하로서 왕에 봉해진 것은 이성계의 경우가 처음이었다.

이듬해인 공양왕 3년(1391) 정월 7일에는 이성계 스스로 삼군도총제사 자리를 차지하고 심복인 배극렴, 조준, 정도전은 각각 중군총제사, 좌군총제사, 우군총제사가 되었다. 이로써 이성계는 서울과 지방의 모든 군사를 통솔하게 되었다.

이성계 일파는 공양왕을 압박하여 회군 공로자들에게 공신전을 하사하는 조치를 내리게 했다. 모두 54명이 공신이 책봉되었다. 이성계는 삼군도총제사가 된 후 삼군총제부 소속 군사들을 시켜 왕궁을 숙위하면서 공양왕을 감시하게 했다. 이어 중랑장 왕익부를 처형하고 사헌부 지용기, 간관 진의귀·이황·맹사성 등을 모두 지방으로 유배보냈다.

17일 이성계는 칭병으로 사직을 요청하는 전문(箋文)을 올리고 평주 온천으로 갔다. 은근히 왕을 위협하는 내용이었다.

무진년(1388)에 가짜 임금이 군사를 동원하여 중국을 어지럽히게 되었을 때에 감히 간하는 사람이 없었고 사직은 기울어 엎어지게 되었습니다. 신이 앞장서서 대의를 주창하고 회군하여 종묘사직이 다시 안정되었는데, 이를 사람들은 제멋대로 군을 움직였다고 합니다. 그 후 기사년(1389) 11월 교서를 받들어 가짜 임금을 없애고 왕씨를 부흥시켜 종묘사직을 바로잡았는데, 사람들은 이를 신이 권력을 쥐었다고 합니다. 지금 모든 군무를 맡아보게 되어 병사를 양성하고 조용히 지키면서 간웅을 누르고 외적의 침입을 은연히 사라지게 하고 있는데, 사람들은 이 또한 군사물자를 소모하는 것이라 합니다. 이렇듯 물의가 분분하니 변명하기 어렵습니다.

신에게는 세 가지 불행이 있습니다. 공은 미미한데 상은 커서 타인이 시기하게 되었으니 이것이 첫째 불행이요, 사직을 보존하고 정통을 회복하고 도적을 멈추는 데 있어서 미미하나마 도움이 없지 않다하여 은총을 받고 있으니 이것이 둘째 불행이요, 예로부터 공과 허물이 상쇄될 수 없는데 미련을 가지고 용퇴하지 못하니 이것이 셋째 불행입니다.

생각이 이에 미치니 참으로 두렵고 참으로 무섭습니다. … 신 역시 어진 사람의 길을 오랫동안 가로막지 말아야 할 것입니다. 향리로 돌아가 여생을 보전하는 것이 신의 소원입니다. 엎드려 생각하옵건대 전하께서 자애로운 마음으로 공신을 보전시키는 아름다운 평판이 광무제에게만 있지 않게 하시면 다행이겠습니다.

공양왕은 이성계의 사직을 거부하는 비답을 내렸다.

5월에는 과전법(科田法)이 실시되었다. 이것은 반대 세력의 토지를 몰수하여 이성계와 그 일파가 나누어 가진 것에 불과했다.

6월 이색을 함창(咸昌)으로, 이종학, 이을진, 이경도를 먼 곳으로 귀양 보내었다. 대간이 우현보도 유배보낼 것을 세 번이나 상소했으나 왕은 모두 보류하고 판밀직사사 이방의(李芳毅, 이성계의 셋째 아들)를 이성계의 집에 보내어 대간을 금하도록 청했다. 왕의 태도에 분격한 이성계는 사직을 청하는 전문을 올렸다. 왕이 윤허하지 않고 사람을 보내어 부르니 이성계는 칭병하고 이방원을 보내어 다시 사직서를 올렸다.

> 무진년에 의를 받들어 회군하여 가짜 임금을 폐하고 진정한 임금을 세우려 했으나 국인의 시기로 인하여 또 창을 세우고 우를 맞이하려는 일이 있었습니다. 윤이, 이초의 동모인은 공술과 증거가 이미 명백한지라 대간이 스스로 상소하여 죄를 청했을 뿐인데 신이 어찌 감히 사주하겠습니까. 지금 신에게 명하여 대간을 금지하라는 것은 신이 사주한 것으로 의심하는 것입니다. 신은 재능이 없어 큰 임무를 감당할 수 없으니 마땅히 현량(賢良)을 뽑아 이에 대신하기 바라옵니다.

왕이 이 사직서를 읽고 낭패하여 이방원에게 말하기를 "내가 무능한 사람이면서도 왕위에 있게 된 것은 시중이 추대했기 때문이다. 그러므로 시중을 우러러보기를 아비와 같이 하는데 시중이 어찌 나를 저버리는가. 시중이 굳이 사퇴하겠다면 나도 어찌 감히 왕위에 있겠는가" 하며 눈물을 흘리며 하늘을 가리키며 맹세했다.

이성계는 왕의 부름을 굳이 사양하다가 7월 9일 나와 이렇게 말했다. "임금의 한 몸은 만기(萬機)의 모이는 바이니 응접에 경솔하거나 홀시하지 말아야 할 것입니다. 그러나 중요한 것은 마음을 비우고 뜻을 바로 가져 말을 듣고 간하는 말을 받아들이는 것입니다. 전하께서 이를 유념하면 신들도 또한 어진 이를 나오게 하고 불초한 자를 물리치는 것으로써 임무를 삼아 함께 치도(治道)를 닦아 갈 것입니다." 이때 이미 이성계는 찬탈의 의도를 가지고 있었음을 알 수 있다.

정몽주의 반격

이성계의 찬탈 시도가 노골화 되자 고려 왕조에 충성하는 사대부들이 정몽주를 중심으로 뭉쳤고 이성계 세력에 속하는 이들 중에도 이탈자가 나오기 시작했다. 이른바 9공신의 대부분이 이성계를 반대하게 되었다. 대간들도 정몽주 세력이 우위에 놓이게 되었다.

9월 13일 새로 인사가 단행되었는데 이성계가 판문하부사, 심덕부가 문하시중으로 되었지만 정지가 판개성부사가 되고 정도전이 외직인 평양부윤이 되는 등 전체적으로 이성계 일파에 불리한 인사였다. 사헌부와 형조에서는 정도전이 규정(糾正, 사헌부의 감찰어사)을 몰래 꾀어 대간을 논핵했다고 하여 극형에 처하기를 청했다. 이성계 일파에 대한 총공세가 시작된 것이다. 공양왕은 정도전을 그의 본향인 봉화현(奉化縣)으로 내려보냈다.

22일에는 세자 왕석(王奭)을 하정사로 명에 보내었다. 문하시중 심덕부, 찬성사 설장수, 밀직부사 민개(閔開, 민제의 아우로 이성계의 처삼촌) 등이 수행했다. 세자가 나서서 명과의 외교로 왕조를 지키려는 의도였다. 명 태조는 신하가 임금 자리를 빼앗는 역성혁명을 극히 싫어했으므로 기대를 걸 만했다. 그러므로 이성계는 심덕부와 민개를 감시역으로 따라 보낸 것이다.

그 사이 사헌부에서 창왕을 옹립한 인사들과 윤이, 이초 사건 관련자들을 가중처벌 할 것을 요구하자 왕은 정몽주, 윤호, 유만수, 김주 등을 불러 논의했다. 26일 대간들이 모인 자리에서 왕은 이색과 우현보는 석방하고 조민수와 변안열의 가산을 몰수하며 지용기와 박가흥은 그대로 유배해 두되 우인열, 왕안덕, 박위는 경외에 편리한 대로 살게 한다는 처분을 내렸다. 정몽주는 이 자리에서 왕에게 고하여 "지금 이후 다시 이들을 논핵하는 자는 무고죄로 다스리겠다" 는 법령을 기재하게 했다. 이로써 이성계 일파의 무기한적인 반대파 탄핵 책동에 종지부를 찍었다.

10월 판개성부사 정지가 죽었다. 정지는 광주(光州) 별장에서 지내다가 판 개성부사로 임명되었는데 부임하기 전에 죽은 것이다. 정지가 죽은 것은 공양왕에게는 큰 타격이었다. 당시 45세의 한창 나이에 죽은 것은 이전에 윤이, 이초 사건으로 고문 받은 후유증인 듯하다.

이성계 일파에 대한 공세는 계속되어 사헌부에서 공전 수십 결을 사취했다는 이유로 개성부사 조반을 탄핵했다. 조반은 관직이 삭탈되고 죽주로 유배되었다. 다음날에는 정도전의 직첩과 녹권을 회수하고 나주로 귀양 보냈다. 또한 정도전의 아들 정진과 정담의 관직도 삭탈했다. 이성계의 심복인 밀직부사 남은(南誾)도 병을 칭탁하고 사직했다.

11월 6일 공양왕은 윤이, 이초 사건으로 투옥되고 물러났던 권중화와 김진양을 다시 기용했다. 이색, 이숭인, 이종학도 개경으로 돌아왔다. 복직된 이색이 개경으로 돌아와 이성계의 집을 방문하자 이성계는 이색을 윗자리에 앉히고 꿇어앉아 술을 청했다.

12월 24일 연말에 이색이 한산부원군 영예문춘추관사에, 우현보가 단산부원군에 임명되는 등 고려 왕조 수호 세력이 대거 요직을 차지하는 대규모 인사가 단행되었다. 이같이 왕권 수호 세력이 다시 자리를 잡아가자 이성계 일파인 밀직사 이염이 신년 연회에서 노골적으로 불만을 표시했다. 그는 "전하께서는 정창군으로 있을 때를 생각하지 않습니까"라고 항의하며 머리에 쓴 관을 벗어 땅에 던지며 "전하께 이 관을 돌려드립니다" 했다. 공양왕은 노하여 그를 순군옥에 가두었다. 간관이 이염을 극형에 처하기를 상소했으나 이성계가 용서를 구하여 10일 곤장 1백 도를 친 후 합포로 유배하는 것으로 그쳤다.

이성계에 대한 공세가 한창 진행 중인 고려조정에 명의 사신 강올제이투[康完者篤][18] 등 3명이 명 태조의 조서를 가지고 고려에 왔다. 조서에는 "삼한의 땅에 왕과 신하가 패란(悖亂)한 행동을 한 지가 지금 20여 년이 되었다. 다행히 성과 들에서 전쟁이 없어서 백성이 도시와 향리에서 편안히 살고 있다. 지난 해에 와서 고하기를, '왕씨의 후손이 이 백성의 군주가 되었다' 하므로 지금 특별히 사신을 보내어 그 정치하는 것이 어떠한가를 보게 한다" 는 구절이 있었다.

강올제이투는 명의 사신이란 것을 이용하여 그의 인척 630여 명에게 벼슬을 줄 것을 요청했다. 300여 명이 지방관 혹은 호군, 중랑장, 낭장에 제수되었고 나머지는 모두 첨설직을 얻었다. 이성계의 처갓집 사람들이 대거 군 장교와 지방관이 된 것으로 보아 명 태조가 이성계의 찬탈을 도우려 강올제이투를 고려에 사신으로 파견한 느낌이 든다.

3월에 통사 이현(李玄)이 명에서 돌아와 세자가 돌아올 날을 보고

했다. 왕은 정양군 왕우와 이성계에 명하여 세자를 맞이하게 했다. 이성계는 출영을 마치고 돌아오는 길에 해주에서 사냥하다가 낙마하여 중상을 입었다. 이성계가 말에서 낙상했다는 보고가 조정에 들어왔다. 정몽주는 이성계를 제거할 절호의 기회라고 생각하고 좌산기상시 김진양(金震陽) 등에게 조준, 정도전 등을 사형에 처할 것을 요청하는 소를 올리게 했다.

  4월 초하루 김진양, 이확, 이래, 이감, 권홍, 유기 등이 삼사좌사 조준과 정도전, 남은, 윤소종 등을 탄핵했다. 정도전은 봉화에서 보주(甫州)로 옮겨지고 조준 등은 먼 지방으로 유배되었다. 2일 사헌부에서 판전교시사(判典校寺事) 오사충을 "죄가 윤소종과 같으니 함께 문초하여 다스리기를 원합니다" 라고 탄핵했다. 오사충이 유배되니 이로써 이성계 세력은 거의 중앙 정계에서 추방되었다. 이날 문하성의 낭사에서 다시 상소를 올려 조준 등을 모두 처형하라고 했다. "조준 등은 정도전과 그 죄가 같은데, 어제 글을 올려 베기를 청했으나 오직 도전만 특별히 승낙 받았을 뿐이며, 나머지 사람은 다만 외방으로 폄출되기만 했으니, 죄는 같은데 법은 다릅니다. 청하건대 조준 등을 모두 극형에 처하소서." 공양왕은 몹시 놀라며 먼저 양광도 관찰사에게 먼저 남은 등을 국문하여 그 진술이 조준과 정도전과 관련이 있는지 알아본 뒤 정도전을 국문하라고 했다.

  이날 이성계는 해주로부터 벽란도에 이르러 유숙하려 했으나 이방원이 달려와 "정몽주가 반드시 우리 집안을 해칠 것입니다" 하여 부상을 무릅쓰고 가마를 타고 밤중에 개경의 집으로 돌아왔다. 다음날 이성계는 이방과, 이제(李濟, 이성계의 사위), 황희석(黃希碩), 조규(趙珪) 등을 보내어 대궐에 나가 조준 등을 옹호하게 했다. 공양왕이 받아들이지 않자 이성계는 정몽주를 암살하기로 작정했다. 판전객시사인 조영규(趙英珪)와 조영무(趙英茂), 고여(高呂), 이부(李敷) 등으로 하여금 도평의사사에 들어가 정몽주를 칠 계획을 세웠다. 이원계의 사위이며 변계량의 형인 변중량(卞仲良)이 이를 알고 정몽주에게 알렸다.

4일 정몽주는 이성계의 동태를 엿보려 위문 형식으로 이성계를 방문했다. 이방원과 이화는 길에서 저격하기로 했다. 정몽주 암살에 관해서는 《태조실록》에 자세히 전한다.

전하(이방원)가 다시 조영규에게 명하여 상왕(이방과)의 저택으로 가서 칼을 가지고 와서 바로 정몽주의 집 동리 입구에 이르러 정몽주를 기다리게 하고, 고여, 이부 등 두 서너 사람으로 그 뒤를 따라가게 했다. 몽주가 집에 들어갔다가 머물지 않고 곧 나오니, 전하는 일이 성공하지 못할까 두려워 친히 가서 지휘하고자 했다. 문 밖에 나오니 휘하 사람의 말이 안장을 얹은 채 밖에 있는지라 이를 타고 달려 상왕의 저택에 이르렀다. 몽주가 지나갔는지 안 갔는지를 물으니 "안 지나갔다"고 하므로 전하가 다시 방법과 계책을 지시하고 돌아왔다.
이때 전 판개성부사 유원(柳源)이 죽었는데, 몽주가 지나면서 그 집에 조문하느라 지체하니, 이 때문에 조영규 등이 무기를 준비하고 기다리게 되었다. 몽주가 이르매 영규가 달려가서 쳤으나 맞지 아니 했다. 몽주가 그를 꾸짖고 말을 채찍질하여 달아나니 영규가 쫓아가 말머리를 치니 말이 넘어졌다. 몽주가 땅에 떨어졌다가 일어나서 급히 달아나니, 고여 등이 쫓아가서 그를 죽였다. (《태조 실록》 권 1 총서)

정몽주 암살로 인해 왕권수호 세력은 큰 타격을 입었다. 이성계는 짐짓 이방원을 꾸짖는 체하고 왕에게 "정몽주 등이 죄인을 모아 당을 이루고 가만히 대간을 꾀어 충량한 신하들을 모함하다가 지금 이미 죄를 받았습니다" 하고 아뢰었다. 당일로 좌산기상시 김진양, 우산기상시 이확(李擴) 등 여러 명을 유배보냈다. 또한 정몽주의 목을 저자거리에 효수하고 가산을 몰수했다. 이어 이성계 일파가 요직을 차지하는 인사가 단행돼 고려 조정은 이성계 인사로 가득 찼다.

5월과 6월에는 이성계 일당의 탄핵으로 고려 왕조에 충성하는 인사들이 줄줄이 유배되었다. 이색·설장수·김리(金履)·이무·이빈·안노생(安魯生)·최관(崔關)·김첨(金瞻) 등 수많은 인사들이 유배길에 올랐다. 조정뿐 아니라 지방행정에도 인사가 단행되어 조준이 경기좌우도 절제사가 되고, 남은이 경상도 절제사가 되는 등 각 도의 절제사에 모두 이성계 일파가 임명되어 그 도의 병마권을 쥐었다.

공양왕은 이성계의 집에 가서 문병하고 "나는 후히 보답하지 못했으나 어찌 그대의 은덕을 잊겠느냐" 하며 눈물까지 흘린 일이 있었다. 이는 이성계 일당의 왕에 대한 압박이 얼마나 심했는지 알게 하는 일이다.

고려 왕조를 지키려던 중신과 종실을 모두 잃고 고립무원에 빠진 공양왕은 7월 5일 밀직제학 이방원과 사예(司藝, 국자감의 종4품 벼슬) 조용(趙庸)을 불러 이성계와 전례가 없는 군신동맹(君臣同盟)을 체결하려는 뜻을 밝혔다. 이것은 왕조를 지키려는 마지막 시도라기보다는 신하에게 목숨을 구걸하는 것으로 왕으로서의 자기부정이라 할 수 있다. 어쩌면 이성계 일당이 고안해 낸 일인지도 모른다. 조용은 이방원과 더불어 이성계에게 가서 왕의 말을 전하니 이성계는 "내가 무어라 말하겠는가. 너는 마땅히 주상의 말씀대로 초안을 잡을 것이다" 했다. 조용은 맹세문 초안을 작성했다.

경이 없었더라면 내가 어찌 여기까지 이를 수 있었겠는가. 경의 공과 덕을 내가 어찌 잊을 수 있겠는가. 황천후토(皇天后土)가 위와 옆에 계시니 대대로 자손이 서로 해치지 말지어다. 내가 경을 저버린다면 이 맹세를 증거로 하라.

이성계의 찬탈

7월 12일 공양왕은 이성계와 동맹하기 위하여 이성계의 자택으로 떠날 채비를 했다. 이성계의 심복 배극렴은 왕대비를 강압하여 공양왕을 폐위한다는 교서를 받아냈다. 남은(南誾)은 문하평리 정희계와 함께 폐위교서를 가지고 공양왕이 있는 궁궐로 가서 폐위를 선포했다. 공양왕은 원주로 유배되었다. 이어 회빈문 밖에서 단양군 우성범(禹成範)과 진원군 강회계(姜淮季)를 베었다. 이들은 공양왕의 부마였다.

배극렴, 조준, 정도전 등 50여 명의 대소 신료들의 권유를 받고 이성계는 7월 17일 드디어 왕위에 올랐다. 즉위 직후 가장 시급한 일은 반대 세력으로부터 왕위를 지킬 군사권의 장악이었다. 즉위 다음날인 18일 의흥친군위(義興親軍衛)를 설치하여 종친과 대신들에게 각 도의 군사를 지휘하게 했다. 또한 이날 조반을 명에 사신으로 파견했다.

고려 왕족 왕씨의 존재는 이성계 일파에게 있어 큰 부담이었다. 이성계가 즉위한 지 3일 만인 7월 20일 모든 왕씨를 강화도와 거제도로 유배하는 조치를 취했다.

> 사헌부 대사헌 민개 등이 고려 왕조의 왕씨를 밖에 두기를 청하니, 임금이 말했다.
> "순흥군 왕승(王昇)과 그 아들 강(康)은 나라에 공로가 있으며, 정양군 왕우(王瑀)와 그의 아들 조(穀), 관(琯)은 장차 고려 왕조의 제사를 받들게 할 것이니 논하지 말고, 그 나머지는 모두 강화와 거제에 나누어 두게 하라."
> (《태조실록》 태조 1년 7월 20일)

7월 28일 이성계는 온 백성을 상대로 교서를 반포했다. 정도전이 지은 교서에서 이성계는 왕위에 오르게 된 경위를 해명하고 "국호는 그대로 고려라 하고 의장과 법제는 전왕조의 것을 그대로 따른다"고 선언했다. 교서의 내용은 종묘·사직제도, 왕족·왕씨 처리 문제, 문무과의 실시, 관혼상제에 관한 제도 정비, 대명률의 적용, 고려 왕조 지지세력에 대한 징계 등에 관한 것이다.

또한 이날 이성계는 4대 조상에게 존호를 올려 이안사는 목왕(穆王), 이행리는 익왕(翼王), 이춘은 도왕(度王), 이자춘을 환왕(桓王)이라 했다.

왕위에 오른 이성계는 전 밀직사 조림(趙琳)을 명에 보내어 정식으로 명에 왕조 건국을 알리고 승인을 요청하는 표문을 전하게 했다. 다음은 그 표문의 내용이다.

권지고려국사(權知高麗國事) 신 이성계는 말씀을 올립니다. 삼가 생각하옵건대, 고려에서는 공민왕이 후사가 없이 세상을 떠난 뒤에 신돈의 아들 우가 왕씨 성이 아니면서도 참람되이 왕위를 도둑질한 것이 15년이었습니다. 무진년 봄에 이르러 망령되이 군대를 일으켜 장차 요동을 범하려고 하여, 신을 도통사로 삼아 군대를 거느리고 압록강까지 이르게 했습니다. 신은 깊이 생각한 끝에 저희 작은 나라가 귀국의 경계를 범할 수 없다고 판단하여 여러 장수들을 대의로써 깨우쳐 즉시 함께 군사를 돌이켰습니다.

우는 이즈음 스스로 죄를 헤아리고 아들 창에게 양위했는데 창도 또한 어리석고 나약하여 왕위에 있을 수 없으므로, 이 나라 사람들이 공민왕의 비 안씨의 명을 받들어 정창부원군 왕요에게 임시로 국사를 서리하게 했습니다. 요가 혼미하여 법도를 어기고 형벌과 정치를 문란하게 하여 참소하고 아첨하는 무리를 가까이 하고 충성스럽고 선량한 신하를 내쫓으니, 신하와 백성이 분개하고 원망했으나, 아뢰어 말할 데가 없었습니다.

공민왕 비 안씨는 그렇게 된 이유를 깊이 생각하여 그에게 명하여 사택으로 돌아가게 했습니다. 이에 온 나라의 대소신료와 한량, 기로(耆老), 군민(軍民) 등이 말하기를, "군사와 국가의 사무는 하루라도 통솔함이 없으면 안 되겠다" 하면서 신을 권지군국사(權知軍國事)로 추대했습니다.

신은 본디부터 재주와 덕행이 없으므로 사양하기를 두세 번에 이르렀으나, 여러 사람의 사정에 몰려서 도망해 피해 다니지도 못하므로 놀라고 두려워하여 몸 둘 곳을 알지 못하겠습니다. 삼가 황제폐하께서는 하늘과 땅 같은 넓은 도량과 해와 달 같은 총명으로써 여러 사람의 뜻을 어길 수 없음과 미천한 신이 마지못했던 일임을 살피시어, 성심(聖心)으로 재가하여 백성들의 뜻을 안정하게 하소서.

9월 16일 개국공신 43명의 명단을 발표했고 여러 차례 추가하여 11월에 최종적으로 52명을 확정했다. 이들 공신들은 3개 등급으로 나뉘어, 1등 공신은 150~220결(結)에 해당하는 토지와 15~30명에 이르는 노비를, 2등 공신은 100결의 토지와 10명의 노비를 3등 공신은 70결의 토지와 7명의 노비를 각각 하사받았다. 특별히 정도전은 2천 결, 조준은 7백 결의 토지를 받았다.

개국공신 외에도 원종공신(原從功臣)이 별도로 6년에 걸쳐 10여 차례 책봉되었다. 이들의 숫자는 매우 많아서 지금까지 전해지는 각종 문헌을 통해 파악된 인원이 1698명이나 된다. 이성계의 친인척이 매우 많은데 이씨 왕조 개창에 반대했던 인물들도 상당수다. 이는 회유책으로 대부분 본인의 의사와 무관한 일방적인 책봉이었다.

이씨 왕조의 개국에 민심은 냉담했다. 다음은 이를 잘 보여주는 일화이다.

태조가 개국하고 정부에서 재신에게 연회를 베풀었는데 모두 전 왕조의 공신들이었다. 연회에 참석한 기생 중에 설매(雪梅)라는 기생이 있었는데 용모가 뛰어났으며, 특히 음행을 좋아했다. 배 정승(裵政丞, 배극렴)이 술에 취하여 희롱하여 말했다.

"너는 아침에는 동쪽 집에서 먹고 밤에는 서쪽 집에서 잔다고 들었다. 그러니 나하고 동침하는 것이 어떠냐."

설매가 답했다.

"동쪽 집에서 먹고 서쪽 집에 자는 천한 기생이, 왕씨를 섬겼다가 이씨를 섬기는 정승을 시침하는 것이 마땅하지 않겠습니까?"

듣는 자들의 코가 모두 시큰했다. (《공사만록(公私漫錄)》)

이성계는 고려 왕조의 종묘를 헐고 그 땅 위에 새 종묘를 짓게 했다. 사신으로 갔던 조반이 귀국하니 이성계는 백관을 거느리고 선의문(宣義門) 밖에서 맞이했다. 조반이 명 예부의 차자(箚子, 상급 관청에서 하급 관청에 보내는 공문서의 한 종류)를 받들고 전했다. 주원장이 이성계의 찬탈을 승인하는 내용이었다.

예부에서 고려국 도평의사사에게 차자를 부송하오. 홍무 25년 9월 12일 예부의 우시랑 장지(張智) 등의 관원이 보내준 글을 화개전에서 상주하고 황제의 성지를 삼가 받았는데 그 내용은 이러하오. "천지간에 백성들을 주재하는 사람은 크고 작고 간에 그 수가 얼마나 되는지 알 수 없는데, 혹은 흥하기도 하고 패망하기도 하니 어찌 우연한 일이겠는가? 삼한은 왕씨가 망하면서부터 이씨가 계책을 씀이 천태만상인 것이 벌써 여러 해이더니 이제는 이씨의 입지가 명확해졌다. 왕씨가 옛날 삼한을 차지한 보답도 또한 그러했으니, 이것이 어찌 왕씨가 옛날에 일을 잘하고 이씨가 오늘날 계책을 잘 쓰기 때문인가. 상제의 명이 아니면 되지 않는 것이다. 그 삼한의 신민이 이미 이씨를 높였는데 백성들에게는 병란이 일어나지 않으며 사람들마다 하늘의 즐거움을 즐길 수 있다면 그것이 곧 상제의 명인 것이다. 비록 그러하나 지금부터 국경을 조심하여 지키도록 하고 간사한 마음을 내지 말면 복이 더욱 많아질 것이다. 너희 예부에서는 짐의 뜻을 알리라." 우리 부에서는 지금 폐하의 뜻를 받들어 대강의 뜻을 갖추어 먼저 보내오.

주원장으로부터 즉위 승인을 받은 이성계는 백관의 축하를 받았고 25일 문하시랑 찬성사 정도전을 사은사(謝恩使)로 남경에 파견했다. 정도전이 가지고 간 표문에서 이성계는 주원장에게 영원한 충성을 맹세했다. 그 내용은 다음과 같다.

조반이 남경에서 돌아와 예부의 차자를 가지고 와서 삼가 황제의 칙지를 받았는데, 일깨워주심이 간절하고 지극하셨습니다. 신이 온 나라 신민과 더불어 감격해 마지않는 이유는 황제의 훈계가 친절하고 황제의 은혜가 넓고 깊으시기 때문입니다. 온몸으로 감격함을 느끼고 온 나라가 영광스럽게 여깁니다.

생각하옵건대, 천지간에는 본래부터 패망하고 흥하는 이치가 있는데, 고려는 공민왕이 후사가 없으면서부터 왕씨가 망한 지 이미 오래되었고, 백성의 불행은 날로 증가해 갔습니다. 우(우왕)가 이미 요동을 공격하는 일로 불화의 씨를 만들었으며 요(공양왕)도 또한 중국을 침범하려는 의도를 계속 가지고 있었습니다. 이들 간사한 무리들이 내쫓긴 것은 실로 황제의 덕이 가해지고 또한 여러 사람들이 기약하기 어렵다고 생각한 때문이오니, 이것이 어찌 신의 힘이 미친 것이겠습니까? 성상께서 사정을 환히 알아서 천한 사신의 말을 듣고 즉시 덕음(德音)이 갑자기 이르게 될 줄을 어찌 생각이나 했겠습니까?

마음속에 새겨서 은혜를 잊지 않겠으며 분골쇄신하여도 보답하기가 어렵겠습니다. 이것은 삼가 황제폐하께서 구중궁궐에서 천하를 다스리고 계시면서도 만리 밖을 밝게 보시고, 《주역》의 먼 지방을 포용하는 도리를 본받고 《예경(禮經)》의 먼 나라 사람을 회유하는 인덕을 이루어, 마침내 자질구레한 자질로 하여금 나라 경계를 지키는 데 조심하시게 하시니, 신은 삼가 처음부터 끝까지 변함없이 성상을 섬기는 성심을 다하여 억만년이 되어도 항상 조공하고 축복하는 정성을 바치겠나이다.

이성계의 정통성 없는 왕위 찬탈은 이전과는 질적으로 다른 중국과의 사대 관계를 유발했다. 국내 지지가 미미한 상황에서 명의 승인으로 정통성을 확보하려는 과정에서 국호를 짓는 일마저 명에 맡겼다. 명의 승인에 고무된 이성계는 백관을 도당에 모아 새로운 국호를 의논했다. 그 결과 '조선(朝鮮)'과 '화령(和寧)' 두 이름이 후보로 나왔다. 화령은 이성계가 출생한 영흥(永興)의 옛 이름이다.

이성계는 예문관학사 한상질(韓尙質)을 명 태조에게 보내어 두 국호 가운데 하나를 선택해 주기를 요청했다. 한상질이 명 예부의 자문을 받아 왔다. 자문에 따라 나라 이름을 '조선'으로 정했다.

이처럼 이성계 일파의 우려와 달리 주원장은 이성계의 찬탈을 문제 삼지 않고 인정했다. 주원장은 신하의 왕위 찬탈을 극악한 범죄로 인식하는 사람이었다. 그의 이러한 태도는 맹자의 제사를 금지한 일화에서 잘 드러난다. 1370년에 주원장은 처음으로 《맹자》를 읽고 크게 분노했다. 맹자는 군주가 천명을 위반할 때는 정벌하여 축출해도 좋다는 역성혁명론을 주장했기 때문이다. 주원장은 맹자를 공자의 정배(亭配)로부터 빼도록 하면서 만일 이를 간하는 자가 있다면 불경죄로 다스린다는 조서를 내렸다. 이 조서에도 불구하고 형부상서 전당(錢唐)이 항소하다가 화살형을 당했다. 전당은 수레를 끌면서 가슴에 화살을 맞고 "신이 맹자를 위하여 죽으면 오히려 영광입니다"라고 외쳤다. 이에 감동한 주원장은 전당을 치료하게 하고 맹자의 제사를 회복했다. 그러나 이후 《맹자》에 나오는 탕왕(湯王)과 무왕(武王)의 방벌에 대한 대목은 모두 삭제한 《맹자절요》를 간행하여 일반에 읽게 했다.

주원장은 주변 국가의 역성혁명에 대해서도 철저히 거부감을 드러내었다. 1391년 점성국(占城國)에서 왕위 찬탈이 발생하자 주원장은 점성국의 조공을 거부했다. 1393년 베트남에서 신하인 레뀌리가 진

> **점성국(占城國, Champa)**
> 참족이 베트남 남부 지방에 세운 나라. 2세기 말 후한의 지배로부터 독립하여 건국했으며 제2 왕조 시대에는 인도 문화의 영향을 받았다. 10세기에 독립한 베트남이 남진하자 격렬히 항쟁했으나 점차 세력이 약화되었고 17세기 말 멸망했다. 현재 참족은 베트남 남부에서 소수민족으로 살고 있다.

씨(陳氏) 왕조를 무너뜨리자 주원장은 조공을 금지했으며 다음해 다른 경로로 온 조공도 거절했다. 명의 3대 황제 영락제(永樂帝, 재위 1402~1424)는 레뀌리의 찬탈을 구실로 1406년 겨울 20여 만의 군대를 동원, 베트남을 정복하고 명 제국의 일부로 삼았다.

이러한 주원장이 이성계의 찬탈을 순순히 승인한 것은 이성계가 요동 원정에 반대하여 회군했기 때문이었다. 요동을 자국 영토로 인식하는 왕조, 명에 대한 무력 대응을 불사하는 왕조, 훗날 몽골이 다시 세력을 키울 경우 그와 동맹할 가능성이 있는 왕조인 고려 왕조의 존속은 잠재적으로 명의 안보에 심각한 위협이었다. 고려 왕조는 명의 안녕을 위하여 소멸되어야 한다고 보았다. 그래서 주원장은 이씨 조선의 성립을 천명론으로 합리화했다. 주원장이 1395년 4월에 한 발언에 그의 우려가 잘 드러난다.

> 근자에 고려가 표문을 상주하는 데 언사가 많이 부실하여 짐이 이미 담당 관청에 이를 규명하도록 명했다. 듣자하니 그들은 수도 개경으로부터 압록강에 이르기까지 요충지에 비축하는 군량이 매 역마다 1, 2만 석 혹은 7, 8만 석 혹은 십 수만 석에 이르고 사람을 보내 동녕부의 여진을 유인하여 국경을 넘어오게 하고 있으니, 이는 그 뜻에 반드시 깊은 음모가 있는 것이

다. … 지금 요동은 군량이 모자라 군사들이 굶주리고 고단한데, 만약 즉시 사령창(沙嶺倉)의 식량을 내어 그들을 구휼하지 않는다면 반드시 고려로 하여금 도망병을 꾀어 들이려는 마음을 일으키게 할 것이니 좋은 계책이 아니다. 만일 고려가 20만 군대를 내어 쳐들어오면 여러 부대는 어떻게 막겠는가. 이제 건축과 보수를 잠시 정지하고 임시 막사를 지어 10년 간 거주한 후에 다시 공사를 시작하라. 옛 사람의 말에 사람이 수고로우면 화란의 근원을 막을 수 있다고 했으니 깊이 생각해 볼 일이다. (《태조고황제실록》 권 338 홍무 28년 4월 신미)

1397년 3월 예문춘추관학사 권근(權近)이 명 태조의 칙위조서(勅慰詔書), 선유성지(宣諭聖旨), 어제시(御製詩)와 예부의 자문 2통을 받아 귀국했다. 선유성지에 주원장이 이성계의 찬탈을 승인한 이유가 명백히 나온다.

조선의 왕이 나에게 도움을 주었다. 홍무 21년(1388)에 너희 조그만 나라 군마가 압록강에 이르러 장차 이 중국을 치려했다. 그때에 이성계가 단번에 회군하여 지금과 같이 왕위를 얻었고 고려는 국호를 조선이라 고쳤으니 천도(天道)에 따른 일이다. (《태조실록》 권 11 태조 6년 3월 신유)

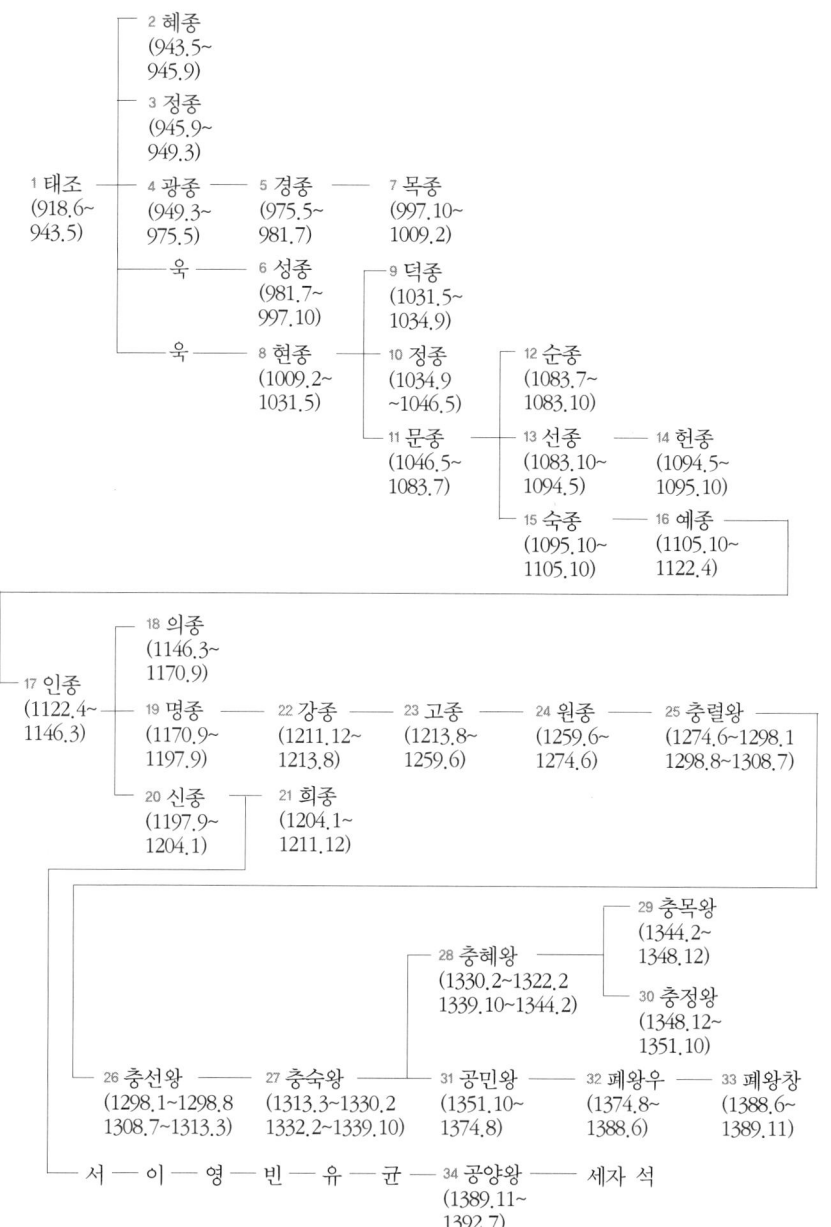

주석

1) 가자(假子)는 가문을 잇기 위해 들이는 양아들과는 다른 개념으로 가신과 같은 주종관계가 부자관계만큼 강력하게 결합된 경우를 말한다. 이러한 결합관계는 이 시기 절도사들에게서 활발히 나타나는데 안록산의 경우 8천여 명에 이르는 대규모의 가자집단을 거느리고 있었다고 한다.
2) 《한비자》에 나오는 말로, 용의 가슴에 거꾸로 난 비늘을 가리킨다. 이 비늘을 건드리면 반드시 죽임을 당한다는 뜻으로, 권력자의 비위를 거스르는 언행을 경계하는 말이다.
3) 황주 동남쪽 25km 떨어진 곳에 위치한 고개로 개성에서 평양으로 통하는 군사적 요충지이다. 자비령이라고도 한다.
4) 합문은 임금이 평소 거처하는 궁전의 앞문을 말하고 지후는 합문에 속하는 정 7품 벼슬이다.
5) 쿠릴타이(Quriltai)는 13~14세기 몽골 제국의 국회. 몽골어 동사 '모이다' quri-에서 유래한 말이다. 칸(汗)의 선출, 외국 원정 결정, 법령 공포 등 국사를 논의할 때 칸이나 하툰(황후) 또는 황족의 대표자가 소집했다. 쿠릴타이에 참가하는 일은 칸에 대한 복종을 표명하는 의례의 의미도 있어 불참자를 참형에 처하는 법령이 발포된 일도 있었다. 새로 칸을 선출할 때에는 여러 정파가 제각기 쿠릴타이를 개최하여 경합하는 일도 자주 있었다. 쿠릴타이가 개최되는 동안 큰 연회가 열렸고 칸이 참가자에게 선물을 나눠주기도 했다.
6) '로(路)'는 몇 개의 '주'를 통할하는 광역행정조직으로 중국 송 왕조 대에 생겼다.
7) 한자로는 和林이라고 쓴다. 1235년 오고타이가 건설했다.
8) 후에 상도(上都)로 승격되었다.
9) 고려후기 문신. 몽골어 통역관 양성요원으로 선발되어 몽골어를 배웠으며 충렬왕의 세자 시절부터 신임을 받아 즉위하자 장군 직에 올랐다. 원에 사신으로 왕래하면서 뛰어난 몽골어 실력으로 원 세조에게 인정받고 원의 관직인 선무장군 등을 제수

받기도 했다. 충렬왕 18년(1292) 딸이 세자비로 간택되었다. 충선왕이 즉위하자 사도시중(司徒侍中)이 되었다. 조비 무고 사건으로 원에 끌려가 유배되었으나 1305년 방면되어 판도첨의사사가 되고 1307년 평양군에 봉해졌다. 평양 조씨의 중시조로 일컬어진다.

10) 충렬왕 5년(1279) 충렬왕은 각 도에서 부유한 백성 200호를 뽑아 요양과 심양 사이에 이르젠을 두었다. 또한 부호장(副戶長)·별장(別將) 직을 가진 향리들을 뽑아 두목으로 하여 이르젠 주민 50명씩을 관할하게 했다. 5년마다 교대하게 했는데 이 즈음에는 인구가 늘어나 두목의 수도 늘었다.

11) 요양은 고대부터 요동 지방의 정치·경제·문화의 중심지로 고구려의 요동성이 있던 곳이다. 요양이라는 명칭은 거란 왕조 때 나왔다. 금나라 때도 동경이라 불렸으며 원 제국 시절에는 요양행성의 소재지였다.

12) 현재 한국에 약 2만명 이상이 되는 것으로 추산되는 명씨는 본이 오직 하나 서촉 명씨뿐이다. 한국의 명씨는 이때 명승이 고려로 유배되어 옴으로써 시작되었다고 볼 수 있다.

13) 로(路)는 몽골의 지방행정단위인데 개원로는 요동 반도 등 남만주를 관할했다.

14) 조선 세조 때 함경도에서 반란을 일으킨 이시애(李施愛)가 이원경의 손자이다.

15) 후군도독부(後軍都督府)는 명의 군 통솔기관인 오군도독부의 하나다.

16) 즉위년 다음해가 원년이 되어야 하나 《고려사》는 창왕을 왕으로 인정하지 않았기 때문에 공양왕 즉위년인 1389년이 원년이 되었다.

17) 훗날 명의 영락제로 즉위하는 연왕(燕王)을 뜻한다.

18) 강올제이투는 이성계의 제2처인 신천 강씨의 조카로 강득룡의 아들이다. 그는 원 제국에서 승휘원사(承徽院使) 벼슬을 했으며 명 태조가 원의 관리들을 대부분 그대로 기용했으므로 계속해서 관직을 가졌다.

참고 문헌

사료

《삼국사기》《삼국유사》《제왕운기》《파한집》《보한집》《고려도경》《역옹패설》《고려사》《고려사절요》《용비어천가》《용재총화》《조선왕조실록》《동국병감》《역대병요》《신증동국여지승람》《시화총림》《서포만필》《열하일기》《발해고》《택리지》《구당서》《신당서》《요사》《금사》《송사》《원사》《명사》

단행본

고병익,《동아교섭사의 연구》, 서울대학교 출판부, 1970
김광철,《고려 후기 세족층 연구》, 동아대학교 출판부, 1991
김당택,《원간섭하의 고려정치사》, 일조각, 1998
김상기,《동방문화교류사논고》, 을유문화사, 1948
김상기,《동방사론총》, 서울대학교 출판부, 1974
김상기,《고려시대사》, 서울대학교 출판부, 1985
김성호,《중국진출 백제인의 해상활동 천오백년》1·2, 맑은 소리, 1996
김위현,《요금사 연구》, 예풍출판사, 1985
김일우,《고려시대 탐라사 연구》, 신서원, 2000
김재만,《거란·고려관계사 연구》, 국학자료원, 1999
김한규,《한중관계사》ⅠⅡ, 아르케, 1999
김호동,《황하에서 천산까지》, 사계절, 1999
남도영,《한국마정사》, 1996
남인국,《고려중기 정치세력 연구》, 신서원, 1999
박옥걸,《고려시대의 귀화인 연구》, 국학자료원, 1996
박용운,《고려시대사》, 일지사, 1988

박종기,《5백년 고려사》, 푸른 역사, 1999
방학봉,《중국 동북민족 관계사》, 대륙연구소 출판부, 1991
서병국,《발해, 발해인》, 일념, 1990
서병국,《거란, 거란인》, 오정주식회사, 1992
손진기,《동북민족원류》, 동문선, 1992
송정수,《중국 근세 향촌사회사 연구》, 혜안, 1997
신천식,《목은 이색의 학문과 학맥》, 일조각, 1998
윤용혁,《고려 대몽항쟁사 연구》, 일지사, 1991
윤훈표,《여말선초 군제개혁 연구》, 혜안, 2000
이기백・민현구 편저,《사료로 본 한국문화사(고려편)》, 일지사, 1984
이기백・이기동,《한국사 강좌 - 고대편》, 일조각, 1982
이기훈,《전쟁으로 보는 한국역사》, 지성사, 1997
이동복,《동북아세아사 연구》, 일조각, 1986
이만열,《한국사연표》, 역민사, 1996
이상협,《헝가리사》, 대한교과서주식회사, 1996
이성시,《동아시아의 왕권과 교역》, 청년사, 1999
이수건,《한국 중세 사회사 연구》, 일조각, 1984
이용범,《중세 만주・몽고사의 연구》, 동화출판공사, 1988
이용범,《한만교류사 연구》, 동화출판공사, 1989
이이화,《한국사 이야기》3,8,9,11,12,13, 한길사, 1998~2000
이인영,《한국만주관계사의 연구》, 을유출판사, 1954
이재성,《고대 동몽고사 연구》, 법인문화사, 1996
이재호,《한국사의 천명》, 집문당, 1995
이태진,《한국사회사 연구》, 지식산업사, 1986
이태진,《조선유교사회사론》, 지식산업사, 1989
이태진,《의술과 인구 그리고 농업기술》, 태학사, 2002
이희수,《터키사》, 대한교과서주식회사, 1993
이홍식,《한국고대사의 연구》, 신구문화사, 1971
장동익,《고려 후기 외교사 연구》, 일조각, 1994
전순동,《명왕조 성립사 연구》, 개신, 2000
정두희,《조선 초기 정치지배세력 연구》, 일조각, 1983
정용숙,《고려시대의 후비》, 민음사, 1992

정병권, 《폴란드사》, 대한교과서주식회사, 1997
조영록, 《중국 근세 정치사 연구》, 지식산업사, 1988
지두환, 《태조대왕과 친인척》, 역사문화, 1999
지배선, 《중세 동북아사 연구》, 일조각, 1986
지배선, 《중세 중국사 연구》, 연세대학교 출판부, 1998
채웅석, 《고려시대의 국가와 지방사회》, 서울대학교 출판부, 2000
최소자, 《동서문화 교류사 연구》, 삼영사, 1987
하현강, 《한국중세사 연구》, 일조각, 1988
한규철, 《발해의 대외관계사》, 신서원, 1994
한영우, 《조선 전기 사학사 연구》, 서울대학교 출판부, 1981
한영우, 《조선 전기 사회사상 연구》, 지식산업사, 1983
한영우, 《왕조의 설계사 정도전》, 지식산업사, 1999
허선도, 《조선시대 화약병기사 연구》, 일조각, 1994
허흥식, 《고려 불교사 연구》, 일조각, 1986
스기야마 마사아키, 《유목민이 본 세계사》, 학민사, 1999
스기야마 마사아키, 《몽골 세계제국》, 신서원, 1999
이 당, 《요태조》, 예문춘추관, 1996
진순신, 《중국의 역사》 6~12, 한길사, 1995
룩 콴텐, 《유목민족제국사》, 민음사, 1984
마르코 폴로, 《동방견문록》, 사계절, 2000
르네 그루쎄, 《유라시아 유목제국사》, 사계절, 1998
동양사학회 편, 《동아사상의 왕권》, 한울 아카데미, 1993
김승호·임종욱 편, 《고려시대 인물전승》, 이회, 1999

박사학위 논문

강지연, 《고려 우왕대(1374~88년) 정치세력의 연구》, 이화여자대학교 박사학위 논문, 1995
권영국, 《고려후기 군사제도 연구》, 서울대학교 박사학위 논문, 1994
김구진, 《13~17C 여진 사회의 연구》, 고려대학교 박사학위 논문, 1988
김순자, 《여말선초 대원·명 관계연구》, 연세대학교 박사학위 논문, 1999
김혜원, 《고려후기 심왕 연구》, 이화여자대학교 박사학위 논문, 1998
유창규, 《이성계 세력과 조선건국》, 서강대학교 박사학위 논문, 1995

윤두수,《조선건국에 관한 연구》, 동아대학교 박사학위 논문, 1990
이개석,《14세기 초 원조지배체제의 재편과 그 배경》, 서울대학교 박사학위 논문, 1998
이익주,《고려·원관계의 구조와 고려후기 정치체제》, 서울대학교 박사학위 논문, 1995
이형우,《고려 우왕대의 정치적 추이와 정치세력 연구》, 고려대학교 박사학위 논문, 1999
유경아,《정몽주의 정치활동 연구》, 이화여자대학교 박사학위 논문, 1996
정수아,《고려중기 개혁정치와 북송신법의 수용》, 서강대학교 박사학위 논문, 1999
최재진,《고려의 대원관계와 북방정책연구》, 단국대학교 박사학위 논문, 1993

연구논문

강만길, 〈왕조전기 백정의 성격〉,《조선시대상공업사연구》, 1984
강지연, 〈위화도 회군과 그 추진 세력에 대한 검토〉,《이화사학연구》 제 20·21집 합집, 1993
고석원, 〈여말선초의 대명관계〉,《백산학보》 제23호, 1977
고창석, 「원고려기사」 탐라관계 기사의 검토〉,《경북사학》 제 21집, 1998
권영국, 〈고려 전기 군역제의 성격과 운영〉,《국사관논총》 제87집, 1999
김광수, 〈고려건국기의 패서호족과 대여진관계〉,《사총》 21-22, 1977
김광철, 〈14세기초 원의 정국동향과 충선왕의 투르판 유배〉,《한국중세사연구》 제3호, 1996
김구진, 〈여말선초 두만강 유역의 여진 분포〉,《백산학보》 제15호, 1973
김구진, 〈초기 모린 우량하 연구〉,《백산학보》 제17호, 1974
김구진, 〈여·원의 영토분쟁과 그 귀속문제〉,《국사관논총》 제7집, 1989
김기덕, 〈고려의 제왕제와 황제국체제〉,《국사관논총》 제78집, 1997
김당택, 〈정중부·이의민·최충헌〉,《한국사 시민강좌》 제8집, 1991
김당택, 〈임연정권과 고려의 개경환도〉,《한국사학논총》
        이기백 선생 고희기념 한국사학논총, 1994
김당택, 〈고려 공민왕초의 무장세력〉,《한국사연구》 93, 1996
김당택, 〈고려 우왕대 이성계와 정몽주·정도전의 정치적 결합〉,《역사학보》 제 158집, 1998
김당택, 〈고려 숙종·예종대의 여진정벌〉,《동아시아 역사의 환류》, 2000
김낙진, 〈견룡군과 무신난〉,《고려무인정권연구》, 서강대학교 출판부, 1995
김선호, 〈14세기말 몽·려 관계와 동북아 정세변화〉,《강원사학》 제 12집, 1996
김순자, 〈여말선초 대명 마무역〉,《한국사의 구조와 전개》
        하현강 교수 정년기념 사학논총, 2000
김위현, 〈여원간의 인적 교류고〉,《관동사학》 제5·6합집, 1994

김위현, 〈동거란고〉, 《송대사연구논총》, 2000
김일우, 〈고려후기 제주 법화사의 중창과 그 위상〉, 《한국사연구》 119, 2002
김철준, 〈고려중기의 문화의식과 사학의 성격〉, 《한국의 역사인식(상)》, 1976
김혜원, 〈여원왕실통혼의 성립과 특징〉, 《이대사원》 제 24·25합집, 1990
김혜원, 〈고려 공민왕대 대외정책과 한인군웅〉, 《백산학보》 제 51호, 1998
김호동, 〈몽고제국의 형성과 전개〉, 《강좌 중국사 III》, 지식산업사, 1989
김호동, 〈북아시아 유목국가의 군주권〉, 《동아사상의 왕권》, 1993
노명호, 〈고려시대의 다원적 천하관과 해동천자〉, 《한국사연구》 105, 1999
라 성, 〈한국축국(蹴鞠)·격구고〉, 《민족문화연구》 제3집, 1969
유창규, 〈고려말 최영 세력의 형성과 요동공략〉, 《역사학보》 제143집, 1994
민현구, 〈정치도감의 성격〉, 《동방학지》 23·24·25호 합집, 1980
민현구, 〈고려 공민왕의 즉위배경〉, 《한우근 박사 정년기념 사학논총》, 1981
민현구, 〈고려중기 삼국부흥운동의 역사적 의미〉, 《한국사 시민강좌》 제5집, 1989
민현구, 〈몽고군·김방경·삼별초〉, 《한국사 시민강좌》 제8집, 1991
민현구, 〈한국사에 있어서 고려의 후삼국 통일〉, 《역사상의 분열과 재토일(상)》, 1992
민현구, 〈고려 공민왕대의 '주기철공신'에 대한 검토〉, 《한국사학논총》, 이기백 선생
　　　고희기념 한국사학논총, 1994
박성주, 〈고려말 한·중간의 유민〉, 《경주사학》 제20집, 2001
박원호, 〈명초 조선의 요동공벌계획과 표전문제〉, 《백산학보》 제19호, 1975
박종기, 〈12, 13세기 농민항쟁의 원인에 대한 고찰〉, 《동방학지》 69호, 1990
박종기, 〈무인정권하의 농민항쟁〉, 《한국사 시민강좌》 제8집, 1991
박지훈, 〈남송 효종대 융흥화의와 화전론〉, 《동양사학연구》 제 61집, 1998
박진훈, 〈고려시대 개경 치안기구의 기능과 변천〉, 《한국사론》 제33호, 2002
박한남, 〈최유청의 생애와 시문분석〉, 《국사관논총》 제24집, 1991
박한제, 〈중국역대 수도의 유형과 사회변화〉, 《역사와 도시》, 서울대출판부. 2000
박형표, 〈이조건국에 대한 시비〉, 《건국학술지》 8집, 1967
서인범, 〈명초의 위소제에 대하여〉, 《군사》 39, 1999
송인주, 〈고려시대의 견룡군〉, 《대구사학》 제 49집, 1995
신채식, 〈송 이후의 황제권〉, 《동아사상의 왕권》, 1993
신채식, 〈당말·오대의 동남연해지역과 한반도의 해상교섭〉, 《동국사학》 제34집, 2000
안준광, 〈북송초기 대외정책의 기조〉, 《송대사연구논총》, 2000
오금성, 〈원말 동난기의 향촌지배층과 무장봉기집단〉, 《역사의 재조명(2)》, 1997

오종록,〈고려후기의 군사 지휘체계〉,《국사관논총》제24집, 1991
유경아,〈고려 고종·원종시대의 민란의 성격〉,《이대사원》제 22·23합집, 1988
유경아,〈고려말 정몽주 동조세력의 형성과 활동〉,《이화사학연구》25·26합집, 1999
윤두수,〈우창비와설의 연구〉,《고고역사학지》제5·6합집, 1990
원영환,〈목조의 활동과 '홍서대' 고〉,《강원사학》제 9집, 1993
이개석,〈14세기 초 막북유목경제의 불안정과 부민생활〉,《동양사학연구》제46집, 1994
이개석,〈원조 중기의 재정개혁과 그 의의〉,《경북사학》제19집, 1996
이개석,〈원조 중기 지배체제의 재편과 그 구조〉,《경북사학》제20집, 1997
이개석,〈막북의 통합과 무종의 '창치개법'〉,《근세 동아시아의 국가와 사회》, 1998
이개석,〈원조의 남송병합과 강남지배의 의의〉,《경북사학》제21집, 1998
이개석,〈휘종대 사권적 황권강화와 측신의 발호〉,《송대사연구논총》, 2000
이근화,〈고려전기의 여진초유정책〉,《백산학보》제35호, 1988
이동복,〈금의 시조전설에 대한 일고찰〉,《동국사학》제15·16합집, 1981
이병로,〈일본측 사료로 본 10세기의 한일관계〉,《대구사학》제57집, 1999
이병희,〈고려시기 승려와 말〉,《한국사론》41·42, 1999
이성호,〈금대의 이민족통치정책연구〉,《송대사연구논총》, 2000
이승한,〈고려 숙종대 항마군 조직의 정치적 배경〉,《역사학보》제137집, 1993
이영훈,〈한국사에 있어서 노비제의 추이와 성격〉,《노비·농노·노예》, 일조각, 1998
이용범,〈기황후의 책립과 원대의 자정원〉,《중세만주·몽고사의 연구》, 동화출판공사, 1988
이정신,〈고려의 대외관계와 묘청의 난〉,《사총》제 45집, 1996
이창헌,〈이원계 문헌 전승의 연구〉,《고려 시대 인물 전승》, 이회, 1999
이태진,〈고려후기의 인구증가 요인 생성과 향약의술 발달〉,《한국사론》 19, 1988
이현희,〈조선시대 북방야인의 사회경제적 교섭고〉,《백산학보》제3호 1967
이향우,〈고려 공민왕대의 정치적 추이와 무장세력〉,《군사》 39, 1999
이홍두,〈부곡의 의미변천과 군사적 성격〉,《한국사연구》 103, 1998
장경희,〈고려시대 모직제작과 대외교섭〉,《백산학보》제 50호, 1998
장동익,〈신자료를 통해 본 충선왕의 재원활동〉,《역사교육론집》제 23·24집, 1998
장시원,〈내밀신초 친도논의에 대하여〉,《한국사론》 43, 2000
장학근,〈청해진과 고려건국의 연계성〉,《군사》 44, 2001
전영진,〈주원장 집단의 성격에 관한 일고〉,《대구사학》제 35집, 1988
전영진,〈주원장과 진우량의 쟁패과정〉,《경북사학》제 19집, 1996
전영진,〈주원장과 장사성의 쟁패〉,《중국사연구》제 1집, 1996

전영진, 〈주원장 집단과 명초 전제주의 문제〉, 《경북사학》 제 21집, 1998
주채혁, 〈몽골-고려사 연구의 재검토〉, 《국사관논총》 제8집, 1989
주채혁, 〈이지르부카 심왕〉, 《황원구 교수 정년기념논총》, 1995
채연석, 〈화약병기의 위력〉, 《한국사 시민강좌》 제16집, 1995
최규성, 〈고려초기의 여진관계와 북방정책〉, 《동국사학》 제15·16합집, 1981
최규성, 〈고려초기 여진문제의 발생과 북방경영〉, 《백산학보》 제26호, 1981
최규성, 〈선춘령과 공험령비에 대한 신고찰〉, 《한국사론》 제34호, 2002
최병헌, 〈동양불교사상의 한국불교〉, 《한국사 시민강좌》 제4집, 1989
최원영, 〈임씨무인정권의 성립과 붕괴〉, 《고려무인정권연구》, 서강대학교 출판부, 1995
최익주, 〈요의 지배세력의 구조와 제위계승에 대하여〉, 《동양사학연구》 제5집, 1971
최익주, 〈요초의 지배세력의 성격〉, 《대구사학》 제19집, 1981
최재진, 〈고려말 동북면의 통치와 이성계 세력 성장〉, 《사학지》 제 26집, 1993
최진환, 〈최충헌의 봉사십조〉, 《고려무인정권연구》, 서강대학교 출판부, 1995
추명엽, 〈11세기후반~12세기초 여진정벌문제와 정국동향〉, 《한국사론》 45, 2001
태수경, 〈혼인관계의 추이를 통해 본 고려말 이성계의 정치적 성장〉, 1986
하현강, 〈무신정변은 왜 일어났는가〉, 《한국사 시민강좌》 제8집, 1991
한규철, 〈발해부흥국 '후발해' 연구〉, 《국사관논총》 제62집, 1995
허인욱, 〈고려 중기 동북계에 대한 고찰〉, 《백산학보》 제 59호, 2001
허흥식, 〈고려말 이성계(1335~1408)의 세력기반〉, 《역사와 인간의 대응》
　　　　고병익 선생 회갑기념 사학논총, 1984
황종동, 〈포선만노국에 대하여〉, 《계명사학》 제1집, 1967
황종동, 〈금초의 화북점령과 당시의 민중반란에 대하여〉, 《대구사학》 제28집, 1985
홍승기, 〈후삼국의 분열과 왕건에 의한 통일〉, 《한국사 시민강좌》 제5집, 1989
홍승기, 〈고려초기 경군의 이원적구성론에 대하여〉, 《한국사학논총》 이기백 선생
　　　　고희기념 한국사학논총, 1994

찾아보기

10조 봉사 235
2군 6위 106 - 110
9성 161 - 163

ㄱ

가란전 151
가베치 540
가사도 357, 359
가왜 530
가자 20
각장 103
강감찬 121, 127
강녕대군 511
강릉대군 393 - 416
강올제이투 596
강윤소 340
강조 102 - 118
강회백 571 - 579
개국공신 603
개봉부 125
개원군절도 125
개평부 322
거란 16 - 45
검교태위 81

격구 242
견훤 45 - 49
경군 109, 151, 444
경대승 220 - 225
경종 58
경천흥 429 - 497
경화공주 398 - 404
고가노 442 - 520
고모한 39
고신 64
고약사 173
고영창 170 - 172
고용보 404 - 413
고자라 35
고창 46
고청신 170
골암성 34
공민왕 410 - 546
공산 45
공양왕 580 - 600
공장 111
공제(남송) 366
공험령 142
과선 140

과전법 593
곽승도 20
곽약사 175 - 177
곽위 23, 80
곽자흥 415 - 424
관보 442, 475
관선생 427 - 449
관음보 508 - 510
광군 55, 85
광종 57
교위방 110
교정도감 241
구육 297 - 313
구족달단 252
국사 60
군인전 152
권근 514 - 608
귀주 101, 293
귀화 101
규정 594
균여 59
금군 121
금장한국 311
금주 352
기 20
기구 전투 89
기미 정책 144
기사인테무르 423 - 493
기인제 52
기황후 401 - 475
김구용 514
김돈중 209

김득배 431 - 446
김락 45
김백안 485 - 491
김부의 172
김사미 227
김숙흥 122
김용 438 - 520
김저 580 - 581
김저의 옥사 580
김제 133
김준 323 - 346
김취려 272 - 284
김치양 103 - 108
김통정 349 - 356

ㄴ

나세 508, 533
나얀 375 - 382
나이만족 253 - 267
나하추 484 - 520
나하추 토벌 528 - 529
낙양 24
남면관 78
낭사 62
낭장 110
낭장방 110
내사문하성 62
내순검군 209
내시 162
내원성 92 - 171
노국공주 433 - 465
노비안검법 55

노인유 134
노전 119

ㄷ

다루가치 292
달고 35, 48
대간 62
대공정 170
대광현 39, 46
대도수 98
대량원군 102
대발해국 38, 171
대원 몽골국 357
대정 110
대하씨 17
덕흥군 454 - 461
도당 378
도령 112
도령중랑장 111
도방 221, 240
도병마사 372
도평의사사 372
독로강 544
돌궐 17, 36, 40
동경행성 375
동녕부 350, 358, 485
동란국 38
동방 3왕가 270
동북계 111
동여진 84
동여진 해적 136 - 141
동흑수국 138

두련가 343 - 352
두순학 28
둔갑삼기법 131
둔전제 497
등주 321, 334, 540

ㄹ, ㅁ

레뀌리 607
류종 113
마보우 120
마수 119
마탄 121, 128
만자니크 364
말갈족 35
망이, 망소이의 봉기 225
맹주 101
메르키트족 250 - 269
명승 488 - 498
명옥진 488
명종 213 - 232
명종(후당) 21 - 76
모귀 426 - 428
목종 102 - 108
몽골리아 248
몽올실위 252
몽케 299 - 337
묘청 191 - 202
무로대 117
무산계 64
무용마군 172
무학 497
무할리 262, 278

문벌귀족 151
문산계 64
문익점 465
문종 133 - 154
문천상 362 - 363
문하라부카 523
민백훤 512
민제(후당) 26
밍칸, 보고크 167

ㅂ

바얀 359 - 407
바투 275 - 353
박서 287 - 293
박섬 115 - 119
박술희 48
박의 544
박의의 반란 443
박테무르부카 404 - 473
박희실 323 - 334
반주 109
발슈타트 전투 310
발해 멸망 38
발해 부흥운동 169
발해 유민 39
발화부대 531
방어사 112
방호별감 300
백련교 409
백정 110
백주 46
법계제도 59

법안종 59
법언 121
베트남 이씨 왕조 227
변량 22, 24
변안열 508, 568 - 583
별무반 154 - 155, 531
별실팔리등처 행상서성 309
별장 110
별초 228
별초군 293
보도테무르 502
보반 111
보창 111
보파대 321, 332
복두소 130
볼로드 테무르 427 - 476
봉상절도사 21
부르테 263 - 264
부여성 38
부우덕 495, 528
부쿠이 하툰 312
북면관 78
북번 141

ㅅ

사공 111
사르타이 285 - 295
사심관제 52
사유이 437 - 449
사타 부족 20, 36
산관 61
산성별감 539

삼륜양 545
삼별초 306 - 352
삼별초의 난 345 - 352
삼살 544
삼선, 삼개 545
상서도성 62
생여진 39, 83
생천군 111
서경(署經) 62
서경(평양) 34, 195 - 198
서긍 63, 130, 181
서달 418 - 498
서북계 111
서수휘 433 - 495
서여진 84
서요 189 - 190
서하 255
서희 92 - 101
석경당 21, 75
석말명안 263 - 264
석중귀 22, 77
석질리필사 508 - 510
선군급전 491
선춘령 141
선춘점 142
설손 475
성랑 62
성석린 582
성종 61 - 101
성종(거란) 83 - 126
성종(원) 379
세종(후주) 79 - 88

소군 238
소굴열 125 - 127
소배압 125 - 126
소보선 170
소손녕 92 - 100
소적렬 111 - 123
소종(북원) 498
소합탁 123
소홍화의 197
손변 67, 307
송문주 307
송생 46
송성 96
수안현 325, 333
숙여진 39, 86
숙종 149 - 154
순제(원) 403, 425
술률황후 41
숭덕부 187, 591
스루 149
승과제도 59
승선 184
승화후 348, 349
시례문 329 - 408
시센 169
신검 47 - 48
신기 111
신돈 459 - 491
신숭겸 45
신종 236
신종(송) 130
신집평 318 - 328

실위 17, 40, 42, 165
심덕부 521 - 594
심양 298
심왕부 389
쌍기 55
쌍성총관부 334, 542

ㅇ

아구타 148 - 163
아난다 380 - 388
아르슬란 263
아리크부카 331 - 338
아모하등처 행상서성 309
아무간 307, 314
아스 303 - 379
아유르발리파드라 378 - 388
아이막 505
아이유시리다라 474 - 475
이주 356, 359
아해 346 - 347
안경공 312 - 343
안변도호부 111
안북도호후 111
안수진 46
안우 430 - 450
안우경 461 - 497
안의진 101
알치다이 297
압강도구당사 99
애전 122
애종(금) 297 - 298
야별초 306, 346

야율대석 189
야율덕광 29, 43
야율돌욕 38, 73
야율세량 123 - 126
야율순 167 - 175
야율아보기 17, 37, 41
야율여도 177
야율요골 43
야율우지 40
야율유가 264 - 278
야율장가노 167
야율팔가 125
야율행평 125, 129
양규 116 - 122
양백연 490
양수척 273
어사대 61
에센 부카 502
엘 테무르 399 - 403
엘타마시리 498
여리참 122
연경등처 행상서성 309
연등회 97
연운 16주 22 - 173
연저 389
연저수종공신 410
예수 부카 474
예수데르 326 - 330
예종 154 - 161
예쿠 311 - 320
오고타이 264 - 312
오고타이 가문 359

오대십국 23
오병수박희 210
옷치긴 270 - 381
옹기라트 263 - 382
완옌부 143 - 150
왕계 46
왕고 389 - 398
왕사 60
왕식렴 34, 54
왕안석의 신법 130
왕입 120
왕준 304 - 318
왕치 61
왕희 321, 348
요동 도지휘사사 516
요동위 494
요련씨 17
요불 163 - 164
요양 40, 96, 172, 381
우구나이 149
우궐 17
우디케 141
우야소 146 - 164
우인열 507, 583
운남 평정 524
웅진 47
원발 331
원상 584
원수 562
원저 389
원종 340 - 377
원종공신 603

원종석 119
원천석 550 - 556
위구르 17
위구성 92
위사공신 331
위화도 563
유금필 34, 85
유능 320 - 323
유방 98
유복통 409 - 432
유승단 293
유익 485, 494
유존혁 353 - 355
유주 77
유지원 21
육수부 303 - 365
육수점법 131
윤관 145 - 158
윤관 비 142
윤선 34
윤승순 580
윤이, 이초의 옥사 587
윤행봉사 68
을름 120
의자 71
의종 207 - 215
의천 151
의통 59
이고 206 - 213, 538
이공수 454 - 457
이극용 20
이단의 반란 336 - 337

이디쿠트 263
이르겐 378
이리근 17
이몽전 93
이문충 487 - 498
이방실 432 - 450
이방의 593
이사원 21, 26
이사제 418 - 474
이색 571 - 580
이성계 583 - 608
이소응 210
이수 122
이순 497
이순 테무르 379 - 397
이숭인 514, 583
이안사 539
이암 407 - 447
이양혼 227
이연년의 난 301
이원계 570
이원지배체제 76
이의민 212 - 236
이의방 206 - 218
이인임 455 - 568
이자겸 176 - 183
이장용 340
이존욱 20, 26
이종(송) 303 - 305
이종가 21, 77
이종후 21, 26
이지영 231, 273

이탁오 27
이현 316, 597
이현운 106 - 118
익성보 325
인종 178 - 203
인황왕 38, 43
일 한국 359
일겐 534
임견미 445 - 508
임밀 504 - 511
임연 330 - 346
임유무 350 - 351
입성론 391 - 398
잉거 152

ㅈ

자구르 287
자문 492
자정원 402 - 409
자제위 517
잘라이르다이 316 - 333
잘라이르족 286
잘랄 웃딘 268 - 285
장군방 110
장방창 191, 195
장사성 419 - 440
장사성 토벌 477
장세걸 368 -372
장승업 26
장안 24
장영 98
장자온 465, 503 - 512

장작감 130
장족 78
장종 20
재부 62
재상 62
재신 62
재추 155
재추회의 61, 153
전민변정도감 410, 554
전민추정도감 462
전시과 59, 200
전연의 맹 100
전장 111
전전군 78
절령 93
점성국 599
정강의 변 190
정도전 514 - 600
정동행성 391 - 412
정몽주 514 - 599
정성 116, 122
정세운 430 - 443
정시 81
정신용 124
정안국 40
정요도위 494
정요전위 509
정요후위 509
정종 57
정종(원) 312
정중부 206 - 224
정지 532, 594

정지상 193, 198
정충절 120
정치도감 405 - 414
제관 59
제국대장공주 370 - 377
조광윤 78 - 196
조광의 88
조문주 334
조민수 525 - 595
조반 552 - 604
조벽 343
조선 606
조소생 544
조원 121, 128
조위총 219 - 223
조자기 119
조적의 반란 399 - 400
조준 582 - 597
조충 280 - 285
조치 269
조치 가문 353
조휘 334
좌우기군 118
주연 124
주원장 415 - 483
주진군 109, 113
주현군 109
죽동 230
중방 107
중서문하성 62
중정원 402
중추원 61

중항열 254
지용수　490 - 492
진강후 591
진교의 변 81
진리 498
진명포 140
진양공 591
진양부 591
진장 112
진종(송) 102
진포 전투 532
진화성 94
질랄부 17 - 18
집경로 408

ㅊ

차가타이 264 - 276
차가타이 가문 353
차간 테무르 418 - 435
채빈 504 - 511
채주 303 - 305
채충순 121
척준경 151 - 191
척준신 159, 182 - 183
천리인 104
천리장성 141
천웅절도사 23
천조제 179
천추태후 104 - 107
천태종 59 - 60, 151
천평절도사 21
천황왕 44

철령 556
철령위 557
철륵 48
철리국 138
철주성 전투 292
청야전술 125, 302
초고독불화 508 - 510
초군 111
최광윤 85
최무선 532
최사위 114
최사전 186
최석 144 -145
최승로 58, 97
최양백 320 - 324
최영 320 - 574
최우 286 - 307
최유 407 - 464
최유청 145
최웅 54
최의 323 - 331
최자 51
최충수 236 - 239
최충헌 232 - 276
최탄 342 - 343
최항 307 - 320
최홍정 154 - 160
추밀원 84
출제 77
충렬왕 371 - 391
충목왕 405 - 407
충선왕 372 - 392

충숙왕 388 - 401
충실도감 311
충정왕 408 - 409
충혜왕 394 - 409
충혜왕 체포 410 - 411

ㅋ

카사르 264 - 376
카이두 355 - 376
카이산 379 - 388
카치운 270 - 376
캉글리 355, 379
캉글리 톡토 381 - 394
코르간 136
코코 테무르 436 - 520
쿠릴타이 268, 331
쿠빌라이 246 - 374
쿠추 300, 302
쿠텐 300
쿠툴룩 켈미시 370
퀴췰릭 261
키타이 103
킵차크 363, 355, 379
킵차크 한국 311

ㅌ, ㅍ

타기 386 - 389
다다크 37, 253
탁도경 544
탁사정 120 - 121
탁청 334
탕구트 36 - 42, 261 - 355

탕화 495
태복시 505
태정제(원) 397
태조(금) 165
태종(거란) 74 - 83
태종(금) 180
태종(송) 86
텡그리 364
텡그리 카간 18
토곤 테무르 395 - 402
토리포 474 - 475
토욕혼 37
톨루이 276 - 296
톨루이 가문 353
통주성 119
투화 111
파두반 427 - 449
파사부 347
판사 62
팔관회 66 - 97
패강진 세력 53
패강진 호족 102
편민조례추변도감 403
폐가입진론 576
포선만노 271, 281, 298
풍도 25 - 32
풍승 498, 528

ㅎ

하공진 113
하다안 382
하담 510

하동절도사 23
하라치 505
한기 120
한성 18
한아사 18
한안인 176
함보 143 - 144
합단적의 난 376
합진차라 274 - 278
해동청 166
해족 17 - 18
행성 374
행중서성 374
헌종(원) 315
현관 61
현종 102 - 108, 120
호구단자 69
호라즘 262 - 268
호리치 442, 475
호족 54
혼동강 165
홀사호 262
홀한성 40
홍건군 409 - 447
홍다구 350 - 357
홍보보 484
홍복원 295 - 318
홍술 45
화내 144
화녕부왕 591
화령 606
화엄종 59

화주 318, 334
화통도감 531 - 532
화통방사군 532
환관 453
황보유의 105 - 107
황산군 49
황항령 118
회회포 364
효심 231
후라구 171, 175
후발해 40
후백제 46
훌라구 311, 353
휘정원 390 - 403
휘종 130, 173
휘종(송) 190
흑수말갈 35 - 48, 138
흑적 347
흔도 354 - 357
흠종(송) 190
홍녕부 591
홍례부 46
홍성태후 396
홍요국 40
홍화진 99 - 116, 127

역동적 고려사

지은이 | 이윤섭

1판 1쇄 펴낸날 | 2004년 11월 1일
1판 2쇄 펴낸날 | 2019년 1월 20일

펴낸이 | 이주명
편집 | 이성원
표지디자인 | 씨디자인 조혁준
본문디자인 | 예터
출력 | 문형사
종이 | 화인페이퍼
인쇄 | 한영문화사
제본 | 한영제책사

펴낸곳 | 필맥
출판등록 제2003-000078호
주소 | 서울시 서대문구 경기대로 58 (충정로 2가) 606호
이메일 | philmac@philmac.co.kr
전화 | 02-392-4491
팩스 | 02-392-4492

ISBN 89-91071-09-0 (03910)

* 잘못된 책은 바꾸어 드립니다.
* 값은 뒤표지에 있습니다.

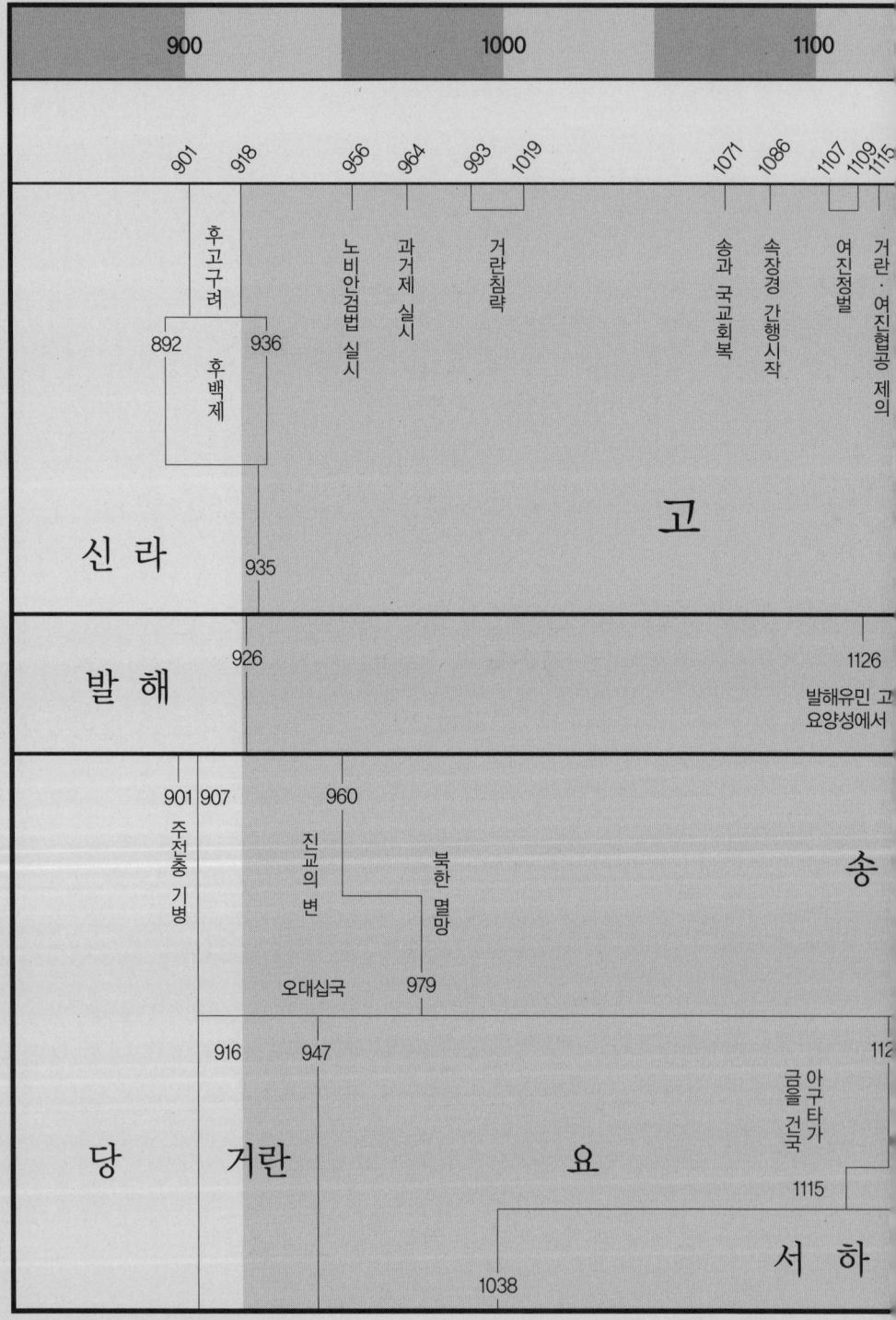

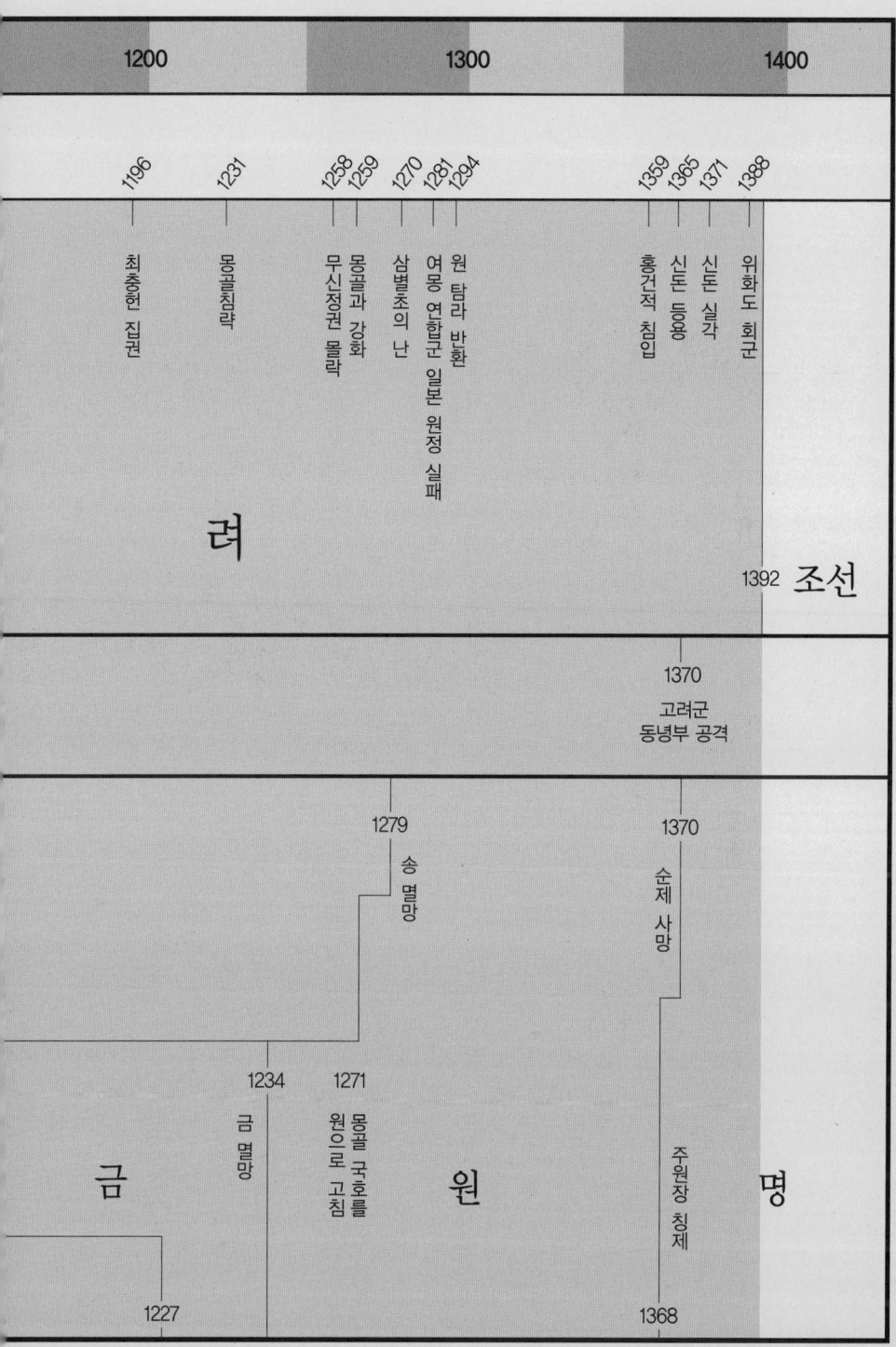